한국어의 묘미와 특징

남대극

The Exquisiteness and Characteristics
of the Korean Language

by
Daegeuk Nam

The Exquisiteness and Characteristics
of the Korean Language

by Daegeuk Nam

한국어의 묘미와 특징

초판 1쇄 인쇄 2021년 8월 18일
초판 1쇄 발행 2021년 8월 23일

지은이 ｜ 남대극
펴낸이 ｜ 김경옥
디자인 ｜ 류요한
펴낸곳 ｜ 도서출판 온북스

등록번호 ｜ 제 312-2003-000042호
등록일 ｜ 2003년 8월 14일
주소 ｜ 서울시 은평구 은평로 194-6, 502호
전화 ｜ 02-2263-0360
팩스 ｜ 02-2274-4602

ISBN 978-89-92364-01-0 03700

잘못 만들어진 책은 교환해 드립니다.
이 출판물은 저작권법에 의하여 보호받는 저작물이므로
무단 전재와 무단 복제를 할 수 없습니다.

한국어의 묘미와 특징

남 대 극

온북스
ONBOOKS

머리말

모국어에게

　한국어는 참으로 아름다운 언어요 자랑스러운 언어이다. 언어 자체도 훌륭하지만 그것을 기록하는 문자인 한글은 그 음운 체계가 과학적이고 학습이 용이하다는 점에 있어서 단연 최고의 문자라 할 수 있다. 게다가 글자를 컴퓨터에 입력하는 속도에 있어서 한글은 중국어나 일본어 및 다른 동양 문자들보다는 거의 10배나 빠르게 입력할 수 있다는 사실은 참으로 자랑스러운 일이 아닐 수 없다. 나는 이런 언어가 나의 모국어이고, 이런 문자가 나의 글이라는 사실에 대하여 무한한 자긍심을 가지고 살아간다.
　그러나 나는 국어학자나 국문학자는 아니다. 내가 대학생 때에 전광용(全光鏞) 교수와 같은 유명한 소설가의 강의와 정한모(鄭漢模) 교수와 같은 저명한 시인의 특강을 들었지만 교양이나 취미로 이수했을 따름이지 전공과는 거리가 먼 것이었다. 하지만 외국어와 외국문학을 전공하면서 한국어가 태생적으로 지니고 있는 아름다움과 특이함에 대하여 눈이 띄어졌고, 한국어를 외국어들과 비교함으로써 한국어의 묘미와 특징에 대하여 끊임없는 탐구심과 자긍심을 가지게 되었다.

나는 어릴 때부터 문자 배우기를 좋아하여 초등학교에 다니면서 한문(漢文)을 배우기 시작하여 고등학교를 졸업할 때까지 매 학기 한문 과목을 공부했고, 중학교에 입학해서는 영어 공부를 매우 즐겁게 하였으며, 고등학교에 입학한 후로는 영어와 함께 독일어를 지루한 줄 모르고 공부했다. 그러다가 대학에 와서는 독어독문학을 전공하게 되었고, 동시에 프랑스어도 정규과목으로 택하여 열심히 익혔으며, 방학 동안에는 영국과 프랑스의 유명 작가들의 문학작품들을 원어로 독파하는 기염(氣焰)을 토하기도 했다. 이 밖에도 나는 일본어와 라틴어도 조금 공부했고, 성경 원어인 히브리어(Hebrew)와 아람어(Aramaic)와 헬라어(Greek)는 매우 끈질기게 학습했으며, 고대 셈어인 우가릿어(Ugaritic)와 시리아어(Syriac)도 한 학기씩 이수하였다.

하지만 내가 배운 그 어떤 언어도 – 그것이 고대어든 현대어든 간에 – 한국어만큼 애착이 가거나 자랑스럽지 않다. 그것은 한국어가 단순히 나의 모국어이기 때문만은 아니다. 모든 언어들에 각기 특성과 장점이 있겠지만 한국어가 가지고 있는 묘미(妙味)와 특징은 어떤 언어와도 비교할 수 없는 것이고, 그 그윽하고도 은근한 맛은 타의 추종을 불허한다. 그래서 나는 고등학교 졸업을 전후하여 두꺼운 국어사전을 통독하였고, 학창 시절부터 오늘에 이르기까지 그 아름다운 말과 글로써 시(詩)와 시조(時調)를 읊었으며, 필요에 따라 많은 산문(散文)과 논문(論文)도 썼다. 내가 외국어를 한국어만큼 잘 구사하지 못하기 때문이기도 하겠지만 타국어로 강의나 설교를 하다가 우리말로 할 때의 그 통쾌함과 청량감은 말로 다 표현할 수가 없다.

나는 한국어를 사랑한다. 나는 우리말과 함께 우리글을 좀 과도하게 사랑한다. 나는 여러 사람들 앞에서 말씀을 하다가도 이따금 떠오르는 느낌이 있다. 그것은 이 아름다운 언어와 문자가 나의 모국어라는 사실이 새삼 감격스럽고 감사하다는 느낌이다. 또한 나에게는 우리말이 갖는 언어학적 특성과 우리말에 있는 고유한 묘미 같은 것들이 발견될 때마다 무시로 메모해 두는 습관이 있다. 나의 일기장과 메모장은 그러한 것들로 가득하고, 나의 국어사전에는 수많은 붉은 줄과 검은 줄이 그어져 있다. 마침내 나는 그런 것들을 정리하고 분류하여 논문들과 기사들을 작성하였고, 완성된 원고들은 문학지와 교양 잡지들에 발표하였다.

특히, 우리의 고유어 즉 순우리말로 된 표현들의 절묘(絶妙)함과 우묘(尤妙)함은 나를 깊은 매혹의 도가니로 이끌어 간다. 그 단어들의 어원이 무엇인지를 다 알지 못해도 상관없다. 결과적으로 형성되고 사용되는 표현들이 우리의 입과 마음속을 지나갈 때 느끼는 그 맛깔스러움과 새삼스러움은 표현하기가 어려울 정도이다. 또한 한자어가 풍기는 의미의 심원함과 풍요함은 우리말의 또 다른 매력(魅力)이요 거부할 수 없는 인력(引力)이다. 한마디로, 한국어는 최고의 언어이고, 한글은 최선의 문자이다. 그래서 나는 이 말과 이 글을 사랑한다.

여기에 수록된 글들은 내가 한국어를 사랑하기 때문에, 한글이 좋아서, 우리말이 너무 아름다워서 쓴 글들이다. 우리말이 가진 그 오밀조밀하고 아기자기함, 그 신기하고 미묘함, 그 독특하고 고유함 – 이런 것들을 발견하는 대로 모아두었다가 짬짬이 쓴 원고들이다. 이 책을 통하여 독자들이 내가 발견하고 느낀 한국어의 묘미와 특징을 나와 함께 공감(共感)하고, 그것들을 보다 구체적으로 실감(實感)하게 되기를 바라면서 이 책을 펴낸다.

이 책은 크게 두 부분으로 되어 있다. 제1부에 수록된 14편의 논문은 "한국어의 고유한 특성"이란 제목 아래 내가 느끼고 발견한 우리말의 아름답고 고유한 측면들과 한국어만이 가지고 있는 특성들에 관한 연구들과, 외국어 및 외래어의 한글 표기에 관한 논의 또는 제안들이다. 제2부에 수록된 44편의 소논문들은 "아로새긴 은쟁반의 금사과"라는 제목으로 아름다운 한국어를 더욱 아름답고 정확하게 사용하는 방법들을 제시한 기사들이다. 그래서 이 책에는 모두 58편의 논문 또는 소논문들이 실려 있고, 부록(附錄)으로 첨부한 2편의 글을 포함하면 총 60편의 글들이 수록되어 있다.

우리말 한국어는 너무나 아름답기 때문에 손상되기 쉽고, 너무나 미묘하기 때문에 바르게 쓰기가 쉽지 않다. 그러므로 그 아름다움과 미묘함을 잘 유지하고 발휘하기 위해서는 그에 상응하는 노력이 필요하다. 그래서 내놓는 책이 바로 이 책, 「한국어의 묘미와 특징」이다.

아래에 인용한 시조는 2015년 9월에 국제PEN 한국본부가 발행한 「한글, 문학을 노래하다: 세계한글작가대회 기념문집(시집)」, 60~61쪽에 수록된 나의 작품이다.

모국어에게

내 있음의 바탕이여,
나의 나 됨, 그 이유여.
내 존재 그대 없인
부끄러운 나상(裸像)이니,
그대는 이 몸 감싸는
천의무봉(天衣無縫) 나의 옷.

내 심사의 한 가닥,
내 뜻의 한 오라기,
어느 것 하나라도
그대 없인 허상(虛想)이니,
그대는 내 생각의 틀,
내 사고의 거푸집.

아무리 맛이 좋은
음식인들 소용 있나?
그릇에 가득 담겨
차려지기 전에는.
그대는 금사과를 담는
아로새긴 은쟁반.

2021. 5. 21.

남 대 극

목차

머리말 모국어에게   **004**

제1부 한국어의 고유한 특성

1. "사람/행위자"를 가리키는 접미사(接尾辭) 또는 단어의
   마지막 글자   **019**
2. 표현을 강조하고 의미를 강화하는 중첩어(重疊語)와
   반복어(反復語)   **044**
3. 한국어의 다른 특징들: 의존명사, 수량을 세는 단위들,
   한자로 된 조어소(造語素), 기타 특징   **087**
4. 동사와 형용사의 명사화(名詞化) 및 명사의 동사화(動詞化)   **114**
5. 숫자가 포함된 단어들과 특이한 성어(成語)들   **126**
6. 한국적인, 너무나 한국적인 표현들   **165**
7. 한자(漢字)의 특징인 첩자(疊字): 의미의 직접성과 형태
   의 복잡성   **197**
8. 우리말 표준어의 변화와 발전   **212**
9. 동음이의어(同音異義語), 동자이의어(同字異義語), 동한
   이한어(同韓異漢語), 동자이음어(同字異音語)   **228**
10. 잘못 사용하기 쉬운 한자어들   **245**
11. 우리말, 고운 말, 바른 말, 쉬운 말을 쓰도록 노력하자   **259**
12. 외래어와 외국어의 한글 표기법   **276**

13. 한국어를 포식(捕食)하는 외국어 단어들   304

14. 영어 자음 th [Θ]의 표기 / 독일어 Ä/ä [ɛ], sch [ʃ]와 schu [ʃu], sp - [ʃp -]와 st - [ʃt -]의 표기 / 일본어 촉음(促音) ㄱ의 표기   321

제2부 아로새긴 은쟁반의 금사과

가. 신학 관련 용어

1. 아로새긴 은쟁반의 금사과: 들어가는 말   339

2. 성경(聖經)과 성서(聖書)   344

3. 정경(正經), 외경(外經), 위경(僞經)   350

4. 언약(言約), 약속(約束), 계약(契約), 맹약(盟約), 조약(條約), 약조(約條)   355

5. 구원(救援), 구속(救贖), 속죄(贖罪), 속량(贖良), 대속(代贖)   360

6. 하나님, 하느님, 천주(天主), 신(神), 상제(上帝), 천제(天帝) / 여호와, 야훼, 야흐웨, 야웨, 야베, 야붸   370

7. 주(主), 구주(救主), 구세주(救世主)   375

8. 성소(聖所), 회막(會幕), 성막(聖幕), 장막(帳幕), 성전(聖殿), 전(殿), 신전(神殿), 회당(會堂) / 사찰(寺刹), 사원(寺院), 사당(祠堂) / 교회(教會), 성당(聖堂), 교당(教堂), 교회당(教會堂), 예배당(禮拜堂)   380

9. 히브리인, 이스라엘인, 유다인 / 유대인(猶大人) / 유태인(猶太人)   **385**

10. 선지자(先知者), 예언자(豫言者, 預言者), 선견자(先見者), 기별자(寄別者)   **391**

11. 목사(牧師), 목자(牧者), 목회자(牧會者) / 전도사(傳道師)와 전도자(傳道者)   **396**

12. 주석(註釋), 해석(解釋), 주해(註解), 강해(講解)   **401**

13. 초대교회(初代敎會)와 초기교회(初期敎會)   **406**

14. 찬송(讚頌), 찬양(讚揚), 송축(頌祝), 찬미(讚美) / 성가대(聖歌隊), 찬양대(讚揚隊), 합창단(合唱團)   **411**

15. 헌금(獻金), 연보(捐補), 연금(捐金) / 십일조(十一條)와 십일금(十一金)   **416**

16. 봉사(奉仕), 봉사(奉事), 봉사(奉祀)   **421**

17. 궤(櫃), 법궤(法櫃), 언약궤(言約櫃), 증거궤(證據櫃) / 속죄소(贖罪所), 시은좌(施恩座), 시은소(施恩所) / 등대(燈臺), 촛대[燭臺] / 진설병상(陳設餠床), 떡상(-床)   **426**

18. 예식(禮式), 의식(儀式), 식전(式典), 의전(儀典) / 예의(禮儀)와 의례(儀禮) 등   **432**

19. 결례(潔禮), 침례(浸禮), 세례(洗禮), 유아세례(幼兒洗禮), 영세(領洗), 견진(堅振), 견신례(堅信禮)   **437**

20. 창세기서, 레위기서, 룻기서, 욥기서   **442**

21. 의문(疑問)과 의문(儀文)   **447**

22. 성경에 사용된 "율법(律法)"의 동의어들   **452**

나. 일반 생활 용어

1. 동의어(同義語)와 반의어(反義語) / 유음어(類音語)와 유의어(類義語) / 동족어(同族語), 동계어(同系語), 방계어(傍系語)   **461**

2. 동의(動議)와 동의(同意) / 재청(再請)과 제청(提請) / 결재(決裁)와 결제(決濟) / 수업(授業), 수업(受業), 수업(修業)   **466**

3. 대척점(對蹠點) / 대각점(對脚點), 변곡점(變曲點) /만곡점(彎曲點), 일치점(一致點) / 합치점(合致點), 꼭짓점(--點), 임계점(臨界點), 한계점(限界點), 전환점(轉換點), 분기점(分岐點), 출발점(出發點), 반환점(返還點), 결승점(決勝點), 소실점(消失點), 구두점(句讀點)   **471**

4. 교묘(巧妙), 기묘(奇妙), 미묘(微妙), 미묘(美妙), 신묘(神妙), 영묘(英妙), 영묘(靈妙), 오묘(奧妙), 우묘(尤妙), 절묘(絕妙), 정묘(精妙), 현묘(玄妙)   **477**

5. 가경(佳境), 점입가경(漸入佳境) / 절경(絕境), 묘경(妙境), 비경(秘境), 선경(仙境) / 무인지경(無人之境) / 무아경(無我境), 망아경(忘我境), 몰아경(沒我境) / 신비경(神秘境), 황홀경(恍惚境) / 요지경(瑤池鏡)   **483**

6. 성격(性格), 성품(性品), 성질(性質), 성미(性味), 성벽(性癖), 성품(性稟), 성정(性情), 성깔   **489**

7. 법(法)의 종류와 의미   **495**

8. 비유(譬喻), 비유(比喻), 직유(直喻), 은유(隱喻), 환유(換喻), 대유(代喻), 제유(提喻), 풍유(諷喻), 우유(寓喻), 활유(活喻), 의인화(擬人化)   **501**

9. 출입구(出入口) / 승강기(昇降機) / 탈의실(脫衣室), 갱의실(更衣室), 환의실(換衣室) / 흡연실(吸煙室)과 끽연실(喫煙室) / 온도계(溫度計)와 한란계(寒暖計) / 진입로(進入路)와 나들목 / 미닫이 ... 506

10. 목적(目的)과 목표(目標) / "다르다"와 "틀리다" ... 512

11. 농단(壟斷)과 농락(籠絡) / 조롱(嘲弄), 희롱(戲弄), 우롱(愚弄), 기롱(譏弄), 기롱(欺弄) ... 518

12. 부여조(父與祖)와 자여손(子與孫) / 세(世)와 대(代) ... 524

13. 한자성어(漢字成語), 고사성어(故事成語), 사자성어(四字成語) ... 529

14. "쌍벽(雙壁)"이 아니라 "쌍벽(雙璧)" / "완벽(完壁)"이 아니라 "완벽(完璧)" / "되어지다"가 아니라 "되다" / "설레임"이 아니라 "설렘" / "바램"이 아니라 "바람" ... 534

15. 기자(記者), 필자(筆者), 저자(著者) / 유래(由來)와 유례(類例) / 질문(質問)과 질의(質疑) ... 540

16. 시댁(媤宅)과 처가(妻家) / 도련님과 처남(妻男) / 아가씨와 처제(妻弟) / 아주버님과 처형(妻兄) ... 545

17. 값과 삯 / 요금(料金)과 비용(費用) / "사이시옷(ㅅ)" 문제 ... 551

18. "소개시켜주세요" / "양해 말씀 드립니다" / "여간 죄송한 일입니다" / 이중(二重) 표현들 ... 560

19. 수소, 수고양이, 수놈, 수벌 / 수캐, 수탉, 수퇘지, 수평아리 / 숫양, 숫염소, 숫눈, 숫쥐 ... 566

20. 교수(敎授)님, 박사(博士)님, 목사(牧師)님, 은사(恩師)
    님, 스승님, 선생(先生)님 / "선생님"과 "쌤"　　　　　　**571**

21. 정실주의(情實主義), 족벌주의(族閥主義), 파벌주의(派
    閥主義), 붕당주의(朋黨主義), 배타주의(排他主義), 독선
    주의(獨善主義), 자기중심주의(自己中心主義)　　　　　**576**

22. 세미나(Seminar), 심포지엄(Symposium), 워크숍(Work-
    shop), 콘퍼런스(Conference), 컨벤션(Convention), 포럼
    (Forum)　　　　　　　　　　　　　　　　　　　　**581**

맺는말　모국어 송가　　　　　　　　　　　　　　　**586**

❖ **부록(附錄)**

　　1. "한글", "한글날", 「한글날 노래」　　　　　　　　**590**

　　2. 「훈민정음(訓民正音)」 서문(序文)　　　　　　　　**596**

제1부

한국어의 고유한 특성

"사람/행위자"를 가리키는 접미사(接尾辭) 또는 단어의 마지막 글자

1. 머리말

언어마다 특징과 장단점이 있겠지만 한국어만큼 아기자기하고 다정다감(多情多感)한 언어는 없을 것이다. 나는 한국어를 전공하거나 체계적으로 연구하지는 않았지만 한국어를 사용하여 비교적 말도 많이 하고 글도 많이 쓰는 사람으로서 이 언어에 대한 남다른 애정과 관심을 가지고 살아가고 있다. 그러면서 나는 여러 개의 고대 언어들과 현대 언어들을 배우고 익히면서 다른 언어들과 한국어를 비교함으로써 한국어가 가지고 있는 특징들과 묘미와 아름다움에 대하여 매우 큰 매력을 느껴왔다.

우리의 모국어인 한국어는 세종대왕이 창제한 "한글"이라는 표음문자(表音文字)로써 기록하는 언어이고, 세계의 다른 언어들과의 연관성이나 유사성이 거의 없는 독자적인 언어이다. 한국어는 한동안 핀란드의 언어학자 구스타프 요한 람스테트(Gustaf Johan Ramstedt, 1873~1950)의 주장에 따라 알타이어족(Altaic languages)에 속하는 것으로 여겨져 왔으나 그 어족에 속하는 다른 언어들(몽골어, 퉁구스어, 터키어, 일본어)과의 유사성이나 공통점이 너무나 빈약하여, 이 학설은 이제 거의 받아들여지지 않고 있으며, 근래에 와서는 그나마 가장 공통점이 많은 언어는 일본어라 하여 "한국어 - 일본어족"을 따로 정하거나 아예 "한국어족"을 독자적인 어족으로 독립시키는 학자들도 있다.

언어학적으로 이런 위치에 있는 한국어는 나와 같은 비전문가의 눈에도 다른 어떤 언어에서도 찾아볼 수 없는 몇 가지의 특징들이 있다. 이러한 점들을 하나씩 찾아냄으로써 우리말의 아름다움과 특수성을 되새겨보고자 한다. 아래에 제시되는 사항들의 순서는 내가 연구한 과정의 순서이지, 중요성이나 특별한 목적에 따라 정해진 순서는 아니다.

2. 일반적 특징

최근의 통계에 의하면, 현재 한국어는 한국, 북한, 중국, 일본, 러시아, 우즈베키스탄, 미국, 캐나다, 호주, 필리핀, 베트남, 등에 거주하는 약 7,800만 명의 한민족이 사용하는 언어이다. 한국어의 어휘 구성은 고유어(固有語, 순우리말), 한자어(漢字語), 외래어(外來語)로 되어 있다. 이 중에서 한자어는 대부분 고전 중국어에서 유래된 것으로서 한국어 전체 어휘의 절반가량을 차지한다. 그래서 한자를 배우지 않았거나 배웠다가 잊어버린 사람들은 국어 어휘 확보에 상당한 어려움을 겪게 된다.

일반적으로 알려진 한국어의 문법 또는 어법의 특색들은 다음과 같다.

첫째, 문장의 배어법(排語法), 즉 단어를 배열(排列)하는 순서가 [주어+목적어 또는 보어+동사]로 되어 있다. 이것은 영어와 중국어의 배어법이 [주어+동사+목적어 또는 보어]로 되어 있는 것과 대조를 이룬다.

둘째, 전치사가 없고, 토씨가 체언(명사) 뒤에 붙는다. 이 점은 일본어와 같다.

셋째, 관계대명사와 접속사가 없다. 영어의 접속사 "and"와 "but"에 해당하는 우리말 "그리고"와 "그러나"는 접속사가 아니라 부사이다.

넷째, 주어의 인칭(人稱), 성(性), 수(數)에 상관없이 동사의 형태가 동일하다. 이 점은 중국어와 일본어도 마찬가지다. 그러나 히브리어, 그리스어, 영어, 독일어, 프랑스어, 러시아어 등은 주어의 인칭과 성과 수에 따라 동사의 형태가 달라진다.

다섯째, 명사에 문법적인 성(性, gender)이 없다. 독일어와 그리스어에는 각 명사마다 남성(masculine), 여성(feminine), 중성(neuter)과 같은 성(性)이 있고, 프랑스어와 히브리어에는 남성과 여성이 있다.

여섯째, 두음법칙(頭音法則)이 작용한다. 하지만 북한에서는 이 법칙이 사라졌다. 한국에서 "이발", "요리"라 하는 것을 북한에서는 "리발", "료리"라 한다.

일곱째, 높임말[敬語], 보통말[平語], 낮춤말[卑語] 등의 존비어(尊卑語)가 있다. 정도의 차이는 있지만 다른 언어들(태국어, 독일어)에도 존비어가 있다.

여덟째, 자음과 모음이 다양하고, 초성(初聲)과 중성(中聲)과 종성(終聲)이 온전히 구비되어, 사람이 말하는 것을 대부분 표기할 수 있다. 인간이 사용하는 언어들의 발음을 한국어만큼 원음에 가깝고도 다양하게 표기할 수 있는 언어는 없을 것이다. 비근한 예를 들면, 일본어에는 종성이 ン(n)밖에 없고 모음은 다섯 개[a, e, i, o, u]밖에 없기 때문에 "Adam"을 "アダム"(adamu, 아다무)라고밖에 쓸 수가 없고, 중국어에는 m(ㅁ)과 b(ㅂ) 같은 종성이 없으므로 "Adam"을 "亞當"(yà dāng, 야당)으로 표기할 수밖에 없다. 그러나 한국어로는 "Adam"의 원음과 거의 일치하게 "아담" 또는 "애덤"이라고 발음하고 표기할 수가 있다. "Abraham"을 우리말로는 "아브라함" 또는 "에이브러햄"으로 발음하고 표기할 수 있지만, 일본어로는 "アブラハム"(aburahamu, 아부라하무), 중국어로는 "亞伯拉罕"(yà bó lā hăn, 야볼라한)으로 쓸 수밖에 없다. "Jacob"의 경우, 우리말로는 "야곱" 또는 "제이콥"으로 표기할 수 있으나, 일본어로는 "ヤコブ"(yakobu, 야코부) 또는 "ジェイコブ"(jyeikobu, 제이코부)로 표기하고, 중국어로는 "雅各"(yă gè, 야꺼)로 표기한다. 한글이 외국어의 발음을 원음에 가장 가깝게 표기할 수 있는 것은 한국어가 가지고 있는 최대의 장점들 중의 하나이다.

3. 고유한 특성

한국어에는 크고 작은 고유한 특성들이 대단히 많다. 그 가운데서 가장 두드러지게 눈에 띄는 것은 "사람/행위자"를 가리키는 접미사

(接尾辭)의 다양함이다. 이 점에 있어서 한국어는 모든 언어들 중에서 최선두에 서 있다. 예를 들면, 영어의 경우, "사람/행위자"를 나타내는 접미사(suffix) 또는 명사는 "-er", "-or", "-ar", "-eer", "-ier", "-ee", "-ess", "-ist", "-ian", "-ant(e)", "-ent", "-ster", "-ese", "-i", "-ish", "-an", "-ite", "-man", "-woman", "-person", 등이다. 그 각각의 예를 몇 개씩 들면 다음과 같다.

(1) **-er**: teacher, learner, speaker, fighter, winner, farmer, dealer, leader, driver

(2) **-or**: author, professor, pastor, doctor, actor, visitor, violator, sailor, survivor

(3) **-ar**: scholar, beggar, liar, titular, Templar

(4) **-eer**: engineer, profiteer, peer, budgeteer, mountaineer, electioneer, auctioneer

(5) **-ier**: soldier, bombardier, grenadier, cashier, hosier

(6) **-ee**: appointee, employee, grantee, nominee, absentee

(7) **-ess**: actress, poetess, adulteress, duchess, stewardess, princess, seamstress

(8) **-ist**: artist, pianist, chemist, archaeologist, psychologist, gynecologist, communist

(9) **-ian**: theologian, musician, technician, physician, politician, comedian, vegetarian, Mongolian, Brazilian, Jordanian, Iranian, Egyptian, Caucasian, Parisian

(10) **-ant(e)**: accountant, assistant, attendant, defendant, merchant,

pedant, dilettante

(11) **-ent**: student, superintendent, agent, patient, president, Omnipotent, Omniscient

(12) **-ster**: gangster, trickster, filibuster, speedster, monster

(13) **-ese**: Chinese, Japanese, Taiwanese, Cantonese, Javanese

(14) **-i**: Israeli, Iraqi, Kuwaiti, Pakistani, Azerbaijani, Osmanli

(15) **-ish**: the English, the Turkish, the Spanish, the Irish, the Polish

(16) **-an**: Korean, American, German, African, Singaporean

(17) **-ite**: Israelite, Judahite, Ammonite, Moabite, Muscovite, Benthamite, Labourite

(18) **-man**: chairman, gentleman, postman, sportsman, salesman, layman, penman

(19) **-woman**: chairwoman, postwoman, sportswoman, laywoman

(20) **-person**: chairperson, layperson, salesperson

이상에서 보는 바와 같이 영어에서 "사람/행위자"를 가리키는 접미사 또는 명사는 약 20개밖에 되지 않는다. 그러나 한국어에는 이런 의미를 가진 접미사 또는 단어의 마지막 글자가 자그마치 60종이 넘는다. 우선 그 종류부터 열거하면 다음과 같다.

A. 신분, 직업, 특성과 함께 사용되는 접미사 또는 마지막 글자: "인(人)", "원(員)", "생(生)", "수(手)", "공(工)", "부(夫)", "부(婦)", "모(母, 姆)", "아(兒)", "동(童)".

B. 전문직 또는 행위자를 가리키는 접미사 또는 마지막 글자: "가(家)",

"-자(者)", "-사(師)", "-사(事)", "-사(士)", "-사(仕)".

C. 관리(官吏) 또는 고위직을 가리키는 접미사 또는 마지막 글자: "-관(官)", "-사(使)", "-리(吏)".

D. 일시적으로 다녀가거나 지나가는 사람을 가리키는 접미사 또는 마지막 글자: "-객(客)".

E. 어떤 일을 특기로 또는 습관적으로 하는 사람을 가리키는 접미사: "-꾼", "-장(匠)이", "-쟁이", "-잡이", "-쇠", "-치/아치", "-광(狂)", "-데기".

F. 행동, 생김새, 형편 등이 특별하거나 어떤 음식을 즐겨 먹는 사람을 가리키는 접미사: "-보", "-꾸러기", "-뱅이".

G. 주로 나쁜 일을 하는 사람을 일컫거나 범죄자를 가리킬 때 쓰는 접미사 또는 마지막 글자: "-한(漢)", "-배(輩)", "-노(奴)", "-류(流)", "-마(魔)", "-귀(鬼)", "-수(囚)", "-범(犯)", "-분자(分子)".

H. 다수 또는 무리를 가리키는 접미사 또는 마지막 글자: "-중(衆)", "-도(徒)", "-당(黨)", "-파(派)", "-패(牌)", "-단(團)", "-대(隊)", "-족(族)", "-군(軍)".

I. 기타 '사람'을 가리키는 접미사 또는 마지막 글자: "-분", "-이", "-치", "-놈(년)", "-둥이", "-내기", "-뜨기", "-박이", "-숭이", "-구(口)", "-랑(郞)", "-료(僚)", "-민(民)".

4. 각 경우의 실례들

이제는 각 경우의 실례들을 들어보자.

A. 신분, 직업, 특성과 함께 사용되는 접미사 또는 마지막 글자

(1) **－인(人)**: 문인(文人), 시인(詩人), 소인(騷人), 현인(賢人), 교인(教人), 군인(軍人), 개인(個人), 범인(犯人), 범인(凡人), 속인(俗人), 명인(名人), 선인(善人), 악인(惡人), 의인(義人), 죄인(罪人), 흑인(黑人), 백인(白人), 장인(匠人), 장인(丈人), 상인(商人), 공인(工人), 은인(恩人), 위인(偉人), 공인(公人), 사인(私人), 낭인(浪人), 걸인(乞人), 문화인(文化人), 야만인(野蠻人), 종교인(宗教人), 체육인(體育人), 음악인(音樂人), 예술인(藝術人), 정치인(政治人), 방송인(放送人), 수영인(水泳人), 간병인(看病人), 편집인(編輯人), 발송인(發送人), 수취인(受取人).

(2) **－원(員)**: 임원(任員), 종업원(從業員), 수행원(隨行員), 승무원(乘務員), 안내원(案內員), 집배원(集配員), 계산원(計算員), 징수원(徵收員), 간호원(看護員), 미화원(美化員), 소방원(消防員), 은행원(銀行員), 회사원(會社員), 역무원(驛務員), 검사원(檢查員), 경호원(警護員), 배심원(陪審員), 참심원(參審員).

(3) **－생(生)**: 학생(學生), 선생(先生), 교생(教生), 교생(校生), 원생(院生), 여대생(女大生), 하숙생(下宿生), 실습생(實習生), 지망생(志望生), 시생(侍生).

(4) **－수(手)**: 선수(選手), 명수(名手), 기수(旗手), 목수(木手), 각수(刻手), 석수(石手), 궁수(弓手), 조수(助手), 투수(投手), 포수(捕手), 포수(砲手), 가수(歌手), 나팔수(喇叭手), 운전수(運轉手), 소방수(消防手), 공격수(攻擊手), 수비수(守備手), 내야수(內野手), 외야수(外野手).

(5) **－공(工)**: 직공(織工), 사공(沙工), 목공(木工), 철공(鐵工), 세공(細

工), 필공(筆工), 용접공(鎔接工), 양철공(洋鐵工).

(6) －부(夫): 농부(農夫), 어부(漁夫), 광부(鑛夫), 청소부(淸掃夫), 잠수부(潛水夫), 우체부(郵遞夫), 대장부(大丈夫), 천장부(賤丈夫), 졸부(拙夫), 정부(情夫), 비부(鄙夫).

(7) －부(婦): 가정부(家政婦), 파출부(派出婦), 청소부(淸掃婦), 간호부(看護婦), 접대부(接待婦), 매춘부(賣春婦), 매소부(賣笑婦), 매음부(賣淫婦), 정부(情婦).

(8) －모(母, 姆): 산모(産母), 유모(乳母), 양모(養母), 식모(食母), 침모(針母), 보모(保姆).

(9) －아(兒): 총아(寵兒), 건아(健兒), 미아(迷兒), 기린아(麒麟兒), 패륜아(悖倫兒), 기형아(畸形兒), 부랑아(浮浪兒), 야생아(野生兒), [신생아(新生兒), 사산아(死産兒), 기아(棄兒), 미숙아(未熟兒), 우량아(優良兒), 정박아(精薄兒), 정신박약아(精神薄弱兒)].

(10) －동(童): 아동(兒童), 문동(文童), 사동(使童), 신동(神童), 악동(惡童), 약동(藥童), 쌍동(雙童→쌍[雙]둥이).

B. 전문직 또는 행위자를 가리키는 접미사 또는 마지막 글자

(1) －가(家): 대가(大家), 작가(作家), 수필가(隨筆家), 극작가(劇作家), 평론가(評論家), 문학가(文學家), 문필가(文筆家), 소설가(小說家), 예술가(藝術家), 음악가(音樂家), 미술가(美術家), 정치가(政治家), 행정가(行政家), 작곡가(作曲家), 이론가(理論家), 실천가(實踐家), 종교가(宗敎家), 저술가(著述家), 교육가(敎育家), 사교가(社交家), 무용가(舞踊家), 낭송가(朗誦家), 사업가(事業家), 애호가(愛好家),

애연가(愛煙家), 혁명가(革命家), 불평가(不平家), 색주가(色酒家).

(2) **-자(者)**: 학자(學者), 현자(賢者), 지자(知者, 智者), 목자(牧者), 신자(信者), 불자(佛者), 업자(業者), 논자(論者), 화자(話者), 주자(走者), 저자(著者), 역자(譯者), 편자(編者), 편집자(編輯者), 필사자(筆寫者), 승자(勝者), 패자(敗者), 패자(覇者), 행정자(行政者), 작사자(作詞者), 작곡자(作曲者), 연주자(演奏者), 낭독자(朗讀者), 선지자(先知者), 예언자(豫言者), 선각자(先覺者), 순례자(巡禮者), 기술자(技術者), 운전자(運轉者), 보행자(步行者), 통치자(統治者), 독재자(獨裁者), 연구자(研究者), 발표자(發表者), 개혁자(改革者), 보호자(保護者), 인도자(引導者), 시청자(視聽者), 애청자(愛聽者), 간역자(看役者), 감독자(監督者), 중재자(仲裁者), 출제자(出題者), 개척자(開拓者), 부랑자(浮浪者), 불량자(不良者), 반대자(反對者), 지망자(志望者), 탈북자(脫北者), 인격자(人格者), 이중인격자(二重人格者), 배반자(背反者).

(3) **-사(師)**: 목사(牧師), 전도사(傳道師), 교사(敎師), 강사(講師), 의사(醫師), 약사(藥師), 간호사(看護師), 요리사(料理師), 조리사(調理師), 이발사(理髮師), 미용사(美容師), 안마사(按摩師), 사진사(寫眞師), 교정사(校正師), 교열사(校閱師), 법사(法師), 율법사(律法師), 교법사(敎法師), 세신사(洗身師), 요양사(療養師), 사기사(詐欺師), 국사(國師), 공사(工師), 궁사(弓師).

(4) **-사(事)**: 집사(執事), 판사(判事), 검사(檢事), 도지사(道知事), 영사(領事), 이사(理事).

(5) **-사(士)**: 도사(道士), 연사(演士), 전사(戰士), 기사(技士), 용사(勇士), 장사(壯士), 역사(力士), 의사(義士), 열사(烈士), 지사(志士), 수

사(修士), 무사(武士), 궁사(弓士), 명사(名士), 여사(女士), 모사(謀士), 책사(策士), 율사(律士), 변사(辯士), 변호사(辯護士), 법무사(法務士), 세무사(稅務士), 회계사(會計士), 영양사(營養士), 정비사(整備士), 운전사(運轉士), 조종사(操縱士), 해결사(解決士), 하사(下士), 중사(中士), 상사(上士), 원사(元士), 학사(學士), 석사(碩士), 박사(博士).

(6) **-사(仕)**: 급사(給仕).

C. 관리(官吏) 또는 고위직을 가리키는 접미사 또는 마지막 글자

(1) **-관(官)**: 장관(長官), 법관(法官), 외교관(外交官), 지휘관(指揮官), 사무관(事務官), 감찰관(監察官), 감독관(監督官), 참사관(參事官), 통역관(通譯官), 시험관(試驗官), 소방관(消防官), 보좌관(輔佐官), 교도관(矯導官), 경찰관(警察官), 위관(尉官), 영관(領官), 장관(將官).

(2) **-사(使)**: 대사(大使), 급사(給使), 급사(急使), 주사(走使), 전권대사(全權大使), 친선대사(親善大使), 목사(牧使), 관찰사(觀察使), 도통사(都統使), 공사(貢使).

(3) **-리(吏)**: 관리(官吏), 집달리(執達吏), 청리(淸吏), 청백리(淸白吏), 오리(汚吏), 탐관오리(貪官汚吏).

D. 일시적으로 다녀가거나 지나가는 사람을 가리키는 접미사 또는 마지막 글자

(1) **-객(客)**: 방문객(訪問客), 유람객(遊覽客), 관광객(觀光客), 상춘객

(賞春客), 등산객(登山客), 산보객(散步客). 순례객(巡禮客), 문상객(問喪客), 조문객(弔問客), 조객(弔客), 하객(賀客), 환영객(歡迎客), 빈객(賓客), 시객(詩客), 식객(食客), 주객(酒客), 취객(醉客), 승객(乘客), 요술객(妖術客), 내객(來客), 여객(旅客), 과객(過客), 좌객(坐客), 좌객(座客), 가객(歌客), 기객(嗜客), 기객(棋[碁]客), 자객(刺客), 검객(劍客), 낭객(浪客), 관객(觀客), 논객(論客), 필객(筆客), 상춘객(賞春客), 욕객(浴客), 소객(騷客), 묵객(墨客), 정객(政客), 청객(請客), 불청객(不請客), 불평객(不平客), 투숙객(投宿客), 녹림객(綠林客), 마상객(馬上客), 불귀객(不歸客), 지음객(知音客), 풍월객(風月客), 황천객(黃泉客), 쇼핑객(shopping 客).

E. 어떤 일을 특기로 또는 습관적으로 하는 사람을 가리키는 접미사

(1) -꾼: 일꾼, 심부름꾼, 삯꾼, 사냥꾼, 나무꾼, 짐꾼, 부림꾼, 머슴꾼, 노름꾼, 익살꾼, 마을꾼, 막벌이꾼, 씨름꾼, 장사꾼, 땅꾼, 술꾼, 줄꾼, 수다꾼, 건성꾼, 놀이꾼, 몰이꾼, 말몰이꾼, 잔치꾼, 바람꾼, 소리꾼, 잔소리꾼, 갈개꾼, 남포꾼, 냉꾼, 헤살꾼, 드난꾼, 장난꾼, 불땔꾼, 막일꾼, 막장꾼, 품팔이꾼, 삯팔이꾼, 누리꾼, 야바위꾼, 난봉꾼, 쓰레기꾼, 구경꾼, 타짜꾼, 넉살꾼, 여리꾼, 허드레꾼, 장(場)꾼, 방(榜)꾼, 망(望)꾼, 연(輦)메꾼, 농사(農事)꾼, 타작(打作)꾼, 파수(把守)꾼, 정탐(偵探)꾼, 모사(謀士)꾼, 치부(致富)꾼, 사기(詐欺)꾼, 방해(妨害)꾼, 훼방(毀謗)꾼, 투기(投機)꾼, 협잡(挾雜)꾼, 잡기(雜技)꾼, 도박(賭博)꾼, 호색(好色)꾼, 주정(酒酊)꾼, 천

석(千石)꾼, 만석(萬石)꾼, 건달(乾達)꾼, 기별(寄別)꾼, 내왕(來往)꾼, 지로(指路)꾼, 벌목(伐木)꾼, 불평(不平)꾼, 여사(輿士)꾼, 사전(私錢)꾼, 내왕(來往)꾼, 염탐(廉探)꾼, 염(廉)알이꾼, 거간(居間)꾼, 정치(政治)꾼, 모군(募軍)꾼, 장타령(場打令)꾼.

(2) -장이(匠-): 대장장이(匠-), 땜장이(匠-), 양복장이(洋服匠-), 연관장이(煙管匠-), 옹기장이(甕器匠-), 토기장이(土器匠-), 앙토장이(仰土匠-), 장장이(欌匠-), 미장이(匠-), 염장이(殮匠-), 또드락장이(匠-), 풍물장이(風物匠-), 도배장이(塗褙匠-), 도채장이(塗彩匠-), 각수장이(刻手匠-), 석각(石刻-)장이, 솟대장이(匠-), 도끼장이(匠-), 돌도끼장이(匠-), 강(江)도끼장이(匠-), 벗장이(匠-), 삿갓장이(匠-).

(3) -쟁이: 게으름쟁이(개으름쟁이), 거짓말쟁이, 개구쟁이, 게걸쟁이, 심술쟁이, 무식(無識)쟁이, 변덕(變德)쟁이, 뱐덕쟁이, 멋쟁이, 깍쟁이, 찰깍쟁이, 요술(妖術)쟁이, 익살쟁이, 수선쟁이, 욕(辱)쟁이, 욕심(慾心)쟁이, 심술(心術)쟁이, 겁(怯)쟁이, 노름쟁이, 아편(阿片)쟁이, 말쟁이, 허풍(虛風)쟁이, 중매(仲媒)쟁이(=중신아비), 매련쟁이(=매련퉁이), 미련쟁이(=미련퉁이), 글쟁이, 노래쟁이, 고집(固執)쟁이, 옹고집(甕固執)쟁이, 트집쟁이, 흉내쟁이, 빚쟁이, 약(藥)쟁이, 양복(洋服)쟁이, 점(占)쟁이, 사주(四柱)쟁이, 풍각(風角)쟁이, 그림쟁이, 상투쟁이, 손금쟁이, 수다쟁이, 꼼꼼쟁이, 꼽꼽쟁이, 열없쟁이, 만만쟁이, 비부(婢夫)쟁이, 코쟁이, 배꼽쟁이, 하리쟁이, 꾀쟁이, 떼쟁이, 난쟁이, 지랄쟁이, 야발쟁이, 야살쟁이, 돌림쟁이, 갈신쟁이, 갈이쟁이, 삿갓쟁이, 예수쟁이.

(4) -잡이: 왼손잡이, 양수(兩手)잡이, 길잡이, 길라잡이, 어정잡이,

바람잡이, 줏대잡이, 마구잡이, 매잡이, 줄잡이, 가락잡이.
- (5) **-쇠**: 구두쇠, 모르쇠, 돌쇠, 꺾쇠, 먹쇠, [변강쇠].
- (6) **-치/아치**: 장사치, 양(洋)아치, 벼슬아치, 시정(市井)아치, 동냥아치, 동자아치(=동자치).
- (7) **-광(狂)**: 색정광(色情狂), 독서광(讀書狂), 수집광(蒐集狂), 음악광(音樂狂), 스포츠광(狂), 야구광(野球狂), 축구광(蹴球狂), 낚시광(狂), 편집광(偏執狂).
- (8) **-데기**: 새침데기.

F. 행동, 생김새, 형편 등이 특별하거나 어떤 음식을 즐겨 먹는 사람을 가리키는 접미사

- (1) **-보**: 울보, 웃음보, 느림보, 잠보, 털보, 뚱보, 뚱뚱보, 억보, 점(點)보, 곰보, 째보, 술보, 먹보, 떡보, 꾀보, 밥보(→바보).
- (2) **-꾸러기**: 잠꾸러기, 늦잠꾸러기, 나꾸러기, 욕심(慾心)꾸러기, 의심(疑心)꾸러기, 심술(心術)꾸러기, 말꾸러기, 말썽꾸러기, 응석꾸러기, 장난꾸러기, 천덕꾸러기, 걱정꾸러기, 방정꾸러기, 변덕(變德)꾸러기, 밴덕꾸러기, 뱐덕꾸러기, 천(賤)덕꾸러기, 익살꾸러기, 매꾸러기, 얌심꾸러기, 악착(齷齪)꾸러기, 억척꾸러기, 청승꾸러기.
- (3) **-뱅이**: (술)주정(酒酊)뱅이, 가난뱅이, 게으름뱅이(개으름뱅이), 장(場)돌뱅이(=장[場]돌림), 앉은뱅이, 알금뱅이, 얼금뱅이, 걸(乞)뱅이, 배랑뱅이, 비렁뱅이, 어정뱅이.

G. 주로 나쁜 일을 하는 사람을 일컫거나 범죄자를 가리킬 때 쓰는 접미사 또는 마지막 글자

(1) **-한(漢)**: 괴한(怪漢), 상한(常漢), 악한(惡漢), 치한(癡漢), 천한(賤漢), 쾌한(快漢), 냉혈한(冷血漢), 다혈한(多血漢), 색한(色漢), 호색한(好色漢), 문외한(門外漢), 무뢰한(無賴漢), 이기한(利己漢), 몰염치한(沒廉恥漢), 파렴치한(破廉恥漢), 박눌한(樸[朴]訥漢), 강골한(强骨漢), 경골한(硬骨漢), 연골한(軟骨漢), 푸주한[庖廚漢].

(2) **-배(輩)**: 부랑배(浮浪輩), 불량배(不良輩), 모리배(謀利輩), 도배(徒輩), 시배(時輩), 폭력배(暴力輩), 간신배(奸臣輩), 정상배(政商輩), 소인배(小人輩), 약소배(弱少輩), 시정배(市井輩), 시정잡배(市井雜輩), 잡배(雜輩), 소소배(宵小輩), [선배(先輩), 후배(後輩), 동년배(同年輩)].

(3) **-노(奴)**: 수전노(守錢奴), 매국노(賣國奴), [흉노(匈奴)].

(4) **-류(流)**: 아류(亞流), 비류(匪流), 동류(同類), 잡류(雜類), 부랑패류(浮浪悖類).

(5) **-마(魔)**: 색마(色魔), [수마(水魔), 수마(睡魔), 화마(火魔)].

(6) **-귀(鬼)**: 흡혈귀(吸血鬼).

(7) **-수(囚)**: 죄수(罪囚), 미결수(未決囚), 기결수(旣決囚), 사형수(死刑囚), 양심수(良心囚).

(8) **-범(犯)**: 강도범(强盜犯), 절도범(竊盜犯), 형사범(刑事犯), 정치범(政治犯), 양심범(良心犯), 흉악범(凶惡犯), 현행범(現行犯), 상습범(常習犯), 파렴치범(破廉恥犯).

(9) **-분자(分子)**: 반동분자(反動分子), 불평분자(不平分子), 열성분자

(熱誠分子), 파괴분자(破壞分子), 용공분자(容共分子).

H. 다수 또는 무리를 가리키는 접미사 또는 마지막 글자

(1) **-중(衆)**: 청중(聽衆), 관중(觀衆), 대중(大衆), 회중(會衆), 군중(群衆), 민중(民衆).

(2) **-도(徒)**: 사도(使徒), 학도(學徒), 생도(生徒), 졸도(卒徒), 역도(逆徒), 폭도(暴徒), 화랑도(花郞徒), 청교도(淸敎徒), 정교도(正敎徒), 이교도(異敎徒), 상분지도(嘗糞之徒).

(3) **-당(黨)**: 악당(惡黨), 역당(逆黨), 도당(徒黨), 파당(派黨), 패당(牌黨), 정당(政黨), 붕당(朋黨), 사당(私黨), 공당(公黨), 여당(與黨), 야당(野黨), 불한당(不汗黨), 녹림당(綠林黨).

(4) **-파(派)**: 당파(黨派), 학구파(學究派), 보수파(保守派), 개혁파(改革派), 사수파(死守派), 반대파(反對派), 강경파(强硬派), 온건파(穩健派), 과격파(過激派), 급진파(急進派), 중도파(中道派), 상징파(象徵派), 실력파(實力派), 다수파(多數派), 소수파(少數派), 매파(派), 비둘기파(派).

(5) **-패(牌)**: 깡패(牌), 소소리패(牌), 젊은 패(牌), 늙은 패(牌).

(6) **-단(團)**: 연주단(演奏團), 합창단(合唱團), 관현악단(管絃樂團), 응원단(應援團), 평가단(評價團), 방문단(訪問團), 전도단(傳道團), 선교단(宣敎團), 여행단(旅行團), 파견단(派遣團), 공갈단(恐喝團), [여단(旅團), 사단(師團), 군단(軍團)].

(7) **-대(隊)**: 시위대(示威隊), 시위대(侍衛隊), 찬양대(讚揚隊), 성가대(聖歌隊), 군악대(軍樂隊), 수색대(搜索隊), 선발대(先發隊), 후발대

(後發隊), 보충대(補充隊), [부대(部隊), 분대(分隊), 소대(小隊), 중대(中隊), 대대(大隊), 연대(聯隊), 공격대(攻擊隊), 수비대(守備隊), 해병대(海兵隊), 자위대(自衛隊)].

(8) **−진(陣)**: 필진(筆陣), 보도진(報道陣), 취재진(取材陣), 경영진(經營陣), 연구진(研究陣), 제작진(製作陣), 공격진(攻擊陣), 수비진(守備陣), 방어진(防禦陣), [배수진(背水陣)].

(9) **−족(族)**: 폭주족(暴走族), 장발족(長髮族), 깡패족(族), 히피족(hippie族), 제비족(族), [민족(民族), 부족(部族), 씨족(氏族), 폐족(廢族), 왕족(王族)].

(10) **−군(軍)**: 농군(農軍), 역군(役軍), 우군(友軍), 적군(敵軍), 청군(靑軍), 백군(白軍), 응원군(應援軍), 지원군(支援軍), [국군(國軍), 육군(陸軍), 해군(海軍), 공군(空軍), 야전군(野戰軍), 공격군(攻擊軍), 수비군(守備軍), 연합군(聯合軍), 상비군(常備軍), 예비군(豫備軍), 우주군(宇宙軍)].

I. 기타 "사람"을 가리키는 접미사 또는 마지막 글자

(1) **−분**: 그분, 이분, 저분, 여러분, [몇 분, 가실 분, 하신 분].
(2) **−이**: 그이, 이이, 저이, 어버이, 어린이, 늙은이, 젊은이, 지은이, 옮긴이, 펴낸이, 엮은이, 멍청이, 얼간이, 까불이, 넝마주이, 느리광이, 매치광이, 미치광이, 바람잡이, 골잡이, 길잡이, 길라잡이, 이쁜이/이뿐이, 못난이, 청직(廳直)이(→청지기), 문직(門直)이(→문지기), 등대직(燈臺直)이(→등대지기), 지킴이(→지키미), 도움이(→도우미), 떠벌이(→떠버리), 늙달이(→늙다리), 키달이(→키다

리), 천(賤)덕이(→천더기), [개]망난이(→[개]망나니), 건달(乾達)이, 놈팡이, 껌팔이, 돌팔이, 구두닦이, 말더듬이, 코납작이, 코맹맹이, (코)찡찡이, 시시덕이, 말괄량이, 합죽이, 헐렁이, 흔들비쭉이, 허풍선(虛風扇)이, 애꾸눈이, 눈감[깜]짝이, 언청이, 윤똑똑이, 범생(範生)이, 새퉁이. 늦깎이, 넓죽이, 싱겁이, 맹꽁이, 맹문이, 똘똘이, 짠돌이, 짤짤이, 텁텁이, 껑충이, 뚱뚱이, 홀쭉이, 왼손잡이, 칼잡이, 외돌이, 젖먹이, 품팔이, 삯팔이, 곰배팔이, 외동이, 연생이, 털털이, 혀짤백이(→혀짤배기), 흔들비쭉이, 촐랑이, 새줄랑이, 안타깝이, 배불뚝이, 비뚤이, 삐뚤이, 돌맞이, 껄떡이, 껄렁이, 토(土)박이, 본토(本土)박이, [양(羊)치기], [꿀꿀이, 멍멍이, 야옹이, 깐깐이, 더펄이, 깽깽이, 뱅충맞이, 어간잡이(→어간재비), 곱사등이, 하루살이, 돌만이, 딱딱이(→딱따기)].

(3) **-치**: ([-이]의 속된 말). 그치, 이치, 저치, 젊은 치.

(4) **-놈(년)**: 이놈, 저놈, 고놈, 요놈, 조놈, 별(別)놈, 못된 놈, 나쁜 놈, 망(亡)할 놈, 빌어먹을 놈, 엇된놈, 상(常)놈, 개똥상(常)놈, 쌍놈, 판상(常)놈, 잡(雜)놈.

(5) **-둥이**: 검둥이, 깜둥이, 흰둥이, 바람둥이, 귀염둥이, 팔삭(八朔)둥이, 막둥이, 막내둥이, 쌍(雙)둥이, 다(多)둥이, 선(先)둥이, 후(後)둥이, 옥자(玉子)둥이, 초립(草笠)둥이, 응석둥이, 재롱(才弄)둥이, 해방(解放)둥이, 늦둥이, 문둥이, 업둥이, 이쁘둥이, 미련둥이, 잰둥이, 얼바람둥이, 덴둥이, 점(點)둥이.

(6) **-내기**: 서울내기, 시골내기, 보통(普通)내기, 행내기, 여간(如干)내기, 예사(例事)내기, 뜨내기, 풋내기, 새내기.

(7) **-뜨기**: 시골뜨기, 사팔뜨기, 얼뜨기, 지릅뜨기.

(8) **-박이**: 외눈박이, 점(點)박이, [자개박이].
(9) **-숭이**: 벌거숭이, 천둥벌거숭이, 빨가숭이, 허릅숭이.
(10) **-구(口)**: 식구(食口), 가구(家口), 호구(戶口), 인구(人口).
(11) **-랑(郞)**: 화랑(花郞), 신랑(新郞), 풍류랑(風流郞), 야유랑(冶遊郞).
(12) **-료(僚)**: 동료(同僚), 관료(官僚), 속료(屬僚), 막료(幕僚).
(13) **-민(民)**: 국민(國民), 주민(住民), 인민(人民), 공민(公民), 농민(農民), 어민(漁民), 난민(難民), 난민(亂民), 원주민(原住民), 원어민(原語民), 이주민(移住民), 자주민(自主民), 화전민(火田民).

5. 비교와 고찰

A. "-인(人)"과 "-가(家)"와 "-자(者)"의 차이

(1) "-인(人)"과 "-가(家)"의 차이점

접미사로서의 "-인"과 "-가"는 어떻게 다른가? 예를 들면, "예술인"과 "예술가", "정치인"과 "정치가", "음악인"과 "음악가"는 각각 어떤 차이가 있는가? 한마디로 말해서, 크게 다르거나 차이가 있는 것 같지 않다. 굳이 미묘한 차이를 말한다면, "-가" 자로 된 단어들이 "-인" 자로 된 단어들보다는 좀 더 전문적인 사람을 가리키는 것으로 들린다. 다시 말해서, 전자("예술인", "정치인", "음악인")는 해당 분야에 대한 상당한 지식과 경험을 가진 사람들을 전반적으로 일컫는 말로 들리고, 후자("예술가", "정치가", "음악가")는 그중에서도 보다 더 높거나 깊은 지식과 많은 실적을 쌓은 이들을 지칭하는 것처럼 느껴진다. 그러나 이러한 구별은 인위적 또는 주관적인 것일 수도 있다. "명인(名人)"과 "대가(大家)"의 차이는 무엇일까? 전자는 "어떤 기예(技藝)에 뛰어나 유명한 사람"을 가리키고, 후자는 "학문이나 기예 등 전문 분야에 조예가 깊은 사람"을 말한다. 전자는 "대금의 명인", "양궁의 명인"과 같이 주로 기예에 뛰어난 사람에 대하여 쓰고, 후자는 "철학의 대가", "음악의 대가"와 같이 학문이나 포괄적인 예술에 연구를 깊이 한 사람에 대하여 사용한다.

(2) "‒인(人)"과 "‒자(者)"의 공통점

"‒인" 자가 붙어서 사람을 가리키는 단어에서 "‒인" 자 대신에 "‒자" 자를 붙여도 되는 경우는 거의 없다. 이것은 처음부터 "‒인" 자를 붙이는 단어와 "‒자" 자를 붙이는 단어가 구분되었음을 시사한다. 그래서 "‒인"과 "‒자" 사이에는 차이가 거의 또는 전혀 없는 것 같다. "기술인"과 "기술자"는 똑같은 의미를 가진 것으로 보인다. 그러므로 이 글자들이 붙는 단어들은 서로 다르지만 의미는 "(무엇을)하는 사람"이라는 공통점을 가지고 있다.

(3) "‒가(家)"와 "‒자(者)"의 상이점

이 두 접미사의 의미는 똑같을까 좀 다를까? 우선, 눈에 띄는 것은, 이 두 가지 접미사를 혼용해도 되는 단어들이 있고, 그렇게 하면 안 되는 단어들도 있다는 점이다. 예컨대, "수필가", "극작가", "평론가", "예술가", "음악가", "미술가" 등은 반드시 "‒가"라야 하고, "학자", "목자", "저자", "역자", "선지자", "보호자", "인도자", "시청자", "감독자" 등에는 꼭 "‒자"를 붙여야 한다. 이 단어들에서 "‒가"와 "‒자"

를 교체해 놓으면 말이 되지 않는다. "수필자", "극작자", "음악자", "미술자"는 우리말이 아니고, "학가", "목가", "선지가", "인도가"도 들어본 적이 없는 말이다.

다음으로, "－가"와 "－자"를 바꿔 써도 말이 되는 단어들도 더러 있다. 예를 들면, "행정가", "작사가", "작곡가", "연주가" 등에서는 "－가"를 빼고 "－자"를 넣어도 무방하다. 그렇다면 "행정가"와 "행정자"가 똑 같은 뜻을 가졌고, "작곡가"와 "작곡자"는 완전히 동일한 의미로 쓰이는가? 그렇지는 않는 것 같다. "－가" 자가 붙은 단어들은 그 사람의 전문성과 직업을 말해주는 반면에, "－자" 자가 붙은 단어들은 어떤 특정한 범위 안에서 그것을 하는 사람을 지칭한다. "행정가"는 그 사람이 행정에 전문적 지식과 경험을 가진 사람을 가리키고, "행정자"는 어느 특정한 기관이나 조직에서 행정을 하는 사람을 지칭한다. "○○대학교의 행정자는 누구인가?"라는 말은 적합하게 들리지만 "○○대학교의 행정가는 누구인가?"라는 말은 어쩐지 어색하게 들릴 뿐만 아니라 그 대학교에는 "행정가"가 여러 명 있을 수도 있다. 마찬가지로 어떤 사람이 평소에 전문적으로 하는 일 또는 직업을 말할 때는 "작사가", "작곡가", "연주가" 등으로 써야 하고, 어느 특정한 곡을 작사하거나 작곡하거나 연주하면, 그런 사람은 "작사자", "작곡자", "연주자"라고 해야 귀에 거슬리지 않는다. 영어로는 "행정가"와 "행정자"를 두 개의 단어로 구분할 수 없고, "작곡가"와 "작곡자"도 다른 단어로 표현할 수 없다. 영어로는 "행정가"와 "행정자"가 둘 다 "administrator"이고, "작곡가"와 "작곡자"가 모두 "composer"이다. 그러나 우리말의 용례에 있어서는 그 뉘앙스가 사뭇 다르게 들린다. 우리말이 풍기는 묘미라 하겠다.

B. "-수(手)"/"손"은 무엇을 의미하는가?

사람이 하는 일 중에서 손이 하는 일이 가장 많은 것은 사실이다. 그러나 손이 모든 일을 다 하는 것은 아니다. 운동경기를 잘하는 사람을 모두 "선수(選手)"라고 하는 데는 어폐가 있다. 달리기나 축구를 잘하는 사람은 손보다는 발이나 다리를 더 많이 사용하므로 "선수(選手)"보다는 "선족(選足)"이나 "선각(選脚)"이란 말이 더 적합하지 않나 싶다. 그러나 아무도 그렇게 부르지 않고, 당연히 "선수(選手)"라고 칭한다. 기수(旗手), 목수(木手), 운전수(運轉手), 조수(助手) 등은 주로 손으로 일하는 사람들이니까 "-수(手)" 자가 잘 어울린다. 그런데 "가수(歌手)"와 "나팔수(喇叭手)"에 이르면 "수(手)"의 의미에 대하여 다시 생각하지 않을 수 없다. "가수"와 "나팔수"는 입을 주로 사용하는 전문가인데, 어찌하여 "손[手]"으로 대표되고 있는지 이상한 일이 아닐 수 없다. 그렇다고 "가구(歌口)"와 "나팔구(喇叭口)"라는 단어를 새로 만들어 쓸 수는 없다. 이럴 경우, "손"은 우리의 몸을 대표하는 지체로서 한 개인을 통째로 지칭하는 것으로 봐야 할 것이다. 그래서 무슨 운동을 하든지 "선수(選手)"라 하고, 비록 입으로 연주하는 사람도 "가수" 또는 "나팔수"라고 일컫는 것이다.

C. "-사(師)", "-사(士)", "-사(事)", "-사(使)", "-사(仕)"의 구별

이 다섯 글자를 접미사로 사용할 때는 약간의 주의가 필요하다. "목사", "교사", "의사"는 "-사(師)"이고, "변호사", "법무사", "세무사"는 "-사(士)"이며, "판사"와 "검사"는 "-사(事)"이고, "관찰사"와 "도통사"는 " - 사(使)"이다. 그리고 "요리사", "이발사", "미용사"는 " - 사(師)"인 반면에, "영양사", "정비사"와 "기사"는 " - 사(士)"이고, "대사"는 "大使"로 쓰고, "영사"는 "領事"로 써야 맞는다. "목사"는 "牧師"로 쓰느냐 "牧使"로 쓰느냐에 따라서 뜻이 전혀 다른 단어가 된다. " - 사(仕)"는 "사동(使童)"을 뜻하는 "급사(給仕)"라는 단어에 쓰였다. 이러한 차이점들을 파악하고 이 단어들에 맞는 한자와 용도를 제대로 알고 사용하는 이들이 얼마나 될까? 이러한 미묘(微妙)한 차이들은 우리말의 묘미(妙味)이기도 하지만 때로는 우리를 귀찮게 하는 요인도 된다. 그래도 알아야 할 사람들은 다 알아야 한다.

D. 설명이 되지 않는 것들

문학을 하는 사람들을 일컫는 단어들 가운데서 "소설가"와 "수필가"와 "극작가"와 "평론가"는 " - 가(家)"인 반면에, "문인"과 "시인"은 왜 " - 인(人)"인가? 농사짓는 사람은 "농민(農民)"이라 하고, 고기를 잡는 사람은 "어민(漁民)"이라 하는데, 왜 장사하는 사람은 "상민(商民)"이라 하지 않고 "상인(商人)"이라고 할까? "공인(工人)"도 마찬가지다. 이런 질문에 대해서는 아무도 흡족한 대답을 할 수가 없다. 그냥 그렇게 쓰기로 했기 때문이다. 바로 위에서 지적한 것처럼 "변호사"와 "법무사"는 " - 사(士)"로 쓰고, "판사"와 "검사"는 " - 사(事)"로 쓰는 까닭이 무엇인가? "대사"는 " - 사(使)"로 쓰고, "영사"는 " - 사(事)"로 쓰는 이유를 말해보라. "요리사"와 "조리사"와 "영양사"는 동일한 공간인 주방(廚房)을 배경으로 함께 일하거나 음식과 관련된 전문인들인데, 왜 "요리사"와 "조리사"는 " - 사(師)"이고, "영양사"는 " - 사(士)"인가? "스승[師]"이 더 높은가, "선비[士]"가 더 높은가? 그 까닭을 시원하게 설명해줄 사람이 없다. 단지 그렇게 되어 있는 결과만 수용할 따름이다. 굳이 이유를 든다면 그렇게 하는 것이 우리의 전통이고, 그 글자로 쓰는 것이 표준어가 되었기 때문이다.

E. 접미사의 진화(進化)

"간호사"는 애초에 여성들만 택하는 직업이어서 "간호부(看護婦)"라 불렸다. 그러다가 남성들도 이 직업을 택하게 되자 "간호부"를 버리고 "간호원(看護員)"이라는 남녀 통칭 용어로 바꾸어 부르기 시작했다. 그로부터 세월이 좀 더 흘러서 그 직업에 대한 사회적 인식이 점점 높아지자 "간호원" 대신에 "간호사(看護師)"라는 새 호칭을 사용하게 되었다.

다른 한편으로, 자동차를 운전하는 사람을 원래 "운전수(運轉手)"라고 불렸다. 그러다가 그 직종에 종사하는 사람들을 우대하려는 뜻에서 "운전사(運轉士)" 또는 "운전기사(運轉技士)"라고 칭하게 되었다. 그래서 "운전수"라는 말은 "간호부"라는 단어와 함께 이제는 거의 사어(死語)가 되었다.

이러한 사례들은 그 직종에 종사하는 사람들의 격을 높여주려는 의도에서 나온 것이므로 바람직한 일이다. 이와 같은 호칭의 변화를 "접미사의 진화(進化)"라 칭하면 좋을 것 같다. 이러한 진화는 사회를 아름답고 밝게 하는 데 기여할 것이다.

이상에서 본 바와 같이, 우리는 사람을 가리킬 때, 60여 개나 되는 다양한 접미사들을 사용함으로써 각양각색의 칭호들을 만든다. 이것은 한국어가 가지고 있는 가장 두드러진 특징들 중의 하나이다. 이러한 현상의 배후에는 아마도 두 가지 이유가 있지 않을까 싶다. 첫째는 긍정적인 측면으로서 우리말이 가진 접미사의 풍부함이다. 한국어는 이런 면에서 매우 독특한 언어라고 할 수 있다. 둘째는 부정적인 측면으로서 한국인의 의식에 사람들을 높낮이와 동아리에 따라 구분하여 칭하는 경향이 있음을 반영하는 것이다. 말하자면 인간을 계층화(階層化)하는 습성이 여기에 나타난 것으로 보인다. 이런 특징들을 고려할 때, 외국인이 한국어를 배우기가 얼마나 어려울까 하는 생각이 든다. 일단 배우고 나면 정말 아름답고 훌륭한 언어이지만 배우는 과정은 무척 어려운 것이 한국어일 것이다.

표현을 강조하고 의미를 강화하는 중첩어(重疊語)와 반복어(反復語)

1. 또 하나의 특징: "중첩어"와 "반복어"

한국어가 가진 또 하나의 두드러진 특징이자 묘미(妙味)는 중첩어(重疊語)와 반복어(反復語)를 매우 자주 사용하는 것이다. 여기서 "중첩어"란 한 개의 글자를 2회 연거푸 사용한 단어를 가리키고, "반복어"는 두 개 이상의 글자의 전부 또는 일부를 반복한 단어를 가리킨다. "중첩어"의 예를 든다면, "꼭꼭", "살살", "천천히", "쓸쓸하다", "각각(各各)", "등등(等等)", 등이 있고, "반복어"의 예는 "부들부들", "종알종알", "알쏭달쏭", "우물우물", "우물쭈물", "주물럭주물럭", "엎치락뒤치락", "가가호호(家家戶戶)", "시시비비(是是非非)", "겸사겸사(兼事兼事)", "차례차례(次例次例)", 등이다. 이런 단어들은 표현을 강조하거나 의미를 강화하기 위하여 만들어졌다.

일본어에도 "色々"(いろいろ, iro-iro, "여러 가지"), "時々"(ときどき, toki-doki, "때때로"), "様々"(さまざま, sama-zama, "온갖, 다양한"), "あつあつ"(atsu-atsu, "따끈따끈"), "いそいそ"(iso-iso, "허겁지겁"), "もしもし"(moshi-moshi, "여보세요"), "おどおど"(odo-odo, "주뼛주뼛"), "おいおい"(oi-oi, "엉엉"), "きらきら"(kira-kira, "반짝반짝"), "ぴかぴか"(pika-pika, "번쩍번쩍"), "うつらうつら"(utsura-utsura, "꾸벅꾸벅")와 같은 중첩어 또는 반복어가 꽤 많이 있다.

중국어에도 "謝謝"(xiè xie), "歷歷"(lì lì), "轟轟"(hōng hōng), "宏宏"(hóng hóng)과 같은 중첩어가 있고, "永遠"(yǒng yuǎn)의 의미를 강조하는 "永永遠遠"(yǒng yǒng yuǎn yuǎn), "平安"(píng ān)의 의미를 강조하는 "平平安安"(píng píng ān ān), 그리고 "轟轟隆隆"(hōng hōng lōng lōng, "쿵쾅쿵쾅"), "零零碎碎"(líng líng suì suì, "자질구레, 잡동사니"), "甜甜蜜蜜"(tián tián mì mì, "알콩달콩"), "跌跌撞撞"(diē diē zhuàng zhuàng, "비실비실, 비틀비틀"), "高高興興"(gāo gāo xīng xīng, "희희낙락"), "明明白白"(míng míng bái bái, "명명백백"), "浩浩蕩蕩"(hào hào dàng dàng, "호탕호탕"), "昏昏沉沉"(hūn hūn chén chén, "어질어질"), "口口聲聲"(kǒu kǒu shēng shēng, "말끝마다"), "婆婆媽媽"(pó pó mā mā, "우물쭈물, 이러쿵저러쿵"), "認認眞眞"(rèn rèn zhēn zhēn, "진지하다, 성실하다"), "馬馬虎虎"(mǎ mǎ hǔ hǔ, "대충대충"), "鬼鬼祟祟"(guǐ guǐ suì suì, "남몰래 숨어서, 꿍꿍이"), "各式各樣"(gè shì gè yàng, "각양각색"), "戀戀不捨"(liàn liàn bù shě, "연연하여 못 버리다, 몹시 아쉬워하다")와 같은 중첩어 또는 반복어가 상당히 많이 있다. 하지만 한국어에서 중첩어와 반복어는 다른 어떤 언어에서도 유례를 찾아볼 수 없을 정도로 광범하고 빈번하게 사용되고 있다.

2. 중첩어(重疊語)

중첩어에는 다음과 같은 형태들이 있다.

(1) 고유어(固有語)로 된 부사(副詞) 고유 AA

이것은 주로 동사(動詞) 앞에 놓여서 그 동사의 행동이나 움직임 또는 모양이나 소리를 생생하게 형용(形容)하는 역할을 하는 부사이다. 예를 들면 다음과 같다.

감감, 깜깜[무소식], 게게[침을 흘리다], 골골[앓다], 구구[닭을 부를 때], 깔깔, 깰깰, 껄껄[웃다], 꺅꺅[닭, 오리의 소리], 꺌꺌[암탉, 갈매기의 소리], 꺽꺽[장끼의 소리], 꼬꼬[닭 울음], 꼭꼭[숨다, 암탉소리], 꼴꼴, 꿀꿀[흐르다], 꽁꽁[얼다, 앓다], 꽉꽉[채우다], 꽐꽐, 꿜꿜[흐르다], 꽝꽝[터지다], 꽥꽥[소리 지르다], 꽹꽹[꽹과리를 치다], 꾀꾀[마르다], 꾹꾹[누르다], 꿍꿍[앓다], 끙끙[앓다], 끽끽[소리 지르다], 낄낄[웃다], 낑낑[애쓰다], 내내[잘 있다], 냠냠[맛있게 먹다], 달달[구르다, 볶다, 외우다], 댕댕, 뎅뎅[울리다], 덜덜[떨다], 돌돌[구르다], 동동[구르다, 뜨다], 둘둘[말다, 구르다], 둥둥[떠다니다], 들들[볶다], 딱딱[소리 나다], 딸딸[볶다], 땅땅, 떵떵[거들먹거리다], 땡땡[종 치다], 떵떵[큰소리치다], 똘똘[뭉치다], 뚝뚝[떨어지다], 띵띵[붓다], 멍멍[짖다], 박박, 빡빡[긁다, 얽다, 우기다], 발발, 벌벌[떨다], 배배[꼬다], 뱅뱅, 빙빙, 뺑뺑[돌다], 벌벌[기다], 비비[감다], 빨빨[쏘다니다], 빵빵[경적 울리다], 빼빼[마르다], 뻘뻘[땀나다], 뻥뻥[구멍이 뚫리다], 삐삐[피리를 불다], 삭삭, 싹싹[비비다, 빌다], 살살[문지르다], 설설[기다, 끓다, 시작하다], 속속[들어오다], 솔솔[바람이 불다], 쌀쌀[새다, 흐르다], 술술[내려가다], 솜솜, 숨숨

[패이다], 송송, 숭숭[구멍이 나다], 솨솨[바람소리], 살살[물이 흐르다], 술술[내려가다, 새다], 쉬쉬[덮다], 슬슬[피하다], 실실[웃다], 싹싹[빌다], 쌕쌕[잠자다], 쌩쌩[달리다], 쑥쑥[자라다], 쓱쓱[문지르다], 씽씽[바람이 불다], 아아[기쁘다], 앙앙, 엉엉[울다], 왕왕[떠들다], 용용[죽겠지], 우우[야유하다], 웩웩[게우다], 윙윙[바람 불다], 잉잉[울다], 작작, 짝짝[먹다, 신을 끌다], 잘잘, 절절[끓다], 족족[찢다, 보는-], 졸졸, 줄줄, 좔좔, 쫠쫠[흐르다], 좍좍[쏟아지다, 읽다], 죽죽[비가 내리다], 줄줄, 쭐쭐[새다], 직직[끌다], 질질, 찔찔[끌다, 흘리다], 징징[짜다, 울다], 짹짹[새가 울다], 쨍쨍[햇빛 나다], 쩔쩔[매다, 끓다], 쩝쩝[입을 다시다], 쩡쩡[세도를 부리다], 쫄쫄[굶다], 쭉쭉[뻗다], 쯧쯧[혀 차는 소리], 착착[달라붙다], 찬찬[감다], 찰찰, 철철, 촐촐, 출출[넘치다], 척척[해내다], 철철[물이 넘치다] 총총[별이 빛나다], 친친[감다], 칭칭[동이다], 콜콜, 쿨쿨[잠자다], 콸콸, 퀄퀄[흐르다], 콱콱[막히다], 쾅쾅, 퀄퀄[쏟아지다, 쾅쾅[터지다], 국국[찌르다], 쿨쿨[잠자다], 쿵쿵[부딪치다], 킁킁[콧소리], 킬킬[웃다], 킹킹[보채다], 탁탁, 턱턱[숨이 막히다, 해치우다], 탈탈, 털털[털다], 탕탕[쏘다, 치다], 탱탱[차 있다], 털털[털다], 텅텅[비다], 통통, 퉁퉁[붓다, 북소리], 툭툭[치다, 건드리다], 퉤퉤[뱉다], 팍팍[내지르다], 팔팔, 펄펄[끓다, 휘날리다], 팡팡, 펑펑[눈이 쏟아지다], 퍽퍽[쓰러지다, 대들다], 펄펄, 폴폴, 풀풀[날다, 끓다], 펑펑[눈물을 쏟다, 눈이 내리다], 퐁퐁, 풍풍[물이 쏟아지다], 푸푸[내뿜다], 푹푹[날씨가 찌다], 풀풀[끓다, 날리다], 픽픽[쓰러지다], 핑핑[총알이 날아가다], 하하, 허허, 호호, 히히[웃다], 할할, 헐헐[숨이 차다], 확확[내뿜다], 활활[타오르다], 홰홰[내두르다], 홀홀, 훌훌[날다, 벗다, 털다], 회회[감다], 훅훅[내뿜다], 훌훌[털다, 날다], 휠휠[날아가다, 타오르다], 휘휘[내두르다, 늘어지다, 감다], 휙휙[던지다, 달리다], 흑흑[흐느끼다], 흥흥[코웃음치다], 등등.

중첩어의 대부분은 의성어(擬聲語) 또는 의태어(擬態語)이다. 이것은 우리말이 소리와 모양을 모방하거나 묘사하기에 매우 적합한 표음문자를 가지고 있기 때문에 일어나는 현상이다. 이것 역시 우리말이 가지는 독특하면서 우수한 면이라 할 수 있다. 이렇게 우리말만큼 각양한 소리와 모양을 자유자재(自由自在)로 표현할 수 있는 다른 언어는 없을 것이다.

이상에서 본 두 글자로 된 부사들 외에도 끝에 다른 글자가 붙은 부사 또는 다른 품사에 속하는 고유어 중첩어들도 많이 있다. 예를 들면, "갑갑증(-症)", "개개비", "건건이", "결결이", "겹겹이", "곰곰이", "곳곳", 긴긴밤, 긴긴해, "깐깐이", 깜깜이, "깡깡이", "깽깽이", "꼬꼬마", "꽝꽝나무", "꾀꾀로", "꿀꿀이", "꿍꿍이(-셈, -속, -수작[酬酌])", "끈끈이", "끝끝내", "나날이", "낱낱이", "냠냠이", "내내", 다다귀, "다달이", "댕댕이", "더더귀", "동동주(酒)", "됨됨이", "두두룩", "두둥실", "딱딱이", "땀땀이", "때때로", "땡땡이", "뚱뚱보", "맛맛으로", "멍멍이", "몇몇", "모모이", "몫몫이", "물물이", "박박이", "발발이(→발바리)", "벅벅이", "비비적", "비비추", "빡빡이", "뺑뺑이", "뻐뻑이", "뿔뿔이", "샅샅이", "생생이", "솔솔이", "스스럼", "스스로", "시시덕", "쌕쌔기", "씀씀이", "알알이", "올올이", "줄줄이", "지지난", "지지리", "집집(마다)", "짬짬이", "쪽쪽이", "쫄쫄이", "(코)찡찡이", "철철이", "켜켜이", "쿵쿵이", "털털이", "통통배", "퉁퉁증(症)", "틈틈이", "판판", "판판이", "팔팔결", "팽팽이", "푼푼이", "헛헛증(症)", "훌훌히", "힘힘히", 등이다. 이런 사례는 우리말이 가지는 독특한 현상을 보여주며, 동일한 글자를 반복함으로써 그것의 모양이나 소리 또는 움직임을 강화하거나 빈도(頻度)를 강조하는 효과를 낸다. [카카오, 코코넛, 코코아].

(2) 한자어(漢字語)로 된 중첩어 `한자 AA`

여기에는 부사뿐만 아니라 다른 품사에 속하는 단어들도 포함되어 있고, 중첩된 글자 다음에 다른 글자가 더해진 단어들도 많이 있다. 예를 들면, "가가(家家)", "가가례(家家禮)", "각각(各各)", "각각(刻刻)으로", "간간(間間)이", "개개(箇箇)", "개개인(箇箇人)", "거거년(去去年)", "거거번(去去番)", "거거월(去去月)", "거거일(去去日)", "건건(件件)이", "경경(耿耿)", "공공연(公公然)", "구구(九九)", "구구단(九九段)", "구구법(九九法)", "구구(句句)이", "근근(近近)", "근근(僅僅)이", "낙락(落落)", "누누(累累)이", "대대(代代)로", "대대적(大大的)", "동동(動動)", "동동무(動動舞)", "등등(等等)", "마마(媽媽)¹⁾", "마마(媽媽)²⁾", "막막조(邈邈調)", "만만(萬萬)", "만만띠[漫漫的]", "만만세(萬萬歲)", "맥맥(脈脈)히", "면면(面面)이", "명명덕(明明德)", "모모(某某)한", "모모인(某某人)", "방방(房房)이", "번번(番番)이", "별별(別別)", "복복선(複複線)", "분분설(紛紛雪)", "비비(狒狒)", "비비(比比)", "삭삭(數數)", "생생가(生生家)", "서서(徐徐)히", "성성(星星)", "성성(猩猩)이", "세세(歲歲)토록", "속속(續續)", "속속(速速)히", "시시(時時)로", "신신(申申)", "쌍쌍(雙雙)", "암암리(暗暗裡)", "연년(年年)(이)", "연년생(年年生)", "영영(永永)", "올올(兀兀)", "왕왕(往往)", 원원(元元)이, "일일(日日)", "일일(一一)이", "장장(長長)", "장장(張張)이", "전전년(前前年)", "전전(前前)달", "전전번(前前番)", "전전월(前前月)", "절절(節節)이", "점점(漸漸)", "점점(點點)이", "조조(條條)이", "족족(簇簇)히", "종종(種種)", "차차(次次)", "찰찰(察察)", "참참(站站)이", "처처(處處)", "첩첩

(疊疊)", "첩첩(喋喋)", "총총(忽忽)", "층층(層層)", "탕탕(蕩蕩)", "편편(翩翩)", "편편(片片)이", "편편(便便)이", "편편금(片片金)", "행행연(悻悻然)", "호호(戶戶)", "호호야(好好爺)", "호호인(好好人)", "후후년(後後年)", 등등.

조선 중기의 고승(高僧) 오태능(吳太能, 1563~1649, 호는 소요[逍遙])은 다음과 같은 한시를 썼다. 이 시에서 선사(禪師)는 한자로 된 중첩어 한자 AA 를 절묘하게 사용하였다.

山矗矗(산촉촉)
산은 우뚝우뚝 솟았고,

水冷冷(수랭랭)
물은 쌀쌀하게 차갑고,

風習習(풍습습)
바람은 솔솔 불어오며,

花冥冥(화명명)
꽃은 가물가물 피었네.

活計只如此(활계지여차)
다만 이와 같이 살으리.

何用區區順世情(하용구구순세정)
뭣 때문에 힐끔힐끔 세인의 뜻을 엿보는가.

(3) 고유어로서 중첩어를 가진 동사 또는 형용사

고유 AA+하다/거리다

간간하다, 갈갈하다, 감감하다, 갑갑하다, 개개다, 개개빌다, 건건하다, 걸걸하다, 골골거리다, 골골하다, 괄괄하다, 괴괴하다, 근근하다, 깐깐하다, 깔깔대다, 깔깔하다, 깜깜하다, 깽깽거리다, 꺽꺽하다, 껄껄하다, 껌껌하다, 꼼꼼하다, 꼽꼽하다, 꼿꼿하다, 꽝꽝거리다, 꽛꽛하다, 꽹꽹거리다, 꿋꿋하다, 끈끈하다, 끌끌하다, 끙끙거리다, 낄낄거리다, 낑낑거리다, 낙낙하다, 낫낫하다, 냠냠하다, 넉넉잡다, 넉넉하다, 눅눅하다, 눌눌하다, 늡늡하다, 단단하다, 달달하다, 답답하다, 댕댕하다, 덤덤하다, 데데하다, 도도하다, 돌돌하다, 동동거리다, 든든하다, 딩딩하다, 딱딱거리다, 딱딱하다, 딴딴하다, 땅땅거리다, 땡땡하다, 떨떨하다, 떳떳하다, 떵떵거리다, 똑똑하다, 똘똘하다, 똥똥하다, 뚝뚝하다, 뚱뚱하다, 띵띵하다, 만만하다, 맥맥하다, 맷맷하다, 먹먹하다, 멍멍하다, 문문하다, 밋밋하다, 밍밍하다, 반반하다, 뱐뱐하다, 번번하다, 벙벙하다, 변변하다, 비비다, 비비대다, 빈빈하다, 빡빡하다, 빤빤하다, 빳빳하다, 빨빨거리다, 빳빳하다, 빵빵거리다, 빵빵하다, 빽빽하다, 뺑뺑하다, 뻑뻑하다, 뻔뻔하다, 뻣뻣하다, 뻥뻥하다, 삭삭거리다, 산산하다, 삼삼하다, 선선하다, 섭섭하다, 솜솜하다, 수수하다, 쉬쉬하다, 습습하다, 시시하다, 심심하다, 싱싱하다, 싹싹하다, 쌀쌀맞다, 쌀쌀하다, 쌕쌕거리다, 쌩쌩하다, 썩썩하다, 썰썰하다, 쏠쏠하다, 쑬쑬하다, 쓸쓸하다, 씩씩거리다, 씩씩하다, 씽씽하다, 알알하다, 암암하다, 앙앙거리다, 약약하다, 얼얼하다, 왈왈하다, 왕왕거리다, 웅웅거리다, 웩웩거리다, 웽웽거리다, 윙윙거리다, 잉잉거리다, 작작거리다, 재재하다, 존존하다, 종종거리다, 줄줄거리다, 지지다, 지지하다, 짐짐하다, 징징거리다, 징징하다, 짭짭하다, 짯짯하다, 짱짱하다, 짹짹거리다, 쨍쨍거리다, 쨍쨍하다, 쩔쩔매다, 쩟쩟하다, 쩡쩡하다, 쩨쩨하다, 쫀쫀하다, 쫄쫄거리다, 쫄쫄거리다, 찜찜하다, 찝찝하다, 찡찡하다, 찬찬하다, 찹찹하다, 척척하다, 천천하다, 촉촉하다, 촘촘하다, 총총하다, 축축하다, 출출하다, 츱츱하다, 충충하다, 칙칙하다, 칠칠하다, 칼칼하다, 캄캄하다, 컬컬하다, 컴컴하다, 쾨쾨하다, 쿡쿡거리다, 쿨쿨거리다, 퀴퀴하다, 킬킬거리다, 탁탁하다, 탱탱하다, 털털하다, 텁텁하다, 톡톡하다, 통통하다, 툭툭하다, 툴툴거리다, 툽툽하다, 퉁퉁하다, 튼튼하다, 팍팍하다, 판판하다, 팔팔뛰다, 팔팔하다, 팡팡거리다, 팽팽하다, 퍼퍽하다, 펄펄뛰다, 펄펄하다, 펑펑거리다, 푹푹하다, 푼푼하다, 풀풀하다, 풍풍거리다, 핑핑하다, 함함하다, 헛헛하다, 홀홀하다, 훌훌하다, 훔훔하다, 훗훗하다, 휘휘하다, 흥흥거리다, 히히거리다, 등등.

(4) 한자(漢字)로 중첩어를 가진 경우 한자 AA+하다

가가(呵呵)하다, 간간(侃侃)하다, 간간(衎衎)하다, 강강(剛剛)하다, 걸걸(傑傑)하다, 겁겁(劫劫)하다, 경경(輕輕)하다, 곤곤(滾滾)하다, 공공연(公公然)하다, 괴괴(怪怪)하다, 굉굉(轟轟)하다, 교교(皎皎)하다, 구구(區區)하다, 근근(勤勤)하다, 급급(汲汲)하다, 급급(岌岌)하다, 급급(急急)하다, 낙락(落落)하다, 낭랑(朗朗)하다, 낭랑(浪浪)하다, 낭랑(琅琅)하다, 냉랭(冷冷)하다, 녹록(碌碌)하다, 늠름(凜凜)하다, 담담(淡淡)하다, 당당(堂

堂)하다, 도도(滔滔)하다, 도도(陶陶)하다, 동동(憧憧)하다, 막막(漠漠)하다, 막막(寞寞)하다, 만만(滿滿)하다, 만만(漫漫)하다, 망망(忙忙)하다, 망망(茫茫)하다, 매매(昧昧)하다, 면면(綿綿)하다, 명명(明明)하다, 명명(冥冥)하다, 묘묘(杳杳)하다, 묘묘(淼淼)하다, 무무(貿貿)하다, 묵묵(默默)하다, 문문(問問)하다, 미미(微微)하다, 민민(憫憫)하다, 발발(勃勃)하다, 범범(泛泛)하다, 분분(紛紛)하다, 분분(芬芬)하다, 빈빈(彬彬)하다, 빈빈(頻頻)하다, 사사(私私)롭다, 사사(邪邪)스럽다, 삽삽(颯颯)하다, 삽삽(澁澁)하다, 생생(生生)하다, 섬섬(閃閃)하다, 성성(星星)하다, 세세(細細)하다, 소소(蕭蕭)하다, 소소(昭昭)하다, 소소(騷騷)하다, 소소(小小)하다, 소소(少少)하다, 수수(愁愁)롭다, 숙숙(肅肅)하다, 순순(順順)하다, 순순(諄諄)하다, 습습(習習)하다, 승승(繩繩)하다, 신신(新新)하다, 심심(深深)하다, 아아(峨峨)하다, 암암(岩岩)하다, 앙앙(怏怏)하다, 애애(哀哀)하다, 애애(藹藹)하다, 애애(靄靄)하다, 약략(略略)하다, 양양(洋洋)하다, 양양(揚揚)하다, 엄엄(嚴嚴)하다, 엄엄(奄奄)하다, 엄엄(掩掩)하다, 역력(歷歷)하다, 연련(戀戀)하다, 염염(冉冉)하다, 염염(炎炎)하다, 영영(盈盈)하다, 영영(營營)하다, 올올(兀兀)하다, 완완(婉婉)하다, 완완(緩緩)하다, 왕왕(汪汪)하다, 외외(巍巍)하다, 요요(搖搖)하다, 요요(夭夭)하다, 요요(姚姚)하다, 요요(遙遙)하다, 요요(擾擾)하다, 용용(溶溶)하다, 욱욱(郁郁)하다, 운운(云云)하다, 울울(鬱鬱)하다, 원원(源源)하다, 유유(唯唯)하다, 유유(幽幽)하다, 유유(悠悠)하다, 은은(殷殷)하다, 은은(隱隱)하다, 음음(陰陰)하다, 읍읍(悒悒)하다, 의의(依依)하다, 의의(猗猗)하다, 인린(燐燐)하다, 자자(藉藉)하다, 자자(孜孜)하다, 잔잔(潺潺)하다, 잠잠(潛潛)하다, 쟁쟁(錚錚)하다, 쟁쟁(琤琤)하다, 적적(寂寂)하다, 전전(轉轉)하다, 절절(切切)하다, 정정(亭亭)하다, 정정(淨淨)하다, 정정(井井)하다, 제제(濟濟)하다, 조조

(躁躁)하다, 족족(足足)하다, 족족(簇簇)하다, 지지(遲遲)하다, 진진(津津)하다, 착착(鑿鑿)하다, 찬찬(燦燦)하다, 찬찬(粲粲)하다, 창창(蒼蒼)하다, 처처(萋萋)하다, 처처(凄凄)하다, 처처(悽悽)하다, 첩첩(疊疊)하다, 첩첩(喋喋)하다, 청청(靑靑)하다, 청청(淸淸)하다, 촉촉(矗矗)하다, 촉촉(數數)하다, 총총(叢叢)하다, 총총(蔥蔥)하다, 총총(怱怱)하다, 침침(沈沈)하다, 침침(駸駸)하다, 쾌쾌(快快)하다, 탄탄(坦坦)하다, 탐탐(耽耽)하다, 탕탕(蕩蕩)하다, 팽팽(膨膨)하다, 편편(便便)하다, 평평(平平)하다, 표표(表表)하다, 표표(飄飄)하다, 허허(虛虛)롭다, 혁혁(赫赫)하다, 혁혁(奕奕)하다, 형형(熒熒)하다, 형형(炯炯)하다, 호호(浩浩)하다, 호호(晧晧)하다, 황황(皇皇)하다, 황황(遑遑)하다, 황황(煌煌)하다, 훈훈(薰薰)하다, 훈훈(醺醺)하다, 훙훙(薨薨)하다, 흉흉(洶洶)하다, 흔흔(欣欣)하다, 등등. "지지(支持)하다"와 "함함(頷頷)하다"도 이 부류에 들어갈 수 있을 것이다.

3. 반복어(反復語)

여기서 "반복어"라 함은 하나의 단어에서 두 개 이상의 글자가 반복된 경우를 가리킨다. 여기에는 꽤 여러 형태가 있으므로 하나씩 차례로 살펴보려 한다.

(1) 네 글자 또는 다섯 글자로 된 고유어로서, 처음 두 글자가 중첩어이고, 그 다음 두 글자도 또 다른 중첩어인 경우 `고유 AA+BB`

골골샅샅이, 비비배배, 시시콜콜, 죄죄반반, 지지배배, 칙칙폭폭, 회회찬찬, 휘휘친친, 등등.

(2) 네 글자로 된 한자어로서, 처음 두 글자가 중첩어이고, 그 다음 두 글자도 또 다른 중첩어인 경우 `한자 AA+BB`

가가호호(家家戶戶), 건건사사(件件事事), 경경각각(頃頃刻刻), 경경열열(哽哽咽咽), 계계승승(繼繼承承), 공공적적(空空寂寂), 구구절절(句句節節), 근근자자(勤勤孜孜), 기기묘묘(奇奇妙妙), 대대손손(代代孫孫), 동동촉촉(洞洞屬屬), 명명백백(明明白白), 방방곡곡(坊坊曲曲), 사사건건(事事件件), 사사물물(事事物物), 삼삼오오(三三五五), 세세손손(世世孫孫), 세세연년(歲歲年年), 소소명명(昭昭明明), 시시각각(時時刻刻), 시시비비(是是非非), 시시종종(時時種種), 언언사사(言言事事), 연년세세(年年歲歲), 영령쇄쇄(零零碎碎), 영령쇄쇄(零零瑣瑣), 영영급급(營營汲汲), 영영원원(永永遠遠), 영영축축(營營逐逐), 올올고봉(兀兀高峯), 울울창창(鬱鬱蒼蒼), 유유낙낙(唯唯諾諾), 유유범범(悠悠泛泛), 자자손손(子子孫孫), 재재소소(在在所所), 전전긍긍(戰戰兢兢), 전전율률(戰戰慄慄), 정정당당(正正堂堂), 정정방방(正正方方), 정정백백(正正白白), 제제창창(濟濟蹌蹌), 종종색색(種種色色), 중중첩첩(重重疊疊), 창창울울(蒼蒼鬱鬱), 천천만만(千千萬萬), 청청백백(淸淸白白), 탕탕평평(蕩蕩平平), 허허공공(虛虛空空), 허허실실(虛虛實實), 형형색색(形形色色), 호호막막(浩浩漠漠), 호호탕탕(浩浩蕩蕩), 훤훤효효(喧喧囂囂), 희희낙락(喜喜樂樂), 등등. 신조어 "구구팔팔(九九八八)"도 이 부류에 속하고, "시시(時時)때때"도 여기에 포함시킬 수 있을 것이다.

(3) 네 글자로 된 고유어로서 처음 두 글자가 중첩어이고, 그 다음 두 글자는 중첩어가 아닌 경우 `고유 AA+BC`

갑갑궁금하다, 강강술래(=강강수월래), 거무칙칙, 건건찝질, 까까머리, 까까중, 깜깜나라, 깽깽매미, 깽깽이풀, 껌껌나라, 꼼꼼쟁이, 꼽꼽쟁이, 꽝꽝나무, 더더구나(=더더군다나), 동동걸음, 따따부따, 딱따구리, 만만쟁이, 속속들이, 솔솔바람, 수수께끼, 시시껄렁, 시시부지, 시시풍덩, 심심풀이, 장장치기, 종종걸음, 지지난달, 총총걸음, 캄캄나라, 통통걸음, 퉁퉁걸음, 허허바다, 허허벌판, 등등.

(4) 네 글자로 된 한자어로서 처음 두 글자만 중첩어이고, 그 다음 두 글자는 중첩어가 아닌 경우 [한자 AA+BC]

가가대소(呵呵大笑), 가가문전(家家門前), 간간대소(衎衎大笑), 개개고찰(箇箇考察), 개개승복(箇箇承服), 거거익심(去去益甚), 경경고침(耿耿孤枕), 경경불매(耿耿不寐), 고고지성(呱呱之聲), 골골무가(汨汨無暇), 괴괴망측(怪怪罔測), 교교백구(皎皎白駒), 교교월색(皎皎月色), 구구불일(區區不一), 구구사정(區區私情), 구구생활(區區生活), 권권복응(拳拳服膺), 권권불망(眷眷不忘), 근근득생(僅僅得生), 근근부지(僅僅扶持), 낙락장송(落落長松), 노노발명(呶呶發明), 다다익선(多多益善), 단단무타(斷斷無他), 단단상약(斷斷相約), 막막강궁(莫莫强弓), 막막강병(莫莫强兵), 막막궁산(莫莫窮山), 막막대해(漠漠大海), 만만다행(萬萬多幸), 만만부당(萬萬不當), 만만불가(萬萬不可), 만만출세(萬萬出世), 망망대해(茫茫大海), 면면상고(面面相顧), 모모제인(某某諸人), 묵묵부답(默默不答), 물물교환(物物交換), 복복장자(福福長子), 비비개연(比比皆然), 비비유지(比比有之), 사사불성(事事不成), 사사언청(事事言聽), 사사여의(事事如意), 생생발전(生生發展), 생생지리(生生之理), 생생화육(生生化育), 섬섬약골(纖纖弱骨), 섬섬약질(纖纖弱質), 섬섬옥수(纖纖玉手), 소소곡절(小小曲折), 소소응감(昭昭應感), 신신당부(申申當付), 신신부탁(申申付託), 심심산천(深深山川), 심심상인(心

心相印), 심심장지(深深藏之), 앙앙불락(怏怏不樂), 앙앙지심(怏怏之心), 양양자득(揚揚自得), 연련불사(戀戀不捨), 영영무궁(永永無窮), 영영방매(永永放賣), 올올고봉(兀兀高峯), 요요무문(寥寥無聞), 울울불락(鬱鬱不樂), 유유도일(悠悠度日), 유유상종(類類相從), 유유자적(悠悠自適), 유유창천(悠悠蒼天), 자자주옥(字字珠玉), 작작유여(綽綽有餘), 장장추야(長長秋夜), 장장춘일(長長春日), 장장하일(長長夏日), 재재개의(再再改議), 적적상승(嫡嫡相承), 전전걸식(轉轉乞食), 제제다사(濟濟多士), 족족유여(足足有餘), 졸졸요당(猝猝了當), 지지부진(遲遲不進), 진진구채(陳陳舊債), 차차선책(次次善策), 찬찬옥식(粲粲玉食), 창창소년(蒼蒼少年), 첩첩산중(疊疊山中), 첩첩수심(疊疊愁心), 첩첩이구(喋喋利口), 촌촌걸식(村村乞食), 총총난필(忽忽亂筆), 층층시하(層層侍下), 탄탄대로(坦坦大路), 편편옥토(片片沃土), 헌헌장부(軒軒丈夫), 혈혈단신(孑孑單身), 호호백발(皓皓白髮), 황황망조(遑遑罔措), 「흠흠신서(欽欽新書)」, 등등.

 "수수방관(袖手傍觀)", "승승가도(乘勝街道)", "승승장구(乘勝長驅)", "연년익수(延年益壽)", "전전걸식(輾轉乞食)", "전전반측(輾轉反側)", "전전불매(輾轉不寐)"의 경우는 "수수(袖手)", "승승(乘勝)", "연년(延年)", "전전(輾轉)"이 한자는 달라도 발음이 동일하므로 여기에 언급하고 지나간다.

(5) 네 글자 또는 혼합 AA+BC(D) 단어로서 고유어와 한자어가 섞여 있는 경우

 감감무소식(無消息), 감감소식(消息), 깐깐오월(五月), 깜깜부지(不知), 깜깜무소식(無消息), 깜깜부지(不知), 깜깜소식(消息), 깜깜절벽(絕壁), 산산(散散)조각, 세세(世世)토록, 심심소일(消日), 심심파적(破寂),

쌍쌍(雙雙)파티, 지지난번(番), 집집방문(訪問), 척척박사(博士), 총총(蔥蔥)들이, 층층(層層)나무, 층층(層層)다리, 캄캄절벽(絕壁), 등등.

(6) 고유 AB+AB 고유어에서 처음 두 글자를 그대로 반복한 경우

이런 형식에 속하는 반복어가 다른 언어에 비해 우리말에 매우 많이 있는데, 이것은 우리말이 표음문자(表音文字)이기 때문에 가능한 것이고, 이 중의 다수는 의성어(擬聲語)나 의태어(擬態語)이다. 표의문자(表意文字)로는 이런 어휘를 만들기가 매우 어려울 것이다. 여기에는 네 글자로 된 부사가 대부분이지만 명사의 반복도 있고, 동사나 형용사에서 어미 "-하다"를 생략한 경우도 포함되어 있다. 예를 들면 다음과 같다.

가닐가닐, 가다가다, 가닥가닥, 가동가동, 가둥가둥, 가득가득, 가든가든, 가뜩가뜩, 가뜬가뜬, 가락가락, 가랑가랑, 가량가량, 가리가리, 가만가만, 가물가물, 가뭇가뭇, 가불가불, 가뿐가뿐, 가슬가슬, 가지가지, 가탈가탈, 간닥간닥, 간댕간댕, 간동간동, 간들간들, 간실간실, 간종간종, 간질간질, 갈강갈강, 갈걍갈걍, 갈근갈근, 갈기갈기, 갈래갈래, 갈쌍갈쌍, 갈씬갈씬, 갈피갈피, 갉작갉작, 갉죽갉죽, 감실감실, 감작감작, 강동강동, 강장강장, 개골개골, 개롱개롱, 개신개신, 갸름갸름, 갸웃갸웃, 걀쭉걀쭉, 걀쯤걀쯤, 걀찍걀찍, 거들거들, 거든거든, 거들거들, 거듬거듬, 거듭거듭, 거뜬거뜬, 거룩거룩, 거물거물, 거뭇거뭇, 거분거분, 거불거불, 거붓거붓, 거뿐거뿐, 거뿟거뿟, 거슬거슬, 거춤거춤, 거충거충, 거칠거칠, 거칫거칫, 거푸거푸, 거푼거푼, 거풀거풀, 거풋거풋, 걱실걱실, 건둥건둥, 건들건들, 건성건성, 건정건정, 건중건중, 걸근걸근, 걸씬걸씬, 걸음걸음, 검실검실, 검적검적, 겅둥겅둥, 겅정겅정, 경중경중, 게걸게걸, 겨우겨우, 격지격지, 고들고들, 고래고래, 고루고루, 고만고만, 고분고분, 고불고불, 고붓고붓, 고상고상, 고슬고슬, 고이고이, 곤두곤두, 곤지곤지, 골막골막, 골목골목, 골싹골싹, 곰상곰상, 곰실곰실, 곰작곰작, 곰질곰질, 곰틀곰틀, 곱슬곱슬, 곱이곱이, 곱작곱작, 구깃구깃, 구덕구덕, 구들구들, 구물구물, 구불구불, 구석구석, 구슬구슬, 구불구불, 구붓구붓, 구슬구슬, 구질구질, 군데군데, 굴먹굴먹, 굴썩굴썩, 굵직굵직, 굼실굼실, 굼틀굼틀, 굽실굽실, 굽이굽이, 그날그날, 그닐그닐, 그달그달, 그득그득, 그때그때, 그러그러, 그렁그렁, 그만그만, 그물그물, 근덕근덕, 근뎅근뎅, 근들근들, 근실근실, 근질근질, 글겅글겅, 글썽글썽, 긁적긁적, 긁죽긁죽, 기름기름, 기신기신, 기웃기웃, 길이길이, 길쭉길쭉, 길쯤길쯤, 길찍길찍, 까닥까닥, 까끌까끌, 까댁까댁, 까들까들, 까딱까딱, 까막까막, 까물까물, 까뭇까뭇, 까불까불, 까슬까슬, 까옥까옥, 까칠까칠, 까칫까칫, 깐닥깐닥, 깐동깐동, 깐딱깐딱, 깐작깐작, 깐질깐질, 깔끔깔끔, 깔딱깔딱, 깔짝깔짝, 깔쭉깔쭉, 깜냥깜냥, 깜박깜박, 깜작깜작, 깜짝깜짝, 깝신깝신, 깝작깝작, 깝죽깝죽, 깡똥깡똥, 깡짱깡짱, 깡쭝깡쭝, 깡충깡충, 깨갱깨갱, 깨작깨작, 깨죽깨죽, 깨질깨질, 깰깩깰깩, 꺼덕꺼덕, 꺼물꺼물, 꺼뭇꺼뭇, 꺼벅꺼벅, 꺼불꺼불, 꺼슬꺼슬, 꺼칠꺼칠, 꺼칫꺼칫, 꺽둑꺽둑, 꺽죽꺽죽, 껀둥껀둥, 껄끔껄끔, 껄떡껄떡, 껄렁껄렁, 껄쭉껄쭉, 껌적껌적, 껍신껍신, 껍적껍적, 껍죽껍죽, 껑둥껑둥, 껑쩡껑쩡, 껑쭝껑쭝, 껑청껑청, 껑충껑충, 께적께적, 께죽께죽, 께질께질, 꼬기꼬기, 꼬깃꼬깃, 꼬들꼬들, 꼬물꼬물, 꼬박꼬박, 꼬불꼬불, 꼬붓꼬붓, 꼬빡꼬빡, 꼬장꼬장, 꼬질꼬질, 꼬치꼬치, 꼰질꼰질, 꼴깍꼴깍, 꼴딱꼴딱, 꼴랑꼴랑, 꼴짝꼴짝, 꼴칵꼴칵, 꼼실꼼실, 꾀꼴꾀꼴, 꾀음꾀음, 꾸깃꾸깃, 꾸덕꾸덕, 꾸들꾸들, 꾸물꾸물, 꾸벅꾸벅, 꾸불꾸불, 꾸붓꾸붓, 꾸뻑꾸뻑, 꾸역꾸역, 꾸정꾸정, 꿀꺽꿀꺽, 꿀떡꿀떡, 꿀렁꿀렁, 꿀쩍꿀쩍, 꿀컥꿀컥, 꿈실꿈실, 꿍꽝꿍꽝, 끄덕끄덕, 끄덱끄덱, 끄떡끄떡, 끄먹끄먹, 끄물끄물, 끈덕끈덕, 끈떡끈떡, 끈적끈적, 끈질끈질, 끌꺽끌꺽, 끌쩍끌쩍, 끔벅끔벅, 끔적끔적, 끔찍끔찍, 끼깅끼깅, 끼룩끼룩, 끼리끼리, 끼적끼적, 낄낄낄낄, 나긋나긋, 나닥나닥, 나달나달, 나불나불, 나붓나붓, 나울나울, 나탈나탈, 나푼나푼, 나풀나풀, 난작난작, 난질난질, 날롱날롱, 날름날름, 날씬날씬, 날짱날짱, 남상남상, 남실남실, 납작납작, 납죽납죽, 낭창낭창, 냉큼냉큼, 너글너글, 너덕너덕, 너덜너덜, 너불너불, 너붓너붓, 너슬너슬, 너울너울, 너절너절, 너털너털, 너펄너펄, 너푼너푼, 너풀너풀, 넉실넉실, 널름널름, 널리널리, 널찍널찍, 넓적넓적, 넓죽넓죽, 넘늘넘늘, 넘성넘성, 넘실넘실, 넙죽넙죽, 넓죽넓죽, 느늘느늘, 느성느성, 느실느실, 넙죽넙죽, 노닥노닥, 노릇노릇, 녹신녹신, 녹실녹실, 누구누구, 누덕누덕, 눅신눅신, 눅실눅실, 눅진눅진, 뉘엿뉘엿, 느긋느긋, 느럭느럭, 느릿느릿, 는적는적, 는정는정, 는질는질, 늘름늘름, 늘썽늘썽, 늘씬늘씬, 늘쩡늘쩡, 늘컹늘컹, 늘큰늘큰, 늠실늠실, 능글능글, 능청능청, 닁큼닁큼, 다닥다닥, 다독다독, 다듬다듬, 다락다락, 다래다래, 다복다복, 다팔다팔, 닥작닥작, 닥지닥지, 달각달각, 달근달근, 달람달람, 달랑달랑, 달래달래, 달싹달싹, 담상담상, 당실당실, 대굴대굴, 대글대글, 대롱대롱, 대충대충, 댕강댕강, 댕글댕글, 더금더금, 더덕더덕, 더듬더듬, 더럭더럭, 더벅더벅, 더뻑더뻑, 더욱더욱, 더펄더펄, 덕지덕지, 덜걱덜걱, 덜렁덜렁, 덜컥덜컥, 덜컹덜컹, 덤벙덤벙, 덥석덥석, 덥적덥적, 덥절덥절, 덩실덩실, 덩이덩이, 데걱데걱, 데굴데굴, 데면데면, 뎅겅뎅겅, 도글도글, 도담도담, 도독도독, 도란도란, 도렷도렷, 도리도리, 도톨도톨, 동강동강, 동개동개, 동글동글, 동당동당, 동실동실, 되똑되똑, 되뚱되뚱, 되록되록, 되롱되롱, 되작되작, 되착되착, 두고두고, 두근두근, 두글두글, 두덜두덜, 두둑두둑, 두런두런, 두렷두렷, 두루두루, 두툴두툴, 둥글둥글, 둥당둥당, 둥덩둥덩, 둥실둥실, 둥싯둥싯, 뒤뚱뒤뚱, 뒤룩뒤룩, 뒤룽뒤룽, 뒤적뒤적, 뒤척뒤척, 뒹굴뒹굴, 드렁드렁, 드문드문, 드뿍드뿍, 득실득실, 들먹들먹, 들썩들썩, 들썽들썽, 들음들음, 들큰들큰, 듬뿍듬뿍, 듬성듬성, 디글디글, 디룽디룽, 따끈따끈, 따끔따끔, 따듬따듬, 따로따로, 따옥따옥, 따짝따짝, 딸깍딸깍, 딸꾹딸꾹, 땀직땀직, 때글때글, 떠듬떠듬, 떠죽떠죽, 떼굴떼굴, 또글또글, 또깡또깡, 또닥또닥, 또랑또랑, 또렷또렷, 또박또박, 똑딱똑딱, 똥글똥글, 뙤록뙤록, 뚜글뚜글, 뚜덕뚜덕, 뚜렷뚜렷, 뚜벅뚜벅, 뚝딱뚝딱, 뚱글뚱글, 뛰룩뛰룩, 뜨끈뜨끈, 뜨끔뜨끔, 뜨덤뜨덤, 뜨문뜨문, 뜯적뜯적, 뜸북뜸북, 뜸직뜸직, 띄엄띄엄, 띠글띠글, 마디마디, 만질만질, 말긋말긋, 말똥말똥, 말랑말랑, 말짱말짱, 말캉말캉, 망실망설, 망울망울, 매끈매끈, 매끌매끌, 매롱매롱, 매슥매슥, 매실매실, 매암매암, 매지매지, 맨둥맨둥, 맨숭맨숭, 맹꽁맹꽁, 맹송맹송, 맹숭맹숭, 머슬머슬, 멀뚱멀뚱, 멀리멀리, 멀찍멀찍, 멈칫멈칫, 멍울멍울, 메지메지, 모개모개, 모락모락, 모짝모짝, 몬탁몬탁, 몰랑몰랑, 몰칵몰칵, 몰캉몰캉, 몰큰몰큰, 몽개몽개, 몽글몽글, 몽긋몽긋, 몽땅몽땅, 몽똑몽똑, 몽실몽실, 몽클몽클, 몽탕몽탕, 무덕무덕, 무뚝무뚝, 무뜩무뜩, 무럭무럭, 무리무리, 무시무시, 무양무양, 무엇무엇, 무지무지, 무쩍무쩍, 문덕문덕, 문득문득, 문뜩문뜩, 문척문척, 문칫문칫, 문턱문턱, 물굿물굿, 물렁물렁, 물씬물씬, 물어물어, 물컥물컥, 물컹물컹, 물쩡물쩡, 뭉게뭉게, 뭉글뭉글, 뭉굿뭉굿, 뭉떵뭉떵, 뭉실뭉실, 뭉클뭉클, 뭉텅뭉텅, 뭐니뭐니, 미끌미끌, 미리미리, 미적미적, 민둥민둥, 민숭민숭, 바각바각, 바글바글, 바동바동, 바득바득, 바들바들, 바락바락, 바로바로, 바리바리, 바삭바삭, 바슬바슬, 바싹바싹, 바작바작, 바짝바짝, 박작박작, 반둥반둥, 반득반득, 반들반들, 반듯반듯, 반뜻반뜻, 반질반질, 반짝반짝, 발긋발긋, 발깍발깍, 발딱발딱, 발랑발랑, 발록발록, 발룽발룽, 발름발름, 발맘발맘, 발짝발짝, 발쪽발쪽, 발칵발칵, 방글방글, 방긋방긋, 방실방실, 방싯방싯, 배끗배끗, 배딱배딱, 배뚝배뚝, 배뚤배뚤, 배릿배릿, 배슥배슥, 배슬배슬, 배움배움, 배죽배죽, 배착배착, 밴둥밴둥, 밴들밴들, 뱅글뱅글, 뱅긋뱅긋, 뱅실뱅실, 뱅싯뱅싯, 뱌빗뱌빗, 뱐들뱐들, 버글버글, 버둥버둥, 버럭버럭, 버름버름, 버석버석, 버슬버슬, 버슷버슷, 버적버적, 버쩍버쩍, 벅신벅신, 벅적벅적, 번둥번둥, 번득번득, 번들번들, 번듯번듯, 번뜻번뜻, 번적번적, 번질번질, 번쩍번쩍, 벌긋벌긋, 벌꺽벌꺽, 벌끈벌끈, 벌떡벌떡, 벌렁벌렁, 벌룩벌룩, 벌룽벌룽, 벌름벌름, 벌쩍벌쩍, 벌컥벌컥, 법석법석, 벙글벙글, 벙실벙실, 벙싯벙싯, 보글보글, 보독보독, 보동보동, 보들보들, 보삭보삭, 보송보송, 보슬보슬, 복닥복닥, 복작복작, 볼똑볼똑, 볼똥볼똥, 볼록볼록, 봉곳봉곳, 봉긋봉긋, 부걱부걱, 부글부글, 부둑부둑, 부둥부둥, 부득부득, 부들부들, 부라부라, 부랴부랴, 부릉부릉, 부리부리, 부석부석, 부숭부숭, 부썩부썩, 부영부영, 부전부전, 부쩍부쩍, 부풀부풀, 북적북적, 불걱불걱, 불겅불겅, 불근불근, 불긋불긋, 불끈불끈, 불뚝불뚝, 불룩불룩, 불쑥불쑥, 불쩍불쩍, 붕굿붕굿, 비근비근, 비금비금, 비끗비끗, 비딱비딱, 비뚝비뚝, 비뚤비뚤, 비리비리, 비릿비릿, 비슥비슥, 비슬비슬, 비슷비슷, 비실비실, 비쓱비쓱, 비빛비빛, 비영비영, 비죽비죽, 비척비척, 비칠비칠, 비틀비틀, 빈둥빈둥, 빈들빈들, 빈정빈정, 빌며빌며, 빙글빙글, 빙긋빙긋, 빙실빙실, 빠글빠글, 빠끔빠끔, 빠닥빠닥, 빠득빠득, 빠릿빠릿, 빠이빠이, 빠작빠작, 빤둥빤둥, 빤들빤들, 빤질빤질, 빤짝빤짝, 빨긋빨긋, 빨딱빨딱, 빨랑빨랑, 빨리빨리, 빨쪽빨쪽, 빵글빵글, 빼딱빼딱, 빼뚝빼뚝, 빼뚤빼뚤, 빼죽빼죽, 빼쪽빼쪽, 빽둥빽둥, 빽들빽들, 뻐끔뻐끔, 뻐덕뻐덕, 뻐득뻐득, 뻔둥뻔둥, 뻔들뻔들, 뻔질뻔질, 뻘떡뻘떡, 뻘렁뻘렁, 뻘쭉뻘쭉, 뻥글뻥글, 뻥긋뻥긋, 뽀글뽀글, 뽀독뽀독, 뽀삭뽀삭, 뽀속뽀속, 뽀송뽀송, 뽈긋뽈긋, 뽈록뽈록, 뾰롱뾰롱, 뾰족뾰족, 뾰쪽뾰쪽, 뿌글뿌글, 뿌덕뿌덕, 뿌득뿌득, 뿌석뿌석, 뿔긋뿔긋, 뿔룩뿔룩, 쀼죽쀼죽, 쀼쪽쀼쪽, 삐뚝삐뚝, 삐뚤삐뚤, 삐죽삐죽, 삐쪽삐쪽, 삔둥삔둥, 삔들삔들, 삥끗삥끗, 사각사각, 사근사근, 사물사물, 사바사바, 사박사박, 사분사분, 사락사락, 사람사람, 사리사리, 사물사물, 사박사박, 사분사분, 사뿐사뿐, 사이사이, 삭둑삭둑, 산들산들, 살강살강, 살근살근, 살금살금, 살랑살랑, 살래살래, 살망살망, 살몃살몃, 살짝살짝, 살캉살캉, 살핏살핏, 삼박삼박, 상글상글, 상긋상긋, 새근새근, 새금새금, 새록새록, 새롱새롱, 새물새물, 새살새살, 새실새실, 새콤새콤, 새큰새큰, 새큼새큼, 샐긋샐긋, 샐룩샐룩, 샐쭉샐쭉, 생글생글, 생긋생긋, 생김생김, 생동생동, 샤방샤방, 샤브샤브, 서걱서걱, 서근서근, 서글서글, 서로서로, 서리서리, 서먹서먹, 서벅서벅, 서성서성, 서슴서슴, 석둑석둑, 선뜻선뜻, 설경설경, 설렁설렁, 설레설레, 설마설마, 설멍설멍, 설컹설컹, 설핏설핏, 섬마섬마, 성글성글, 성긋성긋, 성깃성깃, 성끗성끗, 성큼성큼, 소곤소곤, 소락소락, 소록소록, 소리소리, 소복소복, 속닥속닥, 속달속달, 송당송당, 속삭속삭, 속살속살, 송알송알, 송골송골, 송당송당, 송알송알, 송이송이, 수군수군, 수득수득, 수들수들, 수럭수럭, 수런수런, 수리수리, 수북수북, 수선수선, 수월수월, 숙덕숙덕, 숙덜숙덜, 술렁술렁, 숭굴숭굴, 숭덩숭덩, 숭얼숭얼, 쉬엄쉬엄, 스멀스멀, 슬근슬근, 슬금슬금, 슬렁슬렁, 슬몃슬몃, 슬쩍슬쩍, 슴벅슴벅, 시굼시굼, 시근시근, 시글시글, 시금시금, 시끌시끌, 시득시득, 시들시들, 시룽시룽, 시름시름, 시물시물, 시설시설, 시원시원, 시적시적, 시원시원, 시쿰시쿰, 시큰시큰, 시큼시큼, 실떡실떡, 실룩실룩, 실쭉실쭉, 싱경싱경, 싱글싱글, 싱긋싱긋, 싱둥싱둥, 싸각싸각, 싸목싸목, 싹둑싹둑, 쌀강쌀강, 쌀랑쌀랑, 쌀래쌀래, 쌀캉쌀캉, 쌈박쌈박, 쌍글쌍글, 쌍긋쌍긋, 쌍끗쌍끗, 쌔근쌔근, 쌔물쌔물, 쌜긋쌜긋, 쌩끗쌩끗, 썰겅썰겅, 썰렁썰렁, 썰레썰레, 썰컹썰컹, 썽글썽글, 썽끗썽끗, 쏘곤쏘곤, 쏘삭쏘삭, 쏙닥쏙닥, 쏙달쏙달, 쏙살쏙살, 쏭당쏭당, 쑤군쑤군, 쑤석쑤석, 쑥덕쑥덕, 쑥덜쑥덜, 쑥설쑥설, 쑹덩쑹덩, 쓰름쓰름, 쓰렁쓰렁, 쓰적쓰적, 쓱싹쓱싹, 씀벅씀벅, 씨근씨근, 씨물씨물, 씨억씨억, 씩둑씩둑, 씰긋씰긋, 씰룩씰룩, 아긋아긋, 아늘아늘, 아뜩아뜩, 아록아록, 아롱아롱, 아른아른, 아름아름, 아리아리, 아릿아릿, 아삭아삭, 아슥아슥, 아슬아슬, 아옹아옹, 아장아장, 아즐아즐, 아질아질, 아찔아찔, 아창아창, 앉음앉음, 알금알금, 알락알락, 알랑알랑, 알록알록, 알롱알롱, 알른알른, 알쏭알쏭, 알씬알씬, 알음알음, 알짱알짱, 알쫑알쫑, 알찐알찐, 앍둑앍둑, 앍박앍박, 앍작앍작, 앍족앍족, 암만암만, 앙글앙글, 앙금앙금, 앙알앙알, 앙잘앙잘, 앙큼앙큼, 애고애고, 야금야금, 야긋야긋, 야들야들, 야물야물, 야슬야슬, 야옹야옹, 야죽야죽, 얄긋얄긋, 얄랑얄랑, 얄쭉얄쭉, 얄찍얄찍, 얄팍얄팍, 어귀어귀, 어글어글, 어긋어긋, 어깆어깆, 어둑어둑, 어디어디, 어뜩어뜩, 어룽어룽, 어른어른, 어름어름, 어리어리, 어릿어릿, 어마어마, 어물어물, 어서어서, 어석어석, 어슥어슥, 어슬어슬, 어슷어슷, 어이어이, 어적어적, 어정어정, 어질어질, 어찌어찌, 어청어청, 어칠어칠, 어푸어푸, 언뜻언뜻, 얼금얼금, 얼럭얼럭, 얼렁얼렁, 얼룩얼룩, 얼룽얼룽, 얼른얼른, 얼멍얼멍, 얼밋얼밋, 얼쑹얼쑹, 얼씬얼씬, 얼쩡얼쩡, 얼쭝얼쭝, 얼찐얼찐, 얽둑얽둑, 얽벅얽벅, 얽죽얽죽, 엉글엉글, 엉금엉금, 엉얼엉얼, 엉절엉절, 엉큼엉큼, 에구에구, 여싯여싯, 여울여울, 여짓여짓, 열렁열렁, 오글오글, 오긋오긋, 오냐오냐, 오독오독, 오돌오돌, 오들오들, 오래오래, 오목오목, 오물오물, 오슬오슬, 오싹오싹, 오작오작, 오짝오짝, 오졸오졸, 오쫄오쫄, 옥신옥신, 옥실옥실, 옥작옥작, 올각올각, 올강올강, 올공올공, 올근올근, 올깍올깍, 올랑올랑, 올칵올칵, 옴실옴실, 옴쏙옴쏙, 옴씰옴씰, 옴죽옴죽, 옴직옴직, 옴질옴질, 옴찍옴찍, 옴찔옴찔, 옴팍옴팍, 옴폭옴폭, 옹긋옹긋, 옹기옹기, 옹송옹송, 옹알옹알, 옹잘옹잘, 와각와각, 와글와글, 와들와들, 와락와락, 와삭와삭, 와작와작, 와짝와짝, 와달와달, 왁실왁실, 왈각왈각, 왈랑왈랑, 왈칵왈칵, 왜뚤왜뚤, 왜죽왜죽, 요러요러, 우걱우걱, 우글우글, 우긋우긋, 우꾼우꾼, 우둑우둑, 우둔우둔, 우둘우둘, 우둥우둥, 우들우들, 우뚝우뚝, 우럭우럭, 우렁우렁, 우묵우묵, 우물우물, 우적우적, 우쩍우쩍, 우쭉우쭉, 우쭐우쭐, 욱신욱신, 욱실욱실, 욱적욱적, 울걱울걱, 울겅울겅, 울근울근, 울렁울렁, 울먹울먹, 울컥울컥, 움실움실, 움쑥움쑥, 움씰움씰, 움질움질, 움쭉움쭉, 움찍움찍, 움찔움찔, 움퍽움퍽, 움푹움푹, 웅긋웅긋, 웅기웅기, 웅성웅성, 월걱월걱, 유들유들, 으리으리, 으슬으슬, 으썩으썩, 으쓱으쓱, 으쩍으쩍, 웅긋웅긋, 웅성웅성, 웅얼웅얼, 웅절웅절, 워걱워걱, 워글워글, 워럭워럭, 워석워석, 웨죽웨죽, 유들유들, 으리으리, 으슬으슬, 으쓱으쓱, 을근을근, 을밋을밋, 이글이글, 이들이들, 이러이러, 이리이리, 이엄이엄, 일긋일긋, 일렁일렁, 일쭉일쭉, 자근자근, 자글자글, 자꾸자꾸, 자끈자끈, 자끔자끔, 자란자란, 자랑자랑, 자리자리, 자릿자릿, 자박자박, 자밤자밤, 자분자분, 자작자작, 자장자장, 자주자주, 자질자질, 자칫자칫, 작신작신, 잔득잔득, 잘근잘근, 잘깃잘깃, 잘래잘래, 잘록잘록, 잘름잘름, 잘싹잘싹, 잘쑥잘쑥, 잘팍잘팍, 잠방잠방, 재자재자, 재잘재잘, 재재재재, 쟁글쟁글, 저러저러, 저렁저렁, 저릿저릿, 저만저만, 저벅저벅, 저적저적, 절걱절걱, 절뚝절뚝, 절레절레, 절룩절룩, 절름절름, 절쑥절쑥, 점벙점벙, 쟁경쟁경, 조금조금, 조끔조끔, 조록조록, 조롱조롱, 조용조용, 조각조각, 조랑조랑, 조러조러, 조록조록, 조롱조롱, 조릿조릿, 조마조마, 조만조만, 조뼛조뼛, 조속조속, 조용조용, 조작조작, 조잔조잔, 조잘조잘, 존득존득, 졸깃졸깃, 졸딱졸딱, 졸랑졸랑, 졸래졸래, 졸막졸막, 졸망졸망, 좀상좀상, 종달종달, 종알종알, 종잘종잘, 주근주근, 주렁주렁, 주룩주룩, 주뼛주뼛, 주섬주섬, 주전주전, 주절주절, 주춤주춤, 줄기줄기, 줄깃줄깃, 줄레줄레, 줄룩줄룩, 줄먹줄먹, 줄멍줄멍, 중얼중얼, 즉각즉각, 지근지근, 지글지글, 지금지금, 지긋지긋, 지껄지껄, 지끈지끈, 지끔지끔, 지딱지딱, 지런지런, 지리지리, 지망지망, 지벅지벅, 지범지범, 지뻑지뻑, 지정지정, 지절지절, 지질지질, 지짐지짐, 지척지척, 지칫지칫, 직신직신, 진득진득, 질경질경, 질금질금, 질긋질긋, 질깃질깃, 질뚝질뚝, 질룩질룩, 질름질름, 질벅질벅, 질번질번, 질쑥질쑥, 질척질척, 질컥질컥, 질퍽질퍽, 집적집적, 징검징검, 징글징글, 징얼징얼, 짜근짜근, 짜글짜글, 짜금짜금, 짜득짜득, 짜랑짜랑, 짜릿짜릿, 짠득짠득, 짤끔짤끔, 짤똑짤똑, 짤래짤래, 짤록짤록, 짤름짤름, 짤쏙짤쏙, 짱알짱알, 쩌금쩌금, 쩌렁쩌렁, 쩌릿쩌릿, 절뚝절뚝, 절레절레, 절룩절룩, 절름절름, 쪼글쪼글, 쪼록쪼록, 쪼뼛쪼뼛, 쪽잘쪽잘, 쫀득쫀득, 쫄깃쫄깃, 쫄랑쫄랑, 쫄레쫄레, 쫑긋쫑긋, 쫑달쫑달, 쫑알쫑알, 쫑잘쫑잘, 쭈글쭈글, 쭈룩쭈룩, 쭈뼛쭈뼛, 쭌득쭌득, 쭐깃쭐깃, 쭐레쭐레, 쭐룩쭐룩, 쭝긋쭝긋, 쭝덜쭝덜, 쭝얼쭝얼, 쭝덜쭝덜, 찌걱찌걱, 찌근찌근, 찌글찌글, 찌득찌득, 찌릿찌릿, 찌뻑찌뻑, 찐득찐득, 찔깃찔깃, 찔꺽찔꺽, 찔끔찔끔, 찔뚝찔뚝, 찔름찔름, 찔쑥찔쑥, 차곡차곡, 차닥차닥, 차란차란, 차랑차랑, 차림차림, 차분차분, 차츰차츰, 찰딱찰딱, 찰락찰락, 찰람찰람, 찰랑찰랑, 찰박찰박, 찰방찰방, 찰싹찰싹, 찰칵찰칵, 찰캉찰캉, 참방참방, 창알창알, 처덕처덕, 처렁처렁, 철떡철떡, 철럭철럭, 철렁철렁, 철벅철벅, 철썩철썩, 철컥철컥, 철컹철컹, 첨벙첨벙, 초군초군, 초근초근, 초롱초롱, 초싹초싹, 촐랑촐랑, 촐싹촐싹, 추적추적, 출렁출렁, 치근치근, 치런치런, 치렁치렁, 칠떡칠떡, 칠럼칠럼, 칠렁칠렁, 칭얼칭얼, 카랑카랑, 컬럭컬럭, 코랑코랑, 콜록콜록, 콜롱콜롱, 콩닥콩닥, 쿠렁쿠렁, 쿤렁쿤렁, 쿨룩쿨룩, 쿵덕쿵덕, 쿵쾅쿵쾅, 크렁크렁, 키득키득, 타닥타닥, 타달타달, 타랑타랑, 타래타래, 타박타박, 타울타울, 탈락달락, 탈래탈래, 탈박탈박, 탈방탈방, 탈싹탈싹, 탐방탐방, 탱글탱글, 터덕터덕, 터덜터덜, 터벅터벅, 터실터실, 터울터울, 털럭털럭, 털레털레, 털벅털벅, 털썩털썩, 텀벙텀벙, 토닥토닥, 토막토막, 토실토실, 톨롱톨롱, 통탕통탕, 투덜투덜, 툼벙툼벙, 퉁탕퉁탕, 티석티석, 티적티적, 파닥파닥, 파롱파롱, 파릇파릇, 파삭파삭, 판둥판둥, 판들판들, 팔딱팔딱, 팔락팔락, 팔랑팔랑, 팔짝팔짝, 퍼덕퍼덕, 퍼떡퍼떡, 퍼뜩퍼뜩, 퍼석퍼석, 퍼슬퍼슬, 퍽신퍽신, 펀둥펀둥, 펀들펀들, 펄떡펄떡, 펄럭펄럭, 펄렁펄렁, 펄썩펄썩, 펄쩍펄쩍, 포갬포갬, 포근포근, 포동포동, 포롱포롱, 포삭포삭, 포슬포슬, 폭삭폭살, 폭신폭신, 폴싹폴싹, 풍당풍당, 푸덕푸덕, 푸둥푸둥, 푸뜩푸뜩, 푸룻푸룻, 푸석푸석, 푸슬푸슬, 푹신푹신, 풀떡풀떡, 풀럭풀럭, 풀썩풀썩, 풍덩풍덩, 피근피근, 피둥피둥, 피뜩피뜩, 핀둥핀둥, 핀들핀들, 핑글핑글, 하나하나, 하늘하늘, 하동하동, 하롱하롱, 하루하루, 하박하박, 하분하분, 한닥한닥, 한댕한댕, 한들한들, 한발한발, 할긋할긋, 할깃할깃, 할듯할듯, 할딱할딱, 할랑할랑, 할쭉할쭉, 합죽합죽, 해끔해끔. 해끗해끗, 해롱해롱, 해죽해죽, 핼금핼금, 허늘허늘, 허덕허덕, 허둥허둥, 허든허든, 허룽허룽, 허바허바, 허벅허벅, 허분허분, 허영허영, 허우허우, 허적허적, 허전허전, 허정허정, 허청허청, 헐근헐근, 헐떡헐떡, 헐렁헐렁, 헤근헤근, 헤싱헤싱, 헤적헤적, 헤죽헤죽, 헹글헹글, 호락호락, 호록호록, 호리호리, 홀딱홀딱, 홀랑홀랑, 홀짝홀짝, 홀쭉홀쭉, 화끈화끈, 회똑회똑, 회똘회똘, 회창회창, 후끈후끈, 후들후들, 후딱후딱, 후룩후룩, 후리후리, 후물후물, 후유후유, 훌떡훌떡, 훌렁훌렁, 훌쩍훌쩍, 훔척훔척, 휘뚝휘뚝, 휘뚤휘뚤, 휘적휘적, 휘청휘청, 흐늑흐늑, 흐늘흐늘, 흐물흐물, 흔덕흔덕, 흔뎅흔뎅, 흔들흔들, 흔전흔전, 흘근흘근, 흘금흘금, 흘긋흘긋, 흘깃흘깃, 흘낏흘낏, 흘림흘림, 흘쩍흘쩍, 흘쭉흘쭉, 흠실흠실, 흥덩흥덩, 흥얼흥얼, 흥청흥청, 희끈희끈, 희끔희끔, 희끗희끗, 희뜩희뜩, 히죽히죽, 힐금힐금, 힐끔힐끔, 힐끗힐끗. 이 밖에도 많이 더 있을 것이다.

(7) 네 글자로 된 한자어 또는 한자와 한글이 섞인 단어로서 처음 두 글자를 그대로 반복한 경우 `한자 AB+AB`

가통가통(可痛可痛), 겸사겸사(兼事兼事), 고대고대(苦待苦待), 고민고민(苦悶苦悶), 고생고생(苦生苦生), 궁리궁리(窮理窮理). 금방금방(今方今方), 대강대강(大綱大綱), 도랑도랑(跳踉跳踉), 매일매일(每日每日), 모야모야(某也某也), 비등비등(比等比等), 사정사정(事情事情), 수모수모(誰某誰某), 시재시재(時哉時哉), 시호시호(時乎時乎), 야단야단(惹端惹端), 약시약시(若是若是), 약차약차(若此若此), 여사여사(如斯如斯), 여시여시(如是如是), 여차여차(如此如此), 연비연비(聯臂聯臂), 연줄연줄(緣—緣—), 요로요로(要路要路), 요밀요밀(要密要密), 요소요소(要所要所), 위태위태(危殆危殆), 조목조목(條目條目), 조심조심(操心操心), 주저주저(躊躇躊躇), 중간중간(中間中間), 차례차례(次例次例), 즉각즉각(卽刻卽刻), 즉시즉시(卽時卽時), 차차차차(次次次次), 풍성풍성(豊盛豊盛), 호령호령(號令號令), 홀약홀약(忽弱忽弱), 등등.

(8) 네 글자로 된 한자어 또는 고유어로서 첫 번째와 세 번째 글자는 같고, 두 번째와 네 번째 글자는 서로 다른 경우 `AB+AC`

먼저 한자어를 보면 다음과 같다. 가동가서(可東可西), 각계각층(各界各層), 각색각양(各色各樣), 각양각색(各樣各色), 각양각식(各樣各式), 경계경보(警戒警報), 공론공담(空論空談), 공리공론(空理空論), 난형난제(難兄難弟), 능소능대(能小能大), 능수능란(能手能爛), 다기다예(多技多藝), 다사다난(多事多難), 다사다단(多事多端), 다사다망(多事多忙), 다재다능(多才多能), 다정다감(多情多感), 당리당략(黨利黨略), 대왕대비(大王大妃), 대자대비(大慈大悲), 독청독성(獨淸獨醒), 동고동락(同苦同樂), 동문동궤(同

文同軌), 동문동종(同門同種), 동문동학(同門同學), 동성동명(同姓同名), 동성동본(同姓同本), 막상막하(莫上莫下), 막왕막래(莫往莫來), 막전막후(幕前幕後), 매관매직(賣官賣職), 매문매필(賣文賣筆), 명재명간(明再明間), 몰두몰미(沒頭沒尾), 무궁무진(無窮無盡), 무념무상(無念無想), 무두무미(無頭無尾), 무득무실(無得無失), 무례무도(無禮無道), 무륜무척(無倫無脊), 무사무려(無思無慮), 무상무념(無想無念), 무색무취(無色無臭), 무시무종(無始無終), 무신무의(無信無義), 무위무능(無爲無能), 무위무책(無爲無策), 무의무신(無義無信), 무의무탁(無依無托), 무장무애(無障無礙), 무재무능(無才無能), 무진무궁(無盡無窮), 무해무득(無害無得), 박전박답(薄田薄畓), 반농반공(半農半工), 반농반도(半農半陶), 반상반하(半上半下), 반생반사(半生半死), 반생반숙(半生半熟), 반수반성(半睡半醒), 반승반속(半僧半俗), 반신반의(半信半疑), 반청반담(半晴半曇), 반취반성(半醉半醒), 백령백리(百怜百俐), 백발백중(百發百中), 백수백복(百壽百福), 백인백색(百人百色), 백전백승(百戰百勝), 부즉불리(不卽不離), 부지불식간(不知不識間), 불고불리(不告不理), 불공불손(不恭不遜), 불농불상(不農不商), 불로불사(不老不死), 불로불소(不老不少), 불면불휴(不眠不休), 불요불굴(不撓不屈), 불요불급(不要不急), 불편부당(不偏不黨), 불한불열(不寒不熱), 불호불망(不好不忘), 불효부제(不孝不悌), 비승비속(非僧非俗), 비일비재(非一非再), 사건사고(事件事故), 사리사욕(私利私慾), 사시사철(四時四 -), 상부상조(相扶相助), 상생상극(相生相剋), 상애상조(相愛相助), 상욕상투(相辱相鬪), 선남선녀(善男善女), 설왕설래(說往說來), 성심성의(誠心誠意), 속전속결(速戰速決), 수득수실(誰得誰失), 수원수구(誰怨誰咎), 수훼수보(隨毀隨補), 숙시숙비(孰是孰非), 십인십색(十人十色), 악인악과(惡因惡果), 악지악각(惡知惡覺), 악초악목(惡草惡木), 애국애족(愛國愛族), 양지양능(良知良能),

어차어피(於此於彼), 언거언래(言去言來), 여광여취(如狂如醉), 여원여모(如怨如慕), 여읍여소(如泣如笑), 여읍여소(如泣如訴), 여진여퇴(如進如退), 여차여차(如此如此), 여취여광(如醉如狂), 연말연시(年末年始), 연일연야(連日連夜), 연전연승(連戰連勝), 연전연패(連戰連敗), 염우염치(廉隅廉恥), 옛날옛적, 오시오중(五矢五中), 옥의옥식(玉衣玉食), 왈가왈부(曰可曰否), 왈시왈비(曰是曰非), 왈형왈제(曰兄曰弟), 외수외미(畏首畏尾), 요산요수(樂山樂水), 우문우답(愚問愚答), 우부우맹(愚夫愚氓), 원리원칙(原理原則), 인산인해(人山人海), 일거일동(一擧一動), 일리일해(一利一害), 일문일답(一問一答), 일부일처(一夫一妻), 일분일초(一分一秒), 일빈일소(一嚬一笑), 일생일대(一生一代), 일언일구(一言一句), 일장일단(一長一短), 일장일이(一張一弛), 일점일획(一點一劃), 일진일퇴(一進一退), 일희일비(一喜一悲), 자급자족(自給自足), 자력자강(自力自彊), 자문자답(自問自答), 자숙자계(自肅自戒), 자승자박(自繩自縛), 자업자득(自業自得), 자유자재(自由自在), 자작자급(自作自給), 자작자연(自作自然), 자작자음(自酌自飮), 자작자필(自作自筆), 자작자활(自作自活), 자중자애(自重自愛), 자창자화(自唱自和), 자포자기(自暴自棄), 자화자찬(自畵自讚), 잠시잠간(暫時暫間), 재삼재사(再三再四), 적시적작(適時適作), 적시적지(適時適地), 적재적소(適材適所), 적지적수(適地適樹), 적지적작(適地適作), 전심전력(全心全力), 전지전능(全知全能), 절체절명(絕體絕命), 조의조식(粗衣粗食), 족부족간(足不足間), 종일종일(終日終夜), 즉문즉답(卽問卽答), 지고지순(至高至純), 지공지평(至公至平), 지긴지요(至緊至要) 요지동지서(之東之西), 지동지서(指東指西), 지피지기(知彼知己), 진선진미(盡善盡美), 차문차답(且問且答), 차상차하(差上差下), 차선차후(差先差後), 차신차의(且信且疑), 척량척수(尺量尺數), 척산척수(尺山尺水), 척푼척리[隻分隻厘], 천군천사(天軍天使), 천상천하(天上天下), 철두철미(徹頭徹尾), 철상철하(徹上徹下), 치산치수(治山治水), 쾌인쾌사(快人快事), 풍고풍하(風高風下), 필부필부(匹夫匹婦), 허례허식(虛禮虛飾), 호부호모(呼父呼母), 호부호형(呼父呼兄), 호의호식(好衣好食), 호형호제(呼兄呼弟), 혹속혹지(或速或遲), 혹시혹비(或是或非), 홀왕홀래(忽往忽來), 홀현홀몰(忽顯忽沒), 등등.

"도청도설(道聽途說)"은 "도(道)"와 "도(途)"가 글자는 다르지만 발음도 같고 의미도 같으므로 이 부류에 속한다고 할 수 있고, "부창부수(夫唱婦隨)"는 한글로는 이 부류에 속한다고 할 수 있지만 실제로는 "부" 자의 한자가 반대어이므로 이 부류에 속한다고 할 수 없다.

한자에 한글이 섞였거나 한글로만 된 AB+AC 의 경우로는 "일벌일습(一－一襲)", "곧이곧대로", "놀음놀이", "몇날며칠[←몇날몇일]", "알음알이", "옛날옛적", "요날요때", "이날이때", "한맘 한뜻", 등이 있다.

(9) 네 글자로 된 고유어에서 첫 번째'와 세 번째 글자는 서로 다르지만 두 번째와 네 번째 글자가 같은 경우 고유 AB+CB

가다서다, 가며오며, 갈동말동, 갈팡질팡, 곰비임비, 괴발개발, 궁뚱망뚱, 귀둥대둥, 그나저나, 그럭저럭, 그렁저렁, 그만저만, 긴가민가, 너도나도, 눈치코치, 는실난실, 다짜고짜, 동네방네, 뒤죽박죽, 드나나나, 듣도보도, 들락날락, 들숨날숨, 들쑥날쑥, 들쭉날쭉, 따따부따, 멍군장군, 몸살차살, 물때썰때, 민숭맨숭, 밑도끝도, 따따부따, 빼도박도, 삐뚤빼뚤, 사고팔고, 상글방글, 상긋방긋, 상끗방끗, 새콤달콤, 새큼달큼, 생게망게, 생글방글, 생글뱅글, 생긋뱅긋, 생끗뱅끗, 성글벙글, 성긋벙긋, 성끗벙끗, 소양배양, 시글버글, 시난고난, 시득부득, 시들부들, 시룽새룽, 신통방통, 실쭉샐쭉, 싱글벙글, 싱긋벙긋, 싱숭생숭, 싱끗벙끗, 싱숭생숭, 쌍글빵글, 쌍끗빵끗, 쌩글뺑글, 쌩긋뺑긋, 쌩끗뺑끗, 썽글뻥글, 썽긋뻥긋, 썽끗뻥끗, 쓴맛단맛, 아근바근, 아기자기, 아득바득, 아등바등, 아록다록, 아롱다롱, 아리끼리, 아옹다옹, 아장바장, 안달복달, 안절부절, 알근달근, 알기살기, 알뜰살뜰, 알락달락, 알록달록, 알롱달롱, 알쏭달쏭, 알콩달콩, 앙글방글, 앙큼상큼, 애고대고, 애고지고, 애면글면, 야리끼리, 어근버근, 어금버금, 어금지금, 어긋버긋, 어뜩비뜩, 어런더런, 어룩더룩, 어룽더룽, 어리마리, 어리바리, 어빡자빡, 어슷비슷, 어영부영, 어정버정, 어지자지, 어칠비칠, 억박적박, 언거번거, 언죽번죽, 언틀먼틀, 얼근덜근, 얼기설기, 얼락배락, 얼럭덜럭, 얼룩덜룩, 얼룽덜룽, 얼멍덜멍, 얼싸절싸, 얼쑹덜쑹, 얼토당토, 얼키설키, 엄벙덤벙, 엉글벙글, 엉정벙정, 엉큼성큼, 에구데구, 여기저기, 연지곤지, 오글보글, 오글쪼글, 오나가나, 오다가다, 오도가도, 오돌토돌, 오동포동, 오락가락, 오동보동, 오동포동, 오롱도롱, 오롱조롱, 오목조목, 오밀조밀, 오순도순, 오톨도톨, 옥신각신, 온데간데, 올강볼강, 올공볼공, 올근볼근, 올긋볼긋, 올랑촐랑, 올록볼록, 올막졸막, 올망졸망, 올목졸목, 올몽졸몽, 올쏙볼쏙, 올톡볼톡, 올통볼통, 옹긋쫑긋, 옹기종기, 옹송망송, 옹종망종, 왁달박달, 왁실덕실, 왈각달각, 왈강달강, 왔다갔다, 왕배덕배, 왜각대각, 왜깍대깍, 왜뚤삐뚤, 왱강댕강, 요날조날, 요러조러, 요럭조럭, 요런조런, 요리조리, 요모조모, 우둘투둘, 우둥부둥, 우둥푸둥, 우락부락, 우묵주묵, 우물쭈물, 우불구불, 우질부질, 욱실득실, 울겅불겅, 울고불고, 울근불근, 울긋불긋, 울뚝불뚝, 울렁출렁, 울레줄레, 울룩불룩, 울먹줄먹, 울멍줄멍, 울며불며, 울묵줄묵, 울뭉줄뭉, 울쑥불쑥, 울툭불

툭, 울퉁불퉁, 웅긋쭝긋, 웅기중기, 월걱덜걱, 월경덜경, 웽경뎅경, 으밀아밀, 이고지고, 이날저날, 이냥저냥, 이래저래, 이러구러, 이러저러, 이럭저럭, 이런저런, 이렁저렁, 이리저리, 이만저만, 이모저모, 이슷비슷, 이애저애, 이탓저탓, 이판새판, 자나깨나, 장군멍군, 죽기살기, 죽도밥도, 쥐락펴락, 지나새나, 진동한동, 진둥한둥, 천산지산, 콩케팥케, 콩팔칠팔, 티격태격, 펴락쥐락, 피장파장, 하나마나, 하동지동, 하자마자, 할똥말똥, 허겁지겁, 허덕지덕, 허둥지둥, 혈수할수(없다), 헝겁지겁, 혜실바실, 흐슬부슬, 흐지부지, 흔전만전, 흥둥항둥, 흥야항야, 흥청망청, 희롱해롱, 등등.

외래어 "지그재그"(zigzag)와 "부기우기"(boogie woogie)도 이 부류에 속한다고 할 수 있다. "죽을둥살둥", "죽을뻔살뻔", "일렁알랑"도 이 부류에 속할 수 있고, 이 밖에도 많이 더 있을 것이다.

(10) 네 글자로 된 한자어로서 첫 번째와 세 번째 글자는 서로 다르고, 두 번째와 네 번째 글자가 같은 경우 한자 AB+CB

감지덕지(感之德之), 구관명관(舊官名官), 기연미연(其然未然), 기진맥진(氣盡脈盡), 노발대발(怒發大發), 명야복야(命也福也), 무단횡단(無斷橫斷), 무지막지(無知莫知), 박지타지(縛之打之), 백마비마론(白馬非馬論), 복수불수(覆水不水), 부전자전(父傳子傳), 비몽사몽(非夢似夢), 비절참절(悲絕慘絕), 사고팔고(四苦八苦), 사몽비몽(似夢非夢), 사방팔방(四方八方), 산전수전(山戰水戰), 시야비야(是也非也), 애걸복걸(哀乞伏乞), 애통분통(哀痛憤痛), 애지중지(愛之重之), 여수투수(如水投水), 오밀조밀(奧密稠密), 우왕마왕(牛往馬往), 우왕좌왕(右往左往), 위지협지(威之脅之), 유난무난(有難無難), 유상무상(有象無象), 유야무야(有耶無耶), 유형무형(有形無形),

이심전심(以心傳心), 이열치열(以熱治熱), 이효상효(以孝傷孝), 인사만사(人事萬事), 인정사정(人情事情), 일파만파(一波萬波), 자천타천(自薦他薦), 작지서지(作之書之), 전무후무(前無後無), 종과득과(種瓜得瓜), 종두득두(種豆得豆), 좌지우지(左之右之), 중언부언(重言復言), 지궁차궁(至窮且窮), 진품명품(珍品名品), 차일피일(此日彼日), 참절비절(慘絕悲絕), 천년만년(千年萬年), 천리만리(千里萬里), 천방지방(天方地方), 천번만번(千番萬番), 천야만야(千耶萬耶), 천층만층(千層萬層), 칠락팔락(七落八落), 풍타낭타(風打浪打), 항쇄족쇄(項鎖足鎖), 횡설수설(橫說竪說), 휘지비지(諱之秘之), 등등.

한자와 한글이 섞여 있는 "가타부타(可-否-)", "동네방네(洞-坊-)", "시도때도(時---)", "이몽가몽(-夢-夢)", "진탕만탕(-宕-宕)", "청실홍실(靑-紅-)"도 이 부류에 속할 것이다. "설상가상(雪上加霜)"과 "역지사지(易地思之)"는 엄격하게 말하면 이 부류에 속하는 단어가 아니지만 우리말 발음으로는 이 부류에 속한다고 할 수도 있다.

(11) 네 글자로 된 고유어로서 첫 번째와 두 번째 글자는 서로 다르나 마지막 두 글자가 중첩어로 된 경우 고유 AB+CC

거무데데, 거무뎅뎅, 거무숙숙, 거무접접, 거무죽죽, 거무충충, 거무칙칙, 거무튀튀, 고리탑탑, 까무대대, 까무댕댕, 까무속속, 까무잡잡, 까무족족, 까무칙칙, 까무퇴퇴, 꺼무데데, 꺼무뎅뎅, 꺼무숙숙, 꺼무접접, 꺼무죽죽, 꺼무칙칙, 꺼무퇴퇴, 너부데데, 너스르르. 달곰삼삼, 대구루루, 데구루루, 도그르르, 동글반반, 둥글번번, 디그르르, 또그르르, 뚜그르르, 띠그르르, 반드르르, 반지르르, 뱅그르르, 버그르르, 번드르르, 번지르르, 벌그데데, 벌그뎅뎅, 벌그숙숙, 벌그죽죽, 부그르르, 빙그르르, 빠그르르, 빤드르르, 빤지르르, 빨그대대, 빨그댕댕, 빨그족족, 뺑그르르, 뻐그르르, 뻔지르르, 뻘그데데, 뻘그뎅뎅, 뻘그죽죽, 뽀그르르, 뽈그족족, 뿌그르르, 뼁그르르, 시금떨떨, 시금쓸쓸, 시금털털, 시원섭섭, 알금삼삼, 알금솜솜, 앙금쌀쌀, 야드르르, 어두컴컴, 어둠침침, 어리벙벙, 어리뻥뻥, 어허둥둥, 어화둥둥, 얼금숨숨, 얼싸둥둥, 엉금썰썰, 오그르르, 와그르르, 우그르르, 우당탕탕, 워그르르, 으그르르, 으라차차, 이드르르, 지그르르, 지질펀펀, 짜그르르, 찌그르르, 찌부드드, 팽그르르, 푸르데데, 푸르뎅뎅, 푸르죽죽, 할기족족, 함치르르, 흘기죽죽, 흠치르르, 등등.

(12) 네 글자로 된 한자어로서 첫 번째와 두 번째 글자는 서로 다르나 마지막 두 글자가 중첩어로 된 경우 　한자 AB+CC

기세등등(氣勢騰騰), 노기등등(怒氣騰騰), 다사제제(多士濟濟), 독야청청(獨也靑靑), 별성마마(別星媽媽), 보무당당(步武堂堂), 복모구구(伏慕區區), 분기등등(憤氣騰騰), 살기등등(殺氣騰騰), 안동답답(按棟畓畓), 야심만만(野心滿滿), 여유만만(餘裕滿滿), 여유작작(餘裕綽綽), 역신마마(疫神媽媽), 위풍늠름(威風凜凜), 위풍당당(威風堂堂), 의견분분(意見紛紛), 의기양양(意氣揚揚), 자신만만(自信滿滿), 전도양양(前途洋洋), 제설분분(諸說紛紛), 죄송만만(罪悚萬萬), 철중쟁쟁(鐵中錚錚), 호시탐탐(虎視耽耽), 화기애애(和氣靄靄), 흥미진진(興味津津), 등등.

한글과 한자가 섞인 "손님마마(媽媽)"도 이 부류에 속할 것이다.

(13) 여섯 글자로 된 고유어에서 처음 세 글자가 그대로 반복된 경우 고유 ABC+ABC

가드락가드락, 가들막가들막, 가르랑가르랑, 가치작가치작, 간드랑간드랑, 간드작간드작, 갈그랑갈그랑, 갸우뚱갸우뚱, 거드럭거드럭, 거들먹거들먹, 거치적거치적, 게두덜게두덜, 고부랑고부랑, 고부장고부장, 고불탕고불탕, 고시랑고시랑, 곰지락곰지락, 구기적구기적, 구두덜구두덜, 구무럭구무럭, 구부렁구부렁, 구부정구부정, 구불텅구불텅, 구시렁구시렁, 굼지럭굼지럭, 근드렁근드렁, 근드적근드적, 글그렁글그렁, 기우뚱기우뚱, 까드락까드락, 까들막까들막, 까뜨락까뜨락, 까치작까치작, 깨지락깨지락, 꺼드럭꺼드럭, 꺼뜨럭꺼뜨럭, 꺼치적꺼치적, 께지럭께지럭, 꼬기작꼬기작, 꼬르륵꼬르륵, 꼬무락꼬무락, 꼬부랑꼬부랑, 꼬부장꼬부장, 꼬불탕꼬불탕, 꼴찌락꼴찌락, 꼼지락꼼지락, 꾸기적꾸기적, 꾸르륵꾸르륵, 꾸무럭꾸무럭, 꾸부렁꾸부렁, 꾸부정꾸부정, 꾸불텅꾸불텅, 꿀찌럭꿀찌럭, 끄르륵끄르륵, 끼루룩끼루룩, 난지락난지락, 는지럭는지럭, 다다귀다다귀, 다듬작다듬작, 다르랑다르랑, 다르륵다르륵, 다보록다보록, 닥다글닥다글, 달가당달가당, 달가닥달가닥, 달그락달그락, 달그랑달그랑, 댕그랑댕그랑, 더디귀더더귀, 더듬적더듬적, 더부룩더부룩, 덕더글덕더글, 덜거덕덜거덕, 덜거덩덜거덩, 덜커덕덜커덕, 덜커덩덜커덩, 데그럭데그럭, 덱데굴덱데굴, 뎅그렁뎅그렁, 도도록도도록, 도리반도리반, 두두룩두두룩, 두리번두리번, 뒤스럭뒤스럭, 드르렁드르렁, 득시글득시글, 들까불들까불, 따듬작따듬작, 딱다글딱다글, 떠듬적떠듬적, 떡더글떡더글, 떨거덕떨거덕, 떨거덩떨거덩, 또드락또드락, 뚜드럭뚜드럭, 만지작만지작, 몽그작몽그작, 무더기무더기, 무어니무어니, 문치적문치적, 뭉그적뭉그적, 미루적미루적, 바람만바람만, 바르작바르작, 바스락바스락, 바지직바지직, 배주룩배주룩, 배치작배치작, 배트작배트작, 뱌비작뱌비작, 버르적버르적, 부드득부드득, 부르릉부르릉, 부스럭부스럭, 부지직부지직, 비비적비비적, 비주룩비주룩, 비치적비치적, 비트적비트적, 빠르작빠르작, 빼주룩빼주룩, 빼트작빼트작, 빠드득빠드득, 뻐르적뻐르적, 뽀드득뽀드득, 삐주룩삐주룩, 삐트적삐트적, 사그락사그락, 사부랑사부랑, 사부작사부작, 새근덕새근덕, 샐기죽샐기죽, 수군덕수군덕, 스르륵스르륵, 시근덕시근덕, 시드럭시드럭, 시부렁시부렁, 시위적시위적, 실기죽실기죽, 싸부랑싸부랑, 쌔근덕쌔근덕, 쌜기죽쌜기죽, 쑤군덕쑤군덕, 쓰르람쓰르람, 씨근덕씨근덕, 씨르륵씨르륵, 씨부렁씨부렁, 씨우적씨우적, 아기작아기작, 아기족아기족, 아드득아드득, 아드등아드등, 아로록아로록, 아로롱아로롱, 아름작아름작, 아슬랑아슬랑, 아지작아지작, 아지직아지직, 아치랑아치랑, 아치장아치장, 알로록알로록, 알로롱알로롱, 야기죽야기죽, 야스락야스락, 얄기죽얄기죽, 어기뚱어기뚱, 어기죽어기죽, 어루룩어루룩, 어루룽어루룽, 어루숭어루숭, 어름적어름적, 어물쩍어물쩍, 어슬렁어슬렁, 어치렁어치렁, 어치정어치정, 얼루룩얼루룩, 얼루룽얼루룽, 엉거정엉거정, 엉두덜엉두덜, 웽그렁웽그렁, 오그랑오그랑, 오도당오도당, 오도독오도독, 오비작오비작, 오지끈오지끈, 옥시글옥시글, 와그작와그작, 와당탕와당탕, 와드등와드등, 와지끈와지끈, 왁다글왁다글, 왁시글왁시글, 왈가닥왈가닥, 왈카닥왈카닥, 왱그랑왱그랑, 우그렁우그렁, 우당탕우당탕, 우두덩우두덩, 우두둑우두둑, 우르릉우르릉, 우당탕우당탕, 우물쩍우물쩍, 우비적우비적, 우지끈우지끈, 욱시글욱시글, 움지럭움지럭, 워그적워그적, 윅더글윅더글, 월커덕월커덕, 웽그렁웽그렁, 으드득으드득, 으드등으드등, 으르렁으르렁, 으지적으지적, 으지직으지직, 일기죽일기죽, 자근덕자근덕, 자꾸만자꾸만, 자드락자드락, 자르랑자르랑, 자부락자부락, 잘카닥잘카닥, 잘카당잘카당, 잘파닥잘파닥, 쟁그랑쟁그랑, 저르릉저르릉, 절거덕절거덕, 절거덩절거덩, 절그렁절그렁, 절버덕절버덕, 절써덕절써덕, 절커덕절커덕, 젱그렁젱그렁, 조몰락조몰락, 주물럭주물럭, 주저리주저리, 지국총지국총, 지그럭지그럭, 지근덕지근덕, 지부럭지부럭, 지부적지부적, 질커덕질커덕, 질퍼덕질퍼덕, 짜근덕짜근덕, 짜뜰름짜뜰름, 짝짜꿍짝짜꿍, 찌그럭찌그럭, 찌근덕찌근덕, 찌뜰름찌뜰름, 찌르릉찌르릉, 찰가닥찰가닥, 찰가당찰가당, 찰그랑찰그랑, 찰바닥찰바닥, 찰바당찰바당, 찰싸닥찰싸닥, 찰카닥찰카닥, 찰카당찰카당, 처르렁처르렁, 철거덕철거덕, 철거덩철거덩, 철버덩철버덩, 철써덕철써덕, 치근덕치근덕, 쿵더쿵쿵더쿵, 쿵덕쿵쿵덕쿵, 타드랑타드랑, 탈바닥탈바닥, 터드렁터드렁, 털버덕털버덕, 포도동포도동, 포드득포드득, 푸두둥푸두둥, 푸드득푸드득, 하나씩하나씩, 하느작하느작, 하비작하비작, 한드랑한드랑, 한드작한드작, 해반닥해반닥, 허비적허비적, 허우적허우적, 호드득호드득, 호로록호로록, 호비작호비작, 홈치작홈치작, 화닥닥화닥닥, 화드득화드득, 후닥닥후닥닥, 후드득후드득, 후루룩후루룩, 후비적후비적, 휘우뚱휘우뚱, 훔치적훔치적, 휘우뚱휘우뚱, 흐느적흐느적, 흔드렁흔드렁, 흔드적흔드적, 희번덕희번덕, [진실로 진실로(眞實-眞實-), 할래발딱할래발딱, 헐레벌떡헐레벌떡], 등등.

(14) 여섯 글자로 된 한자어로서 첫 번째와 두 번째 글자는 네 번째와 다섯 번째 글자와 같고, 세 번째 글자와 여섯 번째 글자는 다른 경우 한자 ABC+ABD

가이동가이서(可以東可以西), 공수래공수거(空手來空手去), 등.

여섯 글자로 된 한자어로서 첫 번째와 네 번째 글자가 같고, 나머지 글자들은 서로 다른 경우 한자 ABC+ADE 도 있다. 예를 들면, 불원천불우인(不怨天不尤人), 일거수일투족(一擧手一投足), 무노동무임금(無勞動無賃金), 등이다.

(15) 여섯 글자로 된 고유어에서 첫 번째와 네 번째 글자는 서로 다르고, 나머지 두 글자는 반복된 경우 고유 ABC+DBC

개소리괴소리, 고주알미주알, 곤드레만드레, 그러나저러나, 그렁성저렁성, 너 죽고 나 죽고, 넋이야 신이야, 높으락낮으락, 누르락푸르락, 말마다일마다, 물끄럼말끄럼, 물덤벙술덤벙, 미주알고주알, 밀치락달치락, 밑두리콧두리, 붉으락푸르락, 시드럭부드럭, 실기죽샐기죽, 아로록다로록, 아로롱다로롱, 아리랑스리랑, 알로록달로록, 알로롱달로롱, 어루룩더루룩, 어우렁더우렁, 어중이떠중이, 어쩌고저쩌고, 얼루룩덜루룩, 얼루룽얼루룽, 얼씨구절씨구, 얽히고설키고, 엉이야벙이야, 엎치나뒤치나, 엎치락뒤치락, 오그랑쪼그랑, 오롱이조롱이, 오르락내리락, 오몰락조몰락, 올망이졸망이, 옴지락곰지락, 왁다글닥다글, 왁시글덕시글, 왈가닥달가닥, 왕배야덕배야, 왱그랑댕그랑, 요랬다조랬다, 요러쿵조러쿵, 요렇다조렇다, 우그렁쭈그렁, 우물쩍주물쩍, 욱시글득시글, 울그락불그락, 웍더글덕더글, 웽그렁뎅그렁, 이래라저래라, 이랬다저랬다, 이러고저러고, 이러나저러나, 이러니저러니, 이러쿵저러쿵, 이리쿵저리쿵, 이렁성저렁성, 이렇다저렇다, 이렇든저렇든, 이제나저제나, 이핑계저핑계, 일기죽알기죽, 찌그락짜그락, 푸르락누르락, 푸르락붉으락, 하거나말거나, 하는 둥 마는 둥, 휘뚜루마뚜루, 흥이야항이야, 등등. "앞서거니뒷서거니"는 ABCD+EBCD 형이라고 할 수 있을 것이다.

(16) 여섯 글자로 된 고유어 또는 한자어에서 첫 번째와 네 번째 글자는 서로 다르고, 나머지 두 글자는 반복된 경우
한자 ABC+DBC

가볍디가볍다, 거볍디거볍다, 농담반진담반(弄談半眞談半), 명부지성부지(名不知姓不知), 무소식희소식(無消息喜消息), 선하심후하심(先何心後何心), 이현령비현령(耳懸鈴鼻懸鈴), 자의반타의반(自意半他意半), 조불식석불식(朝不食夕不食), 천부당만부당(千不當萬不當), 피일시차일시(彼一時此一時), 피장부아장부(彼丈夫我丈夫), 등등.

"기연가미연가(其然 - 未然 -)"와 "동가식서가숙(東家食西家宿)", "동(東)에 번쩍 서(西)에 번쩍[東閃西忽]", "조정엔 막여작이요, 향당엔 막여치라(朝廷 - 莫如爵 - , 鄕黨 - 莫如齒 -)", 등도 이 부류에 속하는 것으로 볼 수 있다.

(17) 세 글자, 네 글자 또는 다섯 글자로 된 단어의 마지막 두 글자가 같거나 비슷한 경우 A+XX, AB+XX, ABC+XX

A+XX : 거시시, 굴텁텁, 굼튼튼, 귀중중, 귀축축, 까르르, 까르륵, 꼬르륵, 꽈르르, 꾀죄죄, 꾸르륵, 끄르륵, 나벳벳, 너벳벳, 넙데데, 닐리리, 다르르, 다르륵, 도르르, 돠르르, 두둥둥, 뒤숭숭, 드르르, 드르

륵, 따다닥, 따르르, 따르릉, 또르르, 똬르르, 뜨르르, 무덤덤, 무뚝뚝, 바르르, 바지지, 바지직, 배시시, 버르르, 보르르, 부드드, 부드득, 부르르, 부스스, 부지직, 빠드득, 뿌시시, 사르르, 수르르, 스르르, 아드득, 아르르, 아스스, 아지직, 아차차, 앞서서, 약(藥)시시, 어머머, 어허허, 어정쩡, 얼떨떨, 에구구, 오도독, 오동통, 오소소, 오종종, 오지직, 오호호, 와다닥, 와당탕, 와드득, 와르르, 와스스, 와장창, 우당탕, 우두둑, 우등퉁, 우르르, 우르릉, 우수수, 우중충, 우지직, 워르르, 으드득, 으르렁, 으르르, 으스스, 으지직, 으흐흐, 자르르, 제각각(各各), 조르르, 조르륵, 좌르르, 주루룩, 주르르, 중쑬쑬, 지르르, 짜르륵, 쪼르르, 찌르르, 찌르릉, (칸타타), 쿠당탕, 쿵덕덕, 쿵작작, 파르르, 퍼드덕, 퍼르르, 포르르, 추두둥, 푸드득, 푸르르, 푸하하, 해낙낙, 호드득, 호로로, 호로록, 호루루, 호르르, 화닥닥, 화드득, 후닥닥, 후드득, 후루루, 후루룩, 흐르르, 등등.

AB+XX : 이 형태는 사실상 AB+CC 와 같으므로 위의 (11) [고유 AB+CC]를 보라.

ABC+XX : 닥다그르르, 댁대구루루, 덕더그르르, 동글납대대, 딱다그르르, 떡더그르르, 왁다그르르, 왁자그르르, 웍더그르르, 웍저그르르, 해반드르르, 해반지르르, 훌부드르르, 희번드르르, 희번지르르, 등등.

여기서 두드러지는 현상은 단어의 마지막 두 글자가 "-르르"인 경우가 많다는 것이다. "-르르"는 한국인 이외의 사람들이 발음하기는 매우 어려운 글자이다. 이 글자의 모음인 "-(으)"는 대부분의 언어들에서는 없는 모음이며, 외국인이 발음하기에 매우 어려운 소리이다. 내가 아는 범위 내에서 우리말의 "-(으)"와 같은 모음을 가진 언어는 터키어이다. 터키어에는 영어 I에 해당하는 모음이 두 가지인데, I 위에다 점을 찍어서 İ (소문자 i)로 쓰면 발음이 "이"로 나고, 점이 없이 I (소문자 ı, 소문자에도 점이 없다)로 쓰면 발음이 "으"로 난다. 터키의 남서쪽 항구도시 "Kuşadası"는 "쿠샤다시"가 아니라 "쿠샤다스"로 읽고, 북서쪽 휴양도시 "Ayvalık"은 "아이발릭"이 아니라 "아이발륵'"으로 발음한다. 성경에 언급된 고대도시 "스머나(Smyrna)"는 현대 이름으로 "이즈미르"인데, 이것의 터키어 철자는 두 개의 I 위에 모두 점을 가진 "İzmir"이다. 만약 이 단어를 터키어로 "Izmır"라고 쓴다면 그 발음은 "으즈므르"가 되고, 영어식으로 "Izmir"라고 써놓고 터키어식으로 읽으면 "으즈미르"가 된다. 터키인들이 한국어를 배울 때, "으"라는 모음을 우리처럼 잘 발음할 수 있는 것은 그들의 언어에 이 모음이 있기 때문이다.

4. 불확실 또는 미결정을 나타내는 반복어

한국어에는 행동(行動)의 불확실(不確實) 또는 의사(意思)의 미결정(未決定)을 나타내는 반복어들이 꽤 많이 있다. 예를 들면 다음과 같다.

(1) **-하건 말건**: "그 사람이야 그런 말을 하건 말건 나는 그 말에 동의하지 않는다."
(2) **-하는 둥 마는 둥**: "점심을 먹는 둥 마는 둥 하고, 내 말을 듣는 둥 마는 둥 하더라."
(3) **-하는지 마는지**: "그가 입학시험 공부를 하는지 마는지 도무

지 알 수가 없다."
(4) **–하는 척 마는 척**: "그가 나를 보더니 아는 척 마는 척하더라."
(5) **–할까 말까**: "갈까 말까 망설인다, 먹을까 말까 생각 중이다."
(6) **–할동 말동**: "때 아닌 봄눈이 흩날리니 개나리꽃이 필동 말동 한다."
(7) **–할 듯 말 듯**: "보일 듯 말 듯 하는 초승달, 비가 올 듯 말 듯 하는 날씨."
(8) **–할락 말락**: "오늘 내 몸이 아플락 말락 한다, 잠들락 말락 하는데 전화가 왔다."
(9) **–할지 말지**: "새 옷을 입을지 말지 아직 미정이다, 그가 올지 말지는 아무도 모른다."

이 밖에도 이와 유사한 표현들이 더 있을 것이다. 이런 표현들은 "하다" 등의 동사와 "말다"라는 조동사가 결합된 복합동사의 형식을 띠고 있다. 이것 역시 우리말이 가지고 있는 반복어의 묘미(妙味)이다. 세상에 어느 언어로 이런 표현을 할 수 있을까?

우리말의 이와 같은 특징, 즉 중첩어와 반복어의 묘미를 일찍이 터득한 아동문학가 권오순(權五順, 1919~1995)은 다음과 같은 아름다운 동시(童詩)에 이것을 잘 반영하였다.

구 슬 비

권오순

송알송알 싸리 잎에 은구슬
조롱조롱 거미줄에 옥구슬
대롱대롱 풀잎마다 총총
방긋 웃는 꽃잎마다 송송송.

고이고이 오색실에 꿰어서
달빛 새는 창문가에 두라고
포슬포슬 구슬비는 종일
예쁜 구슬 맺히면서 솔솔솔.

 이상에서 본 바와 같이, 한국어는 수많은 중첩어들과 반복어들을 가지고 있어서 어휘의 다양성과 함께 표현의 역동성을 높여주고, 때로는 동작의 불확실성과 의사결정의 어려움까지를 나타내주는 신통(神通)한 언어이다. 이와 같이 중첩어와 반복어가 우리 생활의 전반에 걸쳐서 사용되는 까닭은 무엇일까? 거기에는 아마도 두 가지 이유가 있을 것 같다. 첫째는 우리 국민의 성향, 즉 무엇이든지 한 번으로는 직성(直星)이 풀리지 않는 적극적인 성향 때문이고, 둘째는 우리 민족의 심성 저변에서 넘실거리는 정서적 율동(律動) 때문일 것이다. 서두에서도 말한 바와 같이 일본어와 중국어에도 중첩어와 반복어들이 있지만 한국어에 비하면 극히 소수에 불과하다.

　이렇게 다양하고 풍성한 중첩어와 반복어를 다른 언어들에서는 찾아보기 힘들다. 서양의 언어들과 중국어와 일본어에도 소수의 중첩어와 약간의 반복어가 있기는 하지만 우리말에 있는 것과는 비교가 되지 않는다. 우리가 우리말로 대화를 할 때, 중첩어와 반복어를 다 빼고 말을 한다고 가정해 보라. 그런 대화는 매우 서툴거나 싱겁게 들리고, 우리말의 맛이 싹 가버린 무미건조한 문장의 나열이 될 것이다. 우리말의 새콤달콤한 맛과 아기자기한 멋은 이 중첩어와 반복어에 있다고 해도 지나친 말이 아니다. 외국인이 한국어를 배울 경우, 가장 정복하기 어려운 부분이 바로 중첩어와 반복어일 것으로 생각된다.

한국어의 다른 특징들: 의존명사, 수량을 세는 단위들, 한자로 된 조어소(造語素), 기타 특징

1. 의존명사(依存名詞)

"안옹근이름씨", "불완전명사(不完全名詞)", 또는 "형식명사(形式名詞)"라고도 일컫는 "의존명사"는 문장 안에서 단독으로 쓰일 수는 없고, 반드시 관형사(冠形詞)나 다른 수식어(修飾語)가 선행해야 사용될 수 있다. 예컨대, "이분이 물건을 살 때는 언제나 새것을 두 개씩 산다."에서 "분", "것", "개"는 의존명사이다. 이것들은 그 앞의 "그", "새", "두" 따위의 말이 오지 않으면 쓰일 수가 없다. 의존명사는 자립적으로 사용될 수 없다. 이러한 비자립성은 다른 모든 의존명사의 공통적 특성이다.

의존명사 중에는 특정한 관형사어하고만 어울리는 것들이 많다. 모든 형태의 관형사나 관형어와 어울리는 의존명사는 '것' 하나뿐이고, 그 밖에는 일정한 관형사 또는 관형어와 어울리는 제한성이 있다.

이를 분류하면 다음과 같다.

　(1) 모든 관형사 또는 관형어와 어울리는 것: **것**.
　(2) 관형사 및 용언의 관형사형과 어울리는 것: **분, 이**.
　(3) 용언의 관형사형하고만 어울리는 것: **듯, 바, 수, 터**.
　(4) 용언의 일부 관형사형 및 체언의 관형사형하고만 어울리는 것:
　　나름, 때문, 뿐, 채.
　(5) 용언의 일부 관형사형하고만 어울리는 것: **따름, 양, 척, 체, 양**.
　(6) 수관형사와만 어울리는 것: **개, 그루, 마리, 말, 섬, 자, 치**.

또한, 의존명사 가운데는 그 뒤에 올 수 있는 형태가 제한되어 있는 것들도 많다. 별다른 제한이 없는 "것", "이", "분", "바", "데" 이외에는 뒤에 올 수 있는 형태가 한정되어 있다. 그 가운데서도 "줄"은 "할 줄 안다(또는 모른다)"에서처럼 "안다"와 "모른다"라는 두 동사만이 뒤에 올 수 있다. 그리고 "수"는 "있다" 또는 "없다"라는 두 낱말만이 뒤에 올 수 있다. "따름"과 "뿐"은 "이다"하고만 어울리고, "체"와 "척" 뒤에는 "하다"만이 올 수가 있다.

2. 회(回), 차(次), 기(期), 대(代), 번(番)

위에서 간단히 살펴본 의존명사들 외에 "회(回)", 차(次)", "기(期)", "대(代)", "번(番)"과 같은 순서(順序), 차례(次例), 횟수[回數] 등을 나타내는 의존명사들도 있다. 그런데 이 다섯 가지 의존대명사들은 확실한 구분 없이 사용되는 경우가 허다하다. 어떤 것들은 워낙 비슷한 의미를 가졌기 때문에 서로 맞바꾸어 쓸 수 있지만 어떤 것들은 교환해서 쓸 수 없다. 우선 각 단어의 기본 의미와 용례를 살펴보자.

(1) 회(回): 몇 번임을 세는 말. 〈일 회〉. 돌림 횟수. 〈제16회〉.
(2) 차(次): 숫자 아래 붙어, '차례', '번'을 나타냄. 〈제2차 세계대전, 3차에 걸쳐 계획을 수정하다〉.
(3) 기(期): 횟수를 표시하는 말의 일종. 〈제5기생〉.
(4) 대(代): 가계(家系)나 이어 온 계통의 차례를 세는 단위. 〈3대를 이어 온 가업(家業)〉.
(5) 번(番): 일의 차례나 횟수를 세는 단위. 〈1번, 다섯 번〉.

그런데 (1), (2), (3)번은 실제적으로 거의 같은 의미를 가지고 있다. 그리고 (1)번과 (5)번도 경우에 따라서는 동일한 의미이다. 예를 들면, "'사랑'이란 단어는 성경에 약 520회 나타난다."라는 말을 "… 약 520번 나타난다."라고 해도 틀리지 않는다. 이 다섯 단어의 대표적인 용례를 들면 다음과 같다.

(1) 회(回): 서울초등학교 제55회 졸업식, 제30회 올림픽대회, 이 약은 1일 3회 복용함.
(2) 차(次): 이번 제10차 총회에서는 본회 제5대 회장을 선출한다.
(3) 기(期): 육군사관학교 제22기 졸업생, 특수간부 제29기.
(4) 대(代): 대한민국 제20대 대통령, 칠기(漆器) 제작을 5대째 가업으로 이어 온 집.

(5) **번(番)**: 등번호 7번 선수는 금메달을 따기 위해 이번에 세 번째 도전한다.

여기서 볼 수 있는 바와 같이, 차서(次序) 또는 횟수를 말할 때, "회(回)"는 주로 학교의 졸업이나 대회 개최 때에 쓰이고, "차(次)"는 총회나 사업회 때에 사용되며, "기(期)"는 주로 군대와 관련된 경우에 쓰이는 것으로 보인다. 그러나 어떤 단어가 장기간에 걸쳐서 사용됨으로써 굳어진 경우는 고치기가 쉽지 않은 것 같다. 예를 들면, "한국연합회 제35회 총회" 같은 것이다. "총회"에는 "제35차"가 제격인데, 어떤 단체의 총회는 "제( )회 총회"라고 일컫는다. 이것이 틀렸다고 말하기는 곤란하지만 앞뒤가 딱 맞지 않게 들린다. 무릇 언어는 정확해야 하고, 문장의 모든 부분들은 서로 조화를 이루어야 한다. 그렇게 되면 그런 말을 하는 개인이나 단체의 품위가 한결 높아 보인다.

3. 수량(數量)을 세는 단위(單位)들

우리말의 특징인 의존명사들은 특별히 사물의 수량을 세는 단위를 나타낼 때, 가장 두드러지게 나타난다. 이것은 다른 어떤 언어에서도 유례를 찾아볼 수 없을 만큼 다양(多樣)하고 다단(多端)하다. 비근한 예를 들면, 영어로는 단순히 "one tree", "two oxen", "three books"라고 하는데, 우리말로는 "나무 한 그루", "황소 두 마리", "책 세 권"으로 해야 바른 표현이 된다. 이것을 영어처럼 "한 나무", "두 황소", "세 책"이라고 말하면 바른 한국어가 아니다. 우리말은 "그루", "마리", "권(卷)"과 같은 의존명사를 넣어서 말해야 바른 표현이 된다. 이렇게 하는 것이 좀 어지럽고 어렵지만 이것이 우리말의 묘미요 언어학적으로 발달된 언어의 특성이다.

우리가 일상생활에서 늘 사용하기 때문에 다 아는 것이지만 사물의 수량을 세거나 분량을 재는 데 사용되는 우리말의 의존명사는 아래와 같이 복잡다기(複雜多岐)하다.

(1) 사람 – 명(名), 인(人), 분, 사람, (2) 사물 – 개(個, 箇, 个), (3) 자동차, 자전거, 비행기, 기계 – 대(臺), (4) 선박, 잠수함 – 척(隻), (5) 동물, 곤충, 벌레, 물고기 – 마리, (6) 신, 구두, 양말, 장갑, 버선 – 짝, 켤레, 죽(10켤레), 족(足), (7) 집 – 채, (8) 방, 마루 – 칸, (9) 주택 – 호(戶), (10) 옷 – 벌, (11) 책 – 권(卷), 질(帙), 세트(set), (12) 책의 면(面) – 쪽, 페이지, 면(面), (13) 연필, 만년필, 붓, 볼펜 – 자루, (14) 밥, 식사, 끼니 – 끼, (15) 말[言] – 마디, (16) 종이, 유리 – 장(張), 매(枚), (17) 종이 묶음 – 권(卷, 20장), (18) 한지, 양지, 모조지 – 연/련(連) (19) 영화 필름의 길이 – 권(卷, 305미터), (20) 나무 – 그루, 주(株), 토막, (21) 초목 – 포기, (22) 꽃 – 송이, (23) 배추, 수박, 호박 – 통, 덩이, (24) 말, 소 – 필(匹), 두(頭), 마리, (25) 피륙, 비단 – 필(疋), (26) 광목, 옥양목, 옷감 – 통, (27) 논, 밭, 임야 – 필(筆), 뙈기, 마지기, (28) 땅[土地], 대지, 임야 – 평(坪), 단(段=300평[坪]), 정(町=10단[段]), 정보(町步), (29) 글, 문학작품 – 편(篇), (30) 엿, 가래떡 – 가락, (31) 잠 – 숨, (32) 물, 술, 음료 – 모금, 방울, 통(桶), (33) 편지, 엽서, 문서, 증명서 – 통(通), (34) 곡식, 낟알 – 알, 톨, (35) 곡식(쌀, 나락, 보리), 가루, 액체 – 홉[合], 되[斗], 말, 섬[石], (36) 성적, 점수 – 점(點), (37) 의류, 그릇 – 점(點), 벌, 죽(10벌), (38) 시가(詩歌), 시조(時調) – 수(首), (39) 그림, 화폭 – 점(點), (40) 노

래, 악곡 - 곡(曲), (41) 설교 - 편(篇), (42) 대포 - 문(門), (43) 미사일 - 기(基), (44) 총(銃), 노(櫓), 삽(鍤), 호미, 먹 - 자루, 정(挺) (45) 탄환, 총알 - 발(發), 방(放), (46) 책 읽기 - 차례(次例), (47) 장작(땔나무), 채소, 짚(볏단), 푸성귀 - 단, 다발, 뭇, 묶음, (48) 사건, 사고, 조항, 안건, 문건 - 건(件), (49) 가구 - 벌, 세트(set), (50) 신발의 크기 - 문(文), (51) 약(藥) - 첩(貼), (52) 알약[丸藥] - 정(錠), (53) 승부, 싸움, 내기, 게임, 윷놀이 - 판, (54) 운동장 돌기 - 바퀴, (55) 활쏘기 - 바탕, (56) 도둑질 - 탕, (57) 생선 - 뭇(10마리), (58) 오징어 - 축(20마리), (59) 고등어, 조기 - 손(2마리), (60) 북어 - 쾌(20마리), (61) 물방울 - 점(點), (62) 소나 말의 등에 진 짐 - 바리, (63) 장소 - 곳, 군데, 처(處), (64) 흙 - 줌, (65) 시체 - 구(具), (66) 주권(株券), 주식 - 주(株), (67) 조류(닭, 칠면조) - 수(首), (68) 양팔로 껴안은 둘레 - 아름, (69) 범죄, 전과(前過) - 범(犯), (70) 햇수[年數] - 해, 연/년(年), (71) 무덤, 탑, 비석 - 기(基), (72) 바느질할 때 바늘이 뜨는 눈 - 땀, 님, (73) 귀금속(금, 은) - 돈, (74) 엽전 - 돈, 푼, 냥(兩), (75) 화폐 - 원, 전(錢), 위안(圓), 달러(dollar), 센트(cent), 유로(euro), (76) 무게 - 근(斤), 관(貫), 돈(=10푼(分)), 푼[分], 푼[分]사, (77) 길이 - 자[尺=10치], 치(=10푼[分]), 푼[分], 정(町=60칸=360자[尺]), (78) 노끈의 길이, 물의 깊이 - 심(尋=6자[尺]), (79) 거리 - 리(里), 광년(光年), (80) 객차, 차량 - 양/량(輛), (81) 소나기 - 차례(次例), 줄기, (82) 빛 - 줄기, (83) 동물, 물건 등을 홀(忽)하게 이를 때 - 놈, (84) 토지 면적 - 파(把), 줌, 10줌=1뭇, 10뭇=1짐, 10짐=1총, 10총=1목, (85) 순서, 차례, 횟수 - 기(期), 대(代), 번(番), 차(次), 회(回), (86) 종류 - 가지, 종(種), (87) 장작, 담배, 성냥 - 개비, 가치, (88) 자리, 좌석 - 석(席), 개(個), (89) 매질 - 찰, 대, (90) 칠면조 - 수(首), 마리, (91) 키 높이 - 길, (92) 채소와 과일의 생산 차례 - 물, (93) 과일(감, 곶감), 채소(마늘, 오리) - 접(100개),

(94) 밥 – 술(숟가락), (95) 술, 차, 커피 – 잔(盞), (96) 실 – 타래, 테, (97) 건물 – 층(層), (98) 윷놀이 – 동, (99) 묶음 – 동(굴비 2,000마리, 곶감 100접, 종이 100권, 붓 10자루, 먹 10장, 베 50필, 볏짚 100단, 새앙 10접), (100) 백분율 – 할(割), 푼[分], 리(厘), 퍼센트(percent, %). (101) 법 조항 – 장(章), 조(條), 항(項), (102) 문집, 논문집 – 호(號), 집(輯), (103) 인쇄, 출판 – 쇄(刷), 판(版). 이 밖에도 길이, 무게, 부피, 넓이, 거리, 속도, 전력, 열량, 등을 재는 외래식 단위들(예: 미터, 마일, 그램, 톤, 리터, 제곱미터, 세제곱미터, 에이커, 헥타르, 와트, 칼로리, 등)은 여기서 일일이 언급하지 않기로 한다.

우리가 단위를 나타내는 의존명사를 쓸 때 유의해야 할 것이 있다. 그것은, 의존명사 앞에 오는 관형사를 아라비아 숫자로 하느냐, 한글 고유어로 하느냐이다. 다시 말해서, "1명, 2명, 3명"으로 하느냐, "한 명, 두 명, 세 명"으로 하느냐 하는 것이다. "명(名)"의 경우는 둘 다 가능하다. 그러나 같은 뜻으로 "인(人)"을 사용한다면 "1인, 2인, 3인"으로 해야 하고, "분"으로 표현하려면 "한 분, 두 분, 세 분"으로 해야 한다. 대부분의 경우, "한, 두, 세"라는 식의 관형사를 사용하지만 어떤 경우에는 반드시 "1, 2, 3"으로 쓰지 않으면 안 된다. 이것은 확실한 기준에 의해서가 아니라 언어 관습에 따라 된 것이기 때문에 다수의 사람들이 말하는 대로 하는 것이 곧 법이라 할 수 있다. 그래서 종이나 유리를 셀 때, "장(張)"으로 하면 "한 장, 두 장, 세 장"이라 하고, "매(枚)"로 하면 "1매, 2매, 3매"가 옳은 것으로 들린다. 우리가 시간을 읽을 때, "시(時)"는 우리말 고유어로 말하고, "분(分)"과 "초(秒)"는 아라비아 숫자로 말한다. 그래서 "오전 11:11:11"을 "오전 열한 시 11분 11초"라고 해야 맞다. 그러나 군(軍)에서 보고나 신고를 할 때는 "시·분·초"를 모두 아라비아 숫자로 읽는다. 그래서 군인들은 "11시 11분 11초"라고 해야 바르다고 한다. 군 내부에서 그렇게 하는 것은 예외로 인정해야 할 것이다.

민간인의 일상생활에서 왜 "열한 시 11분 11초"라고 해야 하는지는 아무도 모른다. 그렇게 읽어야 옳다고 여기는 것은 우리의 관습이 그렇기 때문이다. 무의식중에 이런 관습을 어기는 사람은 어법에 무식한 사람으로 간주되고, 의식적으로 이것을 안 지키면 어법을 파괴하는 무례한 사람으로 여겨진다. 사람이 하는 말은 그의 실력과 함께 인격 또는 인성을 평가하는 기준이 되기도 한다.

4. 한자로 된 조어소(造語素)

한국어가 가진 또 하나의 특징이자 장점은 풍부한 "조어소(造語素)"를 가지고 있는 것이다. 여기서 "조어소"란 단어를 만들 수 있는 요소이자 기본단위가 되는 글자를 가리킨다. 한국어 "조어소"에는 한글도 다수 있지만, 대부분은 한자이다. 한자는 표의문자(表意文字)이므로 글자 하나하나가 조어소의 역할을 한다. 그래서 두 개 또는 세 개의 글자로 된 단어에서 한 개를 다른 글자로 바꾸면 약간의 차이가 있거나 정반대되는 의미의 단어로 바뀌게 된다. 국립국어원이 2010년에 발행한 「숫자로 살펴보는 우리말」을 보면 「표준국어대사전」에 실린 표제어 약 51만 개 가운데 한자어가 58.5퍼센트, 고유어가 25.9퍼센트, 혼종어가 10.2퍼센트, 그리고 외래어가 5.4퍼센트를 차지한다고 한다. 그만큼 우리 국어는 한자와 밀접한 관계를 가지고 있다.

이제 그 구체적인 예를 들어보자. 한자 "별(別)" 자에는 대체로 다섯 가지의 뜻이 있다. 첫째, "가르다, 분별(分別)하다"라는 뜻이 있고, 둘째, "다르다, 특별(特別)하다"라는 의미가 있으며, 셋째, "헤어지다, 이별(離別)하다"라는 뜻이 있고, 넷째, "따로, 딴, 개별적(個別的)"이라는 의미가 있으며, 다섯째, "별(別)나다, 이상(異常)하다"라는 뜻도 있다.

A. "가르다, 분별하다"라는 뜻의 "별(別)"

첫 번째 의미부터 하나씩 생각해 보자. "가르다, 분별하다"라는 뜻의 "별(別)" 자가 조어소로 들어가는 단어들은 모두 가르거나 분별하는 것과 관련된 의미를 가진 것들이다. 우선 대표적인 단어 여섯 개를 들어서 그 뜻을 비교·대조해 보자. "비교(比較, comparison)"는 대체로 공통점(共通點) 또는 상사점(相似點)을 찾는 것을 말하고, "대조(對照, contrast)"는 주로 특이점(特異點) 또는 상이점(相異點)을 찾는 일을 가리킨다.

(1) **분별(分別)**: 사물을 종류에 따라 나누어 가름. [무슨 일을] 사리에 맞게 판단함, 또는 그 판단력.
(2) **구별(區別)**: 종류에 따라 갈라 놓음. 〈동식물을 구별하다〉. 차별을 둠. 〈아들딸을 구별 말고 잘 기르자〉.
(3) **차별(差別)**: 차(差)가 있게 구별함. 〈부당하게 사람을 차별하다〉.
(4) **선별(選別)**: 가려서 골라내거나 추려냄. 〈종자 선별이 다수확의 첫째 조건이다〉.
(5) **식별(識別)**: 사물의 성질이나 종류 따위를 구별함. 〈식별능력〉.
(6) **판별(判別)**: 명확히 구별함. 분명히 분별함. 〈시비를 판별하다. 사람의 눈이 판별할 수 있는 범위〉.

이 단어들은 첫 글자에 따라 의미가 섬세하고 미묘한 차이를 내는 동계(同系)의 어휘이다. 그러므로 특별한 주의를 기울이거나 상당한 훈련을 쌓지 않으면 이것들의 차이를 명확하게 이해하면서 정확하게 사용하는 것이 불가능하다.

어떤 노래의 가사에 다음과 같은 말이 나온다. "빈부나 귀천이 분별이 없고 다 와서 먹고 편히 쉬겠네." 이 문장에서 "분별이 없고"라는 말은 어법에 맞지 않는다. "빈부(貧富)나 귀천(貴賤)이 차별(差別)이 없고"라고 해야 올바른 표현이다. 이상의 어휘 외에 다음과 같은 단어들도 이 부류에 속한다.

(1) **성별**(聖別): 신성한 일에 쓰기 위해 따로 구별하는 것.
(2) **성별**(性別): 남녀 또는 암수의 구별.
(3) **종별**(種別): 종류에 따라 나눔, 또는 그 구별. 유별(類別).
(4) **유별**(類別): 종류에 따라 구별함. 종별(種別).

"종별(種別)"과 "유별(類別)"은 의미의 차이가 전혀 없는 동의어이다. 이 밖에도 "별(別)" 자로 끝나는 어휘 중에서 이 부류에 속하는 것들이 얼마든지 더 있을 것이다. 이제는 둘째 부류, 즉 "별(別)" 자가 "다르다, 특별(特別)하다"라는 의미로 사용된 단어들을 살펴보자.

B. "다르다, 특별하다"라는 뜻의 "별(別)"

우리가 "별(別)" 자를 훈(訓)과 함께 읽을 때 "다를 별(別)"이라고 한다. 여기서 "다를"이라고 하는 것은 "다를 타(他)" 또는 "다를 이(異)"

라고 할 때의 "다를"과는 다른 것이다. 여기서 "다르다"라는 것은 "남다르다, 보통이 아니고 특별하다"라는 뜻이다. 다음과 같은 단어들이 이런 뜻을 잘 나타내주고 있다.

(1) **특별(特別)하다**: 보통과 아주 다름. 특수(特殊). 보통보다 훨씬 뛰어남. 〈반대어: 보통(普通). 일반(一般)〉.
(2) **유별(有別)나다**: [다른 것과] 두드러지게 다르다. 별나다. 〈유별난 짓을 하다〉.
(3) **자별(自別)하다**: 인정이나 교분(交分) 따위가 남보다 특별하다. 〈그는 나와 자별한 사이다〉.
(4) **각별(恪別)하다**: 유다르다. 특별하다. 〈각별한 사이. 각별한 당부〉. 깍듯함. 〈손을 맞이하는 태도가 각별하다〉.

이 단어들이 모두 "특별함"을 뜻하는 것이기는 하지만 자세히 음미해 보면 각각 다른 음영(陰影, nuance)을 가지고 있고, 어떤 문장에서 사용되느냐에 따라서 그야말로 특별한 맛을 풍긴다.

C. "헤어지다, 이별하다"라는 뜻의 "별(別)"

앞에서 우리는 한자 "별(別)" 자가 지닌 다섯 가지의 뜻 중에서 첫째 의미["가르다, 분별(分別)하다"]와 둘째 의미["다르다, 특별(特別)하다"]에 관하여 살펴보았다. 이제는 셋째 의미인 "헤어지다, 이별(離別)하다"라는 뜻을 가진 단어들에 대하여 공부해 보자. 이 부류에 속하는 어휘는 매우 많고 다채롭다.

(1) **이별(離別)**: [오랫동안 떨어져 있어야 할 일로 인하여] 서로 헤어짐. 별리(別離). 〈사랑하는 이와 이별하다. 슬픈 이별. 이별가(離別歌). 이별주(離別酒)〉.

(2) **작별(作別)**: 서로 헤어짐. 이별의 인사를 나눔. 〈입맞춤으로 작별하다〉.

(3) **고별(告別)**: 서로 헤어지게 됨을 알림. 〈고별사(告別辭). 고별식(告別式). 고별 기자 회견. 고별잔치를 베풀다〉.

(4) **송별(送別)**: 멀리 떠나는 이를 이별하여 보냄. 〈송별사(送別辭). 송별연(送別宴). 송별회(送別會). 송별의 밤〉.

(5) **석별(惜別)**: 헤어지게 된 것을 섭섭하게 여김, 또는 그런 이별. 〈석별연(惜別宴). 석별의 정을 나누다. 석별의 눈물〉.

(6) **몌별(袂別)**: 소매를 놓고 헤어짐[헤어지기 싫어서 떠나는 이의 소매를 부여잡고 있다가 놓아줌]. 헤어짐. 이별. 〈그들은 눈물을 머금고 몌별하였다〉.

(7) **전별(餞別)**: 떠나는 이를 위하여 잔치를 베풀어 작별함. 〈전별금(餞別金). 전별연(餞別宴). 전별주(餞別酒). 전별회(餞別會)〉.

(8) **유별(留別)**: [떠나는 사람이] 뒤에 남는 사람에게 작별함.

(9) **결별(訣別)**: 기약 없는 이별. 관계나 교제를 영원히 끊음. 〈결별을 선언하다〉.

(10) **배별(拜別)**: 공경하는 사람과의 작별을 높이어 이르는 말. 〈스승님과 배별하다〉.

(11) **봉별(奉別)**: 윗사람과의 이별. 〈조부모님과 봉별하고 집을 나서다〉.

(12) **분수상별(分袖相別)**: 서로 소매를 나누고 헤어진다는 뜻으로,

작별을 이르는 말.
(13) **상별**(相別): 사귐이나 맺은 관계를 끊고 서로 갈라섬.
(14) **잠별**(暫別): 잠깐 동안의 이별, 또는 잠시 동안 이별함.
(15) **영별**(永別): 영원히 떠나감. '영이별(永離別)'의 준말.
(16) **생별**(生別): [혈육이나 부부끼리] 살아서 이별함, 또는 그런 이별. '생이별(生離別)'의 준말. 〈6·25전쟁으로 생별한 가족들〉.
(17) **사별**(死別): 한 쪽은 죽고 한 쪽은 살아남아 영원한 이별이 됨. 〈젊은 나이에 아내와 사별하다〉.

이 밖에도 "별(別)" 자로 끝나면서 "이별"을 나타내는 단어들이 더 있을 것이다. 한국어만큼 "헤어짐"의 종류를 이토록 다양하게 표현하는 다른 언어는 아마도 없을 것이다. 우리말은 참으로 어휘가 풍부하고 각 단어의 뜻이 프리즘만큼이나 다채롭게 세분되어 있다. 필경 이것은 우리 민족이 "이별"에 대하여 그만큼 섬세하고도 애틋한 느낌을 가지고 있는 것을 말해주는 증좌(證左)일 것이다. 우리가 이 모든 단어들을 경우에 맞게 적절히 사용할 줄 안다면 우리의 언어생활은 더욱 풍요롭고 정겨워질 것이다.

D. "따로, 딴, 개별적"이라는 뜻의 "별(別)"

넷째로, "별(別)" 자에는 "따로, 딴, 개별적(個別的)"이라는 의미가 있다. 이것은 앞에서 살펴본 "다르다, 특별(特別)하다"라는 의미와 관련은 있지만 그보다는 "별개" 또는 "별도"의 뜻이 강한 것이다. 예를 들면 다음과 같다.

(1) **별개(別個)**: [어떤 것에] 함께 포함시킬 수 없는 것. 딴 것. 〈별개의 문제〉.
(2) **별도(別途)**: 딴 방도나 방면. 〈별도의 수입〉. 딴 용도. 〈별도로 쓸 데가 있다〉.
(3) **별거(別居)**: [부부 또는 한 가족이] 따로 떨어져 삶. 딴 살림을 함. 〈아내와 별거하다〉. 반대어: 동거(同居).
(4) **별문제(別問題)**: 딴 문제. 갈래가 다른 문제. 〈이것과 그것과는 별문제이니 따로따로 다루어야 한다〉.
(5) **별천지(別天地)**: 인간이 살고 있는 세계와는 다른 세계. 딴 세상. 지구 이외의 세계. 별세계(別世界). 별건곤(別乾坤). 별유천지(別有天地).

이것들 외에도 이 부류에 속하는 단어들은 얼마든지 더 있다. 예를 들면, "별궁(別宮)", "별기(別記)", "별납(別納)", "별당(別堂)", "별동(別棟)", "별명(別名)", "별선(別選)", "별의(別意)", "별장(別莊)", "별정직(別定職)", "별종(別種)", "별지(別紙)", "별(別)채", "별책(別冊)", "별표(別表)", "별칭(別稱)", "별항(別項)", "별호(別號)", 등등이다.

E. "별나다, 이상하다"라는 뜻의 "별(別)"

끝으로, "별(別)" 자에는 "별(別)나다, 이상(異常)하다"라는 의미도 있다. 이것은 범상하지 않고 특이(特異)하거나 괴이(怪異)한 것을 말한다. 이 부류에는 다음과 같은 단어들이 있다.

(1) **별(別)것**: 별난 것. 희한하거나 이상한 것. 〈별것 아닌 걸 가지고 그러네〉.
(2) **별(別)꼴**: 별나게 눈에 거슬리어 보이거나 아니꼬운 것. 〈별꼴을 다 보겠다〉.
(3) **별(別)생각**: 이상하고 괴이한 생각. 〈별생각을 다 했다〉.
(4) **별(別)소리**: 별말, 이상한 소리. 〈듣자듣자 하니, 별소리를 다 하는군〉.

이 밖에도 이 부류에 속하는 단어들이 더 있다. "별(別)놈", "별(別)사람", "별(別)말씀", "별(別)걱정", "별(別)구경", "별궁리(別窮理)" 등이 이 부류에 들 것이다.

"별(別)" 자는 참으로 다양한 의미를 가진 "조어소(造語素)"이다. 이 글자가 단어의 첫 글자로 오거나 끝 글자로 쓰이면 그 단어의 다른 글자들과 어울려서 대단히 많은 어휘를 만들어내고 매우 풍부한 의미를 나타내게 된다.

5. 의미소 "쾌(快)"가 들어가는 단어들

"별(別)" 자는 우리말이 가지고 있는 무수한 "조어소"들 중의 하나에 불과하다. 다른 예들을 몇 개 더 들어보자. "쾌(快)" 자가 사용된 단어도 매우 많다. "쾌(快)"로 시작하는 단어는 "쾌감(快感)", "쾌거(快舉)", "쾌과(快果)", "쾌기(快氣)", "쾌남아(快男兒)", "쾌담(快談)", "쾌도난마(快

刀亂麻)", "쾌락(快諾)", "쾌락(快樂)", "쾌로(快路)", "쾌론(快論)", "쾌마(快馬)", "쾌면(快眠)", "쾌문(快聞)", "쾌미(快味)", "쾌미(快美)", "쾌변(快辯)", "쾌보(快報)", "쾌복(快復)", "쾌분(快奔)", "쾌사(快事)", "쾌설(快雪)", "쾌소(快笑)", "쾌속(快速)", "쾌승(快勝)", "쾌식(快食)", "쾌심(快心)", "쾌연(快然)", "쾌우(快雨)", "쾌유(快癒)", "쾌유(快遊)", "쾌음(快飮)", "쾌의(快意)", "쾌인(快人)", "쾌인쾌사(快人快事)", "쾌작(快作)", "쾌재(快哉)", "쾌저(快著)", "쾌적(快適)", "쾌전(快戰)", "쾌조(快調)", "쾌주(快走)", "쾌차(快差)", "쾌척(快擲)", "쾌첩(快捷)", "쾌청(快晴)", "쾌쾌(快快)", "쾌투(快投)", "쾌(快)하다", "쾌한(快漢)", "쾌활(快活)", "쾌활(快闊)" 등이 있다. 그리고 "쾌(快)"자로 끝나는 단어들과 그 의미와 용례는 다음과 같다.

(1) **경쾌(輕快)**: 마음이 가쁜하고 상쾌함. 〈경쾌한 속도〉, 〈경쾌한 음악〉.
(2) **명쾌(明快)**: 말이나 글의 조리가 분명하여 시원스러움. 〈명쾌한 대답〉.
(3) **상쾌(爽快)**: 기분이 아주 시원하고 거뜬함. 〈상쾌한 아침〉.
(4) **유쾌(愉快)**: 마음이 즐겁고 상쾌함. 〈유쾌한 분위기〉.
(5) **장쾌(壯快)**: 힘차고 통쾌함. 〈장쾌한 행진곡〉.
(6) **통쾌(痛快)**: 썩 유쾌함, 마음이 매우 시원함. 〈통쾌한 승리〉.
(7) **호쾌(豪快)**: 호탕하고 쾌활함, 시원시원함. 〈큰 소리로 호쾌하게 웃는다〉.
(8) **흔쾌(欣快)**: 기쁘고 상쾌함. 〈흔쾌히 받아들인다〉.

6. 의미소 "시(視)"가 들어가는 단어들

"시(視)" 자가 들어가는 단어들을 살펴보자. 이 글자가 단어의 앞에 들어가는 단어들을 찾아보면, "시각(視覺)", "시감(視感)", "시계(視界)", "시관(視官)", "시도(視度)", "시력(視力)", "시사여귀(視死如歸)", "시선(視線)", "시세포(視細胞)", "시신경(視神經)", "시이불견(視而不見)", "시잠(視箴)", "시점(視點)", "시정(視程)", "시차(視差)", "시찰(視察)", "시청(視聽)", "시청각(視聽覺)", 등이 있고, "시(視)" 자가 뒤에 들어가는 단어로는 "경시(輕視)", "괄시(恝視)", "규시(窺視)", "명시(明視)", "무시(無視)", "응시(凝視)", "전시(電視)", "점시(覘視)", "정시(正視)", "좌시(坐視)", "주시(注視)", "중시(重視)", "천시(賤視)", "환시(幻視)", "환시(環視)", "중인환시(衆人環視)", 등이 있다.

7. 의미소 "합(合)"이 들어가는 단어들

다른 하나의 의미소(意味素)는 "합(合)"이다. 이것은 두 가지의 의미를 가진 의미소이다. 첫째는 "합하다, 더하다, (둘 이상을) 모아 하나로 만들다"라는 뜻의 의미소이고, 둘째는 "합당하다, 맞다, (어떤 규범에) 합치하다"라는 뜻의 의미소이다.

A. "합하다, 하나로 만들다"라는 뜻의 "합(合)"

첫째로, "합하다, 더하다, (둘 이상을) 모아 하나로 만들다"라는 뜻의

"합(合)" 자가 사용된 경우를 살펴보자. 이 글자의 앞이나 뒤에 어떤 글자가 오느냐에 따라서 어떻게 합하거나 합해지는지가 구체적으로 결정된다. 먼저, "합(合)" 자로 시작하는 단어들은 다음과 같다. "합동(合同)", "합작(合作)", "합일(合一)", "합성(合成)", "합세(合勢)", "합병(合倂)", "합산(合算)", "합계(合計)", "합의(合意)", "합일(合一)", "합류(合流)", "합방(合邦)", "합금(合金)", "합금(合衾)", "합본(合本)", "합자(合字)", "합자(合資)", "합심(合心)", "합력(合力)", "합승(合乘)", "합연(合緣)", "합창(合唱)", "합주(合奏)", "합체(合體)", "합당(合黨)", "합판(合板)", "합장(合葬)", "합장(合掌)", "합궁(合宮)", "합환(合歡)", 등이다.

"합(合)" 자가 앞에 오는 경우에 "합(合)"은 대체로 그다음에 오는 글자를 목적어로 하거나 합해진 결과를 보여준다. 예컨대, "합심(合心)"은 "마음을 합하는 것"이고, "합자(合資)"는 "자본을 합하는 것"이며, "합방(合邦)"은 "나라를 합하는 것"을 의미한다. 또 "합일(合一)"은 "합쳐서 하나를 이루는 것"이고, "합성(合成)"은 "합하여 이루는 것"이며, "합장(合葬)"은 "합하여 장사하는 것"을 가리킨다.

다음으로, "합(合)" 자로 끝나는 단어들은 다음과 같다. "결합(結合)", "규합(糾合)", 단합(團合), 연합(聯合)", "융합(融合)", "병합(倂合)", "종합(綜合)", "통합(統合)", "부합(符合)", "화합(和合)", "조합(組合)", "정합(整合)", "집합(集合)", "상합(相合)", "시합(試合)", "경합(競合)", "영합(迎合)", "야합(野合)", "혼합(混合)", "승합(乘合)", "기합(氣合)", "의합(意合)", "취합(聚合)", 등등.

"합(合)" 자가 끝에 오는 경우, 앞에 오는 글자는 "합하거나 합해지는 방법"을 말해주고, 그것에 이어지는 "합(合)" 자는 결과적으로 합해진 상태를 가리킨다. 예를 들면, "결합(結合)"은 "서로 맺어서 합하는 것"을 뜻하고, "통합(統合)"은 "통틀어서 합하는 것"을 의미하며, "혼합(混合)"은 "두루 섞어서 합하는 것"을 가리킨다.

B. "합당하다, 합치하다"라는 뜻의 "합(合)"

둘째로, "합당하다, 맞다, (어떤 규범에) 합치하다"라는 뜻의 "합(合)" 자가 들어가는 경우를 살펴보자. 예를 들면 다음과 같은 단어들이다. "합법(合法)", "합헌(合憲)", "합당(合當)", "합리(合理)", "합격(合格)", "합치(合致)", 그리고 "부합(符合)", "적합(適合)" 등.

"합법(合法)"은 "법에 맞음 또는 합치함"을 뜻하고, "합헌(合憲)"은 "헌법에 위배되지 않음"을 뜻하며, "합리(合理)"는 "이치에 맞음"을 의미한다.

8. 다른 의미소(意味素)들

또 다른 의미소들은 다음과 같다.

첫째, "식(識)"이라는 의미소이다. 이 글자가 단어의 앞에 오는 경우는 다음과 같다. "식견(識見)", "식달(識達)", "식량(識量)", "식력(識力)", "식별(識別)", "식야(識野)", "식역(識閾)", 그리고 "식자(識字)", "식자(識者)", "식자우환(識字憂患)" 등.

"식(識)" 자가 단어의 끝에 오는 경우는 다음과 같다. "지식(知識)", "지식(智識)", "상식(常識)", "양식(良識)", "학식(學識)", "인식(認識)", "의식(意識)", "박식(博識)", "천식(淺識)", "무식(無識)", "유식(有識)", "유식(唯識)", "견식(見識)", "면식(面識)", "일면식(一面識)", "박학다식(博學多識)" 등.

둘째, "려(慮)"라는 의미소이다. 이것은 주로 단어의 끝에 붙어서 "생각"이라는 의미를 가미한다. 예를 들면 다음과 같다. "염려(念慮)", "우려(憂慮)", "배려(配慮)", "심려(心慮)", "심려(深慮)", "원려(遠慮)", "고려(考慮)", "고려(高慮)", "고려(苦慮)", "고려(顧慮)", "사려(思慮)", "정려(精慮)", "정려(靜慮)", "무려(無慮)" 등.

셋째, "도(度)"라는 의미소이다. 이것은 "법(法)" 또는 "정도(程度)"를 나타내는 글자인데, 특히, 단어의 끝에 붙어서 "정도"를 나타내는 경우가 많다. 예를 들면 다음과 같다. "각도(角度)", "강도(强度)", "경도(經度)", "경도(硬度)", "경도(輕度)", "고도(高度)", "과도(過度)", "금도(襟度)", "농도(濃度)", "명도(明度)", "밀도(密度)", "법도(法度)", "빈도(頻度)", "색도(色度)", "속도(速度)", "순도(純度)", "습도(濕度)", "심도(深度)", "열도(熱度)", "온도(溫度)", "위도(緯度)", "정도(程度)", "정도(精度)", "절도(節度)", "제도(制度)", "조도(照度)", "조도(調度)", "진도(進度)", "진도(震度)", "태도(態度)", "한도(限度)", "청렴도(淸廉度)", "헌신도(獻身度)", "호감도(好感度)" 등.

이 밖에도 우리말의 한자 의미소는 부지기수(不知其數)로 많다. 그 모든 것들을 익숙하게 알려면 어려서부터 한자 또는 한문을 배우는 일이 필요한데, 지금의 초·중·고등학교 교육과정에서는 한자를 거의 가르치지 않으므로 그런 효과를 기대하기는 불가능하다. 한자를 모르는 것이 먹고살기에는 아무런 영향을 끼치지 않겠지만, 학문, 특히 인문학을 연구하는 사람들과 지도적 위치에 오를 사람들에게 있어서 한자에 대한 기본지식은 매우 요긴한 자질이 될 것이다.

이상에서 본 바와 같이, 우리말에는 매우 풍부한 "조어소(造語素)"가 있고, 이것을 이용하면 어휘(語彙)를 엄청나게 확장할 수 있다. 동일한 "조어소"를 가진 단어들의 공통점과 차이점을 섬세하게 식별하면서 각 단어를 적확하게 사용할 수 있기 위해서는 고도의 언어감각과 부단한 노력이 필요하다.

9. 기타 특징

한국어에는 다음과 같은 특징들도 있다. 이것이 한국인의 눈에는 사소하게 보일지 모르지만 서양 언어와 비교해 보면 매우 두드러지는 특징으로 나타난다.

A. "착용(着用)" 또는 "휴대(携帶)"를 의미하는 동사들

우리말의 다른 특징 하나는 "착용(着用)하다" 또는 "휴대(携帶)하다"를 의미하는 동사의 다양함이다. 사람의 몸에 지니거나 착용하는 물건에 따라서, 그리고 그 물건을 부착하는 몸의 부위에 따라서 그것을 표현하는 동사가 달라진다. 예를 들면 다음과 같다.

(1) 옷을 "입다", (2) 외투, 망토를 "걸치다, 입다", (3) 모자를 "쓰다", (4) 신, 구두를 "신다", (5) 양말을 "신다", (6) 장갑을 "끼다", (7) 안경을 "쓰다, 끼다", (8) 보청기를 "끼다", (9) 허리띠, 머리띠를 "띠다, 매다", (10) 마스크를 "끼다, 하다", (11) 명찰, 이름표를 "붙이다" (12) 꼬리표를 "달다", (13) 가방을 "메다, 들다", (14) 총을 "메다", (15) 칼을 "차다", (16) 들메끈, 신들메를 "매다" (17) 목도리를 "두르다, 걸치다", (18) 지게를 "지다", (19) 짐을 "지다, 메다, 들다", (20) 어깨에 "메다", (21) [물동이를] 머리에 "이다", (22) 등에 "지다", (23) 아이를 "업다", 등등.

영어의 경우, "착용하다" 또는 "휴대하다"를 뜻하는 동사는 대체로 "put on", "carry" 또는 "take"이고, 독일어의 경우는 "anziehen", "aufsetzen" 또는 "anlegen"이다. 이 밖에도 몇 개의 동사가 더 사용될 수 있지만, 한국어만큼 다양하지는 않다.

B. 소속(所屬) 또는 위상(位相)을 밝히는 직책 명사들

우리말의 또 다른 특징 하나는 직책을 가리키는 명사들에 그 사람이 소속된 단체나 기관의 종류 또는 위상을 나타내는 글자가 들어 있는 것이다. 좀 더 자세히 말하면, 어떤 회사나 기관의 수장(首長, president, chairman, director, chief, head, superintendent)을 가리키는 단어는 그 단체의 끝 글자 또는 끝 단어에다 '장(長)' 자를 붙여서 만들어진다. 예를 들면, 회사(會社)의 장(長)은 "사장(社長)", 학교(學校)의 장은 "교장(校長)", 모임[會]의 장은 "회장(會長)", 반(班)의 장은 "반장(班長)"이라 일컫는다. 이런 식으로 붙여진 직명에는 이장(里長), 구장(區長), 면장(面長), 향장(鄕長), 동장(洞長), 촌장(村長), 구청장(區廳長), 시장(市長), 역장(驛長), 소장(所長), 청장(廳長), 창장(廠長), 지점장(支店長), 행장(行長), 과장(科長), 과장(課長), 부장(部長), 처장(處長), 실장(室長), 국장(局長), 서장(署長), 관장(館長), 의장(議長), 원장(院長), 원장(園長), 법원장(法院長), 위원장(委員長), 구역장(區域長), 지역장(地域長), 공장장(工場長), 목장장(牧場長), 연회장(宴會長), 팀장(team 長), 그룹장(group 長), 센터장(center 長), 분회장(分會長), 방장(房長), 조장(組長), 급장(級長), 연합회장(聯合會長), 대장(隊長), 분대장(分隊長), 소대장(小隊長), 중대장(中隊長), 대대장(大隊長), 연대장(聯隊長), 여단장(旅團長), 사단장(師團長), 군단장(軍團長), 학장(學長), 총장(總長), 등등.

영어의 경우, 대부분의 조직체나 공동체의 우두머리를 "president"라고 일컫는다. 그래서 초등학교 1학년 "반장"으로부터 각종 동아리의 "회장", 회사의 "사장", 대학의 "총장", 그리고 마침내 일국의 "대통령"까지 모두를 "president"라고 칭한다. 우리말의 경우에는 조직체나 공동체의 성질 또는 사회적 위상을 밝히는 방향으로 수장(首長)의 호칭을 정하고, 영어의 경우에는 그런 것과는 상관없이 수장의 기능만을 나타내는 방법으로 호칭을 만든다.

영어의 "chaplain"이란 단어는 모든 기관이나 단체의 영적 지도를 위해 선임된 목사를 가리키는데, 우리말로는 그 목사가 봉사하는 기관의 종류에 따라 "교목(校牧)", "군목(軍牧)", "경목(警牧)", "향목(鄕牧)", "사목(社牧)", "단목(團牧)", "회목(會牧)", "반목(班牧)", 등으로 나뉘어 불린다. 이것 역시 영어와는 다른 우리말의 특징이라 할 수 있다.

C. 형용사의 다양한 형태

한국어가 가지고 있는 다른 하나의 뚜렷한 특성은 형용사의 다양한 형태일 것이다. 특히, 모양과 색깔을 나타내는 형용사들의 변용(變容)은 그 어떤 언어도 따라갈 수 없는 복잡하고도 현란(絢爛)한 형태를 취하고 있다. 여기서는 두 개의 형용사만 예를 들어보겠다.

먼저, 모양을 묘사하는 형용사인 "둥글다"의 다양한 형태를 열거해 보자.

둥글다, 둥그렇다, 둥그스름하다, 둥글넓적하다, 둥글둥글하다, 둥글뭉수레하다, 둥글번번하다, 둥굿하다, 둥글넓데데하다, 동글다, 동그랗다, 동그스름하다, 동그스레하다, 동글납작하다, 동글동글하다, 동글반반하다, 동글납대대하다, 동글반반하다, 동글갸름하다, 똥그랗다, 똥그스레하다, 똥그스름하다, 등등.

다음으로, 색깔을 나타내는 형용사 "빨갛다, 붉다"의 여러 형태를 찾아보자.

발갛다, 발그대대하다, 발그댕댕하다, 발그레하다, 발그무레하다, 발그속속하다, 발그스레하다, 발그스름하다, 발그족족하다, 발긋발긋하다, 벌겋다, 벌그데데하다, 벌그뎅뎅하다, 벌그레하다, 벌그름하다, 벌그무레하다, 벌그숙숙하다, 벌그스레하다, 벌그스름하다, 벌그죽죽하다, 벌긋벌긋하다, 불그데데하다, 불그뎅뎅하다, 불그레하다, 불그름하다, 불그무레하다, 불그숙숙하다, 불그스레하다, 불그스름하다, 불그죽죽하다, 불긋불긋하다, 붉다, 빨갛다, 빨그대대하다, 빨그댕댕하다, 빨그레하다, 빨그스레하다, 빨그스름하다, 빨그족족하다, 빨긋빨긋하다, 뻘겋다, 뻘그데데하다, 뻘그뎅뎅하다, 뻘그레하다, 뻘그름하다, 뻘그무레하다, 뻘그스레하다, 뻘그스름하다, 뻘그죽죽하다, 뻘긋뻘긋하다, 뽈그스레하다, 뽈그스름하다, 뽈그죽죽하다, 뽈긋뽈긋하다, 붉다, 새빨갛다, 시뻘겋다, 등등.

이상은 국어사전에 수록된 표제어들만을 옮겨 쓴 것이다. "둥근 모양"(영어 round; 중국어 圓)을 묘사하는 우리말 단어가 20개가 넘고, "빨간색"(영어 red, reddish; 중국어 紅, 赤)을 나타내는 한국어 단어가 무려 50개를 훨씬 상회(上廻)한다는 사실은 우리말이 지극히 미묘한 뉘앙스(nuance)까지를 다르게 표현할 수 있는 언어이며, 그 언어를 사용하는 우리 국민은 사물의 형태와 색채에 대하여 극도의 섬세한 감각을 가지고 있음을 보여준다. 우리말은 문자 그대로 "형형색색(形形色色)"을 고루고루 표현할 수 있는 언어이다. 이러한 특성도 다른 언어에서는 결코 찾아볼 수 없는 것이며, 오직 한국어만이 가지고 있는 장점이요 자랑이다. 이와 같이 한국어는 프리즘의 색깔과도 같은 찬란한 색상의 변화를 표현할 수 있는 형용사들을 가짐으로써 미세한 차이까지도 다르게 묘사할 수 있는 특징을 보여주고 있다.

10. 한국어를 모국어로 익혀 온 사람이 아니고는

　각 단어가 가지고 있는 이상과 같은 묘미(妙味) 또는 섬세한 뉘앙스는 한국어를 어릴 적부터 모국어(母國語)로 익혀 온 사람이 아니고는 아무도 충분히 감지하거나 구사(驅使)할 수 없을 것이다. 사람들이 학교에서 교과서를 통하여 배우는 외국어나 성년이 되어 이민 가서 익히는 타국어에서 그 언어의 이런 아기자기한 맛을 느끼기는 어려울 것이다.

　이런 측면에서 볼 때, 모국어야말로 우리의 생각과 감정을 가장 깊이, 가장 정확하고 아름답게 표현할 수 있는 통로요, 민족을 하나로 묶어서 국가가 되게 하는 매체이다. 모국어는 우리의 존재의 기반이요 사상의 온상이다. 우리 민족에게 있어서 한국어가 우리의 모국어라는 사실은 우리의 사상과 감정을 가장 섬세하고 아름답게 표현할 수 있는 특권을 가지고 태어났음을 의미한다. 아래의 시조는 모국어의 이런 역할을 노래한 것이다.

모국어(母國語)*

남 대 극

민족을 잉태하여
키워 온 모태(母胎)여.
군중을 국민 되게,

땅덩이를 나라 되게
하나로 단단히 묶는,
단어들로 엮은 띠.

사상이 발아하여
꽃 피는 온상(溫床)이여.
태곳적 하늘에서
날아온 씨 고이 받아,
싹 내고 잘 가꾸어서
영근 열매 맺었다.

의미가 점화되어
불꽃 되는 성화대(聖火臺)여.
뜻 없는 소리들이
허공을 맴돌다가
부싯돌 번쩍인 후에
귀에 닿는 그 의미.

* 이 시조는 2010년 9월 25~30일에 일본 도쿄(東京)에서 개최된 제76회 「국제PEN대회」에서 낭송한 작품이다.

폐일언(蔽一言)하고, 한국어는 참으로 미묘(美妙)하고 미묘(微妙)한 묘미(妙味)를 가진 언어이다.

동사와 형용사의 명사화(名詞化) 및 명사의 동사화(動詞化)

1. 영어의 경우: 동사와 형용사의 명사화

한국어가 가지고 있는 또 다른 특징 하나는 동사와 형용사를 명사화하는 방식이다. 한국어의 특징이 무엇인지를 확실하게 파악하기 위하여 먼저 영어의 경우를 살펴본 후에 한국어와 비교하기로 하자.

(1) 영어 동사의 명사화

영어의 동사를 명사로 바꾸는 방법에는 크게 일곱 가지가 있다. 그 첫째는 동사에 "-ing"을 붙여서 동명사(動名詞)로 만드는 것이다. 동사가 "-e"로 끝나면 "-e"를 없애고 "-ing"을 붙이고, 동사가 "-ie"로 끝나면 "-ie"를 "-y"로 고쳐서 "-ing"을 붙인다. 예를 들면 다음과 같다.

do → doing   think → thinking

go	→	going	study	→	studying
speak	→	speaking	throw	→	throwing
know	→	knowing	eat	→	eating
skate	→	skating	grade	→	grading
vibrate	→	vibrating	come	→	coming
die	→	dying	lie	→	lying
tie	→	tying	vie	→	vying

영어에서 동사를 명사로 만드는 둘째 방법은 "-t" 또는 "-ss"로 끝나는 동사에다 "-ion" 또는 "-ation"을 붙여서 명사를 만드는 것이다 (때로는 마지막 자음 "t" 또는 "d"가 "s" 또는 "ss"로 바뀌기도 한다). 예를 들면 다음과 같다.

prohibit	→	prohibition	visit	→	visitation
object	→	objection	project	→	projection
inject	→	injection	confess	→	confession
profess	→	profession	admit	→	admission
commit	→	commission	permit	→	permission
submit	→	submission	comprehend	→	comprehension

영어에서 동사를 명사로 만드는 셋째 방법은 "-ate"로 끝나는 동사의 경우이다(skate는 예외). 이 동사들은 그 어미를 "-ation"으로 바꿈으로써 명사를 만든다. 예컨대,

vibrate	→	vibration	educate	→	education
navigate	→	navigation	congratulate	→	congratulation

illustrate → illustration	calculate → calculation
graduate → graduation	negotiate → negotiation
hesitate → hesitation	investigate → investigation
create → creation	cremate → cremation

넷째 경우는 "-ize"로 끝나는 동사들인데, 그 어미를 "-ization"으로 바꿈으로써 명사를 만든다. 예를 들면 다음과 같다.

civilize → civilization	authorize → authorization
canonize → canonization	characterize → characterization
globalize → globalization	Americanize → Americanization
localize → localization	evangelize → evangelization

다섯째 방법은 동사 자체에다 "-ment"를 붙여서 명사를 만드는 것이다. 예를 들면,

retire → retirement	achieve → achievement
move → movement	excite → excitement
appoint → appointment	disappoint → disappointment
engage → engagement	enroll → enrollment
pay → payment	admonish → admonishment
judge → judg(e)ment	command → commandment
attain → attainment	accomplish → accomplishment

여섯째 방법은 동사를 그대로 명사로 사용하는 것이다. 다시 말해서, 동사와 명사의 형태가 똑같은 것이다. 예를 들면,

love	→ love	study	→	study
promise	→ promise	command	→	command
thank	→ thank	progress	→	progress
change	→ change	exchange	→	exchange
project	→ project	covenant	→	covenant

일곱째 방법은 동사의 어간 또는 어근에다 다른 요소를 첨가하거나 동사의 형태 자체를 변경시키는 것이다. 여기에는 일정한 규칙이 없고 각 동사마다 고유한 형태의 명사를 가지고 있다. 예를 들면 다음과 같다.

do	→ deed	think	→	thought
know	→ knowledge	grow	→	growth
arrive	→ arrival	approve	→	approval
depart	→ departure	press	→	pressure
add	→ addition	prevent	→	prevention
live	→ life	die	→	death
publish	→ publication	attend	→	attendance
fly	→ flight	complain	→	complaint
divide	→ division	forgive	→	forgiveness
try	→ trial	laugh	→	laughter
bury	→ burial	resist	→	resistance
hate	→ hatred	sign	→	signature

(2) 영어 형용사의 명사화와 명사의 형용사화

영어에는 형용사가 먼저 있고 그 형용사에다 어떤 어미 또는 접미사를 붙여서 명사를 만드는 경우와, 그와는 반대로 먼저 명사가 있고 그 명사에다 어떤 어미를 붙여서 형용사를 만드는 경우가 있다. 그리고 영어의 형용사를 명사로 만드는 방법에도 여러 가지가 있다. 그 첫 번째 방법은 형용사 자체에다 "-ness"를 붙여서 명사를 만드는 것이다. 예를 들면,

good	→	goodness	sad	→	sadness
exact	→	exactness	holy	→	holiness
bright	→	brightness	smooth	→	smoothness
harsh	→	harshness	stubborn	→	stubbornness
soft	→	softness	easy	→	easiness
happy	→	happiness	foolish	→	foolishness

형용사를 명사로 만드는 두 번째 방법은 형용사의 어간에다 "-t" 또는 "-th"를 붙이는 것이다. 예를 들면 다음과 같다.

high	→	height	deep	→	depth
broad	→	breadth	long	→	length
wide	→	width	warm	→	warmth
young	→	youth	true	→	truth

형용사를 명사로 만드는 세 번째 방법은 형용사의 어간에다 "-ity"를 붙이는 것이다. 예를 들면 다음과 같다.

| dense | → | density | secure | → | security |

regular	→ regularity	popular	→ popularity
pure	→ purity	clear	→ clarity
ambiguous	→ ambiguity	eternal	→ eternity
able	→ ability	possible	→ possibility
active	→ activity	mature	→ maturity

이 밖에도 형용사에다 "-dom"이나 "-y", "-ty", "-sy" 또는 "-cy" 등을 붙여서 명사를 만들기도 한다. 예컨대,

free	→ freedom	wise	→ wisdom
honest	→ honesty	pious	→ piety
proper	→ propriety	hypocrite	→ hypocrisy
private	→ privacy	primary	→ primacy
vacant	→ vacancy	occupant	→ occupancy

반대로, 명사가 먼저 있고, 그 명사에다 "-ful"을 붙여서 형용사를 만드는 경우가 있다. 예를 들면,

care	→ careful	beauty	→ beautiful
bliss	→ blissful	wonder	→ wonderful
color	→ colorful	doubt	→ doubtful
meaning	→ meaningful	power	→ powerful
peace	→ peaceful	mercy	→ merciful
faith	→ faithful	joy	→ joyful

2. 한국어의 경우: 동사와 형용사의 명사화

위에서 간단히 살펴본 바와 같이, 영어에서 동사와 형용사를 명사로 만드는 방법은 매우 여러 가지가 있어서 외국인들이 영어를 배울 때 많은 노력과 시간을 바치지 않으면 안 된다. 이에 비하면 한국어에서 동사와 형용사를 명사로 만드는 일은 매우 간단하고 편리하다.

(1) 한국어 동사의 명사화

한국어에서는 절대다수의 동사들은 그 기본형인 "‒하다"에서 "하다"를 빼면 명사가 된다. 특히, 어간이 한자일 경우에는 거의 모두가 그렇다. 예를 들면 다음과 같다.

연구(研究)하다 → 연구(研究)		작업(作業)하다 → 작업(作業)
공격(攻擊)하다 → 공격(攻擊)		승리(勝利)하다 → 승리(勝利)
축하(祝賀)하다 → 축하(祝賀)		선택(選擇)하다 → 선택(選擇)
포기(抛棄)하다 → 포기(抛棄)		감사(感謝)하다 → 감사(感謝)
반대(反對)하다 → 반대(反對)		성공(成功)하다 → 성공(成功)
기억(記憶)하다 → 기억(記憶)		증오(憎惡)하다 → 증오(憎惡)

한글로만 이루어진 동사도 이런 방법으로 명사를 만드는 경우가 더러 있다. 예를 들면,

사랑하다 → 사랑		생각하다 → 생각
걱정하다 → 걱정		근심하다 → 근심
자랑하다 → 자랑		

그러나 순우리말의 경우는 일반적으로 어간에 "‐ㅁ"("‐음") 또는 "‐기"를 붙여서 명사를 만든다. 예를 들면 다음과 같다.

가다	→ 감, 가기		울다	→ 욺, 울음, 울기
웃다	→ 웃음, 웃기		베풀다	→ 베풂, 베풀기
꾸짖다	→ 꾸짖음, 꾸짖기		먹다	→ 먹음, 먹기
살다	→ 삶, 살기		삶다	→ 삶음, 삶기
믿다	→ 믿음, 믿기		굽히다	→ 굽힘, 굽히기
밟다	→ 밟음, 밟기		꺾다	→ 꺾음, 꺾기
굽다(ㅂ변칙)	→ 구움, 굽기		찢다	→ 찢음, 찢기
죽다	→ 죽음, 죽기		바라다	→ 바람, 바라기
묶다	→ 묶음, 묶기		밟다	→ 밟음, 밟기
핥다	→ 핥음, 핥기		읽다	→ 읽음, 읽기

(2) 한국어 형용사의 명사화

형용사도 그 기본형이 동사와 마찬가지로 "‐다" 또는 "‐하다"로 되어 있으므로 명사를 만드는 방법도 동사와 거의 같다. 형용사의 어간만으로, 또는 어간에다 "‐함"을 붙여서 명사를 만드는 경우가 있다.

평안(平安)하다→평안(平安), 평안함   정결(淨潔)하다→정결(淨潔), 정결함
적막(寂寞)하다→적막(寂寞), 적막함   만족(滿足)하다→만족(滿足), 만족함
안정(安定)하다→안정(安定), 안정함   선량(善良)하다→선량(善良), 선량함

하지만 어간이 한자로 된 형용사들 중의 다수는 그 어간만으로 명사를 만들지 못하고, 어간에 "‐함" 또는 "‐하기"를 붙여서 명사를

만든다. 예를 들면,

    복잡(複雜)하다 →복잡함, 복잡하기   적당(適當)하다 →적당함, 적당하기
    신통(神通)하다 →신통함, 신통하기   명랑(明朗)하다 →명랑함, 명랑하기
    신선(新鮮)하다 →신선함, 신선하기   각박(刻薄)하다 →각박함, 각박하기

    순우리말로 된 형용사들은 그 어간만으로는 명사를 만들지 못하고 어간에다 "-ㅁ"("-음" 또는 "-움") 또는 "-기(이)"를 붙여서 명사를 만든다. 예를 들면,

깨끗하다	→ 깨끗함, 깨끗하기	말쑥하다	→ 말쑥함, 말쑥하기
시끄럽다	→ 시끄러움, 시끄럽기	부드럽다	→ 부드러움, 부드럽기
짧다	→ 짧음, 짧기	깊다	→ 깊음, 깊이(깊기)
길다	→ 긺, 길이(길기)	높다	→ 높음, 높이(높기)
점잖다	→ 점잖음, 점잖기	옳다	→ 옳음, 옳기
맑다	→ 맑음, 맑기	좋다	→ 좋음, 좋기
없다	→ 없음, 없기	싫다	→ 싫음, 싫기

    순우리말 형용사 가운데서 "-ㅂ다"로 끝나는 것들은 "-움" 또는 "-기"로써 명사를 만든다. 예를 들면,

아름답다	→ 아름다움, 아름답기	서럽다	→ 서러움, 서럽기
가볍다	→ 가벼움, 가볍기	외롭다	→ 외로움, 외롭기
괴롭다	→ 괴로움, 괴롭기	싱겁다	→ 싱거움, 싱겁기
지겹다	→ 지겨움, 지겹기	살갑다	→ 살가움, 살갑기
흥겹다	→ 흥겨움, 흥겹기	눈물겹다	→ 눈물겨움, 눈물겹기
힘겹다	→ 힘겨움, 힘겹기	싱그럽다	→ 싱그러움, 싱그럽기

부럽다	→ 부러움, 부럽기	부드럽다	→ 부드러움, 부드럽기
밉다	→ 미움, 밉기	곱다	→ 고움, 곱기

순우리말 형용사 가운데서 "-ㅎ다"로 끝나는 것들은 "-기"로써 명사를 만들고, "-음"으로는 명사를 만들지 못한다. 예를 들면,

빨갛다	→ 빨갛기	파랗다	→ 파랗기
말갛다	→ 말갛기	시퍼렇다	→ 시퍼렇기
하얗다	→ 하얗기	좋다	→ 좋기, 좋음(예외)

3. 비교와 예문

　이상에서 본 바와 같이, 영어의 경우, 동사나 형용사를 명사로 만드는 방법이 너무나 다양하고 복잡하여 갈피를 잡을 수가 없지만, 한국어에서는 상대적으로 간단하고 규칙적이어서 학습하기도 편리하다. 이러한 현상의 주된 이유는 한국어의 동사와 형용사의 기본형이 모두 '-하다' 또는 '-다'로 되어 있어서 그 형태가 동일하기 때문이다. 동일한 어원과 의미를 가진 단어들의 품사를 바꾸는 방법에 있어서 한국어만큼 규칙적이고 과학적인 언어는 없을 것이다. 이것은 우리말이 가지고 있는 또 하나의 특징이자 장점이다.
　아래의 예문들에서 동사 또는 형용사가 명사화한 단어들의 아름다움을 느껴보자.

　　"사람의 삶은 **슬픔**과 **아픔**의 연속이지만 그 안에서도 찾을 수

있고 느낄 수 있는 **기쁨**과 **즐거움**이 있어서 그 모든 **슬픔**과 **아픔**을 이겨낼 수 있다."

"**미움**과 **고움**은 **마음먹기**에 달렸고, **외로움**과 **괴로움**도 마음 **쓰기**에 달렸다."

"우리가 시험당할 때에 **이김**은 성령의 **도우심**을 **받음**으로써 가능하다."

"**웃음**은 **기쁨**의 표현이고, **울음**을 **슬픔**의 표현이다."

"자네가 먼동이 **트기** 전에 집을 **나섬**을 어찌 된 일인가?"

"꽃들의 **아름다움**과 쓰레기의 **더러움**이 한데 뒤섞여 **있음**은 좋지 않다."

"남을 **욕하기**는 쉬워도 남을 **칭찬하기**는 쉽지 않다."

"우리는 **믿음**으로 의롭게 **됨**을 성경에서 배울 수 있다."

"'신앙'은 '**믿음**'을 말하고, '소망'은 '**바람**'을 가리킨다."

"그는 **말하기**는 잘하지만 **띄어쓰기**는 잘못한다."

"'살다'의 명사형은 '**삶**'이고, '알다'의 명사형은 '**앎**'이다."

"슬피 울며 이를 **갊**이 있으리라."

"우리가 남에게 은혜를 **베풂**은 먼저 주께로부터 은혜를 **받았음**을 인함이다."

"우리가 서로 **사랑함**은 주께서 먼저 우리를 **사랑하심** 때문이다."

"저 꽃의 **빨갛기**는 어떤 꽃에도 **견주기**가 어려울 정도이다."

"봄꽃들의 **향기로움**과 **싱그러움**은 보는 사람들을 행복하게 한다."

"하나님의 사랑은 하늘의 **높음**과 바다의 **깊음**과 땅의 **넓음**을 초월하는 것이다."

"돈을 **쓰기**는 쉬워도 **벌기**는 어렵다."

"날씨가 **맑음**과 **흐림**[맑고 흐림]에 따라 고객 수의 **많음**과 **적음**[많고 적음]이 결정된다."

이상과 같이 한국어에서 동사나 형용사를 명사로 만드는 방법이 영어나 다른 외국어의 경우보다는 규칙적이고 단순하여 본국인은 물론이고 외국인도 배우기가 쉽고, 몇 개의 원칙만 암기하면 얼마든지 응용할 수 있는 장점이 있다. 한국어는 이런 점에 있어서도 뛰어나고 아름다운 언어이다.

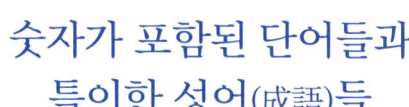

숫자가 포함된 단어들과
특이한 성어(成語)들

1. 숫자가 포함된 단어와 성어

한자권(漢字圈)에 속하는 나라의 국민들이 공통적으로 그렇지만, 특히, 우리 민족은 숫자를 즐겨 쓴다. 이러한 현상은 우리말 어휘에 들어 있는 숫자들을 살펴보면 도무지 부인할 수 없는 것으로 드러난다. 단어들에 사용된 숫자에는 1, 2, 3, 4, 5, 6, 7, 8, 9, 10, 12, 24, 25, 36, 38, 50, 60, 70, 100, 1,000, 3,000, 10,000, 1,000,000 등이 있고, 이 숫자들 가운데서 가장 많이 쓰인 것은 "일(一, 1)", "삼(三, 3)", "백(百, 100)", "천(千, 1,000)", "만(萬, 10,000)"이다. 이제부터 그 사례들 가운데서 자주 쓰이거나 중요한 것들을 살펴보기로 하자.

(1) 일(一, 1)

일가친척(一家親戚), 일각여삼추(一刻如三秋), 일각천금(一刻千金), 일간두옥(一間斗屋), 일갈(一喝), 일거수일투족(一擧手一投足), 일거양득(一擧兩得), 일거일동(一擧一動), 일견즉주(一見卽奏), 일괄처리(一括處理), 일괄타결(一括妥結), 일구난설(一口難說), 일구이언(一口二言), 일기가성(一氣呵成), 일기당천(一騎當千), 일낙천금(一諾千金), 일념통천(一念通天), 일단락(一段落), 일당백(一當百), 일대기(一代記), 일도양단(一刀兩斷), 일도창해(一到滄海), 일동일정(一動一靜), 일득일실(一得一失), 일람첩기(一覽輒記), 일람표(一覽表), 일련번호(一連番號), 일련탁생(一蓮托生), 일례(一例), 일로매진(一路邁進), 일륜명월(一輪明月), 일리일해(一利一害), 일말(一抹), 일망무제(一望無際), 일망지하(一望之下), 일망타진(一網打盡), 일맥상통(一脈相通), 일명경인(一鳴驚人), 일목요연(一目瞭然), 일목장군(一目將軍), 일망무제(一望無際), 일무가관(一無可觀), 일무소식(一無消息), 일무차착(一無差着), 일문일답(一問一答), 일방통행(一方通行), 일벌백계(一罰百戒), 일변도(一邊倒), 일부다처(一夫多妻), 일부일처(一夫一妻), 일부종사(一夫從事), 일부종신(一夫終身), 일불이살육통(一不-殺六通), 일사부재리(一事不再理), 일사부재의(一事不再議), 일사불란(一絲不亂), 일사천리(一瀉千里), 일생일대(一生一代), 일석이조(一石二鳥), 일설(一說), 일성호가(一聲胡笳), 일성일쇠(一盛一衰), 일소(一掃), 일소일소 일로일로(一笑一少 一怒一老), 일변도(一邊倒), 일수백확(一樹百穫), 일수불퇴(一手不退), 일숙일반(一宿一飯), 일승일패(一勝一敗), 일신양역(一身兩役), 일심동체(一心同體), 일심전력(一心專力), 일어탁수(一魚濁水), 일언가파(一言可破), 일언반구(一言半句), 일언이폐지(一言以蔽之), 일언일행(一言一行), 일언지하(一言之下), 일엽편주(一葉片舟), 일영일락(一榮一落), 일이

관지(一以貫之), 일인이역(一人二役), 일인일기(一人一技), 일일삼성(一日三省), 일일여삼추(一日如三秋), 일자무식(一字無識), 일장일단(一長一短), 일장일이(一張一弛), 일장춘몽(一場春夢), 일장풍파(一場風波), 일장훈시(一場訓示), 일점일획(一點一劃), 일점혈육(一點血肉), 일제사격(一齊射擊), 일조일석(一朝一夕), 일지춘심(一枝春心), 일직선(一直線), 일진광풍(一陣狂風), 일진일퇴(一進一退), 일척천금(一擲千金), 일촉즉발(一觸卽發), 일촌광음(一寸光陰), 일축(一蹴), 일치단결(一致團結), 일축(一蹴), 일파만파(一波萬波), 일패도지(一敗塗地), 일편단심(一片丹心), 일필난기(一筆難記), 일필휘지(一筆揮之), 일호반점(一毫半點), 일확천금(一攫千金), 일환(一環), 일희일비(一喜一悲), 건곤일색(乾坤一色), 건곤일척(乾坤一擲), 격화일로(激化一路), 구사일생(九死一生), 구우일모(九牛一毛), 군계일학(群鷄一鶴), 궁여일책(窮餘一策), 남가일몽(南柯一夢), 남아일언중천금(男兒一言重千金), 두남일인(斗南一人), 만구일담(萬口一談), 만인지상 일인지하(萬人之上 一人之下), 만장일치(滿場一致), 무일가관(無一可觀), 문일지십(聞一知十), 물아일체(物我一體), 미달일간(未達一間), 백락일고(伯樂一顧), 백무일취(百無一取), 백문불여일견(百聞不如一見), 백사일생(百死一生), 불하일장(不下一杖), 비일비재(非一非再), 빙산일각(氷山一角), 삼위일체(三位一體), 삼일절(三一節), 수미일관(首尾一貫), 시종여일(始終如一), 시종일관(始終一貫), 심기일전(心機一轉), 십시일반(十匙一飯), 십한일폭(十寒一曝), 악화일로(惡化一路), 양자택일(兩者擇一), 언문일치(言文一致), 여출일구(如出一口), 염일방일(拈一放一), 오비일색(烏飛一色), 우자일득(愚者一得), 위기일발(危機一髮), 유일무이(唯一無二), 이자택일(二者擇一), 정문일침(頂門一鍼), 정신일도하사불성(精神一到何事不成), 주객일체(主客一體), 주객일치(主客一致), 주축일반(走逐一般), 중론불일(衆論不一), 지행합일(知行合一), 진일보(進一步), 창해일속(滄海一粟), 천년일청(千年一淸), 천려일득(千慮一得), 천려일실(千慮一失), 천재일우(千載一遇), 천편일률(千篇一律), 천하일색(天下一色), 천하일품(天下一品), 천하통일(天下統一), 초지일관(初志一貫), 추일사가지(推一事可知), 태산명동서일필(泰山鳴動鼠一匹), 폐일언(蔽一言), 피차일반(彼此一般), 항구여일(恒久如一), 혼연일체(渾然一體), 홍일점(紅一點).

(2) 이(二, 2)

이모지년(二毛之年), 이성지합(二姓之合), 이원론(二元論), 이원제(二院制), 이인삼각(二人三脚), 이자택일(二者擇一), 이중과세(二重過歲), 이중생활(二重生活), 이중효과(二重效果), 신토불이(身土不二), 여측이심(如厠二心), 유일무이(唯一無二), 일구이언(一口二言), 일석이조(一石二鳥), 천무이일(天無二日), 충신불사이군(忠臣不事二君). **쌍(雙, 2):** 쌍두마차(雙頭馬車), 쌍무협정(雙務協定), 쌍벽(雙壁), 쌍봉낙타(雙峰駱駝), 쌍수환영(雙手歡迎), 쌍안경(雙眼鏡), 무쌍(無雙). **양(兩, 2):** 양궁상합(兩窮相合), 양웅불구립(兩雄不俱立), 양당정치(兩黨政治), 양반(兩班), 양봉제비(兩鳳齊飛), 양상화매(兩相和賣), 양수겸장(兩手兼將), 양수집병(兩手執餠), 양시쌍비(兩是雙非), 양웅불구립(兩雄不俱立), 양자택일(兩者擇一), 기세양난(其勢兩難), 삼판양승(三-兩勝), 여측이심(如厠二心), 일거양득(一擧兩得), 일도양단(一刀兩斷), 일신양역(一身兩役), 진퇴양난(進退兩難). **재(再, 2):** 돈수재배(頓首再拜), 비일비재(非一非再), 일사부재리(一事不再理), 일사부재의(一事不再議), 재삼재사(再三再四).

(3) 삼(三, 3)

삼각관계(三角關係), 삼간초가(三間草家), 삼강오륜(三綱五倫), 삼고초려(三顧草廬), 삼국시대(三國時代), 삼권분립(三權分立), 삼다도(三多島), 삼단논법(三段論法), 삼락(三樂), 삼령오신(三令五申), 삼별초(三別抄), 삼부요인(三府要人), 삼삼오오(三三五五), 삼수갑산(三水甲山), 삼순구식(三旬九食), 삼시(三時)세끼, 삼신(三神)할머니, 삼연음부(三連音符, 셋잇단음표), 삼우제(三虞祭), 삼육(三育), 삼위일체(三位一體), 삼은(三隱), 삼인성호(三人成虎), 삼일우(三日雨), 삼일운동(三一運動), 삼일장(三日葬), 삼일절(三一節), 삼일정신(三一精神), 삼일천하(三日天下), 삼자대면(三者對面), 삼자범퇴(三者凡退), 삼종지의(三從之義), 삼중고(三重苦), 삼차원세계(三次元世界), 삼척동자(三尺童子), 삼척안두(三尺案頭), 삼척장검(三尺長劍), 삼천지교(三遷之敎), 삼태성(三台星), 삼판양승(三－兩勝), 삼학사과(三學四科), 삼한사온(三寒四溫), 군자삼락(君子三樂), 독서삼도(讀書三到), 독서삼매(讀書三昧), 독서삼여(讀書三餘), 만세삼창(萬歲三唱), 맹모삼천(孟母三遷), 만세삼창(萬歲三唱), 맹모삼천지교(孟母三遷之敎), 문장삼이(文章三易), 사서삼경(四書三經), 세한삼우(歲寒三友), 손자삼요(損者三樂), 손자삼우(損者三友), 신학삼덕(神學三德), 오비삼척(吾鼻三尺), 위편삼절(韋編三絕), 익자삼요(益者三樂), 익자삼우(益者三友), 인생삼락(人生三樂), 일각여삼추(一刻如三秋), 일일삼성(一日三省), 작심삼일(作心三日), 장삼이사(張三李四), 재삼재사(再三再四), 조삼모사(朝三暮四), 초가삼간(草家三間), 토영삼굴(兎營三窟), 후래삼배(後來三杯).

(4) 사(四, 4)

사각모자(四角帽子), 사계절(四季節), 사고무친(四顧無親), 사고팔고

(四苦八苦), 사군자(四君子), 사대성인(四大聖人), 사면초가(四面楚歌), 사면춘풍(四面春風), 사면팔방(四面八方), 사민평등(四民平等), 사발허통[四八虛通], 사방팔방(四方八方), 사부합창(四部合唱), 사분오열(四分五裂), 사분음부(四分音符), 사비팔산(四飛八散), 사사오입(四捨五入), 사산분리(四散分離), 사산분주(四散奔走), 사색당파(四色黨派), 사서삼경(四書三經), 사시가절(四時佳節), 사시사철(四時四-), 사시장청(四時長靑), 사시춘풍(四時春風), 사시풍류(四時風流), 사절기(四節氣), 사주단자(四柱單子), 사주팔자(四柱八字), 사통오달(四通五達), 사통팔달(四通八達), 사해동포(四海同胞), 사해형제(四海兄弟), 문방사우(文房四友), 삼학사과(三學四科), 삼한사온(三寒四溫), 설중사우(雪中四友), 장삼이사(張三李四), 재삼재사(再三再四), 조삼모사(朝三暮四).

(5) 오(五, 5)

오곡백과(五穀百果), 오대양육대주(五大洋六大洲), 오륙도(五六島), 오리무중(五里霧中), 오색단청(五色丹靑), 오색찬란(五色燦爛), 오선지(五線紙), 오수부동(五獸不動), 오순절(五旬節), 오시오중(五矢五中), 오언절구(五言絕句), 오욕칠정(五慾七情), 오우가(五友歌), 오일경조(五日京兆), 오장육부(五臟六腑), 오풍십우(五風十雨), 오행(五行), 남아수독오거서(男兒須讀五車書), 사분오열(四分五裂), 사사오입(四捨五入), 사지오등(死地五等), 사통오달(四通五達), 삼강오륜(三綱五倫), 삼삼오오(三三五五), 세속오계(世俗五戒), 음양오행설(陰陽五行說).

(6) 육(六, 6)

육갑(六甲), 육법전서(六法全書), 육자(六字)배기, 육하원칙(六何原則),

5. 숫자가 포함된 단어들과 특이한 성어들 **131**

오대양육대주(五大洋六大洲), 오륙도(五六島), 오장육부(五臟六腑), 일불이살육통(一不-殺六通), 팔면육비(八面六臂).

(7) 칠(七, 7)

칠거지악(七去之惡), 칠난팔고(七難八苦), 칠년대한(七年大旱), 칠락팔락(七落八落), 칠령팔락(七零八落), 칠면조(七面鳥), 칠보단장(七寶丹粧), 칠보지재(七步之才), 칠성당(七星堂), 칠전팔기(七顚八起), 칠전팔도(七顚八倒), 칠정(七情), 칠종칠금(七縱七擒), 칠진만보(七珍萬寶), 칠진팔보(七珍八寶), 칠첩반상(七-飯床) 칠칠절(七七節), 칠현금(七絃琴), 남녀칠세부동석(男女七歲不同席), 북두칠성(北斗七星), 어정칠월(-七月), 오욕칠정(五慾七情), 죽림칠현(竹林七賢).

(8) 팔(八, 8)

팔각정(八角亭), 팔년병화(八年兵火), 팔년풍진(八年風塵), 팔대행성(八大行星), 팔도강산(八道江山), 팔면부지(八面不知), 팔면육비(八面六臂), 팔방미인(八方美人), 팔자소관(八字所關), 팔자(八字)걸음, 팔자땜(八字-), 관동팔경(關東八景), 사면팔방(四面八方), 사방팔방(四方八方), 사비팔산(四飛八散), 사주팔자(四柱八字), 사통팔달(四通八達), 십상팔구(十常八九), 십중팔구(十中八九), 여덟팔자걸음(-八字-), 이팔청춘(二八靑春), 칠락팔락(七落八落), 칠령팔락(七零八落), 칠전팔기(七顚八起), 칠전팔도(七顚八倒), 칠진팔보(七珍八寶).

(9) 구(九, 9)

구곡간장(九曲肝腸), 구공탄(九孔炭), 구구법(九九法), 구년지수(九年

之水), 구사일생(九死一生), 구우일모(九牛一毛), 구절양장(九折羊腸), 구절초(九節草), 구절판(九折坂), 구족(九族), 구중궁궐(九重宮闕), 구중심처(九重深處), 삼순구식(三旬九食), 십상팔구(十常八九), 십생구사(十生九死), 십전구도(十顚九倒), 십중팔구(十中八九).

(10) 십(十, 10)

시월상달[十月上－], 십간(十干), 십계명(十誡命), 십년공부(十年工夫), 십년일득(十年一得), 십년지계(十年之計), 십년지기(十年知己), 십목소시(十目所視), 십벌지목(十伐之木), 십분(十分), 십상팔구(十常八九), 십생구사(十生九死), 십시일반(十匙一飯), 십실구공(十室九空), 십인십색(十人十色), 십일조(十一條), 십자가(十字架), 십자군(十字軍), 십자로(十字路), 십자매(十姉妹), 십자포화(十字砲火), 십자형(十字形), 십장생(十長生), 십전구도(十顚九倒), 십전대보탕(十全大補湯), 십중팔구(十中八九), 십지부동(十指不動), 십한일폭(十寒一曝), 권불십년(權不十年), 노마십가(駑馬十駕), 명사십리(明沙十里), 화무십일홍(花無十日紅).

(11) 십이(十二, 12)

십이음계(十二音階), 십이사도(十二使徒), 십이지(十二支), 십이지장(十二指腸), 십이지파(十二支派). "열두밭고누", "열두 신장(神將)", "열두 하님"도 이 부류에 속한다.

(12) 이십사(二十四, 24)

이십사금(二十四金), 이십사방위(二十四方位), 이십사시간(二十四時間), 이십사절기(二十四節氣).

(13) 백(百, 100)

　백가쟁명(百家爭鳴), 백결선생(百結先生), 백계무책(百計無策), 백고천난(百苦千難), 백공기예(百工技藝), 백공천창(百孔千瘡), 백과사전(百科事典), 백관유사(百官有司), 백귀야행(百鬼夜行), 백난지중(百難之中), 백년가약(百年佳約), 백년대계(百年大計), 백년지객(百年之客), 백년하청(百年河淸), 백년해락(百年偕樂), 백년해로(百年偕老), 백대지과객(百代之過客), 백령백리(百怜百俐), 백리지재(百里之才), 백무가관(百無可觀), 백무소성(百無所成), 백무소실(百無所失), 백무일취(百無一取), 백문불여일견(百聞不如一見), 백미(百媚), 백발백중(百發百中), 백방천계(百方千計), 백배사례(百拜謝禮), 백배사죄(百拜謝罪), 백부장(百夫長), 백사불성(百事不成), 백사여의(百事如意), 백사일생(百死一生), 백성(百姓), 백세지후(百歲之後), 백수백복(百壽百福), 백수습복(百獸慴伏), 백악구비(百惡具備), 백약무효(百藥無效), 백약지장(百藥之長), 백엽상(百葉箱), 백이사지(百爾思之), 백인백색(百人百色), 백일기도(百日祈禱), 백일천하(百日天下), 백일해(百日咳), 백일천하(百日天下), 백일홍(百日紅), 백전노장(百戰老將), 백전노졸(百戰老卒), 백전백승(百戰百勝), 백절불굴(百折不屈), 백절불요(百折不撓), 백척간두(百尺竿頭), 백척장고(百尺丈高), 백천만겁(百千萬劫), 백천만사(百千萬事), 백폐구존(百弊俱存), 백폐구흥(百弊俱興), 백해무익(百害無益), 백화난만(百花爛漫), 백화요란(百花燎亂), 백화점(百貨店), 백화제방(百花齊放), 독서백변의자현[讀書百遍義自見], 묘기백출(妙技百出), 문무백관(文武百官), 오곡백과(五穀百果), 오십보소백보(五十步笑百步), 용기백배(勇氣百倍), 일벌백계(一罰百戒), 제백사(除百事), 제자백가(諸子百家).

(14) 천(千, 1,000)

천객만래(千客萬來), 천고만난(千苦萬難), 천고불후(千古不朽), 천군만마(千軍萬馬), 천근역사(千斤力士), 천금연낙(千金然諾), 천년만년(千年萬年), 천년왕국(千年王國), 천년일청(千年一淸), 천려일득(千慮一得), 천려일실(千慮一失), 천리건곤(千里乾坤), 천리구(千里駒), 천리다(千里茶), 천리동풍(千里同風), 천리마(千里馬), 천리만리(千里萬里), 천리비린(千里比隣), 천리안(千里眼), 천리행룡(千里行龍), 천만(千萬), 천만고(千萬古), 천만금(千萬金), 천만년(千萬年), 천만다행(千萬多幸), 천만몽외(千萬夢外), 천만부당(千萬不當), 천만의외(千萬意外), 천문만호(千門萬戶), 천번만번(千番萬番), 천변만화(千變萬化), 천부당만부당(千不當萬不當), 천사만고(千思萬考), 천사만려(千思萬慮), 천산만락(千山萬落), 천산만수(千山萬水), 천산만학(千山萬壑), 천서만단(千緖萬端), 천신만고(千辛萬苦), 천암만학(千岩萬壑), 천야만야(千耶萬耶), 천언만어(千言萬語), 천요만악(千妖萬惡), 천일홍(天日紅), 천자만태(千姿萬態), 천자만홍(千紫萬紅), 천자문(千字文), 천재일우(千載一遇), 천지만엽(千枝萬葉), 천차만별(千差萬別), 천참만륙(千斬萬戮), 천첩옥산(千疊玉山), 천자만태(千姿萬態), 천지만엽(千枝萬葉), 천참만륙(千斬萬戮), 천청만촉(千請萬囑), 천촌만락(千村萬落), 천추만세(千秋萬歲), 천추유한(千秋遺恨), 천층만층(千層萬層), 천태만상(千態萬象), 천파만파(千波萬波), 천편일률(千篇一律), 천호만환(千呼萬喚), 백고천난(百苦千難), 백공천창(百孔千瘡), 백천만겁(百千萬劫), 백천만사(百千萬事), 불원천리(不遠千里), 옥야천리(沃野千里), 우보천리(牛步千里), 일사천리(一瀉千里), 좌견천리(坐見千里).

(15) 삼천(三千, 3,000)

삼천갑자(三千甲子), 삼천리강산(三千里江山), 삼천리강토(三千里疆土), 백발삼천장(白髮三千丈).

(16) 만(萬, 10,000)

만감교차(萬感交叉), 만경징파(萬頃澄波), 만경창파(萬頃蒼波), 만고(萬苦), 만고(萬古), 만고강산(萬古江山), 만고불멸(萬古不滅), 만고불변(萬古不變), 만고불역(萬古不易), 만고불후(萬古不朽), 만고상청(萬古常靑), 만고역적(萬古逆賊), 만고절담(萬古絶談), 만고절색(萬古絶色), 만고절창(萬古絶唱), 만고천추(萬古千秋), 만고천하(萬古天下), 만고풍상(萬古風霜), 만구성비(萬口成碑), 만구일담(萬口一談), 만구전파(萬口傳播), 만구칭송(萬口稱頌), 만구칭찬(萬口稱讚), 만국기(萬國旗), 만국박람회(萬國博覽會), 만군의 주(萬軍‐主), 만귀잠잠(萬鬼潛潛), 만기친람(萬機親覽), 만년불패(萬年不敗), 만년설(萬年雪), 만년필(萬年筆), 만능(萬能), 만능급혈자(萬能給血者), 만단(萬端), 만단개유(萬端改諭), 만단설화(萬端說話), 만단수심(萬端愁心), 만단애걸(萬端哀乞), 만단의혹(萬端疑惑), 만단정화(萬端情話), 만단정회(萬端情懷), 만대불변(萬代不變), 만대불역(萬代不易), 만대불후(萬代不朽), 만대영화(萬代榮華), 만대유전(萬代流傳), 만록총중홍일점(萬綠叢中紅一點), 만뢰구적(萬籟俱寂), 만리동풍(萬里同風), 만리장서(萬里長書), 만리장설(萬里長舌), 만리장성(萬里長城), 만리장천(萬里長天), 만만(萬萬), 만만다행(萬萬多幸), 만만부당(萬萬不當), 만만불가(萬萬不可), 만만세(萬萬歲), 만만출세(萬萬出世), 만목소시(萬目所視), 만무시리(萬無是理), 만무일실(萬無一失), 만반준비(萬般準備), 만병통치(萬病通治), 만부당천부당(萬不當千不當), 만분다행(萬分多幸), 만분위중(萬分危重), 만분

지일(萬分之一), 만불성설(萬不成說), 만불실일(萬不失一), 만사무석(萬死無惜), 만사무심(萬事無心), 만사여의(萬事如意), 만사태평(萬事太平), 만사형통(萬事亨通), 만사휴의(萬事休矣), 만석(萬石)꾼, 만성절(萬聖節), 만세동락(萬歲同樂), 만세력(萬歲曆), 만세무강(萬世無疆), 만세불망(萬世不忘), 만세반석(萬歲磐石), 만세불변(萬世不變), 만세불역(萬世不易), 만세불후(萬世不朽), 만세삼창(萬歲三唱), 만수무강(萬壽無疆), 만우절(萬愚節), 만유인력(萬有引力), 만인동락(萬人同樂), 만인지상 일인지하(萬人之上 一人之下), 만장공도(萬丈公道), 만장광염(萬丈光焰), 만장생광(萬丈生光), 만장절애(萬丈絕崖), 만장폭포(萬丈瀑布), 만장홍진(萬丈紅塵), 만전지책(萬全之策), 만절필동(萬折必東), 만첩청산(萬疊靑山), 만학천봉(萬壑千峰), 만휘군상(萬彙群象), 고초만상(苦楚萬狀), 기고만장(氣高萬丈), 기염만장(氣焰萬丈), 백천만사(百千萬事), 붕정만리(鵬程萬里), 삼라만상(森羅萬象), 새신만명(賽神萬明), 세계만방(世界萬邦), 세상만사(世上萬事), 수륙만리(水陸萬里), 유만부동(類萬不同), 이역만리(異域萬里), 인생만사(人生萬事), 일파만파(一波萬波), 자손만대(子孫萬代), 죄송만만(罪悚萬萬), 천년만년(千年萬年), 천리만리(千里萬里), 천만다행(千萬多幸), 천만몽외(千萬夢外), 천만의외(千萬意外), 천문만호(千門萬戶), 천번만번(千番萬番), 천변만화(千變萬化), 천부당만부당(千不當萬不當), 천사만고(千思萬考), 천사만려(千思萬慮), 천산만락(千山萬落), 천산만수(千山萬水), 천산만학(千山萬壑), 천서만단(千緒萬端), 천신만고(千辛萬苦), 천암만학(千岩萬壑), 천야만야(千耶萬耶), 천언만어(千言萬語), 천요만악(千妖萬惡), 천자만태(千姿萬態), 천자만홍(千紫萬紅), 천재일우(千載一遇), 천지만엽(千枝萬葉), 천차만별(千差萬別), 천참만륙(千斬萬戮), 천청만촉(千請萬囑), 천촌만락(千村萬落), 천추만세(千秋萬歲), 천층만층(千層萬層), 천태만상(千態萬象), 천

파만파(千波萬波), 천호만환(千呼萬喚), 칠진만보(七珍萬寶), 택급만세(澤及萬世), 파란만장(波瀾萬丈).

(17) 백만(百萬, 1,000,000)

백만교태(百萬嬌態), 백만대군(百萬大軍), 백만장자(百萬長者), 백만불(百萬弗)의 사나이.

(18) 기타

십육방위(十六方位), 십구공탄(十九孔炭), 이팔청춘(二八青春), 이십오시(二十五時), 삼십육계(三十六計), 삼팔(三八) 따라지, 삼팔선(三八線), 오십보백보(五十步百步), 육십갑자(六十甲子), 인생칠십고래희(人生七十古來稀), 백팔번뇌(百八煩惱), 백팔염주(百八念珠), 사백사병(四百四病), 천일야화(千一夜話), 만이천봉(萬二千峰), 팔만대장경(八萬大藏經), 구만리장천(九萬里長天), 미안천만(未安千萬), 어천만사(於千萬事), 유감천만(遺憾千萬), 억만장자(億萬長者), 억조창생(億兆蒼生), 억겁(億劫).

2. 특이한 성어(成語)들

중국인들과 마찬가지로 한국인들도 네 글자로 된 고사성어(故事成語)들과 관용구(慣用句)들, 그리고 필요에 따라 만들어진 조어(造語)들을 매우 좋아한다. 이러한 언어 관습은 한자(漢字)를 사용하는 문화권에서는 거의 공통적인 현상이다. 무수한 성어(成語)들, 즉 고사성어들과 일반성어들이 있지만 그중에서도 네 글자로 된 이른바 사자성어

(四字成語)들은 우리 언어 관습에서 결코 빼놓을 수 없는 부분이라 할 수 있다. 거기에는 우리의 관습과 동양 사상이 녹아 있고, 우리 언어의 멋과 맛이 깃들여 있다. 네 음절로 압축되고, 네 글자에 농축되어 있는 의미를 풀어 쓰려면 때로는 수백 또는 수천 글자가 필요하고, 때로는 한두 페이지의 설명이 있어야 한다.

그 많은 사자성어들 가운데서 특히 우리의 이목을 끄는 것은 그 네 글자 안에 일종의 운율(韻律) 또는 선율(旋律), 즉 리듬(rhythm)이 내재하는 것들이다. 그 리듬은 소리[音]의 리듬일 수도 있고, 때로는 뜻[意味]의 리듬일 수도 있다. 소리의 리듬은 같은 소리[同音] 또는 비슷한 소리[類音]로 된 글자들이 그 네 글자 안에 들어 있는 것이고, 뜻의 리듬은 동일한 뜻[同義] 또는 유사한 뜻[類義]을 지닌 글자들이 교대로 사용된 것이다. 또한 많은 경우에 소리의 리듬은 뜻의 리듬과 병행하거나 동시에 일어나고 있다.

특히, 뜻의 리듬에는 네 글자 중에서 (1) 앞의 두 글자와 뒤의 두 글자가 같거나 비슷한 의미를 가지는 경우, (2) 앞의 두 글자와 뒤의 두 글자가 의미는 다르지만 두 부분이 합쳐서 완성되거나 충만한 의미를 나타내는 경우, (3) 반대의 뜻을 가진 두 글자를 이용한 경우, 등이 있다. 이 각각의 경우에 해당하는 예들을 몇 개씩만 들면 다음과 같다.

(1) 앞의 두 글자와 뒤의 두 글자가 같거나 비슷한 의미를 가지는 경우

각근면려(恪勤勉勵), 각산진비(各散盡飛), 감언이설(甘言利說), 개과천선(改過遷善), 견인불발(堅忍不拔), 경거망동(輕擧妄動), 고관대작(高官大

爵), 고립무원(孤立無援), 고립무의(孤立無依), 고봉준령(高峰峻嶺), 골몰무가(汨沒無暇), 공도동망(共倒同亡), 공명정대(公明正大), 공전절후(空前絶後), 공평무사(公平無私), 관인대도(寬仁大度), 광대무변(廣大無邊), 굉재탁식(宏才卓識), 구허날무(構虛捏無), 권모술수(權謀術數), 금과옥조(金科玉條), 기군망상(欺君罔上), 기암괴석(奇巖怪石), 기여보비(寄與補裨), 길흉화복(吉凶禍福), 난공불락(難攻不落), 노심초사(勞心焦思), 대서특필(大書特筆), 도랑방자(跳踉放恣), 동빙한설(凍氷寒雪), 만산편야(滿山遍野), 매가육장(賣家鬻莊), 명구승지(名區勝地), 무병장수(無病長壽), 무지막지(無知莫知), 무지몽매(無知蒙昧), 미관말직(微官末職), 미사여구(美辭麗句), 박수갈채(拍手喝采), 박옥혼금(璞玉渾金), 박학다식(博學多識), 밤낮주야(晝夜), 방성대곡(放聲大哭), 배은망덕(背恩忘德), 백령백리(百怜百俐), 분골쇄신(粉骨碎身), 분문열호(分門裂戶), 불요불굴(不撓不屈), 불학무식(不學無識), 비기윤신(肥己潤身), 사사망념(邪思妄念), 생사존망(生死存亡), 설분신원(雪憤伸冤), 성군작당(成群作黨), 세궁역진(勢窮力盡), 세상천지(世上天地), 수무족도(手舞足蹈), 수원수구(誰怨誰咎), 시비곡직(是非曲直), 신원설치(伸冤雪恥), 실망낙담(失望落膽), 심사숙고(深思熟考), 심사숙려(深思熟廬), 심산유곡(深山幽谷), 아비규환(阿鼻叫喚), 악역무도(惡逆無道), 악전고투(惡戰苦鬪), 압축소잔(壓縮銷殘), 애친경장(愛親敬長), 연년익수(延年益壽), 연마장양(鍊磨長養), 영고성쇠(榮枯盛衰), 쾨(永遠無窮), 오만방자(傲慢放恣), 오만불손(傲慢不遜), 완전무결(完全無缺), 우수사려(憂愁思慮), 우유부단(優柔不斷), 운권천청(雲捲天晴), 운산무소(雲散霧消), 웅재대략(雄才大略), 월장성구(月章星句), 유리부박(遊離浮薄), 유언비어(流言蜚語), 유풍여속(遺風餘俗), 이해득실(利害得失), 일구월심(日久月深), 일취월장(日就月將), 장구대진(長驅大進), 적덕누인(積德累仁), 전광석화(電光石火),

절체절명(絕體絕命), 존비귀천(尊卑貴賤), 존성대명(尊姓大名), 주궁패궐(珠宮貝闕). 주궁휼빈(賙窮恤貧), 주도면밀(周到綿密), 중언부언(重言復言), 지리멸렬(支離滅裂), 지만의득(志滿意得), 지모웅략(智謀雄略), 직왕매진(直往邁進), 진수성찬(珍羞盛饌), 진실무위(眞實無僞), 진실무망(眞實無妄), 질축배척(嫉逐排斥), 척량척수(尺量尺數), 천견박식(淺見薄識), 천붕지괴(天崩地壞), 천신만고(千辛萬苦), 천우신조(天佑神助), 천자만태(千姿萬態), 천자만홍(千紫萬紅), 천지건곤(天地乾坤), 천진무구(天眞無垢), 천참만륙(千斬萬戮), 천태만상(千態萬象), 천학비재(淺學菲才), 첨언밀어(甛言蜜語), 탐관오리(貪官汚吏), 탐권낙세(貪權樂勢), 태산준령(泰山峻嶺), 태연자약(泰然自若), 패가망신(敗家亡身), 포학무도(暴虐無道), 풍마우세(風磨雨洗), 풍비박산(風飛雹散), 피로곤비(疲勞困憊), 할은단정(割恩斷情), 함분축원(含憤蓄怨), 해후상봉(邂逅相逢), 행시주육(行尸走肉), 행운유수(行雲流水), 허랑방탕(虛浪放蕩), 허명무실(虛名無實), 험산준령(險山峻嶺), 호사난상(胡思亂想), 호언장담(豪言壯談), 호탕불기(豪宕不羈), 혹세무민(惑世誣民), 혼비백산(魂飛魄散), 화려찬란(華麗燦爛), 환호작약(歡呼雀躍), 황당무계(荒唐無稽), 횡설수설(橫說竪說), 흔희작약(欣喜雀躍), 흥망성쇠(興亡盛衰), 등등. "동천지감귀신(動天地感鬼神)"도 이 부류에 속한다.

(2) 앞의 두 글자와 뒤의 두 글자가 합쳐서 완성되거나 충만한 의미를 나타내는 경우

개과천선(改過遷善), 거가대족(巨家大族), 경거망동(輕擧妄動), 경년열세(經年閱歲), 고량진미(膏粱珍味), 고립무원(孤立無援), 고비원주(高飛遠走), 고성방가(高聲放歌), 공전절후(空前絕後), 근묵자흑(近墨者黑), 근주자적(近朱者赤), 금과옥조(金科玉條), 기고만장(氣高萬丈), 기사회생(起死

回生), 노심초사(勞心焦思), 녹음방초(綠陰芳草), 대경실색(大驚失色), 대서특필(大書特筆), 대성통곡(大聲痛哭), 대역무도(大逆無道), 덕필유린(德必有隣), 동병상련(同病相憐), 마이동풍(馬耳東風), 명산대찰(名山大刹), 명산대천(名山大川), 명심불망(銘心不忘), 모골송연(毛骨竦然), 문무백관(文武百官), 박시제중(博施濟衆), 박인방증(博引旁證), 박주산채(薄酒山菜), 박채중의(博採衆議), 백골난망(白骨難忘), 백년가약(百年佳約), 백년하청(百年河淸), 백년해로(百年偕老), 백옥무하(白玉無瑕), 백전노장(百戰老將), 백절불굴(百折不屈), 분골쇄신(粉骨碎身), 분기충천(憤氣沖天), 분기탱천(憤氣撐天), 분방자재(奔放自在), 분벽사창(粉壁紗窓), 불학무식(不學無識), 살신성인(殺身成仁), 상명하복(上命下服), 상의하달(上意下達), 선풍도골(仙風道骨), 설상가상(雪上加霜), 쇄골분신(碎骨粉身), 시어다골(鰣魚多骨), 시이불견(視而不見), 시이불공(恃而不恐), 신묘막측(神妙莫測), 신세타령(身世打令), 신출귀몰(神出鬼沒), 아비규환(阿鼻叫喚), 양상군자(梁上君子), 연마장양(鍊磨長養), 열력풍상(閱歷風霜), 염슬단좌(斂膝端坐), 영원무궁(永遠無窮), 오매불망(寤寐不忘), 와신상담(臥薪嘗膽), 요절복통(腰折腹痛), 우이독경(牛耳讀經), 장두은미(藏頭隱尾), 적막강산(寂寞江山), 전대미문(前代未聞), 절치부심(切齒腐心), 절해고도(絕海孤島), 중구난방(衆口難防), 중상모략(中傷謀略), 지모웅략(智謀雄略), 질의응답(質疑應答), 청이불문(聽而不聞), 청천벽력(靑天霹靂), 청출어람(靑出於藍), 쾌도난마(快刀亂麻), 태평성대(太平聖代), 할육충복(割肉充腹), 함포고복(含哺鼓腹), 해괴망측(駭怪罔測), 허장성세(虛張聲勢), 헐가방매(歇價放賣), 확고부동(確固不動), 확고불발(確固不拔), 후안무치(厚顏無恥), 흥진비래(興盡悲來).

(3) 반대의 뜻을 가진 두 글자를 이용한 경우

가감승제(加減乘除), 감탄고토(甘呑苦吐), 갑남을녀(甲男乙女), 갑론을박(甲論乙駁), 거구생신(去舊生新), 거두절미(去頭截尾), 결자해지(結者解之), 경천동지(驚天動地), 경천위지(經天緯地), 고진감래(苦盡甘來), 공전절후(空前絶後), 관존민비(官尊民卑), 구시심비(口是心非), 권선징악(勸善懲惡), 귀천상하(貴賤上下), 난이도(難易度), 남남북녀(南男北女), 남부여대(男負女戴), 남존여비(男尊女卑), 내소외친(內疏外親), 내우외환(內憂外患), 내유외강(內柔外剛), 다소불계(多少不計), 당동벌이(黨同伐異), 대동소이(大同小異), 동가식서가숙(東家食西家宿), 동고동락(同苦同樂), 동명이인(同名異人), 동문서답(東問西答), 동분서주(東奔西走), 동상이몽(同床異夢), 동서고금(東西古今), 동온하정(冬溫夏凊), 동치서주(東馳西走), 두중각경(頭重脚輕), 두한족열(頭寒足熱), 매점매석(買占賣惜), 멸사봉공(滅私奉公), 명실공히(名實共-), 명실상부(名實相符), 명존실무(名存實無), 무전유죄(無錢有罪), 무훼무예(無毀無譽), 문무겸전(文武兼全), 문무백관(文武百官), 반수반성(半睡半醒), 반신반의(半信半疑), 배암투명(背暗投明), 백발환흑(白髮還黑), 백중지세(伯仲之勢), 백해무익(百害無益), 백흑지변(白黑之辨), 불문곡직(不問曲直), 불분상하(不分上下), 불분승부(不分勝負), 불분주야(不分晝夜), 불한불열(不寒不熱), 빙공영사(憑公營私), 사사여생(事死如生), 사생결단(死生決斷), 사중구생(死中求生), 상명하복(上命下服), 상의하달(上意下達), 상하상몽(上下相蒙), 상하탱석(上下撑石), 상행하효(上行下效), 생사고락(生死苦樂), 생살여탈(生殺與奪), 생자필멸(生者必滅), 선악개오사(善惡皆吾師), 선악지보(善惡之報), 선후당착(先後撞着), 선후도착(先後倒錯), 소탐대실(小貪大失), 송구영신(送舊迎新), 수륙만리(水陸萬里), 수미상응(首尾相應), 수미상접(首尾相接), 승상접하(承上接下), 시비곡직(是非曲直), 시산혈해(屍山血海), 식소사번(食少事煩), 신상필벌(信賞必罰), 신지무의(信之無疑), 신출귀몰(神出鬼沒), 안고수비(眼高手卑), 앙천부지(仰天俯地), 야이계주(夜以繼晝), 약육강식(弱肉强食), 양시쌍비(兩是雙非), 양화구복(禳禍求福), 억강부약(抑强扶弱), 억약부강(抑弱扶强), 언근지원(言近旨遠), 영고성쇠(榮枯盛衰), 온고지신(溫故知新), 외부내빈(外富內貧), 외빈내부(外貧內富), 외유내강(外柔內剛), 외화내빈(外華內貧), 우문현답(愚問賢答), 우여곡절(迂餘曲折), 우왕좌왕(右往左往), 원교근공(遠交近攻), 원화소복(遠禍召福), 유구무언(有口無言), 유난무난(有難無難), 유능제강(柔能制剛), 유명무실(有名無實), 유비무환(有備無患), 유사입검(由奢入儉), 유상무상(有象無象), 유암화명(柳暗花明), 유전무죄(有錢無罪), 유형무형(有形無形), 이구동성(異口同聲), 이로동귀(異路同歸), 이소능장(以少凌長), 이소역대(以小易大), 이해관계(利害關係), 이해득실(利害得失), 이해타산(利害打算), 인면수심(人面獸心), 일문일답(一問一答), 일소일소 일로일로(一笑一少 一怒一老), 일장일단(一長一短), 일진일퇴(一進一退), 일희일비(一喜一悲), 자두지미(自頭至尾), 자초지종(自初至終), 자타공인(自他共認), 장우단탄(長吁短歎), 전패위공(轉敗爲功), 전무후무(前無後無), 전화위복(轉禍爲福), 조득모실(朝得暮失), 조령모개(朝令暮改), 조문석사(朝聞夕死), 조반석죽(朝飯夕粥), 조발석지(朝發夕至), 조변석개(朝變夕改), 조삼모사(朝三暮四), 조령모개(朝令暮改), 조생모몰(朝生暮沒), 조생모사(朝生暮死), 조왕모귀(朝往暮歸), 조체모개(朝遞暮改), 조출(朝出暮歸), 존망지추(存亡之秋), 종횡무애(縱橫無碍), 종횡무진(縱橫無盡), 죄중벌경(罪重罰輕), 주객전도(主客顚倒), 주경야독(晝耕夜讀), 주복야행(晝伏夜行), 주단야장(晝短夜長), 주야장천(晝夜長川), 주장야단(晝長夜短), 주지육림(酒池肉林), 주축일반(走逐一般), 중과부적(衆寡不敵), 지공무사(至公無私), 진

천동지(震天動地), 진퇴양난(進退兩難), 진퇴유곡(進退維谷), 질의응답(質疑應答), 집소성대(集小成大), 창선징악(彰善懲惡), 척사위정(斥邪衛正), 천경지위(天經地緯), 천방지축(天方地軸), 천붕지괴(天崩地壞), 천산만학(千山萬壑), 천양지차(天壤之差), 천장지비(天藏地秘), 천존지비(天尊地卑), 철두철미(徹頭徹尾), 촌진척퇴(寸進尺退), 최고학부(最高學府), 춘와추선(春蛙秋蟬), 춘풍추우(春風秋雨), 춘화추월(春花秋月), 출장입상(出將入相), 칠전팔기(七顚八起), 침소봉대(針小棒大), 토고납신(吐故納新), 표리부동(表裏不同), 표리상응(表裏相應), 피흉추길(避凶趨吉), 하로동선(夏爐冬扇), 하석상대(下石上臺), 한란계(寒暖計), 합종연횡(合縱連橫), 허실상몽(虛實相蒙), 허실상조(虛實相照), 호래척거(呼來斥去), 호생오사(好生惡死), 화복무문(禍福無門), 환부작신(換腐作新), 회빈작주(回賓作主), 회자정리(會者定離), 흑백논리(黑白論理), 흥진비래(興盡悲來), 희로애락(喜怒哀樂), 희비쌍곡선(喜悲雙曲線).

    이밖에도 다른 특색 있는 사자성어들이 있다. 그것은 (4) 사방위(四方位), 즉 동서남북을 이용한 성어, (5) 좌우(左右)와 관련된 성어, (6) 천지(天地)와 관련된 성어, (7) 남녀, 부부, 형제, 부자, 부모 관계와 연관된 사자성어, (8) 한 무리에 속하거나 연속적인 개념들을 통틀어서 일컫는 사자성어, (9) 시간, 세월과 관련된 사자성어, (10) 동물과 관련된 성어, (11) 식물과 관련된 성어, (12) 말[言]과 관련된 단어, (13) 우정과 친교에 관한 성어, (14) 탄식과 관련된 성어, (15) 유무(有無)와 관련된 성어, (16) 바람[風]과 관련된 성어, (17) 나이[年齡, 年歲]를 가리키는 별칭들, (18) 결혼기념 해[周年]와 다른 연도를 가리키는 표현들, (19) 기타 역사적 고사성어 및 주요 사자성어, 등이 있다.

(4) 사방위(四方位), 즉 동서남북을 이용한 성어

남귤북지(南橘北枳), 남기북두(南箕北斗), 남만북적(南蠻北狄), 남남북녀(南男北女), 남선북마(南船北馬), 남전북답(南田北畓), 남정북벌(南征北伐), 동가식서가숙(東家食西家宿), 동고서저(東高西低), 동도서말(東塗西抹), 동문서답(東問西答), 동분서주(東奔西走), 동서고금(東西古今), 동서불변(東西不變), 동섬서홀(東閃西忽), 동(東)에 번쩍 서(西)에 번쩍, 동정서벌(東征西伐), 동추서대(東推西貸), 동취서대(東取西貸), 동치서주(東馳西走), 동표서랑(東漂西浪), 만절필동(萬折必東), 북두칠성(北斗七星), 북로남왜(北虜南倭), 북마남선(北馬南船), 북망산천(北邙山川), 불분동서(不分東西), 사주경계(四周警戒), 어동육서(魚東肉西), 조동모서(朝東暮西), 조동율서(棗東栗西), 지동지서(之東之西), 추우강남(追友江南).

(5) 좌우(左右)와 관련된 성어

우문좌무(右文左武), 우왕좌왕(右往左往), 우익(右翼), 우파(右派), 좌고우면(左顧右眄), 좌사우고(左思右考), 좌사우량(左思右量), 좌수우봉(左授右捧), 좌수우응(左酬右應), 좌우간(左右間), 좌우고면(左右顧眄), 좌우기거(左右起居), 좌우두동(左右--), 좌우사량(左右思量), 좌우상칭(左右相稱), 좌우지간(左右之間), 좌우청촉(左右請囑), 좌우충돌(左右衝突), 좌우협공(左右挾攻), 좌원우응(左援右應), 좌익(左翼), 좌지우지(左之右之), 좌차우란(左遮右攔), 좌천(左遷), 좌청룡우백호(左靑龍右白虎), 좌청우촉(左請右囑), 좌충우돌(左衝右突), 좌파(左派).

(6) 천지(天地)와 관련된 성어

건곤일색(乾坤一色), 건곤일척(乾坤一擲), 경천동지(驚天動地), 경천위지(經天緯地), 기상천외(奇想天外), 노기충천(怒氣衝天), 별유천지(別有天地), 봉천답(奉天畓), 부앙천지(俯仰天地), 상천하지(上天下地), 세상천지(世上天地), 앙천대소(仰天大笑), 앙천부지(仰天俯地), 앙천축수(仰天祝手), 여천지무궁(與天地無窮), 분기충천(憤氣衝天), 분기탱천(憤氣撑天), 천경지위(天經地緯), 천고마비(天高馬肥), 천공해활(天空海闊), 천라지망(天羅地網), 천방지축(天方地軸), 천방지방(天方地方), 천변지이(天變地異), 천붕지괴(天崩地壞), 천붕지탁(天崩地坼), 천붕지탑(天崩地塌), 천상천하(天上天下), 천생연분(天生緣分), 천선지전(天旋地轉), 천수답(天水畓), 천신지기(天神地祇), 천양무궁(天壤無窮), 천양지간(天壤之間), 천양지차(天壤之差), 천양지판(天壤之判), 천우신조(天佑神助), 천원지방(天圓地方), 천읍지애(天泣地哀), 천장지비(天藏地秘), 천재지변(天災地變), 천존지비(天尊地卑), 천지개벽(天地開闢), 천지신명(天地神明), 천지진동(天地震動), 천하무적(天下無敵), 천하일색(天下一色), 천하일품(天下一品), 천하장사(天下壯士), 천하통일(天下統一), 철천지원수(徹天之怨讎), 철천지한(徹天之恨), 흔천권지(掀天捲地), 흔천동지(掀天動地), 호중천지(壺中天地), 호천고지(呼天叩地), 호천망극(昊天罔極).

(7) 남녀, 부부, 형제, 부자, 부모 관계와 연관된 성어

갑남을녀(甲男乙女), 규중처녀(閨中處女), 난형난제(難兄難弟), 남남북녀(南男北女), 남녀노소(男女老少), 남녀노유(男女老幼), 남녀유별(男女有別), 남녀칠세부동석(男女七歲不同席), 남부여대(男負女戴), 남존여비(男尊女卑), 남창여수(男唱女隨), 남혼여가(男婚女嫁), 남흔여열(男欣女悅), 맹모단기(孟母斷機), 맹모삼천(孟母三遷), 무남독녀(無男獨女), 부모구존(父母俱存), 부부유별(夫婦有別), 부생모육(父生母育), 부위부강(夫爲

婦綱), 부위자강(父爲子綱), 부위자은(父爲子隱), 부자자효(父慈子孝), 부재모상(父在母喪), 부전자승(父傳子承), 부전자전(父傳子傳), 부정모혈(父精母血), 부창부수(夫唱婦隨), 부풍모습(父風母習), 소천(所天), 앙급자손(殃及子孫), 앙사부모(仰事父母), 앙사부육(仰事俯育), 엄부자모(嚴父慈母), 여창남수(女唱男隨), 여필종부(女必從夫), 요조숙녀(窈窕淑女), 장삼이사(張三李四), 조강지처불하당(糟糠之妻不下堂), 천현지친(天顯之親), 칠거지악(七去之惡), 편모슬하(偏母膝下), 필부필부(匹夫匹婦), 현모양처(賢母良妻), 호부호모(呼父呼母), 호부호형(呼父呼兄), 호형호제(呼兄呼弟), [사즉동혈(死則同穴)].

(8) 전체에 속하거나 연속적인 부분 개념들을 통틀어서 일컫는 사자성어

가감승제(加減乘除), 관현타악(管絃打樂), 금은동철(金銀銅鐵), 기승전결(起承轉結), 길흉화복(吉凶禍福), 남녀노소(男女老少), 남녀노유(男女老幼), 뇌정벽력(雷霆霹靂), 능라금수(綾羅錦繡), 동서고금(東西古今), 동서남북(東西南北), 문무백관(文武百官), 백중숙계(伯仲叔季), 백천만사(百千萬事), 부모형제(父母兄弟), 부형모매(父兄母妹), 비분강개(悲憤慷慨), 빈부귀천(貧富貴賤), 사농공상(士農工商), 사단주속(絲緞紬屬), 사라능단(紗羅綾緞), 사해동포(四海同胞), 삼라만상(森羅萬象), 수복강녕(壽福康寧), 신체발부(身體髮膚), 억조창생(億兆蒼生), 애매모호(曖昧模糊), 오곡백과(五穀百果), 오장육부(五臟六腑), 왕래발착(往來發着), 왕후장상(王侯將相), 우수마발(牛溲馬勃), 우수사려(憂愁思慮), 웅맹탁특(雄猛卓特), 유리표박(流離漂泊), 유한정정(幽閒靜貞), 육해공군(陸海空軍), 이매망량(魑魅魍魎), 이목구비(耳目口鼻), 인생만사(人生萬事), 전후좌우(前後左右), 절차탁마

(切磋琢磨), 주사청루(酒肆青樓), 지리멸렬(支離滅裂), 지필연묵(紙筆硯墨), 춘하추동(春夏秋冬), 포진장병(鋪陳障屏), 풍상우로(風霜雨露), 풍한서습(風寒暑濕), 향약본초(鄉藥本草), 형제자매(兄弟姉妹), 희로애락(喜怒哀樂), 휘황찬란(輝煌燦爛).

(9) 시간, 세월, 계절과 관련된 성어

광음여류(光陰如流), 광음여시(光陰如矢), 광일미구(曠日彌久), 격세지감(隔世之感), 동온하정(冬溫夏凊), 만고강산(萬古江山), 만고불멸(萬古不滅), 만고불변(萬古不變), 만고불역(萬古不易), 만고불후(萬古不朽), 만고상청(萬古常青), 만고역적(萬古逆賊), 명재경각(命在頃刻), 백년가약(百年佳約), 백년대계(百年大計), 백년지객(百年之客), 백년하청(百年河清), 백년해락(百年偕樂), 백년해로(百年偕老), 부지하세월(不知何歲月), 세월부대인(歲月不待人), 소년이로학난성(少年易老學難成), 송구영신(送舊迎新), 시부재래(時不在來), 시이사왕(時移事往), 엄동설한(嚴冬雪寒), 연년세세(年年歲歲), 연소기예(年少氣銳), 연소몰각(年少沒覺), 연월일시(年月日時), 일가월증(日加月增), 일각여삼추(一刻如三秋), 일거월저(日去月儲), 일구월심(日久月深), 일분일초(一分一秒), 일촌광음불가경(一寸光陰不可輕), 일취월장(日就月將), 존망지추(存亡之秋), 촌음(寸陰), 촌각(寸刻), 천년만년(千年萬年), 천년일청(千年一清), 천재일우(千載一遇), 추상열일(秋霜烈日), 춘궁기(春窮期), 춘소일각치천금(春宵一刻值千金), 춘수모운(春樹暮雲), 춘와추선(春蛙秋蟬), 춘추(春秋), 춘추시대(春秋時代), 춘추전국시대(春秋戰國時代), 춘치자명(春雉自鳴), 춘풍추상(春風秋霜), 춘풍추우(春風秋雨), 춘풍화기(春風和氣), 춘하추동(春夏秋冬), 춘한노건(春寒老健), 피리춘추(皮裏春秋), 하로동선(夏爐冬扇), 허송세월(虛送歲月).

(10) 동물과 관련된 성어

견마지년(犬馬之年), 견마지로(犬馬之勞), 견마지류(犬馬之類), 견마지성(犬馬之誠), 견마지심(犬馬之心), 견마지치(犬馬之齒), 견문발검(見蚊拔劍), 견설고골(犬齧枯骨), 견아상제(犬牙相制), 견아상착(犬牙相錯), 견양지질(犬羊之質), 견원지간(犬猿之間), 견유주의(犬儒主義), 견토지쟁(犬兔之爭), 견묘지간(犬猫之間), 견아상제(犬牙相制), 견아상착(犬牙相錯), 견토지쟁(犬兔之爭), 경구비마(輕裘肥馬), 경궁지조(驚弓之鳥), 계견상문(鷄犬相聞), 계구우후(鷄口牛後), 계란유골(鷄卵有骨), 계륵(鷄肋), 계명구도(鷄鳴狗盜), 공작부인(孔雀夫人), 과두시절(蝌蚪時節), 교각살우(矯角殺牛), 교교백구(皎皎白駒), 구미속초(狗尾續貂), 구수응의(鳩首凝議), 구수회의(鳩首會議), 구우일모(九牛一毛), 구절양장(九折羊腸), 군계일학(群鷄一鶴), 군맹무상(群盲撫象), 궁서설묘(窮鼠囓猫), 궁조입회(窮鳥入懷), 귀문조적(龜文鳥跡), 귀모토각(龜毛兔角), 귀배괄모(龜背刮毛), 금독지행(禽犢之行), 기린아(麒麟兒), 기호지세(騎虎之勢), 나사(螺絲), 나선형(螺旋形), 낭자야심(狼子野心), 낭패(狼狽), 노마십가(駑馬十駕), 노마지지(老馬之智), 노승발검(怒蠅拔劍), 녹비[鹿皮]에 가로 왈 자(曰字), 다기망양(多岐亡羊), 당랑거철(螳螂拒轍), 당랑재후(螳螂在後), 마두출령(馬頭出令), 마력(馬力), 마이동풍(馬耳東風), 매사마골(買死馬骨), 맹귀부목(盲龜浮木), 맹귀우목(盲龜遇木), 맹인평상(盲人評象), 맹호복초(猛虎伏草), 묘두현령(猫頭懸鈴), 묘항현령(猫項懸鈴), 반룡부봉(攀龍附鳳), 방휼지세(蚌鷸之勢), 방휼지쟁(蚌鷸之爭), 배중사영(杯中蛇影), 백룡어복(白龍魚服), 백마비마론(白馬非馬論), 백수습복(百獸慴伏), 복룡봉추(伏龍鳳雛), 봉린지란(鳳麟芝蘭), 봉모인각(鳳毛麟角), 봉의군신(蜂蟻君臣), 봉황의(鳳凰衣), 부유인생(蜉蝣人生), 부중생어(釜中生魚), 불급마복(不及馬腹), 불입호혈부득호자(不入虎

穴不得虎子), 붕정만리(鵬程萬里), 빈계사신(牝鷄司晨), 사심불구(蛇心佛口), 사자분신(獅子奮迅), 사자후(獅子吼), 사족(蛇足), 산계야목(山鷄野鶩), 상가지구(喪家之狗), 상궁지조(傷弓之鳥), 상마잠적(桑麻蠶績), 상치분신(象齒焚身), 새옹지마(塞翁之馬), 서절구투(鼠竊狗偸), 서제막급(噬臍莫及), 설니홍조(雪泥鴻爪), 설안형창(雪案螢窓), 수서양단(首鼠兩端), 수어지교(水魚之交), 수주대토(守株待兎), 수청무대어(水淸無大魚), 숙호충비(宿虎衝鼻), 시어다골(鰣魚多骨), 쌍두마차(雙頭馬車), 앙급지어(殃及池魚), 약마복중(弱馬卜重), 약취강도(略取强盜), 약취유괴(略取誘拐), 양두구육(羊頭狗肉), 양질호피(羊質虎皮), 양포지구(楊布之狗), 양호상투(兩虎相鬪), 양호유환(養虎遺患), 어궤조산(魚潰鳥散), 어두육미(魚頭肉尾), 어목연석(魚目燕石), 어변성룡(魚變成龍), 어유부중(魚遊釜中), 엄목포작(掩目捕雀), 연목구어(緣木求魚), 연미복(燕尾服), 연홍지탄(燕鴻之歎), 오구잡탕(烏口雜湯), 오로지쟁(烏鷺之爭), 오비삼척(吾鼻三尺), 오비이락(烏飛梨落), 오비일색(烏飛一色), 오수부동(五獸不動), 오우천월(吳牛喘月), 오유(烏有), 오유선생(烏有先生), 오작교(烏鵲橋), 오지자웅(烏之雌雄), 오합지졸(烏合之卒), 오합지중(烏合之衆), 와각지세(蝸角之勢), 와각지쟁(蝸角之爭), 우도할계(牛刀割鷄), 우두마육(牛頭馬肉), 와우각상(蝸牛角上), 용두사미(龍頭蛇尾), 용문(龍門), 용미봉탕(龍尾鳳湯), 용반호거(龍蟠虎踞), 용사비등(龍蛇飛騰), 용양호박(龍攘虎搏), 용호상박(龍虎相搏), 우수마발(牛溲馬勃), 우왕마왕(牛往馬往), 우음마식(牛飮馬食), 우이독경(牛耳讀經), 우이송경(牛耳誦經), 이란격석(以卵擊石), 이전투구(泥田鬪狗), 장룡와호(藏龍臥虎), 전돈낭패(顚頓狼狽), 전호후랑(前虎後狼), 정저와(井底蛙), 제궤의혈(堤潰蟻穴), 조족지혈(鳥足之血), 주구(走狗), 주마가편(走馬加鞭), 주마간산(走馬看山), 주장낙토(走獐落兎), 지독지애(舐犢之愛), 지독지정(舐犢之情), 지

록위마(指鹿爲馬), 지어지앙(池魚之殃), 천고마비(天高馬肥), 천군만마(千軍萬馬), 춘와추선(春蛙秋蟬), 춘치자명(春雉自鳴), 탈토지세(脫兎之勢), 탐화봉접(探花蜂蝶), 촉견폐일(蜀犬吠日), 태산명동서일필(泰山鳴動鼠一匹), 토각귀모(兎角龜毛), 토사구팽(兎死狗烹), 토사호비(兎死狐悲), 토영삼굴(兎營三窟), 평사낙안(平沙落雁), 포호함포(咆虎陷浦), 표사유피(豹死留皮), 풍성학려(風聲鶴唳), 피호봉호(避虎逢弧), 필마단기(匹馬單騎), 필마단창(匹馬單槍), 학수고대(鶴首苦待), 한마지로(汗馬之勞), 한우충동(汗牛充棟), 한운야학(閑雲野鶴), 형설지공(螢雪之功), 호가호위(狐假虎威), 호랑지심(虎狼之心), 호미난방(虎尾難放), 호부견자(虎父犬子), 호사수구(狐死首丘), 호사유피(虎死留皮), 호사토읍(狐死兎泣), 호시우행(虎視牛行), 호시탐탐(虎視耽耽), 호접지몽(胡蝶之夢), 화간접무(花間蝶舞), 화룡점정(畵龍點睛), 화사첨족(畵蛇添足).

(11) 식물과 관련된 성어

결초보은(結草報恩), 과숙체락(瓜熟蔕落), 과전이하(瓜田李下), 귤화위지(橘化爲枳), 금란지교(金蘭之交), 금상첨화(錦上添花), 금지옥엽(金枝玉葉), 기화요초(琪花瑤草), 낙화유수(落花流水), 남귤북지(南橘北枳), 노류장화(路柳墻花), 녹림호걸(綠林豪傑), 녹음방초(綠陰芳草), 도요시절(桃夭時節), 도원결의(桃園結義), 마중지봉(麻中之蓬), 맥수지탄(麥秀之嘆), 목석간장(木石肝腸), 무릉도원(武陵桃源), 백사청송(白沙靑松), 봉두난발(蓬頭亂髮), 봉린지란(鳳麟芝蘭), 봉필생휘(蓬蓽生輝), 불변숙맥(不辨菽麥), 사목지신(徙木之信), 산천초목(山川草木), 삼고초려(三顧草廬), 상마잠적(桑麻蠶績), 상마지교(桑麻之交), 상전벽해(桑田碧海), 석고대죄(席藁待罪), 설부화용(雪膚花容), 송무백열(松茂柏悅), 송죽지절(松竹之節), 숙맥불변(菽麥

不辨), 숙소갑사(熟素甲紗), 숙속지문(菽粟之文), 숙수지공(菽水之供), 숙시주의(熟柿主義), 야무청초(野無靑草), 양질호피(羊質虎皮), 양포지구(楊布之狗), 양호상투(兩虎相鬪), 양호유환(養虎遺患), 여도지죄(餘桃之罪), 연목구어(緣木求魚), 오비이락(烏飛梨落), 오상고절(傲霜孤節), 우후죽순(雨後竹筍), 운수지회(雲樹之懷), 유록화홍(柳綠花紅), 이하부정관(李下不整冠), 장미소설(薔薇小說), 저력지재(樗櫟之才), 조강지처불하당(糟糠之妻不下堂), 조율이시(棗栗梨柿), 종과득과(種瓜得瓜), 종두득두(種豆得豆), 죽두목설(竹頭木屑), 죽마고우(竹馬故友), 죽백지공(竹帛之功), 죽부인(竹夫人), 죽의 장막(竹-帳幕), 죽장망혜(竹杖芒鞋), 지란지교(芝蘭之交), 지분혜탄(芝焚蕙嘆), 질풍경초(疾風勁草), 창해일속(滄海一粟), 창해상전(滄海桑田), 청출어람(靑出於藍), 초가삼간(草家三間), 초근목피(草根木皮), 초로인생(草露人生), 초록동색(草綠同色), 쾌도난마(快刀亂麻), 탐화봉접(探花蜂蝶), 파죽지세(破竹之勢), 포류지질(蒲柳之質), 향양화목(向陽花木), 헌근지성(獻芹之誠), 혜분난비(蕙焚蘭悲), 화간접무(花間蝶舞), 화무십일홍(花無十日紅), 화용월태(花容月態), 화조월석(花朝月夕), 화조풍월(花鳥風月), 후목분장(朽木糞墻).

(12) 말[言語]과 관련된 단어

간언(諫言), 감언이설(甘言利說), 감언지지(敢言之地), 갑론을박(甲論乙駁), 거대담론(巨大談論), 격언(格言), 견강부회(牽强附會), 경구(警句), 경어(敬語), 고담방언(高談放言), 고담준론(高談峻論), 고언(苦言), 공리공론(空理空論), 광담망설(狂談妄說), 광담패설(狂談悖說), 교언영색(巧言令色), 구각춘풍(口角春風), 군맹무상(群盲撫象), 금언(金言), 남아일언중천금(男兒一言重千金), 도청도설(道聽途說), 독설(毒舌), 망언(妄言), 명론탁설

(名論卓說), 명언(名言), 명정언순(名正言順), 몽중설몽(夢中說夢), 무문곡필(舞文曲筆), 무문농필(舞文弄筆), 미사여구(美辭麗句), 밀어상통(密語相通), 부재다언(不在多言), 부허지설(浮虛之說), 불경지설(不經之說), 불공설화(不恭說話), 비어(卑語), 비어(鄙語), 사사언청(事事言聽), 사자후(獅子吼), 설왕설래(說往說來), 소진장의(蘇秦張儀), 신언서판(身言書判), 실언(失言), 약석지언(藥石之言), 양비대담(攘臂大談), 양비대언(攘臂大言), 어록(語錄), 어무윤척(語無倫脊), 어문일치(語文一致), 어불성설(語不成說), 언거언래(言去言來), 언과기실(言過其實), 언근지원(言近旨遠), 언문일치(言文一致), 언비천리(言飛千里), 언사불공(言辭不恭), 언어도단(言語道斷), 언어유희(言語遊戲), 언언사사(言言事事), 언왕설래(言往說來), 언외지의(言外之意), 언유재이(言猶在耳), 언정이순(言正理順), 언주문종(言主文從), 언중유골(言中有骨), 언중유언(言中有言), 언중지의(言中之意), 언즉시야(言則是也), 언지무익(言之無益), 언청계용(言聽計用), 언필칭(言必稱), 언필칭 요순(言必稱堯舜), 언행상반(言行相反), 언행일치(言行一致), 역이지언(逆耳之言), 오언절구(五言絶句), 옥하사담(屋下私談), 온언순사(溫言順辭), 요설(饒舌), 유언비어(流言蜚語), 음담패설(淫談悖說), 일갈(一喝), 일구이언(一口二言), 일언반구(一言半句), 일언이폐지(一言以蔽之), 일언일구(一言一句), 일언지하(一言之下), 일점일획(一點一劃), 잠언(箴言), 장광설(長廣舌), 장담(壯談), 존이불론(存而不論), 중언부언(重言復言), 진담누설(陳談陋說), 천언만어(千言萬語), 첨언밀어(甛言蜜語), 청산유수(靑山流水), 촌철살인(寸鐵殺人), 충언(忠言), 치인설몽(痴人說夢), 탁상공론(卓上空論), 타상하설(他尙何說), 편언절옥(片言折獄), 편언척구(片言隻句), 편언척자(片言隻字), 폐일언(蔽一言), 포풍착영(捕風捉影), 폭언(暴言), 폭탄선언(爆彈宣言), 풍설(風說), 한담설화(閑談屑話), 항담가설(巷談街說), 허

언(虛言), 허풍(虛風), 현하구변(懸河口辯), 현하지변(懸河之辯), 호언장담(豪言壯談), 확언(確言), 횡설수설(橫說竪說), 휘지비지(諱之秘之), 흑백논리(黑白論理), 흥와주산(興訛做訕).

(13) 우정과 친교에 관한 성어

간담상조(肝膽相照), 관포지교(管鮑之交), 교칠지교(膠漆之交), 구년친구(舊年親舊), 금란지교(金蘭之交), 단금지교(斷金之交), 동고동락(同苦同樂), 구두지교(口頭之交), 막역지우(莫逆之友), 망년지교(忘年之交), 망년지우(忘年之友), 문경지교(刎頸之交), 백아절현(伯牙絕絃), 붕우유신(朋友有信), 붕우책선(朋友責善), 상마지교(桑麻之交), 세리지교(勢利之交), 수어지교(水魚之交), 시도지교(市道之交), 오우가(五友歌), 운수지회(雲樹之懷), 죽마고우(竹馬故友), 죽마구의(竹馬舊誼), 지기(知己), 지기지우(知己之友), 지란지교(芝蘭之交), 지음(知音), 추우강남(追友江南), [세한삼우(歲寒三友)].

(14) 탄식 또는 근심과 관련된 성어

고분지탄(叩盆之嘆). 만시지탄(晚時之歎), 망국지탄(亡國之歎), 망양지탄(亡羊之歎), 망양지탄(望洋之嘆), 맥수지탄(麥秀之嘆), 반박지탄(斑駁之嘆), 보우지차(鴇羽之嗟), 비육지탄(脾肉之歎), 삼상지탄(參商之歎), 서제막급(噬臍莫及), 연홍지탄(燕鴻之歎), 오호애재(嗚呼哀哉), 오호통재(嗚呼痛哉), 유아지탄(由我之歎), 유주지탄(遺珠之歎), 장탄식(長歎息), 천지망아(天之亡我), 칠실지우(漆室之憂), 풍수지탄(風樹之嘆), 향우지탄(向隅之歎), 허희탄식(歔欷歎息), 후회막급(後悔莫及).

(15) 유무(有無)와 관련된 성어

감개무량(感慨無量), 골몰무가(汨沒無暇), 극악무도(極惡無道), 금구무결(金甌無缺), 내무주장(內無主張), 대도무문(大道無門), 막무가내(莫無可奈), 망무두서(茫無頭緒), 망무애반(茫無涯畔), 망무제애(茫無際涯), 무고지민(無故之民), 무골호인(無骨好人), 무사통과(無事通過), 무소불위(無所不爲), 무일가관(無一可觀), 유일무이(唯一無二), 감개무량(感慨無量), 망무애반(茫無涯畔), 망무제애(茫無際涯), 무가내하(無可奈何), 무가지보(無價之寶), 무거불측(無據不測), 무괴어심(無愧於心), 무궁무진(無窮無盡), 무극(無極), 무단출입(無斷出入), 무도막심(無道莫甚), 무두무미(無頭無尾), 무득무실(無得無失), 무등호인(無等好人), 무량상수(無量上壽), 무력소치(無力所致), 무륜무척(無倫無脊), 무물부존(無物不存), 무물불성(無物不成), 무미건조(無味乾燥), 무법천지(無法天地), 무병장수(無病長壽), 무사무려(無思無慮), 무상무념(無想無念), 무상출입(無常出入), 무색무취(無色無臭), 무소고기(無所顧忌), 무소기탄(無所忌憚), 무소부재(無所不在), 무소부지(無所不至), 무소부지(無所不知), 무소불능(無所不能), 무소불위(無所不爲), 무시무종(無始無終), 무신무의(無信無義), 무위도식(無爲徒食), 무위이화(無爲而化), 무위자연(無爲自然), 무의무신(無義無信), 무의무탁(無依無托), 무일가관(無一可觀), 무장무애(無障無礙), 무재무능(無才無能), 무전유죄(無錢有罪), 무진무궁(無盡無窮), 무처부당(無處不當), 무해무득(無害無得), 무형무적(無形無迹), 무훼무예(無毁無譽), 방약무인(傍若無人), 백계무책(百計無策), 백무가관(百無可觀), 백무소성(百無所成), 백무소실(百無所失), 백무일취(百無一取), 백해무익(百害無益), 별유천지(別有天地), 별유풍경(別有風景), 산란무통(散亂無統), 속수무책(束手無策), 신외무물(身外無物), 안하무인(眼下無人), 야반무례(夜半無禮), 외무주장(外無主張), 원융무애

(圓融無礙), 유구무언(有口無言), 유난무난(有難無難), 유명무실(有名無實), 유무상통(有無相通), 유불여무(有不如無), 유비무환(有備無患), 유시무종(有時無終), 유시유종(有時有終), 유실난봉(有實難捧), 유실무실(有實無實), 유야무야(有耶無耶), 유위변전(有爲變轉), 유의막수(有意莫遂), 유의미수(有意未遂), 유일무이(唯一無二), 유전무죄(有錢無罪), 유진무퇴(有進無退), 유형무적(有形無跡), 유형무형(有形無形), 인생무상(人生無常), 일망무제(一望無際), 일무가관(一無可觀), 일무소식(一無消息), 일무차착(一無差着), 적연무문(寂然無聞), 치신무지(置身無地), 향복무강(享福無疆), 허명무실(虛名無實), 허무맹랑(虛無孟浪), 전무후무(前無後無), 종횡무진(縱橫無盡), 후안무치(厚顏無恥).

(16) 바람[風]과 관련된 성어

풍고풍하(風高風下), 풍광명미(風光明媚), 풍마우세(風磨雨洗), 풍비박산(風飛雹散), 풍상우로(風霜雨露), 풍상지임(風霜之任), 풍성학려(風聲鶴唳), 풍세대작(風勢大作), 풍수지리(風水地理), 풍수지탄(風樹之嘆), 풍우대작(風雨大作), 풍우장중(風雨場中), 풍운조화(風雲造化), 풍운지회(風雲之會), 풍월주인(風月主人), 풍전등촉(風前燈燭), 풍전등화(風前燈火), 풍진지진(風前之塵), 풍정낭식(風定浪息), 풍진세계(風塵世界), 풍찬노숙(風餐露宿), 풍창파벽(風窓破壁), 풍타낭타(風打浪打), 풍한서습(風寒暑濕), 풍화작용(風化作用), 마이동풍(馬耳東風). 만고풍상(萬古風霜), 옥골선풍(玉骨仙風), 음풍농월(吟風弄月), 일진광풍(一陣狂風), 질풍경초(疾風勁草), 질풍신뢰(疾風迅雷).

(17) 나이[年齡, 年歲]를 가리키는 별칭들

15세 – 지학(志學), 성동(成童). 16세(여자) – 파과(破瓜), 파과지년(破瓜之年). 20세 – 약관(弱冠), 약년(弱年), 방년(芳年), 방령(芳齡), 묘년(妙年), 묘령(妙齡). 30세 – 이립(而立). 32세 – 이모(二毛), 이모지년(二毛之年). 40세 – 불혹(不惑). 41세 – 망오(望五). 48세 – 상년(桑年), 상수(桑壽). 50세 – 애년(艾年), 지명(知命), 지천명(知天命). 51세 – 망륙(望六). 60세 – 이순(耳順), 화갑(華甲), 환갑(還甲), 회갑(回甲). 61세 – 진갑(進甲). 64세(남자) – 파과(破瓜), 파과지년(破瓜之年). 66세 – 미수(美壽). 70세 – 고희(古稀), 종심(從心), 칠순(七旬), 칠질(七耋), 희년(稀年), 희수(稀壽). 71세 – 망팔(望八). 77세 – 희수(喜壽). 80세 – 팔순(八旬), 중수(中壽), 팔질(八耋), 산수(傘壽). 81세 – 망구(望九), 반수(半壽). 88세 – 미수(米壽). 90세 – 구순(九旬), 동리(凍梨), 졸수(卒壽). 91세 – 망백(望百). 99세 – 백수(白壽). 100세 – 상수(上壽), 기이(期頤), 기이지수(期頤之壽). 나이를 가리키는 이런 식의 표현들을 일본식이라고 하면서 금지하려는 이들도 있으나, 이 중의 일부가 일본인들이 먼저 사용하기는 했지만 이런 표현 모두를 배척하는 것은 사리에 맞지 않는 일이라 판단된다.

(18) 결혼기념 해[周年, 週年]와 다른 연도를 가리키는 표현들

결혼 5주년 – 지혼(紙婚), 10주년 – 석혼(錫婚), 15주년 – 동혼(銅婚), 25주년 – 은혼(銀婚), 45주년 – 견혼(絹婚), 50주년 – 금혼(金婚), 60주년 – 회혼(回婚), 금강석혼(金剛石婚). 제7주년 – 안식년(安息年, Sabbatical year), 제50주년 – 희년(禧年, Jubilee).

(19) 기타 역사적 고사성어 및 주요 사자성어

가렴주구(苛斂誅求), 가인박명(佳人薄命), 각고면려(刻苦勉勵), 각골난망(刻骨難忘), 각골명심(刻骨銘心), 각골통한(刻骨痛恨), 각자도생(各自圖生), 각주구검(刻舟求劍), 간난신고(艱難辛苦), 간담상조(肝膽相照), 간성지재(干城之材), 갈건야복(葛巾野服), 감불생심(敢不生心), 강기숙정(綱紀肅正), 강산풍월(江山風月), 개과천선(改過遷善), 거두절미(去頭截尾), 격세지감(隔世之感), 격장지린(隔墻之隣), 격화소양(隔靴搔癢), 격화파양(隔靴爬痒), 견강부회(牽强附會), 견리망의(見利忘義), 견리사의(見利思義), 견문일치(見聞一致), 견물생심(見物生心), 견인불발(堅忍不拔), 결사항쟁(決死抗爭), 경국제세(經國濟世), 경국지색(傾國之色), 경국지재(經國之才), 경박부허(輕薄浮虛), 경이원지(敬而遠之), 경조부박(輕佻浮薄), 고굉지신(股肱之臣), 고군분투(孤軍奮鬪), 고두사죄(叩頭謝罪), 고복격양(鼓腹擊壤), 고성대규(高聲大叫), 고성준론(高聲峻論), 고소원불감청(固所願不敢請), 고육지책(苦肉之策), 고장난명(孤掌難鳴), 고침안면(高枕安眠), 곡수유상(曲水流觴), 곡학아세(曲學阿世), 골육상잔(骨肉相殘), 골육상쟁(骨肉相爭), 골육지친(骨肉之親), 공중누각(空中樓閣), 과당경쟁(過當競爭), 과대망상(誇大妄想), 과대평가(過大評價), 과소평가(過小評價), 과유불급(過猶不及), 괄목상대(刮目相對), 광풍제월(光風霽月), 구밀복검(口蜜腹劍), 구상유취(口尙乳臭), 구세제민(救世濟民), 국태민안(國泰民安), 궁여일책(窮餘一策), 권모술수(權謀術數), 권토중래(捲土重來), 귀거래사(歸去來辭), 극구발명(極口發明), 극구변명(極口辨明), 극구칭찬(極口稱讚), 근묵자흑(近墨者黑), 금강산식후경(金剛山食後景), 금린옥척(錦鱗玉尺), 금석맹약(金石盟約), 금의환향(錦衣還鄉), 기거동작(起居動作), 기고만장(氣高萬丈), 기상천외(奇想天外), 기우(杞憂), 기상천외(奇想天外), 기왕지사(既往之事), 기자감식

(飢者甘食), 기절초풍(氣絕-風), 낙양지귀(洛陽紙貴), 난의포식(暖衣飽食), 남가일몽(南柯一夢), 낭중지추(囊中之錐), 내무주장(內無主張), 내정간섭(內政干涉), 노기충천(怒氣衝天), 노기탱천(怒氣撐天), 노당익장(老當益壯), 노발대성(怒發大聲), 논공행상(論功行賞), 농단(壟斷), 뇌성벽력(雷聲霹靂), 능지처참(陵遲處斬), 다반사(茶飯事), 당연지사(當然之事), 대기만성(大器晚成), 독불장군(獨不將軍), 독수공방(獨守空房), 독숙공방(獨宿空房), 동가홍상(同價紅裳), 동병상련(同病相憐), 동시다발(同時多發), 동족방뇨(凍足放尿), 동족상잔(同族相殘), 동천지감귀신(動天地感鬼神), 두문불출(杜門不出), 두주불사(斗酒不辭), 등하불명(燈下不明), 마부작침(磨斧作針), 만반진수(滿盤珍羞), 만신창이(滿身瘡痍), 망극지은(罔極之恩), 망극지통(罔極之痛), 망명도생(亡命圖生), 망문과부(望門寡婦), 망연자실(茫然自失), 망자존대(妄自尊大), 맹모단기(孟母斷機), 맹자단청(盲者丹靑), 맹풍열우(猛風烈雨), 면종복배(面從腹背), 명경지수(明鏡止水), 명과기실(名過其實), 명모호치(明眸皓齒), 명문천하(名聞天下), 명불허전(名不虛傳), 명실상부(名實相符), 명약관화(明若觀火), 모골송연(毛骨竦[悚]然), 모몰염치(冒沒廉恥), 모색창연(暮色蒼然), 목불식정(目不識丁), 목불인견(目不忍見), 목욕재계(沐浴齋戒), 무릉도원(武陵桃源), 문전성시(門前成市), 문전옥답(門前沃畓), 미대난도(尾大難掉), 미생지신(尾生之信), 미인박명(美人薄命), 박람강기(博覽强記), 박리다매(薄利多賣), 박문강기(博聞强記), 박부득이(迫不得已), 반대급부(反對給付), 반포보은(反哺報恩), 반포지효(反哺之孝), 발본색원(拔本塞源), 발분망식(發憤忘食), 배은망덕(背恩忘德), 백골난망(白骨難忘), 백면서생(白面書生), 백미(白眉), 백반곽탕(白飯藿湯), 백수건달(白手乾達), 백의종군(白衣從軍), 백의천사(白衣天使), 백중지세(伯仲之勢), 백지동맹(白紙同盟), 백치천재(白痴天才), 번문욕례(繁文縟禮), 벽계산간(碧溪山間),

별유풍경(別有風景), 병가상사(兵家常事), 보거상의(輔車相依), 복잡다단(複雜多端), 봉복절도(捧腹絶倒), 부관참시(剖棺斬屍), 부국강병(富國强兵), 부귀공명(富貴功名), 부귀영화(富貴榮華), 부앙무괴(俯仰無愧), 부지기수(不知其數), 부지하세월(不知何歲月), 부화뇌동(附和雷同), 분골쇄신(粉骨碎身), 분기충천(분기충천), 분기탱천(憤氣撐天), 분서갱유(焚書坑儒), 분투노력(奮鬪努力), 불가사의(不可思議), 불감생심(不敢生心), 불감청고소원(不敢請固所願), 불고염치(不顧廉恥), 불공대천지수(不共戴天之讎), 불관지사(不關之事), 불구대천지수(不俱戴天之讎), 불로소득(不勞所得), 불문가지(不問可知), 불문곡직(不問曲直), 불치하문(不恥下問), 불철주야(不撤晝夜), 사각지대(死角地帶), 사발통문(沙鉢通文), 사발허통[四八虛通], 사불여의(事不如意), 사사망념(私思妄念), 사상누각(砂上樓閣), 사상초유(史上初有), 사후약방문(死後藥方文), 산고수려(山高水麗), 산고수장(山高水長), 산명수려(山明水麗), 산명수자(山明水紫), 산자수명(山紫水明), 산명수청(山明水淸), 살기충천(殺氣衝天), 살신성인(殺身成仁), 새옹득실(塞翁得失), 새옹화복(塞翁禍福), 석고대죄(席藁待罪), 설상가상(雪上加霜), 설중사우(雪中四友), 성사재천(成事在天), 소복단장(素服丹粧), 소요음영(逍遙吟詠), 소원성취(所願成就), 소풍농월(嘯風弄月), 솔선수범(率先垂範), 송양지인(宋襄之仁), 수구초심(首丘初心), 수락석출(水落石出), 수렴청정(垂簾聽政), 수불석권(手不釋卷), 수석침류(漱石枕流), 수수방관(袖手傍觀), 수요장단(壽夭長短), 수원숙우(誰怨孰尤), 수적석천(水滴石穿), 수즉다욕(壽則多辱), 수화상극(水火相剋), 숙습난망(熟習難忘), 순망치한(脣亡齒寒), 순치보거(脣齒輔車), 순치지국(脣齒之國), 순치지세(脣齒之勢), 승승장구(乘勝長驅), 승풍파랑(乘風波浪), 시의적절(時宜適切), 시이불견(視而不見), 시행착오(試行錯誤), 식소사번(食少事煩), 식자우환(識字憂患), 신기누설(神機漏泄),

신묘막측(神妙莫測), 신묘불측(神妙不測), 신변잡기(身邊雜記), 신부양난(信否兩難), 신상필벌(信賞必罰), 신성모독(神聖冒瀆), 신성불가침(神聖不可侵), 신심직행(信心直行), 신언서판(身言書判), 신외무물(身外無物), 실사구시(實事求是), 아수라장(阿修羅場), 아연실색(啞然失色), 아전인수(我田引水), 안검상시(按劍相視), 안고수비(眼高手卑), 안면박대(顔面薄待), 안명수쾌(眼明手快), 안빈낙도(安貧樂道), 안투지배(眼透紙背), 안하무인(眼下無人), 암중모색(暗中摸索), 앙천대소(仰天大笑), 앙천축수(仰天祝手), 애이불비(哀而不悲), 애인여기(愛人如己), 애인휼민(愛人恤民), 야기요단(惹起鬧端), 야단법석(惹端法席), 야반도주(夜半逃走), 양궁거시(揚弓擧矢), 양금미옥(良金美玉), 양상군자(梁上君子), 양약고구(良藥苦口), 양춘가절(陽春佳節), 양화구복(攘禍求福), 어부지리(漁父之利), 억하심정(抑何心情), 언감생심(焉敢生心), 여반장(如反掌), 여좌침석(如坐針席), 역적모의(逆賊謀議), 역지사지(易地思之), 연공서열(年功序列), 연마장양(練磨長養), 예의범절(禮儀凡節), 예행연습(豫行演習), 오매불망(寤寐不忘), 오상고절(傲霜孤節), 오월동주(吳越同舟), 오호애재(嗚呼哀哉), 오호통재(嗚呼痛哉), 옥골선풍(玉骨仙風), 옥석구분(玉石俱焚), 옥석동쇄(玉石同碎), 옥석혼효(玉石混淆), 와석종신(臥席終身), 와신상담(臥薪嘗膽), 완충장치(緩衝裝置), 완충지대(緩衝地帶), 외무주장(外無主張), 요두전목(搖頭顚目), 요미걸련(搖尾乞憐), 요절복통(腰折腹痛), 요조숙녀(窈窕淑女), 용의주도(用意周到), 우공이산(愚公移山), 우여곡절(迂餘曲折), 우유부단(優柔不斷), 운우지락(雲雨之樂), 운우지정(雲雨之情), 월하빙인(月下氷人), 위국충절(爲國忠節), 위인설관(爲人設官), 위정척사(衛正斥邪), 위편삼절(韋編三絶), 유권해석(有權解釋), 유리걸식(流離乞食), 유아독존(唯我獨尊), 유상곡수(流觴曲水), 유위부족(猶爲不足), 유종지미(有終之美), 유효적절(有效適切), 융단폭격(絨緞

爆擊), 은인자중(隱忍自重), 읍참마속(泣斬馬謖), 응구첩대(應口輒對), 의기소침(意氣銷沈), 의기양양(意氣揚揚), 의기저상(意氣沮喪), 의기충천(意氣衝天), 의기투합(意氣投合), 이란격석(以卵擊石), 이모취인(以貌取人), 이문목견(耳聞目見), 이실직고(以實直告), 인지상정(人之常情), 일난풍화(日暖風和), 일모도궁(日暮途窮), 일모도원(日暮途遠), 임기응변(臨機應變), 입신양명(立身揚名), 입신출세(立身出世), 자가당착(自家撞着), 자강불식(自強不息), 자격지심(自激之心), 자수성가(自手成家), 자승지벽(自勝之癖), 자작지얼(自作之孽), 자주독립(自主獨立), 자중지란(自中之亂), 장두은미(藏頭隱尾), 장정곡포(長汀曲浦), 장주지몽(莊周之夢), 장중보옥(掌中寶玉), 재기발랄(才氣潑剌), 재기불능(再起不能), 재승덕박(才勝德薄), 재자가인(才子佳人), 적반하장(賊反荷杖), 적자생존(適者生存), 적진성산(積塵成山), 전관예우(前官禮遇), 전대미답(前代未踏), 전대미문(前代未聞), 전인미답(前人未踏), 전차복철(前車覆轍), 절차탁마(切磋琢磨), 절치부심(切齒腐心), 점입가경(漸入佳境), 정문일침(頂門一鍼), 정체불명(正體不明), 족탈불급(足脫不及), 졸지풍파(猝地風波), 좌정관천(坐井觀天), 주과포혜(酒果脯醯), 주색잡기(酒色雜技), 줄탁동기(啐啄同機), 줄탁동시(啐啄同時), 중과부적(衆寡不敵), 중구난방(衆口難防), 중구삭금(衆口鑠金), 중인환시(衆人環視), 진수성찬(珍羞盛饌), 진합태산(塵合泰山), 질의응답(質疑應答), 질풍노도(疾風怒濤), 척당불기(倜儻不羈), 척산촌수(尺山寸水), 천로역정(天路歷程), 천생연분(天生緣分), 천정부지(天井不知), 천진난만(天眞爛漫), 천진무구(天眞無垢), 천향국색(天香國色), 청등홍가(青燈紅街), 청이불문(聽而不聞), 청천백일(青天白日), 청천벽력(青天霹靂), 청평세계(清平世界), 촌철살인(寸鐵殺人), 추로지향(鄒魯之鄉), 쾌도난마(快刀亂麻), 타산지석(他山之石), 태산명동서일필(泰山鳴動鼠一匹), 태산북두(泰山北斗)=태두(泰斗), 태산압란

(泰山壓卵), 태평성대(太平聖代), 태평연월(太平烟月), 투병식과(投兵息戈), 투필성자(投筆成字), 파란곡절(波瀾曲折), 파란만장(波瀾萬丈), 파란중첩(波瀾重疊), 파사현정(破邪顯正), 파안대소(破顔大笑), 파천황(破天荒), 평지풍파(平地風波), 폐의파관(弊衣破冠), 폐침망찬(廢寢忘餐), 폐포파립(弊袍破笠), 포복절도(抱腹絶倒), 포식난의(飽食暖衣), 포연탄우(砲煙彈雨), 포풍착영(捕風捉影), 포학무도(暴虐無道), 풍년기근(豊年饑饉), 피골상련(皮骨相連), 피골상접(皮骨相接), 피해망상(被害妄想), 필묵지연(筆墨紙硯), 필요충분(必要充分), 필유곡절(必有曲折), 한단지몽(邯鄲之夢), 한단지보(邯鄲之步), 할은단정(割恩斷情), 함구무언(緘口無言), 함흥차사(咸興差使), 항우장사(項羽壯士), 항적필사(抗敵必死), 향방부지(向方不知), 허기평심(虛氣平心), 허랑방탕(虛浪放蕩), 허무맹랑(虛無孟浪), 허심탄회(虛心坦懷), 혈기왕성(血氣旺盛), 호각지세(互角之勢), 호구지계(糊口之計), 호구지책(糊口之策), 호사다마(好事多魔), 호연지기(浩然之氣), 호탕불기(豪宕不羈), 혹세무민(惑世誣民), 홍로점설(紅爐點雪), 홍익인간(弘益人間), 화복무문(禍福無門), 화불단행(禍不單行), 화이부동(和而不同), 화촉동방(華燭洞房), 화풍감우(和風甘雨), 화풍난양(和風暖陽), 후회막급(後悔莫及), 흘가휴의(迄可休矣), 희소가치(稀少價値), 희호세계(熙皥世界).

이 밖에도 얼마든지 더 있지만, 여기에 그 모든 성어(成語)들을 다 열거할 수는 없고, 그렇게 할 필요도 없다. 일상생활에서 드물게나마 사용되는 성어들만 골라서 열거하였다. 국어사전과 고사성어 및 숙어 백과사전에는 위에 옮겨 적은 것들 외에도 엄청나게 많은 한자성어 및 숙어들이 해설되어 있다. 그런 참고서들을 펴서 성어들을 연구하여 각자가 글을 쓰고 말을 하는 데 적절히 이용하기 바란다.

한국적인, 너무나 한국적인 표현들

우리는 앞에서 한국어가 가지고 있는 여러 특성들을 살펴보았다. 이제는 내가 생각하기에 한국어만이 가지고 있는 "지극히 한국적인" 또는 "너무나 한국적인 표현들"을 생각나는 대로 매거(枚擧)해 보기로 한다.

1. 한국어에만 있는 술어(述語): "모르다"와 "없다"

내가 여러 언어들을 공부하다가 이것을 알게 되었을 때, 그것은 나에게 하나의 신기한 사실의 발견처럼 느껴졌고, 동시에 그 까닭이 무엇일까 하는 커다란 의문이 내 마음속에 자리하게 되었다. 그것은 우리말에만 "모르다"라는 동사와 "없다"라는 형용사가 존재한다는 사실이다. 적어도 내가 배운 10여 개의 언어들 가운데는 이 두 개의 술어(述語)와 동일한 독립된 단어들을 가진 언어가 없는 것 같다.

먼저, "모르다"라는 동사에 대하여 생각해보자. 다른 언어들은 "모르다"라는 개념을 나타내기 위해 그 반의어(反義語)인 "알다"에 "아니(not)"라는 부정어(否定語)를 더한다. 다시 말해서, "알지 않는다, 알지 못한다(do not know, 知らない[shiranai])"라고 우회적으로 표현하고 있다. 그러나 한국어는 부정어를 쓸 필요가 없이 바로 "모르다"라는 별개의 동사로써 무지(無知) 또는 부지(不知)를 표현한다. 일반적으로 가장 많이 알려진 외국어인 영어를 예로 들어 한국어와 비교해보자. 영어로 "I don't know what it means."라는 문장을 굳이 "나는 그것이 무엇을 뜻하는지 알지 못한다."라고 번역할 필요 없이 "나는 그것의 의미를 모른다."라고 하면 되는 것이다.

다음으로, "없다"라는 형용사를 생각해보자. 이런 독립된 단어가 다른 언어에는 보이지 않는다. 대부분의 언어들은 부재(不在) 또는 비존재(非存在)를 나타내기 위하여 "없다"의 반의어인 "있다"에다 부정어를 더하여 "있지 않다, 존재하지 않다"로 표현한다. 하지만 우리말로는 그렇게 우회적으로 말할 것 없이 바로 "없다"라는 독립된 형용사를 써서 그 의미를 나타낸다. 나의 서재에 있는 한영사전(韓英辭典)에서 "없다"를 찾아보니, "there is no; do not exist"로 되어 있다. 이것을 직역하면, "있지 않다, 존재하지 않는다"이다. 그런데 중국어에는 "무(無)"라는 글자가 있어서 "없음"을 나타내는 것이 매우 이채롭게 보인다. 그러나 일상의 언어에서는 중국인들도 "없다"라는 개념을 "沒有(méi-yǒu)" 즉 "있지 않다"로 표현하고 있다.

그렇다면 우리말에 이 두 가지 술어가 존재하는 이유가 무엇일까?

거의 모든 언어들이 "알지 않다"와 "있지 않다"로 표현하는 개념을 "않다(not, no)"라는 부정어를 쓰지 않고 독립된 단어인 "모르다"와 "없다"라는 술어를 가진 까닭이 무엇일까? 이 질문에 대한 답을 얻기 위해서는 우리 민족의 심리나 사고방식과 연결하여 생각해 볼 수 있을 것이다. 어쩌면 우리 민족이 "모르는 것"과 "없는 것"까지도 "아는 것"과 "있는 것"에 대한 부정적(否定的)인 개념으로 보지 않고, 그 자체를 독립되고 긍정적(肯定的)인 개념으로 이해하려는 성향에서 온 것이 아닐까 싶지만 보다 심층적인 연구가 필요한 것으로 보인다.

2. 되풀이되는 동작을 나타내는 접미사, " - 거리다"

" - 거리다"는 "의태어(擬態語)와 의성어(擬聲語) 밑에 붙어, 같은 동작을 잇달아 되풀이함을 뜻하는 접미사"이다. 이것 역시 한국어의 묘한 특징들 중의 하나로서 우리의 일상생활에서 광범위하게 사용되고 있다. 이 접미사는 한자어와는 결합되지 않고 오직 순우리말에만 붙어서 반복적인 의미를 풍긴다. 이런 동사의 예는 너무 많아서 일일이 다 매거할 수 없고, 일부만 열거하면 다음과 같다.

가닐거리다, 가뭇거리다, 가치작거리다, 가탈거리다, 간닥거리다, 간드랑거리다, 간드작거리다, 간들거리다, 갈쌍거리다, 거덜거리다, 거들먹거리다, 건들거리다, 걸걸거리다, 검실거리다, 겅둥거리다, 고기작거리다, 고시랑거리다, 골골거리다, 곰실거리다, 곱작거리다, 구기적거리다, 구두덜거리다, 굽실거리다, 그물거리다, 근덕거리다, 글썽거리다, 기우뚱거리다, 기웃거리다, 꺼드럭거리다, 꺽죽거리다, 껄떡거리다, 께지럭거리다, 깽깽거리다, 껍신거리다, 껍적거리다, 껍죽거리다, 껑쭝거리다, 꼐적거리다, 께지럭거리다, 꼬기작거리다, 꼬깃거리다, 꼬르륵거리다, 꼴꼴거리다, 꼴딱거리다, 꼴랑거리다, 꼴짝거리다, 꼴찌락거리다, 꼼실거리다, 꼼지락거리다, 꽁꽁거리다, 꽐꽐거리다, 꽝꽝거리다, 꽹꽹거리다, 꾸깃거리다, 꾸무럭거리다, 꾸물거리다, 꿀꿀거리다, 꿀찌럭거리다, 꿈실거리다, 꿈쩍거리다, 꿈틀거리다, 꿍꽝거리다, 꿍꿍거리다, 꿜꿜거리다, 끄덕거리다, 끈덕거리다, 끈적거리다, 끌쩍거리다, 끔벅거리다, 끔적거리다, 끙끙거리다, 끼룩거리다, 끼적거리다, 낄끽거리다, 낄낄거리다, 낑낑거리다, 나풀거리다, 남상거리다, 남실거리다, 납작거리다, 낭창거리다, 너덜거리다, 너불거리다, 너털거리다, 너펄거리다, 너푼거리다, 너풀거리다, 넘실거리다, 노닥거리다, 눅진거리다, 느글거리다, 는적거리다, 는지럭거리다, 다독거리다, 다듬작거리다, 다르랑거리다, 다르륵거리다, 더듬거리다, 덜거덕거리다, 덜컹거리다, 덤벙거리다, 도란거리다, 동당거리다, 동동거리다, 되롱거리다, 되작거리다, 되착거리다, 두근거리다, 두런거리다, 두리번거리다, 둥싯거리다, 뒤룩거리다, 뒤뚱거리다, 뒤적거리다, 득실거리다, 들락거리다, 들썩거리다, 따짝거리다, 딱딱거리다, 땅땅거리다, 떠들썩거리다, 떵떵거리다, 또닥거리다, 똑딱거리다, 뚜덕거리다, 뚜드럭거리다, 뚜벅거리다, 뜨끔거리다, 뜯적거리다, 만지작거리다, 매슥거리다, 머무적거리다, 머뭇거리다, 몰캉거리다, 몽글거리다, 몽긋거리다, 몽클거리다, 문치적거리다, 물컹거리다, 뭉그적거리다, 뭉긋거리다, 뭉클거리다, 미끈거리다, 미적거리다, 바각거리다, 바글거리다, 바르작거리다, 바삭거리다, 바스락거리다, 바시랑거리다, 반둥거리다, 반들거리다, 반질거리다, 반짝거리다, 발랑거리다, 방실거리다, 배딱거리다, 배슥거리다, 배슬거리다, 배죽거리다, 배트작거리다, 밴둥거리다, 밴들거리다, 뱅글거리다, 뱅싯거리다, 뱌슬거리다, 뱌비작거리다, 버둥거리다, 버르적거리다, 버석거리다, 번둥거리다, 번들거리다, 번득거리다, 번뜩거리다, 벌끈거리다, 벌떡거리다, 벌렁거리다, 벌룩거리다, 벌렁거리다, 벌룽거리다, 벌름거리다, 벙글거리다, 벙긋거리다, 벙실거리다, 부들거리다, 부스럭거리다, 북적거리다, 비걱거리다, 비비적거리다, 비실거리다, 비칠거리다, 비틀거리다, 빈둥거리다, 빨빨거리다, 빵빵거리다, 빼딱거리다, 삐걱거리다, 삐딱거리다, 삐죽거리다, 사부작거리다, 삭삭거리다, 살랑거리다, 살캉거리다, 삼박거리다, 새근거리다, 새근덕거리다, 새살거리다, 새실거리다, 새큰거리다, 샐기죽거리다, 생글거리다, 서성거리다, 설경거리다, 설렁거리다, 소곤거리다, 속닥거리다, 속달거리다, 속살거리다, 수군거리다, 수런거리다, 숙덕거리다, 숙설거리다, 술렁거리다, 시근거리다, 시근덕거리다, 시설거리다, 시시거리다, 시시덕거리다, 시위적거리다, 시적거리다, 시큰거리다, 실기죽거리다, 쌀캉거리다, 쌈박거리다, 쌔근거리다, 쌔근덕거리다, 쌕쌕거리다, 쌜기죽거리다, 썰컹거리다, 썽글거리다, 쏘곤거리다, 쏘삭거리다, 쏙닥거리다, 쏙달거리다, 쑤석거리다, 쑥덕거리다, 쑥덜거리다, 쑥설거리다, 씨우적거리다, 씩씩거리다, 씰기죽거리다, 씰룩거리다, 아기똥거리다, 아기작거리다, 아기죽거리다, 아늘거리다, 아드득거리다, 아드등거리다, 아른거리다, 아름거리다, 아름작거리다, 아지작거리다, 아장거리다, 아창거리다, 아치랑거리다, 아치장거리다, 악악거리다, 알른거리다, 알씬거리다, 알짱거리다, 알찐거리다, 앙글거리다, 앙알거리다, 앙앙거리다,

앙잘거리다, 야기죽거리다, 야스락거리다, 야물거리다, 야스락거리다, 야슬거리다, 야죽거리다, 얄긋거리다, 얄기죽거리다, 얄쭉거리다, 양냥거리다, 어기뚱거리다, 어기적거리다, 어기죽거리다, 어른거리다, 어름거리다, 어름적거리다, 어물쩍거리다, 어석거리다, 어슬렁거리다, 어적거리다, 어정거리다, 얼씬거리다, 얼쩡거리다, 엉글거리다, 엉얼거리다, 오도당거리다, 오물거리다, 오비작거리다, 옥시글거리다, 옥신거리다, 옥실거리다, 옥작거리다, 올강거리다, 올랑거리다, 옴실거리다, 옴죽거리다, 옴질거리다, 옹알거리다, 옹잘거리다, 와각거리다, 와그작거리다, 와글거리다, 와드등거리다, 왁실거리다, 왈가닥거리다, 왈각거리다, 왈랑거리다, 왈카닥거리다, 왕왕거리다, 왝왝거리다, 왱왱거리다, 우글거리다, 우당탕거리다, 우두덩거리다, 우르릉거리다, 우비적거리다, 우쭐거리다, 욱시글거리다, 욱신거리다, 욱실거리다, 욱적거리다, 울렁거리다, 울먹거리다, 움직거리다, 움찔거리다, 웅성거리다, 웅웅거리다, 워걱거리다, 워석거리다, 윙윙거리다, 으르렁거리다, 으쓱거리다, 일기죽거리다, 잉잉거리다, 일렁거린다, 자부락거리다, 자분거리다, 재잘거리다, 재재거리다, 저적거리다, 절뚝거리다, 쟁경거리다, 젱그렁거리다, 조작거리다, 조잔거리다, 조잘거리다, 종알거리다, 종종거리다, 주물럭거리다, 주전거리다, 준득거리다, 중얼거리다, 지그럭거리다, 지근거리다, 지글거리다, 지벅거리다, 지부럭거리다, 직신거리다, 질름거리다, 질커덕거리다, 질퍽거리다, 집적거리다, 징얼거리다, 징징거리다, 쨍쨍거리다, 쪽잘거리다, 찌그럭거리다, 찌긋거리다, 찌뜰름거리다, 찔끔거리다, 찔름거리다, 찡얼거리다, 찡찡거리다, 차닥거리다, 찰가닥거리다, 찰가당거리다, 찰그랑거리다, 찰딱거리다, 찰락거리다, 찰랑거리다, 찰바닥거리다,

찰박거리다, 찰방거리다, 찰카닥거리다, 찰가당거리다, 창알거리다, 처렁거리다, 처르렁거리다, 천덩거리다, 철거덕거리다, 철걱거리다, 철렁거리다, 철버덩거리다, 철석거리다, 철써덕거리다, 철컥거리다, 첨벙거리다, 촐싹거리다, 출렁거리다, 치근거리다, 칠럼거리다, 칭얼거리다, 쿡쿡거리다, 쿵쾅거리다, 쿵쿵거리다, 킁킁거리다, 킬킬거리다, 킹킹거리다, 타닥거리다, 타울거리다, 탈락거리다, 탈탈거리다, 탐방거리다, 터울거리다, 털럭거리다, 털버덕거리다, 털썩거리다, 털털거리다, 텀벙거리다, 토닥거리다, 통통거리다, 투덜거리다, 툴툴거리다, 퉁퉁거리다, 티적거리다, 판둥거리다, 팡팡거리다, 풍당거리다, 풍덩거리다, 풍풍거리다, 하늘거리다, 할딱거리다, 할랑거리다, 할래발딱거리다, 해죽거리다, 허덕거리다, 허둥거리다, 허든거리다, 허우적거리다, 헉헉거리다, 헐떡거리다, 헐레벌떡거리다, 호비작거리다, 홀랑거리다, 회창거리다, 후끈거리다, 후드득거리다, 후들거리다, 후비적거리다, 후후거리다, 훔치적거리다, 휘정거리다, 휘청거리다, 흐느적거리다, 흔뎅거리다, 흔드렁거리다, 흔드적거리다, 흔들거리다, 흘근거리다, 흘깃거리다, 흥얼거리다, 흥청거리다, 희끈거리다, 히히거리다, 등등.

3. 접미사와 조동사, " - 대다"

" - 대다"는 두 가지 방법으로 사용된다. 하나는 " - 거리다"와 마찬가지로 "의태어(擬態語)와 의성어(擬聲語) 밑에 붙어, 같은 동작을 잇달아 되풀이함을 뜻하는 접미사"로 쓰이는 경우이고, 다른 하나는 "본

동사의 어미(語尾) '-아(어)' 아래에 쓰이어, 동작의 정도가 심하게 계속됨을 나타내는 조동사"의 경우이다.

먼저, "-대다"가 같은 동작을 잇달아 반복하는 것을 의미하는 접미사로 쓰이는 경우는 "-거리다"의 경우와 대동소이(大同小異)하다. 다시 말해서, "-거리다"에서 "거리다" 대신에 "대다"를 넣으면 그대로 동일한 의미의 말이 되는 것이다. 그러므로 여기서는 대표적인 예를 몇 가지만 들기로 한다.

걸걸대다, 굽실대다, 깐작대다, 깔깔대다, 깜작대다, 깝신거리다, 껄껄대다, 껄떡대다, 꼼지락대다, 꾸무럭대다, 꿈실대다, 꿈틀대다, 끙끙대다, 낄낄대다, 넘실대다, 느적대다, 덜컹대다, 덤벙대다, 뒤룩대다, 들썩대다, 만지작대다, 머무적대다, 미적대다, 바글대다, 버르적대다, 번둥대다, 부스럭대다, 북적대다, 비격대다, 비비적대다, 비틀대다, 삐걱대다, 서성대다, 설렁대다, 소곤대다, 속닥대다, 속살대다, 쏘삭대다, 아기작대다, 아른대다, 아름대다, 얼씬대다, 얼쩡대다, 우글대다, 우쭐대다, 웅성대다, 으르렁대다, 잉잉대다, 재잘대다, 조잘대다, 종알대다, 주물럭거리다, 집적대다, 철렁대다, 첨벙대다, 촐싹대다, 출렁대다, 치근대다, 칭얼대다, 쿡쿡대다, 텀벙대다, 투덜대다, 툴툴대다, 허둥대다, 허우적대다, 헉헉대다, 휘청대다, 흐느적대다, 흥얼대다, 흥청대다.

다음으로, "-대다"가 조동사로서 본동사의 어미(語尾) "-아(어)" 아래에 붙어서 동작의 정도가 심하게 계속됨을 나타내는 것은 대부분의 동사들과 가능하다. 이 경우, "-대다"는 "-쌓다"와 대부분 동일한 의미로 쓰인다. 이때, "-대다" 또는 "-쌓다"는 본동사에 붙여서 쓴다. 예를 들면 다음과 같다.

굴러대다(굴러쌓다), 먹어대다(먹어쌓다), 문질러대다(문질러쌓다), 물어대다(물어쌓다), 불러대다(불러쌓다), 비벼대다(비벼쌓다), 쌓아대다(쌓아쌓다), 우겨대다(우겨쌓다), 웃어대다(웃어쌓다), 졸라대다(졸라쌓다), -해대다(-해쌓다), 등등.

4. 성질이나 상태를 표현하는 형용사를 만드는 접미사 또는 어미, "-스럽다", "-분하다"

"-스럽다"는 "주로 일부의 명사 또는 다른 말의 뒤에 붙어, '그러한 성질이 있다'는 뜻의 형용사를 만드는 접미사"이다. 이것은 고유어에도 붙고 한자어에도 붙어서 그 명사의 성질이 있음을 드러내준다. "-분하다"는 상태나 성질을 나타내는 소수의 형용사의 어미이다. 각각의 예를 들면 다음과 같다.

(1) 고유어로 된 "-스럽다"의 경우
가탈스럽다, 간살스럽다, 거벽스럽다, 거북살스럽다, 거북스럽다, 거추장스럽다, 걱정스럽다, 게걸스럽다, 곰상스럽다, 곰살스럽다, 괴팍스럽다, 구경스럽다, 귀살스럽다, 귀성스럽다, 귀접스럽다, 그악스럽다, 까탈스럽다, 깜찍스럽다, 끔찍스럽다, 남사스럽다, 남우세스럽다, 능청스럽다, 다사스럽다, 대견스럽다, 더넘스럽다, 되통스럽다, 뒤웅스럽다, 말쌀스럽다, 맛깔스럽다, 매욱스럽다, 멋스럽다, 몰강스럽다, 몽짜스럽다, 무안스럽다, 미련스럽다, 미욱스럽다, 믿음직스럽다, 밉광스럽다, 밉둥스럽다, 밉살스럽다, 바람직스럽다, 바보스럽다, 바지런스럽다, 밴덕스럽다, 별쭝스럽다, 분주살스럽다, 빤빤스럽다, 뻔뻔스럽다, 사랑스럽다, 사막스럽다, 새살스럽다, 새삼스럽다, 새실스럽다, 새퉁스럽다, 생급스럽다, 소담스럽다, 소사스럽다, 수고스럽다, 수다스럽다, 수럭스럽다, 수월스럽다, 숫스럽다, 시설스럽다, 시원스럽다, 심악스럽다, 아니꼽살스럽다, 아른스럽다, 악지스럽다, 앙달머리스럽다, 앙똥스럽다, 앙증스럽다, 앙칼스럽다, 앙큼스럽다, 애살스럽다, 야당스럽다, 야멸스럽다, 야발스럽다, 야살스럽다, 야지랑스럽다, 약삭스럽다, 약스럽다, 얄망스럽다, 얄밉상스럽다, 얄팍스럽다, 얌심스럽다, 어른스럽다, 어험스럽다, 억지스럽다, 억척스럽다, 언구럭스럽다, 엄살스럽다, 엄펑스럽다, 엉똥스럽다, 엉큼스럽다, 영절스럽다, 예쁘장스럽다, 예스럽다, 오감스럽다, 오도깝스럽다, 왁살스럽다, 왕청스럽다, 용천스럽다, 우람스럽다, 우세스럽다, 우스꽝스럽다, 을씨년스럽다, 이지렁스럽다, 익살스럽다, 짐스럽다, 청승스럽다, 타끈스럽다, 탄명스럽다, 탐스럽다, 탐탁스럽다, 태깔스럽다, 투박스럽다, 툽상스럽다, 퉁명스럽다, 해찰스럽다, 핼금거리다, 헌걸스럽다, 호들갑스럽다, 흥감스럽다, 등등.

(2) 한자어에 붙은 "－스럽다"의 경우

간사(奸邪)스럽다, 간악(奸惡)스럽다, 감격(感激)스럽다, 감동(感動)스럽다, 거만(倨慢)스럽다, 경망(輕妄)스럽다, 고생(苦生)스럽다, 고통

(苦痛)스럽다, 공연(空然)스럽다, 굉장(宏壯)스럽다, 궁상(窮狀)스럽다, 낭패(狼狽)스럽다, 늠름(凜凜)스럽다, 다사(多事)스럽다, 다정(多情)스럽다, 당황(唐慌)스럽다, 독살(毒煞)스럽다, 만족(滿足)스럽다, 무안(無顏)스럽다, 무정(無情)스럽다, 미안(未安)스럽다, 민망(憫惘)스럽다, 번잡(煩雜)스럽다, 번폐(煩弊)스럽다, 변덕(變德)스럽다, 별(別)스럽다, 복(福)스럽다, 부담(負擔)스럽다, 불경(不敬)스럽다, 불만족(不滿足)스럽다, 불미(不美)스럽다, 불안(不安)스럽다, 사사(邪邪)스럽다, 사치(奢侈)스럽다, 상(常)스럽다, 생광(生光)스럽다, 수고(受苦)스럽다, 소란(騷亂)스럽다, 소인(小人)스럽다, 수치(羞恥)스럽다, 심술(心術)스럽다, 심악(甚惡)스럽다, 아담(雅淡)스럽다, 악착(齷齪)스럽다, 야경(夜警)스럽다, 야단(惹端)스럽다, 약략(略略)스럽다, 억지(抑止)스럽다, 역정(逆情)스럽다, 염려(念慮)스럽다, 영광(榮光)스럽다, 영물(靈物)스럽다, 영악(獰惡)스럽다, 영예(榮譽)스럽다, 요기(妖氣)스럽다, 요란(擾亂)스럽다, 요변(妖變)스럽다, 요사(妖邪)스럽다, 요악(妖惡)스럽다, 용맹(勇猛)스럽다, 우악(愚惡)살스럽다, 우악(愚惡)스럽다, 우자(愚者)스럽다, 원망(怨望)스럽다, 위엄(威嚴)스럽다, 유감(遺憾)스럽다, 유별(有別)스럽다, 은혜(恩惠)스럽다, 음흉(陰凶)스럽다, 인정(人情)스럽다, 자비(慈悲)스럽다, 자연(自然)스럽다, 자유(自由)스럽다, 저주(詛呪)스럽다, 전율(戰慄)스럽다, 정성(精誠)스럽다, 조심(操心)스럽다, 조잡(粗雜)스럽다, 죄(罪)스럽다, 죄만(罪萬)스럽다, 죄송(罪悚)스럽다, 증상(憎狀)스럽다, 증오(憎惡)스럽다, 직심(直心)스럽다, 찬연(燦然)스럽다, 창피(猖披)스럽다, 천격(賤格)스럽다, 천연(天然)덕스럽다, 충성(忠誠)스럽다, 치욕(恥辱)스럽다, 탐욕(貪慾)스럽다, 표독(慓毒)스럽다, 풍류(風流)스럽다, 한(恨)스럽다, 한심(寒心)스럽다, 한탄(恨歎)스럽다, 호사(豪奢)스럽다, 후회(後悔)

스럽다, 효성(孝誠)스럽다, 후회(後悔)스럽다, 흉물(凶物)스럽다, 흉증(凶證)스럽다, 흉측(凶測)스럽다, 등등.

(3) 상태나 성질을 나타내는 형용사 어미 "－분하다"의 경우

너저분하다, 수더분하다, 지저분하다, 흐리터분하다, 홀가분하다.

5. 동작을 끝내는 것을 뜻하는 조동사, "－버리다"

"－버리다"는 "활용어미 '－아', '－어', '－여' 밑에 쓰이어, 본동사의 동작을 끝내어 치움의 뜻을 나타내는 조동사"이다. 이 조동사는 거의 모든 동사와 연결하여 사용할 수 있다. 예를 들면 다음과 같다.

가버리다, 갈아버리다, 던져버리다, 먹어버리다, 묶어버리다, 삼켜버리다, 식상(食傷)해버리다, 쓸어버리다, 와버리다, 울어버리다, 졸도(卒倒)해버리다, 죽어버리다, 죽여버리다, 찢어버리다, 치워버리다, 해버리다, 등등.

6. 체언(體言)이 뜻하는 특성을 가지고 있음을 의미하는 접미사, "－겹다", "－답다", "－럽다", "－롭다"

"－겹다", "－답다", "－럽다", "－롭다"는 "일부 체언(명사 또는 관형사) 밑에 붙어서, 그 체언이 지니는 성질이나 특성을 지니고 있다는 뜻의 형용사를 만드는 접미사"들이다. 예를 들면 다음과 같다.

(1) "-겹다"의 경우

눈물겹다, 시름겹다, 역겹다, 정(情)겹다, 지겹다, 흥(興)겹다, 힘겹다, 등등.

(2) "-답다"의 경우

꽃답다, 남자(男子)답다, 논문(論文)답다, 사람답다, 신사(紳士)답다, 숙녀(淑女)답다, 신자(信者)답다, 아름답다, 여자(女子)답다, 예(禮)답다, 예모(禮貌)답다, 인간(人間)답다, 등등. 여기에는 "아름답다"와 같이, 뚜렷한 체언이 없이 "-답다"라는 형태를 취한 형용사도 있고, "아리땁다"처럼 "-땁다"로 격음화(激音化)된 형태도 있다.

"-겹다"와 "-답다"라는 접미사 앞에는 어떤 말도 올 수 있지만, "-럽다"와 "-롭다"라는 접미사 앞에는 모음으로 끝나는 말, 즉 종성(終聲, 받침)이 없는 글자만 오는 것이 특징이다. 이것은 "-럽다"와 "-롭다"가 'ㄹ'로 시작하므로 이것과의 마찰을 피해야 하기 때문이다. 아래에서 그 실례를 볼 수 있다.

(3) "-럽다"의 경우

위에서 본 바와 같이, "-스럽다"는 고유어와 한자어 둘 다에게 붙을 수 있지만, "-럽다"는 고유어로만 되어 있는 것이 특징이다. 예를 들면 다음과 같다. 간지럽다, 껄끄럽다, 너그럽다, 매끄럽다, 미끄럽다, 부끄럽다, 부드럽다, 부럽다, 서럽다, 시끄럽다, 싱그럽다, 어지럽다, 징그럽다, 등등.

(4) 고유어로 된 "-롭다"의 경우

괴까다롭다, 까다롭다, 날카롭다, 다사롭다, 따사롭다, 번거롭다, 새롭다, 수고롭다, 슬기롭다, 애처롭다, 주저롭다, 등등.

(5) 한자어에 붙은 "-롭다"의 경우

가치(價値)롭다, 감미(甘味)롭다, 감미(甘美)롭다, 경이(驚異)롭다, 공교(工巧)롭다, 공의(公義)롭다, 명예(名譽)롭다, 사사(私私)롭다, 상서(祥瑞)롭다, 수고(受苦)롭다, 수수(愁愁)롭다, 순조(順調)롭다, 신기(神奇)롭다, 신기(新奇)롭다, 신비(神秘)롭다, 영예(榮譽)롭다, 영화(榮華)롭다, 예사(例事)롭다, 우애(友愛)롭다, 은혜(恩惠)롭다, 의(義)롭다, 자애(慈愛)롭다, 자비(慈悲)롭다, 정의(正義)롭다, 지혜(智慧)롭다, 평화(平和)롭다, 풍요(豊饒)롭다, 한가(閑暇)롭다, 향기(香氣)롭다, 허허(虛虛)롭다, 헌거(軒擧)롭다, 호화(豪華)롭다, 흥미(興味)롭다, 등등.

7. 색깔과 모양과 크기를 가리키는 형용사의 어미, "-ㅎ다"

한국어에는 색깔과 모양과 크기를 묘사하는 형용사들의 다수가 "-ㅎ다"라는 어미(語尾)를 가지고 있다. 이것은 "이렇다", "그렇다", "저렇다"의 어미를 빌려온 것으로 보인다. 예를 들면 다음과 같다.

하얗다, 까맣다, 빨갛다, 발갛다, 파랗다, 노랗다, 말갛다, 허옇다, 꺼멓다, 벌겋다, 뻘겋다, 퍼렇다, 누렇다, 새하얗다, 새까맣다, 새빨갛다, 새파랗다, 샛노랗다, 시커멓다, 시뻘겋다, 시퍼렇다, 싯누렇다, 새카맣다, 시커멓다, 해말갛다, 커다랗다, 작다랗다, 널따랗다, 좁다랗다, 기다랗다, 짤따랗다, 가느다랗다, 동그랗다, 둥그렇다, 덩그렇다, 곱다랗다, 서느렇다, 굵다랗다, 높다랗다, 등등.

8. 의성어(擬聲語)와 의태어(擬態語)

한국어의 다른 특징은 의성어와 의태어가 풍부하다는 것이다. 그것은 우리글이 표음문자(表音文字)이고, 표음문자 중에서도 매우 과학적인 표기법을 가지고 있기 때문이다. 우리말의 의성어와 의태어는 "개구리", "귀뚜라미", "꾀꼬리", "꿀꿀이", "따오기", "딱따구리", "멍멍이", "부엉이", "쓰르라미", "씨르래기", "코끼리"처럼 동물을 가리키는 명사(名詞)를 위시하여 부사(副詞)와 동사(動詞)에 이르기까지 매우 다양하게 분포되어 있다.

(1) 의성어(擬聲語)

먼저, 의성어로 된 부사의 예로는 다음과 같은 것들을 들 수 있다. 이것들이 모두 중첩어(重疊語) 또는 반복어(反復語)라는 사실은 놀라운 일이다.

개골개골, 깔깔, 껄껄, 꼬끼오, 꿀꿀, 끙끙, 낄낄, 덜거덕덜거덕, 덜컹덜컹, 떵떵, 뚝뚝, 멍멍, 부르릉, 비비배배, 뽀드득뽀드득, 사각사각, 솔솔, 술술, 실실, 쌔근쌔근, 쌕쌕, 쏘삭쏘삭, 쏙닥쏙닥, 쑤걱쑤걱, 쑤군쑤군, 쑤석쑤석, 쑥덕쑥덕, 야옹야옹, 엉엉, 와장창, 윙윙, 음매, 잘잘, 절절, 조잘조잘, 졸졸, 줄줄, 종알종알, 쫠쫠, 좍좍, 주룩주룩, 줄줄,

중얼중얼, 지지배배, 직직, 질질, 징징, 쩔쩔, 쯧쯧, 착착, 찰랑찰랑, 찰박찰박, 찰싹찰싹, 찰찰, 찰각찰각, 처덕처덕, 철떡철떡, 철럭철럭, 철렁철렁, 철벅철벅, 철썩철썩, 철컥철컥, 철컹철컹, 첨벙첨벙, 철철, 칙칙폭폭, 콸콸, 콜록콜록, 쿡쿡, 쿨쿨, 쿵쿵, 콩당콩당, 쿵덕쿵덕, 키득키득, 탁탁, 탈탈, 탕탕, 턱턱, 털털, 폴폴, 풀풀, 하하, 허허, 호호, 히히, 할할, 헐헐, 확확, 훅훅, 휙휙, 흑흑, 히죽히죽, 등등.

(2) 의태어(擬態語)

다음은 의태어로 된 부사들이다. 이것들도 모두 중첩어(重疊語) 또는 반복어(反復語)라는 사실은 눈여겨봐야 할 일이다.

간들간들, 갈기갈기, 갸웃갸웃, 건들건들, 고분고분, 곱슬곱슬, 구불구불, 굼틀굼틀, 굽실굽실, 글썽글썽, 굵적굵적, 기웃기웃, 깜박깜박, 깡충깡충, 꺼덕꺼덕, 꺼칠꺼칠, 껄떡껄떡, 껄렁껄렁, 껑충껑충, 꼬깃꼬깃, 꼬불꼬불, 꼭꼭, 꽁꽁, 꽉꽉, 꾸벅꾸벅, 꾸물꾸물, 꾸불꾸불, 꾹꾹, 끄덕끄덕, 끈적끈적, 날름날름, 너덜너덜, 널찍널찍, 느릿느릿, 더듬더듬, 덜덜, 덜렁덜렁, 덩실덩실, 데굴데굴, 동글동글, 동동, 두근두근, 둘둘, 둥글둥글, 둥둥, 뒤뚱뒤뚱, 들썩들썩, 뚜벅뚜벅, 말똥말똥, 말랑말랑, 멈칫멈칫, 물렁물렁, 물컹물컹, 바들바들, 바락바락, 바삭바삭, 바슬바슬, 바싹바싹, 바작바작, 바짝바짝, 박박, 반들반들, 반듯반듯, 반질반질, 반짝반짝, 발딱발딱, 발발, 방긋방긋, 방실방실, 배배, 뱅글뱅글, 번쩍번쩍, 보글보글, 보들보들, 보송보송, 부글부글, 부들부들, 불긋불긋, 불끈불끈, 불룩불룩, 불쑥불쑥, 비비, 비실비실, 빙글빙글, 빙긋빙긋, 빙빙, 뻘뻘, 뻥뻥, 싱글싱글, 싱긋벙긋, 아장아장, 어정어정, 엉금엉금, 오락가락, 울퉁불퉁, 절뚝절뚝, 절레절레, 절룩절룩, 절름절름, 조각조각, 주렁주렁, 주뼛주뼛, 줄줄, 쪼글쪼글, 쭈글쭈글, 출렁출렁, 텅텅, 포동포동, 헐렁헐렁, 활활, 회회, 후들후들, 후딱후딱, 후룩후룩, 후리후리, 후물후물, 훌떡훌떡, 훌렁훌렁, 홀홀, 훌훌, 훨훨, 휘청휘청, 휘휘, 흐늑흐늑, 흐늘흐늘, 흐물흐물, 흔들흔들, 흔전흔전, 흘금흘금, 희끗희끗, 힐끔힐끔, 힐끗힐끗, 등등.

9. 비슷한 뜻을 가진 한자(漢字) 두 개를 결합한 단어들

한자를 빌어서 형성된 단어들 중의 다수는 뜻이 비슷한 두 개의 한자를 결합하여 하나의 단어를 만드는 경향이 있다. 이렇게 함으로써 그 단어의 의미가 좀 더 넓어지거나 포괄성을 가지게 된다. 그러나 단 하나의 글자로써 단어가 된 경우도 꽤 많이 있다. "산(山)", "상(賞)", "성(城)", "왕(王)", "총(銃)", "혼(魂)", 등은 애초부터 외자로써 하나의 단어로 독립해 있다. 그러나 이 각각의 글자에 이것과 비슷한 의미의 다른 글자를 하나씩 더하면 그 의미는 더욱 넓어지거나 포괄적인 것이 된다. 예를 들어, "산악(山嶽)", "상훈(賞勳)", "성채(城砦)", "제왕(帝王)", "총포(銃砲)", "혼백(魂魄)"이라 하면 어감과 의미가 사뭇 달라진다. 중국어에서도 그렇지만 한국어에서도 이런 현상은 매우 두드러지게 나타난다. 예를 들면 다음과 같다.

가도(街道), 가로(街路), 가옥(家屋), 가창(歌唱), 가택(家宅), 간음(姦淫), 강녕(康寧), 강하(江河), 강하(降下), 거대(巨大), 거주(居住), 경도(傾倒),

경쟁(競爭), 계량(計量), 계산(計算), 계속(繼續), 고려(考慮), 고적(孤寂),
고질(痼疾), 곡읍(哭泣), 골몰(汨沒), 공동(共同), 공포(恐怖), 공허(空虛),
과두(蝌蚪), 과실(果實), 관개(灌漑), 관람(觀覽), 광명(光明), 괴뢰(傀儡),
군병(軍兵), 군왕(君王), 군중(群衆), 굴곡(屈曲), 권병(權柄), 귀신(鬼神),
규준(規準), 급속(急速), 기도(祈禱), 기록(記錄), 기명(器皿), 기아(飢餓),
낭창(踉蹌), 논술(論述), 논평(論評), 농후(濃厚), 단절(斷絕), 담론(談論),
도랑(跳踉), 도로(道路), 도서(島嶼), 도성(都城), 도시(都市), 도읍(都邑),
도착(到着), 도화(圖畫), 두뇌(頭腦), 마귀(魔鬼), 망실(忘失), 면려(勉勵),
멸망(滅亡), 명령(命令), 명칭(名稱), 모발(毛髮), 모집(募集), 목욕(沐浴),
몽매(蒙昧), 몽롱(朦朧), 문서(文書), 문자(文字), 문장(文章), 물건(物件),
미려(美麗), 미세(微細), 방불(彷彿), 방어(防禦), 법령(法令), 법률(法律),
법칙(法則), 벽력(霹靂), 병환(病患), 복장(服裝), 부유(蜉蝣), 분노(忿怒),
분노(憤怒) 분망(奔忙), 분묘(墳墓), 붕우(朋友), 비루(鄙陋), 비애(悲哀),
비파(琵琶), 비파(枇杷), 빈객(賓客), 빈축(嚬蹙), 사고(思考), 사기(詐欺),
사려(思慮), 사망(死亡), 사멸(死滅), 사상(思想), 사옥(舍屋), 사유(思惟),
사치(奢侈), 사택(舍宅), 사특(邪慝), 산악(山嶽), 상승(上昇), 상해(傷害),
상호(相互), 상훈(賞勳), 상쾌(爽快), 서책(書冊), 선량(善良), 선박(船舶),
섬광(閃光), 성신(星辰), 성읍(城邑), 성채(城砦), 세력(勢力), 세미(細微),
세속(世俗), 세탁(洗濯), 손상(損傷), 손해(損害), 송가(頌歌), 수량(數量),
수림(樹林), 수명(壽命), 수목(樹木), 수액(水液), 수염(鬚髥), 수척(瘦瘠),
수호(守護), 숭경(崇敬), 시기(時期), 시초(始初), 신고(辛苦), 신음(呻吟),
신체(身體), 심문(審問), 악착(齷齪), 안면(顔面), 안목(眼目), 암석(巖石),
애매(曖昧), 애석(哀惜), 암흑(暗黑), 양선(良善), 양호(良好), 언론(言論),
언어(言語), 역병(疫病), 연민(憐憫), 연세(年歲), 연치(年齒), 연애(戀愛),

열렬(熱烈), 영원(永遠), 영혼(靈魂), 온역(瘟疫), 완만(緩慢), 완전(完全),
왜소(矮小), 요원(遙遠), 욕망(慾望), 우량(優良), 우수(優秀), 우수(憂愁),
운무(雲霧), 원망(願望), 원욕(願慾), 원한(怨恨), 위치(位置), 위태(危殆),
위험(危險), 유리(琉璃), 유아(幼兒), 유치(幼稚), 육지(陸地), 율법(律法),
융기(隆起), 융성(隆盛), 은혜(恩惠), 음성(音聲), 음영(陰影), 읍촌(邑村),
의복(衣服), 의상(衣裳), 인내(忍耐), 인색(吝嗇), 인원(人員), 인후(咽喉),
자애(慈愛), 장식(裝飾), 재앙(災殃), 재화(災禍), 재화(財貨), 쟁투(爭鬪),
저작(咀嚼), 저택(邸宅), 적막(寂寞), 전당(殿堂), 전쟁(戰爭), 전투(戰鬪),
절단(絶斷), 절도(竊盜), 정결(淨潔), 제왕(帝王), 제조(製造), 존경(尊敬),
존재(存在), 졸병(卒兵), 종말(終末), 주거(住居), 주저(躊躇), 주홍(朱紅),
준령(峻嶺), 준수(遵守), 중간(中間), 중앙(中央), 증오(憎惡), 지모(智謀),
지식(知識), 지혜(智慧), 진토(塵土), 질병(疾病), 질환(疾患), 차량(車輛),
차폐(遮蔽), 찬란(燦爛), 창가(唱歌), 창기(娼妓), 처량(凄凉), 처소(處所),
천박(淺薄), 청문(聽聞), 청탁(請託), 초과(超過), 초록(草綠), 초월(超越),
총포(銃砲), 충만(充滿), 측량(測量), 치아(齒牙), 침몰(沈沒), 침잠(沈潛),
칭호(稱號), 토양(土壤), 토지(土地), 투쟁(鬪爭), 파도(波濤), 파란(波瀾),
파랑(波浪), 파악(把握), 패망(敗亡), 폐사(斃死), 포착(捕捉), 포효(咆哮),
피혁(皮革), 하천(河川), 한가(閑暇), 한발(旱魃), 한탄(恨歎), 함선(艦船),
항만(港灣), 해양(海洋), 행동(行動), 허무(虛無), 험난(險難), 현현(顯現),
형평(衡平), 호발(毫髮), 호소(湖沼), 호소(呼訴), 호칭(呼稱), 호화(豪華),
혼령(魂靈), 혼백(魂魄), 혼탁(混濁), 화려(華麗), 화염(火焰), 환열(歡悅),
환희(歡喜), 황급(遑急), 황량(荒凉), 황무(荒蕪), 황송(惶悚), 황제(皇帝),
회오(悔悟), 훼손(毁損), 휘황(輝煌), 휴식(休息), 흑암(黑暗), 흔적(痕迹),
흔쾌(欣快), 흔희(欣喜), 흡사(恰似), 흥성(興盛), 희락(喜樂), 희망(希望),

희박(稀薄), 희소(稀少), 희열(喜悅), 희원(希願), 등등.

10. 반대의 뜻을 가진 두 글자를 결합한 단어들

　한자어를 가진 우리말의 중요한 장점(長點)들 중의 하나는 정반대 되는 뜻을 가진 두 개의 글자를 결합함으로써 두 개의 개념을 간편하게 병렬(竝列)할 수 있는 것이다. 이것은 우리의 시간과 공간을 많이 절약해주고, 단어들의 의미에 함축성을 더해준다. 그러므로 이런 단어들을 "축약어(縮約語)"라고 하면 좋을 것이다. 비근한 예를 들면, "더하기와 빼기"를 영어로 쓴다면 "addition and subtraction"이라고 길게 말해야 하지만 한자로 쓰면 간단하게 "加減(가감)"이면 충분하다. 언어의 경제성에 비추어 생각하면 표의문자(表意文字)를 이용하는 한국어는 서양의 알파벳 문자와 비교할 때 매우 편리한 측면이 있다. 다음의 축약어들을 읽으면서 마음속으로 이 단어들을 영어나 독일어로 번역해 보라. 그러면 우리말이 참 좋은 언어임을 실감할 것이다.

　가감(加減), 가부(可否), 간만(干滿), 강약(强弱), 강온(强穩), 개폐(開閉), 거래(去來), 거취(去就), 건습(乾濕), 경연(硬軟), 경위(經緯), 경중(輕重), 경향(京鄕), 고굉(股肱), 고금(古今), 고락(苦樂), 고저(高低), 고하(高下), 곡직(曲直), 공과(功過), 공방(攻防), 공사(公私), 관민(官民), 광음(光陰), 광협(廣狹), 군신(君臣), 굴신(屈伸), 귀천(貴賤), 길흉(吉凶), 난이(難易), 남녀(男女), 남북(南北), 내왕(來往), 내외(內外), 노소(老少), 노유(老幼), 농담(濃淡), 다과(多寡), 다소(多少), 당락(當落), 대소(大小), 도농(都農),

동서(東西), 동정(動靜), 득실(得失), 만공(滿空), 매매(賣買), 명멸(明滅),
명실(名實), 명암(明暗), 문답(問答), 문무(文武), 미추(美醜), 밀소(密疏),
발착(發着), 보혁(保革), 본말(本末), 부모(父母), 부부(夫婦), 부침(浮沈),
비척(肥瘠), 빈모(牝牡), 빈부(貧富), 사활(死活), 산하(山河), 산해(山海),
상벌(賞罰), 상하(上下), 생사(生死), 생살(生殺), 선악(善惡), 선후(先後),
성속(聖俗), 성쇠(盛衰), 성패(成敗), 소밀(疏密), 손익(損益), 송영(送迎),
수륙(水陸), 수미(首尾), 수수(授受), 수요(壽夭), 수족(手足), 숙질(叔姪),
승강(昇降), 승부(勝負), 승제(乘除), 승패(勝敗), 시말(始末), 시비(是非),
시종(始終), 신구(新舊), 신의(信疑), 신축(伸縮), 신혼(身魂), 심신(心身),
심천(深淺), 안위(安危), 애락(哀樂), 애증(愛憎), 애환(哀歡), 여부(與否),
여야(與野), 여탈(與奪), 염량(炎凉), 영고(榮枯), 영욕(榮辱), 영육(靈肉),
예둔(銳鈍), 옥척(沃瘠), 완급(緩急), 왕래(往來), 요철(凹凸), 우열(優劣),
원근(遠近), 유무(有無), 육해(陸海), 은원(恩怨), 음양(陰陽), 이착(離着),
이합(離合), 이해(利害), 일월(日月), 입출(入出), 자녀(子女), 자매(姉妹),
자웅(雌雄), 자타(自他), 장단(長短), 장병(將兵), 장유(長幼), 장이(張弛),
적부(適否), 전후(前後), 정사(正邪), 조만(早晚), 조모(朝暮), 조석(朝夕),
조손(祖孫), 존망(存亡), 존비(尊卑), 존폐(存廢), 종횡(縱橫), 좌립(坐立),
좌우(左右), 주객(主客), 주야(晝夜), 중외(中外), 증감(增減), 증손(增損),
지우(智愚), 진부(眞否), 진위(眞僞), 진퇴(進退), 집산(集散), 찬반(贊反),
찬부(贊否), 천양(天壤), 천지(天地), 첨삭(添削), 청탁(淸濁), 청홍(靑紅),
출몰(出沒), 출입(出入), 친소(親疎), 친자(親子), 탈착(脫着), 표리(表裏),
풍흉(豊凶), 피아(彼我), 피차(彼此), 한난(寒暖), 한서(寒暑), 현우(賢愚),
혈육(血肉), 형제(兄弟), 호오(好惡), 호흡(呼吸), 화복(禍福), 회뢰(賄賂),
후박(厚薄), 흑백(黑白), 흥망(興亡), 희로(喜怒), 희비(喜悲), 등등.

이상은 한자어들인데, 고유어에도 축약어가 적지 않다. 예를 들면, "높낮이", "위아래", "아래위", "나들다", "나들이", "나들목", "드나나나", "드나들다", "오가다", "오나가나", "오르내리다", "오르락내리락", "미닫이", "여닫다", "어버이", "아들딸", "오누이", "밤낮", "자나깨나", 등등이다.

11. 글자의 위치를 바꾸어도 뜻이 같거나 비슷한 단어들

두 개의 한자로 된 단어들 가운데는 그 두 글자를 서로 바꾸어 써도 의미가 크게 달라지지 않는 경우와, 바꾸어 쓰면 전혀 새로운 의미를 갖게 되는 경우가 있다. 의미가 크게 달라지지 않는 경우라 할지라도 약간의 차이 또는 뉘앙스의 차이는 있는 경우가 많다. 예컨대, "운명(運命)"과 "명운(命運)"의 경우, 사전에 적힌 의미로는 동일한 것으로 되어 있지만 실제의 사용에 있어서는 약간의 차이가 있다. "인간은 모두 죽을 '운명'을 타고났다."라고 해야 맞고, "이번 프로젝트는 우리 회사의 '명운'이 달린 중대한 사업이다."라고 해야 적합하게 들린다. 이 두 문장에서 "운명"과 "명운"을 바꿔놓으면 귀에 거슬리게 들린다. 이와 같이 어감으로는 약간의 차이가 있지만 그 의미가 같거나 매우 비슷한 단어에는 다음과 같은 것들이 있다.

가창(歌唱)/창가(唱歌), 간만(干滿)/만간(滿干), 감정(感情)/정감(情感), 강건(康健)/건강(健康), 강하(降下)/하강(下降), 결단(決斷)/단결(斷決), 결단(結團)/단결(團結), 결판(決判)/판결(判決), 경외(敬畏)/외경(畏敬), 계단

(階段)/단계(段階), 괴수(魁首)/수괴(首魁), 규준(規準)/준규(準規), 금방(今方)/방금(方今), 내왕(來往)/왕래(往來), 논리(論理)/이론(理論), 논쟁(論爭)/쟁론(爭論), 논평(論評)/평론(評論), 단절(斷切)/절단(切斷), 단련(鍛鍊)/연단(鍊鍛), 담대(膽大)/대담(大膽), 밀소(密疏)/소밀(疏密), 방법(方法)/법방(法方), 방향(方向)/향방(向方), 배분(配分)/분배(分配), 병사(兵士)/사병(士兵), 병졸(兵卒)/졸병(卒兵), 병합(併合)/합병(合併), 보수(補修)/수보(修補), 보행(步行)/행보(行步), 봉인(封印)/인봉(印封), 사실(事實)/실사(實事), 사실(査實)/실사(實査), 상호(相互)/호상(互相), 선별(選別)/별선(別選), 성품(性品)/품성(品性), 성품(性稟)/품성(稟性), 세미(細微)/미세(微細), 수련(修練)/연수(練修), 시일(時日)/일시(日時), 식견(識見)/견식(見識), 식량(食糧)/양식(糧食), 식양(式樣)/양식(樣式), 악행(惡行)/행악(行惡), 안위(安慰)/위안(慰安), 양선(良善)/선량(善良), 연애(戀愛)/애련(愛戀), 열정(熱情)/정열(情熱), 영혼(靈魂)/혼령(魂靈), 예규(例規)/규례(規例), 예법(禮法)/법례(法禮), 예의(禮儀)/의례(儀禮), 요긴(要緊)/긴요(緊要), 욕정(欲情)/정욕(情欲), 운명(運命)/명운(命運), 유보(留保)/보류(保留), 율법(律法)/법률(法律), 음성(音聲)/성음(聲音), 음행(淫行)/행음(行淫), 의합(意合)/합의(合意), 이별(離別)/별리(別離), 이탈(離脫)/탈리(脫離), 절품(切品)/품절(品切), 접근(接近)/근접(近接), 정오(正午)/오정(午正), 정탐(偵探)/탐정(探偵), 조약(條約)/약조(約條), 족친(族親)/친족(親族), 집회(集會)/회집(會集), 채소(菜蔬)/소채(蔬菜), 출입(出入)/입출(入出), 출현(出現)/현출(現出), 칭호(稱號)/호칭(呼稱), 통달(通達)/달통(達通), 투쟁(鬪爭)/쟁투(爭鬪), 포흠(逋欠)/흠포(欠逋), 등등.

12. 글자의 위치를 바꾸면 뜻이 달라지는 단어들

한 단어에 있는 두 개의 한자의 위치를 서로 바꾸어놓으면 그 의미가 사뭇 달라지는 경우도 허다하다. 그러므로 이런 단어를 사용할 때는 약간의 주의가 필요하다. 다음의 단어들에서 그 차이를 느껴보자.

가출(家出)/출가(出家), 간식(間食)/식간(食間), 과학(科學)/학과(學科), 거주(居住)/주거(住居), 경지(境地)/지경(地境), 계층(階層)/층계(層階), 공허(空虛)/허공(虛空), 국민(國民)/민국(民國), 노선(路線)/선로(線路), 당일(當日)/일당(日當), 모친(母親)/친모(親母), 문법(文法)/법문(法文), 문중(門中)/중문(中門), 박절(迫切)/절박(切迫), 병신(病身)/신병(身病), 부친(父親)/친부(親父), 사회(社會)/회사(會社), 사후(事後)/후사(後事), 성숙(成熟)/숙성(熟成), 손자(孫子)/자손(子孫), 습관(習慣)/관습(慣習), 시원(始原)/원시(原始), 실행(實行)/행실(行實), 악성(樂聖)/성악(聖樂), 어문(語文)/문어(文語), 여자(女子)/자녀(子女), 역동(力動)/동력(動力), 연말(年末)/말년(末年), 연전(年前)/전년(前年), 연초(年初)/초년(初年), 예의(禮儀)/의례(儀禮), 용인(容認)/인용(認容), 월전(月前)/전월(前月), 음식(飮食)/식음(食飮), 음악(音樂)/악음(樂音), 이권(利權)/권리(權利), 인정(人情)/정인(情人), 일전(日前)/전일(前日), 절친(切親)/친절(親切), 정규(定規)/규정(規定), 조부(祖父)/부조(父祖), 중심(中心)/심중(心中), 진행(進行)/행진(行進), 출입(出入)/입출(入出), 친근(親近)/근친(近親), 표징(表徵)/징표(徵表), 현실(現實)/실현(實現), 화물(貨物)/물화(物貨), 등등.

13. 앞의 명사가 뜻하는 것이 많음을 가리키는 접미사, "-투성이"

일부 명사의 밑에 붙어서 앞의 명사가 뜻하는 것이 매우 많음을 가리키는 접미사로 "-투성이"가 있다. 예를 들면, "실수(失手)투성이", "오자(誤字)투성이", "욕설(辱說)투성이", "주름살투성이", 등이 있다. "-투성이"가 다음과 같은 경우에는 앞의 명사가 뜻하는 물질이 묻어서 더러워진 상태에 있음을 나타낸다. "피투성이", "진흙투성이", "먼지투성이" "쓰레기투성이", "낙서(落書)투성이", 등등.

14. 절묘(絶妙)하고 우묘(尤妙)한 순우리말 표현들

우리의 모국어인 한국어에는 말로 다 열거할 수 없는 특징과 아름다움 그리고 묘미가 있다. 그 가운데서 우리가 언급하지 않을 수 없는 것은 고유어 즉 순우리말로 된 절묘하고 우묘한 표현들이다. 다음의 표현들을 곰곰이 생각하면서 읽어보라. 이런 단어들과 구절들이 어떻게 생겨났는지, 그 어원이 무엇인지를 다 알지 못해도 좋다. 결과적으로 형성되고 사용되는 표현들이 우리의 입과 마음속을 지나갈 때 느끼는 그 맛깔스러움과 새삼스러움은 말로 다 표현할 수가 없다. 자, 함께 읽어보자.

- **가까스로**: "우리 팀은 한 점 차로 신승(辛勝)을 하여 가까스로 본선에 진출했다."
- **걸음아 날 살려라**: "도둑이 물건을 훔치다가 주인이 나타나자 걸

음아 날 살려라 하고 도망을 쳤다."
- **고스란히**: "이 지역에는 2,000여 년 전의 유물들이 고스란히 남아 있다."
- **곤드레만드레**: "그는 소주 한 병을 다 마시고 곤드레만드레가 되어 엎어져 있었다."
- **곧이곧대로**: "나는 그의 말이라면 조금도 의심하지 않고 곧이곧대로 받아들인다."
- **그러면 그렇지**: "저 안내원의 한국말 솜씨가 매우 서툴지요? 저 사람이 여덟 살 때 부모를 따라 미국으로 이민 왔대요." "그러면 그렇지! 나도 저 사람이 왜 저렇게 한국말을 못하나 했어요."
- **그렇고 그런**: "그와 그녀는 그렇고 그런 사이인데, 그렇고 그런 사연이 있나 봐."
- **그야말로**: "마감시간이 다가오자 접수처는 그야말로 전쟁터와 흡사했다."
- **그저 그만이다**: "그는 부자는 아니지만 친구로서는 그저 그만이다."
- **긴가민가하다**: "그의 그럴듯한 거짓말에 영희는 긴가민가한 눈치였다."
- **꼼짝달싹**: "독감에 걸린 철식이는 사흘 동안 꼼짝달싹 못하고 누워 있다."
- **꽁무니를 빼다**: "마구 짖어대던 강아지는 큰 개가 나타나자 슬며시 꽁무니를 빼고 달아났다."
- **너 죽고 나 죽고**: "이제는 결판을 내야겠으니, 너 죽고 나죽고 한 번 해보자."

- **넌덜머리(가) 나다**: "고집하는 그녀의 고지식한 성미에 넌덜머리가 났다."
- **눈치코치**: "저 양반은 눈치코치 모르는 벽창호란다."
- **느닷없이**: "두 달이 넘게 소식이 없던 친구가 느닷없이 나타났다."
- **다소곳하다**: "그녀는 마치 새색시처럼 고개를 숙인 채 다소곳이 앉아 있었다."
- **다짜고짜**: "그 사람은 아무 말도 없이 다짜고짜로 달려들어 제멋대로 한다."
- **덧없다**: "고희를 지내고 나니 칠십 년의 세월이 덧없이 흘러간 것 같다."
- **뒤가 저리다**: "그는 나에 대하여 악담을 해놓고 뒤가 저려서 조마조마해 하고 있다."
- **뒤가 켕기다**: "일제시대에 친일활동을 한 사람은 뒤가 켕겨서 나서지를 못한다."
- **뜬금없다**: "오빠는 왜 뜬금없이 남자친구를 소개해준다는 거야?"
- **–라면 –랄까**: "그는 천재라면 천재랄까 정말 기억력이 뛰어난 사람이다."
- **마다하지 않다**: "먼 길을 마다하지 않고 오셨으니 감사하고 황송합니다."
- **마파람에 게 눈 감추듯**: "그가 얼마나 배가 고팠던지 국수 한 그릇을 마파람에 게 눈 감추듯 먹어치웠다."
- **모름지기**: "학생은 모름지기 학업에 열중해야 한다."
- **물끄러미**: "나는 아이들이 떠들고 있는 것을 물끄러미 지켜보고만 있었다."

- **미주알고주알**: "그의 딸은 그날그날 겪은 일들을 미주알고주알 어머니에게 보고한다."
- **벙어리 냉가슴 앓듯**: "그녀는 자신의 억울한 사정을 하소연할 대상도 못 찾아 벙어리 냉가슴 앓듯 끙끙거리고 있었다."
- **보란 듯이**: "주연상을 탄 그 배우는 상패를 받아들고 보란 듯이 무대에서 내려왔다."
- **보잘것없다**: "10년 전만 해도 이곳은 보잘것없는 한적한 마을이었다."
- **볼썽사납다**: "여당의 당수가 대통령을 비난하는 것은 볼썽사나운 일이다."
- **부리나케**: "그 사람은 나를 보자 부리나케 다른 방향으로 도망을 쳤다."
- **부질없다**: "일이 터지자 그는 아무 조치도 취하지 않고 부질없이 고민만 하고 있다."
- **생각다 못해**: "경식이는 생각다 못해 30리 길을 걸어서 선생님을 찾아갔다."
- **성균관 개구리**: "박 씨는 자나 깨나 책만 읽고 있으니 과연 '성균관 개구리'로구나."
- **소스라치다**: "숲 속에서 갑자기 튀어나온 고양이를 보고 그녀는 소스라치게 놀랐다."
- **속절없다**: "사장이 사망하자 그의 회사는 속절없이 망하고 말았다."
- **슬그머니**: "문이 소리 없이 열리더니 한 낯선 남자가 슬그머니 들어왔다."

- **시나브로**: "가을이 되자 길가에 시나브로 낙엽이 쌓이기 시작했다."
- **시치미를 떼다**: "그는 그것을 훔쳐갔음에도 불구하고 시치미를 떼고 모른다고 한다."
- **시큰둥하다**: "그는 배가 고프지 않은지 음식을 보고도 시큰둥한 표정이었다."
- **아니꼽다**: "그 친구가 하는 짓을 보면 아니꼬워서 도저히 봐줄 수가 없어."
- **아니나다를까**: "아침부터 까치가 울더니 아니나다를까 반가운 손님이 찾아왔다."
- **아닌 밤중에 홍두깨**: "내가 하지도 않은 말을 했다며 나에게 욕을 하니, 아닌 밤중에 홍두깨로구나."
- **아랑곳하지 않다**: "우리가 만류했는데도 아랑곳하지 않고 가더니 사고를 당했구나."
- **야다하면**: "걸음걸이가 느릿느릿한 박 선생도 야다하면 쏜살같이 달아난다."
- **야비다리**: "저런 교만한 사람이 야비다리 치는 것을 보면 가소롭기 그지없다."
- **양거지**: "그 양반은 친구들과 양거지를 했는데, 다행히 그의 아내가 아들을 낳았기 때문에 식사대를 친구들이 냈대요."
- **어안이 벙벙하다**: "미국 학교에서 일어나는 총기사건을 보면 어안이 벙벙해진다."
- **어디가 어때서**: "그 사람이 싫다고? 어디가 어때서?"
- **어이없다**: "철수는 술에 취한 아내를 어이없다는 듯한 표정으로

바라보았다."
- **어쩌다가**: "남보다 앞서 나가던 그 양반이 어쩌다가 저렇게 뒤처지게 되었는지 정말 안타깝다."
- **어처구니없다**: "남북이 통일되면 젊은이들이 군에 가지 않아도 된다는 장관의 말은 정말 어처구니없는 실언이다."
- **억장이 무너지다**: "나는 그가 죽었다는 소식을 들었을 때 억장이 무너지는 듯했다."
- **언거번거하다**: "그가 언거번거하게 말은 늘어놓지만 핵심이 무엇인지 불분명하다."
- **얼토당토아니하다**: "사건의 내막을 모르는 그는 얼토당토아니한 주장을 하고 있었다."
- **엉거주춤**: "안으로 들어오라는 선생님의 말씀에 그는 엉거주춤 눈치만 보고 있었다."
- **엎친 데 덮치다**: "지난주에 모친상을 당한 그녀가 오늘은 엎친 데 덮친 격으로 남편까지 잃고 말았다."
- **에넘느레하다**: "종잇조각이 에넘느레하게 늘어져 있어서 집안 분위기가 어수선하다."
- **에멜무지로**: "에멜무지로[헛일하는 셈치고, 시험 삼아] 해 본 것인데, 뜻밖에 성공을 거두었다."
- **여봐란 듯이**: "원님은 여봐란듯이 가슴을 펴고 군중 사이로 성큼성큼 걸어갔다."
- **여차하면**: "그는 여차하면 도망할 생각으로 항상 짐을 꾸려 놓고 있었다."
- **옴나위없다**: "매일 아침 출근시간의 지하철은 옴나위없이 만원

을 이룬다."
- **옴짝달싹**: "나는 손이 뒤로 묶여 있어 옴짝달싹할 수가 없었다."
- **왁자지껄하다**: "아이들은 교실 안에서 왁자지껄하게 떠들고 있었다."
- **우두커니**: "그는 괴나리봇짐을 둘러맨 채 길 건너편을 우두커니 바라보고 있었다."
- **을씨년스럽다**: "아무런 장식도 없이 텅 비어 있는 그 방은 을씨년스럽기까지 했다."
- **자질구레하다**: "나는 막내라 사무실의 온갖 자질구레한 심부름을 도맡아 한다."
- **적바림**: "그는 여행 동안에 간간이 적어놓은 적바림을 기초로 하여 작품을 쓴다."
- **진절머리 나다**: "국회의원들의 진흙탕 싸움은 이제 진절머리 난다."
- **하릴없이**: "공부를 게을리 한 그 학생은 하릴없이 낙제를 하게 되었다."
- **하마터면**: "철로 건널목을 지나가는데 갑자기 기차가 달려와서 하마터면 아이가 치일 뻔했다."
- **하염없이**: "그의 말을 들은 누나의 눈에서는 눈물이 하염없이 흘러내렸다."
- **허튼소리**: "그는 쓸데없이 허튼소리를 하고 돌아다니다가 큰코다쳤다."
- **헐레벌떡**: "헐레벌떡 달려오는 그를 보니 무슨 일이 일어난 게 틀림없다."

- **화들짝**: "내가 그녀의 이름을 부르자 그녀는 화들짝 놀라서 가방을 떨어뜨렸다."
- **휘둥그레**: "그 사람은 몽치로 뒤통수를 얻어맞은 것처럼 눈만 휘둥그레 떴다."
- **휘영청**: "정월 대보름 달빛이 휘영청 밝은 그 밤에 우리는 산길을 걷고 있었다."

이 밖에도 우리 속담들과 격언들에 서려 있는 표현의 맛과 멋은 말로 다 형용할 수가 없다. 한국어의 모든 특징과 묘미는 금수강산의 빼어난 아름다움 가운데서 살아온 우리 선조들의 뛰어난 슬기가 가꾸어 온 것이 아니고 무엇일까?

아름다운 우리말이여, 영원토록 있으라!
사랑스러운 모국어여, 길이길이 빛나라!
자랑스러운 한국어여, 온 누리에 퍼져라!

한자(漢字)의 특징인 첩자(疊字): 의미의 직접성과 형태의 복잡성

1. 한자(漢字)가 만들어진 과정과 "첩자(疊字)"

　표의문자(表意文字)인 한자(漢字)는 어떤 현자(賢者)가 단시일 내에 창안해 낸 것이 아니다. 그것은 중국 대륙에 살았던 여러 민족들이 오랜 세월에 걸쳐서 자신들의 필요에 따라 만들었고, 그것을 발전시켜 현재의 형태를 취하게 되었다. 한자가 맨 처음 만들어진 것이 언제인지를 확실하게 알 수는 없지만, 그 기원을 가장 멀리 잡는 학설에 의하면, 한자는 지금으로부터 약 5,000년 전(c. 3000 BC), 신화(神話) 시대인 삼황오제(三皇五帝) 때에 전설적인 오제(五帝) 중의 한 사람인 황제(黃帝)의 사관(史官) 창힐(蒼詰)이 새와 짐승의 발자국을 보고 만들었다고 한다. 하지만 이 설을 뒷받침할 만한 자료나 근거는 거의 없다.

　역사적인 증거를 가진 가장 오래된 중국 문자는 1903년 은허(殷墟)

에서 출토된 은(殷)나라 시대의 갑골문자(甲骨文字)이다. BC 14~12세기에 사용된 것으로 추정되는 이 문자는 당시의 중요한 사건들을 거북이의 등[甲]이나 짐승의 뼈[骨]에 새겨 놓은 것인데, 그래서 "갑골문자(甲骨文字)"라고 한다. 그 후 주(周)나라의 선왕(宣王, 828~782 BC) 때, 태사(太史) 사주(史籒)가 주문(籒文)을 만들었고, 춘추전국시대(春秋戰國時代, 770~403 [春秋], 403~221 [戰國])에는 여러 나라에서 이체(異體)를 사용하다가 진시황(秦始皇, 246~210 BC) 때의 승상(丞相) 이사(李斯)가 대전(大篆, 큰 글씨체)으로 되어 있던 주문(籒文)을 소전(小篆, 작은 글씨체)으로 만들어서 문자를 통일하였다. 또한 진(秦)나라의 옥리(獄吏) 정막(程邈)은 쓰기에 편리한 예서(隸書)를 만들었으며, 한(漢, BC 3세기 ~AD 3세기)나라 때에는 이것을 계승한 한예(漢隸)가 널리 통용되었다. 이보다 앞선 시대에는 죽간(竹簡)에 쓴 과두문자(蝌蚪文字, 올챙이 문자)와, 종(鐘)이나 솥[鼎]과 같은 쇠붙이에 기록한 금석문자(金石文字)도 있었다. 후한(後漢, AD 25~220)에 이르러 왕차중(王次仲)은 한예(漢隸)를 간소화하여 해서(楷書)를 만들었고, 그 후에 이것을 "정서(正書)"라 일컬으며 표준 글자체로 삼게 되었다.

위와 같은 과정을 거쳐서 만들어진 한자들의 형태를 자세히 살펴보면, 한 가지 흥미로운 사실이 발견된다. 그것은 새로운 단어를 만들 때, 동일한 글자를 두 번 또는 세 번, 때로는 네 번까지 중첩(重疊)함으로써 그 의미를 강화하거나 발전시키는 것이다. 다시 말해서, 새로운 글자를 만들 때, 이미 있는 글자를 중첩함으로써 "첩자(疊字)"를 만드는 것이다. 같은 글자를 중첩하는 횟수에 따라 "이첩자(二疊字, duplication)", "삼첩자(三疊字, triplication)", "사첩자(四疊字, quadruplication)"라고 일컫는다. "오첩자(五疊字, quintuplication)" 이상은 없다.

2. "이첩자(二疊字, Duplication)"

중국 대륙의 고대인들은 문자를 만들 때, 고대의 이집트인들과 마찬가지로 사물의 형상을 간략한 그림으로 그려서 문자를 삼았다. 이러한 점에서 볼 때, 상형문자(象形文字)와 표의문자(表意文字)는 동일한 출발점에서 시작되었다고 할 수 있다. 그러나 이 두 가지 문자 체계에 있어서 서로 다른 점은, 상형문자는 끝까지 그림으로 머물러 있었지만, 표의문자는 처음에는 그림으로 시작했으나 속히 그림의 단계를 벗어나서 문자의 형태로 발전된 것이다.

예를 들면, 상형문자에서 "해[日]"는 언제나 ☼와 비슷한 그림으로 표현된 반면에, 표의문자인 한자에서는 처음에 "해[日]"가 ☼로 시작했으나 그 모양을 ☼에서 ⊙로, ⊙에서 ⊖로, 그다음에는 ⊖에서 日로 발전되었다. 쉽게 말해서, 도형의 단계에서 문자의 단계로 나아간 것이다. "日(일)"자 이외에도 많은 문자들이 이와 비슷한 과정을 거쳐서 현재의 한자가 만들어졌다.

그뿐만 아니라, 한자에는 "첩자(疊字)"가 있어서 글자의 의미가 쉽게 전달된다. 예를 들면, 日(날/해 일)을 두 번 써서 昌(창성할 창)을 만들고, 세 번 써서 晶(맑을/수정 정)을 만들었다. 이것은, 문자 제정에 관한 한, 중국인들이 이집트인들보다 더 지혜로웠음을 보여준다. 이와 같이 하나의 글자를 좌우(左右), 상하(上下) 또는 내외(內外)로 중첩해서 씀으로써 글자의 의미를 확대하거나 발전시킨 사례는 매우 많다. 먼저 "이첩자(二疊字)"들을 찾아보면 다음과 같다.

(1) 좌우첩(左右疊)

十(열 십) → 卄(스물 입)
人(사람 인) → 从(좇을 종[從])
力(힘 력) → 劦(좇을 종[從])
卩(병부 절) → 卯(부드러울 손)
干(방패 간) → 幵(평평할 견)
女(여자 녀) → 奻(송사할 난)
大(큰 대) → 夶(견줄 비)
夕(저녁 석) → 多(많을 다)
弓(활 궁) → 弜(강할 강[強])
日(날/해 일) → 昍(밝을 훤/현)
月(달 월) → 朋(벗 붕)
火(불 화) → 炊(불꽃 개)
木(나무 목) → 林(수풀 림)
斤(도끼 근) → 所(모탕 은)
歹(살 바른 뼈 알) → 歺(해할 천)
手(손 수) → 拜(양 손 공)
心(마음 심) → 怂([?] 반)
示(보일 시) → 祘(셀 산[算])
牙(어금니 아) → 玡([?] 아)
玉(구슬 옥) → 珏(쌍옥 각)
生(날 생) → 甡(모일/많을 신)
白(백) → 皛(흰 백[白]/힐 교)
石(돌 석) → 砳(돌 소리 력)

匕(비수 비) → 比(견줄 비)
又(또 우) → 双(짝 쌍[雙])
厶(사사 사/아무 모) → 厸(이웃 린[隣])
刀(칼 도) → 刅(벗길 박/좇을 종[從, 加])
山(뫼 산) → 屾(같이 선 산 신)
子(아들 자) → 孖(쌍둥이 자)
口(입 구) → 吅(부르짖을 훤)
屮(움 날 철) → 艸(풀 초[草]/싹 날 철)
千(일천 천) → 秊(해 년[年])
亏(땅이름 을/어조사 우) → 虧([?] 무)
犬(개 견) → 犾(개가 싸울 은)
水(물 수) → 沝(두 갈래 강 추)
井(우물 정) → 丼(술독 형)
予(나 여) → 豫(물고기 이름 서)
毛(털 모) → 毳(털로 짠 베 루)
夫(지아비 부) → 夫夫(함께 갈 반)
牛(소 우) → 牪(두 마리 소 언)
禾(벼 화) → 秝(알맞게 늘어설 력)
爻(점괘 효) → 爻爻(그칠 려/밝은 모양 리)
先(비녀 잠) → 兟(날카로울 침)
片(조각 편) → 牉(널빤지 절)
立(설 립) → 竝(아우를 병)
玄(검을 현) → 玆(이/검을 자)

兄(맏 형) → 兟(형 곤/섞일 혼)　　糸(올 멱) → 絲(실 사)
目(눈 목) → 䀠(두리번거릴 구)　　吉(좋을 길) → 喆(밝을 철[哲])
耳(귀 이) → 䎃(편안할 접)　　　至(이를 지) → 臸(이를 진)
虫(벌레 훼) → 䖵(벌레 곤)　　　百(일백 백) → 皕(이백 벽/펵)
先(먼저 선) → 兟(나아갈 신)　　束(가시 자[刺]) → 棘(가시 극)
瓜(오이 과) → 瓝(약할 유/루)　　老(늙을 로) → 𦒻(늙을 혼)
足(발 족) → 踀(삼갈 촉)　　　　車(수레 거/차) → 轣(수레 역)
豕(돼지 시) → 豩(돼지 빈)　　　言(말씀 언) → 誩(말다툼할 경)
見(볼 견) → 覞(아울러 볼 요)　　赤(붉을 적) → 赫(빛날/붉을 혁)
臣(신하 신) → 臦(어그러질 광)　 辛(매울 신) → 辡(따질 변)
邑(고을 읍) → 䢔(거리 항[巷])　 克(이길 극) → 兢(조심할 궁)
貝(조개 패) → 賏(자개 목걸이 영) 呆(어리석을 매) → 槑(매화나무 매[梅])
果(열매 과) → 槃(?)　　　　　 金(쇠 금/성 김) → 鍂(금소리 금)
香(향기 향) → 馣(?)　　　　　 隹(꼬리 짧은 새 추) → 雔(새 한 쌍 수)
頁(머리 혈) → 頵(갖출 찬/선)　 來(올 래) → 棶(나무이름 력/가시 극[棘])
舌(거절할 알) → 䛥(?)　　　　 奇(기이할 기) → 觭(바르지 않을 기)
馬(말 마) → 騳(말소리 독)　　　風(바람 풍) → 颫(어지러운 바람 공/강)
享(누릴 향) → 䵎(메추라기 순)　眞(참 진) → 槇(넘어질/정수리 전[顚])
東(동녘 동) → 棘(밤샐 조)　　　音(소리 음) → 韽(풍류/악기 이름 원)
竟(마침내 경) → 競(겨룰 경[競])　面(낯 면) → 靤(못난 얼굴 면)
畐(가득할 복) → 畾(버금 부)　　隻(외짝 척) → 雙(짝 쌍)
魚(물고기 어) → 鱻(참조기 어/소) 堯(요 임금/높을 요) → 嶢(높을 교)
喜(기쁠 희) → 囍(쌍희 희[喜])　齒(이 치) → 齹(이 악물 집)
龍(용 룡) → 龖(두 마리 용 답)

(2) 상하첩(上下疊)

一(한 일) → 二(두 이)　　　二(두 이) → 三(넉 사[四])
人(사람 인) → 仌(얼음 빙/엉길 응)　　又(또 우) → 叒(벗 우[友])
厶(사사 사/아무 모) → 厽(헛보일 환)　　丂(쌀 함) → 弓(무성할 현)
土(흙 토) → 圭(서옥[瑞玉] 규)　　山(뫼 산) → 出(날 출)
女(여자 녀) → 姿(아리따울/꿈 교)　　大(큰 대) → 夵(덮개 투)
兀(우뚝할 올) → 兂(하늘 천)　　口(입 구) → 呂(음률 려)
夕(저녁 석) → 多(많을 다)　　凡(무릇 범) → 兺([?] 무)
巾(수건 건) → 帍([?] 장)　　日(날/해 일) → 昌(창성 창)
火(불 화) → 炎(불탈 염)　　中(가운데 중) → 串(꿸 관[貫])
飞(날 비) → 龹(날 비)　　止(그칠 지) → 步(걸음 보)
戈(창 과) → 戔(남을 잔[殘]/쌓일 전)　　牛(소 우) → 牪(소 이름 귀/물건 언)
毋(말 무) → 毐(짐승 발바닥 번)　　可(옳을 가) → 哥(노래 가/성 지명할 가)
田(밭 전) → 畕(나란히 있는 밭 강)　　束(가시 자[刺]) → 棗(대추 조)
香(향기 향) → 馫(?)　　面(낯 면) → 靤(근심하는 얼굴 산)
魚(물고기 어) → 鮺(물고기 어)

(3) 내외첩(內外疊)

囗(둘러싸일 위[圍]) → 回(돌아올 회)　　門(문 문) → 閘(가릴 포)

이 밖에도 더 있을 것이다. 또한 巜(큰 도랑 괴), 爻(점괘 효), 羽(깃 우), 幷(합할 병), 芻(꼴 추), 弱(약할 약), 飛(날 비), 彝(떳떳할 이), 蹵(떫을 삽), 등도 형태상으로는 "이첩자(二疊字)"이다. 하지만 이 글자들의 반쪽만으로는 독립된 글자가 되지 못하므로 일반적인 "이첩자"와는 다르다고 할 수 있다. 그리고 㗊, 剔, 姕, 甜, 轟, 등의 한자들도 "이첩자"인 것이 분명한데, 그 훈(訓)과 음(音)이 무엇인지는 파악되지 않고 있다.

한편으로, "이첩자(二疊字)"에다 다른 글자를 더한 글자들도 매우 많다. 예를 들면 다음과 같다. 珪(홀 규), 硅(규소 규), 奎(별 이름 규), 閨(안방 규), 茥(딸기 규), 刲(찌를 규), 窐(구멍 규), 跬(반걸음 규), 佳(아름다울 가), 街(거리 가), 磁(자석 자), 慈(사랑 자), 滋(불을 자), 嬿(여자의 성품이 너그럽고 순할 자), 淜(걸어서 물 건널 빙), 爀(붉을 혁), 盡(애통할 혁), 纓(갓끈 영), 瓔(구슬 목걸이 영), 歌(노래 가[謌]), 滒(진창 가), 謌(노래 가[歌]), 襋(옷깃 극), 䩯(굴레 극), 畺(지경[地境] 강[疆]), 疆(지경[地境] 강[畺]), 彊(굳셀 강), 僵(쓰러질 강), 橿(나무 이름 강), 殭(주검 강), 犅(등이 흰 소 강), 礓(자갈 강), 繮(고삐 강), 韁(고삐 강), 琳(아름다운 옥 림), 霖(장마 림), 淋(물 뿌릴 림), 婪(탐할 람), 棽(무성할 림), 禁(금할 금), 襟(옷깃 금), 麻(삼 마), 倂(아우를 병), 屛(병풍 병), 餠(떡 병), 軿(거마 소리 병), 琴(거문고 금), 琵(비파 비), 琶(비파 파), 櫻(앵두나무 앵), 嚶(항아리 앵), 唱(노래할 창), 娼(창녀 창), 菖(창포 창), 猖(미쳐 날뛸 창), 倡(광대 창), 椙(삼나무 창), 珝(귀막이 옥 창), 閶(천문 문), 僰(오랑캐 이름 북), 瞿(볼 구), 懼(두려워할 구), 欋(쇠스랑 구), 朧(여윌 구), 蠸(집게벌레 구), 氀(모직물 구), 患(근심 환), 雙(짝 쌍), 㾞(약할 유), 窳(비뚤 유), 鬱(답답할 울), 등등.

3. "삼첩자(三疊字, Triplication)"

한자에서 "삼첩자(三疊字)"의 수는 "이첩자(二疊字)"보다는 적지만 그래도 매우 많다. "삼첩자"의 형태에는 글자를 좌우첩(左右疊), 상하첩(上下疊) 그리고 삼각첩(三角疊)이 있다.

(1) 좌우첩(左右疊)

十(열 십) → 卅(서른 삽)   水(물 수) → 㴇(건널 섭[涉])
言(말씀 언) → 譶(재잘거릴 답/집)   隹(꼬리 짧은 새 추) → 雦(모일 집[集])
馬(말 마) → 騳(말 달릴 빙)

이 밖에도 子(아들 자), 舌(혀 설), 弓(활 궁), 去(갈 거), 吉(좋을/길할 길), 등의 좌우 삼첩자가 있으나 실제로 사용되지는 않고 있다.

(2) 상하첩(上下疊)

一(한 일) → 三(석 삼)

이 밖에도 小(작을 소)와 戶(집 호)의 상하 삼첩자가 있으나 실제로 사용되지는 않는다.

(3) 삼각첩(三角疊)

十(열 십) → 卉(서른 삽)   十(열 십) → 卉(풀 훼[芔])
人(사람 인) → 众(무리 중[衆])   刀(칼 도) → 刕(벨/가를 리)
力(힘 력) → 劦(힘 합할 협)   又(또 우) → 叒(땅 이름/신나무 약)
七(일곱 칠) → 㐂(기쁠 칠/희[喜])   厶(사사 사) → 厽(담벽 류/루, 섞일 참)
卩(병부 절) → 㔾([?] 기)   了(미칠 료) → 孨(이에 내)
口(입 구) → 品(품수/물건 품)   子(아들 자) → 孨(삼갈 전)
女(여자 녀) → 姦(간사할 간)   小(작을 소) → 尛(자잘할 마)

204 제1부 한국어의 고유한 특성

土(흙 토) → 垚(높을 요)　　　士(선비 사) → 壵(장할 장[壯])
木(나무 목) → 森(빽빽할 삼)　　屮(움 날 철) → 芔(풀 훼[卉])
牛(소 우) → 犇(소 달아날 분)　犬(개 견) → 猋(개 달아날 표)
止(그칠 지) → 歮(깔깔 웃을 색)　心(마음 심) → 惢(의심할/꽃술 예)
火(불 화) → 焱(불꽃 솟을 염/혁)　水(물 수) → 淼(물 아득할 묘)
日(날/해 일) → 晶(맑을/수정 정)　日(날/해 일) → 唱(사람 이름 창)
毛(털 모) → 毳(솜털 취)　　　手(손 수) → 掱(소매치기 수)
目(눈 목) → 瞐(눈매 예쁠 막)　田(밭 전) → 畾(사이 땅/갈피 뢰)
石(돌 석) → 磊(돌무더기 뢰)　白(흰 백) → 皛(나타날/밝을 효[曉])
耳(귀 이) → 聶(소곤거릴 섭)　虫(벌레 훼) → 蟲(벌레 충)
吉(좋을/길할 길) → 嚞(밝을 철[喆])　羊(양 양) → 羴(양 노린내 전)
舌(혀 설) → 舙(말씀 화[話])　貝(조개 패) → 贔(힘쓸 비)
車(수레 거/차) → 轟(울릴 굉)　言(말씀 언) → 譶(유창할 답)
金(쇠 금) → 鑫(기쁠 흠)　　門(문 문) → 鬧([?] 활)
直(곧을 직) → 矗(우거질 촉)　面(낯 면) → 䩦(?)
貝(조개 패) → 贔(힘쓸 비)　　隹(꼬리 짧은 새 추) → 雥(새떼 잡)
頁(머리 혈) → 贔(눈썹 비/피)　若(같을 약) → 叒(물놀이 할 약)
風(바람 풍) → 飍(큰 바람 휴/퓨)　香(향기 향) → 馫(향기 흥)
県(고을 현) → 贔(?)　　　　泉(샘 천) → 灥(많은 물줄기 천/셋 샘 순)
客(손님 객) → 㲥(?)　　　　馬(말 마) → 驫(말 떼지어 달릴 표)
秦(나라 이름 진) → 蠢(나라 국)　原(언덕 원) → 厵(근원 원[源])
夏(여름 하) → 夓([?] 하)　　羌(종족 이름 강) → 羴(병 나을 채)
㪊(거절할 알) → 譶(지껄일 집)　飛(날 비) → 飝(날 비[飛])
魚(물고기 어) → 鱻(생선 선)　鹿(사슴 록) → 麤(거칠 추)

盖(덮을 개) → 蓋([?] 개)   鳥(새 조) → 鵬(새 이름 뇨)
雲(구름 운) → 䨺(구름 모양 퇴)   寒(찰 한) → 䕅([?] 름/록)
雷(우뢰 뢰) → 䨻(우렛소리 빙)   龍(용 룡) → 龘(용이 가는 모양 답)

이 밖에도 卩(병부 절), 生(날 생), 屮(싹 함), 竹(대 죽), 興(흥할 흥), 頁(머리/페이지 혈), 등의 삼각 삼첩자도 있으나 거의 사용되지 않는 글자들이다.

川(내 천), 巛(내/개미허리 천[川]), 彡(터럭 삼)도 형태상으로는 "삼첩자"라 할 수 있겠지만 일반적으로 이런 글자들은 "삼첩자"의 범주에 포함되지 않는다.

한편으로, 이미 만들어진 "삼첩자"에 다른 글자를 덧붙여서 좀 더 진전된 의미를 나타내는 문자들이 대단히 많이 생겨났다. 예컨대, 기본적인 "삼첩자"인 畾(밭/갈피 뢰) 자를 기초로 하여 생겨난 글자들로는 儡(허수아비 뢰), 櫑(술통 뢰), 瓃(옥 그릇 뢰), 礧(큰 돌 뢰), 轠(잇닿을 뢰), 纍(맬 류), 礨(작은 구멍 뢰), 罍(술독 뢰), 虆(등나무 덩굴 류), 蔂(삼태기 류) 등이 있고, 惢(의심할 예) 자에 다른 글자를 더하여 만들어진 글자들로는 蕊(꽃술 예), 蘂(꽃술 예), 繠(드리워질 예), 蘃(꽃술/더부룩할 예) 등이 있다. 區(구역 구) 자에 다른 글자를 더하여 생긴 글자들로는 驅(몰 구), 毆(때릴 구), 嶇(험할 구), 歐(토할 구), 嘔(토할 구), 謳(노래할 구), 嫗(할미 구), 漚(담글 구), 甌(사발 구), 頵(턱받이 구), 樞(지도리 추), 등이 있다. 다음의 글자들도 "삼첩자"를 품고 있다. 澀(떫을 삽), 桑(뽕나무 상), 癌(암 암), 靈(신령 령), 菅(띠 간), 燶(그슬릴 충), 蠱(미혹할 고), 燒(사를 소), 曉(새벽 효), 驍(날랠 효), 穢(벼 상할 효), 協(합할 협), 脅(겨드랑이 협), 賮(재물 협), 荔(이

름 려), 潺(졸졸 흐를 잔), 椢(외가지 품), 臨(임할 림), 奰(장대할/성낼 비), 屭
(힘쓰는 모양 희), 등등. 이 밖에도 얼마든지 더 있다.

4. "사첩자(四疊字, Quadruplication)"

"사첩자(四疊字)"는 소수에 불과하고, 실생활에서 사용되는 경우는
거의 없다. 지금까지 나타난 "사첩자"의 경우들은 다음과 같다.

十(열 십) → 卌(마흔 십)　　又(또 우) → 叕(연할/짧을 철[綴])
人(사람 인) → 众(근심할 우[憂])　厶(사사 사/아무 모) → 厽(그윽할 유)
匕(비수 비) → 毙(비수 비)　　口(입 구) → 㗊(뭇 입 집/우레 뢰[雷])
土(흙 토) → 壵(흙 규)　　屮(움 날 철) → 茻(잡풀 우거질 망)
工(장인 공) → 䂮(평 전)　　火(불 화) → 燚(불 모양 일)
水(물 수) → 㵘(큰 물 만)　中(가운데 중) → 丳(꼬챙이 찬/꿰미 천)
言(말씀 언) → 譶([?] 자)　　林(수풀 림) → 㵘([?] 살/기)
車(수레 거/차) → 䡇([?] 합)　門(문 문) → 䦧([?] 탕/탈)
果(열매 과) → 㸌([?] 호)　　金(쇠 금) → 鑫([?] 입 귀에 걸릴 와)
春(봄 춘) → 䲜([?] 순)　　魚(물고기 어) → 鱻(물고기 성할 업)
泉(샘 천) → 㵘([?] 정)　　風(바람 풍) → 飌(바람 시작할 퓨)
雲(구름 운) → 䨺(구름 넓을 농)　雷(우레 뢰) → 䨻(우렛소리 병)
龍(용 룡) → 䲜(수다스러울 절)　興(일어날 흥) → 䡇(크게 일어날 정)

이 밖에도 小(작을 소), 日(날 일), 月(달 월), 土(흙 토), 木(나무 목), 天(하
늘 천), 牛(소 우), 田(밭 전), 石(돌 석), 且(저/또 차), 囚(가둘 수), 甲(갑옷 갑),

束(묶을 속), 先(먼저 선), 竹(대 죽), 老(늙을 로), 등의 사첩자도 있지만 획수도 너무 많고 모양도 복잡하여 실용적인 가치가 거의 없다.

이런 글자들은 어떤 이들이 그림이나 부호처럼 사용하려고 일부러 만든 것으로 보인다. 글자의 의미를 필요 이상으로 과장했거나 형태를 어렵게 만든 글자들은 일반적으로 사용하기에 불편하고 보기에도 복잡하여 실용성이 없다.

독립된 "사첩자"(四疊字)는 아니지만 같은 모양의 간단한 글자를 네 개씩 품고 있는 한자들도 제법 많이 있다. 예를 들면 다음과 같다. 器(그릇 기), 斷(끊을 단), 綴(꿰맬 철), 繼(이을 계), 齒(이 치), 傘(우산 산), 爽(시원할 상), 爾(너 이), 邇(가까울 이), 棚(실패 니), 鑷(실패 니), 囂(떠들썩할 효), 繭(어수리 효), 靁(우레 뢰[雷]), 등등.

5. 의미의 직접성과 형태의 복잡성

"첩자(疊字)"는 의미를 전달하는 데는 매우 효과적이다. 그러나 그것을 사용하는 데는 상당한 번폐스러움이 있다. 48획이나 되는 龖(용이 가는 모양 답) 자와 64획이나 되는 龘(말 많을/수다스러울 절) 자를 실제로 붓이나 펜으로 쓴다고 상상해 보자. 실로 가당찮은 일이 아닐 수 없다. 문자는 해독하기 쉬워야 하고, 특히 기록하기에 편리해야 한다. 그렇지 않으면 매우 비효율적이고 소모적인 문자로 남게 될 것이다. 아랍어, 산스크리트어, 타이어, 등은 글자가 너무 복잡하고 배우기가 어려워서 자국민은 물론이고 특히 외국인이 배울 때는 매우 힘든 경험을 하게 된다.

수천 년 동안 한자를 쓰면서 불편함을 감내해 오던 중국인이 마침내 한자를 간소화하는 작업을 해냈다. 종래의 글자체를 번거롭다고 하여 "번체(繁體)"라 일컫고, 그것을 간략하게 바꾼 글자체를 "간체(簡體, 简体)"라 일컫는다.

6. 간체(简体)와 첩자(疊字)

한자는 의미를 직접적으로 전달해주는 장점이 있는 것과 동시에 형태가 복잡하여 기록하기에는 번거로움과 불편함이 있는 문자이다. 그래서 20세기 중반부터 중국인들은 전통적인 원래의 한자, 즉 번체자(繁體字)를 간략하게 줄인 이른바 간체자(简体字)를 사용하고 있다. 자주 사용되는 한자 135자의 번체(繁體)와 간체(简体)를 비교하면 다음과 같다(괄호 안의 글자가 간체이다).

價(价), 覺(觉), 幹(干), 姦(奸), 講(讲), 開(开), 個(个), 箇(个), 慶(庆), 經(经), 潔(洁), 啓(启), 過(过), 觀(观), 關(关), 廣(广), 橋(桥), 區(区), 舊(旧), 窮(穷), 極(极), 幾(几), 機(机), 寧(宁), 農(农), 達(达), 導(导), 圖(图), 動(动), 頭(头), 蘭(兰), 麗(丽), 歷(历), 曆(历), 嶺(岭), 論(论), 療(疗), 龍(龙), 裡(里), 臨(临), 馬(马), 網(网), 脈(脉), 麵(面), 滅(灭), 夢(梦), 無(无), 門(门), 邊(边), 婦(妇), 奮(奋), 飛(飞), 賓(宾), 絲(丝), 産(产), 殺(杀), 書(书), 選(选), 線(线), 聖(圣), 聲(声), 歲(岁), 掃(扫), 孫(孙), 術(术), 習(习), 時(时), 識(识), 兒(儿), 亞(亚), 樂(乐), 藥(药), 陽(阳), 養(养), 讓(让), 孃(娘), 陽(阳), 養(养), 億(亿), 嚴(严), 業(业), 驛(驿), 藝(艺), 優(优), 雲(云), 運(运), 園(园), 遠(远), 爲(为),

偉(伟), 衛(卫), 陰(阴), 義(义), 爾(尔), 異(异), 雜(杂), 長(长), 場(场), 電(电), 節(节), 際(际), 種(种), 鐘(钟), 從(从), 衆(众), 進(进), 燦(灿), 懺(忏), 創(创), 廠(厂), 遷(迁), 廳(厅), 衝(冲), 親(亲), 態(态), 颱(台), 辦(办), 幣(币), 標(标), 風(风), 豐(丰), 筆(笔), 畢(毕), 漢(汉), 鄉(乡), 顯(显), 協(协), 護(护), 華(华), 確(确), 環(环), 懷(怀), 劃(划), 興(兴), 카드(卡).

중국인들이 만들어서 사용하는 간체자를 보면 거기에도 상당한 지혜와 해학이 엿보인다. 孫(손자 손)을 孙으로, 滅(멸한 멸)을 灭로 줄인 것은 매우 재치 있는 일이고, 飛(날 비)를 飞로, 習(습)을 习으로, 兒(아)를 儿로, 業(업)을 业으로, 億(억)을 亿으로, 藝(예)를 艺로, 從(종)을 从으로, 廣(광)을 广으로, 廠(창)을 厂으로, 廳(청)을 厅으로, 蘭(란)을 兰으로, 豐(풍)을 丰으로, 鄉(향)을 乡으로, 懷(회)를 怀로 단축한 것은 매우 과격한 변화로 보인다. 그 밖에도 陽(양)을 阳으로, 陰(음)을 阴으로, 燦(찬)을 灿으로, 夢(몽)을 梦으로, 婦(부)를 妇로, 態(태)를 态로 간소화한 것에도 재치가 느껴진다. 전반적으로 사용자의 편의를 도모한 것이어서 잘된 일이다. 이러한 점은 간체자의 큰 장점이라 할 수 있다.

그러나 번체자를 배우지 않고 간체자만 배운 신세대 중국인들은 자기 나라의 그 많은 고전 문헌들을 직접 읽지 못하게 된 것과 원래의 글자가 보여주던 의미의 직접성을 느끼지 못하게 된 것은 중대한 문화적 손실이요 간체자가 가지는 최대의 단점이라 할 수 있다. 그러나 컴퓨터에는 번체자와 간체자를 서로 전환(convert)할 수 있는 장치가 되어 있어서 필요할 경우 언제든지 글자체를 바꾸어서 읽을 수 있게 되어 있는 것은 다행한 일이다.

한편, 홍콩(香港)과 타이완(臺灣)에서는 여전히 번체자를 사용하고 있고, 일본에서는 오래 전부터 약자체(略字體)를 만들어 사용하고 있다. 우리나라에서는 번체자를 사용하지만 한자 자체를 점점 멀리하는 경향이 생겨서 우리 국민은 더 이상 표의문자가 주는 의미의 함축성과 문장의 경제성을 누리지 못하게 되었고, 우리나라의 고대역사와 고전문학을 읽는 것도 더욱 어렵게 되었다. 현실적 편의만을 추구하는 중국인들과 한글 전용을 내세워서 한자를 배격하는 우리 국민은 다른 한편으로 큰 것을 잃고 있다는 사실은 매우 안타까운 일이 아닐 수 없다.

위의 간체자 목록에서 나타나는 하나의 두드러진 사실은 간체(简体)에는 첩자(疊字)가 없다는 것이다. 이것은 대단히 중요한 점으로 인식된다. 간체를 만드는 학자들이 첩자들을 간략하게 줄일 방법을 찾지 못한 것이다. "이첩자", "삼첩자", "사첩자"를 어떤 형식으로든지 줄이면 한자 구성의 기본원칙이 파괴되고, 첩자의 형태를 상실하게 된다. 이 간체자 목록에 "이첩자"와 "삼첩자"는 물론이고 그 번거로운 "사첩자"도 포함되지 않은 것은 당연하기도 하고 신기하기도 하다. 간체자 목록에 순수한 첩자는 하나도 없고, 단지 "삼첩자"를 품고 있는 글자가 두 개 있는데, 그것은 臨(临) 자와 協(协) 자이다. 간체를 만들던 학자들이 순수한 첩자들에는 전혀 손을 대지 못하였다. 이러한 관점에서 볼 때, 첩자는 한자의 원형인 번체를 유지하는 데 기여했다고 할 수 있다.

우리말 표준어의 변화와 발전

어느 언어에서든지 하나의 단어가 생겨나던 초기의 형태는 사람들의 입에서 입으로 전해지는 과정에 그들의 구강(口腔) 구조와 발음의 편의에 따라 변화하는 경우가 많다. 그래서 애초의 철자와 표기는 없어지고 새로운 형태를 취하게 된다. 비근한 예를 들면, 영어 단어 "aeon"(영원[永遠], 영겁[永劫])은 "eon"으로, "aesthetics"(미학[美學])는 "esthetics"로, "aitiology"(원인학[原因學], 병인학[病因學])는 "etiology"로, "archaeology"(고고학[考古學])는 "archeology"로 이미 변했거나 변하고 있다. 그래서 각 단어의 어원(語源)을 보면 전자가 맞지만 실제적인 발음은 후자처럼 하기 때문에 아예 표기를 바꾸는 것이 일반적인 경향이다. 이와 같이 단어들의 철자를 원래의 어원대로 적지 않고 실제적인 발음을 따라 바꾸는 것은 어느 언어에서나 일어나는 현상이고, 우리말에서도 똑같이 일어나고 있다.

1. "넘어"와 "너머", "넓이"와 "너비"와 "나비", "왠"과 "웬", "윗-"과 "웃-"

우리가 일상생활에서 매우 빈번하게 쓰면서 또한 자주 틀리게 말하거나 혼동하는 비슷한 어휘들이 많이 있다. 그 가운데서 네 쌍의 고유어들을 여기서 생각해 보려고 한다. 각 쌍의 단어들은 발음과 철자가 서로 비슷하여 헷갈리는 경우가 많고, 따라서 뜻의 차이를 명확하게 이해하여 경우에 맞게 쓰는 것이 쉽지 않다.

(1) "넘어"와 "너머"

"넘어"와 "너머"는 일상생활에서 퍽 자주 혼동되고 있으며, 이 둘을 구분 없이 무조건 "너머"로만 쓰는 이들도 많다. 이 두 단어가 "넘다"라는 동일한 어근에서 나온 것들이지만 그 둘의 품사와 의미는 사뭇 다르다.

"넘어"는 "넘다"라는 동사의 부사형이므로 품사는 여전히 동사(動詞)이다. "넘다"는 "(1) 일정한 시간, 범위 따위에서 벗어나 지나가다. (2) 높은 부분의 위를 지나다."라는 뜻의 동사이다. 그러나 "너머"는 "넘다"라는 동사에서 파생된 명사(名詞)로서 "높이나 경계로 가로막힌 사물의 저쪽, 또는 그 공간"을 의미한다. 예(例)와 함께 그 차이를 확인해 보자.

"넘어": "북한 병사 두 사람이 군사분계선을 넘어 귀순했다." "두 사람의 회동은 예정된 한 시간을 넘어 거의 두 시간이나 계속되었다." "그의 칭찬은 도를 넘어 아부처럼 들렸다." "태산을 넘어 험한 길 가도 빛 가운데로 걸어가면."(「찬미가」, 531장 1절). "이 밤이 새기까지 나 참고

8. 우리말 표준어의 변화와 발전 **213**

견디면 저 빛난 언덕 **넘어** 새 아침 오리라."(「찬미가」, 634장 3절).

"**너머**": "저 지평선 **너머**에는 무엇이 있을까?" "동생은 형의 어깨 **너머**로 한글을 배워서 깨쳤다." "바로 저 산 **너머** 허락하신 땅, 주님께서 예비하신 그 큰 성."(「찬미가」, 590장 1절). "저편 **너머** 수정 빛 바닷가 … 나 살기 원하네."(「찬미가」, 592장 후렴).

그러므로 "산 **넘어** 산이다"라고 할 때는 "**넘어**"가 맞고, "산 **너머** 남촌에는"이라고 할 때는 "**너머**"가 옳다. 때때로 알쏭달쏭한 경우가 있지만 곰곰이 생각해 보면 구별이 가능해진다. 다시 한 번 강조하면 "**넘어**"는 **동사**이고, "**너머**"는 **명사**이다.

(2) "넓이"와 "너비"와 "나비"

단적으로 말해서, "**넓이**"는 면적(面積)을 말하고, "**너비**"는 폭(幅)을 가리킨다. "**넓이**"는 "제곱미터", "제곱킬로미터", "평(坪)", "정보(町步)" 등으로 나타내고, "**너비**"는 "미터", "킬로미터", "피트", "마일", "리(里)" 등으로 나타낸다. 내가 고등학교를 다닐 때만 해도 "제자리에 서서 멀리 뛰는 것"을 "넓이뛰기"라고 일컬었다. 그러다가 나중에 학자들이 이 말이 합당하지 않음을 발견하고 이것을 "멀리뛰기"로 바꾸었다. 그래서 오늘날에는 "넓이뛰기"라는 단어가 노인들의 기억에만 남아 있고, 학교와 교과서에서는 사라졌다.

좀 더 구체적으로 설명하면, "**넓이**"는 "어디에 둘러싸인 평면의 크기"이고, "**너비**"는 "넓이가 있는 물체나 평면을 가로지르는 거리 또는 길이"이다. 특히, 옷감이나 종이의 폭(輻)을 가리킬 때는 "**너비**"라 하지 않고 "**나비**"라고 한다. 아래의 예문들에서 그 차이를 확인해 보자.

"**넓이**": "한반도의 **넓이**는 22만 제곱킬로미터이다." "그 교실의 **넓**

이는 몇 평(坪)인가?" "그가 가진 임야의 넓이는 1만 정보(町步)쯤 된다." "다음의 사각형의 넓이를 측정하라."

"너비": "그 강의 너비는 500미터나 된다." "도로의 너비가 적어도 10미터는 되어야 양방통행이 가능하다."

"나비": "이 옷감의 가로나비가 그 청년의 양복을 짓기에는 충분하지 않다." "이불의 나비는 그것을 덮는 사람의 키만큼은 되어야 한다."

"우리 학교 운동장의 넓이는 약 10,000제곱미터이고, 너비는 약 100미터이다."라고 말하면 올바른 표현이다. 체조 시간에 "두 다리를 어깨 넓이로 벌려라."라고 말한다면, 어법에 맞지 않는다. "두 다리를 어깨너비로 벌려라."라고 해야 올바른 표현이다. "침실의 넓이와 침대의 너비와 이불의 나비는 그것을 사용하는 사람의 체구에 맞아야 한다."라고 말하면 정확한 표현이라 할 수 있다.

(3) "왠"과 "웬"

"왠"과 "웬"도 자주 혼동된다. "왠"은 "왠지" 또는 "왠지 모르게"로만 쓰이고, "왠지"는 "왜인지"의 준말이다. "왠지 (모르게)"는 "왜 그런지 모르게, 또는 뚜렷한 이유도 없이"라는 뜻이며, "어쩐지"와 거의 같은 의미이다. 이와는 달리, "웬"은 명사를 꾸며주는 관형사로서 "어찌 된" 또는 "어떠한"이라는 뜻으로 명사 앞에 쓰인다. 이 둘의 차이는 다음의 예문들을 통하여 더 확실하게 알 수 있을 것이다.

"왠": "오늘은 왠지 기분이 좋다." "나는 왠지 모르게 그 사람이 싫어졌다." "내일은 왠지 눈이 올 것 같다." "그 방에 들어갔더니 왠지[어쩐지] 으스스한 느낌이 들었다."

"웬": "거리에 웬 사람이 이렇게 많이 모였나?" "너는 웬 변명을 그리도 구구하게 늘어놓느냐?" "웬 말인가 나를 위해 주 돌아가셨나."
(「찬미가」, 182장 1절).

이상에서 보는 바와 같이, "왠"은 "왠지"로만 쓰이므로, "왠지" 이외에는 모두 "웬"을 쓰면 된다. 그리고 "웬" 다음에는 띄어 쓰는 것이 원칙이다. 그러나 이 단어 다음에 "일", "걸", "만큼"이 올 때는 띄어 쓰지 않고, "웬일", "웬걸" "웬만큼"으로 붙여 쓰도록 되어 있다.

"나는 오늘 왠지 선생님으로부터 꾸중을 들을 것 같은데, 우리 선생님은 웬 꾸중을 그렇게도 많이 하시는지 알 수가 없네요."

(4) "윗 - "과 "웃 - "

명사 앞에 "윗(위) - " 또는 "웃 - "이라는 접두사를 붙여 복합명사를 만들 때, "윗(위) - "을 써야 할지, "웃 - "을 써야 할지 망설여질 때가 있다. 이에 대한 원칙은 다음과 같다.

첫째, 접두어 다음에 오는 명사에 "아랫(아래)"을 붙였을 때 반대의 뜻을 가진 복합명사가 되는 경우에는 "윗(위) - "을 쓰고, "아랫(아래)"을 붙여서 말이 되지 않으면 "웃 - "을 쓴다. 예를 들면, "윗사람"↔"아랫사람", "윗도리"↔"아랫도리", "윗니"↔"아랫니", "윗입술"↔"아랫입술", "윗잇몸"↔"아랫잇몸", "윗배"↔"아랫배", "윗자리"↔"아랫자리", "윗목"↔"아랫목", "윗선"↔"아랫선", "윗동네"↔"아랫동네", "윗마을"↔"아랫마을", "윗집"↔"아랫집", "윗변"↔"아랫변", 등에서는 "윗 - "을 쓴다. 그러나 "웃어른", "웃돈", "웃비(한창 내리다가 갑자기 그친 비)"의 경우에는 그 반대개념인 "아랫어른", "아랫돈", "아랫비"와 같은 말은 없으므로 "웃 - "을 쓴다.

"옷"의 경우에는 "윗 - "과 "웃 - "이 둘 다 쓰인다. 상의(上衣)와 하의(下衣)처럼 "아래" 개념이 있는 경우에는 상의를 "윗옷"이라 하고, 한복의 두루마기와 같이 상대되는 "아래" 개념의 옷이 없이 "겉옷"을 의미할 경우에는 "웃옷"이라 한다.

둘째, "윗-"을 쓰느냐 "위-"를 쓰느냐 하는 문제는 "사이시옷(ㅅ)" 원칙에 따라 결정된다. 일반적으로는 "사이시옷(ㅅ)"을 써서 "윗-"으로 하지만, 그 다음에 오는 단어의 초성이 ㄲ, ㄸ, ㅃ, ㅆ, ㅉ, ㅊ, ㅋ, ㅌ, ㅍ, 등의 거센소리[激音]나 된소리[硬音]일 경우에는 "사이시옷(ㅅ)"을 쓰지 않고 "위-"로 한다. 따라서 "윗꼭지"가 아니라 "위꼭지", "윗뜰"이 아니라 "위뜰", "윗짝"이 아니라 "위짝", "윗쪽"이 아니라 "위쪽", "윗채"가 아니라 "위채", "윗층"이 아니라 "위층", "윗토막"이 아니라 "위토막", "윗통"이 아니라 "위통"으로 써야 한다. 반대개념인 "아래-"도 마찬가지로 "아래꼭지", "아래뜰", "아래짝", "아래쪽", "아래채", "아래층", "아래토막", "아래통" 등으로 쓴다.

2. 본딧말과 표준어: "삭월세(朔月貰)"와 "사글세", "우뢰(雨雷)"와 "우레", "호도(胡桃)"와 "호두", "성황당(城隍堂)"과 "서낭당"

(1) 언어는 현실에 적응하는 '생물'

생물이 서식하는 장소와 환경에 적응하기 위하여 형태와 색깔과 습관을 바꾸듯이 언어도 그것을 사용하는 사람의 구강 구조와 그 언어의 특성 그리고 발음의 편의성에 따라 단어들의 발음과 철자가 변화된다. 말하자면 언어는 현실 따라 움직이는 생물과도 같은 것이다.

비근한 예를 들면, "**괜찮다**"의 본딧말은 "괴이(怪異)하지 아니하다"인데, 이것이 "괴이치 않다"로 줄어졌다가 마침내 "괜찮다"로 변했고, "**괜하다, 괜히**"는 "공연(空然)하다, 공연(空然)히"를 빨리 발음함으로 생겨난 동의어이다. "**귀찮다**"의 본딧말은 "귀(貴)하지 아니하다"이고, 이것이 "귀하지(귀치) 않다"를 거쳐서 "귀찮다"로 되었다. "**점잖다**"의 본딧말은 "젊지 아니하다"이고, 이것이 "젊잖다"로 줄어졌다가 종내는 "점잖다"로 되었으며, "**같잖다**"의 본딧말은 "같지 아니하다"인데, 이것이 "같지 않다"를 거쳐서 "같잖다"로 되었다. 또, "**고치다**"의 본딧말은 "곧히다"('곧다'의 사역형)인데, 소리 나는 대로 적어서 "고치다"가 되었다. 이 여섯 가지는 모두 동일한 언어 현상에 의한 것이다. 이와 같은 변화는 다른 경우들에서도 자주 일어나고 있다.

(2) "삭월세(朔月貰)"와 "사글세", "우뢰(雨雷)"와 "우레"

"집이나 방을 빌려 쓰고 다달이 내는 세(貰)"를 뜻하는 원래의 한자어는 "삭월세(朔月貰)"이다. 내가 어렸을 때 우리 집이 도시로 이사를 가서 남의 집에 세 들어 살 때는 "삭월세"가 표준어였다. 이것을 소리 나는 대로 적으면 "사궐세"인데, "궐"이라는 이중모음을 제대로 발음하려면 입을 많이 움직여야 하므로 매우 불편하게 느껴진다. 게다가 "삭월세"를 사는 사람들이 "삭월세"라는 말이 한자로 된 단어라는 것을 모르기가 십상이어서 굳이 입을 크게 움직여서 "사궐세"라고 발음할 필요를 인식하지 못했다. 그래서 시간이 흐름에 따라 "삭월세"는 아주 발음하기 좋고 편리한 "사글세"로 변했고, 이것이 본딧말인 "삭월세"를 밀어내고 표준어의 자리를 차지했다. 발음의 편의성 앞에서는 한자가 가지고 있는 원래의 의미나 발음 같은 것은 힘을 쓰지 못하고 쫓겨나는 것이 언어 정글의 법칙이다.

"우뢰(雨雷)"도 마찬가지다. "뢰(雷)"라는 이중모음을 발음하기 귀찮아서 편리하게 간단히 "우레"로 발음하니까 그것이 표준어로 채택된 것이다. 하지만 "뢰(雷)"가 들어가는 다른 여러 단어들에서는 "뢰"(두음일 경우에는 "뇌")를 그대로 유지하고 있다. 예컨대, "낙뢰(落雷)", "피뢰(避雷)", "피뢰침(避雷針)", "뇌성(雷聲)", "뇌명(雷鳴)", "뇌명(雷名)", "뇌격(雷擊)", "뇌우(雷雨)", "뇌운(雷雲)", "뇌조(雷鳥)", "뇌화(雷火)", 등이다. 오직 "우뢰(雨雷)"만이 "우레"로 바뀐 것은 좀 납득하기가 어렵지만 그렇게 정해 놓은 터라 그대로 따를 수밖에 없다.

이와 비슷한 다른 경우도 더러 있다. 그 중의 하나는 "괴팍(乖愎)"과 "강퍅(剛愎)"이다. "괴팍(乖愎)하다"는 일찌감치 "괴팍하다"에게 표준어의 자리를 내어주고 "본딧말"의 범주로 물러섰으나, "강퍅(剛愎)하다"는 "강퍅하다"라는 말이 자주 쓰임에도 불구하고 여전히 표준어의 자리를 지키고 있다.

(3) "호도(胡桃)"와 "호두", "자도(紫桃)"와 "자두", "앵도(櫻桃)"와 "앵두"

"복숭아"를 뜻하는 "도(桃)"는 "백도(白桃)", "홍도(紅桃)", "황도(黃桃)", "천도(天桃)", "산도(山桃)", "수밀도(水蜜桃)"와 같이 복숭아의 종류를 가리킬 때는 "도"가 유지되지만, 복숭아가 아닌 다른 과실을 가리킬 때는 발음이 거의 모두 "두"로 바뀐다. "호두"는 원래 한자로 "호도(胡桃)"였는데, "도"가 "두"로 바뀌어서 된 말이고, "자두"도 원래는 "자도(紫桃)"였지만 변형된 것이며, "앵두"는 "앵도(櫻桃)"가 변형된 것이다. 그러나 예외적으로 "편도(扁桃, almond)"는 "편두"라고 하지 않는다. "도"가 "두"로 바뀌는 현상이 일어나는 이유를 확실히 알 수는 없지만, 단어의 끝 음절을 발음할 때 "오"보다는 "우"가 편하기 때문인 것으로 보인다.

이와 동일한 현상으로 "산도(山稻, 밭에서 재배하는 벼, 밭벼)"를 호남 지방에서는 "산두"라고 한다. "천동(天動)"이 "천둥"으로, "지동(地動)"이 "지둥"으로 바뀐 것도 같은 현상일 것이다. 그러나 "포도(葡萄)"도 "포두"로 바뀌지 않았다. 오늘날 꽤 많은 사람들이 "그리고"를 "그리구"로 발음하는데, 인구의 대다수가 "그리구"라고 발음하면, "그리고"는 "그리구"에게 표준어의 자리를 내주게 될지도 모른다.

(4) "성황당(城隍堂)"과 "서낭당", "의례(依例/宜例)"와 "으레"

"서낭당"은 "성황당"(城隍堂, 경기도와 황해도), "할미당"[老姑堂, 전라도], "천왕당"(天王堂, 경상도), "국사당"(國師堂, 평안도) 등으로도 불린다. 또한 "서낭당"을 한자로 바꾸어 "서랑당(西娘堂)"이라 쓰기도 한다. "할미당"은 삼신(三神) 할머니를 섬기는 곳이라는 뜻이고, "국사당"은 단군(檀君)에게 제사하는 사당(祠堂)임을 가리킨다. "서낭당"은 보통 마을 어귀나 고갯마루에 원뿔 모양으로 쌓은 누석단(累石壇)과 5색 헝겊을 걸어놓은 서낭나무 또는 장승 등으로 이루어져 있으며, "서낭신"을 봉안하고, 마을 수호, 액운 퇴치, 소원 성취 등을 기원하는 곳이다. "서낭신"은 한국 전래의 천신(天神)과 산신(山神)이 복합된 것인데, 이것이 "성황신(城隍神)"으로 일컬어지는 것은 중국에서 전래된 토속신인 "성황"과 융합되었기 때문이다. 그리하여 그 신을 봉안하는 신당을 "성황당(城隍堂)"이라고 일컬었다.

그러나 세월이 지남에 따라 발음하기가 쉽지 않은 "성황당"은 사람들의 입안에서 깎이고 닦여서 마침내 "서낭당"이 되고 말았다. 이리하여 "서낭당"이 표준어가 되었고, "성황당"은 그것의 본딧말로 물러앉았다. 이렇게 되는 것이 인간의 습성이요 언어의 생리이다.

"전례(前例)에 따라서/전과 같이"를 뜻하는 "의례(依例/宜例)"라는 단어는 사람들이 발음하기 싫어하는 이중모음을 두 개나 가지고 있어 애초부터 버림을 당할 운명을 타고났다. 결국, "의"와 "례"에서 각각 한 획씩 버리고 "으레"만 남겨서 표준어로 삼았다. 그리하여 "으레"는 "전과 같이, 두 말 할 것 없이, 마땅히, 의당(宜當)"이라는 의미로 국어사전에 오르게 되었고, "의례"는 "으레"의 본딧말로 물러나서 사람들의 기억에서 사라져 가고 있다. 이제는 "해마다 이맘때면 으레 그가 나타난다."라고 해야 맞는 표현이고, "해마다 이맘때면 의례 그가 나타난다."라고 말하면 대부분의 사람들의 귀에 어색하거나 고리타분하게 들린다.

(5) "램프(lamp)"와 "남포", "퍼머넌트 웨이브(permanent wave)"와 "파마"

편의성에 따라서 발음을 간소화하는 경향은 서양에서 온 외래어에 시도 나타난다. 영어 단어를 예로 든다면, "램프(lamp, 등[燈])"는 첫 글자의 초성(初聲)이 "ㄹ"이어서 우리말의 두음법칙(頭音法則)에 어긋나고, 둘째 글자는 옹근 모음이 아닌 "ㅡ"로 끝나기 때문에 발음이 불확실하기 쉽다. 그래서 이 단어가 한국인의 입을 거치면서 "ㄹ"은 "ㄴ"으로 바뀌고, "ㅡ"는 "ㅗ"로 바뀌어 "남포"가 되고 말았다. 그러나 "레몬(lemon)", "립스틱(lipstick)", "리터(liter)", "린치(lynch)", "라켓(racket)", "라디오(radio)", "리본(ribbon)", "로터리(rotary)" 등이 "네몬", "닙스틱",

"니터", "닌치", "나켓", "나지오", "니본", "노타리" 등으로 바뀌지 않고, "레몬", "립스틱", "리터", "린치", "라켓", "라디오", "리본", "로터리" 등으로 원음에 가깝게 표기된 것은 우리말의 두음법칙을 어긴 것이지만 외래어라는 점을 감안하면 잘된 일이다.

"퍼머넌트 웨이브(permanent wave)"는, 첫째로, 너무 길어서 불편하고, 둘째로, 외래어로 받아들이기에는 뜻이 너무 복잡하다. 그래서 한동안 이 말의 첫 두 음절만 따서 "퍼머"를 표준어로 삼았으나 대중은 일본식 발음을 따라서 "파마"라고 발음하게 되었다. 그러다가 "파마"라고 하는 인구가 "퍼머"라고 하는 인구를 압도하자 "퍼머"는 물러나고 "파마"가 표준어로 결정되었다. 그래서 출판된 지 좀 오래된 사전에는 "퍼머"가 표준어로 나와 있고, 근래에 나온 사전에서는 "파마"가 표준어로 되어 있다.

이밖에도 "프로그램(program)", "프로페셔널(professional)", "프로덕션(production)", "프롤레타리아(proletariat)", "프로센토(procento, percent [퍼센트])", 등이 모두 "프로"로 단축되는 것도 동일한 경향에서 온 것이다. "화이트 셔츠(white shirts)"가 "와이샤쓰"를 거쳐서 "와이셔츠(Y-shirts)로 된 것도 이와 유사한 과정의 예이다.

이밖에도 본딧말을 물리치고 새로운 표준어로 등장한 단어들은 일일이 매거(枚擧)할 수 없을 정도로 많다. 위에서 살펴본 몇 경우들을 포함하여 본딧말과 표준어의 실례(實例)를 목록으로 만들면 다음과 같다.

3. 본딧말과 표준어의 실례(實例)

(1) "가가(假家)"→"가게"   (2) "가마스(かます)"→"가마니"
(3) "가자(茄子)"→"가지"   (4) "간난(艱難)"→"가난"
(5) "감옥서(監獄署)"→"가막소"   (6) "감저(甘藷)"→"감자"
(7) "강남(江南)이"→"강냉이"   (6) "강남(江南)콩"→"강낭콩"
(7) "같지 아니하다"→"같잖다"   (8) "개자(芥子)"→"겨자"
(9) "겸연(慊然)쩍다"→"계면쩍다"   (10) "고초(苦椒/苦草)"→"고추"
(11) "곤난(困難)"→"곤란"   (12) "곧히다"→"고치다"
(13) "골독(汨篤)하다"→"골똘하다"   (14) "골리수(骨利樹)"→"고로쇠"
(15) "곰(gomme)"→"고무"   (16) "공연(空然)히"→"괜히"
(17) "과실(果實)"→"과일"   (18) "관혁(貫革)"→"과녁"
(19) "괴이(怪異)하지 않다"→"괜찮다"   (20) "괴팍(乖愎)하다"→"괴팍하다"
(21) "권연(卷煙)"→"궐련"   (22) "귀(貴)하지 아니하다"→"귀찮다"
(23) "귀향(歸鄕)"→"귀양"   (24) "근두박질(筋斗搏跌)"→"곤두박질"
(25) "금슬(琴瑟)"→"금실"   (26) "급작(急作)이"→"갑자기"
(27) "기연(其然)가 미연(未然)가"→"긴가민가"
(28) "끈[緊]아풀"→"끄나풀"   (29) "낙제(絡蹄)"→"낙지"
(30) "내인(內人)"→"나인"   (31) "내종(乃終)"→"나중"
(32) "널판지(板紙)"→"널빤지"   (33) "닭의 알"→"달걀"
(34) "대사(大事)"→"대수"[롭다]   (35) "대이(大匜)"→"대야"
(36) "대조(大棗)"→"대추"   (37) "도적(盜賊)"→"도둑"
(38) "도우는 이"→"도우미"   (39) "동내(洞內)/동리(洞里)"→"동네"
(40) "동령(動鈴)"→"동냥"   (41) "동모(同侔)"→"동무"

(42) "두루말이"→"두루마리" (43) "램프(lamp)"→"남포"
(44) "마(馬)"→"말" (45) "마괘자(馬褂子)"→"마고자"
(46) "맑다"+"정(淨)하다"→"말짱/멀쩡하다"
(47) "망탁(網橐)"→"망태기" (48) "맞다"+"당(當)"→"마땅하다"
(49) "매양(每樣)"→"마냥" (50) "머신(machine, mishin)"→"미싱"
(51) "몇 일"→"며칠" (52) "목면(木棉)"→"무명"
(53) "목욕(沐浴)"→"미역"[감다] (54) "무정(無情)하다"→"매정하다"
(55) "묵(墨)"→"먹" (56) "미류(美柳)나무"→"미루나무"
(57) "미식(糜食)"→"미수"("미숫가루") (58) "밥보"→"바보"
(59) "방기(放氣)"→"방귀" (60) "방축(防築)"→"방죽"
(61) "백채(白寀)"→"배추" (62) "벽력(霹靂)"→"벼락"
(63) "보제수(菩堤樹)"→"보리수" (64) "보패(寶貝)"→"보배"
(65) "붇(筆[고대 발음])"→"붓" (66) "빌(bill)"→"삐라"
(67) "사도(使道)"→"사또" (68) "사량(思量)"→"사랑"
(69) "사향(麝香)쥐"→"생쥐" (70) "삭월세(朔月貰)"→"사글세"
(71) "산직(山直)이"→"산지기" (72) "산행(山行)"→"사냥"
(73) "상실(橡實)"→"상수리" (74) "상자(上梓)"→"상재(上梓)"
(75) "상채(常菜)/생채(生菜)"→"상추" (76) "생강(生薑)"→"새앙"
(77) "석류황(石硫黃)"→"성냥"
(78) "선농단(先農壇)/설농탕(雪濃湯)"→"설렁탕"
(79) "설겆이"→"설거지" (80) "설달"→"섣달"
(81) "설마(雪馬)"→"썰매" (82) "설합(舌盒)"→"서랍"
(83) "성황당(城隍堂)"→"서낭당" (84) "세세(細細)하다"→"시시하다"
(85) "소고(小鼓)"→"소구" (86) "소노(小弩)"→"쇠뇌"

(87) "손벽(-壁)"→"손뼉"　　　(88) "송라(松蘿)"→"송낙"

(89) "수몌(袖袂)"→"소매"　　(90) "수진(手陳)"→"수지니"

(91) "숙랭(熟冷)"→"숭늉"　　(92) "슬슬(瑟瑟)하다"→"쓸쓸하다"

(93) "승(僧)님"→"스님"　　　(94) "시랑(豺狼)이"→"승냥이"

(95) "시원하지 아니하다"→"시원찮다" (96) "시저(匙箸)"→"수저"

(97) "식겁(食怯)하다"→"시껍하다"(영남 방언)

(98) "쌍동(雙童)이"→"쌍둥이"　(99) "아기(俄旣)"→"아까"

(100) "아니곱다(곱지 않다)"→"아니꼽다"

(101) "아려(雅麗)답다"→"아리땁다" (102) "아해(兒孩)"→"아이"

(103) "악수(惡水)"→"억수"　　(104) "악착(齷齪)"→"억척"

(105) "안주부득(安住不得)"→"안절부절"

(106) "안해"→"아내"　　　　(107) "약념(藥念)"→"양념"

(108) "양자기(洋瓷器)"→"양재기" (108) "양중(兩重)"→"냥쭝"

(110) "없이 여기다"→"업신여기다" (111) "여구(驢駒)"→"나귀"

(112) "연계(軟鷄)"→"영계"　　(113) "염두(念頭)"→"엄두"

(114) "염우(廉隅)없다"→"염의없다" (115) "염치(廉恥)"→"얌체"

(116) "오랑견(五囊犬)"→"오랑캐" (117) "욕(褥)"→"요"

(118) "우뢰(雨雷)"→"우레"　　(119) "원성(猿猩)이"→"원숭이"

(120) "을사년(乙巳年)"→"을씨년[스럽다]"

(121) "의례(依例/宜例)"→"으레" (122) "이 생(生)"→"이승"

(123) "임금(林檎)"→"능금"　　(124) "있다가"→"이따가"

(125) "자미(滋味)"→"재미"　　(126) "작도(斫刀)"→"작두"

(127) "작란(作亂)"→"장난"　　(128) "잠간(暫間)"→"잠깐"

(129) "잠잠(潛潛)하고"→"잠자코" (130) "잡동산이(雜同散異)"→"잡동사니"

(131) "장단지"→"장딴지" (132) "장생(長栍)"→"장승"
(133) "장자(障子)"→"장지" (134) "장자(腸子)"→"창자"
(135) "재조(才操)"→"재주" (136) "저구(杵臼)"→"절구"
(137) "저 생(生)"→"저승" (138) "저육(豬肉)"→"제육"
(139) "적근채(赤根菜)"→"시금치" (140) "전(錢, 古音으로 '돈')"→"돈"
(141) "절부지(節不知)"→"철부지" (142) "젊지 않다"→"점잖다"
(143) "접자(楪子)"→"접시" (144) "정화(幀畵)"→"탱화"
(145) "족하(足下)"→"조카" (146) "종용(從容)하다"→"조용하다"
(147) "종자(鍾子)"→"종지" (148) "주착(主着)"→"주책"
(149) "주초(柱礎)돌"→"주춧돌" (150) "중생(衆生)"→"짐승"
(151) "지동(地動)"→"지둥" (152) "지룡(地龍)이"→"지렁이"
(153) "지리(支離)하다"→"지루하다" (154) "질려(蒺藜)"→"찔레"
(155) "착고(着錮)"→"차꼬" (156) "척촉(躑躅)"→"철쭉"
(157) "천동(天動)"→"천둥" (158) "첨아(簷牙)"→"처마"
(159) "청직(廳直)이"→"청지기" (160) "초락(草落)하다"→"초라하다"
(161) "초생(初生)달"→"초승달" (162) "최촉(催促)하다"→"재촉하다"
(163) "추잡(醜雜)하다"→"추접하다" (164) "출렴(出斂)하다"→"추렴하다"
(165) "치닥거리"→"치다꺼리" (166) "칠삭동(七朔童)이"→"칠삭둥이"
(167) "침장(沈藏)"→"김장" (168) "침채(沈菜)"→"김치"
(169) "켸켸묵다"→"케케묵다" (170) "쿠츠(靴)"→"구두"
(171) "토(兎)이"→"토끼" (172) "통소(洞簫)"→"퉁소"
(173) "퇴자(退字)"→"퇴짜" (174) "투수(套袖)"→"토시"
(175) "팔삭동(八朔童)이"→"팔삭둥이" (176) "팡(pão)"→"빵"
(177) "퍼머넌트 웨이브(permanent wave)"→"파마"

(178) "폐양(蔽陽)이"→"패랭이"   (179) "폐염(肺炎)"→"폐렴"
(180) "포주(庖廚)"→"푸주"   (181) "필률(觱篥)"→"피리"
(182) "하수분(河水盆)"→"화수분"   (183) "할 일 없이"→"하릴없이"
(184) "허(虛)되다"→"헛되다"   (185) "허위대다"→"허우대다"
(186) "호노자식(胡奴子息)"→"후레자식"   (187) "호초(胡椒/胡草)"→"후추"
(188) "홀륜(囫圇)하다"→"훌륭하다"   (189) "홀약홀약(忽弱忽弱)"→"호락호락"
(190) "화잇 셔츠(white shirts)"→"와이셔츠"
(191) "환향녀(還鄕女)"→"화냥년"   (192) "휘지비지(諱之秘之)"→"흐지부지"
(193) "앵도(櫻桃)"→"앵두"   (194) "자도(紫桃)"→"자두"
(195) "호도(胡桃)"→"호두"   (196) "부어(鮒魚)"→"붕어"
(197) "사어(鯊魚)"→"상어"   (198) "수어(秀魚)"→"숭어"
(199) "이어(鯉魚)"→"잉어"   (200) "오즉어(烏鰂魚)"→"오징어"
(201) "한나산(漢拏山)"→"한라산"   (202) "지이산(智異山)"→"지리산"
(203) "십월(十月)"→"시월"   (204) "오륙월(五六月)"→"오뉴월"
(205) "육월(六月)"→"유월"   (206) "초팔일(初八日)"→"초파일"

언어는 그것을 사용하는 사람의 습성과 편의에 따라서 끊임없이 변화하고 진화한다. 어제의 표준어는 오늘의 비표준어가 되고, 현재 표준어인 단어가 언젠가는 본딧말이 되어 교과서에서 영영 사라질 수도 있다. 이와 같은 추세와 변화를 그때그때 수용하여 정확한 표준 어를 사용하는 것은 모든 강연자와 설교자와 저술가의 의무요 책임 이다. 현자(賢者)는 말하기를 **"경우에 합당한 말은 아로새긴 은쟁반에 담긴 금사과"**(잠 25:11)와 같다고 하였다. 그러한 "금사과"를 따는 데는 그에 상응하는 노력이 필요하다.

9

동음이의어(同音異義語), 동자이의어(同字異義語), 동한이한어(同韓異漢語), 동자이음어(同字異音語)

　우리말에서 절반이 넘는 어휘가 한자어이고, 한자어들 중에는 발음은 같거나 비슷하지만 한자가 다르고, 따라서 의미가 다른 단어들이 매우 많다. 뿐만 아니라 동일한 한자인데 발음과 의미가 다른 경우도 적지 않다. 고유어들 가운데서도 동일한 철자와 발음을 가졌는데, 그 의미가 다른 경우, 또는 철자는 같지만 발음의 장단이 다르고 의미도 다른 경우가 허다하다. 이러한 모든 경우들을 하나씩 짚어보자.

1. 동음이의어(同音異義語)와 동한이한어(同韓異漢語)

A. 동음이의어(同音異義語)/동자이의어(同字異義語)

각 언어에는 같은 글자[文字] 또는 철자(綴字)인데 뜻이 다른 단어들이 매우 많이 있다. 이런 단어들을 흔히 "동음이의어(同音異義語)"라 하는데, 한국어의 경우는 "동음이의어"가 아니라 "동자이의어(同字異義語)"이다. 왜냐하면 우리말에서 많은 단어들이 글자는 같아도 발음이 다르기 때문이다. 예를 들면, "밤"이란 단어는 두 가지 뜻을 가지고 있는데, "낮"의 반대어인 "밤[夜]"은 짧게 발음하고, 견과류의 일종인 "밤[栗]"은 길게 발음한다. "눈"이란 단어도 얼굴에 있는 "눈[目]"을 가리킬 때는 짧게 발음하고, 하늘에서 내리는 "눈[雪]"을 가리킬 때는 길게 발음한다. 이와 같은 "동자이의어(同字異義語)"가 우리말 고유어에는 명사로도 많이 있고 동사와 형용사로도 허다하다. 예를 몇 개씩만 들면 다음과 같다.

(1) **명사**: 가지[枝, 茄子, 種類], 감[柿, 材料, 感], 굴[蠔, 窟], 길[道, 方法, 身高], 김[蒸氣, 海苔], 눈[目, 雪], 다리[脚, 橋], 달[太陰, 月, 葦子], 돌[石, 周年], 말[馬, 言, 斗], 못[釘, 池], 바람[風, 希望], 발[足, 簾], 밤[夜, 栗], 배[腹, 船, 梨, 倍], 볼[cheek, ball], 손[手, 客, 孫, 雙], 술[酒, 纓], 피[血, 稗], 우리[我們, 羊欄], 이[齒, 虱, 此, 利益], 해[太陽, 年, 害], 등등.

(2) **동사와 형용사**(뜻 생략): 가다[학교에 가다, 날이 가고 달이 가다,

이 구두는 3년 가다, 전깃불이 가다, 날이 어두워 가다], 가르다[편을 가르다, 개구리의 배를 가르다, 새벽 공기를 가르다], 가리다[해를 가리다, 아이가 낯을 가리다, 볏가리를 가리다, 외상값을 가리다], 가시다[맛이 가시다, 입안을 깨끗이 가시다], 갈다[새 것으로 갈다/교체하다, 먹/낫을 갈다, 논밭을 갈다, 이를 갈다], 감다[눈을 감다, 실을 실패에 감다, 구렁이가 몸을 감다], 걷다[안개가 걷다, 걸음을 걷다, 소매를 걷다], 고르다[물건을 고르다, 길바닥을 고르다/평평하게 하다, 성적이 고르다], 괴다[빗물이 괴다/고이다, 손으로 턱을 괴다, 술이 괴다/발효하다, 사랑하다], 굴다[구르다, 얄밉게 굴다], 굽다[빵을 굽다, 팔이 안으로 굽다, 윷놀이에서 두 동을 굽다], 그리다[그림을 그리다, 고향을 그리다], 깎다[잔디를 깎다, 월급을 깎다, 체면을 깎다], 깨다[잠에서 깨다, 물건을 깨다, 기록을 깨다], 끼다[안개가 끼다, 반지를 끼다, 틈에 몸이 끼다], 달다[무게를 달다, 나무에 달다, 꿀맛이 달다, 뜨거워지다], 돌다[팽이가 돌다, 공장이 돌다, 좌로 돌다], 돌리다[기계를 돌리다, 음식을 돌리다, 친구들에게 돌리다/고립되다], 돌아가다[오른쪽으로 돌아가다, 할아버지가 돌아가시다], 돌아보다[뒤를 돌아보다, 가정을 돌아보다], 뜨다[해가 뜨다, 눈을 뜨다, 메주가 뜨다, 물 위에 뜨다, 양말을 뜨다, 소가 사람을 뜨다, 잠시 자리를 뜨다, 사이가 뜨다, 삽으로 흙을 뜨다], 마르다[목이 마르다, 몸이 마르다/여위다, 옷감을 마르다], 말다[이야기를 하다가 말다, 국에 밥을 말다, 김밥을 말다], 먹다[음식을 먹다, 마음먹다, 나이를 먹다, 공금을 먹다, 한 골을 먹다, 더위를 먹다], 무르다[감이 무르다, 샀던 것을 도로 무르다, 마음이 무르다, 기업(基業)을 무르다], 묵다

[며칠 묵다, 여러 해 묵은 밥], 묶다[볏단을 묶다, 법으로 묶다, 전집(全集)으로 묶다, 괄호로 묶다], 묻다[쓰레기를 땅에 묻다, 수건에 물이 묻다, 모르는 것을 묻다, 책임을 묻다], 물다[개가 사람을 물다, 담배를 물다, 벌금을 물다], 밀다[수레를 밀다, 대패로 송판을 밀다, 아무개를 회장으로 밀다], 바래다[빛깔이 바래다, 손님을 정거장까지 바래다], 바르다[종이로 벽을 바르다, 생선의 살을 바르다, 경위가 바르다], 박다[못을 박다, 사진을 박다, 바느질 땀을 박다], 벌다[돈을 벌다, 틈이 벌다], 보다[산을 보다, 영화를 보다, 선을 보다, 장을 보다, 예배를 보다, 보다 좋은 방법], 볶다[콩을 볶다, 들들 볶다], 부르다[손님을 부르다, 노래를 부르다, 배가 부르다, 재앙을 부르다], 불다[태풍이 불다, 휘파람을 불다, 공모(共謀)한 사실을 불다], 빨다[젖을 빨다, 옷을 빨다], 사다[집을 사다, 환심을 사다], 살다[죽지 않고 살다, 머슴/징역을 살다], 싸다[보자기로 책을 싸다, 물건 값이 싸다, 똥오줌을 싸다, 야단을 맞아도 싸다], 쓰다[돈을 쓰다, 글을 쓰다, 맛이 쓰다, 갓을 쓰다], 열다[문을 열다, 열매가 열다], 오다[집에 오다, 기회가 오다, 함박눈이 오다, 차례가 오다, 소식이 오다], 올리다[물건을 선반에 올리다, 이름을 올리다], 있다[신(神)은 있다, 건물이 있다, 돈이 있다, 무슨 일이 있다, 나도 할 수 있다, 산이 높이 솟아 있다], 자다[잠을 자다, 파도가 자다], 자라다[나무가 자라다, 손이 천장에 자라다], 잡다[손으로 잡다, 기회를 잡다, 손님을 잡다, 비용을 잡다, 짐승을 잡다, 불길을 잡다], 적다[수효가 적다, 글을 적다], 절다[소금/땀에 절다, 다리를 절다], 접다[종이를 접다, 날개를 접다, 뜻을 접다], 조르다[목을 조르다, 아버지에게 조르다], 지다[짐을 지다,

경기에서 지다, 해가 지다], **짜다**[베를 짜다, 팀을 짜다, 소금 맛이 짜다, 인색하다], **찌다**[나무를 베다, 익히거나 데우다], **찍다**[도끼로 나무를 찍다, 투표에서 누구를 찍다], **차다**[얼음이 차다, 창고에 물건이 가득 차다], **치다**[파도가 치다, 주먹으로 치다, 가지를 치다, 소독약을 치다, 값을 치다, 새끼를 치다, 피아노를 치다], **타다**[불이 타다, 버스를 타다, 설탕을 타다, 월급을 타다, 틈을 타다, 부정 타다, 가르마를 타다, 가야금을 타다, 부끄러움을 타다, 시류를 타다], **하다**[일을 하다, 중매를 하다, 노래를 하다, 가기로 하다, 법을 지켜야 하다, 곱기도 하다], 등등.

B. 동한이한어(同韓異漢語)

"동한이한어(同韓異漢語)"는 내가 임시로 그리고 임의로 만든 용어이다. 이것은 문자 그대로 "한글로는 같지만 한자가 다른 단어"를 가리킨다. 우리말에는 이런 단어가 차고 넘친다. 우리말은 "동한이한어(同韓異漢語)" 덕분에 어휘가 풍부해지기도 하지만, 그것 때문에 단어의 의미가 불확실해지거나 왜곡되는 경우가 허다하다.

한글로 "사념"이라는 말에는 "思念"과 "邪念" 둘밖에 없지만, "사단"이란 말에는 한자가 다른 단어 7개가 있으며, "사정"이란 말에는 15개, "정사"라는 말에는 무려 20개 넘게 있다. 예컨대, 한자를 쓰지 않고 한글로만 "사정"이라고 적어 놓으면 그것이 "事情", "私情", "司正", "射精", "射程" 등에서 어느 것을 말하는지 알 수가 없고, 그냥 "정사"라고만 써 놓으면 그것이 "精査"인지 "正史"인지 "情事"인지 "情死"인지 "政事"인지 알 수가 없다. 물론 문맥을 봐서 짐작할 수도 있겠지만 그렇지 않을 경우가 매우 많다.

만약 우리가 한자를 쓰지 않으면서 한자어를 사용한다면, 그 뜻을 파악하는 데 시간이 걸릴 뿐만 아니라 때로는 그 말의 뜻을 잘못 알게 되는 경우도 생기고, 심지어는 정반대의 의미로 해석하는 일도 벌어진다. 그러므로 우리가 한자를 전혀 쓰지 않거나 맹목적으로 '한글 전용'을 고집하면 말이나 글로써 의사를 전달하는 일에 큰 문제가 생길 수 있다.

C. 혼동하기 쉬운 동한이한어(同韓異漢語)들

"동한이한어(同韓異漢語)" 가운데는 혼동하기 쉬운 단어들이 꽤 많이 있다. 특히, 자주 틀리게 쓰이거나 분간하기 어려운 것으로는 다음과 같은 것들이 있다.

(1) "유감(遺憾)"과 "유감(有感)"

이 두 단어를 혼동하거나 둘의 차이를 모르고 말하는 경우가 흔히 있다. "유감(遺憾)"은 "마음에 남아 있는 섭섭한 느낌, 또는 언짢은 마음"을 의미하고, "유감(有感)"은 "어떤 것에 대하여 느끼는 바, 또는 느낌이 있음"을 뜻한다. "나는 그에게 유감(遺憾)이 많다. 유감천만(遺憾千萬)이다."라는 말은 전자에 속하는 것이고, "금강산 관광 유감(有感). 이번 회의에 대한 유감(有感)을 좀 말씀해주세요."라는 표현은 후자에 속하는 것이다. "유감(遺憾)"의 "감(憾)"은 "한(恨)스러울/섭섭할 감"이고, "유감(有感)"의 "감(感)"은 "느낄 감"이며, "유감(遺憾)"의 "유(遺)"는 짧게 발음하고, "유감(有感)"의 "유(有)"는 길게 발음한다. 만약 어떤 사람이 "이번 회의에 대한 '유감'을 좀 말씀해주십시오."라고 말하면서 "유"를 짧게 발음하면 "유감(遺憾)스러움" 즉 "섭섭함"을 말해달라는 뜻이 되고, "유"를 길게 발음하면 "유감(有感)" 즉 "느낀 점"을 말해달라는 뜻이 된다. 의도에 맞게 발음을 잘해야 한다.

(2) "기업(企業)"과 "기업(基業)"

"기업(企業)"은 "영리를 목적으로 하여 사업을 경영하는 일[예: 기업 경영, 중소기업]"을 뜻하고, "기업(基業)"은 "선대(先代)로부터 이어 오는 재산과 사업"을 의미한다. 성경에는 "기업"이라는 단어가 약 280회 나오는데, 모두 "基業"이고, "企業"은 한 번도 사용되지 않았다. "기업(企業)"은 현대적 개념이므로, 성경 시대에는 존재하지 않았다.

(3) "충심(忠心)"과 "충심(衷心)"

이 두 단어의 차이를 모르는 사람이 아는 사람보다 훨씬 더 많은 것 같다. "충심(忠心)"은 "충성(忠誠)스러운 마음"이고, "충심(衷心)"은 "속에서 우러나오는 진정(眞正)한 마음"이다. "나라에 대한 충심"이라고 할 때의 "충심"은 "忠心"이고, "당신이 성공하기를 충심으로 기원합니다."라고 할 때의 "충심"은 "衷心"으로 써야 맞는다. "충심(忠心)"은 "충정(忠情)"과 동의어이고, "충심(衷心)"은 "충정(衷情)"과 동의어이다.

(4) "대망(大望)"과 "대망(待望)"

"대망(大望)"은 "큰 희망"을 뜻하고, "대망(待望)"은 "기다리고 바람"을 의미한다. 따라서 "소년이여, 대망을 품어라."고 할 때의 "대망"은 "大望"이고, "대망의 조국 통일의 날"이라고 할 때의 "대망"은 "待望"이다.

(5) "사정(事情)"과 "사정(私情)"

"사정(事情)"은 "일의 형편이나 그렇게 된 까닭"을 뜻하고, "사정(私情)"은 "사사(私私)로운 정"을 의미한다. "사정(事情)이 딱하다", "사정(私情)에 이끌리다"로 써야 정확한 표현이다.

(6) "사죄(謝罪)"와 "사죄(赦罪)"

"사죄(謝罪)"는 "자신이 지은 죄에 대하여 용서를 비는 것"이고, "사죄(赦罪)"는 "타인이 지은 죄를 용서해 주는 것"이다. "백배 사죄한다"라고 할 때의 "사죄"는 "謝罪"이고, "지은 죄를 고백하여 사죄를 받았다"라고 할 때의 "사죄"는 "赦罪"이다.

(7) "과정(過程)"과 "과정(課程)"

"과정(過程)"은 "일이 되어 나가는 경로(經路)"를 뜻하고, "과정(課程)"은 "과업(課業)의 정도, 학년의 정도에 따른 과목(科目)"을 뜻한다. 학교에서 흔히 사용하는 "교과과정"은 반드시 "敎科課程"으로 써야 한다.

(8) "과년(瓜年)"과 "과년(過年)"

"과년(瓜年)"은 "여자가 혼기에 이른 나이"를 의미하고, "과년(過年)"은 "여자의 나이가 보통의 혼기를 지남"을 뜻한다.

(9) "원수(元首)"와 "원수(元帥)"

"원수(元首)"는 "한 나라의 최고 통치권을 가진 사람"이고, "원수(元帥)"는 "군대의 최고 계급에 있는 사람[즉, 오성장군(五星將軍)]"을 가리킨다. 이 두 단어를 발음할 때는 첫 음절인 "원"에다 악센트를 주어야 한다. 만약 둘째 음절인 "수"에다 악센트를 주면 "원수(怨讐)" 즉 "원한(怨恨)이 맺힌 사람"을 의미한다.

참고로, 북한에서는 "원수(元首)" 또는 "원수(元帥)"와 "원수(怨讐)"를 구분하기 위하여 "元首"와 "元帥"는 "원수"로 표기하고, "怨讐"는 "원쑤"로 표기한다고 한다.

(10) "실권(實權)"과 "실권(失權)"

"실권(實權)"은 "실제로 행사할 수 있는 권리나 권세"를 의미하고, "실권(失權)"은 "권리나 권세를 잃음"을 뜻한다. "실권(實權)"은 명사로만 쓰여서 "실권을 잡다" 또는 "실권을 장악하다"라고 표현할 수 있고, "실권(失權)"은 "-하다"를 붙여서 동사로 사용할 수 있다. "왕은 군부의 쿠데타로 실권하였다."라고 표현하면 그가 "실권(失權)"하였음을 의미한다.

D. 반대의 뜻을 가진 동한이한어(同韓異漢語)들

"동한이한어(同韓異漢語)" 중에서 우리가 사용할 때 특별히 주의해야 할 단어들은 한자가 다름으로써 뜻이 정반대가 되는 단어들이다. 예를 들면 다음과 같다.

(1) "편재(遍在)"와 "편재(偏在)"

전자는 "널리 존재함, 두루 퍼져 있음"을 뜻하고, 후자는 "어떤 곳에 치우쳐 있음"을 뜻한다. "하나님의 편재(omnipresence)"라고 할 때는 "遍在"를 써야 하고, "부(富)의 편재(maldistribution)"라고 할 때는

"偏在"를 써야 한다.

(2) "연패(連覇)"와 "연패(連敗)"

전자는 "연달아 이김"을, 후자는 "연달아 짐"을 뜻한다.

(3) "천재(天才)"와 "천재(淺才)"

전자는 "태어날 때부터 가진 뛰어난 재주, 또는 그것을 타고난 사람"을 가리키고, 후자는 "얕은 재주나 꾀, 또는 그 정도를 가진 사람"을 가리킨다.

(4) "구속(拘束)"과 "구속(救贖)"

전자는 "마음대로 하지 못하게 얽어맴"을 뜻하고, 후자는 "얽매인 사람의 몸값을 지불하고 그를 풀어줌, 또는 기독교에서, 대속(代贖)하여 구원하는 일"을 의미한다. "사탄에게 구속(拘束)된 죄인을 예수께서 구속(救贖)하신다."

(5) "장편(長篇)"과 "장편(掌篇)"

전자는 "시가나 소설 또는 영화에서 내용이 긴 작품"을 뜻하고, 후자는 "('손바닥[掌]' 넓이만큼의) 극히 짧은 문학작품"을 가리킨다.

2. 동자이음어(同字異音語)

우리가 쓰는 한자 중에는 두 가지 이상의 발음을 가진 것들, 즉 "동자이음어(同字異音語)"들이 많이 있다. 운전기사가 새 "면허증"을 받으면 "면허증을 갱신(更新)한다"고 하고, 운동선수가 새로운 "기록"을 세우면 "기록을 경신(更新)한다"고 한다. 똑 같은 한자인데, 다르게 발음하는 데는 이유가 있다. "면허증"처럼 "다시" 받는 것은 "갱신"이라 하고, "기록"처럼 "고치는" 것은 "경신"이라 한다. 우리말에는 거의 60개의 한자가 두 가지 또는 세 가지의 음으로 읽히므로 이 점에 대해서도 유의하는 것이 필요하다.

(1) 乾　(마를 간): 간목수생(乾木水生), 간물(乾物).
　　　(하늘/마를 건): 건곤일척(乾坤一擲), 건성(乾性), 건조(乾燥), 건순노치(乾脣露齒).

(2) 更　(다시 갱): 갱신(更新), 갱생(更生), 갱년기(更年期). "면허증을 갱신하다."
　　　(고칠 경): 경신(更新), 경질(更迭), "기록을 경신하다." "장관을 경질하다."

(3) 醵　(추렴할 갹): 갹금(醵金), 갹음(醵飲), 갹출(醵出).
　　　(추렴할 거): 거금(醵金), 거음(醵飲), 거출(醵出).

(4) 見　(볼 견): 견본(見本), 견습(見習), 견학(見學), 식견(識見), 의견(意見).
　　　(드러날 현): 알현(謁見), 현치(見齒, 웃음), 독서백변의자현(讀書百遍義自見)

(5) 串　(꿸 관): 관시(串柿, 곶감), 관표(串票), 석관동(石串洞, 돌곶이).
　　　(땅 이름 곶): 죽곶도(竹串島), 장산곶(長山串).

(6) 龜　(거북 귀): 귀감(龜鑑), 귀갑(龜甲), 귀모토각(龜毛兔角).
　　　(손이 얼어 터질 균): 균수(龜手), 균열(龜裂).

(7) 金　(쇠/금 금): 금속(金屬), 금은(金銀), 보증금(保證金), 현금(現金).
　　　(성[姓] 김): 김가(金哥), 김제(金堤), 김천(金泉), 김포(金浦).
(8) 南　(남녘 남): 남가일몽(南柯一夢), 남극(南極), 남북(南北), 지남(指南).
　　　(남녘 나): 나무아미타불(南無阿彌陀佛).
(9) 內　(안 내): 내면(內面), 내외(內外), 구내(構內), 실내악(室內樂).
　　　(안 나): 나인(內人, 임금을 측근에서 모시던 내명부[內命婦]의 통칭).
(10) 奈　(어찌 내): 내하(奈何, 어찌함). "그 사건의 내하를 누가 아는가?"
　　　(어찌 나): 나락(奈落, 지옥[地獄]). "나락에 떨어졌다."
(11) 茶　(차 다): 다과(茶菓), 다방(茶房), 다원(茶園), 끽다(喫茶).
　　　(차 차): 차(茶), 차례(茶禮), 홍차(紅茶), 생강차(生薑茶).
(12) 丹　(붉을 단): 단순호치(丹脣皓齒), 단장(丹粧), 단풍(丹楓), 편단심(一片丹心).
　　　(모란 란): 모란(牡丹).
(13) 糖　(엿 당): 당밀(糖蜜), 당도(糖度), 당뇨병(糖尿病), 포도당(葡萄糖).
　　　(사탕 탕): 사탕(砂糖), 설탕(雪糖), 탕수육(糖水肉).
(14) 度　(법 도): 도수(度數), 도량형(度量衡), 정도(程度), 제도(制度).
　　　(헤아릴 탁): 촌탁(忖度, 남의 마음을 헤아림), 탁지부(度支部, 이조 말 재정 관청).
(15) 讀　(읽을 독): 독서삼매(讀書三昧), 독해(讀解), 강독(講讀), 우이독경(牛耳讀經).
　　　(읽을 두): 구두점(句讀點), 이두(吏讀).
(16) 洞　(골/고을 동): 동굴(洞窟), 동방화촉(洞房華燭), 동혈(洞穴), 공동(空洞).
　　　(깊을 통): 통찰(洞察), 통촉(洞燭).

(깊을 통): 통소(洞簫).

(17) 樂 (즐길 락): 낙관(樂觀), 낙원(樂園), 희락(喜樂), 쾌락(快樂).
(풍류 악): 악곡(樂曲), 악상(樂想), 음악(音樂), 관현악(管絃樂).
(좋아할 요): 요산요수(樂山樂水).

(18) 木 (나무 목): 목수(木手), 목재(木材), 초목(草木), 교목(喬木).
(모과 모): 모과(木瓜, 모과나무의 열매).

(19) 反 (돌이킬 반): 반대(反對), 반사(反射), 반응(反應), 배반(背反), 위반(違反).
(뒤칠 번): 번전(反田, 논을 밭으로 만듦), 번답(反畓, 밭을 논으로 만듦), 번경(反耕, 논을 여러 번 갈아 뒤집음), 번고(反庫, 창고를 뒤적거려 조사함).

(20) 復 (돌아올/거듭할 복): 복구(復舊), 복수(復讐), 광복(光復), 회복(恢復).
(다시 부): 부생(復生, 소생[蘇生]), 부활(復活), 부흥(復興).

(21) 否 (아니 부): 부인(否認), 부정(否定), 안부(安否).
(막힐 비): 비운(否運, 나쁜 운수, 불행). "비운의 왕자."

(22) 北 (북녘 북): 북극성(北極星), 북방(北方), 북풍(北風), 남북(南北).
(패하여 달아날 배): 패배(敗北).

(23) 索 (삭막할 삭): 삭막(索莫), 삭연(索然, 외롭고 쓸쓸함).
(찾을 색): 검색(檢索), 색출(索出), 사색(思索). "사색에 잠기다."

(24) 殺 (죽일 살): 살균(殺菌), 살기등등(殺氣騰騰), 살생(殺生).
(내릴 쇄): 쇄도(殺到), 강쇄(降殺, 등급을 깎아 내림).

(25) 狀 (꼴/모양 상): 상태(狀態), 상황(狀況), 실상(實狀), 형상(形狀).
(형상/문서 장): 상장(賞狀), 졸업장(卒業狀), 행장(行狀).

(26) 塞 (막을 색): 경색(梗塞), 옹색(壅塞). "옹색한 살림."

(변방 새): 새옹지마(塞翁之馬). "인생만사는 새옹지마다."

(27) 說 (말씀/풀 설): 설명(說明), 설화(說話), 해설(解說), 횡설수설(橫說竪說).

(달랠 세): 유세(遊說). "선거 유세."

(기쁠 열[悅]): 학이시습지 불역열호(學而時習之 不亦說乎).

(28) 省 (살필 성): 성찰(省察), 성묘(省墓), 반성(反省). "자신을 성찰하다."

(절약할 생): 생략(省略). "이하 생략."

(29) 屬 (엮을 속): 속국(屬國), 속성(屬性), 귀속(歸屬), 부속(附屬).

(이을 촉): 촉망(屬望 = 촉망[囑望]). "장래가 촉망되는 소년."

(30) 率 (거느릴 솔): 솔선(率先), 솔가(率家), 솔권(率眷).

(비율 률): 비율(比率), 이율(利率), 인상률(引上率).

(31) 數 (셀 수): 수학(數學), 수치(數値), 분수(分數), 소수(素數), 공약수(公約數).

(자주 삭): 삭뇨증(數尿症, 오줌이 자주 마려운 병), 삭변증(數便症).

(촘촘할 촉): 촉촉(數數). "촉촉[촘촘]한 그물."

(32) 宿 (잘 숙): 숙명(宿命), 숙박(宿泊), 숙영(宿營), 기숙사(寄宿舍).

(별 수): 성수(星宿, 성좌[星座]), 진수(辰宿, 온갖 성좌의 별들).

(33) 識 (알 식): 식견(識見), 식자우환(識字憂患), 지식(知識).

(기록할 지): 표지(標識), 근지(謹識, 삼가 쓰다).

(34) 什 (열 십): 십백(什百), 십장(什長, 졸병 열 사람의 우두머리).

(물건 집): 집기(什器), 집물(什物, 일상생활에 쓰는 도구).

(35) 拾 (열 십): 십원(拾 -). "십 원짜리 열 개면 백 원이 된다."

(주울 습): 습득(拾得), 수습(收拾). "사태 수습에 나서다."

(36) 惡 (악할 악): 악담(惡談), 악인(惡人), 선악(善惡), 흉악(凶惡).

(미워할 오): 염오(厭惡), 증오(憎惡), 혐오(嫌惡), 호오(好惡).

(37) 易　(바꿀 역): 역성(易姓), 역지사지(易地思之), 교역(交易), 무역(貿易).

　　　　(쉬울 이): 용이(容易), 난이도(難易度), 소년이로학난성(少年易老學難成).

(38) 葉　(잎사귀 엽): 엽록소(葉綠素), 엽서(葉書), 낙엽(落葉), 일엽편주(一葉片舟).

　　　　(땅/사람 이름 섭): 섭씨(葉氏), 가섭(迦葉).

(39) 印　(도장/찍을 인): 인장(印章), 인쇄(印刷), 인감(印鑑), 각인(刻印), 날인(捺印).

　　　　(끝 끝): 관부끝(官簿印) = 관부지말단서자(官簿之末端書字).

(40) 刺　(찌를 자): 자객(刺客), 자극(刺戟), 자상(刺傷), 자수(刺繡), 난자(亂刺).

　　　　(찌를 척): 척살(刺殺), 척탐(刺探, 형편을 살핌).

(41) 場　(마당 장): 도장(道場, 무예를 수련하는 곳), 장면(場面), 운동장(運動場).

　　　　(마당 량): 도량(道場, 불도[佛道]를 닦는 곳). "100일 구국 기도 도량(道場)."

(42) 切　(끊을/간절할 절): 절개(切開), 친절(親切), 일절(一切). "그런 행동은 일절 금한다."

　　　　(온통 체): 일체(一切). "가재도구(家財道具) 일체를 구입했다."

(43) 佐　(도울 좌): 좌거(佐車, 보좌하는 수레), 보좌관(輔佐官).

　　　　(버금 자): 자반(佐飯, 생선을 소금에 절인 반찬[굴비, 암치, 어란(魚卵) 따위]).

(44) 辰　(별 진): 진시(辰時, 오전 7~9시), 진한(辰韓).

　　　　(날/별 신): 생신(生辰), 일월성신(日月星辰).

(45) 車　(수레 차): 차도(車道), 차량(車輛), 기차(汽車), 자동차(自動車).

(46) 拓 (물리칠/열 척): 척지(拓地), 간척(干拓), 개척(開拓).
　　　 (밀칠 탁): 탁본(拓本, 탑본[榻本]).

(47) 則 (법칙 칙): 규칙(規則), 법칙(法則). 변칙(變則).
　　　 (곧 즉): 언즉시야(言則是也), 수즉다욕(壽則多辱).

(48) 沈 (잠길 침): 침강(沈降), 침수(沈水), 침잠(沈潛), 격침(擊沈).
　　　 (성[姓] 심): 심청전(沈淸傳), 심훈(沈熏).

(49) 宅 (집 택): 택지(宅地), 택호(宅號), 사택(舍宅), 자택(自宅).
　　　 (집 댁): 댁내(宅內), 귀댁(貴宅), 부산댁(釜山宅).

(50) 便 (편할 편): 편안(便安), 편지(便紙), 우편(郵便), 차편(車便).
　　　 (똥오줌 변): 변기(便器), 변소(便所), 대변(大便), 소변(小便).

(51) 暴 (사나울 포): 포악(暴惡), 포학(暴虐), 횡포(橫暴), 흉포(凶暴).
　　　 (햇볕 쬘/드러낼 폭): 폭군(暴君), 폭로(暴露), 폭염(暴炎), 난폭(亂暴).

(52) 降 (항복할 항): 항복(降服), 항자불살(降者不殺), 투항(投降).
　　　 (내릴 강): 강등(降等), 강신술(降神術), 강우량(降雨量), 승강기(昇降機).

(53) 行 (갈 행): 행각(行脚), 행동(行動), 동행(同行), 언행(言行).
　　　 (항오 항): 항렬(行列), 항시(行市, 임시 점포), 항오(行伍).

(54) 推 (옮길/밀 추): 추론(推論), 추리(推理), 추산(推算), 추천(推薦), 추측(推測).
　　　 (밀/옮길 퇴): 퇴고(推敲), 퇴창(推窓, 창문을 밀어서 엶), 퇴호(推戶).

(55) 紅 (붉을 홍): 홍도(紅桃), 홍색(紅色), 동가홍상(同價紅裳), 천자만홍(千紫萬紅).
　　　 (길쌈 공): 공녀(紅女, 길쌈하는 여인).

(56) 遍 (두루 편): 편답(遍踏), 편력(遍歷), 편만(遍滿), 편재(遍在).

(번수[番數] 변): 독서백변의자통(讀書百遍義自通), 독서백변의자현(讀書百遍義自見).

(57) 皮 (가죽 피): 피골(皮骨), 피부(皮膚), 피혁(皮革), 모피(毛皮), 만두피(饅頭皮).

　　 (가죽 비): "녹비(鹿皮)에 가로왈(曰) 자(字)."

(58) 酵 (술 괼 효): 효모(酵母), 효소(酵素).

　　 (누룩 교): 무교병(無酵餠), 무교절(無酵節), 유교병(有酵餠).

(59) 告 (알릴 고): 고발(告發), 고지(告知), 광고(廣告), 무고(誣告).

　　 (알릴 곡): 출필곡반필면(出必告反必面).

"六月"을 "육월"이라 발음하지 않고 "유월"이라 하며, "五六月"을 "오륙월"이라 읽지 않고 "오뉴월"이라 읽는다. 하지만 부산 앞바다에 있는 작은 섬들을 "오륙도(五六島)"라고 하지 "오뉴도"라고 하지는 않는다. "十月"을 "십월"이라 발음하지 않고 "시월"이라 읽는다. "六月 六日"을 "유월 육일"이라 읽고, "十月 十日"을 "시월 십일"이라 읽는 것은 누가 봐도 이상하고 신기한 일이다. 보통의 "八日"은 "팔일"이라 읽고, 음력 4월 8일을 일컬을 때 "初八日"은 "초파일"이라고 읽는다. 언어 습관은 참으로 묘한 것이다.

"동자이음어(同字異音語)"가 이 밖에도 더 있을 것이다. 단어들을 경우에 합당하게 사용하고, 또한 그 발음을 정확하게 하는 것은 결코 쉬운 일이 아니다. 그렇게 하는 데는 상당한 노력과 시간이 소요된다. 그러나 상황에 적합한 단어를 사용하고 정확한 발음을 하려고 노력하는 사람들은 그에 상응하는 인정과 대우를 누리게 될 것이다.

10. 잘못 사용하기 쉬운 한자어들

한국인들이 사용하는 언어인 한국어 단어들의 약 3분의 2가 원래 한자어에서 나온 것이다. 그 모든 단어들의 어원과 유래와 한자를 현대의 한국인들이 다 알 필요는 없다. 과연(果然), 굉장(宏壯)히, 기어(期於)이/코, 기필(期必)코, 대관절(大關節), 도대체(都大體), 도저(到底)히, 돌연(突然), 미상불(未嘗不), 별안간(瞥眼間), 삽시간(霎時間), 심지어(甚至於), 어언간(於焉間), 어차피(於此彼), 절대(絕對)로, 조강지처(糟糠之妻), 졸지(猝地)에, 창졸간(倉卒間), 철저(徹底)히, 한사(限死)코, 등과 같은 어휘의 한자를 꼭 기억하거나 쓸 줄 알아야 하는 것은 아니다. 하지만 각 어휘의 내력과 어원적 의미를 안다는 것은 그 어휘에 대한 이해와 사용에 큰 영향을 끼친다.

우리는 생활의 현장에서 사람들이 어떤 단어의 유래와 한자를 모르고 그 단어를 사용함으로써 빚어지는 우스운 경우들을 자주 만난다. "이번에 발생한 범죄는 그 '유래'를 찾아볼 수 없는 끔찍한 사건이다."와 같은 말은 일반 잡지들에서 가끔 보이고, 강의실이나 교회당에서 하는 유명한 강사들의 강론에서도 들린다. 그리고 "그는 마침내 '운명'을 달리했다."라는 식의 표현은 정치 지도자들의 회의석상과 심지어는 대통령 선거의 유세장에서도 들을 수 있다. 이와 같이 잘못 사용하기 쉬운 한자어들 가운데서 가장 빈번하게 들리는 단어들 몇 개만 함께 살펴보기로 하자.

1. "옥석(玉石)"과 관련된 사자성어들

"옥석구분(玉石俱焚)"/"옥석동쇄(玉石同碎)"와 "옥석구분(玉石區分)", 그리고 "옥석혼효(玉石混淆)"/"옥석동궤(玉石同櫃)"/"옥석혼교(玉石混交)" 등의 사자성어(四字成語)들을 확실하게 구별하여 사용하기는 쉽지 않다. 이 중에는 뜻이 서로 비슷한 것들도 있고, 그 유래와 용례와 의미가 사뭇 다른 것들도 있다.

(1) "옥석구분(玉石俱焚)"/"옥석동쇄(玉石同碎)"

"옥석구분(玉石俱焚)"은 "옥(玉)과 돌[石]이 함께[俱] 불에 탄다[焚]"는 뜻으로, 옳은 사람과 그른 사람을 구별하지 않고 모두를 벌하거나 죽이는 것을 비유적으로 이르는 말이다. 이것은 「서경(書經)」의 하서(夏書) 〈윤정편(胤征篇)〉에 나온다. 〈정편〉은 윤후(胤侯)가 하(夏)나라 중강왕(仲康王)의 명령을 받아 직책을 잘 수행하지 않는 희화(羲和)를 정벌(征罰)하러 갈 때의 기록이다. 그 내용은 윤후가 정벌에 앞서서 군대를 모아놓고 희화의 죄상을 밝히는 한편, 군사들에게 군율을 엄수하도록 훈시한 것이다. 그 가운데 다음과 같은 대목이 나온다.

> "곤강(崑岡: 옥을 캐내는 산)이 불에 타면 그 속의 옥과 돌이 모두 함께 탄다[火炎崑岡 玉石俱焚]. 천리(天吏: 하늘이 명한 관리 즉 임금, 또는 천제[天帝]가 임명한 관리인 희화[羲和])가 덕을 잃게 되면 맹렬한 불보다도 더 뜨겁다[天吏逸德 烈于猛火]. 그 괴수(魁首)는 죽일지라도, 위협에 못 이겨 따라한 사람들은 모두 죽지 않을 것이다. 오래 물든 더러운 습성을 버리고, 다 함께 새롭게 나아가자[咸與維新]."

이 말에 담긴 사상은 착한 사람과 악한 사람이 함께 화를 당하게 해서는 안 된다는 것이다. 아무리 사태가 심각하다 하더라도 옥(玉)과 돌[石]을 구분(區分)해야 한다는 말이다. 지도자 또는 책임자가 그르친 일로 인하여 그 아래서 명령을 받들어 온 사람들이 모두 화를 입는 것은 불가한 일이다. 한국 속담에 "모진 놈 옆에 있다가 벼락 맞는다."라는 말이 있는데, 그렇게 되는 일은 억울하고 불공평한 일임을 암시하는 것이다.

"옥석구분(玉石俱焚)"과 같은 의미로 쓰이는 다른 사자성어는 "옥석동쇄(玉石同碎)"이다. 이 말은 "옥(玉)과 돌[石]을 함께[同] 부순다[碎]"라는 뜻으로, 좋은 것과 나쁜 것을 가리지 않고 다 없애버리는 것을 가리킨다. "옥석동쇄(玉石同碎)"라는 말은 「문선(文選)」에서 처음 사용되었다.

훌륭한 인재(人材)를 양성하는 데는 시간과 노력과 재정이 많이 들어간다. 그렇게 하여 키워놓은 인재들이 문제를 일으킨 다른 사람들 때문에 함께 희생되는 것은 어느 모로 보나 아깝고 억울한 일이다. "옥석구분(玉石俱焚)"이나 "옥석동쇄(玉石同碎)"가 발생하지 않도록 지도자들은 옥석(玉石)을 잘 구분(區分)해야 할 것이다.

(2) "옥석구분(玉石區分)"

"옥석구분(玉石區分)"은 "옥석구분(玉石俱焚)"의 동음이어(同音異語)로서 특별한 유래나 배경을 가진 단어는 아니다. "옥석구분(玉石俱焚)"의 뜻을 모르는 사람들이 이 단어를 들으면 "옥석을 구분(區分)한다"는 뜻으로 이해하기가 십상이어서 가끔 "옥석구분(玉石區分)"이라는 말을 사용하고 있다. 이것은 "고사성어(故事成語)"가 아닌, 말하자면 "신조성어(新造成語)"이다. 그래서 이 "옥석구분(玉石區分)"은 아직 국어사전에 오르지도 못하고 있다. "옥석구분(玉石俱焚)하지 말고 옥석구분(玉石區分)합시다!"라고 말하는 것은 재치도 있고 의미도 좋은 표어이다. "선거 때에 우리는 후보자들의 옥석(玉石)을 구분(區分)해야 한다."

(3) "옥석혼효(玉石混淆)"/"옥석동궤(玉石同櫃)"/"옥석혼교(玉石混交)"

"옥석(玉石)"과 관련된 또 하나의 "고사성어(故事成語)"는 "옥석혼효(玉石混淆)"이다. 이 말은 "옥(玉)과 돌[石]이 뒤섞여[混淆] 있다"는 뜻이다. 다시 말해서, "훌륭한 것과 쓸모없는 것이 뒤섞여 있음, 선(善)과 악(惡) 또는 슬기로움과 어리석음이 한데 섞여 있음"을 빗대어 하는 말이다. 이 단어에는 오래된 사연이 깃들어 있다.

동진(東晉, AD 317~420)에 한 도사(道士)가 있었는데, 그의 이름은 갈홍(葛洪, 283~c. 343)이었고, 호는 포박자(抱朴子)였다. 그가 남긴 문집 중의 하나가 그의 호를 따라서 「포박자(抱朴子)」인데, 그 책의 〈외편상전(外篇尙專)〉에서 그는 다음과 같이 썼다.

"「시경(詩經)」이나 「서경(書經)」을 도의(道義)의 대해(大海)라 한다면, 제자백가(諸子百家: 춘추전국시대의 여러 학파들)의 글들은 그것을 보강하는 냇물의 흐름이라 할 수 있으며, 방법은 서로 달라도 덕을 닦는 데는 변함이 없다. 옛사람들은 재능을 얻기 어려움을 탄식하여 '곤륜산(崑崙山)의 옥(玉)이 아니라 해서 야광주(夜光珠)를 버리거나 성현(聖賢)의 글이 아니라 해서 수양에 도움이 되는 말을 버리지 않았다.'

그런데 한(漢)나라와 위(魏)나라 이래로 '본받을 만한 좋은 말[嘉言]'이 많이 나와 있는데도 식견이 좁은 사람들은 자의(字義) 해석에만 사로잡혀 오묘한 점을 가볍게 보며 도외시한다. 또한 소도(小道)이므로 일고의 가치도 없다거나 넓고 깊어서 사람들의 머리를 어지럽게 하는 것이라고 말한다.

티끌이 쌓여 태산이 되고 많은 색깔이 어우러져 아름다운 무지개를 이룬다는 것도 모르는 것이다. 또 천박한 시부(詩賦)를 감상하는가 하면 뜻 깊은 자서(子書: 제자[諸子]의 서[書])를 가볍게 여기며, 유익한 금언(金言)을 하찮게 생각한다. 그래서 참[眞]과 거짓[僞]이 전도(顚倒)되고, '옥과 돌이 뒤섞이며[玉石混淆]', 아악(雅樂)도 속악(俗樂)과 같은 것으로 보고, 아름다운 옷도 누더기로 보니, 참으로 개탄스럽기 그지없다."(오문영 편저, 「고사성어·숙어대백과」[서울: 동아일보사, 1996], 244~245).

"옥석혼효(玉石混淆)"와 같은 의미로 쓰이는 다른 사자성어는 "옥석동궤(玉石同櫃)"와 "옥석혼교(玉石混交)"이다. "옥석동궤(玉石同櫃)"는 "옥(玉)과 돌[石]을 같은[同] 상자[櫃]에 넣어둔다"라는 뜻으로 좋은 것과 나쁜 것을 구별하지 않고 한 곳에 두는 것을 가리키며,「초사(楚辭)」에서 유래되었다. "옥석혼교(玉石混交)"란 "옥과 돌이 섞여서[混] 교제(交際)한다"는 뜻으로 선인과 악인이 함께 어울려 있음을 의미하는데, 이 말의 출처는 확실하지 않다.

"옥석혼효(玉石混淆)", "옥석동궤(玉石同櫃)", "옥석혼교(玉石混交)", 이 세 단어는 모두 "옥석구분(玉石俱焚)"의 동의어(同義語)는 아니지만, 의미가 서로 연관된 단어들이다. 앞의 세 단어는 모두 좋은 것[사람]과 나쁜 것[사람]이 함께 섞여 있는 상태를 가리키고, "옥석구분(玉石俱焚)"은 좋은 것[사람]이 나쁜 것[사람]과 함께 희생되는 것을 뜻하는데, 이 말에는 그러한 형편을 안타깝게 또는 못마땅하게 생각한다는 어감이 배어 있다. 그런데 "옥석혼효(玉石混淆)"라는 말도, 그것의 유래에서 볼 수 있듯이, 좋은 것과 나쁜 것이 뒤섞여 있을 뿐만 아니라 사람들이 그것을 구분하지 못하거나 구별하지 아니함을 개탄할 때 주로 사용된다. 인간은 그들의 삶에 있어서 선(善)과 악(惡), 그리고 좋은[好(호)] 것과 나쁜[惡(오)] 것은 구별되기를 바라고, 구별되어야 공정하고 살기 좋은 세상이라고 믿는다. 그래서 그런지 "옥석구분(玉石俱焚)"보다는 "옥석구분(玉石區分)"이 더 자연스럽고 당연한 것으로 받아들여지는 것 같다.

2. "유래(由來)"와 "유례(類例)"

"유래(由來)"와 "유례(類例)"를 혼동하거나 그 차이점을 알지 못하고 사용하는 경우를 우리는 신문과 잡지의 기사에서 보기도 하고, 꽤나 명망 높은 강사들의 강의에서 듣기도 한다. "유래(由來)"는 "(사물이 어디에서) 연유(緣由)하여 옴, 또는 그 내력(來歷) 또는 근원(根源)"을 가리키고, "유례(類例)"는 "(어떤 것과) 같거나 비슷한 사례(事例) 또는 전례(前例)"를 의미한다.

(1) 한 잡지에 게재된 기사

한번은 대학 교수 한 분이 어느 잡지에 청소년들의 비행과 범죄에 관한 기사(記事)를 발표하면서 그들의 범죄가 날로 흉포화(凶暴化)하고 있음을 우려하는 마음을 다음과 같이 표현하였다. "근래에 청소년들의 범죄가 급속도로 가속화하고 흉포화하고 있는데, 이와 같은 현상은 역사상 그 **유래**를 찾아볼 수가 없다."(강조 첨가).

이 문장을 아무리 봐도 그 교수는 이 기사에서 "이와 같은 현상은 역사상 그 **유례**를 찾아볼 수가 없다."는 말을 하려고 한 것임에 틀림없다. 그러나 웬일인지 그는 "유례(類例)"라는 단어를 써야 할 곳에 "유래"를 쓰고 말았다. "유래"는 한자로 "由來"이고, 그 의미는 "내력(來歷) 또는 근원(根源)"을 가리킨다. 그러므로 위의 기사에는 "유래"가 맞지 않는다. 하지만 "유례(類例)"는 "앞서 있었던 사례(事例) 또는 전례(前例)"를 의미하므로 위의 기사에 적합한 단어이다. "이와 같은 현상은 역사상 그 **유례(전례)**를 찾아볼 수가 없다."라고 하면 딱 들어맞는다. 어느 문장에서 문맥에 맞는 단어를 찾아 쓰는 것은 모든 저술가와 작가들의 한결같은 노력이요 목표일 것이다. 어떤 경우에 적당(適當)한 것을 넘어서 적합(適合)한 어휘를 선택하는 일은 여간 어려운 일이 아니다.

3. "운명(運命 또는 殞命)"과 "유명(幽明)"

A. 대통령 선거 기간에 생긴 일

우리는 "[아무개가 어떤 일로] 운명을 달리했다."라는 말을 자주 들으면서 살아간다. 특히, 장례식이나 추모예배에 참석하면 고인의 죽음에 대하여 말하는 사람들이 아무런 거리낌이 없이, 마치 고인의 죽음을 가장 예모 있게 일컫는 듯이, 이 표현을 사용하는 것을 볼 수 있다. 하지만 "운명을 달리했다"는 표현은 맞지 않는 말이다.

2017년 4월 중순, 대통령 선거 유세(遊說)가 한창이던 어느 날, 당시 야당 후보자의 유세차량을 오토바이 한 대가 추돌(追突)하는 사고가 발생했다. 이 사고 소식을 전해들은 그 후보자는 그의 페이스북을 통하여 자신의 아픈 마음을 다음과 같이 표현하였다. "오늘 아침, 대구로 가는 길에 너무도 안타까운 소식을 들었습니다. 우리 유세차량과 추돌한 오토바이 운전자께서 **운명을 달리하셨습니다**. 36세의 젊은 나이에 아내를 남겨 두셨다고 하니 가슴이 아려옵니다. …." 그 대통령 후보자는 고인의 애석한 죽음을 가장 정중하게 언급하고자 이런 표현을 썼을 것이다. 그러나 4월 18일자 「조선일보」에는 한 기자가 대통령 후보자의 "국어 실력" 운운(云云)하는 기사를 써냈고, 그 덕분에 많은 사람들이 "운명을 달리하다"라는 표현이 틀렸다는 사실을 알게 되었다.

B. "운명을 달리하다"에서 "운명"은 "運命"인가 "殞命"인가?

"운명을 달리하다"라는 표현을 쓴다면 이때 말하는 "운명"은 어떤 "운명"일까? "운명(運命)"일까, "운명(殞命)"일까? 전자는 "인간을 지배하는 필연적이고 초월적인 힘"으로 풀이되는데, 이 말에 "달리하다"라는 말을 연결하는 것은 전혀 어울리지 않는다. 그렇다면 후자는 어떤가? 후자는 "사람의 목숨이 끊어짐, 곧 죽음"을 뜻하는데, 이 말에 "달리하다"를 붙이는 것도 말이 안 된다. 왜냐하면 "운명(殞命)을 달리하다"라는 말은 "죽음을 달리하다"라는 말이 되기 때문이다. 굳이 "운명(殞命)"이란 단어를 쓰려면 "운명을 달리하다"가 아니라 "운명(殞命)하다"라고 해야 맞는 말이다. 그러므로 "운명(運命)"과 "운명(殞命)", 둘 다 "달리하다"라는 말과는 맞지 않는다. 그럼에도 불구하고 "운명을 달리하다"라는 표현을 사용하는 사람들이 의외로 많고, 나라의 최고위 지도자들까지도 사용하고 있는 것이 현실이다.

C. "유명(幽明)을 달리하다"

"운명을 달리하다"는 "유명(幽明)을 달리하다"를 잘못 알고 쓰는 표현이다. "유명(幽明)"은 "어둠과 밝음", 즉 "저승과 이승"을 의미한다. 그래서 "유명(幽明)을 달리하다"는 "이 밝은 세상[이승]에서 저 어두운 세상[저승]으로 가다", 즉 "죽다"라는 뜻이다. "죽다"라는 말 대신에 사용하는 단어로서는 꽤 고상하게 들리는 표현이다. 성경이 "무덤"을 가리킬 때 "음부(陰府)"라는 표현을 자주 쓰는데(창 37:35; 42:38; 민 16:30; 마 16:18; 계 20:14; 등등), 여기서 "음부"란 "어둠의 영역"이란 의미이다. 그러므로 "죽다"를 뜻하는 "음부(陰府)에 내려가다"라는 표현은 "유명(幽明)을 달리하다"라는 표현과 일맥상통(一脈相通)하는 것이다.

다시 장례식 또는 추모예배의 현장으로 돌아가 보자. 사회자가 교통사고로 돌아가신 분의 죽음을 정중하게 또는 예모 있게 표현하고자 "고인께서 교통사고로 운명을 달리하셨습니다."라고 말하면, 엄숙한 자리라 소리를 내어 웃지는 못하지만 속으로 웃는 사람이 꽤 많을 것이다.

D. "유명"이라는 단어: "유명(幽冥)", "유명(遺命)", "유명(幽明)"

우리말 "유명"이란 단어에는 몇 가지 다른 뜻이 있다. "유명(有名)하다"["이름이 널리 알려져 있다", "저명(著名)하다"]라는 말은 가장 자주 사용되는 단어이고, 그 밖에도 가끔 혼동되는 의미를 가진 단어들이 세 개 있다. 이것들의 사전적 의미와 예문을 들면 다음과 같다.

(1) **유명**(幽冥): "그윽하고 어두움." "저승." 예: "새벽에 유명(幽冥)한 숲속을 거닐다."
(2) **유명**(遺命): "(임금이나 부모가) 임종할 때 내리는 분부." "유교(遺敎)." 예: "그의 아버지는 자녀들에게 신앙을 끝까지 잘 지키라는 유명(遺命)을 남기시고 운명(殞命)하셨다."
(3) **유명**(幽明): "어두움과 밝음." "저승과 이승." 예: "나의 친구는 어제 교통사고로 중상을 입고 입원하였는데, 장시간의 수술을

받았으나 회복하지 못하고 오늘 새벽 5시에 유명(幽明)을 달리하고 말았다."

이 세 가지 중에서 (1)번 "유명(幽冥)"에는 주로 " - 하다"를 붙여 "유명(幽冥)하다"라는 형용사로 사용되고, (2)번 "유명(遺命)"과 (3)번 "유명(幽明)"은 명사로만 쓰인다. 이 마지막 (3)번이 바로 "유명을 달리하다"라고 할 때의 "유명(幽明)"이다.

E. "죽다"를 의미하는 다양한 표현들

"죽다"는 뜻의 표현을 한국어만큼 다양하게 가진 언어는 없을 것이다. 죽은 사람의 신분과 지위에 따라, 그리고 그가 죽을 때의 상황과 나이에 따라 표현은 사뭇 달라진다. 우리말에 "죽다" 또는 "죽음"을 가리키는 단어가 얼마나 많은지 함께 하나씩 살펴보자.

(1) **죽다**: 목숨이 끊어지다. 생명을 잃다. 사망(死亡)하다.
(2) **숨지다/숨을 거두다**: "죽다"를 완곡하게 이르는 말.
(3) **눈감다**: 사람의 목숨이 끊어지다.
(4) **잠들다**: "죽다, 묻히다"를 에둘러 달리 이르는 말. 예: 고이 잠드소서.
(5) **돌아가시다**: "죽다"의 높임말. 예: 할아버지께서 돌아가셨다.
(6) **사망(死亡)하다**: 사람이 죽다. 사거(死去)하다. 작고(作故)하다.
(7) **사별(死別)하다**: 죽어서 헤어지다.
(8) **별세(別世)하다**: 세상을 떠나다. "죽다"를 높이어 이르는 말.

(9) **세상(世上)을 떠나다**: "별세(別世)하다"를 풀어서 이르는 말.
(10) **세상(世上)을 등지다/뜨다/하직(下直)하다**: 죽다.
(11) **사거(死去)하다**: 죽어서 세상을 떠나다.
(12) **서거(逝去)하다**: "사거(死去)하다"를 높이어 이르는 말.
(13) **장서(長逝)하다/영서(永逝)하다**: ("영원히 가버리다"의 뜻에서) 죽다.
(14) **운명(殞命)하다**: 사람의 목숨이 끊어지다. 예: 그는 오전 9시에 운명했다.
(15) **영면(永眠)하다**: ("영원히 잠들다"라는 뜻에서) 사람이 죽다.
(16) **영결(永訣)하다**: 죽은 사람과 산 사람이 서로 영원히 헤어지다.
(17) **타계(他界)하다**: ("다른 세계로 가다"라는 뜻에서) 사람 특히 귀인이 죽다.
(18) **작고(作故)하다**: "사람이 죽다"를 높이어 이르는 말.
(19) **고인(故人)이 되다**: "사람이 죽다"를 높이어 이르는 말.
(20) **잠매(潛寐)하다**: ("지하에 숨어 자다"는 뜻에서) 사람이 죽어 묻히다.
(21) **유명(幽明)을 달리하다**: ("이승에서 저승으로 가다"라는 뜻에서) 죽다.
(22) **임종(臨終)하다**: 죽음을 맞이하다. 부모가 돌아가실 때 그 곁을 지키다.
(23) **요절(夭折)하다**: 젊은 나이에 죽다.
(24) **요사(夭死)하다**: 젊은 나이에 죽다.
(25) **졸(卒)하다**: "죽다"를 완곡하게 이르는 말. 몰(歿)하다.
(26) **몰(歿)하다**: "죽다"를 완곡하게 이르는 말. 졸(卒)하다.

(27) **붕어(崩御)하다**: ("산이 무너지다"라는 뜻에서) 임금이 세상을 떠나다.

(28) **승하(昇遐)하다**: ("멀리 올라가다"라는 뜻에서) 임금이 세상을 떠나다.

(29) **등하(登遐)하다**: ("멀리 올라가다"라는 뜻에서) 임금이 세상을 떠나다.

(30) **훙거(薨去)/훙서(薨逝)/훙어(薨御)**: 임금이나 귀인의 죽음을 높여 이르는 말.

(31) **전사(戰死)하다**: 전쟁에서 싸우다 죽다.

(32) **산화(散花/散華)하다**: "전사(戰死)하다"를 미화(美化)하여 이르는 말.

(33) **순사(殉死)하다**: 나라를 위해 스스로 목숨을 버리다. 왕이나 남편의 뒤를 따라 죽다.

(34) **순교(殉敎)하다**: 종교를 위해 목숨을 바치다.

(35) **순국(殉國)하다**: 나라를 위해 목숨을 바치다.

(36) **순직(殉職)하다**: 직분을 위해 목숨을 바치다.

(37) **순도(殉道)하다**: 도의를 위해 목숨을 바치다.

(38) **순애(殉愛)하다**: 사랑을 위해 목숨을 바치다.

(39) **소천(召天)하다**: ('하늘의 부름을 받다'라는 뜻에서) 죽다[개신교 용어].

(40) **선종(善終)하다**: 타고난 수명을 다 누리고 평안하게 죽다[천주교 용어].

(41) **요단강을 건너다**: 죽다[기독교 속어].

(42) **입적(入寂)하다/입멸(入滅)하다**: 승려가 죽다[불교 용어].

(43) **열반(涅槃)하다**: 승려가 죽다[불교 용어].

(44) **황천(黃泉)길을 가다**: 황천/저승으로 가다. 죽다.

(45) **황천객(黃泉客)이 되다**: 황천/저승으로 가다. 죽다.

(46) **가다**: "죽다"를 속되게 이르는 말.

(47) **기타 "죽음"의 종류**: "개죽음", "떼죽음", "가사(假死)", "객사(客死)", "고사(枯死)", "교사(絞死)", "급사(急死)", "낭사(浪死)", "동사(凍死)", "몰사(沒死)", "병사(病死)", "분사(焚死)", "빈사(瀕死)", "아사(餓死)", "압사(壓死)", "액사(縊死)", "역사(轢死)", "옥사(獄死)", "요사(夭死)"/"요절(夭折)", "익사(溺死)", "전사(戰死)", "정사(情死)", "즉사(卽死)", "치사(致死)", "횡사(橫死)", "고독사(孤獨死)", "과로사(過勞死)", "대속사(代贖死)", "돌연사(突然死)", "비관사(悲觀死)", "사고사(事故死)", "안락사(安樂死)", "자연사(自然死)", "추락사(墜落死)", "복상사(腹上死)", "자살(自殺)", "자결(自決)", 등등.

사람이 죽는 것을 표현하는 단어들이 이렇게도 다양하고 복잡하니 이 모든 것을 미리 알고 경우에 맞는 단어를 선택하는 것은 여간 어려운 일이 아니다. 위에 열거한 수많은 단어들을 모두 기억할 필요는 없겠지만 이런 단어들도 있구나 하는 정도로 봐주시면 좋겠다.

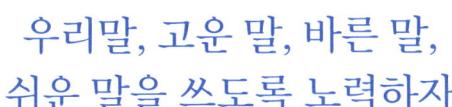

우리말, 고운 말, 바른 말, 쉬운 말을 쓰도록 노력하자

1. 국어 순화(純化/醇化)의 필요와 노력

언어마다 그것이 속한 어족(語族)이 있고, 어족에는 여러 계통과 갈래가 있다. 그래서 어떤 언어들은 서로 동족어(同族語)이고, 어떤 언어들은 이족어(異族語)이다. 동족어를 사용하는 사람들은 상대 언어를 배우기가 쉽고 언어의 유통과 혼용이 쉽게 일어나지만 이족어를 사용하는 사람들 사이에는 언어의 융합이나 섞임이 쉽게 일어나지 않는다.

그럼에도 불구하고 문명의 교류가 활발해지고 학문과 기술의 이전이 가속화되고 있는 현대에 와서 동족어나 이족어와는 상관없이 언어의 혼용(混用)과 포식(捕食)은 피할 수 없는 현실이 되었다. 이럴 때, 언어학자들은 자기의 언어가 당하는 위협에 대하여 걱정하고 그 언어를 순수하게 유지하기 위한 대책을 세우기 마련이다.

또한 사회의 분위기와 문화의 진전 방향에 영향을 받아 언어가 혼탁해지고 표현이 거칠어지는 경우에는 고운 말과 아름다운 말을 사용하기 위하여 정부나 교육당국은 언어의 순화 교육을 실시하고 언어학자들은 그에 대한 방책을 세운다.

뿐만 아니라, 국어 교육이 불충분하거나 국민이 교육을 받아도 실생활에서는 적용하지 않는 타성 때문에 국어를 올바로 구사하지 않는 경우가 생기면 이것을 바로잡는 일을 하지 않으면 안 된다. 이럴 경우, 틀리게 말하는 것을 고쳐주고 바르게 말하는 법을 가르쳐줘야 할 필요가 생긴다.

이에 더하여, 우리가 다양한 교육수준과 상이한 경험을 가진 사람들과 함께 살아갈 때, 한 쪽이 너무나 유식하게 또는 불필요하게 어려운 단어들을 사용하면 다른 사람들은 그 뜻을 알지 못할 뿐만 아니라, 상호간에 위화감(違和感)과 좋지 못한 감정이 생길 수 있다. 이런 경우를 대비하여 말을 누구나 이해할 수 있도록 쉬운 말을 사용하는 법을 가르치는 일도 필요하다.

이상의 이야기를 요약하면, (1) 불필요한 외국어나 외래어보다는 **우리말**을 쓰고, (2) 비속하고 야비한 말 대신에 **고운 말**을 하며, (3) 어법에 맞지 않거나 틀린 말보다는 **바른 말**을 하고, (4) 남이 알아듣지 못하는 어려운 말보다는 누구나 이해할 수 있는 **쉬운 말**을 하자는 것이다. 간추려서 말하면, 우리말, 고운 말, 바른 말, 쉬운 말을 사용하자는 것이고, 이 모든 것을 통틀어서 한마디로 말하면 국어를 잘 순화(醇化/純化)해야 할 필요가 있다는 것이다. 이와 같이 국어를 순화하는 과제는 매우 절실한 것이고, 개인적으로나 국가적으로 꼭 필요한 일이다.

　국어의 순화를 위해서는 국립국어원이 주기적으로 국어정책학술대회를 개최하고 여러 대학의 국어학자들이 참여하여 국어 순화의 방향과 방법을 모색하고 있는 것은 매우 의미 있는 일이요 또한 필요한 일이다. 이런 사업은 중단 없이 계속되어야 하고, 제시된 방법들은 국가적 프로젝트로서 채택되고 실행되어야 한다. 학술적 연구와 발표로 끝나버리고 마는 학술대회는 소용이 없다. 정부와 교육당국이 국민 전체, 특히, 학생들을 대상으로 채택된 프로젝트들을 교육하여 실행에 옮기도록 해야 한다. 프랑스의 정부와 국영방송이 자국어의 보존과 순화를 위하여 시행해 온 정책과 캠페인은 우리에게 귀감이 될 것이다.

2. 외국어보다는 우리말을 더 많이 애용하자!

　서울 시내 명동 거리나 유명 상가들이 즐비한 지역을 걸어가면서 눈을 들어 간판들을 살펴보라. 우리의 고유어로 된 간판은 가물에 콩 나듯이 희귀하고, 대부분이 영어를 비롯한 외국어로 된 간판들로 되어 있다. 새로운 맛과 멋을 풍기기 위해 이국적인 상호(商號)를 붙이려는 상혼(商魂)은 이해하지만 해도해도 너무하다는 느낌을 지울 수가 없다.

　그 많은 화장품들의 이름에 순우리말이 몇 개나 있는지, 부엌 용품과 가전도구에 외국어가 포함되지 않는 이름이 과연 있기나 하는지, 심지어는 어린이들이 사용하는 학용품과 장난감에도 국어로 된 상품

명의 비율이 얼마나 되는지, 등을 생각해 보라.

우리나라는 세계 굴지의 자동차 생산국이고, 국내 4대 자동차회사에서 생산되는 수십 개의 차종(車種)들 중에 순우리말로 된 이름이 단 하나라도 있는지 모르겠다. 내 기억으로는 1960년대에 우리나라 자동차 산업이 막 발돋움을 할 때, "새나라"라는 세단형 자동차가 처음으로 생산되어 잠시 선을 보이다가 멸종된 후로 지금까지 눈을 비비고 봐도 순우리말 차종은 보이지 않는다.

아파트의 이름들은 어떠한가? "플라자(Plaza)", "하이트(Height)", "캐슬(Castle)", "타워(Tower)", "자이(Xi)", "파라곤(Paragon)", "미라벨(Mirabel)", "해링턴(Harrington)", "더 스타(The Star)", "더 샵(The Sharp, #)", "LH", 그리고 무슨 "코트(Court)"니, "‐빌(‐ville)"이니 "‐토피아(‐topia)", 등등, 수많은 이름들이 거의 모두 외국어로 되어 있다. 그 중에 내가 사는 아파트의 이름 "쌍용 예가(藝家)"는 한국어로 된 것이어서 매우 자랑스럽고 감사하게 생각한다.

내가 여기서 주장하는 것은 언어의 국수주의(國粹主義)나 한글전용주의가 아니다. 서양으로부터 들어오는 문물을 활용함에 있어서 일정 부분 외국어를 사용하는 것은 불가피한 일이다. 하지만 현재의 상황으로 보면, 외국어를 사용하는 일에 아무런 심의나 견제 같은 것이 없는 것 같아서 안타깝고 불안할 따름이다.

"화장(化粧)"이라는 좋은 우리말을 버리고 굳이 "메이크업(makeup)"이라고 말하는 숙녀, "교과서"는 놓아두고 "텍스트북(textbook)"을 들고 다니는 대학생, "장난감" 대신에 "토이(toy)"를 가지고 노는 어린이, "판매원"이 아니라 "세일즈맨(salesman)"이라고 해야 그럴 듯하게 여기는 상인, "온상"은 한 번도 사용하지 않고 "하우스(house, vinyl house)"에서만 채소를 재배하는 농부, "기술"은 없지만 "테크닉(technique)"으로 돈을 버는 기술자, "지도력"은 전혀 없고 단지 "리더쉽(leadership)"만 있는, "사장"이나 "회장"이 아닌 "CEO", "의사"와 "간호사"는 거의 없고 "닥터(doctor, Dr.)"와 "너스(nurse)"가 대부분인, "병원"이 아닌 "메디컬 센터(medical center)", "교과과정"과 "실험실"은 없고 "커리큘럼(curriculum)"과 "랩(lab, laboratory)"만 있는 대학, "시장"이나 "상점"에 가는 사람보다는 "마켓(market)"이나 "마트(mart)"에 가는 사람이 더 많은 주민들. 그는 오늘 "다운타운(downtown)"에 나가서 "백(bag)"에 든 "카메라(camera)"를 끄집어내어 사진을 한 "컷(cut)" 찍고, "레스토랑(restaurant)"에 가서 "스푼(spoon)"으로 식사를 하고, "카페(café)"에 가서 "커피(coffee)"를 한 잔 마신 다음, "북스토어(bookstore)"에 들러서 이달의 "베스트셀러(best-seller)"를 한 권 사서 들고 집으로 돌아왔다. …. 우리말 속에 이런 식으로 파고든 외국어 단어들은 일일이 다 열거할 수 없을 만큼 많다.

여기서 우리는 발걸음을 멈추고 곰곰이 생각해 보아야 한다. 과연 이래도 되는지? 다시 말하지만, 꼭 필요한 외국어나 외래어는 사용해야 한다. 그러나 무분별하게 마구잡이로 외국어를 끌어 들이는 것은 어떤 형식으로든지 지도되고 견제되어야 할 것이다. 아름다운 우리말을 더 많이 애용하는 우리 국민이 되기를 희망한다.

3. 고운 말을 사용하는 습관을 들이자!

　경제사정이 어려워지거나, 정부의 시책이 국민을 화나게 만들거나, 일자리를 찾지 못해 실업자 신세가 되면, 사람들은 심성이 사나워지고 언사(言辭)가 불손(不遜)해진다. 이것은 인지상정(人之常情)이다. 이런 때 사람들의 입에서 튀어나오는 말 가운데는 상스러운 말이나 경음(硬音, 된소리, ㄲ, ㄸ, ㅆ, ㅉ)으로 된 단어들이 많다. 그러므로 사람들이 상스러운 말 대신에 고운 말을 하게 하는 가장 중요한 대책은 국가가 국민의 삶을 평화롭게 하고 경제적 안정을 보장해주는 것이다.

　그 다음으로 중요한 것은 방송의 영향이다. 공영방송들이 국민의 언어생활에 끼치는 영향은 굳이 언급할 필요조차 없을 만큼 잘 알려져 있다. 특히, 연속극이나 오락 프로그램은 시청률이 높기 때문에 영향력도 상대적으로 크다. 이런 것들에 출연하는 배우들이나 출연자들이 사용하는 언어는 금세 유행어가 되기도 하고 사람들의 입에 많이 오르내리게 된다. 상대방을 아주 저속하게 비난하거나 야하게 깎아내리는 표현들은 많은 젊은이들이 흉내를 내다가 모방하게 되고, 그러다가는 마침내 일상어가 되어 온 국민이 아무런 거부감 없이 사용하는 언어가 된다.

　무엇보다도 중요한 것은 국민 교육이다. 정부 당국이 나서서 온 국민이 고운 말을 사용하도록 권고하고 캠페인을 벌이는 것은 대단한 효과를 발휘할 것이다. 교육을 담당한 교육부가 제안하고 대통령이 주재하는 국무회의가 결의하여 구체적인 방법과 실례를 제시해 가면서 전 국민에게 호소하고 강조하면 대부분의 선량한 국민이 그에 협력하고 동조할 것이다. 그 많은 실효성이 없는 부동산 정책이나 공허

한 실업 대책들을 쏟아내는 국무회의가 단 한 번이라도 "전 국민이 고운 말을 쓰자!"는 권고를 담은 결의를 한다면 얼마나 좋을까! 아마도 크나큰 효과가 나타날 것이다. 국무회의뿐만 아니라 국회에서도 교육문화체육관광위원회 같은 부서에서 국어 순화에 관한 사항을 연구하여 국민 계도에 나서는 것은 매우 유익하고 실효성이 있는 일이 될 것이다.

버스를 타고 가다가, 신호를 무시하고 접근하는 다른 자동차와의 충돌을 피하기 위해 우리가 탄 버스가 급정거를 하는 경우, 버스 승객 한 사람이 다음과 같이 소리지르는 것을 들으면 대부분의 승객들은 급정거로 인한 충격보다도 더 큰 충격을 받는다.
"운전수! 운전을 어떻게 하는 거요?"
"기사 양반! 웬 난폭 운전이요?"
버스 기사는 난폭한 운전을 한 것이 아니라 승객 모두의 안전을 위해 불가피한 급정거를 한 것이다. 급정거만 하면 무조건하고 난폭한 언어로써 욕설에 가까운 고성을 지르는 것은 문화인이 취할 태도가 아니다.

한번은 복잡한 지하철 안에서 한 사람이 다른 사람의 발을 밟았다. "여보시오. 눈이 있소 없소?" "남의 발을 밟으면 어떡해요?" 그날 다른 승객들은 지하철이 붐비는 상황 때문에 겪은 것보다도 더 심한 짜증과 고통을 그 사람이 내뱉은 야비한 언어에서 느꼈다. 자신도 모르는 사이에 남의 발을 밟은 승객의 얼굴에 번지던 그 당혹스러워 하고 억울해 하던 표정은 아직도 잊히지 않는다.

이른바 권력자들이나 상사(上司)들이 아랫사람들에게 휘두르는 언어의 칼날은 평생 치유할 수 없는 상처를 남긴다. 선거유세 과정에서 상대방 후보자에게 가하는 저속한 비난이나 심지어 국회의사당에서 의원들이 하는 막말들은 국민의 마음에 큰 고통을 안겨준다. 그런 비난과 막말은 후보자나 국회의원 자신들에게도 결코 도움이 되거나 득표에 유리하게 작용하지 않음을 기억해야 한다.

4. 바른 말을 사용하는 습관을 기르자!

이 책의 다른 장(章)들에서도 우리말을 바르게 구사하지 않는 경우들을 많이 지적하면서 올바른 표현법을 제시했지만, 여기서 또 한 번 강조하고 싶은 것은 우리말을 어법과 경우에 맞게 말하자는 것이다.

첫째는 "높임말[敬語]"에 관한 것이다. "높임말" 즉 "경어"(또는 "존대어[尊待語]")는 우리말이 가진 특징들 중의 하나이다. 이것을 잘 사용하면 말하는 사람이 아주 예모와 품위가 있어 보이고, 상대방에게는 자존감과 유쾌함을 선사한다. 그러나 과도한 높임이나 어법에 맞지 않는 표현을 사용하면 오히려 결례 또는 무례가 될 수도 있다. 예문을 하나씩 봐 가면서 생각해 보자.

(1) "아드님을 뵈러 가시고 싶으시지 않으십니까?" 이 물음에서 "아드님"은 적당하게 사용된 경어이다. 우리가 상대방의 자녀들을 일컬을 때, "아들"을 "아드님", "딸"을 "따님", "며느리"를 "며느님"이라고 부르면, 그 "아들"과 "딸"과 "며느리"를 높이는 것이 아니라, 대화하

는 상대방 즉 그들의 아버지나 어머니를 높이는 것이다. 그러므로 이 문장에서 "아드님"이라고 한 것은 매우 예모 있게 말한 것이다. 그러나 이 문장에서 "뵈러"라고 한 것은 예절에 맞지 않는 말이다. "뵈다"라는 말은 "웃어른을 대하다"라는 뜻이므로, 부모가 아들을 "뵈러" 간다는 말은 틀려도 보통 틀린 것이 아니다. 그냥 "보러" 간다고 해야 바른 말이다. 그 다음에 있는 세 마디, "가시고 싶으시지 않으십니까?"라는 말은 얼른 듣기에도 귀에 거슬릴 만큼 잘못된 표현이다. 여기서 동사의 높임말을 가리키는 보조어간 "-시-"를 세 번이나 사용한 것은 좋게 말해서 경어의 과용(過用)이고, 사실대로 말하면 어법을 어긴 틀린 문장이다. 하나의 문장에 두 개 이상의 술어(述語)가 사용될 때에는 그 중에서 주된 용어 하나에만 보조어간 "-시-"를 붙이면 된다. 그러므로 위의 문장에서는 "가고 싶지 않으십니까?"라고만 하면 된다. 따라서 이 문장을 바르게 쓰려면, "아드님을 보러 가고 싶지 않으십니까?"라고 해야 된다.

(2) 한 교사의 어린 딸이 놀이터에서 놀다가 다쳐서 입원을 했다고 가정하자. 그 소식을 들은 그 교사의 제자가 와서 여쭙는다. "선생님의 따님께서 다치셔서 입원을 하셨다지요?" 선생님을 높이는 취지로 그분의 딸을 "따님"이라고 한 것은 잘한 것이다. 하지만 그 어린 딸에게 "께서"라는 주격조사를 붙인 것은 터무니없는 경어이고, 그 아이가 다쳐서 입원한 것을 가리켜 "다치셔서 입원을 하셨다지요?"고 하는 것은 경어의 남용이다. 어린 딸이 "다치셔서 입원하신다"라는 것은 예법과 어법에 다 맞지 않는 말이다. "선생님의 따님이 다쳐서 입원을 했다지요?"라고 하는 것이 정중하면서도 올바른 표현이다.

(3) 우리가 음식점에 들어가서 식사를 주문하고 나서 시간이 얼마나 걸리는지를 물으면, 종업원은 "약 20분 정도 걸리시겠습니다."라고 대답한다. 사람이 아닌 사물이나 추상명사를 높여서 "-시-"라는 어간을 붙이는 것은 합당하지 않다. 그냥 "약 20분 정도 걸리겠습니다."라고 말하는 것이 바른 말이다. 음식점에서 식사를 다 마치고 나오면서 계산원에게 음식값을 묻고 그의 대답을 듣는다. "식사비가 얼마지요?" "세 어르신분의 식사비 합계가 45,000원 되시겠습니다." "어르신"만 해도 "어른"을 이미 높여서 일컬은 말인데, 거기에다 다시 "-분"을 붙여서 만든 "어르신분"이라는 말은 얼른 듣기에 매우 높여 말하는 좋은 경어처럼 들리지만, 사실은 그렇지 않다. "분"은 "사람을 가리킬 때 높이는 뜻으로 쓰는 의존명사(또는 불완전명사)"로서, "저기 계신 분" 또는 "이 사람을 아시는 분"처럼 쓰이고, 사람의 수를 셀 때, "남자 세 분, 여자 다섯 분"과 같이 사용된다. 위의 예문에서처럼 "어르신분"이나 "신사분", "학생분"과 같이 보통명사 끝에 붙이는 접미사로는 사용할 수 없다. 그리고 "합계가 45,000원 되시겠습니다."라는 말도 과도한 경어이고 동시에 말이 안 되는 표현이다. 시간이나 돈이 주어일 경우에 술어를 높임말로 하는 것은 어법에 맞지 않는 것이다. "세 어르신의 식사비 합계가 45,000원입니다." 또는 "45,000원 되겠습니다."라고 해야 경우에도 맞고 예법에도 맞는다.

(4) 세계의 유명 관광지로 여행을 가면 그 나라의 관광 안내원과 함께 한국인 안내원이 여행자들을 안내한다. 한국인 안내원은 설명을 한참씩 한 다음에 매우 친절한 표정으로 다음과 같이 말하는 것을 듣는 경우가 종종 있다. "혹시 질문이 계시면 저에게 여쭈어주세요."

여기서 "계시면"이라는 말은 그 안내원이 여행하는 관광객들을 높여주기 위해 사용한 말이지만 어법상으로는 잘못된 것이다. "계시다"라는 말은 "(윗사람이) '있다'의 높임말"로서 이것의 주어는 반드시 사람 또는 어른이어야 한다. 이 문장에서는 주어가 "질문"인데, "질문"에게 경어를 사용하는 것은 바르지 않다. "질문이 있으면" 또는 "질문이 있으시면"이라고 하는 것이 맞는다. 그리고 "저에게 여쭈어주세요."라고 한 것도 틀린 경어이다. "여쭈다"라는 말은 "아랫사람이 윗사람에게 묻다"라는 뜻이다. 그러므로 "저에게 여쭈세요."라고 말하는 것은 자신을 윗사람으로 여기면서 물으라는 뜻이다. 상대방을 낮춰보는 무례한 표현이다. 그 안내원은 관광객들을 높여주기 위하여 사용한 말이지만 표현 자체의 용법으로는 자기를 높이는 격이 된 것이다. "질문이 있으면 저에게 물어주세요(또는 질문해주세요)."라고 해야 정중하고 올바른 문장이 된다.

(5) 군(軍)에 가면 그 안에서만 통하는 고유한 예법이 있다. 가령 한 사병이 연대장에게 보고를 하면서 그의 중대장이 한 말을 전하고자 할 때는 다음과 같이 말해야 군대예절에 맞는다. "연대장님, 저희 중대장이 오늘은 모두 자유시간을 가지라고 말했습니다." 이 말을 만약 그 사병이 다음과 같이 말한다면 어떻게 될까? "연대장님, 저희 중대장님께서 오늘은 모두 자유시간을 가지라고 말씀하셨습니다." 이것은 군대예절에 맞지 않는 말이다. 연대장의 계급은 대령이고, 중대장의 계급은 대위이니, 연대장에게 보고를 하면서 그보다 낮은 계급과 지위인 중대장의 말을 전할 때는 존칭과 높임말을 써서는 안 된다. 군대의 이와 같은 언어예절은 아직도 준수되고 있을 것이다.

(6) 그러나 일반사회는 많이 달라졌다. 한때는 바깥 사회에서도 군대의 예절과 동일한 언어예절을 시행하고 있었으나, 지금은 크게 변하여 다음과 같이 말하는 것이 맞는 것으로 받아들여지고 있다. "사장님, 저희 과장님께서 오늘은 일찍 퇴근하라고 말씀하셨습니다." 이런 표현이 지금은 이상하지 않고 맞는 것으로 들리지만 한 세대 전까지만 해도 이런 식으로 표현했다가는 사장에게 혼쭐이 났다. 전통적인 예절대로 말한다면, "사장님, 저희 과장이 오늘은 일찍 퇴근하라고 말했습니다."라고 해야 맞는 말이었다.

언어와 예법 그리고 어감은 시대를 따라서 변하는 것이어서, 오늘날에는 아무리 높은 사람에게 보고를 한다고 해도 언급되는 사람이 자기보다 더 높은 사람이면 모두 존칭과 경어를 써 주어야 바른 예절로 들리는 세상이 되었다. 그래서 교회 내에서도 "장로님, 김 집사님이 오늘 다 모이라고 말씀하셨습니다."라고 해야 좋게 들리지, 굳이 옛날의 예법을 따라서 "장로님, 김 집사가 오늘 다 모이라고 말했습니다."라고 말하면, 듣는 사람의 귀나 말하는 사람의 입에 낯설게 또는 좋지 않게 느껴지게 되었다.

그러므로 우리는 경우와 대상에 따라서 올바른 표현과 바른 말을 할 수 있도록 늘 생각하고 연구하는 습관을 길러야 할 것이다.

5. 가능하면 쉬운 말을 골라서 쓰자!

사람은 지식수준이 높아갈수록 어려운 말을 사용하는 경향이 있다. 그도 그럴 것이 자신이 배운 학문의 용어들이 모두 고차원의 어휘이고, 어렵게 학습한 단어들을 써야 보람도 느낄 수 있기 때문이다. 학문의 세계에서는 그렇게 할 수 있고 또 해야 하겠지만, 일상생활에서 나누는 대화에서 어려운 어휘와, 특히, 한자로 된 용어들과 사자성어(四字成語)들을 사용한다든지, 필요하지도 않는 서양 언어의 단어들을 섞어서 말하는 것은 지식의 남발을 넘어서 매우 무례하고 거만하게 보일 수 있다. 지식이 많을수록 현학적(衒學的)인 언어를 사용하기보다는 겸손한 태도로 쉬운 단어들을 선택하는 것이 훨씬 더 아름답고 고매하게 보인다.

2010년에 발간된 「숫자로 살펴보는 우리말」에 의하면, 한국어 어휘의 58.5퍼센트가 한자로 된 단어라고 하니, 한자어를 사용하지 않을 수는 없고, 이미 발행된 각종 문헌들과 전문서적들에 사용된 한자어들이 매우 수준이 높은 것들이므로 그와 같은 종류의 책들을 잘 읽고 이해하려면 상당한 수준의 한자 실력이 있어야 할 것이다. 한자어에 대한 실력을 쌓아야 하는 것은 인문학, 즉 문학, 역사, 철학, 신학을 연구하는 학도들에게는 피할 수 없는 과제이다. 하지만 이것은 어디까지나 학문의 세계 안에서 하는 말이다. 학문의 문외한들이나 과학을 전공하는 이들에게 한자어는 그다지 매력도 필요도 없는 것이다.

그러므로 일상생활에서와 비학문적인 영역에서 어려운 한자어나 고도의 전문용어를 사용하는 것은 극히 피해야 할 일이다. 소리는 들리는데 뜻은 들리지 않는 말을 하는 사람들은 지도자의 반열에 들어갈 수가 없다. 의사소통이 되지 않는 사람이 지도자가 되면 그 공동체는 내리막길을 걷게 되고 불행하고 불편한 사회가 된다. 가령 다음과 같은 말을 하는 사람이 우리의 지도자라고 생각해 보자.

(1) "근자에 일단의 역사학자들이 보조원들을 대동하고 서울에서 내방하여 본 지역의 역사적 내력에 관하여 심도 있는 연구를 수행하고 귀경하였습니다." 이 책을 읽는 분들이야 이 정도의 문장은 다 이해하시겠지만, 어휘력이 부족하거나 학력이 낮은 분들은 완전히 이해하기가 어려울 것이다. 그냥 아주 쉬운 우리말로 "요 며칠 사이에 여러 역사학자들이 보조원들을 데리고 서울에서 내려와서 이 지역의 역사에 대하여 깊은 연구를 하고 돌아갔습니다."라고 하면 누구나 알아들을 수 있을 것이다.

(2) 다음과 같은 말들은 장엄하게 또는 근사하게 들리기는 하겠지만 실속은 없으며 의미의 전달도 잘 되지 않고, 상대방의 동의나 청중의 공감을 얻기도 어렵다.

> "그런 불손하고 혐오스러운 언사를 빈발하면 응분의 반발과 폭언을 당하게 될 것은 명약관화하다."
> "인생만사는 새옹지마요 남가일몽이라, 만사여의(萬事如意)하기를 바라는 것은 백년하청이다."
> "군왕이 구중심처에 기거하시니 장삼이사의 애환을 어찌 알리요?"
> "부전자전(父傳子傳)은 유전(遺傳)을 말함이고, 출람(出藍)은 교육(教育)을 일컬음이라."
> "그들은 탐관오리들의 누적된 부패를 발본색원하고 국태민안의 붕괴를 방지하려는 우국충정에서 분연히 일어섰다." … ….

불분명하거나 알 수 없는 말을 백 마디 하는 것보다는 확실하게 알아들을 수 있는 말 다섯 마디를 하는 것이 훨씬 더 유익하고 바람직하다. 인간은 의사가 통해야 한 편이 되고, 하나의 공동체로서 협력하여 살아갈 수 있다. 그러므로 어려운 말 대신에 쉬운 말을 할 수 있도록 연습하고 노력해야 한다. 가지고 있는 지식과 경험이 높고 귀한 것일수록 그것을 표현하고 전달하는 언어는 쉽고 단순해야 한다. 우리 모두 쉬운 말을 찾아 쓰도록 노력하자!

시나 수필 같은 작품을 쓸 때는 더욱 그러하지만, 이웃이나 친구들과 어울려 말을 할 때도 모든 면으로 바르고 아름답게 말하는 것은 필요하고도 중요한 일이다. 그렇게 할 때, 우리의 삶의 질은 향상되고, 공동체의 분위기는 아름답게 될 것이며, 인간관계는 행복하게 변화될 것이다.

6. 정약용(丁若鏞)의 「아언각비(雅言覺非)」

조선 후기의 실학자 다산(茶山) 정약용(丁若鏞, 1762~1836)은 인간생활의 여러 측면에 대한 교훈들을 남겼다. 그의 3대 저서, 즉 지방 관리들의 폐해를 방지하고 행정을 쇄신하기 위한 금과옥조(金科玉條)를 수록한 「목민심서(牧民心書)」, 법관들이 죄수를 심의하고 형벌을 내릴 때 흠휼(欽恤) 사상에 입각하여 극도로 신중히 하라고 당부하는 「흠흠신서(欽欽新書)」, 개혁적인 사회·경제 사상을 고취하는 「경세유표(經世遺表)」 외에도 다산은 여러 권의 크고 작은 서책들을 집필했다. 그 중의 하나가 「흠흠신서(欽欽新書)」와 함께 1819년에 저술된 「아언각비

(雅言覺非)」이다. 이 책은 국민이 언어와 문자를 바르게 사용도록 여러 단어들과 표현들의 어원(語源)과 역사적 또는 문화적 배경을 설명하면서 정확한 의미와 용례를 소개하고 있다. 다산은 언어와 문자에 관해서도 비상한 관심을 가지고 있었고, 국민들의 올바르지 않는 언어 사용에 대하여 깨우쳐주려는 노력의 일환으로 이 책을 저술하였다.

"아언(雅言, '아름다운 말'이란 뜻)"이란 춘추전국시대의 동주(東周) 때로부터 여러 나라의 수도였던 낙양(洛陽, 뤄양) 일대에서 일반 백성들이 늘 사용하던 말을 가리키고, "각비(覺非)"란 "잘못[非]을 깨우친다[覺]"는 뜻이다. 따라서 "아언각비(雅言覺非)"는 "일반 국민들이 사용하는 언어에서 잘못된 것을 깨우쳐줌"이란 뜻이다. 3권으로 된 이 책에 실린 총 194개 항목(제1권에 61항목, 제2권에 69항목, 제3권에 64항목)에는 450여 개의 어휘 또는 글자들에 관한 자세한 연구가 소개되어 있고, 서로 비슷한 의미를 가진 한자들의 차이점들도 잘 밝혀져 있다. 여기에는 자연, 인사, 풍속, 제도, 관직, 동물, 식물, 의식주, 생활도구와 기물 등이 두루 포함되어 있다.

다산이 살던 그때나 우리가 사는 지금이나 사람들은 단어들의 어원과 유래를 정확하게 알지 못하고, 따라서 그 의미도 잘 모르는 가운데 단어들을 사용하고 있다. 이러한 상황에서 다산은 이 책을 통하여 **"말을 올바로 써야 세상이 올바로 선다."**는 사상을 외롭지만 강한 목소리로 외치고 있다. 그의 가다듬은 음성에서 우리는 말을 바르게 하는 것이 개인적으로나 국가적으로 얼마나 중요한지를 새삼 깨닫게 된다.

이 장에서 우리는 우리가 왜 외국어보다는 우리말을, 야비하고 저

속한 말보다는 고운 말을, 어법과 경우에 맞지 않고 틀린 말보다는 바른 말을, 그리고 이해하기 어려운 말보다는 쉬운 말을 써야 하는지를 함께 생각하였다. 우리말처럼 그토록 아름답고 귀중한 언어를 사용함에 있어서 이러한 노력을 기울이지 않으면 우리말은 침해를 받거나 혼탁해지고, 심한 경우에는 다른 언어에 포식(捕食)당할 수도 있음을 잊지 말아야 한다. 우리말 한국어를 갈고 닦아 더 아름답고 발전된 언어로 영원히 사용하게 되는 것은 전적으로 오늘의 우리와 내일의 우리 후손들이 감당해야 할 의무요 책임이다.

외래어와 외국어의 한글 표기법

1. 언어의 종류

멜빈 폴 루이스(Melvyn Paul Lewis)가 편찬하여 세계적인 권위를 인정받고 있는 언어학 저술인 「인종학과 세계의 언어들」(*Ethnologue: Languages of the World*), 제22판(2019)에 의하면, 지구상에는 약 77억의 인구가 살고 있고, 그들이 현재 사용하는 언어는 7,111개라고 한다. 이 가운데서 한 사람이 "모국어"로 배우는 언어는 한두 개에 불과하므로 나머지는 그에게 모두 "외국어"가 된다. 언어들을 사용하는 인구수로써 순위를 매긴다면, 1위는 단연 중국어(12억)이다. 2위는 스페인어(4억), 3위는 영어(3억 3,500만), 4위는 힌디어(2억 6,000만), 5위는 아랍어(2억 4,200만), 6위는 포르투갈어(2억 300만), 7위는 벵골어(1억 9,000만), 8위는 러시아어(1억 6,600만), 9위는 일본어(1억

2,800만), 10위는 란다어(8,870만), 11위는 자바어(8,430만), 12위는 독일어(7,810만), 13위가 한국어(7,720만), 14위는 프랑스어(7,590만), 15위는 텔루구어(7,400만)이다. 한국어가 독일어(12위)와 프랑스어(14위)의 사이에 있고, 전 세계의 7,111개의 언어들 중에서 사용하는 인구 수로 13위에 있다는 사실은 참으로 놀라운 일이다.

언어들 가운데는 배우기 쉬운 언어도 있고, 배우기 어려운 언어도 있다. 한 통계에 의하면, 영어를 사용하는 사람들이 가장 배우기 어려운 언어는 (1) 아랍어, (2) 일본어, (3) 중국어, (4) 한국어이고, 가장 배우기 쉬운 언어는 (1) 스페인어, (2) 네덜란드어, (3) 포르투갈어, (4) 스웨덴어, (5) 프랑스어라고 한다. 한국말은 배우기 어렵지만 한글은 배우기가 매우 쉽다. 유네스코가 해마다 세계적으로 문맹 퇴치 공로자 또는 단체에게 수여하는 상(賞)의 이름이 "세종대왕문해상"(世宗大王文解賞, King Sejong Literacy Prize)이라는 사실은 퍽 자랑스러운 일이다.

인간이 사용하는 언어에는 "모국어"와 "외국어"만 있는 것이 아니다. 처음에는 외국어였는데, 차츰차츰 친숙해져서 모국어의 일부가 되어버린 "외래어"도 있고, 외교·경제·문화의 교류를 위한 방법으로 세계인들이 공통으로 사용하는 "세계어"도 있으며, 통신언어의 일종으로 암호처럼 변칙적으로 표기하여 당사자들 외에는 해독할 수 없는 "외계어"라는 것도 있다. 이런 것들을 하나씩 생각해 보자.

2. 모국어(母國語)

"모국어"는 "자기 나라의 말", 즉 "본국어(本國語)"를 뜻한다. 이것과 비슷한 의미를 가진 "모어(母語)"라는 단어도 있는데, 이 둘은 대체로 동의어로 여겨지지만, 의미가 완전히 동일한 단어는 아니다. "모국어"는 주로 외국에 나가 있는 사람이 고국의 말을 가리킬 때, 또는 여러 민족으로 이루어진 나라에서 자기 민족의 언어를 가리킬 때 쓰는 표현이다. 반면에, "모어"는 그 의미가 조금 다르다. 예컨대, 재일 동포나 미국 이민자의 자녀들이 현지에서 출생하여 배우는 제1언어인 일본어 또는 영어는 그들의 "모어"이지만, 그들의 "모국어"는 한국어이다. "모어"는 사람이 태어나서 맨 먼저 배우는 말이고, 따라서 가장 친숙하고 능통하게 구사(驅使)할 수 있는 언어이다. 이처럼 어떤 언어를 "모어" 또는 "모국어"로 쓰는 사람을 "원어민(原語民)"이라고 한다.

"모어" 또는 "모국어"는 인간의 정체성 확립에 중요한 역할을 하므로, 유네스코(UNESCO)는 매년 2월 21일을 "국제 모국어의 날"로 선언하였다(1999. 11. 17). "모국어"라는 단어는 언어를 국가와 결부시킴으로써 화자(話者)의 국가적 정체성을 강하게 부각시킨다. "모어"는 영어 "mother tongue"의 역어인데, 반드시 어머니로부터 말을 배우는 경우만을 가리키는 것은 아니고, 아버지나 다른 사람에게 말을 배우는 경우도 포함한다. 그러므로 "모어"의 "모(母)"는 "native"라는 뜻이다. 두 개 이상의 언어를 "모어"로 습득하는 사람들도 있다. 이런 사람들을 영어로는 "bilingual (바일링궐)", "trilingual (트라이링궐)", 등으로 일컫는다. "모국어"와 "모어"는 개인의 성격과 사고방식을 형성하는 데 큰 영향을 끼친다. 그러므로 "모국어"를 매우 귀중히 여기고 잘 배워야 한다. 한 영감적인 저술가는 다음과 같이 말했다.

> "어느 분야의 교육이든지 간에, 단순한 기능적인 지식을 습득하는 일보다도 더욱 중요한, 학생들이 달성해야만 하는 교육의 목적이 있다. 언어를 예로 들어보자. 외국어를 습득하는 일보다도 먼저 모국어를, 그것이 현대어든 또는 고어(古語)든 간에 쉽게 그리고 정확하게 쓰고 말할 줄 알도록 익히는 일이 중요하다. 그러나 보다 높은 언어 연구의 중요한 일은 문법적인 지식의 교육만으로는 얻어지지 아니한다. 언어 공부는 인생의 행복과 불행에 밀접한 관계를 갖는다."(Ellen G. White, *Education*, 234~235).

3. 외국어(外國語)

일반적으로 "외국어"란 자국에서 채택한 공용어가 아닌 다른 언어, 또는 교육과정에서 사용하는 언어가 아닌 다른 언어를 지칭한다. 그러나 "모국어"의 개념이 중요해진 오늘날 "외국어"는 단순히 그런 의미로만 쓰이지는 않고, 언어를 습득하는 과정에서 익힌 언어가 아닌 모든 언어를 가리키는 용어로 쓰이고 있다. 이런 의미에서는 자국에서 채택한 공용어라도 "모국어"가 아니면 "외국어"가 된다. 예를 들면, 프랑스령인 브르타뉴(Bretagne, 영어로는 Brittany, 프랑스 북서부의 반도)에서 주로 쓰이는 브르타뉴어를 "모국어"로 습득한 사람일 경우, 프랑스어를 이중 모국어로 습득한 경우가 아니면, 프랑스어도 "외국어"가 된다. 그래서 언어학에서는 "처음 습득한 언어" 즉 "모어"를 가리킬 때 "제1언어(First Language, L1)"라는 용어를 사용하고, "외국어"를 지칭할 때는 "제2언어(L2)", "제3언어(L3)", 등의 용어를 사용한다.

"외국어"는 영어 "foreign language"에 해당하는 말인데, 이 두 단어의 의미가 완전히 일치한다고는 할 수 없다. 왜냐하면 "외국어"는 "다른[外] 나라[國]의 언어[語]"라는 뜻으로서 국가와 결부되어 있는 반면에, "foreign language"는 단지 "낯선(foreign) 언어(language)" 또는 "다른[他] 언어[語]"를 뜻하기 때문이다. 예컨대, 캐나다 동부의 프랑스어권에서 태어나 프랑스어를 "모어"로 익힌 사람이 "외국어"로 영어를 배울 경우, 영어는 캐나다의 "국어" 또는 "모국어"이므로 "외국어"라고 하는 것은 의미상 맞지 않는다.

이 밖에 "국어(國語)"나 "자국어(自國語)"라는 말도 있다. "국어"는 동양에서 "국가의 표준어"라는 의미로 사용되고, "자국어"는 "타국어" 또는 "외국어"란 말의 반의어 또는 상대어로 쓰인다. 한국의 초·중등학교에서 영어를 필수 "외국어"로 가르치고, 고등학교부터는 일본어, 중국어, 독일어, 프랑스어, 러시아어, 스페인어, 아랍어, 베트남어 등을 "제2외국어"로 가르친다. 유럽, 미국, 캐나다 등지에서는 라틴어, 그리스어, 프랑스어 등이 교육과정에서 배우게 되는 "외국어"이다. 하지만 비영어권 국가에서는 미국과 같은 영어 사용국들의 국제적인 영향으로 인하여 영어가 교육과정에서 필수과목인 경우가 많다. 예를 들면, 한국, 일본, 중국, 대만, 독일, 스웨덴, 핀란드 등이다. 그러나 영어권 국가에서는 그 지역의 역사적인 상황에 따라, 교육과정에서 배우게 되는 "외국어"가 나라마다 다르다. 예를 들면, 영국이나 미국에서 배우는 "외국어"는 라틴어, 그리스어, 프랑스어 등이며, 필리핀에서는 스페인어를, 말레이시아와 싱가포르에서는 중국어나 힌디어를 "외국어"로 가르친다.

사람이 하나의 "외국어"를 터득하거나 정복(master)하면 새로운 세계에 진입하는 것과도 같다. 그 "외국어"로 기록된 모든 역사와 문화와 문학과 사상이 그의 앞에 전개되기 때문이다. 신성로마제국의 황제요 독일과 스페인과 이탈리아를 다스렸으며, 친히 여러 개의 언어들을 구사할 수 있었던 카를 5세 (Karl V, 1500~1558)는 "인간은 새로운 언어를 터득할 때마다 새로운 인간이 된다."는 명언을 남겼다. 이 명언은 낯설고 어려운 언어들을 공부해야 하는 우리에게 크나큰 격려가 된다.

카를 5세(Karl V, 1500~1558)

4. 외래어(外來語)

"외래어"는 "외국어"가 우리나라에 들어와서 우리말처럼 쓰이는 말을 가리킨다. "외래어"는 "외국어"를 적당한 우리말로 번역할 수 없을 때, 그 "외국어"를 음역(音譯)하여 사용함으로써 형성된다. 예를 들면, 라디오, 텔레비전, 컴퓨터, 뉴스, 토마토, 아르바이트, 템포, 스케이트, 스키, 스포츠, 백미러, 버스, 택시, 노트북, 오케이, 등 매우 많다.

"외래어"는 크게 세 가지로 세분된다. 첫째는 "귀화어(歸化語)"인데,

이것은 외국어가 들어와서 외래어의 과정을 거쳐서 완전히 고유어처럼 동화된 단어들을 가리킨다. "귀화어"에는 "고무"(프랑스어 gomme [곰]이 귀화한 것), "빵"(포르투갈어 pão [팡]이 귀화한 것), "붓"(중국어 筆[현대 발음은 비, 고대 발음은 붇]이 귀화한 것), "구두"(일본어 クツ[쿠츠]가 귀화한 것), 등이 있다. 둘째는 "차용어(借用語)"이다. 이것은 고유어로 완전히 익지는 않고 외국어처럼 들리면서 우리말로 사용되는 것이다. 예를 들면, "타이어"(미어 tire, 영어 tyre), "아르바이트"(독일어 Arbeit), "뷔페" (프랑스어 buffet), 등이 이에 속한다. 셋째는 "외래어(外來語)"인데, 이것은 큰 "외래어" 범주 안에 있는 작은 범주의 "외래어"로서 "귀화어"와 "차용어"에 속하지 않는 단어들을 가리킨다. 예컨대, "템포", "뉴스", "라디오", "버스", 등이 이에 속한다.

5. 세계어(世界語)/국제어(國際語)

"세계어(世界語)"는 "국제어(國際語)"라고도 일컫는데, 이 말에는 두 가지의 의미가 있다. 첫째는 세계 공통어로 사용할 목적으로 개인이나 단체가 인위적으로 만든 언어이다. 에스페란토(Esperanto, 폴란드의 안과의사 자멘호프[L. L. Zamenhof, 1859~1917]가 1887년에 제창한 언어)와 이도(Ido, 프랑스의 수사학자 루이 쿠튀라[Louis Couturat, 1868~1914]와 교사 마르키 루이 드 보프롱[Marquis Louis de Beaufront, 1855~1935]이 에스페란토를 개선한 언어)가 이에 해당한다. 하지만 이 두 인공어(人工語) 모두 많은 사람들의 관심을 끌기는 했지만 세계적으로 확산되지는 못하였다.

"세계어"의 둘째 의미는 세계의 다양한 지역에서 제2언어로 사용하는 언어를 가리킨다. 사용자가 많더라도 같은 민족이 밀접한 지역에서 사용되거나 단일 국가 내에서 사용하는 언어, 분단국가에서 사용하는 언어는 "세계어"로 간주하지 않는다. 이런 의미의 "세계어"에 속하는 언어에는 영어, 중국어, 러시아어, 독일어, 프랑스어, 수화(手話) 같은 것들이 있다.

온 세계가 "지구촌(地球村)" 개념으로 서로 소통하고 교류하면서 살아가는 현대인들은 모국어 하나만으로는 국제적 무대에 나설 수가 없다. 그러므로 위에 열거된 "세계어"들 중에서 한두 개는 꼭 배우는 것이 바람직하다. 영어와 중국어를 배워놓으면 가장 유용할 것이다.

6. 외계어(外界語)

"외계어(外界語)"는 통신언어의 일종으로 컴퓨터 문서상에서 쓰이는 한국어의 변칙적인 표기를 통칭하는 것이다. "외계어"는 일반적으로 다음과 같은 특징을 가지고 있다. 첫째는 자모나 글자의 일부분이 닮은 모양의 다른 특수문자나 기호로 치환되는 것이다. 예를 들면, "말하지 않아도"를 "말ㅎㅏㅈl 않Øㅏ도"와 같은 식으로 쓰는 것이다. 둘째는 맞춤법을 무시하고 발음을 왜곡하는 것이다. 여컨대, "나름대로"를 "날흠뒈룩"과 같이 쓰는 것이다. 요즘 청소년 사이에는 인터넷을 통하여 이런 "외계어"가 많이 오가는데, 어른들이 봐서는 도무지 해독할 수가 없는 암호이다. 누가 "읍ㅎ°F"를 "오빠"로 읽을 수 있겠으며, "ㄱㅣㄱ"가 "웃음"인 것을 어떻게 알 수 있을까? 그들은 정말 "외계"에서 온 것 같다.

이상에서 살펴본 바와 같이, 언어에는 여러 종류가 있다. 가능하면 이런 언어들에 대한 이해를 고루고루 쌓아서 일상의 언어생활과, 특히, 강연과 설교와 저술에 합당하게 사용할 수 있다면, 청중과 성도와 독자들은 더욱 행복한 공감으로 반응할 것이다.

7. 「외래어 표기법(表記法)」

우리는 외래어와 외국어의 홍수 속에 살고 있다. 국어연구원이 2000년도에 간행한 「표준국어대사전」에는 총 440,262개의 표제어가 수록되어 있고, 그중에서 5.26퍼센트인 23,196개가 외래어라고 한다. 일상생활에서 흔히 사용하는 이 낯선 말들을 바르고 통일되게 사용하지 않으면 상당한 혼란이 일어나므로 정부가 1986년에 「외래어 표기법」을 공포했다. 하지만 일반인들은 그 규칙을 잘 알 수가 없고, 조금 안다고 해도 실제에 적용하기는 매우 어렵다.

국제사회로부터 문물의 전래가 빨라지고 학문과 기술의 교환이 가속화됨에 따라서 외국 용어와 어휘가 종잡을 수 없이 많아지고 빨라지고 있다. 먼저 '외국어'와 '외래어'의 정의부터 내리고 본론에 들어가기로 하자. "외국어(外國語)"는 문자 그대로 '다른 나라의 언어'를 가리키고, "외래어(外來語)"는 "외국어에서 빌려 마치 국어처럼 사용하는 단어" 즉 "차용어(借用語, loanword)"를 말한다. 좀 더 부연하면, "한국어와 한자어 이외에 다른 언어로부터 빌려 쓰는 말"을 뜻하고 고유어로는 "들온말"이라고 한다. "외국에서 들어온 말"이라는 뜻이다. "외래어"는 원래 "외국어"이던 것이 우리말로 쉽게 번역할 수가 없어서 외국어 그대로 사용하면서 우리말로 동화된 단어들을 가리킨다. 예를 들면, "버스", "펜", "잉크", "프로그램", "프로젝트", "인터넷", "라디오", "기타", "피아노", "바이올린", "카메라", "컴퓨터", "아르바이트" 등은 모두 "외래어"이다. 반면에 우리말로 쉽게 번역할 수 있음에도 불구하고 사용하는 영어 또는 기타 언어의 단어들은 "외국어"이다. 예를 들면, "밀크"(milk, 우유), "머니"(money, 돈), "유니버시티"(university, 대학교), "굿 모닝"(good morning, 아침인사) 등은 우리가 자주 사용하는 말이기는 하지만 한국어로 동화된 "외래어"가 아니라 "외국어"이다.

"외래어"가 그것을 발음하는 사람에 따라 다르게 표기된다면 혼란은 불가피하게 일어난다. 만약 "뷔페 – 부페 – 버페", "슈퍼마켓 – 슈퍼마케트 – 수퍼마켓", "로보트 – 로봇", "컴퓨터 – 콤퓨터", "클라스 – 크라스 – 클래스", "킬로그램 – 키로그램 – 킬로그램", 등으로 각자가 자기 방식으로 표기한다면 우리말이 무질서하게 된다. 그래서 문교부(현재의 교육기술과학부)가 장기간의 연구 끝에 1986년 이른바 「외래어 표기법」을 공포하였다. 이 표기법은 〈표기의 기본원칙〉, 〈표기 일람표〉, 〈표기세칙〉, 〈인명·지명 표기의 원칙〉 등 4장으로 구성되어 있다. 그 중에서 "표기의 기본원칙"으로 제시된 5개 항은 다음과 같다.

제1항 외래어는 국어의 현용 24자모(字母)만으로 적는다. 이것은 국제음성기호에 있는 f, v, ʃ, ʧ, ɔ, ʌ처럼 국어에 없는 외국어 자모음(子母音) 소리를 적기 위해 별도의 문자를 만들지 않기로 한 것이다.

제2항 외래어의 1음운(音韻)은 원칙적으로 1기호(記號)로 적는다. 예컨대, "fighting"을 어떤 사람은 "파이팅"으로, 어떤 사람은 "화이팅"으로 쓴다면 혼란스러워진다. 또 "fighting"은 "화이팅"으로 표기하면서

"film"은 "필름"으로 쓴다면, 동일한 글자 [f]를 두 가지로 쓰는 것이니 이것도 합당해 보이지 않는다.

　제3항 받침에는 "ㄱ, ㄴ, ㄹ, ㅁ, ㅂ, ㅅ, ㅇ"만을 쓴다. 예를 들어 "robot"의 끝음절이 t로 되어 있지만 이것에 토씨를 붙인 "로봇이, 로봇을"을 "[로보시], [로보슬]"과 같이 읽게 되므로 "로봇"으로 표기한다. "커피숖"도 "커피숍"으로 표기한다.

　제4항 파열음 표기에는 된소리[硬音]를 쓰지 않는 것을 원칙으로 한다. 무성파열음 p, t, k는 영어와 독일어에서는 "ㅍ, ㅌ, ㅋ"에 가깝게 들리고, 프랑스어, 러시아어, 이탈리아어에서는 "ㅃ, ㄸ, ㄲ"에 가깝게 들린다. 그러나 어떤 경우에는 된소리[硬音]로 적고, 어떤 경우에는 거센소리[激音]로 적는다면 혼란을 초래할 것이다. 그래서 무성파열음 표기에 된소리[ㅃ, ㄸ, ㄲ]를 쓰지 않기로 하였다. 유성파열음 [b, d, g]의 경우, "bus, gas"를 "뻐스, 까스"라고 쓰지 않고 "버스, 가스"라고 써야 한다.

　제5항 이미 굳어진 외래어는 관용(慣用)을 존중하되, 그 범위와 용례는 따로 정한다. 오래 전에 들어와 널리 쓰이고 있는 외래어를 다시 원어의 발음과 가깝게 표기하기로 한다면 어색하게 들리고 난처한 상황도 벌어질 것이다. 예를 들어 영어 "camera"는 이미 "카메라"로 굳어져 있는데, 이것을 "캐머러"라고 표기한다면 현실에 맞지 않을 것이다.

　이상과 같은 원칙에 의거하여 흔히 사용되는 외래어들의 표기를 예시하면 다음과 같다. 괄호 안의 표기는 원칙에 맞지 않는 것이다.

　Accessory → 액세서리(악세사리), badge → 배지(빳지), Baguette → 바게트(바겟), barbecue → 바비큐(바베큐), battery → 배터리(밧데

리, 밧테리), buffet → 뷔페(부페, 버펫), cabinet → 캐비닛(캐비넷, 캬비넷), cake → 케이크(케익, 케잌), caramel → 캐러멜(캬라멜, 카라멜), carol → 캐럴(캐롤), complex → 콤플렉스(컴플렉스), computer → 컴퓨터(콤퓨터), convention → 컨벤션(콘벤션, 컨벤숀), data → 데이터(대타, 데이타), elevator → 엘리베이터(에레베타), fire → 파이어(화이어), fitness → 피트니스(휘트네스), image → 이미지(이메이지), message → 메시지(멧세지, 멧세이지), rotary → 로터리(로타리), stainless → 스테인리스(스텐레스), supermarket → 슈퍼마켓(수퍼마켓, 슈퍼마케트), television → 텔레비전(텔레비존, 테레비), terminal → 터미널(터미날), Valentine Day → 밸런타인 데이(발렌타인 데이).

외국의 인명과 지명을 표기하는 일에도 원칙을 잘 적용해야 한다. 인명일 경우, 동일한 철자(綴字)를 가진 이름이라도 어느 나라 사람이냐에 따라서 발음이 다르므로 세심한 주의를 요한다. 전술한 바와 같이, "Robert"라는 사람은 영국인이나 미국인이면 "로버트", 독일인이면 "로베르트", 프랑스인이면 "로베르"이다. "Charles"도 영어이면 "찰스"이고, 프랑스어이면 "샤를"이다. 그 모든 경우를 여기에 다 열거할 수는 없으니 각자가 연구하면서, 모를 때는 아는 사람에게 물어서라도 바르게 쓰는 것이 좋겠다. "Albert", "Richard", "Martin", 등도 똑 같은 철자로 되어 있지만 언어에 따라 발음과 표기가 달라진다.

8. 서양 지명 표기 원칙: 원음(原音)에 가깝게

서양의 지명들을 우리말로 정확하게 표기하는 것은 쉬운 일이 아니다. 원칙은 각 언어의 원음(原音)에 가깝게 표기한다는 것이다. 자세하게 안내한 「외래어 표기법」(1986)에 따라서 표기하면 되겠지만, 그 법을 모두 기억하는 것이 어려울 뿐만 아니라 각 사람이 각 나라 언어의 발음법을 다 알기는 불가능하다. 그래서 주요 국가들의 주요 지명들을 알파벳순으로 나열하고, 그것들을 어떻게 표기해야 하는지를 안내하고자 한다.

9. 지명들의 국적과 표기법

지명	소속 국가	표기 방법
Alpen/Alps	스위스, 프랑스, 등	알펜/알프스
Anchorage	미국	앵커리지
Ankara	터키	앙카라
Ἀθήνη/Ἀθήνα/Athens	그리스	아테네
Atlanta	미국	애틀랜타
Barcelona	스페인	바르셀로나
Berlin	독일	베를린
Boston	미국	보스턴
Brussels	벨기에	브뤼셀
Budapest	헝가리	부다페스트
Champs-Élysées	프랑스	샹젤리제
Chicago	미국	시카고
Den Haag/The Hague	네덜란드	덴 하그
Donau/Danube	독일, 등	도나우/다뉴브

지명	소속 국가	표기 방법
Dublin	아일랜드	더블린
Eisenach	독일	아이제나흐
Firenze/Florence	이탈리아	피렌체
Frankfurt am Main	독일	프랑크푸르트 암 마인
Gibraltar	스페인/영국령	지브롤터
Göttingen	독일	괴팅엔
Grand Canyon	미국	그랜드 캐년
Groningen	네덜란드	흐로닝언
Hamburg	독일	함부르크
Hannover	독일	하노버[한노퍼]
Havana	쿠바	아바나
Hawaii	미국	하와이[이]
Heidelberg	독일	하이델베르크
Helsinki	핀란드	헬싱키
Houston	미국	휴스턴
İstanbul/Istanbul	터키	이스탄불
Jungfraujoch	스위스	융프라우요흐
København/Copenhagen	덴마크	쾨벤하운/코펜하겐
Köln/Cologne	독일	쾰른
Las Vegas	미국	라스베이거스
Leicester	영국	라이스터
Leipzig	독일	라이프치히
Lisbon	포르투갈	리스본
London/Londres	영국	런던
Los Angeles	미국	로스앤젤레스
Luxemburg/Luxembourg	룩셈부르크	룩셈부르크

지명	소속 국가	표기 방법
Madrid	스페인	마드리드
Matterhorn	스위스	마터호른
México/Mexico	메히코/멕시코	메히코/멕시코
Milano/Milan	이탈리아	밀라노
Mont Blanc	프랑스	몽블랑
Montmartre	프랑스	몽마르트르
Montreal	캐나다	몬트리올
Москва́/Moscow	러시아	모스크바
München/Munich	독일	뮌헨
Napoli/Naples	이탈리아	나폴리
New York	미국	뉴욕
Nice	프랑스	니스
Nürnberg/Nuremberg	독일	뉘른베르크
Oslo	노르웨이	오슬로
Paris	프랑스	파리
Phoenix	미국	피닉스
Port-au-Prince	아이티	포르토프랭스
Praha/Prague	체코	프라하
Reykjavik	아이슬란드	레이캬비크
Rio de Janeiro	브라질	리우데자네이루
Roma/Rome	이탈리아	로마
Санкт-Петербу́рг/Saint Petersburg	러시아	상트페테르부르크
San Diego	미국	샌디에이고
San Francisco	미국	샌프란시스코
São Paulo	브라질	상파울루
Sicilia/Sicily	이탈리아	시칠리아

지명	소속 국가	표기 방법
Stockholm	스웨덴	스톡홀름
Strasbourg/Straßburg	프랑스	스트라스부르
Surriento/Sorrento	이탈리아	수리엔토/소렌토
Thames	영국	템스
Toronto	캐나다	토론토
Tübingen	독일	튀빙엔
Utrecht	네덜란드	위트레흐트
Vancouver	캐나다	밴쿠버
Versailles	프랑스	베르사유
Владивосто́к/Vladivostok	러시아	블라디보스토크
Warszawa/Warsaw	폴란드	바르샤바
Washington	미국	워싱턴
Wien/Vienna	오스트리아	빈
Wittenberg	독일	비텐베르크

10. 프랑스어 발음의 기본원칙

프랑스어는 영어와 가장 비슷하게 생겼지만 발음하는 방법에 있어서는 영어와 매우 다르다. 프랑스어를 배우지 않은 사람이 그것을 읽거나 한국어로 표기하면 대단히 난처한 사태가 벌어질 수 있다. 하지만 아래의 몇 가지 기본원칙만 알아도 큰 실수는 방지할 수 있다.

(1) 자음 "ch"는 일반적으로 영어 "sh"와 같이 발음된다. 예: Charles → 샤를, Chagall → 샤갈, Chopin → 쇼팽, Champagne → 샹파뉴(샴페인), Champs-Élysées → 샹젤리제. 하지만 예외적으로 "k"와 같이 발음

되는 경우도 있다. 예: chaos → 카오(혼돈).

(2) "C"와 "c" 아래 꼬리(프랑스어로 cédille [세디유], 영어로는 cedilla [세딜라])가 붙은 글자인 "Ç"와 "ç"는 "s"와 같은 발음을 가진다. 예: Français → 프랑세(프랑스어), François → 프랑수아, façade → 파사드(전면, 앞쪽), limaçon → 리마송(달팽이).

(3) "H"는 영어의 honor에서처럼 묵음(默音)이 된다. 예: Henri → 앙리, Huguenots → 위그노, Hugo → 위고, haut → 오(높은).

(4) 음절 끝에 오는 "m"과 "n"은 한글의 "ㅇ"과 비슷하게 발음된다. 예: Adam → 아당, Léon → 레옹, Henri → 앙리, éducation → 에뒤카송(교육), dans → 당(- 안에).

(5) "-ment"은 "망"으로 표기한다. 예: agrément → 아그레망, engagement → 앙가주망(약속).

(6) 단어의 끝에 붙은 자음들(d, g, p, r, s, t, x, 등)은 대체로 발음되지 않는다. 예: pied → 피에(발), Strasbourg → 스트라스부르, champ → 샹(논밭, 전원), atelier → 아틀리에(작업장), Berthier → 베르티에, Paris → 파리, Louis → 루이, Millet → 밀레, Manet → 마네, Monet → 모네, Daudet → 도데, de Vaux → 드 보. journaux → 주르노(일기, 뉴스).

(7) 이중모음 "oi"와 "oy"는 "우아" 또는 "오아"로 발음한다. 예: François → 프랑수아, Renoir → 르누아르, mademoiselle → 마드무아젤(소녀), repertoire → 레페르투아르(목록, 레퍼토리), toilette → 투알레트(화장실), 프랑스 소설가 Léon Bloy → 레옹 블루아, ployer → 플루아예(구부러지다).

(8) "In-"과 "-in"은 일반적으로 "앵"으로 발음된다. 예: information → 앵포르마송(정보, 소식), Chopin → 쇼팽, Rodin → 로댕, Calvin → 칼

뱅, Martin → 마르탱, Fortin → 포르탱, moulin → 물랭(제분소, 방앗간).

(9) 모음 "u"는 일반적으로 "위"로 표기한다. 예: bureau → 뷔로(사무실), buffet → 뷔페, Camus → 카뮈, Hugo → 위고, Auguste → 오귀스트, Curie → 퀴리.

(10) 다른 서양 언어도 마찬가지지만, 특히, 프랑스어를 한글로 표기할 때는 된소리[ㄲ, ㄸ, ㅃ, ㅆ, ㅉ]를 사용하지 않는다. Café → 카페(X까페), Conte → 콩트(X꽁뜨), Paris → 파리(X빠리), Stendhal → 스탕달(X스땅달), Sartre → 사르트르(X싸르뜨르), Jean → 장(X짱).

이밖에도 세부적인 원칙들이 매우 많이 있지만, 가장 기초적이고 특징적인 것들만 위에 소개하였다. 이 정도만 알아도 Chopin (쇼팽)을 "초핀"이나 "쇼빵"으로 읽지는 않을 것이다.

11. 실제적인 경우들

일반적으로 사람들이 틀리게 읽거나 표기하는 프랑스어의 예들을 살펴보면 다음과 같다.

(1) **Ensemble**: 영어처럼 "엔셈블"로 발음하는 이들이 가끔 있으나 "앙상블"이 맞는다.

(2) **Encore**: "엥콜" 또는 "엥코르"라고 하는 이들이 많지만 "앙코르"라고 해야 바르다.

(3) **Montmartre**: "몽마르트"라고 말하는 경우를 자주 보는데, 파리 시내에 있는 그 유명한 언덕은 "몽마르트르"이다. "몽마르트"라고 하면 "Mont Marte"라는 상품 업체를 가리킨다.

(4) **François**: 어느 교사가 이것을 "프랑코이스"라고 발음하여 학생들을 당황하게 한 적이 있는데, "프랑수아"라고 읽어야 한다. 프랑스 전(前) 대통령 François Mitterrand은 "프랑수아 미테랑"으로 표기한다. 예전에는 François를 "프랑솨"라고 읽기도 했으나 지금은 "프랑수아"로 통일되어 있다.

(5) **Robert**: 이 이름의 주인이 미국인이나 영국인이면 "로버트"라고 표기해야 맞고, 독일인이면 "로베르트"라고 불러야 하며, 프랑스인이면 "로베르"라고 읽어야 맞는다.

(6) **Albert**: 이것도 영어, 독일어, 프랑스어에 모두 있는 이름이어서 우리말로 표기할 때 주의하지 않으면 실수하기 십상이다. 캐나다 출신의 미국 심리학자 Albert Bandura는 "앨버트 밴듀라"이고, 독일 출신의 과학자 Albert Einstein은 "알베르트 아인쉬[슈]타인"이며, 프랑스의 작가이자 철학자인 Albert Camus는 "알베르 카뮈"이다.

(7) **Richard**: 이것 역시 철자는 동일하나 발음은 언어마다 다르다. 미국 제37대 대통령 Richard Nixon은 "리처드 닉슨"이고, 독일 작곡가 Richard Wagner는 "리하르트 바그너"이며, 내 친구 프랑스인 Richard Lehmann은 "리샤르 레만"이다. "리샤르 레만"은 그의 조상이 독일계여서 성(姓)은 독일어 Lehmann (레만)이고, 현재 프랑스 시민으로 프랑스에서 살고 있으므로 이름[Richard]은 "리샤르"로 발음한다.

(8) **Martin**: 이 이름도 나라마다 각기 다르게 발음한다. 미국인이나 영국인이면 "마틴"이고, 독일인이면 "마르틴", 그리고 프랑스인이면 "마르탱"이다. 그러므로 독일의 종교개혁자 Martin

Luther는 "마르틴 루터"이다. 그러나 미국의 인권운동가 Martin Luther King, Jr.는 "마르틴 루터 킹"이 아니라, "마틴 루써[서] 킹"으로 표기해야 바르다.

(9) **Victor Hugo**: 프랑스의 문호인 이 사람은 "빅터 휴고"가 아니라 "빅토르 위고"이다.

(10) **Charles**: 영국의 왕세자 Charles는 "찰스"이고, 프랑스의 전(前) 대통령은 Charles de Gaulle은 "샤를 드 골"이다.

(11) **Chopin**과 **Rodin**: 이 이름들을 한때 "쇼팡"과 "로댕"으로 표기했는데, 그것은 일본식 표기이고 원발음과도 부합하지 않아서 "쇼팽"과 "로댕"으로 고쳐 표기하고 있다.

(12) 종교개혁자 **Jean Calvin**: 프랑스인이므로 "장 칼뱅"으로 표기해야 하는데, 미국에서 공부하고 돌아온 사람들이 영어식으로 John Calvin "존 칼빈" 또는 "존 캘빈"으로 일컫기 시작하여 많은 사람들이 그렇게 불러 왔으나, 지금은 프랑스어식 발음을 따라 "장 칼뱅"으로 표기하고 있다.

(13) **Jacob**: 영어로는 "제이콥"이고, 독일어[Jakob]로는 "야코프"이며, 프랑스어로는 "자콥"이다. 구약학자 Edmond Jacob은 "에드먼드 제이콥"이 아니라 "에드몽 자콥"이다.

(14) **Henri**: 영어식으로 "헨리"(Henry)라고 발음하면 안 되고, "앙리"라고 해야 한다. 영어의 Henry(헨리)와 프랑스어의 Henri(앙리)에 해당하는 독일어는 Heinrich(하인리히)이다. 그래서 미국의 자동차왕 Henry Ford는 "헨리 포드"이고, 국제적십자위원회를 창설한 프랑스인 Henri Dunant은 "앙리 뒤낭"이며, 독일의 서정시인 Heinrich Heine는 "하인리히 하이네"이다. 1077년 로마 교

황 그레고리우스 7세(Gregorius VII)에게 이른바 「카노사의 굴욕」을 당한 신성로마제국의 황제 독일인 하인리히 4세(Heinrich IV)가 교회역사에서 한때 "헨리 4세"로 표기되었던 것은 그 이야기를 영어로 된 참고서에서 인용했기 때문일 것이다.

(15) **Montesquieu**: 18세기의 계몽주의 정치사상가인 이 사람을 한 동안 영어식으로 "몬테스큐"라고 일컬어졌으나 지금은 프랑스어식으로 "몽테스키외"로 표기되고 있다. 그의 이름(full name)을 다 쓰면, Charles-Louis de Secondat, Baron de La Brède et de Montesquieu (샤를 – 루이 드 세콩다, 바롱 드 라 브레드 에 드 몽테스키외)이다.

(16) **Marseille**: 프랑스의 항구도시인 이 지명을 우리말로 표기하기는 매우 어렵지만, 가장 근사한 표기는 "마르세유"이다. 이 단어에서 파생되어 프랑스 국가(國歌)를 가리키는 La Marseillaise는 "라 마르세예즈"라고 표기하는 것이 최선일 것이다.

(17) "**R**"의 발음과 표기: 프랑스어 "r"는 영어나 독일어의 "r"와는 사뭇 다른 음가(音價)를 가지고 있다. 그것은 영어의 "r"보다는 "h"에 더 가깝게 발음된다. 예를 들면, 프랑스 사람이 Paris를 읽으면 "파리"보다는 "파히" 또는 "빠히"와 비슷하게 발음하고, Robert는 "로베르"보다는 "호베흐"처럼 발음한다. 그럼에도 불구하고 우리말 표기법은 일반 사회가 받아들이기에 무리가 없는 쪽으로, 그리고 동일한 자음이 서로 다르게 표기되므로 발생하는 혼란을 막는 쪽으로, 다시 말해서, 언어의 사회성을 고려하고 일관성을 유지하는 방향으로 정해져 있다. 그래서 Paris는 "파히"처럼 들리지만 "파리"로 표기하고, Robert는 "호

베흐"라고 하지 않고 "로베르"라 하며, Moulin Rouge는 "물랭 후즈"가 아니라 "물랭 루즈"로 음역(音譯)한다.

12. 외래어와 외국어의 바른 표기

우리가 자주 사용하면서도 틀리게 발음하거나 표기하는 외래어와 외국어 단어들이 매우 많다. 다음의 단어들의 틀린 표기와 맞는 표기를 대조해 보라.

로마자	소속 언어	틀린 표기	맞는/원음 표기
Adventist	영어	어드벤티스트	애드벤티스트
Agrément	프랑스어	어그리망/멘트	아그레망
Alcohol	영어	알콜, 알코홀	알코올
Alignment	영어	얼라이먼트/멘트	얼라인먼트
Ambulance	영어	앰부란스	앰뷸런스
Antique	영어	엔티크, 앤틱	앤티크
Apartment	영어	아파트멘트	아파트먼트
Arbeit	독일어	알바이트, 알바	아르바이트
Autobahn	독일어	오토반	아우투반
Balance	영어	바란스, 발란스	밸런스
Barbecue	영어	바베큐	바비큐
Bus	영어, 독일어	뻐스, 뻐쓰	버스
Cabinet	영어	캐비넷	캐비닛
Café	프랑스어	까페	카페
Camera	영어	캐머러, 캐메라	카메라

로마자	소속 언어	틀린 표기	맞는/원음 표기
Cement	영어	세멘트, 씨멘트	시멘트
Center, Centre	영어	쎈터, 쎈타, 센타	센터
Chandelier	프랑스어	찬들리어, 샨들리에	샹들리에
Chef	프랑스어	쉐프	셰프
Christian	영어	크리스찬	크리스천
Christmas tree	영어	크리스머스 추리	크리스마스 트리
Class	영어	크라스, 클라스	클래스
Club	영어	크럽	클럽
Comedy	영어	코메디	코미디
Compass	영어	콤파스, 컴패스	컴퍼스
Computer	영어	콤퓨터, 컴푸터	컴퓨터
Concours	프랑스어	콩쿨, 콘코스	콩쿠르
Control	영어	콘트롤	컨트롤
Conte	프랑스어	꽁뜨, 꽁트	콩트
Counseling	영어	카운셀링	카운슬링
Counselor	영어	카운셀러	카운슬러
Data	영어	데이타, 대타	데이터
Dollar	영어	달라, 딸라	달러
Elevator	영어	에레베타, 엘레베이터	엘리베이터
Encore	프랑스어	엥콜, 엥코르, 앙콜	앙코르
Engagement	프랑스어	앙가쥬망, 앙가지망	앙가주망
Enquête	프랑스어	앙케이트, 앙퀘트	앙케트
Ensemble	프랑스어	엔셈블, 엥셍블	앙상블
Family	영어	훼미리, 홰밀리	패밀리
Fashion	영어	홰숀, 훼션, 패숀	패션
Fountain	영어	화운틴, 파운텐	파운틴

로마자	소속 언어	틀린 표기	맞는/원음 표기
Gas	영어, 독일어	까스, 깨스, 개스	가스
Golf	영어, 독일어	콜프, 골	골프
Image	영어	이메이지	이미지
Internet	영어	인터네트	인터넷
Issue	영어	잇슈	이슈
Jacket	영어	자케트, 자켓	재킷
Massage	영어	맛사지	마사지
Mechanic	영어	메카닉, 메커닉	미캐닉
Mechanism	영어	메카니즘	메커니즘
Message	영어	메세이지, 멧세지	메시지
Navigator	영어	네비게이터	내비게이터
Orange	영어	오린지[원음 유사]	오렌지[국어화]
Organ	영어	올갠, 올간	오르간
Package	영어	파케이지, 패케이지	패키지
Pamphlet	영어	팜플렛, 팸플렛	팸플릿
Pizza	이탈리아어	피짜, 핏자	피자
Placard	영어	프랑카드, 플랜카드	플래카드
Platform	영어	플랫홈, 플래트홈	플랫폼
Playboy	영어	프레이보이	플레이보이
Plaza	영어	프라자	플라자
Punk	영어	빵꾸, 팡크	펑크
Radar	영어	레이다	레이더
Reality	영어	리얼리티	리앨리티
Remnant	영어	렘난트	렘넌트
Répertoire	프랑스어	레퍼트와	레페르투아르
Restaurant	프랑스어	레스토란트	레스토랑

로마자	소속 언어	틀린 표기	맞는/원음 표기
Rotary	영어	로타리	로터리
Sabbath	영어	쌔배스, 싸바스	새버쓰
Seminary	영어	쎄미너리	세미나리
Shema Israel	히브리어	쉐마 이스라엘	셰마 이스라엘
Shopping	영어	샤핑, 숍핑	쇼핑
Sign	영어	싸인	사인
Signal	영어	시그날	시그널
Siren	영어	싸이렌	사이렌
Sofa	영어	쇼파, 쏘파	소파
Sturm und Drang	독일어	스트룸 운드 드랑	쉬투름 운트 드랑
Sunday	영어	썬데이	선데이
Stadium	영어	스타디엄	스타디움
Symposium	영어, 라틴어	심포지움	심포지엄
Television	영어	텔레비죤, 테레비	텔레비전
Top	영어	탑, 토프	톱
Training	영어	추레이닝, 추리닝	트레이닝
Valentine Day	영어	발렌타인 데이	밸런타인 데이
Valet parking	프랑스어+영어	발렛 파킹	발레 파킹
Volkswagen	독일어	복스바겐, 폭스바겐	폴크스바겐

13. 역사에 나오는 인물의 이름

역사에 등장하는 인물의 이름을 바르게 표기하는 것도 쉽지 않다. 각 인물이 속했던 국가와 언어에 따라서 그의 이름이 표기되기 때문이다. 한때는 거의 모든 인명을 영어식으로 발음하고 표기했으나 지금은 각 인물의 소속을 따라서 원음에 가깝게 표기하고 있다. 일부 인명의 틀린 표기와 맞는 표기는 다음과 같다.

원어/영어	소속 국가	틀린 표기	맞는/원음 표기
Abraham Lincoln	미국	아브라함 링컨	에이브러햄 링컨
Albert Schweitzer	독일	앨버트 슈바이쩌	알베르트 쉬바이처
Ἀλέξανδρος/ Alexander	그리스	알렉산더	알렉산드로스
Anders Jonas Ångström	스웨덴	앤더스 조나스 앙스트롬	안데르스 요나스 옹스트룀
Auguste Rodin	프랑스	오거스트 로딩	오귀스트 로댕
Augustine	로마	어거스틴, 아우구스틴	아우구스티누스
Benjamino Gigli	이탈리아	벤자미노 지글리	베냐미노 질리
Charles de Gaulle	프랑스	찰스/샤를르 드골	샤를 드 골
Charles Montesquieu	프랑스	찰스 몬테스큐	샤를 몽테스키외
Constantine	로마	콘스탄틴	콘스탄티누스
Cyprian	로마	사이프리아	퀴프리아누스
Don Giovanni	이탈리아	돈 죠반니	돈 조반니
Don Juan	스페인	돈 주안, 돈 환	돈 후안
Don Quixote	스페인	돈 퀵소테	돈 키호테
Frédéric Chopin	프랑스	프리드릭 쇼팡	프레데리크 쇼팽

원어/영어	소속 국가	틀린 표기	맞는/원음 표기
Friedrich Schleiermacher	독일	프리드릭 슐라이에르마허	프리드리히 쉴라이어마허
Georg Händel	독일 – 영국	조지 헨델	게오르크 핸델
Gerhard von Rad	독일	게르하르드 본 라드	게르하르트 폰 라트
Guillaume François	벨기에	길롬 프랑솨	기욤 프랑수아
Heinrich/Henry IV	독일	헨리 4세	하인리히 4세
Hieronymus/Jerome	로마	제롬	히에로니무스
Jan/John Hus	체코	존 허스, 요한 후스	얀 후스
Jean/John Calvin	프랑스	존 칼빈, 요한 캘빈	장 칼뱅
Johann Sebastian Bach	독일	요한 세바스찬 바하	요한 제바스티안 바흐
John Wesley	영국	요한 웨슬레	존 웨슬리
John Wycliffe	영국	존 위클립	존 위클리프
Jorge Julio Jimenez	멕시코	조지 줄리오 지메네즈	호르헤 훌리오 히메네스
Julius Caesar	로마	줄리어스 시저	율리우스 카이사르
Douglas MacArthur	미국	더글라스 맥아더	더글러스 머카써
Ludwig van Beethoven	독일	루드비히 반 베토벤	루트비히 판 베토펜
Margaret Thatcher	영국	마가렛 대처	마거리트 쌔처
Martin Luther	독일	마틴 루터	마르틴 루터

원어/영어	소속 국가	틀린 표기	맞는/원음 표기
Martin Luther King	미국	마르틴 루터 킹	마틴 루써 킹
Nicolaus Zinzendorf	독일	니콜라우스 진젠돌프	니콜라우스 친첸도르프
Origenes/Origen	그리스+로마	오리겐	오리게네스
Philo	그리스+유대	필로, 파일로	필론
Polycarp	로마	폴리캅	폴뤼카르푸스
Ptolemy	그리스	톨레미	프톨레마이오스
Somerset Maugham	영국	소머셋 모감	서머세트 몸
Søren Kierkegaard	덴마크	쇠렌 키엘케골	쇠렌 키르케고르
Tertullian	로마	터툴리안	테르툴리아누스
William Shakespeare	영국	윌리암 쉑스피어	윌리엄 셰익스피어

한국어를 포식(捕食)하는
외국어 단어들

1. 만어(Manx)의 경우와 한국어의 경우

언어는 살아서 움직이는 동물과 같다. 그것은 자라기도 하고, 뜻이 변화되기도 하며, 다른 언어를 낳기도 하고, 살다가 수명이 다하면 죽기도 한다. 특히, 언어는 야생동물과도 같다. 언어들 사이에는 교류도 있고, 경쟁도 있으며, 때로는 생존경쟁 하듯이 하나의 언어가 다른 언어를 잡아먹기도 한다. 다시 말해, 포식(捕食)하는 언어가 있고, 포식당하는 언어가 있다.

예를 하나 들어보자. 영국(The Great Britain)과 아일랜드(Ireland) 사이에는 영국의 지배와 보호를 받는 여러 개의 자치령이 있는데, 그 중의 하나가 "만 섬"(Isle of Man)이다. 이 섬에는 아주 오랜 옛날부터 "만 (Man)족"이 살고 있고, 그들은 "만어"(Manx)라는 언어를 사용하고 있다. "만어"는 영어와는 계통이 다른 게일어(Gaelic) 족에 속하는 언어로서 로마 알파벳을 문자로 사용하고 있다. "만 섬"은 572제곱킬로미터밖에 안 되는 작은 섬이고, 거주하는 인구는 2016년 인구조사에 의하면 83,314명이다. 이 섬의 공용어는 영어와 "만어"이다.

그러나 영국과 아일랜드 사이에 끼인 약소 자치령으로서 최강국에 속하는 영국의 지배를 받고 있는 이 섬의 주민들은 불가불 영어라는 거대 언어의 영향을 받지 않을 수 없고, 따라서 "만어"의 사용도와 필요성이 점차적으로 줄어들고 있다. 그 민족의 지도자들이 그들의 고유 언어인 "만어"의 사멸을 막기 위해 안간힘을 쓰고 있지만 얼마나 오래 갈지는 두고 봐야 알 일이다. 문화적으로 영어의 압도적인 영향을 받고 있는 "만족"으로서는 영어가 더 편리하고 더 유용한 것이 현실이어서 "만어"의 미래는 어둡기만 하다.

나는 젊어서부터 성경을 수집하는 습관을 가지고 살아왔다. 내가 수집하는 성경들은, 고대에 기록된 성경 사본(寫本)들 자체는 구할 수가 없기 때문에 그 진귀한 사본들의 복사본(複寫本) 또는 복제본(複製本), 그리고 원래 히브리어와 헬라어로 기록된 성경을 다른 언어들로 번역한 각종 역본(譯本)이다. 내가 미국에서 박사학위 공부를 하던 1980년대 중반에 하루는 미시건 주 그랜드 래피즈(Grand Rapids)라는 도시로 책을 사러 갔다. 그 도시는 내가 살던 곳에서 자동차로 약 2시간 걸리는 곳인데, 기독교 및 신학 관련 서적들을 전문으로 생산하는 출판사들이 많은 곳으로 유명하다. 그중에서 Zondervan Publishing House, Wm. B. Eerdmans Publishing Company, Baker Book House는 신학도들과 기독교인들을 위하여 가장 많은 참고서들과 학술서적들을 펴내는 출판사들이다. 내가 그 도시를 자주 방문하는 것은 이 출판사들이 운영하는 서점들을 둘러보기 위함이었다. 수많은 고서들과 희귀본들로 가득 차 있는 서가들을 훑어보는 것은 그야말로 보물찾기 그 자체였고, 귀중한 보물들이 여기저기 눈에 띄었지만 주머니 사정 때문에 다 사올 수는 없는 것이 안타까웠다. 그날 정말 진귀한 보물 하나가 눈에 띄었다. 성경 역본들을 수집하는 내가 난행 처음으로 보는 언어로 번역된 성경전서 한 권을 발견한 것이다. 그런데 그 성경이 나를 더욱 놀라게 한 것은 그것의 출판연도가 1819년이라는 사실이다. 정말 나는 내 눈을 의심하면서 다시 한번 확인하였다. 틀림없이 영국성경공회가 출판한 1819년판 성경이었다. 그러나 아깝게도 앞표지가 떨어져 나간 상태였으나 속표지는 깨끗하게 보존되어 있었다.

그런데 나는 그 성경이 어느 나라 또는 어느 민족의 언어로 된 것인지를 알 수가 없었다. 내가 나의 전공과 관련된 고대 언어들을 많이 공부했고, 현대어들도 적지 않게 배웠는데, 그 성경을 아무리 보고 또 보아도 그것이 무슨 언어로 된 것인지를 판단할 수가 없었다. 하여튼 나는 그 서점에 더 오래 머물 수가 없어서 무조건 그 성경을 구입하여 다시 2시간을 운전하여 집으로 돌아왔다. 그 성경은 내가 수집한 각종 성경 사본들과 역본들 가운데서 출판연도가 가장 오래된 것이다. 1819년 판! 그러나 그 언어가 무슨 언어인지 궁금하여 그 책을 펴서 구약 창세기 1장부터 살펴보니, 창세기 1장에 가장 자주 반복된 단어이자 그 장의 주인공인 "하나님"을 가리키는 단어가 "Jee"라는 사실을 금세 파악할 수 있었다. 도대체 어느 언어가 "하나님"을 "Jee"라고 일컬을까? 내가 아는 서양의 언어들 가운데서 "하나님"을 "Jee" 또는 이와 비슷하게 일컫는 언어가 있는지를 찾아봐도 없었다. 그 수수께끼는 여러 해가 지난 후에야 풀렸다. 공부를 바치고 귀국하여 몇 해가 지난 후에 컴퓨터를 이용하여 탐색한 결과, 이 언어가 바로 위에서 말한 "만어"(Manx)라는 사실을 알게 되었다. 이제는 영어라는 거대 언어에 포식당하여 사어(死語)가 되어 가고 있는 언어로 번역된 성경이라는 사실을 생각할 때, 그것은 "1819년"이라는 최고(最古)의 출판연도에 못지않게 귀중하게 여겨졌다. 이 역본은 내가 수집한 500여 권의 성경 사본과 역본들 중에서 내가 가장 소중히 여기는 몇 종의 성경들 중 하나이다.

"만어"처럼 사멸의 위기에 처해 있는 언어에 비하면, 우리 민족의 고유 언어인 한국어가 유구한 역사를 기록하고 찬란한 문화를 간직한 언어로 당당히 살아남은 것은 우리 민족에게 여간 큰 축복이 아니다. 일본제국 시대에 사멸될 위기를 맞았으나 다행히 살아남았고, 해방 이후에는 우리 겨레의 끈끈한 모국어 사랑과 국력의 신장으로 한국어는 현재 77억의 세계인구가 사용하고 있는 7,111개의 언어들 중에서 13위(7,720만 명이 사용함)를 기록하고 있다. 뿐만 아니라 근자에 와서 한국어를 기록하는 "한글"은 가장 과학적이고 가장 배우기 쉬운 문자로 각광을 받고 있고, 말은 있으나 글이 없는 세계의 몇 지역에서는 "한글"을 그들의 언어를 기록하는 문자로 채택한 사실은 매우 흥미롭고도 기쁜 일이다.

2. 언어가 포식(捕食)당하는 이유

일찍이 다른 언어들에게 포식당하여 사멸한 많은 언어들이 있고, 위에서 언급한 '만어'의 경우처럼 지금도 포식당하는 이유는 무엇일까? 거기에는 다음과 같은 두 가지의 이유가 있을 것이다.

　첫째, 어느 민족이나 지역에 사용되는 언어가 문자를 가지지 못하여 말로만 사용되면 사멸될 가능성이 높다. 문자가 없는 언어는 역사를 보존할 수 없고, 문화를 발전시킬 수 없다. 그러한 상태에서 오래 가면 다른 언어가 전래될 때 그 언어에게 잠식(蠶食)당하거나 포식(捕食)당하고 만다. 문자가 없는 언어들이 사멸한 경우는 필리핀과 중국의 수많은 방언들이 사어가 된 예에서 볼 수 있다.

　둘째, 정치적으로 또는 문화적으로 다른 국가 또는 민족의 지배 아래 들어가면 언어도 상당한 침해를 받고, 일본 제국주의 시대의 우리 한국어(당시는 조선어)처럼 말살의 위협을 받는다. 역사적으로 문자를 제정하거나 도입한 나라는 그들의 언어가 생존하였다. 예를 들면, 터키와 인도네시아와 말레이시아는 로마자를 도입하여 그들의 언어를 표기함으로써 그들의 언어는 영구적인 생명을 누리게 되었다.

　이 밖에도 하나의 언어가 다른 언어에게 포식당하여 사어(死語)가 되지는 않더라도 그 언어의 순수성을 상실하거나 부분적으로 침식을 당하여 수많은 외래어와 외국어 단어들이 무분별하게 혼용되는 경우가 많다. 한국어 자체는 그대로 생존하지만 한국어 중의 상당히 많은 단어들이 외국어 단어들에게 포식당하고 있는 것은 한국인 모두가 잘 아는 현상이다. 어떤 어휘는 한국어에 없는 단어이기 때문에 외국어를 그대로 차용하고 있어서 금세 외래어로서 한국어의 일부가 되고 있다. 그러나 한국어에 엄연히 있는 단어들도 제쳐두고, 뉘앙스와 신선함을 살리려는 목적으로 외국어를 사용하는 경우도 매우 많다. 비근한 예를 들면, "숟가락" 대신에 "스푼(spoon)", "문" 대신이 "도어(door)", "의사, 박사" 대신에 "닥터(Dr., doctor)", "건물" 대신에 "빌딩

(building)", "권투" 대신에 "복싱(boxing)", "절정" 대신에 "클라이맥스(climax)", "신혼여행, 밀월여행" 대신에 "하니문(honeymoon)"이라고 하는 것은 한국어 단어들이 영어 단어에 포식된 사례들이다.

3. 우리말을 포식하는 외국어 단어들

한국어를 포식하는 외국어 단어들에는 크게 두 종류가 있다. 하나는 외국의 문물이 한국으로 들어오면서 한국어에는 그 단어가 없기 때문에 외국어를 그대로 사용하면서 보급되는 경우이다. 이러한 현상은 대부분의 언어들에서고 일어나는 불가피한 상이다. 그런데 중국어의 경우는 서양의 문물을 수입할 때, 대부분의 용어들을 중국어로 만들어서 사용한다. 예를 들면, "텔레비전(television)"은 "전시(電視)", "컴퓨터(computer)"는 "전뇌(電腦)", "프런트(front)"는 "복무대(服務台)", "냅킨(napkin)"은 "찬건지(餐巾紙)", "나이트클럽(night club)"은 "야총회(夜恩會)" 등이다. 이렇게 하는 주된 이유는 영어나 다른 서양 언어의 단어들을 한자로 음역(音譯)하는 것이 매우 어렵거나 불가능하기 때문이다. 그러나 한국어는 음역하는 일이 매우 쉽고 원어와 매우 흡사하게 음역할 수 있기 때문에 위에 든 보기의 단어들은 모두 음역하여 사용하고 있다. 이 단어들은 외국어가 아니라 이미 한국어의 일부가 된 외래어들이다.

그러나 외국에서 들어오는 단어와 동일한 의미를 가진 한국어 단어들이 엄연히 존재하는데도 불구하고 그 한국어 단어들을 한쪽으로 밀쳐놓고 외국어 단어들을 더 즐겨 쓰는 사람들이 매우 많다. 이릴 경우, 이미 있는 한국어 단어들은 그야말로 포식당하거나 밀려나는 신세가 된다.

이미 외래어가 되어 한국어에 편입된 외국어 단어들과, 한국어가 있음에도 불구하고 굳이 사용하는 외국어 단어들을 함께 모으면 다음과 같다. 여기서 외래어와 외국어를 구별하지 않고 열거한 것은 때때로 그 구별이 매우 애매할 뿐만 아니라, 대부분의 경우는 굳이 구별하여 열거하지 않아도 이미 알고 있기 때문이다. 한국어에 침투하여 한국어 단어들을 이미 포식하였거나 잠식하고 있는 외국어 단어들을 편의상 아래와 같은 영역별로 나누어서 열거하고자 한다. 여기에 수록된 단어들은 나의 눈과 머리를 스쳐간 것들이므로 결코 완전한 목록은 아니다. 이 밖에도 우리말에 섞여 있는 외국어 단어들은 얼마든지 더 있을 것이다.

 (1) 음악과 관련된 용어들(악기 이름, 악상기호, 악곡, 등)
 (2) 스포츠와 관련된 용어들(경기종목, 경기, 경기장, 등)
 (3) 기타 예술과 관련된 용어들(미술, 무용, 연극, 영화와 방송, 문학, 등)
 (4) 역사와 종교와 관련된 용어들
 (5) 식품과 관련된 단어들(음식, 식품, 과일, 등)
 (6) 주거지와 생활용품과 관련된 단어들
 (7) 기타 범주에 속하는 단어들

(1) 음악과 관련된 용어들(악기 이름, 악상기호, 악곡, 등)

악기 – piano (pianist), grand piano, violin (violinist), viola (violist), cello (cellist), organ (organist), harpsichord, trumpet, trombone, oboe, clarinet, clarion, horn, tuba, bass, contrabass, sousaphone, bell, bassoon (fagotto), piccolo, triangle, cornet, bell, drum, bugle, guitar, digital horn, marimba, xylophone, castanets.

악상기호 - moderato, andante, largo, allegro, allegro assai, vivace, presto, cantabile, poco a poco, piano, pianissimo, forte, fortissimo, ritardando, glissando, staccato, crescendo, decrescendo, diminuendo, tenuto, sostenuto, slur, tie, cadenza, major, minor, a tempo, da capo (D.C.), dal segno (D.S.).

악곡 - opera, grand opera, musical, aria, oratorio, cadenza, capriccio, scherzo, cantata, concert, gala concert, concerto, motet, minuet, sonata, rhapsody, mazurka, nocturne, requiem, ballade, rondo, folk song, march, classic, coda, prelude, interlude, postlude, pop song, popular music, lyrics, gospel song, canzone, chanson, chant, Lied.

기타 - orchestra, symphony, harmony, philharmonic, rhythm, conductor, solo, duet, trio, quartet, quintet, sextet, chorus, choir, glee club, keyboard, concert, performance, band, a cappella, rehearsal, soprano, mezzo soprano, lyric soprano, alto, coloratura, contralto, tenor, baritone, bass, conductor, music master, pedal, sordino, mute, singer, voice, vocal, vocal group, hit song, tempo, beat, music, music hall, concours, encore, ensemble, bravo, Auftakt.

(2) 스포츠와 관련된 용어들(경기종목, 경기, 경기장, 등)

경기종목 - football, soccer, handball, soft ball, tennis, ping-pong (table tennis), wrestling (wrestler), boxing (boxer), marathon (marathoner), cricket, ski (skiing), skate (skating), golf.

경기운영 – game, team, play, pass, field, shoot, goal, goal in, goal keeper, multi-goal, knockout, whistle, kick off, half time, time out, overtime, penalty kick, serve, receive, strike, strike-out, ball, four balls, blocking, cover, score, double score, serve, receive, love game, break, game breaker, tie breaker, Olympic (Games), medal, World Cup, home run, grand-slam, hat trick, off-side, golden glove, champion, multi-goal, MVP, yellow card, red card, one-side game, called game, hit, hit-and-run, spike, uppercut, hook, punch, counterpunch, groggy, spike, set, heading, KO, TKO, intercept, speed, single, double, swing.

경기장 – court, grass court, ground, playground, home ground, stadium, lawn ground, course, goal line, half line, side line, track, field, net, penalty area, gym (gymnasium), ice link, ring, fence.

기타 – ball, bat, batting, racket, pitcher, catcher, batter, battery, umpire, judge, sports, sportsman, sports center, sports car, leisure sports, racket, tennis elbow, tennis shoes, uniform, exercise, work out, training, frisbee, medal, training, trainer, jogging, running, body building, cheer leader, perfect game, glove, golden glove, roller skate, jump (jumping).

(3) 기타 예술과 관련된 용어들(미술, 무용, 연극, 영화와 방송, 문학과 과학, 등)

미술 – atelier, dessin, museum, art, artist, art center, art hall, canvas, design, designer, caligraphy, poster, painting, painter, body painting, pagoda, portfolio, scrap, scrap book, collage.

무용 – ballet, ballerina, dance, dancer, step, bar, cabaret, trot, tango, folk dance.

연극 – drama, Drama Center, pantomime, play, stage, show, showman, one-man show, talk show, comedy, gagman.

영화와 방송 – movie, screen, announcer, star, superstar, talent, debut, Academy Prize, grand prix, disc, talk show, interview, record, radio, TV, disc jockey, cinema, cinemascope, location, audio, video, audiovisual, happy ending.

문학과 과학 – poem, essay, drama, classic, comte, PEN International, genre, romance (romanticism), narcissist (narcissism), anthology, reference, quotation, text, science, modernism, postmodernism, humanism, creationism, IT, AI.

(4) 역사와 종교와 관련된 용어들

Bible, Christian, Christmas, Christmas tree, Christmas carol, Merry Christmas, Happy New Year, Reformation, revival, nirvana, karma, mission, missionary, seminary, renaissance, bishop, minister, pastor, elder, dadaism, vandalism, nihilism, Fascism, Nazism.

(5) 식품과 관련된 단어들(음식과 음료, 과일과 채소, 등)

식사와 음식 – lunch, brunch, dinner, pizza, pizza hut, spaghetti, lasagna, cheese, milk, sugar, jam, sauce, coffee, tea, juice, wine, cola (coca cola), cake, syrup, coockie, muffin, egg-role, fried egg (egg fry), icecake, ice-cream, soy milk, soy sauce, mayonnaise, care food, sausage, cider, drink, beef, ham, hamburger, jelly, royal jelly, powder, pie, fried chicken, curried rice, toast, cereal, salad, snack, chocolate, biscuit, yoghurt, waffle, pancake, oatmeal, corn chip, pop corn, potato chip, caramel, meatball, vegeburger, vegemeat, soup.

과일과 채소 – tomato, orange, mango, pineapple, celery, cabbage, carrot, asparagus, nut, coconut, peanut, almond, berry (blackberry, blueberry, strawberry), cherry, banana, casserole, pistachio, avocado, lemon, melon, cashew, pecan, corn, sweet corn, cauliflower, beet, broccoli, kale, kohlrabi, tangerine, popcorn, cocoa, kiwi, papaya, paprika.

기타 – cook, cooking, cocktail, biscuit, recipe, restaurant, cafeteria, dining room, grill, kitchen, kitchen towel, buffet, alcohol, dish, plate, chef, appetizer, desert, menu, café, tearoom, Hof.

(6) 주거지와 생활용품과 관련된 단어들

주거지 – building, house, one-room, F. (floor), park, parking, parking lot, garden, door, window, show window, show window, hall, villa, apartment, rent, village, town, city, tower, terrace, guest room, guest house, elevator, escalator, café, tearoom, home school, silver town, lounge, sky lounge, veranda, balcony, cabin.

생활용품 – table, spoon, teaspoon, napkin, ink, ink stand, pin, pen, ball-pen (ball-pointed pen), desk, car, taxi, truck, dump truck, back mirror, handle, bumper, coin, card, camera, film, calendar, name card, tape, cassette tape, Scotch tape, lens, contact lens, button, hand-phone (smartphone, cell-phone), lamp, lantern, camp, camp meeting, stick, mixer, blender, mask, oven, microwave, gas range, stove, sash, frame, tile, textile, lab (laboratory), factory, victory, credit, cash, glass, MS (microsoft), SW (soft ware), hard ware, microwave, original, accessory, bike, autobicycle, mike (microphone), sale (bargain sale), manual, cap, cup, hammer, driller, driver, cutter, pilot, photo (photograph), photo line, photoshop, album, rent-a-car, navigator (navigation), headlight, back mirror, compass, lamp, stand, lamp stand, candle, sunglass, filter, shoes (organ shoes), slipper, bag, handbag, sleeping bag, shopping bag, school bag, duffel bag, air bag, boots, dryer, pipe, cushion, iron, clip, air con (air conditioner), post-it, bidet.

화장과 미용 – cosmetics, makeup, lotion, body lotion, cream, hand cream, pomade, eye-shadow, suntan, hair shop (hair salon), beauty shop, nail shop, fashion, style, implant, scaling, permanent wave, diet, manicure.

의복 – dress, wedding dress, gown, blouse, pants, pantie, skirt, miniskirt, shirts, T-shirts, Y-shirts (white shirts), one-piece, two-piece, coat, overcoat, jumper, jacket, sweater, pants, panties, zipper, training cloth, necktie, bow tie, collar, muffler, shawl, tuxedo, barberry, cardigan, manteau.

컴퓨터 – computer, notebook, cursor, delete, copy, format, memory, window, USB, print, printer, internet, fax, mobile, spam, ID, password, website, homepage, band, network, block, group call, hacking, hacker, facebook, twitter, kakao, contents, chip, emoticon, modem, mouse, power, powerful, power-point, monitor, monitoring, remote control, wifi, single space, double space, log in, log out, app. (application).

기타 – house (green house, vinyl house, plastic house), vinyl, plastic, curtain, veil, ribbon, flower, telephone, hand-phone (cell-phone), earphone (headphone), smart phone, bus, shuttle bus, bus stop, taxi, call taxi, help call, key, car key, keyword, window shopping (eye shopping), dry cleaning, homeroom, shop, shopping, shopping mall, home shopping.

(7) 기타 범주에 속하는 단어들

open (opening), grand open, working mom, businessman, salaried man, idea (new idea, good idea), idol, icon, class (classroom), presentation, graphic, group, allergy, guide, guideline, guidance, campus, canvas, talk, life style, sign, signal, zero, number, number one, rocket, landmark, pride, bazaar, pet, counseling, counselor, counselee, cable, cabin, consulting, consultant, mentor, leader, coach, elite, career, carrier, calcium, bubble, contact, compact, contest, contrast, gas station, gasoline, highlight, prism, subway, full, clover, acacia, poplar, hotel, motel, officetel, hostel, hospice, pension, cinderella, member, master, hub, coup d'état, megaton, megaphone, task force, season, high heel, cost, escort, stress, stereo, trauma, pole, pistol, no smoking, smoking gun, flash, blind, instagram, premium, dilemma, spy, strike, megaton, composition, angle, giant, motto, slogan, catch phrase, sweet home, festival, carnival, silicone, spring, spring coat, coating, spark, memo (memorandum), road map, shower, pump, sink, ring, demo (demonstration), diamond, utopia, tent, hiking, hitchhike, hope, viking, promotion, sensation, captain, focus, lynch, hospice, doctor, nurse, dentist, technician, technology, biotech, clinic, therapy, ringer, hormone, morphine, endorphine, insulin, single mom, platform, mini, malaria, pest, cholera, broker, tour, tour guide, tourism, mortgage, telecom, chance, gender, feminism, feminist, a.m., p.m., BC, AD, AM, CE, BCE, CEO, VIP, UN, UNESCO, WHO, ILO, ROK, USA, NG, NGO, IQ, EQ, DMZ, MD, RN, CT, MRI, CD, AIDS, SARS, MOU, CCTV, KTX, KDI, KORAIL, NEWSTART, A/S (after service), DC (discount), OK (Okay), U-turn, P-turn, alignment, bacteria, virus, corona virus, basket, bucket, sharp, fax, radio, shock, locker, locker room, lobby, tape cutting, guardian, lego, badge, touch, watt, calorie, syndrome, resumé, thank you, tank, think-tank, event, shalom, sauna, boom, parade, dumping, search, research, study, committee, single bed, twin bed, bed making, staff, know-how, casting vote, law firm, running shirts, running mate, cunning, cheating, station, sex, sexy, helmet, heart, head, hip, waist, union, global, global standard, local, information, pad, Silk Road, bucket, socket, post, chatting, present, robot, board, board meeting, license, smile, brain, brain storming, recreation, vitamin, system, single, couple, scandal, decoration, collection, position, speed, dial, diary, file, skinship, campaign, defense, revise, correction, assignment, homework, well being, well dying, sidewalk, interchange, case, king, queen (May Queen), pocket, pocket book, news, newsletter, newspaper, news desk, magazine, tablet, ivory, irony, category, interior, store, mart, market, supermarket, index, percent (%), pink, red, carpet, red carpet, red card, violet, black, black list, black box, black hole, white, while color, yellow, yellow card, blue, blue color, blue ocean, deck, keynote, gossip, echo, engagement, panic, pandemic, epidemic, endemic, report, reporter, test, road test, quiz, talent, time machine, franchise, fan, fan (fanatic), top, tip, all-in, group, litmus, image (imagery), message, massage, plus, minus, news desk, set, setting, helicopter, engine, engineer, bouquet, panel, pop up, rucksack, backpack, space, highway, pool, cool, lucky, lucky seven, thrill, climax, smoking gun, schedule, plan, joke, step, pension, paper, book, paper book, booking, notebook, textbook, e-book, paperback, cover, hard cover, issue, big issue, big tent, order, poinsettia, channel, panic, Prof., Mr., Mrs., Miss, tissue, white color, honeymoon, tire, tube, youtube (youtuber), social media, SNS, tunnel, doctrine, propose, proposal, course work, spec (spectrum), noblesse oblige, pose, position, percent, tension, tank, waist, profile, page, chapter, technique, professional, amateur, color, slow, quick, party, box, cabinet, placard, picket, handbill, bench, bench marking, sofa, belt, seat belt, energy, pack, package, mecca, sponge, concept, comment, boomerang, briefing, fund, family, brush, spray, sprinkler, plantation, planetarium, seed money, downpayment, hot spring, valley, rental, condition, concrete, confirm, antenna, balloon, (chewing) gum, bubble gum, chewing gum, orgasm, lesbian (lesbianism), sadist (sadism), masochist (masochism), homosex, porno (pornography), coming out, Platonic love, full, full service, self service, noise marketing, mark, bookmark, sign, print, printer, agrément, ancien régime, regime (régime) change, operation, back mirror, engine, engineer, director, manager, supervisor, plan, plant, program, programer, project, projector, diagram, paradigm, production, proletariat, bourgeois, notice, column, case, lease, sample, time, timing, tea time, senior, junior, megaphone, speaker, curve, motor, mortar, lotto, lottery, rotary, coin, cut, start, line, cutline, start line, finish line, deadline, headline, side, sideline, outline, inside, outside, outsider, lane, radar, jet, bank, banking, phone-banking, scale, hybrid, opinion, enquête, etiquette, parasol, tent, pump, brother, sister, royal family, sensor, siren, steam, academy, turning point, pointer, complain, corner, counter, burnout, center, press center, medical center, shopping center, healing center, call center, car center, car wash, jeep, automatic, slide, projector, viewer, economy class, time machine, tube, tire, fence, portable, porter, course, course work, call (calling), capital, calorie, chameleon, story, picnic, summer time, service, lip service, quick service, magnesium, tungsten, calcium, count down, on line, off line, zoom, meet, gauge (gage), gauze, detox (detoxification), wheel chair, inflation, deflation, alcoholism, workaholic, cyber, golden bell, mass communication, mass media, oasis, orion, slump, casino, option, priority, view, review, crown, gang, mannequin, vacance, vacation, vaccine, vacuum, climax, seminar, symposium, workshop, conference, forum, convention, discussion, situation, feedback, cement, booth, route, root, take out, trophy, list, pro (percent, professional), propaganda, happy birthday, no problem, congratulations, good, good morning, morning call, good night, good-bye,

bye-bye, best, nonstop, nonsense, yes, no, BA, MA, MDiv, DMin, PhD, ThD, Arbeit, Eisen, Hof, Idea, Seil, Thema.

4. 이러한 현상을 어떻게 할까?

　이상은 우리 한국어 사용자들의 입에 오르내리는 외국어 포식자 단어들이다. 나의 기억과 관찰에 의하여 수시로 수집한 단어들이어서 결코 완벽하다고 할 수가 없다. 이 목록에 누락된 단어들이 꽤 많이 있을 것이다.

　이렇게 많은 외국어 단어들이 우리의 생활 속으로 깊숙이 들어와서 사용되고 있는 현실을 어떻게 보아야 할까? 문화와 문명이 교류되고 새로운 문물이 발명되어 그것에 필요한 수많은 어휘들이 생겨나고 수입되고 있으므로 인위적으로 차단하거나 조정하는 것은 거의 불가능할 것이다. 그럼에도 불구하고 언어 정책을 담당한 당국자들과 한국어를 순화시키고 발전시킬 책임과 의무를 지고 있는 한국어 학자들은 이러한 현상을 예의주시하고, 이에 대한 적절한 대책을 수립하여, 적어도 학생들에게는 필요한 교육을 실시해 주기를 당부한다.

　아름답고 탁월한 언어인 한국어를 무분별하게 오염시키거나 더 좋은 우리말 단어가 있는데도 불구하고 유입된 외국어 단어를 생각 없이 선호하는 것은 결코 권장할 일이 아니다. 우리 모두 우리의 말과 글을 잘 보존하고 가꾸어서 후손들에게 고귀한 유산으로 물려주자!

14

영어 자음 th [θ]의 표기 / 독일어 Ä/ä [ɛ], sch [ʃ]와 schu [ʃu], sp- [ʃp-]와 st- [ʃt-]의 표기 / 일본어 촉음(促音) つ의 표기

우리말 즉 한국어와 한글은 이 세상에서 그 유례를 찾아볼 수 없을 만큼 많은 특징과 장점을 가지고 있다. 첫 번째 특징은 그 음운(音韻)이 과학적으로 구성되어 있는 것이고, 두 번째는 배우기가 쉬운 점이며, 세 번째는 자모음(字母音)의 다양함이다.

이러한 장점들 덕분에 우리는 동서고금의 여러 언어들을 한글로 표기하는 일이 용이하고, 또 원음에 매우 가깝게 표기할 수가 있다. 우리의 이웃인 중국과 일본 사람들이 서양의 단어들을 중국어와 일본어로 표기할 때보다는 훨씬 더 쉬우면서 원음에 가깝게 나타낼 수 있는 것이다. 예를 들어, 미국의 서부 도시 Los Angeles를 표기할 경우, 중국어로는 "洛杉磯"(Luòshānjī, 루오싼지)라 하고, 일본어로는 "ロサンゼルス"(로산제루스) 또는 ロス·アンゼルス(로스·안제루스)라 하지만 우리말로는 "로스 앤젤레스"라고 표기한다. 네덜란드의 수도 Amsterdam을 중국어로는 "阿姆斯特丹"(Āmǔsītèdān, 아무쓰터딴), 일본어로는 "アムステルダム"(아무스테루다무), 한국어로는 "암스테르담"이라 한다. 영국의 수도 London을 중국어로는 "倫敦"(Lúndūn, 륀뛴), 일본어로는 "ロンドン"(론돈), 한국어로는 "런던"이라 한다. 캐나다의 서부 도시 Vancouver를 중국어로는 "溫哥華"(Wēngēhuá, 원꺼화), 일본어로는 "バンクーバー"(반쿠―바―), 한국어로는 "밴쿠버"라 한다. 미국의 제37대 대통령 Nixon은 중국어로는 "尼克松"(Níkèsōng, 니커쏭), 일본어로는 "ニクメン"(니쿠손), 우리말로는 "닉슨"이다.

예를 더 들 필요 없이 이상의 몇 경우만 보아도 우리말 표기가 원음에 가깝고, 따라서 이 단어들을 발음했을 때 원래의 단어를 파악하기도 쉽다. 하지만 우리말에 없는 외국어의 자모음을 한글로 표현하는 데는 여러 가지 어려움이 있는 것 또한 사실이다. 가장 비근한 예를 들면 영어의 f와 v, 그리고 th (발음기호로 [ð] 또는 [θ]) 같은 자음과 발음기호 [ʌ] 같은 모음이다. f를 p와 같이 "ㅍ"으로, v를 b와 같이 "ㅂ"으로 표기하고, [ʌ]를 [ə]와 같이 "ㅓ"로 표기하는 것은 다른 더 좋은 방법이 없기 때문에 불가피한 일이다.

이러한 상황을 염두에 두면서 나는 이 글을 통하여 영어의 자음 th [θ]와 독일어 변모음 Ä/ä [ɛ]의 표기법, 독일어 sch [ʃ]와 schu [ʃu]의 표기 구별, 단어의 서두에 나오는 sp‐[ʃp‐]와 st‐[ʃt‐]의 표기, 그리고 일본어의 촉음(促音, 소쿠온) つ(ッ)를 한글로 표기하는 방법에 대하여 새로운 제안을 하고자 한다.

1. 영어 자음 th [θ] 음의 표기

영어의 자음 th는 세 가지 음으로 발음된다. 첫째는 [t]로 발음되는 경우이다. 영국의 강 이름 Thames [temz], 나라이름 Thailand [táilənd], 여자 이름 Esther [éstɚ], 남자 이름 Thomas [tˊɔməs] 등에서 보는 것처럼 주로 고유명사에서는 th가 [t]로 발음되고, 한글로는 모두 "ㅌ"으로 표기하면 되므로 "템즈", "타일런드", "에스터", "토머스" 등으로 표기할 수 있다.

둘째는 th가 [ð]로 발음되는 경우이다. 지시대명사 this [ðis]와 that [ðæt]가 그러하고, 접속사 though [ðou], 그리고 2인칭 단수 대명사 thou [ðau]가 이에 속한다. 발음기호 [ð]를 한글로 정확하게 옮길 수는 없기 때문에 이것과 가장 비슷하게 옮기려면 아무래도 "ㄷ"으로 쓸 수밖에 없다. 그래서 this는 "디스"로, that는 "댓" 또는 "대트"로, though는 "도우"로, thou는 "다우"로 표기할 수밖에 없다. 그래서 this는 dis와 같게 표기하고, though는 dough와 같게, thou는 dow와 같게, 그리고 there는 dare와 같게 표기하고 있다. 이것은 좀 안타깝지만 우리말이 가진 한계이고 약점이라 할 수 있다.

셋째는 th가 [θ]로 발음되는 경우이다. 영어에서 th로 시작되는 단어들 중 절대다수에서 이것은 [θ]로 발음된다. 그 가운데서 몇 개만 예로 들면, thank [θæŋk], theater [θíːətɚ], thick [θik], thin [θin], think [θiŋk], thousand [θáuzənd], three [θriː], throne [θroun], thunder [θˊʌndɚ] 등이 그러하고, 고유명사로는 Thatcher [θǽtʃɚ], Thoreau [θˊɔːrou], Thorndike [θˊɔːndaik]가 이 부류에 속한다.

[θ] 음을 한글로 어떻게 옮길까 하는 문제는 국어 음운 정책가들과

외래어 표기를 연구하는 학자들의 끊임없는 숙제였다. 한때 우리 외래어 표기법은 th의 음 [ð]와 [θ]을 모두 "ㄷ"으로 표기하도록 정하여 한동안 그렇게 해 왔다. 그래서 then [ðen]을 "덴"으로, thee [ði:]를 "디"로, they [ðei]를 "데이"로 표기했고, 또한 three [θri:]를 "드리"로, throw [θrou]를 "드로(우)"로, south [sauθ]를 "사우드"로, north [nɔ:θ]를 "노드"로 음역하였으며, 지금도 Arthur [á:θɚ]를 "아더"로, MacArthur [məká:θɚ]를 "맥아더"로, Thatcher [θǽʧɚ]를 "대처"로 표기하고 있다.

여기서 [ð]를 "ㄷ"으로 표기하는 데는 큰 무리가 없지만, [θ]를 "ㄷ"으로 음역하는 것에는 극복하기 어려운 어색함과 부자연스러움이 있었다. 그래서 그 후에 변경된 현행 외래어 표기법은 [ð]는 그대로 "ㄷ"으로 표기하고, [θ]는 "ㅅ"으로 표기하도록 하고 있다. 그리하여 three [θri:]를 "스리"로, thick [θik]를 "시크"로, thin [θin]을 "신"으로, health [helθ]를 "헬스"로, south [sauθ]를 "사우스"로, Thoreau [θɔ́:rou]를 "소로(우)"로, Thorndike [θɔ́:ndaik]를 "손다이크"로 표기하고 있다. 표기법이 이렇게 바뀌었음에도 불구하고 MacArthur [məká:θɚ]와 Thatcher [θǽʧɚ]는 여전히 "맥아더"와 "대처"로 표기되고 있는 것이 현실이다.

나는 여기서 [θ] 음을 한글로 표기할 때 "ㅆ"으로 하자고 제안하는 바이다. 이렇게 하자고 하는 데는 몇 가지 이유가 있다. 첫째로 [θ] 음에 가장 근사한 한글 자음은 "ㅆ"이다. 이것은 과거의 표기법인 "ㄷ"이나 현재의 표기법인 "ㅅ"보다는 [θ] 음에 훨씬 더 가깝다. three의 발음으로는 "드리"나 "스리"보다 "**쓰리**"라고 하는 것이 원음에 더 가깝고, health는 "헬드"나 "헬스"보다 "**헬쓰**"라고 발음하는 것이 실제 발음에 더 근사하다. [θ]를 "ㅅ"으로 표기하면 [s]의 표기와 같아지므로 상당한 불편과 혼란이 있을 수 있다. 그래서 south는 "**사우쓰**"로, north는 "**노쓰**"로 옮기는 것이 좋고, think는 "**씽크**"로 표기함으로써 sink [싱크]와 구별되게 하고, thick는 "**씨크**"로 표기함으로써 sick [시크] 또는 seek [시크]와 구별되게 하며, thin은 "**씬**"으로 표기함으로써 sin [신]이나 scene [신]과 구별되게 하는 것이 바람직하다. 이런 방법으로 음역하면 thought [**쏘트**]는 sought [소트]와 구별되고, thumb [**썸**]은 some [섬]과 구별되며, thank [**쌩크**]는 sank [생크]와, thing [**씽**]은 sing [싱]과 자연스럽게 구별된다.

[θ]를 "ㅆ"으로 표기하면 MacArthur를 "**머카써**"로, Thatcher를 "**쌔처**"로 표기해야 하는데, 이런 표기들이 처음에는 이상하게 들리고 약간의 혼란을 일으키겠지만 장기적인 안목으로 보면 별 문제가 아닐 수도 있고, 이미 굳어진 고유명사들은 예외적으로 허용할 수도 있을 것이다. 외국어를 한글로 표기할 때, 겹자음으로 된 된소리[ㄲ, ㄸ, ㅃ, ㅉ]를 사용하지 않는 다는 원칙을 세워놓았기 때문에 "ㅆ"도 쓰지 않음으로 불편이 생기는데, 이런 불편은 예외를 인정하는 방법으로라도 속히 해소해주는 것이 좋을 것이다.

위의 제안을 요약·정리하면 다음과 같다.

영어 자음 [θ]의 발음과 표기를 다음과 같이 제안함

단어	발음기호	한글 표기(현행)	**한글 표기(제안)**
think	→ θiŋk	→ 싱크	→ **씽크**
three	→ θri:	→ 스리	→ **쓰리**
health	→ helθ	→ 헬스	→ **헬쓰**
south	→ sauθ	→ 사우스	→ **사우쓰**
Thatcher	→ θǽʧɚ	→ 새처(대처)	→ **쌔처**

Thorndike → Θˊɔ:ndaik → 손다이크 → **쏜다이크**
MacArthur → məkáːΘɚ → 매카서(맥아더) → **머카써**

2. 독일어 변모음 Ä/ä 음의 표기

독일어에는 세 개의 변모음(變母音, Umlaut)이 있다. A/a [a]의 변모음 Ä/ä는 [ɛ]로 발음하고, O/o [o]의 변모음 Ö/ö는 [ø]로 발음하며, U/u [u]의 변모음 Ü/ü는 [y]로 발음한다. Ö/ö [ø]를 한글로 표기할 때 "외"로 하는 것과, Ü/ü [y]를 "위"로 표기하는 것은 합당한 일이다. 예를 들면 다음과 같다.

(1) O/o [o]의 변모음 Ö/ö [ø]

단어		발음기호		한글 표기(현행)
Öl	→	ø:l	→	욀
Österreich	→	ǿ:stəraiç	→	외스터라이히
Göttingen	→	gǿtiŋən	→	괴팅엔
möglich	→	mǿ:kliç	→	뫼클리히

(2) U/u [o]의 변모음 Ü/ü [y]

단어		발음기호		한글 표기(현행)
Übung(en	→	ý:buŋ(ən)	→	위붕(엔)

Überschrift	→	ýːbərʃrift	→	위버쉬리프트
Tübingen	→	týːbiŋən	→	튀빙엔
küssen	→	kýsən	→	퀴센

한편, 현행 외래어 표기법에는 Ä/ä [ɛ]를 모두 "에"로 표기하도록 되어 있다. 그런데 여기에는 상당한 문제가 있다. 가령 독일 작곡가 Händel이 영국으로 이민 가서 움라우트(Unlaut)를 떼고 Handel이 되었는데, 영어로 Handel은 [hˈændl]로 발음되어 "핸들"로 표기해야 한다. 그러나 이 사람이 독일인임을 고려하여 독일어의 한글 표기법을 따라서 "헨델"로 표기하고 있다.

그러나 독일어 Ä/ä [ɛ]를 E/e [e 또는 ɛ]와 동일하게 "에"로 표기하는 것은 바람직하지 않다. 예컨대, Hendel [héndəl]과 Händel [hˈɛndəl]을 모두 "헨델"로 표기하기보다는 Hendel은 "헨델"로, Händel은 "핸델"로 표기하여 두 단어가 원래 다른 철자로 되어 있음을 알려주는 것이 좋을 것이다. 이렇게 하는 것은 프랑스어를 한국어로 표기하는 방법과도 어울린다. 아래에서 보는 바와 같이 프랑스어에서 [ɛ̃]은 "앵"으로 발음되고 그렇게 표기된다.

(3) 프랑스어 [ɛ̃]의 발음과 표기

단어		발음기호		한글 표기(현행)
Chopin	→	ʃɔpɛ̃	→	쇼팽
Rodin	→	ʀɔdɛ̃	→	로댕
saint	→	sɛ̃	→	생

dessin	→	desɛ̃	→	데생	
demain	→	dəmɛ̃	→	드맹	

다시 말해서, 프랑스어 [ɛ̃]은 "앵"으로 표기되고, 이것과 비슷한 발음인 독일어 Ä/ä [ɛ]는 "에[e]"보다는 "애[æ]"에 더 가깝게 발음된다. 그러므로 독일어 Ä/ä [ɛ]는 다음과 같이 표기하기를 제안한다.

(4) 독일어 Ä/ä [ɛ]의 발음과 표기(제안)

단어		발음기호		한글 표기(현행)		**한글 표기(제안)**
Äpfe	→	ˊɛpfəl	→	엡펠	→	**앱펠**
Äquator	→	ɛkváːtor	→	에크바토르	→	**애크바토르**
Ästhetik	→	ɛstéːtik	→	에스테티크	→	**애스테티크**
Dämmer	→	dˊɛmər	→	데머(데메르)	→	**대머(대메르)**
Käse	→	kˊɛːzə	→	케제	→	**캐제**
Märchen	→	mˊɛːrçən	→	메르헨	→	**매르헨**
Tätigkeit	→	tˊɛːtiçkait	→	테티히카이트	→	**태티히카이트**

3. 독일어 sch [ʃ]와 schu [ʃu]의 표기 구별

현행 외국어/외래어 표기법에 의하면, sch와 schu를 모두 "슈"로 표기하도록 하고 있다. 그러나 이렇게 하는 것은 독일어 원음에 적합하지도 않고, 철자와 발음이 엄연히 다른 두 가지를 구분하지 못하게 한다. sch [ʃ]는 자음뿐이고, schu [ʃu]에는 모음이 들어 있는데 동일하게 표기하는 것은 이치에도 맞지 않고 바람직하지도 않다. 예를 들면, Schlaf (ʃla:f)는 "쉴라프"로 표기하고, Schuld (ʃult)는 "슐트"로 표기해야 sch와 schu가 구별이 된다. 그러므로 다음과 같이 sch [ʃ]는 "쉬"로 표기하고, schu [ʃu]는 현행처럼 "슈"로 표기함으로써 원음에도 더 가깝고, 또한 두 가지가 구별되게 하기를 제안한다.

단어		발음기호		한글 표기(현행)		한글 표기(제안)
hübsch	→	hypʃ	→	휩슈	→	**휩쉬**
Schmidt	→	ʃmit	→	슈미트	→	**쉬미트**
Schrift	→	ʃrift	→	슈리프트	→	**쉬리프트**
Schweitzer	→	ʃváitsər	→	슈바이처	→	**쉬바이처**
Schubert	→	ʃú:bərt	→	슈베르트	→	**슈베르트**
Schuhmacher	→	ʃú:maxər	→	슈마허	→	**슈마허**
Schule	→	ʃú:lə	→	슐레	→	**슐레**
Schurz	→	ʃurts	→	슈르츠	→	**슈르츠**

4. 독일어 sp- [ʃp-]와 st- [ʃt-]의 표기

독일어 단어나 음절의 서두에 나오는 sp- [ʃp-]를 "슈프"로, st- [ʃt-]를 "슈트"로 표기하는 현행 표기법에도 문제가 있다. 발음기호 [ʃ]는 모음이 없는 자음이므로 완전한 음절이 되지 못하지만, 우리말 "슈"는 모음을 동반한 완전한 음절이다. 그러므로 이 경우에서 sp- [ʃp-]

는 "슈프"보다는 "쉬프"로, st- [ʃt-]는 "슈트"보다는 "쉬트"로 표기하는 것이 더 합리적이다. 우리말 "쉬"는 이중모음을 가지고 있지만 짧게 발음하면 [ʃ]와 동일한 발음이 된다. 이런 점을 감안하여 다음과 같이 표기하기를 제안한다.

단어	발음기호	한글 표기(현행)	한글 표기(제안)
Speise →	ʃpáizə →	슈파이제 →	**쉬파이제**
spät →	ʃpɛt →	슈페트 →	**쉬패트**
Spiegel →	ʃpíːgəl →	슈피겔 →	**쉬피겔**
Stein →	ʃtain →	슈타인 →	**쉬타인**
Einstein →	áinʃtain →	아인슈타인 →	**아인쉬타인**
Strauß →	ʃtraus →	슈트라우스 →	**쉬트라우스**
Sturm →	ʃturm →	슈투름 →	**쉬투름**

이 제안에 따라 독일의 저명한 역사가인 Oswald Manuel Arnold Gottfried Spengler(1880~1936)는 "오스발트 마누엘 아르놀트 고트프리트 쉬펭글러"라고 표기하는 것이 합리적이고 바람직하다. 마찬가지 방법으로 Spielstunde는 "쉬필쉬툰데"로, Spruch는 "쉬프루흐"로, Steinbach는 "쉬타인바흐"로, Darmstadt는 "다름쉬타트"로 표기하는 것이 좋다.

5. 일본어 촉음(促音) ㄱ 음의 표기

현행 외래어 표기법에 따르면 일본어 촉음(促音) つ는 일반적으로 그 앞 글자에 "ㅅ" 받침을 붙임으로 표기하게 되어 있다. 그래서 北海道(ほっかいどう)를 "홋카이도"로, 札幌(さっぽろ)를 "삿포로"로, 日光(にっこう)를 "닛코"로, 日産(にっさん)을 "닛산"으로, 日本(にっぽん)을 "닛폰"으로, 六百(ろっぴゃく)를 "롯퍄쿠"로, 八百(はっぴゃく)을 "핫퍄쿠"로, 陸橋(りっきょう)를 "릿쿄"로 옮기고 있다.

이것은 촉음 つ를 어느 경우에든지 "ㅅ" 받침으로 표기하도록 한 것이다. 그러나 실제로 일본인들이 발음하는 것이나 그들이 로마자로 음역하는 것을 보면, 현행 우리의 표기법이 적합하지 않는 것을 알게 된다. 北海道(ほっかいどう)는 "홋카이도"보다는 "**혹카이도**"로, 札幌(さっぽろ)는 "삿포로"보다는 "**삽포로**"로, 日光(にっこう)는 "닛코"보다는 "**닉코**"로, 陸橋(りっきょう)는 "릿쿄"보다는 "**릭쿄**"로 발음되며, 日本(にっぽん)은 "닛폰"보다는 "**닙폰**"으로 발음하는 것이 실제 발음에 더 가깝게 들린다. 숫자 六百(ろっぴゃく)는 "롯퍄쿠"가 아니라 "**롭퍄쿠**"로, 八百(はっぴゃく)는 "핫퍄쿠"가 아니라 "**합퍄쿠**"로 발음되는 것이 현실이다. 위에서 예로 든 것들 가운데서 日産(にっさん)의 つ는 현행대로 그 앞 글자에 "ㅅ" 받침을 붙임으로 표기하는 것이 자연스럽고, 나머지의 경우는 촉음 뒤에 따라오는 자음에 따라 다르게 표기하는 것이 합당한 것으로 보인다.

그러므로 나는 일본어 촉음 つ를 한글로 표기할 때 다음과 같이 하기를 제안한다. 참고로 각 단어의 일본어 음독(音讀)과 로마자 음역(音譯)을 먼저 적은 다음에 내가 제안하는 우리말 표기를 마지막에 적었다.

(1) 촉음 つ가 s 음이나 t 음 앞에 올 때는 현행 표기법과 같이 그

앞 글자에 "ㅅ" 받침을 붙여서 표기한다.

단어(음독[音讀])	로마자 음역	한글 표기(현행)
日産(にっさん) →	Nissan →	닛산
末席(まっせき) →	masseki →	맛세키
一生(いっしょう) →	isshō →	잇쇼(우)
嫉妬(しっと) →	shitto →	싯토
發展(はってん) →	hatten →	핫텐
持って(もって) →	motte →	못테

(2) 촉음 っ가 k 음 앞에 올 때는 그 앞 글자에 "ㄱ" 받침을 붙여서 표기한다.

단어(음독[音讀])	로마자 음역	한글 표기(현행)	**한글 표기(제안)**
北海道(ほっかいどう)→	Hokkaidō →	홋카이도 →	**혹카이도**
陸橋(りっきょう) →	rikkyō →	릿쿄 →	**릭쿄**
發見(はっけん) →	hakken →	핫켄 →	**학켄**
學校(がっこう) →	gakkō →	갓코 →	**각코**
觸角(しょっかく) →	shokkaku →	숏카쿠 →	**속카쿠**
ゆっくり →	yukkuri →	윳쿠리 →	**육쿠리**

(3) 촉음 っ가 p 음 앞에 올 때는 그 앞 글자에 "ㅂ" 받침을 붙여서 표기한다.

단어(음독[音讀])	로마자 음역	한글 표기(현행)	한글 표기(제안)
日本(にっぽん) →	Nippon →	닛폰 →	닙폰
札幌(さっぽろ) →	Sapporo →	삿포로 →	삽포로
執筆(しっぴつ) →	shippitsu →	싯피쓰 →	십피쓰(츠)
逼迫(ひっぱく) →	hippaku →	힛파쿠 →	힙파쿠
發表(はっぴょう) →	happyō →	핫표 →	합표
やっぱり →	yappari →	얏파리 →	얍파리

이상과 같이 하는 것이 촉음 っ가 실제 음에 가깝게 될 뿐만 아니라 일본인들이 그 단어들을 로마자로 음역한 것과도 조화된다. 北海道(ほっかいどう)를 Hokkaidō (혹카이도)로 음역하지 Hotkaidō (홋카이도)로 음역하지는 않으며, 札幌(さっぽろ)를 Sapporo (삽포로)로 쓰지 Satporo (삿포로)로 쓰지는 않는다. 우리가 일본어의 촉음 っ를 모두 그 앞 글자에다 "받침 ㅅ"을 붙이는 것으로 표기한다면, 표기하는 일 자체는 쉽겠지만, 실제 음과는 거리가 생기고, 일본어의 로마자 표기법과도 조화되지 않는다.

이상과 같이 영어 자음 th [θ]의 표기, 독일어 변모음 Ä/ä [ɛ]의 표기, 독일어 sch [ʃ]와 schu [ʃu]의 표기 구별, 독일어 단어의 서두에 나오는 sp- [ʃp-]와 st- [ʃt-]의 표기, 그리고 일본어 촉음 っ의 표기에 관하여 현행 방법과 다른 새로운 표기법을 제안하니, 어문(語文) 관계 당국과 이 방면의 학자들께서는 이 점을 십분 고려해 주심으로써 가장 합리적이고 가장 편리한 우리말 표기법을 제정해 주시기 바란다.

제2부

아로새긴 은쟁반의 금사과

가. 신학 관련 용어

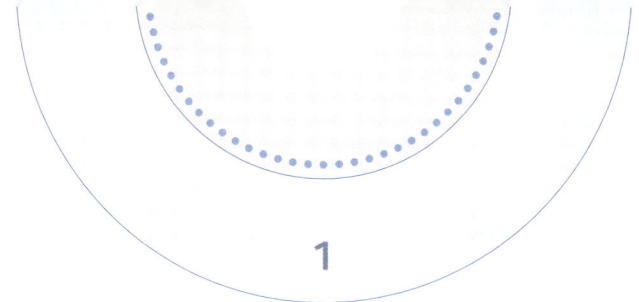

1

아로새긴 은쟁반의 금사과: 들어가는 말

우리의 생활 현장에는 의미가 비슷비슷하거나 알쏭달쏭한 단어들이 매우 많이 사용되고 있다. 두 개 또는 그 이상의 용어들이 같은 의미를 가진 것 같기도 하고 서로 다른 뜻을 가진 것 같기도 한 경우가 적지 않다. 우리가 신앙인으로서 교회 안에서 생활하거나 시민으로서 일반 사회생활을 함에 있어서 엇비슷한 단어들이 구별 없이 혼용되고 있는 것을 자주 본다.

예를 들면, "성경(聖經)"과 "성서(聖書)"의 차이는 무엇인가? "구원(救援)"과 "구속(救贖)"은 똑같은 의미를 가졌는가, 아닌가? "속죄"와 "속량"과 "대속"은 동의어인가, 아닌가? "정경(正經)"과 "외경(外經)"과 "위경(僞經)"은 어떻게 다른가? "헌금"과 "연보"와 "연금"은 같은 의미로 사용될 수 있는가, 없는가? "십일조"와 "십일금"은 혼용해도 무방한가?

"대척점(對蹠點)"은 무엇이고, "변곡점(變曲點)"은 무엇인가? "기자(記者)"와 "필자(筆者)"와 "저자(著者)"는 어떻게 다른다? "세미나(seminar)"와 "심포지엄(symposium)"은 어떻게 다르며, "콘프런스(conference)"와 "컨벤션(cenvention)"의 차이는 무엇인가? 소의 수컷은 "수소"인데, 양의 수컷은 왜 "숫양"인가? "그는 교통사고로 운명을 달리했다"라는 표현은 과연 옳은가?

선거를 앞두고 후보자가 대중 앞에서 연설을 할 때, 특별한 주제를 가지고 논쟁이나 토론을 할 때, 그리고 목사가 성도들에게 감동을 주기 위해 설교를 할 때, 정확한 언어를 구사하고 경우에 맞는 단어를 선택하는 것은 그들이 전하고자 하는 내용 또는 메시지에 버금갈 만큼 중요하다. 논지(論旨)가 아무리 훌륭하고, 기별이 아무리 중요해도, 연사(演士)나 강사(講師)가 사용하는 어휘에 결함이 있으면, 그들의 연설과 강의는 다수의 공감을 얻지 못하고, 그들의 논쟁은 패배하기 쉬우며, 그들의 설교는 뜨거운 감동을 주지 못할 것이다.

우리가 사회생활과 신앙생활을 영위할 때, 알아야 하거나 알면 좋은 여러 가지 용어들이 있고, 문화인과 신앙인의 품위를 갖추기 위해서는 각자가 기본적으로 갖추어야 할 어휘가 있다. 이런 것들을 구비하지 못한 이들은 그들의 사상과 주장의 깊이도 그만큼 부족할 수밖에 없을 것이다. 모든 학문이 거의 다 그렇지만, 특히, 신학과 철학은 중요한 단어들의 개념을 파악하고 발전시키는 것이라 해도 과언이 아니다. 왜냐하면 모든 사상과 개념이 단어에 담겨 있고, 언어를 통하여 표현되고 발전되기 때문이다. 단어는 사상을 담는 그릇이므로, 단어가 정확하지 않으면 사상을 확실하게 전달할 수가 없다.

교회 내에서는 목사들뿐만 아니라 평신도들도 공중예배나 기타 행사의 순서에 참여하여 사회(司會), 특별순서, 기도 등에서 일종의 공중연설(public speech)을 하는 경우가 적지 않다. 그러므로 우리 모두 시민생활과 신앙생활에서 흔히 사용되는 유사한 단어들의 올바른 의미와 차이를 생각해 보는 일이 필요하다. 우리가 글을 쓰거나 말을 할 때, 표현하고자 하는 내용과 문맥에 가장 적합하고 그 의미에 있어서 가장 적확한 어휘를 찾아 쓰는 것은 유능한 연사와 유력한 강사에게는 필수적인 자질이고, 일반적인 화자들에게도 매우 바람직하고 아름다운 일이다.

우리말의 "정확하다"라는 단어에는 두 가지의 서로 다른 한자와 다른 의미가 있다. 그 중의 하나는 "정확(正確)하다"이고, 다른 하나는 "정확(精確)하다"이다. 전자는 "바르고 확실하다"란 뜻으로 "정확한 시간", "정확한 의미" 등으로 쓰이고, 후자는 "자세하고 확실하다"란 뜻으로 "정확한 분석", "정확한 설명" 등으로 쓰인다. 이 두 단어의 의미에 큰 차이는 없지만 엄격하게 따지면 상당한 차이가 있다. 이 밖에도 "적확(的確)하다"란 단어가 있다. 이것은 "(벗어남이 없이, 틀림이 없이) 정확하다"라는 뜻이다. "틀림없이 들어맞는 표현"이라는 말을 하려면 "적확한 표현"이라 하는 것이 바르다. 그러나 "바르고 확실한 표현"을 나타내려면 "정확(正確)한 표현"이라 해야 하고, "자세하고 확실한 표현"이라는 뜻을 나타내려면 "정확(精確)한 표현"이라 해야 맞는다.

일상생활에서 이런 미묘한 차이 즉 뉘앙스(nuance)를 모르고 살아간다 해도 눈에 띌 만큼의 큰 지장이나 손해는 없을 것이다. 하지만 지성과 품위를 갖춘 사람들에게 말을 하거나 그런 사람들의 말을 들어야 하는 경우, 그 말의 내용을 최고의 수준으로 전달하거나 전달받기 위하여, 그리고 내용을 표현하는 언어의 아름다움을 최대로 발휘하거나 감상할 수 있기 위해서는 이런 면의 지식과 이해를 갖지 않으면 안 된다.

역설가(逆說家)로 유명한 고대 그리스의 철학자 엘레아의 제논(Ζήνων ὁ Ἐλεάτης, Zeno of Elea, c. 490~c. 430 BC)에게 허영심이 많은 제자가 있었다. 이 제자는 돈도 많고 사치심도 많아서 돈을 물 쓰듯이 낭비하고 다녔다. 하루는 제논이 그를 불러서 야단을 쳤다. 그랬더니 그 제자는 "나에게 그만한 돈이 있어서 쓰고, 내 돈을 내가 쓰는데 무엇이 잘못되었습니까?" 라고 항변했다. 이 말을 들은 제논은 이렇게 대답했다. "요리하는 사람이 소금이 많다고 해서 아무 때나 필요 이상으로 음식에 뿌려대면 그 음식이 어떻게 되겠느냐? 무엇이든지 적당하게 써야 하고 절제하면서 합당하게 사용해야 하느니라." 소금이 그러하다면 말은 더욱 그렇다. 누구든지 적합한 말을 적절하게 사용하지 않으면 그것을 듣는 사람들은 짠 음식처럼 뱉어버리고 말 것이다.

"신언서판(身言書判)"이란 말이 있다. 이것은 당(唐)나라 때, 관리를 뽑는 시험에서 인물 평가의 기준으로 삼았던 네 가지 요건을 가리키는 것이다. 우수한 인물을 뽑고자 할 때, 그들은 첫째로 몸[身] 즉 체모(體貌)를 보았고, 둘째는 말[言] 즉 언변을 보았으며, 셋째는 글[書] 즉 문장력과 필적을 보았고, 넷째는 판단력[判]을 보았다. 여기서 우리는 인물을 평가함에 있어서 말[言]과 글[書]의 중요성이 얼마나 큰지를 보게 된다. 이것이 어찌 고대 당나라에서만 적용되던 인물 판단의 기준이겠는가?

현자(賢者)는 말하기를 "사람은 그 입의 대답으로 말미암아 기쁨을 얻나니, 때에 맞은 말이 얼마나 아름다운고."(잠 15:23)라고 하였고, 또

"경우에 합당한 말은 아로새긴 은쟁반에 금사과니라."(잠 25:11)라고 하였다. 그러므로 우리도 일상생활에서 아름답게 새겨진 은쟁반 위에 얹힌 먹음직한 금사과와 같은 언어, 즉 "때에 맞은 말"과 "경우에 합당한 말"을 사용하도록 노력하자는 취지에서 이 칼럼을 시작한다. 독자들께서는 우리가 살아가면서 자주 듣거나 말하는 어휘들의 숲속을 산책하는 마음으로 동행해 주시기 바란다.

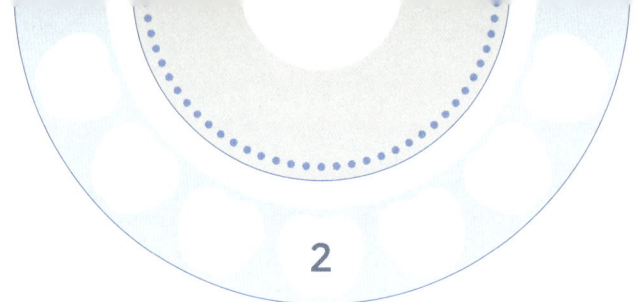

2

성경(聖經)과 성서(聖書)

"성경"과 "성서"는 똑같은 말일까? 이 두 단어가 가리키는 대상은 동일하지만 이 단어들을 사용하는 사람들이 그 책에 대하여 가지는 태도에는 차이가 있다. 우선 한자로 "경(經)"은 "서(書)"보다 격이 높은 책을 가리킬 때 사용되는 글자이다. 일반적으로 "서(書)"는 모든 종류의 책들을 다 포함하고, "경(經)"은 종교적 진리를 담은 책들을 가리킨다. 그래서 여러 종교의 경전들은 거의 모두 "경"으로 일컬어진다. 예를 들면, 그리스도교의 성경, 불교의 불경(대장경, 화엄경, 법구경 등), 이슬람교의 코란경, 모르몬교의 모르몬경, 힌두교의 베다경, 도교의 역경 등이다. "불경"을 "불서"라고 하는 사람은 거의 없다. 일반적으로 "경(經)"보다 낮은 급의 글들을 "서(書)"라고 하지만 항상 그런 것은 아니다. 유교의 "사서삼경(四書三經)"에서 "사서(四書)"(논어, 맹자, 중용, 대학)가 "삼경(三經)"(시경, 서경, 주역)보다 열등한 책들이라고 할 수는 없을 것이다.

　우리말의 "성경"과 "성서"는 원래부터 그리스도교의 경전을 가리키는 용어는 아니었고, 둘 다 종교적인 경전을 두루 칭하는 보통명사였다. 그러나 그리스도교가 이 단어들을 사용하기 시작하면서 그 뜻이 그리스도교의 경전인 구약과 신약을 가리키는 것으로 한정되어, 이제는 거의 그리스도교의 경전만을 가리키는 고유명사처럼 되고 말았다. 말하자면 그리스도교가 이 단어들을 독점하게 된 것이다. 그래서 오늘날 "성경" 또는 "성서"라는 말은 다른 종교의 경전을 가리키는 데는 거의 사용되지 않고 있다.

　중국인들은 성경을 언제나 "성경(聖經)"이라 일컫고, 일본인들은 언제나 "성서(聖書)"라 칭한다. 지리적으로 그들의 중간에 위치한 한국인들은 "성경"이라고도 하고 "성서"라고도 한다. 일본인들이 "성서"라는 말을 사용하는 이유는 그들이 "불경"을 "성경"이라고 이미 일컫고 있었기 때문에 그것과 구별하기 위하여 그렇게 했다는 주장이 있다. 한국의 경우, 교회에서 교인들이 주로 사용하는 말은 "성경"이고, 대학에서 학자들이 주로 사용하는 말은 "성서"이다. 그리고 보수적인 신앙을 가진 사람들은 성경을 "성경"이라 칭하는 경향이 농후하고, 자유적인 신앙을 가진 이들은 "성서"라는 말을 사용하기를 즐겨한다. 또한 개신교회 교인들은 일반적으로 "성경"이라는 말을 사용하는 반면에, 가톨릭교인들은 "성서"란 말을 주로 사용해 오다가 2005년에 「새번역」이 나온 때부터는 "성경"으로 고쳐 부르고 있다.

　신학대학에서 이수하는 과목들 중에 "성경신학"(Biblical Theology)과 "성경고고학"(Biblical Archaeology)"이란 과목이 있는데, 대부분의 학자들과 학생들은 이것을 "성서신학"과 "성서고고학"이라 일컫는다.

그러나 일단의 학자들은 그렇게 일컫지 않고 의도적으로 "성경신학" 및 "성경고고학"이라고 일컫는다. 왜냐하면 그들에게 있어서 "성경"을 "성서"라고 일컫는 것은 "성경"의 가치와 권위를 격하시키는 것으로 느껴지기 때문이다. 그런데 우리가 성경을 "**성경**"이라 부르면서 그것을 발행하는 기관을 "대한**성서**공회"라고 부르고 있다. 이것은 참으로 묘한 아이러니가 아닐 수 없다.

이러한 현상을 종합하면, 성경을 신앙의 경전으로 받아들이면서 연구하는 사람들은 "성경"이라 부르고, 그것을 학문의 대상으로 접근하면서 연구하는 이들은 "성서"라고 일컫는 경향이 있음을 보게 된다. 우리가 자녀들에게 물을 때, "너 오늘 '**성서**' 읽었니?"라고 한다면 매우 어색하고 이상하게 들릴 것이다. "너 오늘 '**성경**' 읽었니?"라고 말해야 자연스럽고 친숙하게 들린다. 성경을 "성서"라고 칭하는 사람들이 그 책을 읽으면 "독서(讀書)"가 되고, "성경"이라고 부르는 이들이 그 책을 읽으면 "독경(讀經)"이 될 것이다. "독서"와 "독경"의 차이가 무엇인지를 깊이 생각해 볼 필요가 있다.

성경은 우리에게 연구의 대상이기도 하지만, 그것으로 그치고 신앙의 경전으로 받아들여지지 않는다면 그 책이야말로 한 권의 고대문서에 불과할 것이다. 성경은 우리로 하여금 **"구원에 이르는 지혜가 있게"** (딤후 3:15) 하는 책이요, **"하나님의 말씀"** (마 15:6; 엡 6:17; 골 1:15)이요, **"생명의 도(道)"** (행 7:38)이므로 한낱 독서나 연구의 대상으로만 여겨져서는 안 된다. "성경을 읽으면 지혜를 얻고, 성경을 믿으면 구원을 얻네. 성경의 교훈을 따르는 자는 거룩한 성품을 이루어 가리."(「찬미가」, 233장). 그러므로 우리는 이 고귀하고 거룩한 책을 언급할 때 격이 높은 명칭인 "성경"이라 일컫는 것이 마땅하다.

우리말 성경은 그 자체를 지칭할 때 "성경"이란 말을 49회나 사용했고(마 21:42; 22:29; 눅 24:27; 요 5:39; 딤후 3:15; 벧후 3:16 등), 그것을 줄여서 "경(經)"이라고 한 경우도 4회나 있지만(약 2:8, 23; 벧전 2:6; 벧후 1:20), "성서"라는 말은 단 한 번도 사용하지 않았다. 성경에 "성경" 또는 "경"이란 말이 사용된 대표적인 경우는 다음과 같다.

"너희가 성경에서 영생을 얻는 줄 생각하고 성경을 상고하거니와 이 성경이 곧 내게 대하여 증거하는 것이로다."(요 5:39).

"바울이 자기의 규례대로 저희에게로 들어가서 세 안식일에 성경을 가지고 강론하며."(행 17:2).

"또 네가 어려서부터 성경을 알았나니, 성경은 능히 너로 하여금 그리스도 예수 안에 있는 믿음으로 말미암아 구원에 이르는 지혜가 있게 하느니라."(딤후 3:15).

"너희가 만일 경에 기록한 대로 '네 이웃 사랑하기를 네 몸과 같이 하라.' 하신 최고한 법을 지키면 잘하는 것이거니와."(약 2:8).

"경에 기록하였으되 '보라. 내가 택한 보배롭고 요긴한 모퉁이 돌을 시온에 두노니 저를 믿는 자는 부끄러움을 당치 아니하리라.' 하였으니."(벧전 2:6).

영어에는 "성경"을 가리키는 용어가 여러 개 있다. The Bible, The Holy Bible, Scripture, The Holy Scriptures, The Holy Writ, 등이다. 독일어로는 성경을 Die Bibel 또는 Die Heilige Schrift라고 일컫고, 프랑스어로는 La Bible, 라틴어와 에스파냐어로는 La Biblia라 일컫는다. 영어와 프랑스어 Bible, 독일어 Bibel, 라틴어와 에스파냐어 Biblia

2. 성경과 성서

는 모두 동일한 어원에서 파생된 단어들이다. 애초의 어원은 코이네 헬라어(Koinē Greek) "*biblia*"(βιβλία, 비블리아)이다. 이것은 "책들(the books)"이란 의미의 복수명사이고, 이것의 단수는 "*biblion*"(βιβλίον, 비블리온, "종이, 두루마리")이다. 어원적으로 말해서, "성경"은 "책"이다. 그것은 "책 중의 책(The Book of books)"이요, 바로 "그 책(The Book)"이다. 그리스도인들은 "그 책의 백성(People of the Book)" 즉 만고의 진리인 "그 책"의 백성이다.

위에서 열거한 "성경"을 가리키는 영어 단어들에는 격(格)의 높낮이가 없다. 그러므로 무엇이라고 부르든지 아무 차이가 없다. 그러나 한국어로는 격의 차이가 있는 두 글자를 각각 붙여서 만든 단어들을 사용하기 때문에 우리가 그 용어들을 사용할 때 주의를 기울이지 않을 수가 없다. 우리가 성경을 일컬을 때 사용하는 용어 또는 호칭은 성경을 대하는 우리의 태도와 그것을 어떤 종류의 책으로 보는지를 은연중에 드러내기 마련이다.

그대에게 성경은 과연 어떤 책인가? 유대인의 역사에 불과한가? 아니면 신비한 신앙적 경험을 한 사람들의 체험담이나, 성현들의 도덕적 교훈을 담고 있는 고전(古典) 정도인가? 만약 그렇다면 구태여 그 책을 "성경"이란 존귀한 명칭으로 부르지 않고 단순히 "성서"라 일컬어도 무방할 것이다. 인간 역사에는 그 정도의 고서(古書)들이 성경 말고도 얼마든지 더 있다. 그러나 그대가 성경을 하나님의 말씀이요 생명을 주는 진리의 책으로 여긴다면 "성경"이라 칭하는 것이 합당하다.

한번은 영국의 유명한 대학의 이름 있는 여교수 한 분이 내가 근무하던 대학에 와서 구약의 「룻기」에 대한 특강을 했다. 매우 심도 있고 유익한 강의였다. 강의가 끝난 다음, 질의응답 시간에 한 여학생이 그 여교수에게 물었다. "「룻기」에 대한 감명적인 강의를 해주셔서 대단히 감사합니다. 마태복음 1장의 족보를 보면, 룻은 그리스도의 조상으로 나와 있는데, 룻이 그리스도의 조상으로서 갖는 의미에 대하여 말씀해 주시면 감사하겠습니다." 이 질문에 대한 그 여교수의 대답은 그날 특강을 들으러 온 청중 모두에게 참으로 큰 충격을 주었다. "나는 크리스천이 아닙니다. 나는 신약에 대하여 연구한 적도 없고 관심도 없습니다." 그 교수는 마치 사람들이 「심청전(沈淸傳)」을 연구하듯이 「룻기」를 연구하여 그 분야의 권위자가 된 것이다. 그에게 있어서 「룻기」는 "성경"의 일부가 아니라 이스라엘의 고대 문서요 기껏해야 "성서"에 불과했다.

"성서(聖書)"는 "고대의 문서(文書)"에 불과하고, "성경(聖經)"은 "만고의 경전(經典)"이다.

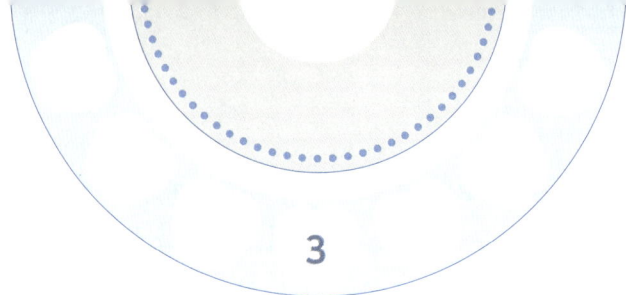

정경(正經), 외경(外經), 위경(僞經)

우리가 신학 서적이나 성경 주석을 읽다 보면 "정경", "외경", "위경"이라는 단어가 자주 사용되는 것을 본다. 이 단어들의 의미가 무엇이며, 그것들이 어떤 책들을 가리키는지를 살펴보자.

앞에서 우리는 "성경(聖經)"과 "성서(聖書)"의 차이를 생각하면서 "경(經)"이 "서(書)"보다는 격(格)이 높은 책들을 가리킨다는 것과, 종교적인 경전(經典)들은 모두 "경(經)"이라 일컫는다는 사실을 확인하였다. 지금 우리가 살펴보고 있는 세 부류의 문헌들도 "경(經)"이라 일컬어지므로 종교적으로 상당한 중요성을 지닌 글들로 여겨지는 것이 사실이다. 이 세 단어는 모두 그리스도교와 유대교가 고대로부터 전해 내려온 문서들을 지칭하는 것이다.

"정경(正經)"을 영어로는 "canon (캐넌)"이라 한다. 이것은 라틴어 "canon (카논)"을 그대로 가져온 것이고, 라틴어 **카논**은 헬라어

"kanōn (κανών, 카논)"에서 유래한 것이다. 헬라어 "**카논**(κανών)"은 "곧은 막대기, 갈대 줄기, 자[尺]" 등을 가리키나, 상징적으로 "규범, 기준"을 의미하기도 한다. 초기교회 교부들은 헬라어 "카논"을 그리스도교회에서 경전으로 인정받는 책들을 일컫는 데 사용하였고, 제1세기의 역사가 요세푸스(Josephus)는 *Contra Apionem* (「아피온에 대항하여」), 1. 42, 43에서 "정경"이란 "하나님의 영감을 통하여 특정한 기간에 저술된 한정된 수량의 현존 문헌"을 가리킨다고 했다.

제1세기 교회에서는 예수를 따르고 그분의 복음과 행적을 목격한 사도들이 그분의 올바른 말씀과 행적을 가르쳤기 때문에 정경을 확인하는 일이 필요하지 않았다. 하지만 영지주의(Gnosticism), 마르키온주의(Marcionism)와 같은 이단들이 출현하자, 무엇이 기독교의 경전인지를 구분할 필요가 생겼다. 마르키온(Marcion of Sinope, AD c. 85~c. 160)은 기독교와 유대교간의 연관성을 부정하여 신약에서 마태복음처럼 구약적인 배경을 가진 책들은 배제하고 누가복음과 바울의 서신들만을 정경으로 받아들였다. 이에 교회에서는 이단들을 극복하기 위해 정경화(正經化) 작업을 서두르게 되었다.

정경 구분의 필요성이 2세기에 본격적으로 제기되었지만, 실제로 정경 구분이 완성된 것은 4세기 말엽이다. 성경 인정 목록을 둘러싼 교부들이나 지역 교회간의 갈등이 컸기 때문인데, 특히 구약의 경우에는 유대교와의 관계 문제로 좀 더 심각한 갈등이 제기되었다. 초기 교회는 디아스포라(Diaspora, "흩어진") 유대인들을 위해 번역된 「70인역」을 성경으로 사용하였는데, 1세기말의 얌니야(Jamnia) 회의 이후 유대교는 히브리어 성경만 인정하고 「70인역」을 배척함으로써 그리스도교와 노선을 달리하게 되었다.

구약시대로부터 전해져 온 수많은 문헌들 가운데서 "정경"으로 인정되어 오늘날의 성경에 포함된 책은 39권에 불과하고, 신약시대로부터 내려오는 허다한 문서들 중에서는 27권만이 "정경"으로 선택되었다. 그렇다면 "정경"으로 인정할 때 사용한 기준과 원칙은 무엇인가? 거기에는 대체로 다음과 같은 것들이 검증되고 평가되었다.

(1) **영감(靈感)**: 문헌의 본문 전체가 하나님의 영감으로 기록되었는가? 하는 점이다. 이 점에 조금이라도 의심이 가는 문헌들은 모두 "정경"에 들지 못했다.

(2) **목적(目的)**: 문헌의 내용이 인간의 구원을 위한 하나님의 뜻과 계획을 전달하는 것인가? 하는 점이다. 본문의 장르에 상관없이 그 목적이 구원 및 구주와 관계있는 것이어야 했다.

(3) **저자(著者)**: 문헌의 저자/기자가 확실하거나, 혹시 그렇지 않다 하더라도 그가 성경 기자로서의 신실성과 품위를 인정받고 있는가 하는 것이다. 책의 내용이 아무리 훌륭하다 해도 저자의 삶이 부도덕하거나 이교적이면 그의 기록을 "정경"으로 받아들일 수 없었다.

(4) **보존(保存)**: 문헌이 기록된 때로부터 잘 보존되어 왔는가? 본문이 훼손되거나 변경되지는 않았는가? 등을 철저히 검사하였다.

(5) **인정(認定)**: 각 책이 백성들에게 유포되어 읽히는 동안 영감된 책으로 인정과 신뢰를 받고 있었는가? 하는 것도 매우 중요하였다. 그러한 인정과 신뢰를 바탕으로 공의회가 그 문헌들을 다시 면밀히 검증한 후에 공인하였다.

오늘날 우리가 하나님의 말씀으로 받아 읽고 있는 "정경" 66권이 모두 이런 기준과 과정을 거쳐서 확정되었다. 제16세기 이후 종교개혁자들은 로마 가톨릭교회의 성경 목록에 반대하여 유대교가 정경으로 인정한 구약 39권을 수용하고, 신약은 397년에 카르타고 지역공의회에서 결정된 27권의 목록을 그대로 정경으로 인정하였다. 이리하여 이것이 그대로 개신교의 성경이 되었다. 참고로 각 종단이 인정하는 "정경"은 다음과 같다.

(1) **개신교**: 신약과 구약의 66권만을 정경으로 인정함.
(2) **성공회**: 개신교와 동일하게 66권만을 정경으로 인정하나, 외경을 "준정경"으로 여김.
(3) **천주교**: 외경을 "제2정경(Deutero-Canon)"이라 하여 정경으로 인정함.
(4) **정교회**: 천주교와 동일함.
(5) **유대교**: 「타나크」(Tanakh, 구약 39권)만을 정경으로 인정함.

"외경(外經)"은 영어로 "Apocrypha"(아포크리파, "감춰진 것")라 한다. 이것은 "정경(正經)"에는 포함되지 못했으나 상당한 역사성과 사실성이 있는 것으로 여겨지는 문헌들을 한데 묶어서 일컫는 말이다. 개신교는 이 문헌을 성경에 포함시키지 않고 "외경"이라 칭하지만 천주교에서는 이것을 "제2정경(Deutero-Canon)"이라 하면서 성경에 포함시키고 있다. 초기교회가 이 고대 문헌들을 성경에서 제외시킨 것은 그 내용의 일부가 모세오경의 내용과 조화되지 않는다고 판단했기 때문이다. 외경에 속하는 책들은 마카베오1서, 마카베오2서, 지혜서, 집회서, 유딧서, 바룩서, 토빗서, 에스더 10:4~16, 다니엘 3:24~90; 13~14장 등이다. 개신교인들은 외경을 참고하고 연구하기는 하지만 정경과 같이 영감된 글로 보지는 않는다. 그러나 중간사(中間史) 시대(Inter-Testamental period)의 유대 역사를 알기 위해서는 외경을 읽거나 참고하는 일이 불가피하다.

"위경(僞經)"을 영어로는 "Pseudepigrapha"(슈데피그라파, "위조문서")라 일컫는다. 이것은 정경(正經)에도 외경(外經)에도 포함되지 못한 고대의 유대 문헌들로서 저자가 불확실하거나 익명(匿名) 또는 가명(假名)으로 유포되고, 또한 그 책 자체가 말하는 시대에 기록된 것이 아니라 훨씬 후대에 기록된 문헌들이다. 위경의 대부분은 고대로부터 구전으로 내려오는 설화들을 기록한 것이다. 내용이 성경과 일치하는 부분도 많이 있지만 다분히 전설적이고 설화적이어서 교부들로부터 영감된 글이 아니라는 판정을 받았다. 여기에 속하는 책들에는 마카베오3서, 마카베오4서, 모세의 승천기, 에녹1서, 에녹2서, 희년서, 바룩2서, 바룩3서, 아담과 하와의 생애, 이사야의 순교와 승천, 아리스테아스의 편지, 솔로몬의 시편, 12 부조들의 유언, 여마법사의 신탁(神託) 등이 있다. 이 문서들은 문자 그대로 "위경(僞經)" 즉 "가짜 경전"이므로 믿을 수도 없고 인용할 수도 없다. 이 책들은 역사성이나 영감성이 없는 전설적 설화들을 담고 있다. 하지만 이 문헌은 고대의 히브리인들의 종교와 문화를 이해하는 데는 약간의 도움을 주므로 완전히 무용지물(無用之物)이라고 말할 수는 없다.

4

언약(言約), 약속(約束), 계약(契約), 맹약(盟約), 조약(條約), 약조(約條)

인간 세상에는 다양한 약속(約束)들이 있다. "약속"이란 "어떤 일에 대하여 어떻게 하기로 미리 합의해 놓고 서로 어기지 않을 것을 다짐하는 것"을 말한다. 성경에도 여러 종류의 약속들이 있는데, 우리말 성경 「개역한글판」에는 대부분의 약속들이 "언약(言約)"으로 일컬어져 있다. 언약 또는 약속에는 그것에 참여하는 당사자의 지위에 따라 두 가지가 있다. 그 중 하나는 지위가 서로 다른 두 당사자 사이에서 높은 쪽이 낮은 쪽에게 명하는 언약이다. 이것을 달리 표현하면 "일방적(一方的) 언약(unilateral covenant)"이다. 다른 한 가지 언약은 지위가 같은 당사자들 사이에 맺어지는 언약, 즉 "쌍방적(雙方的) 언약" 또는 "양방적(兩方的) 언약(bilateral covenant)"이다.

헬라어는 이 두 가지 언약을 두 개의 다른 단어로 일컫는데, "일방적 언약"은 "diathēkē (διαθήκη, 디아쎄케)"라 하고, "쌍방적 언약"은

"sunthēkē (συνθήκη, 쉰쎄케)"라 일컫는다. 그러나 신약에는 "**디아쎄케**"만 사용되었고, "**쉰쎄케**"는 한 번도 나타나지 않는다. 이것은 하나님의 언약은 상하 관계의 언약, 즉 하나님께서 그의 백성에게 내려주신 일방적 언약임을 말해준다. 하지만 히브리어로는 이런 구별이 없이 모두 "berît (ברית, 브리트)"라 한다. 성경에 기록된 일방적 언약의 예로는 다윗과 이스라엘 장로 사이의 언약(삼하 5:3; 대상 11:3), 하나님과 이스라엘 대표들 사이의 언약(느 9:38)을 들 수 있고, 쌍방적 언약으로는 아브라함과 아비멜렉 사이의 언약(창 21:27, 32), 여호수아와 히위 사람 사이의 언약(수 9:6, 15), 그리고 다윗과 요나단 사이의 언약(삼상 18:3; 20:16; 23:18) 등이 있다. 각 경우의 성경 본문을 하나씩만 인용하면 다음과 같다.

(1) **일방적 언약**: "이에 이스라엘 모든 장로가 헤브론에 이르러 왕에게 나아오매 다윗 왕이 헤브론에서 여호와 앞에서 저희와 **언약**을 세우매 저희가 다윗에게 기름을 부어 이스라엘 왕을 삼으니라."(삼하 5:3).

(2) **쌍방적 언약**: "요나단은 다윗을 자기 생명같이 사랑하여 더불어 **언약**을 맺었으며."(삼상 18:3).

성경에는 "언약" 또는 "약속"과 연관된 단어들이 여러 개 사용되었는데, 그것들이 「개역한글판」에 언급된 횟수를 보면 다음과 같다. "언약"이 261회, "약속" 또는 "약속하다"가 68회, "계약" 또는 "계약하다"가 4회, "맹약" 또는 "맹약하다"가 11회, "조약"이 1회, "약조" 또는 "약조하다"가 9회 등이다. 이 모든 단어들은 "약속"과 관련된 의미를 가졌지만, 세부적으로는 조금씩 다른 음영(陰影)을 가지고 있다. 그렇다면 이 용어들은 서로 어떻게 다른가?

"**언약**(言約)"은 "말로 하는 약속"을 의미하는데, 성경에서는 "약속"이라는 뜻으로 가장 넓게 그리고 자주 사용된 단어이다. 이것은 "약속"을 의미하는 고전적인 단어라 할 수 있다. "언약"은 주로 구약에만 사용되었고(총 261회 중에서 구약에 227회, 신약에 34회), "약속"은 오직 신약에서만 사용되었다(68회). 성경에 수많은 언약들이 있지만 가장 중요한 것은 하나님께서 사람들에게 하신 구원의 언약이다. 우리가 성경의 앞부분을 "구약(舊約)"이라 하고 뒷부분을 "신약(新約)"이라 하는 것은 그 책들이 하나님께서 주신 "옛 언약[舊約]"과 "새 언약[新約]"이기 때문이다. 이 "언약"을 어떤 경우에는 "계약"으로 번역하였고(창 26:28), 신약에서는 "약속"으로도 일컬어졌다(행 2:39; 13:32; 롬 4:20; 고후 1:20; 갈 3:21; 히 6:17 등).

"**계약**(契約)"은 오늘날 주로 상거래나 매매를 하는 당사자들이 문서로 하는 약속을 가리키지만 원래부터 그런 의미로 국한된 것은 아니었다. "계약"은 우리말 성경에 4회밖에 사용되지 않지만(창 26:28; 욥 41:4; 호 12:1; 암 1:9), 어떤 신학자들은 하나님의 "언약"을 굳이 "계약"이라고 일컫는다. 그들 나름의 이유가 있겠지만 성경에 그토록 여러 번 "언약"이라고 일컬은 것을 "계약"이라는 생경한 단어로 칭하는 것은 바람직한 일은 아닐 것이다.

"**맹약**(盟約)"은 "굳게 맹세하여 약속함, 또는 그 약속"을 의미한다. 이것은 약속의 강도가 곁들인 말로서 "엄숙하게 맺은 약속" 또는 "굳은 약속"을 가리킬 때 쓰는 말이다(수 9:20; 삼상 20:8; 사 30:1; 말 2:14 등).

"**조약**(條約)"은 "국가들 간의 약속" 즉 "(국제상의 권리나 의무에 관하여) 국가들이 문서로 합의한 것"을 가리킨다. 예를 들면, "평화조약", "수교통상조약"과 같은 것이다. 이 단어는 성경에 오직 1회 사용되었다. "대로가 황폐하여 행인이 끊치며 대적이 **조약**을 파하고 성읍들을 멸시하며 사람을 생각지 아니하며."(사 33:8). 그러나 이 "조약"도 히브리어로는 "언약"을 의미하는 "berît (תירב, 브리트)"이다.

"**약조**(約條)"는 "약속"의 또 다른 동의어로서 좀 고풍스럽게 표현할 때 쓰는 말이다. 이것 역시 "언약"과 마찬가지로 히브리어로는 "berît (תירב, 브리트)"이다(수 9:6, 7; 왕상 5:12 [MT 15:26]; 15:19). 그러므로 구약시대에는 "언약", "약속", "조약", "약조" 등이 모두 동일한 히브리어 단어로 표현되었음을 알 수 있다.

그러나 세월이 지나면서 개념들이 세분화됨에 따라 동일한 범주 안에 있는 개념들이라 할지라도 각기 다른 용어로 표현할 필요가 생겼다. 그리하여 오늘날에는 비슷한 단어들이 각각의 세부적인 의미와 서로 다른 뉘앙스를 가지게 되었다. 그 단어들의 주된 의미를 다시 한번 요약하여 정리하면 다음과 같다.

"**언약**(covenant)"은 좀 예스러운 말로서, 주로 하나님께서 인간에게 하신 약속들을 가리킬 때 사용된다. "약속(promise)"은 가장 일반적인 용어로서 다른 개념들을 포괄한다. "약조(約條)"는 "약속"과 거의 같은 의미로 쓰이나 사람들 사이의 약속을 고풍스럽게 표현할 때 쓰인다. "조약(條約, treaty)"은 국제적인 약속을 가리키는 말이고, "협약(協約)", "협정(協定)", "약정(約定)" 등도 주로 국가들이나 단체들 간에 맺는 합의를 나타내며 영어로는 "agreement"라 한다. "계약(contract)"은 상업적인 거래에 주로 쓰이고, 특히, 매매를 약속할 때 자주 사용된다.

"맹약(盟約)", "금석맹약(金石盟約)", "확약(確約)", "서약(誓約, vow)" 등은 엄숙하고 견고한 약속을 지칭하는 단어들이고, "혼약(婚約)", "약혼(約婚)", "가약(佳約)", "백년가약(百年佳約)" 등은 결혼과 관련된 약속들을 가리킨다. "늑약(勒約)"은 "강제로 또는 억지로 맺는 국가 간의 조약"을 말하는데, 예컨대, 일본이 우리나라를 강제하여 맺은 을사늑약(乙巳勒約) 같은 것이다. 그리고 "공약(公約)"과 "공약(空約)"은 공직자 선거철에 자주 회자되고, "기약(期約)"과 "선약(先約)"은 때를 미리 정하거나 만날 시간을 약속할 때 가끔 사용된다.

이 많은 어휘들을 다 정확하게 구별하여 사용하는 것은 쉬운 일이 아니다. 그러나 할 수 있는 대로 단어들의 미묘한 차이를 알고 가장 적합한 단어를 골라서 쓰는 습관을 가진다면 그만큼 의사를 정확하게 전달할 수 있고, 많은 오해와 문제를 예방할 수 있으며, 무엇보다도 우아하고 품위 있는 언어생활을 영위할 수 있을 것이다.

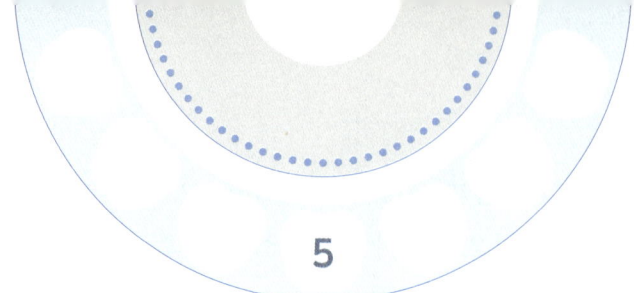

구원(救援), 구속(救贖), 속죄(贖罪), 속량(贖良), 대속(代贖)

1. 구원(救援)과 구속(救贖)

"구원"과 "구속"은 동의어(同義語)인가? 이 두 단어는 동일한 글자인 "구(救)"자로 시작하는 동계어(同系語)이지만 그 의미가 똑같은 동의어는 아니다. 그렇다면 이 두 단어의 의미는 얼마나 또는 어떻게 다른가? 이 단어들이 각각 두 글자로 되어 있고, 거기에 "구(救)"자가 공통으로 들어 있으므로 의미의 절반은 같다고 할 수 있다. 그러니까 두 단어 모두 "구(救)하는" 일을 가리키는 말임에는 틀림이 없다. 우리말 사전은 "구(救)하다"라는 말을 "어렵거나 위태로운 처지에 있는 사람을 그곳에서 벗어나도록 도와주다"로 풀이하고 있다. 그렇다면 "구원"은 누구를 어떻게 구하는 것이고, "구속"은 어떤 사람을 어떤 방법으로 구하는 것인가?

먼저, 사전적인 의미를 살펴보자. 국어사전에서 "구원(救援)"은 "위험이나 곤란에 빠져 있는 사람을 구하여 줌" 또는 "기독교에서, 인류를 죄악과 고통, 죽음에서 건져내는 일"로 풀이되어 있고, "구속(救贖)"은 "기독교에서, 대속(代贖)하여 구원하는 일"로 설명되어 있다. 이것은 지면이 제한된 사전의 설명으로서는 잘된 것이라고 할 수 있지만 실제적으로 누구나 이해할 수 있을 만큼 충분하다고 할 수는 없을 것이다.

이 단어들의 뜻을 좀 더 쉬운 말로 다시 설명하면 다음과 같다. "구원"은 사람이 생명의 위협을 받는 위태로운 상황에서 스스로 헤어나지는 못할 때, 능력과 장비를 갖춘 다른 사람이 거기에 뛰어들어 그 사람을 구해냄으로써 생명의 안전을 회복시켜 주는 것을 의미한다. 반면에, "구속"은 사람이 범죄나 부채로 인하여 다른 사람에게 노예가 되어 있는 경우에 그의 몸값을 지불할 수 있는 다른 사람이 나타나서 그것을 지불함으로써 그 종 된 사람에게 자유를 회복시켜주는 것을 뜻한다.

예를 들어, 고층 아파트 건물에 화재가 났다고 하자. 불길은 점점 올라가는데, 10층에 한 어린이가 혼자서 잠을 자고 있다. 그 아이는 외부로부터 용감하고 능력 있는 소방관이 헬리콥터에서 밧줄을 타고 내려가 구해주지 않는 한 꼼짝없이 죽을 상황이다. 이럴 때 그 아이를 구해주는 것은 "구원"에 해당한다. 또 다른 경우를 생각해 보자. 홍수가 나서 사람이 물에 떠내려가는데, 능숙한 구조대원이 그 물속으로 뛰어들어 그 사람을 구해내지 않으면 그 사람은 속절없이 익사할 수밖에 없다. 이런 경우에 소방관과 구조대원은 죽어가는 이들을 구원(救援)하는 사람 즉 "구원자(救援者)"이다. 그리고 자신의 생명을 바쳐서 남의 생명을 구해주는, 이른바 "살신성인(殺身成仁)"도 일종의 "구원"이라 할 수 있다.

이제는 다른 경우들을 생각해 보자. 한 사람이 어떤 사람에게 물질적 손해를 많이 입혔는데 그것을 배상해줄 수 있는 능력이 전혀 없어서 그 사람의 집에 종으로 잡혀가게 되었다. 그는 자기가 끼친 손해에 대하여 돈으로는 갚을 능력이 없기 때문에 몸으로 때울 수밖에 없다. 그래서 그는 그 집의 종이 된 것이다. 그 사람이 종의 신세를 면하고 자유의 몸이 되려면 누군가가 거액의 돈을 가지고 와서 그가 끼친 손해를 그 주인에게 갚아주어야 한다. 또 다른 경우는 한 사람이 아예 노예가 되어 있는 경우이다. 이 사람은 그의 주인이 돈을 주고 사온 노예이기 때문에 평생토록 그 주인을 섬길 수밖에 없다. 이런 경우에 그가 노예의 신분에서 벗어나서 자유를 얻을 수 있는 유일한 방법은 그를 측은히 여기는 어떤 부자가 그 주인에게 몸값을 지불하고 그를 사서 해방시키는 것이다. 이 두 가지 경우에 공통적인 점은 누군가가 나서서 돈 또는 값을 지불해주는 것이다. 이런 때에 돈을 지불하여 몸값을 갚아주는 사람은 그 종 또는 노예를 구속(救贖)하는 사람 즉 "구속자(救贖者)"이다.

영어로 "구원하다"라는 동사는 "save"이고, "구원"이라는 명사는 "salvation"이며, "구원하는"이라는 형용사는 "salvific"이고, "구원하는 사람" 즉 "구원자"는 "Savior"이다. "구속하다"라는 동사는 영어로 "redeem"이고, "구속"이라는 명사는 "redemption"이며, "구속하는"이라는 형용사는 "redemptive"이고, "구속하는 사람" 즉 "구속자"는 "Redeemer"이다.

"구원(救援)"에서 "원(援)" 자는 "손[手]"을 의미하는 "扌 (재방변)"에

"원(爰)" 자를 붙인 것으로서 "(손으로) 돕거나 원조(援助)하여 구해주다"를 뜻하고, "구속(救贖)"에서 "속(贖)" 자는 "화폐(貨幣)"를 의미하는 "패(貝, 조개 패 변)"에 "매(賣)" 자를 붙인 것으로서 "(돈으로) 사거나 지불하여 구해주다"를 뜻한다. "구원(救援)"이나 "구속(救贖)"이나 "구(救)해주는" 것은 동일하지만 그 방법이 다르다. "구원(救援)"은 "손으로 구하는 것"이고 "구속(救贖)"은 "돈이나 값으로 구하는 것"이다.

인간 구원의 역사를 신학자들은 일반적으로 "Heilsgeschichte"(하일스게쉬히테, "구원사")라고 한다. 이 말은 독일어이지만 영어로 저술된 신학 책에서도 그대로 사용될 만큼 일반화된 전문용어이다. 이것은 "Heil"(하일, "치유, 행복, 안전, 구원")과 "Geschichte"(게쉬히테, "역사")를 합친 복합명사이다. "Heil"(하일)은 독일어 동사 "heilen"(하일렌, "치유하다, 낫게 하다, 구원하다")의 명사형이고, "구원하는 사람" 즉 "구원자(救援者), 구세주(救世主)"는 "Heiland"(하일란트)라고 한다. 이러므로 독일어로 "구원(Heil)"은 영어의 "redemption"(구속)보다는 "salvation"(구원)의 의미를 담고 있으며, 따라서 "Heilsgeschichte"(하일스게쉬히테)라는 용어는 "구속사(救贖史)"로 번역하기보다는 "구원사(救援史)" 또는 "구원 역사"로 번역하는 것이 원래의 의미에 더 충실한 것이다.

예수 그리스도는 우리의 "구원자"인가, "구속자"인가? 그분은 우리가 사망의 위험에 처하여 죽을 수밖에 없는 처지에서 우리를 구해내셨으므로 우리의 "구원자"이시다. 그리고 그분은 우리가 죄를 지음으로써 죗값을 치러야 하는 종의 상태에 있을 때에 그것을 십자가의 죽음으로 지불해주셨기 때문에 우리의 "구속자"이시다. 그래서 그분은 우리의 구원자(Savior)도 되시고 구속자(Redeemer)도 되신다. 이 두 가지 개념을 굳이 구분하지 않고 합쳐서 부를 때는 "구주(救主)"(녹

2:11; 행 13:23; 딤전 4:10; 벧후 1:1, 11 등) 또는 "세상의 구주"(요 4:42) 즉 "구세주(救世主)"라 칭한다.

"예수"는 "자기 백성을 저희 죄에서 **구원**할 자"(마 1:21)이시고, "**구원**하는 자"(빌 3:20)이시며, "죄인을 **구원**하시려고 세상에 임하셨다"(딤전 1:15). 그분은 "**구원**의 주"(히 2:10)이시고, "**구원**의 근원"(히 5:9)이 되신다. 동시에 그분은 "우리를 대신하여 자신을 주심"으로 "모든 불법에서 우리를 **구속**하시고 우리를 깨끗하게" 하셨다(딛 2:14). 우리는 "그리스도 안에서 … 그의 피로 말미암아 **구속** 곧 죄 사함을 받았"으며(엡 1:7; 참고 골 1:14), 우리가 "**구속**된 것은 … 오직 흠 없고 점 없는 어린 양 같은 그리스도의 보배로운 피로 한 것"(벧전 1:18~19)이다. 요한계시록의 144,000인은 "땅에서 **구속**함을 얻은" 자들이다(계 14:3).

요약하면, "구원(salvation)"과 "구속(redemption)"은 "구(救)해낸다"는 점에 있어서는 같지만, 구하는 방법과 목적, 그리고 구하기 전에 사람이 처해 있는 상황에 있어서는 차이가 있다. "구원"은 구조(救助)하는 행동으로써 사망의 위험에 처해 있는 사람의 목숨을 건져주는 것이고, "구속"은 속박되어 있는 노예의 몸값을 지불(支拂)해줌으로써 그의 자유를 회복시켜주는 것이다. 예수 그리스도는 우리가 스스로는 헤어날 수 없고 속절없이 죽게 된 상태로부터 우리를 구원(救援)해주셨을 뿐만 아니라, 십자가의 죽음으로써 우리의 죗값을 지불하셨으므로 우리를 구속(救贖)해주시기도 하셨다. 이와 같이 그리스도께서 베풀어주신 구원과 구속의 결과로 우리는 죄인의 상태에서 의인으로 바뀌었고, 부자유와 속박 가운데서 신음하던 노예의 신분에서 자유인으로 승격하였다.

2. 속죄(贖罪), 속량(贖良), 대속(代贖)

우리는 위에서 "구원(救援)"과 "구속(救贖)"의 차이가 무엇인지를 살펴보았다. "구원"은 구조하는 행동으로써 사람의 목숨을 건져주는 것이고, "구속"은 몸값을 지불함으로써 자유를 회복시켜주는 것이다. 그런데 이 "구속(救贖)"이란 단어의 두 번째 글자인 "속(贖)" 자가 들어가는 단어가 여러 개 더 있다. 예를 들면, 속금(贖金), 속전(贖錢), 속량(贖良), 속신(贖身), 속죄(贖罪), 속물(贖物), 대속물(代贖物), 대속(代贖), 대속사(代贖死), 속사(贖死) 등이다. 이 단어들을 하나씩 차례로 살펴보자.

(1) **속금**(贖金)은 **속전**(贖錢)과 같은 뜻을 가진 말인데 성경에서는 사용되지 않았다.

(2) **속전**(贖錢)은 "죄인의 죄를 면하기 위하여, 또는 얽매인 자를 자유롭게 풀어주기 위하여 지불되는 대금, 또는 이와 같은 방법으로 문제를 해결하는 행위"를 일컫는 말이다. "속전"은 성경에 10회 언급되었다.

(3) **속량**(贖良)은 "종의 신분을 면하여 양민(良民)이 되게 함"을 뜻한다. 이 말은 성경에 20회 나타나는데(레 19:20; 25:48; 신 7:8; 눅 1:68 등), 주로 적에게 사로잡혀 있는 포로나 죄의 속박 아래 있는 노예를 정당한 대가를 치름으로써 자유롭게 해주는 것을 뜻한다. 그러므로 이것은 "**속죄**(贖罪)"와 거의 같은 뜻을 가지고 있다.

(4) **속신**(贖身)은 **속량**(贖良)과 같은 의미로서 성경에 단 1회 사용되었다(출 21:8).

(5) **속죄**(贖罪)는 "금품이나 공로로써 지은 죄를 씻음"을 가리키고, 특히 예수께서 인류의 죄를 속량하신 것을 가리킬 때 자주 사용된다. "속죄" 및 "속죄"와 관련된 용어들(예컨대, "속죄제", "속죄물", "속죄일", "속죄소" 등)은 성경에 매우 자주 나타나고, 레위기(77회)와 민수기(45회)에 집중적으로 사용되었다. 그러나 히브리어로 "속죄하다(kāpar, 카파르)"라는 말과 "속죄제(ḥaṭṭā't, 핫타트)"라는 말은 서로 다른 어원에서 나온 단어들이고, "속죄소(kappōret, 캅포레트)"는 "속죄"와 같은 어원에서 파생된 단어이다.

(6) **속물**(贖物)과 **대속물**(代贖物)은 "속죄하기 위하여 드리는 재물 또는 제물"을 의미한다.

(7) **대속**(代贖)은 "남의 죄나 고통을 대신하여 당함, 예수께서 십자가의 보혈로 만민의 죄를 대신 씻어 구원함"을 가리킨다. 성경에는 "대속" 또는 "대속하다"가 10회 나타나고, "대속물"이 3회 나타난다.

(8) **대속사**(代贖死)는 "남의 죄를 대신 속하기 위해 죽는 죽음" 즉 "예수 그리스도의 대속의 죽음"을 가리킨다. 이 단어 자체가 성경에 나타나지는 않지만 이것의 취지와 사상은 도처에 나타나 있다.

(9) **속사**(贖死)는 "죽을죄를 지은 사람이 재물을 바쳐서 죽음을 면함"을 의미한다. 다시 말해서, "속사"는 "남의 죄를 속해주는 죽음"이 아니라 "죽을죄의 속함을 받는 것"을 뜻한다.

이상의 비슷비슷한 단어들 가운데서 우리가 자주 사용하면서 별로 구별하지 않고 쓰는 세 단어, 즉 "속죄(贖罪)"와 "속량(贖良)"과 "대속(代贖)"은 동의어(同義語)들인가, 아니면 서로 다른 뜻을 가진 단어들인가? 만약 이 단어들이 서로 다른 뜻을 가졌다면 그 차이는 무엇인가?

이 단어들을 구별 없이 사용하면 되는가, 안 되는가?

　기본적으로 이 세 단어의 의미는 동일하지는 않지만 유사(類似)하다고 할 수 있다. 세 단어에 공통적으로 들어 있는 글자는 "속(贖)" 자이다. 바로 위에서도 언급한 바와 같이, "속(贖)" 자는 "조개 패(貝)" 변에 "팔 매(賣)" 자를 쓴 것이다. "조개"는 고대에 화폐로 사용되던 것으로서 이것이 들어가는 글자에는 돈과 관련된 것들이 많다. 예컨대, 재(財, 재물), 빈(貧, 가난함), 판(販, 장사), 화(貨, 재화), 귀(貴, 고귀함), 무(貿, 무역), 비(費, 비용), 구(購, 구매), 세(貰, 세, 삯), 저(貯, 저축), 고(賈, 장사), 매매(賣買, 팔고 삼), 등이다. 이와 같이 "속(贖)"도 돈과 관련된 글자이다. 따라서 "속죄(贖罪)", "속량(贖良)", "대속(代贖)"은 모두 값 또는 대가(代價)를 지불함으로써 문제를 해결한다는 점에 있어서는 동일하다.

　하지만 각 단어의 나머지 한 글자는 이 단어들의 세부적인 의미 즉 뉘앙스에 차이를 가져다준다. 세 단어가 다 "속(贖)한다"는 의미를 가지고 있지만, "속죄(贖罪)"는 "죄를 속함"이라는 뜻이기 때문에, 무엇을 속해야 하는지 즉 속함의 대상을 강조하는 단어이고, "속량(贖良)"은 "죄인을 속하여 양민이 되게 함"을 뜻하므로, 속죄의 결과를 강조하는 단어이며, "대속(代贖)"은 "다른 사람이 대신하여 갚아주는 것"을 의미하므로, 속하는 일은 본인이 아니라 타인이 대신 해야 함을, 다시 말해서, 속죄의 주체가 자신이 아님을 강조하는 단어이다.

　영어로 "속죄"를 "atonement"라 하는데, 이 단어는 어원적으로 "at+one+ment" 즉 "하나가 됨"을 뜻한다. 그러므로 영어 "atonement"는 우리의 죄악으로 인하여 우리와 우리 하나님이 서로 갈라져 있을 때에(참고 사 59:2) 그 죄악을 속해주심으로 우리와 하나님이 다시 "하나가 됨"을 의미한다. 그러나 히브리어로 "속죄하다"는 "kāpar (카파르)" 즉 "덮다(cover), 가리다(conceal)"이다. 다시 말해서, 히브리어로 "속죄"는 "죄를 가리어주는 것, 허물을 덮어주는 것"을 의미한다. 다윗은 **"허물의 사함을 얻고 그 죄의 가림을 받은 자는 복이 있도다."**(시 32:1)라고 읊었다. 지은 죄를 덮어줌으로써 그 죄의 형벌을 면제해주는 것이 히브리 개념의 "속죄"이다. 독일어로 "속죄"는 "Versöhnung (페어죄눙)"인데, 이것은 일차적으로 "화해, 화목"을 의미하므로 속죄의 결과로 이르러오는 하나님과 우리의 화목한 관계를 강조하는 용어라 할 수 있다.

"속량(贖良)"은 영어로 "ransom" 또는 "emancipation, redemption"이다. 이것은 몸값을 지불하거나 어떤 대가를 줌으로써 석방 또는 해방시키는 것을 의미하므로 "구속"과 거의 같은 개념이다. "대속(代贖)"의 영어는 "substitution"이다. "대체(代替), 대용(代用), 대신(代身)"을 뜻하는 말로서 "다른 사람을 대신하여 죽는 것"을 의미한다. 그러므로 "속량"과 "구속" 그리고 "속죄"와 "대속"은 모두 "속(贖)한다"는 공통점을 가지고 있기 때문에 서로 엄격하게 구분할 수는 없고, 다만 그 강조점과 뉘앙스만 조금씩 다를 뿐이다. "속죄"와 "속량"과 "대속"의 결과적 차이점을 한 문장으로 요약하면 다음과 같다.

예수께서 "속죄"하심으로 우리는 무죄하게 되었고, "속량"하심으로 우리는 양민 즉 의인이 되었으며, 그분이 "대속"해주심으로 우리는 죄의 속박에서 자유하게 되었다. 이러한 차이는 다음의 성경절들을 비교해보면 좀 더 확실하게 알 수 있다.

(1) **속죄(贖罪)**: "제사장은 여호와 앞에서 그를 위하여 **속죄**한즉 그는

무슨 허물이든지 사함을 얻으리라."(레 6:7).

(2) **속량(贖良)**: "너는 애굽에서 종이 되었던 일과 네 하나님 여호와께서 너를 거기서 **속량**하신 것을 기억하라. …."(신 24:18).

(3) **대속(代贖)**: "나귀의 첫 새끼는 다 어린 양으로 **대속**할 것이요, 그렇게 아니하려면 그 목을 꺾을 것이며, 너의 아들 중 모든 장자 된 자는 다 **대속**할지니라."(출 13:13).

6

하나님, 하느님, 천주(天主), 신(神), 상제(上帝), 천제(天帝) / 여호와, 야훼, 야흐웨, 야웨, 야베, 야붸

"하나님"을 지칭하는 단어를 한국어만큼 많이 가진 언어는 없을 것이다. 위의 제목에서 보는 바와 같이 "하나님"을 뜻하는 단어가 최소한 6개가 있고, "여호와"라는 이름의 발음도 6개나 된다. 각 명칭의 유래와 의미가 무엇이며, 발음이 다른 이유가 무엇인지를 살펴보자.

1. 하나님

"하나님"은 우리말의 고어(古語)인 "하ᄂ님"을 소리 나는 대로 표기한 것이다. 개신교가 한국에 들어오고 선교사들이 성경을 번역할 때, "신(神)"을 가리키는 말로 우리말 고유어인 "하ᄂ님"을 사용하기 시작하였다. 그러나 얼마 후에 우리말의 아래 아(ᄋ)를 사용하지 않기로 맞춤법이 변경되자 아래 아(ㆍ)를 가진 단어들이 ㅏ 또는 ㅜ 또는 ㅡ로 바뀌게 되었다. 그리하여 "사룸"은 "사람"으로, "비둘기"는 "비둘기"로, "오늘", "하늘", "하ᄂ님"은 "오늘", "하늘", "하느님"으로 각각 바뀌었다. 그러나 성경의 표기를 현대식으로 바꾸는 과정에 개신교 교인들과 성경 번역자들은 "하ᄂ님"을 "하느님"으로 바꾸지 않고 "하나님"으로 바꾸었다. 여기서부터 혼란이 일어나기 시작하였다.

이리하여 우리는 "하느님"과 "하나님"을 혼용하게 되었고, 세월이 지남에 따라 두 단어는 점점 더 통일을 이루기가 어렵게 되어 마침내 국어사전에도 이 두 단어가 다 수록되었다. 한 사전은 "하느님"을 "종교적인 숭배 대상, 또는 신앙의 대상. 기독교에서 신봉하는 유일신(唯一神)."이라고 설명했고, "하나님"은 "개신교에서, '하느님'을 이르는 말."로 풀이했다.

한편 가톨릭교에서는 성경의 "신(神)"을 "천주"(天主, "하늘의 주")로 번역하기 시작하여 대부분의 신도들이 그렇게 부르고 있고, 그래서 그 교회를 "천주교"라 부르기도 하며, 사전에서도 이 단어를 "가톨릭에서, '하느님'을 일컫는 말."로 설명하고 있다.

그러다가 1970년대 초에 개신교와 가톨릭교가 합동으로 성경을 번역하는 사업이 시작되자 창세기 1:1부터 문제가 되었다. 개신교는 "하나님"으로, 가톨릭교는 "천주"로 번역한 히브리어 "'Elōhîm"(엘로임, 성경에 2,340회 나옴)을 「공동번역」에서 어떻게 번역할 것인가 하는 문제는 보통 어려운 숙제가 아니었다. 양측 모두에서 양보할 기미가 보이지 않자 번역자들은 고육지책(苦肉之策)으로 양자를 다 버리고 제3의 단어인 "하느님"을 택하기로 했다. 그러자 이번에는 개신교 학자들 사이에 뜨거운 논쟁이 벌어졌다. 어떤 이는 "우리가 '하나님'을 '하느님'이라고 부르면서 기도를 드리면 성경의 참 '하나님'이 응답하시지 않고 다른 신인 '하느님'이 응답할 것이라"는 논리까지 펴면서 "하느님"이라는 역어(譯語)를 반대했다. 개신교 일각에는 "하나님"은 영어의 "God"에 해당하고, "하느님"은 "god"에 해당한다고 주장하는 이들도 있다. 이것은 "하나님"과 "하느님"을 굳이 구별하려는 의도에서 나온 주장이지만 그렇게 구별하는 것도 무의미한 일은 아닐 것이다.

"신(神)"은 사전에서 "종교의 대상으로서 초인간적 또는 초자연적 위력을 가지는 존재. '귀신'의 준말. 하느님."으로 풀이되는 한자어이다. 이 말은 성경의 하나님뿐만 아니라 모든 초자연적 존재를 총망라하는 용어여서 성경의 인격적인 하나님을 칭하는 데는 잘 사용되지 않는다. 그밖에 "상제(上帝)"는 "하나님"을 가리키는 말로서 주로 중국 그리스도인들이 즐겨 사용하는 단어이다. 문자적 의미로는 "위에 계신 임금, 하늘의 왕"이라는 뜻이므로 중국인들이 생각하는 "하나님"은 "황제(皇帝)"의 개념임을 보여준다. "천제(天帝)"는 "하늘을 다스리는 신"을 가리키는 단어이며, 원래는 불교에서 "제석천(帝釋天)"을 가리키는 용어였다. "제석천"은 "도리천(忉利天)의 임금으로 범천왕(梵天王)과 더불어 사바세계를 지키는 신"이다.

2. 여호와

"여호와"는 하나님의 이름으로서, 성경에 6,807회나 사용된 히브리어 "*YHWH* (יהוה)"를 음역한 것이다. 이 이름이 성경에서 가장 먼저 언급된 곳은 창세기 2:4이다. 창세기의 기자는 7일 동안의 천지창조를 기록한 창세기 1:1~2:3에서는 "하나님"이란 칭호만 사용하였으나 인간의 창조를 좀 더 상세히 기술하기 시작하는 2:4에서 비로소 "여호와"라는 성호(聖號)를 사용한다. 그래서 일단의 학자들은 이 이름이 하나님께서 사람과의 인격적 관계를 강조할 때 사용하시는 이름이라고 이해한다. 그렇게 볼 수도 있을 것이다. 비평적인 학자들은 아주 먼 고대에 창조자이신 신(神)을 "하나님('Elōhîm, 엘로힘)"으로 칭한 사람들(소위 "Elohist")과 "여호와(Yahweh, 야훼)"로 칭한 사람들(이른바 "Yahwist")이 각각 존재했음을 말해주는 증거라고 주장한다. 이 주장은 성경을 다양한 자료들의 취합(聚合)으로 보는 것이어서 성경의 영감성과 완전성을 해치게 된다.

"여호와"라는 이름의 유래와 의미에 대해서 가장 직접적으로 설명한 것은 출애굽기 3:14에 있는 말씀이다. 하나님께서 떨기나무 불꽃 가운데서 모세에게 말씀하시기를 "**나는 스스로 있는 자**니라. 또 이르시되 너는 이스라엘 자손에게 이같이 이르기를 **스스로 있는 자**가 나를 너희에게 보내셨다 하라." 여기서 "나는 스스로 있는 자" 즉 "자존자(自存者)"로 번역된 말의 히브리어는 단순히 "나는 존재자, 나는 있는 자"라는 뜻이다. 영역 성경들은 이것을 "I Am Who I Am" 또는 "I Am That I Am"으로 번역하였다.

이 거룩한 이름이 4개의 히브리어 문자로 되어 있으므로 학자들은 이것을 "Tetragrammaton"(테트라그람마톤, "네 글자")이라 일컫는다. 히브리인들은 바벨론 포로에서 돌아온 후로 이 이름이 너무나 거룩한 것이어서 함부로 입에 올릴 수 없다고 생각하여 성경을 읽다가 이 단어가 나오면 "'Adonay'(아도나이, "주, 주님")로 고쳐서 읽었다. 그러면서 세월이 몇 백 년 흘러가자 "YHWH (יהוה)"의 원래 발음을 영 잊어버리게 되었다. 그리하여 학자들이 그 원래의 발음을 찾아내는 일에 착수하여, 그것이 헬라어로 "*Iabe* (Ιαβέ, 야베)"로 표기된 사실을 발견하였다. 그래서 그 후로 학자들은 히브리어 철자인 자음[YHWH]에다 헬라어 발음의 모음[-a-e-]을 넣어서 "YaHWeH" 즉 "Yahweh"(야훼)를 하나님의 이름의 올바른 표기와 발음으로 받아들이게 되었다.

그러나 어떤 이들은 "Yahweh"를 **야훼**로 발음하지 않고, "**야흐웨**", "**야웨**", "**야베**" 또는 "**야붸**"로 발음하기도 한다. "**야흐웨**"는 "Yahweh"를 고대 히브리어식 발음에 좀 더 가깝게 표기한 것이고, "**야웨**"는 영어식으로 읽은 결과이며, "**야베**"와 "**야붸**"는 현대 히브리어식 또는 독일어식 독법이다. 독일인들은 독일어의 철자법에 부합하도록 "Yahweh"를 "Jahweh" 또는 "Jawe"라 쓰고 "**야베**" 또는 "**야붸**"로 발음한다. 그러나 일반적으로 사용되는 표기는 "**야훼**"이며, 대부분의 학자들도 이렇게 쓰고 있다. 현대 유대인들은 각종 문서에서 "여호와"라는 이름이 들어갈 경우, "Ha-Shem"(하-솀, "The Name", "그 이름")이라고 쓰고 또 그렇게 읽는다. 이것 역시 하나님의 거룩한 이름을 발음하지 않으려는 그들의 경건한 태도를 보여주는 것이다.

이 거룩한 이름을 우리말로 "여호와"로 한 것은 영어 번역 "Jehovah"를 본뜬 것인데, 영어 "Jehovah"는 히브리어 자음에다 그것을 읽는 방법으로 제시된 "**아도나이**(*'Adonay*)"의 모음[-o-a-]을 결합한 것이다. 중국어로 "여호와"를 "耶和華(*Yēhéhoá*, 예허화)"라고 하는 것도 같은 이유에서이다.

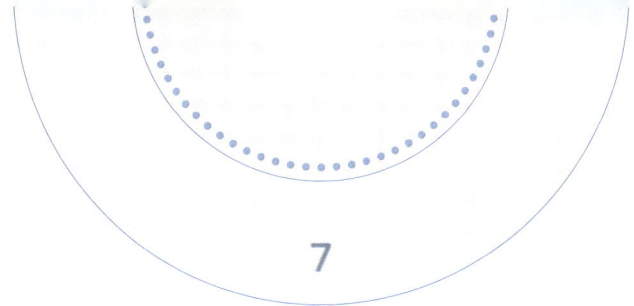

주(主), 구주(救主), 구세주(救世主)

「개역한글판」 성경에는 "주(主)"라는 단어가 셀 수 없을 정도로 많이 사용되었다. 우리가 한글 성경에서 이 단어를 만나는 경우는 크게 세 가지이다. 첫째는 구약에서 히브리어로 "주(主)"를 뜻하는 "'adônāy (אֲדֹנָי, 아도나이)"를 번역한 경우이다. "주(主), 주인"을 의미하는 히브리어 "'ādôn (אָדוֹן, 아돈)"은 구약에 334회 사용되었다. 둘째는 신약에서 역시 "주(主)"를 의미하는 헬라어 "Kurios (Κύριος, 퀴리오스)"를 번역한 경우이다. 셋째는 히브리어와 헬라어의 2인칭 단수 대명사[영어의 you 또는 thou]를 대신하여 쓰인 경우이다.

첫째와 둘째 경우는 원어의 의미를 그대로 옮긴 것이므로 설명이 필요 없지만, 셋째 경우에 관해서는 자세히 설명을 해야 할 것 같다. "주(主)"란 "주인" 또는 "으뜸이 되는 분"을 가리키는 말로서 성경에서는 하나님, 임금, 상전(주인), 남편, 그리고 예수 그리스도를 부를 때 자주 사용되었다. 그런데 한국어에는 2인칭 상대방을 호칭하는 대명사가 "너, 자네, 그대, 당신"밖에 없기 때문에 하나님이나 임금이나 예수 그리스도를 부를 때 사용할 수 있는 마땅한 존칭 대명사가 없다. 그래서 궁여지책으로 사용하는 것이 바로 이 "주(主)"라는 말이다. 그리하여 성경에는 하나님과 그리스도를 호칭하는 수많은 2인칭 대명사가 "주(主)"로 번역되었다. 예를 들면 다음과 같다. 독자들의 편의를 위해 히브리어와 헬라어 대신에 영어로 번역된 문장과 한국어 번역을 비교하였다.

> 시 90:1 "Lord, You have been our dwelling place in all generations." (NKJV).
> "주여, 주는 대대에 우리의 거처가 되었나이다." (「개역한글판」).

이 문장에는 "주"라는 단어가 두 번 사용되었는데, 첫 번째 "주"는 영어 "Lord"(히. יְנֹדָא, 'adōnāy, 아도나이)의 번역이고, 두 번째 "주"는 영어 "You"(히. אתה, 'attāh, 앗타)의 번역이다. 후자는 번역이라기보다는 2인칭 대명사 "You"를 번역할 적당한 말이 없어서 "주"로 대신한 것이다. 하나님을 "당신"이라고 부르는 것은 너무나 무례하기 때문에 그렇게 부르지 않고 "주"로써 대체한 것이다. 그래서 위의 인용문에서는 "Lord"와 "You"가 모두 "주"로 번역되었다. 신약에서도 마찬가지다. 다음은 베드로의 신앙고백이다.

> 마 16:16 "You are the Christ, the Son of the living God." (NKJV).

"주는 그리스도시요 살아계신 하나님의 아들이시니이다."(「개역한글판」).

여기서 "주"는 영어 "You"에 해당하는 말이다. 헬라어 원문에서도 이 문장의 주어는 "*su*"(σύ, 쉬, "you, thou")이다. 그러나 베드로가 그리스도께 말하면서 "당신은 그리스도시요…"라고 말할 수는 없기 때문에 불가불 "주는 그리스도시요…"라고 옮겨놓은 것이다. 이런 경우가 성경에 비일비재하다.

"당신(You, Your)"에 해당하는 말을 한국어 번역에서는 아예 빼버리거나 다른 말로 대치한 경우도 많이 있다. 가장 두드러진 경우가 주기도문이다. "이름이 거룩히 여김을 받으시오며, 나라가 임하옵시며, 뜻이 … 이루어지이다."라는 구절의 원문은 "당신의 이름(Your name)이 거룩히 여김을 받으시오며, 당신의 나라(Your kingdom)가 임하옵시며, 당신의 뜻(Your will)이 … 이루어지이다."로 되어 있다. 그러나 하나님을 "당신"이라 칭하는 것은 아주 불경스러운 일이므로 2인칭 대명사를 아예 빼버린 것이다. 주기도문의 끝부분은 원래 "나라와 권세와 영광이 당신께 영원히 있사옵나이다."인데, 이것을 "나라와 권세와 영광이 아버지께 영원히 있사옵나이다."로 번역하였다. "당신"을 "아버지"로 바꿔 쓴 것이다. 이런 일들은 모두 우리말에 2인칭을 부르는 존칭 대명사가 없기 때문에 일어나는 현상들이다.

이제는 "주(主, Lord)"에 대하여 생각해 보자. "주(主)"는 권세와 능력을 가진 자, 즉 주권자(主權者)에 대한 칭호이다. 이 칭호는 창조자 하나님(출 23:17; 수 3:11; 롬 1:25; 약 1:7; 3:9; 4:15), 황제와 왕(행 25:26; 계 17:14), 상전과 주인(창 24:9; 마 6:24; 엡 6:5), 아버지(마 21:30), 남편(벧전 3:6), 지배자(마 27:63), 천사(행 10:4; 계 7:14), 그리고 그리스도(마 8:2, 25; 눅 5:8; 요 6:68; 약 1:1)에게 적용되었다.

예수께서 부활하신 후에 베드로가 한 설교에 언급된 "주"는 예수의 신성을 가리키는 단어로 사용되었다. "이 예수를 하나님이 주(主)와 그리스도가 되게 하셨느니라."(행 2:36). 예수는 "만유의 주"(행 10:36)이며, "성령으로 아니하고는 누구든지 예수를 주(主)시라 할 수 없"다(고전 12:3). 그러므로 우리가 그리스도를 "주"라고 부르는 것은 그분이 우리의 생명과 생애를 주관하시는 분임을 고백하는 것이며, 그분이 온 우주를 통할하시고 천하만국을 다스리시는 분임을 인정하는 것이다. 예수를 믿는 것은 바로 그분이 "주(主)" 곧 권능을 가진 주권자(主權者)이심을 수긍하고 받아들이는 것이다.

"구주(救主)"는 "구원자(救援者)"의 줄임말로서 헬라어 "*sōtēr*"(σωτήρ, 소테르, "Savior")의 역어(譯語)이다. "구주"라는 단어는 신약에만 나타나는데, 하나님을 가리킬 때 7회(눅 1:47; 딤전 1:1; 2:3; 딛 1:3 등), 예수를 가리킬 때 16회(눅 2:11; 요 4:42; 딤후 1:1; 벧후 1:1 등), 도합 23회 사용되었다. 구약에 하나님이 "구주"라는 말은 없지만 "구원자"라는 사상은 여러 번 나타난다(삼하 22:51; 시 44:5, 7; 사 49:6, 8 등). "나 곧 나는 여호와라. 나 외에 **구원자가** 없느니라. 내가 고하였으며, **구원**하였으며, 보였고, 너희 중에 다른 신이 없었나니…"(사 43:11~12). "오직 주께서 우리 대적에게서 **구원**하시고…."(시 44:7).

"구세주(救世主)"는 "세상을 구원하는 주"라는 뜻으로 예수 그리스도를 지칭할 때 자주 쓰는 말이지만 성경에는 한 번도 사용되지 않았다. 일반적으로 사람들이 이 단어를 "메시아"와 동의어인 것처럼 사용하는데, 의미상으로는 전혀 그렇지 않다. "구세주"는 "구원자" 또는 "구주"를 좀 더 구체적으로 표현하기 위하여 "구주"라는 말의 가운데에 "인간 세(世)" 자를 넣어서 만든 것이고, "메시아"는 "기름 부음을 받은 자"라는 의미의 히브리어 mešiaḥ (חישמ, 므쉬아흐, 단 9:24)를 음역한 것이다.

우리가 "구세주"라는 말을 사용할 때, 주의해야 할 것이 하나 있다. "세상을 구원하는 주"라는 뜻을 지닌 이 단어 앞에 "나의", "너의", "그의"와 같은 소유를 나타내는 단수 대명사를 붙이는 것은 합당하지 않다. "나의 구주", "너의 구주", "그의 구주"는 말이 되지만 "나의 구세주", "너의 구세주", "그의 구세주"는 앞뒤가 맞지 않는다. 1988년 이전에 나온 「찬미가」에 "나의 구세주 어느 때에 오실까"라는 제목의 곡이 있었는데, 이것을 1989년판과 2015년판에서 "내 구주 예수 어느 때에 오실까"(2015년판 「찬미가」, 568장)로 고친 것은 그것이 어법상 맞지 않는다고 당시의 '찬미가편찬위원회'가 판단했기 때문이다.

간추려서 말하면, 우리가 하나님 또는 그리스도를 "주(主)"라고 부르면 우리가 그분을 "주권자"로 인정하는 것이고, "구주(救主)" 또는 "구세주(救世主)"라고 부르면 그분을 "구원자"로 선언하는 것이다. 그런데 "구세주"라는 말을 사용할 때는 그 앞에 단수 대명사를 붙이지 않는 것이 옳다. "나의 구주"는 합당한 말이지만 "나의 구세주"는 어감과 어법에 저촉되는 표현이나.

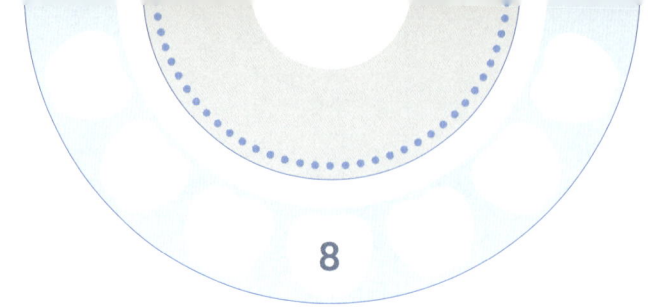

성소(聖所), 회막(會幕), 성막(聖幕), 장막(帳幕), 성전(聖殿), 전(殿), 신전(神殿), 회당(會堂) / 사찰(寺刹), 사원(寺院), 사당(祠堂) / 교회(教會), 성당(聖堂), 교당(教堂), 교회당(教會堂), 예배당(禮拜堂)

어느 종교든지 종교행사를 거행하거나 신(神)에게 제사 또는 예배를 드리는, 특별히 마련된 집이 있다. 이 집을 종교마다 다르게 부르고, 그것에 대한 신도들의 태도 또한 각기 다르다. 제목에 나열된 순서대로 하나씩 살펴보자.

(1) **성소(聖所)**: 이것은 구약 시대에 이스라엘 백성이 하나님의 집을 일컬을 때 사용한 일반적인 칭호이다(출 25:8). 형태나 규모 또는 구조에 상관없이 하나님께 제사하기 위하여 마련된 공간 또는 건축물은 모두 "성소"로 불리었다. 여기에는 "회막(會幕)"/"성막(聖幕)"과 "성전(聖殿)"이 다 포함된다. 이것에 해당하는 영어는 "Sanctuary"이고, "거룩한 곳, 구별된 공간"이라는 뜻이다. 이 단어는 우리말 성경의 196절에 약 200회 사용되었다. 성소에는 아

무나 들어갈 수 없었고, 오직 제사장들만 필요에 따라 들어가서 제사를 드리거나 분향(焚香)하였다. 일반인이 함부로 들어가면 죽임을 당한다고 경고되어 있었다. 성소는 거룩하신 하나님이 거하시는 곳이므로 그 자체도 거룩하다. 그러므로 제사장으로 위임되지 아니한 사람이 범접하면 신성모독이 되었다.

(2) **회막(會幕)**: 이것은 "모이는 막사, (하나님을) 만나는 장막"이라는 뜻으로서 성경의 145절에 사용되었다. 출애굽 때의 광야생활 동안에 모세가 지은 성소는 이동식, 조립식, 일시적 건물이어서 이렇게 불렀다. "막(幕)" 자가 암시하듯이 이것은 일종의 막사였다. 이것을 영어로는 "Tabernacle of Meeting"이라 하고, 때로는 "Tent of Meeting"이라고도 일컫는다.

(3) **성막(聖幕)**: "회막"이 거룩한 곳 즉 일종의 성소였으므로 "거룩한 회막"이라는 의미로 "성막(聖幕)"이라고도 일컬었다. 성경의 82절에 언급된 이 말의 영어는 그냥 "Tabernacle" 또는 "Holy Tabernacle"이다.

(4) **장막(帳幕)**: "천막(天幕, tent)" 또는 "막사(幕舍, tabernacle)"라는 뜻이며, 하나님이 거하시는 처소를 지칭할 때 "여호와의 장막"(7회) 또는 "하나님의 장막"(1회)이라 일컬었다.

(5) **성전(聖殿)**: 모세가 시은 "회막"이 이동식, 조립식, 일시적 건물이었다면 솔로몬이 건축한 "성전"은 고정적, 본격적, 영구적 건물이었다. "전(殿)" 자가 암시하는 것처럼 "성전"은 마치 "궁전(宮殿)"과도 같은 크고 아름답고 위엄 있는 건물이었다. 영어로는 "Temple"이라 하는데, 이 단어는 하나님의 집과 다른 신들의 집을 일컫는 데 다 사용되지만, 하나님의 집을 가리키면 "성전

(聖殿)"으로 번역하고, 다른 신들의 집을 가리키면 "신전(神殿)"으로 번역한다. 국어 성경에서 "성전"은 145절에 나타나지만 "신전"은 한 번도 언급되지 않았다.

(6) **전(殿)**: 이것은 "성전(聖殿)"을 줄여서 일컫는 말로서, "여호와의 전"으로 199절에, "하나님의 전"으로 104절에 사용되었으며, "그 전(殿)"으로 20절에 언급되었다. 영어로는 "Temple" 또는 "House"이다.

(7) **신전(神殿)**: 하나님 이외의 잡신이나 이교의 신을 위한 집을 "신전"이라 한다. 우리말 성경에 이 단어는 한 번도 사용되지 않았고, 영어로는 "temple"이다.

(8) **회당(會堂)**: 세계에 흩어진 히브리인들[Diaspora]이나 AD 70년 예루살렘 성전이 파괴된 후에 이스라엘에 살고 있는 히브리인들은 더 이상 성전에 갈 수가 없기 때문에 예배를 드리고 자녀들에게 신앙교육을 시키기 위하여 성전 대신에 세운 것이 회당(會堂, synagogue)이다. "회당"은 우리말 성경에 53회 나타나고, "회당장"이 10회 나타난다. 회당에는 누구든지 들어갈 수 있고, 일반적으로는 남자와 여자가 나뉘어 앉거나 건물이 다층으로 되어 있는 경우에는 서로 다른 층에 입장한다.

(9) **사찰(寺刹)**: 불교의 절을 일컫는 일반적인 말로서 "사원(寺院)" 또는 "범찰(梵刹)"이라고도 한다. 영어로는 "Buddhist temple"이라 일컫는다. 사찰에도 누구든지 입장하여 절을 하거나 분향을 할 수 있다.

(10) **사원(寺院)**: 원래 이것은 불교의 절 즉 "사찰"과 같은 의미를 가진 단어이지만, 이슬람교/회교(回敎)의 집회장소인 "mosque"

(모스크)를 가리킬 때도 사용되게 되었다. 세월이 흐름에 따라 혼동을 피하기 위하여 불교의 절은 "사찰"로 굳어지고, 회교의 모스크는 "사원"으로 고정되어 가고 있다. 사원에도 회교 신자들뿐만 아니라 일반인도 들어가서 행사를 참여하거나 관람할 수 있다.

(11) **사당**(祠堂): 이것은 종교행사를 위한 집회장소가 아니라 "신주(神主, 죽은 이의 위패)를 모신 집, 또는 신주를 모시기 위해 집처럼 자그마하게 만든 것"을 가리킨다. 이것에 해당하는 영어는 "shrine"이다.

이상과 같이 종교마다 신을 모시는 장소 또는 집회장소의 이름이 다르고 그 공간을 신성시하는 정도가 상이하다. 그러나 한 가지 공통점은 그 공간 또는 건물을 구별된 곳으로 여기는 것이다. 그 장소에 들어가는 사람은 누구나 정숙하고 예모 있게 행동해야 한다.

그리스도인들이 하나님께 예배를 드리기 위해 모이는 장소를 "교회(敎會)"라 하는데, 이 단어를 맨 먼저 사용하신 분은 예수님이다(마 16:18; 18:17). 복음서에는 이 말이 2회밖에 사용되지 않았지만, 사도행전(20회)과 편지서(70회)와 요한계시록(20회)에는 무려 110회나 사용되었다. 이 "교회"와 관련된 용어 몇 가지를 간단히 살펴보자.

(1) **교회**(敎會): 예수님과 사도들이 말하는 "교회"(ἐκκλησία, ekklēsia, 에클레시아)는 건물이나 장소를 가리키는 말이 아니라 "(그리스도를 믿도록) 불러내어진 사람들"을 의미하는 말이었다. 그러

므로 "교회"라는 말은 일차적으로 그리스도인들로 이루어진 신앙공동체 또는 그 조직체를 의미한다. 하지만 어차피 그들은 모이기 마련이고, 그 모인 무리가 있는 공간을 "교회"라고 무르는 것도 자연스러운 일이다. 영어로는 이것을 "church"라 한다.

(2) **성당(聖堂)**: 가톨릭교인들이 "교회"를 일컫는 말이다. 영어로는 동일한 "church"인데, 개신교는 "교회"라 부르고, 가톨릭교는 주로 "성당"이라 칭한다. "여호와의 증인"이란 교파의 교인들은 그들의 교회를 "왕국회관"이라고 일컫는다.

(3) **교당(教堂)**: 국어사전은 이것을 "종교 단체의 신자들이 모여 예배를 보거나 포교(布敎)를 하는 집"이라고 정의하였다. 그러니까 "교당"은 종교나 교파에 상관없이 교인들이 모이는 장소를 가리킨다.

(4) **교회당(敎會堂)**: 그리스도인들이 모여 예배를 드리는 건물, 즉 교회의 건물을 뜻한다.

(5) **예배당(禮拜堂)**: 그리스도인들이 모여 예배를 드리는 집, 즉 "교회당"과 같은 말이다.

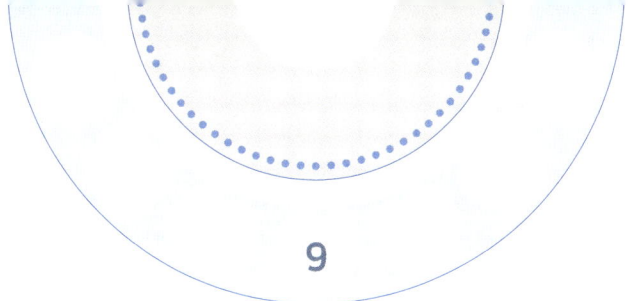

9

히브리인, 이스라엘인, 유다인/유대인(猶大人)/유태인(猶太人)

"히브리인", "이스라엘인", "유다인"(유대인[猶大人], 유태인[猶太人])이란 말은 동일한 대상에게 적용할 수도 있지만 엄밀하게 말하면 그 유래와 용례와 함의가 사뭇 다르다. 이 단어들의 기원과 의미, 그리고 용법을 차례로 살펴보자.

(1) 히브리인

"히브리"(히브리어로 "'*ibrî*"[עברי, 이브리])라는 단어의 기원에 대해서는 두 가지 학설이 있다. 첫째는 이것이 "에벨"(Eber, עבר. *ēber*, 에베르, 창 10:21)이라는 이름에서 유래되었다는 학설이다. 셈의 아들인 "에벨"의 뜻은 "(강을) 건넌 자", 즉 "먼 곳으로부터 강을 건너온 자"라는 뜻이다. 다시 말해서, (바벨론 또는) 다른 곳에서 (유프라테스) 강을 건너 가나안 땅에 이르러온 사람들을 가리켰다. 둘째는 사회학적으로 분류하는 명칭으로 고대근동 지방에 있던 "하비루"(Habiru, Hapiru, Apiru)라는 무리를 지칭하는 말에서 유래되었다는 학설이다. 이들은 일정한 인종적 소속이 없이 이리저리 떠돌아다니던 사람들로서, 전쟁이 일어나면 어느 국가의 용병으로 고용되어 식생활을 해결하기도 했고, 석공(石工)이나 목축업으로 생계를 유지하면서 천막생활을 하였다. 이들을 가리키던 "하비루"라는 말이 "히브리"로 굳어진 것으로 보인다. 이들은 오늘날의 집시(Gypsy)나 베두인(Bedouin)과 같은 무리였다.

"히브리 사람"으로 불린 첫 번째 사람은 아브라함이다(창 14:13). 그때로부터 다윗 왕조가 수립되기 전까지 이스라엘 백성은 주로 이렇게 불렸는데, 특히 요셉 이야기(창 37~50)와 모세 이야기(출 1~12)에서 "히브리인"이란 단어가 많이 사용되었다. 애굽인들은 이스라엘 백성을 무시하거나 폄하하려는 의도로 그들을 "히브리인"이라 불렀다(창 39:14, 17; 41:12; 43:32). 예컨대, 애굽 왕실의 시위대장 보디발의 아내가 "보라. 주인이 **히브리 사람**을 우리에게 데려다가 우리를 희롱하게 하도다"(창 39:14)라고 한 말에는 히브리인에 대한 그녀의 경멸이 묻어 있다. 그밖에도 "히브리 사람의 아이"(출 2:6), "히브리 여인"(7절), "히브리 남자나 히브리 여자"(신 15:12), "히브리 남녀 노비"(렘 34:9), 등의 표현에도 그들이 다른 민족과는 다른 특이한 백성이라는 어감 또는 그들을 멸시하는 심사가 배어 있다.

그러나 다윗 왕조 때로부터 "히브리인"이라는 용어는 오히려 존귀하고 자랑스러운 하나님의 백성이라는 의미로서 이스라엘 백성을 가리키게 되었다. 그리하여 요나는 자신의 신분을 밝히면서 "나는 **히브리 사람**이요 바다와 육지를 지으신 하늘의 하나님 여호와를 경외하는 자로라"(욘 1:9)라고 당당하게 말했고, 신약에서 바울은 자기를 "히브리인 중의 히브리인"(빌 3:5)이라고 자랑하듯 소개하였다. 이리하여 "히브리인"이란 명칭은 족장시대로부터 유래되어, 아브라함의 후손, 즉 하나님의 언약의 백성을 통칭하는 용어가 되었다.

(2) 이스라엘인

"이스라엘인"이란 말에는 세 가지 의미가 들어 있다. 첫째, 이 이름에는 야곱의 특별한 경험이 함유되어 있다. 그가 밧단아람에 가서(창 28:2~6) 20년간 지내다가 가나안 땅에 돌아왔을 때, 얍복강 가에서 밤새도록 하나님과 씨름하는 경험을 한 후, 그분으로부터 새로 받은 이름이며(창 32:22~32), "네가 하나님과 사람으로 더불어 겨루어 이기었음이니라"(28절)라는 취지로 야곱에게 주어졌다. 둘째, 이스라엘에게서 태어난 열두 아들이 열두 지파를 이루고, 애굽으로 내려가서 430년간 거주한 후(출 12:40), 출애굽하여 시내산에서 하나님과 언약을 체결함으로써 그들이 새로운 언약 즉 율법의 백성이 되었는데, 이 백성을 성경은 "이스라엘"이라 칭한다. 셋째, 이 명칭은, 솔로몬이 죽은 후 나라가 분열되었을 때, 북방 왕국을 지칭하는 이름이 되었다.

따라서 "이스라엘인"은 "히브리인" 즉 아브라함의 후손들 중에서 직계 적자(嫡子)로 여호와 신앙을 계승한 이삭과 야곱의 자손들을 가리키고, 동시에 출애굽과 시내산의 경험을 한 백성과 그 후손을 가리키는 용어가 되었다. 여기에는 아브라함과 이삭과 야곱의 신앙을 떠난 에서와 그의 후손은 제외되었다. "이스라엘"이 북방 이스라엘 왕국을 가리키는 말이긴 하지만 그보다는 "야곱(이스라엘)의 후손"으로서 이교화(異敎化)하지 않고 여호와 신앙을 견지한 백성임을 강조하는 단어로 더 자주 사용되었다.

(3) 유다인/유태인(猶大人)/유태인(猶太人)

"유다인"(한자어로 유대인[猶大人] 또는 유태인[猶太人])은 두 가지 의미를 가지고 있다. 첫째는 야곱의 넷째 아들 유다(Judah)의 후손인 "유다 자손(Judahites)" 즉 "유다 지파"를 지칭하는 말이고, 둘째는 분열된 나라의 남방 국가였던 "유다 왕국"의 국민을 가리키는 말이다. 특히, BC 586년 바벨론의 느부갓네살 왕이 예루살렘을 침공하여 유다 왕국의 백성을 포로로 잡아간 이후로 이들을 "유다인"이라 일컬었다. 우리말 성경에는 "유다인"이란 단어가 64회, "유다 사람"이 59회 나오는데, "유다인"은 에스더서와 예레미야서에만 사용되었다. 총 64회 중에서 예레미야서에 13회 쓰였고(렘 4:4; 7:2; 11:2, 9; 34:9; 등), 나머지 51회는 에스더서에 집중적으로 사용되었다(에 2:5; 3:4, 6, 10, 13; 4:3, 7, 8; 등). 이 두 책에서 "유다인"이 그렇게 많이 언급된 것은 그들의 나라가 망하고 머나먼 이국땅으로 포로가 되어 간 암울한 형편과, 거기서 살면서 민족 말살의 위협을 당하는 상황에 처해 있었기 때문이다.

바벨론 포로가 끝난 후에도 이 명칭은 신약 시대까지 계속 사용되어 로마인들은 그 민족을 라틴어로 "Iudaeus"(Jew, "유대인")라 칭하게 되었고, 오늘날에는 이스라엘 백성 전체를 일컫는 말이 되었다. 유다 지파가 왕조를 형성한 유다 왕국의 국민을 가리키는 "유다인"이 그 땅에 거주하는 모든 백성을 일컫는 용어가 되었고, 마침내는 소속된 지파에 상관없이 이스라엘 나라에 속한 모든 국민을 지칭하는 칭호로 사용되게 되었다.

「개역한글판」에는 "유다인"(64회)과 "유다 사람"(59회) 이외에도 "유다 자손"이 44회, "유다 지파"가 17회, "유다 자손의 지파"가 5회, "유다 족속"이 32회 나타나는데, 이것들은 모두 문자 그대로 야곱의 넷째 아들인 유다의 지파를 가리키거나 남방의 유다 왕조를 가리킨다.

(4) 비교와 요약

이상에서 살펴본 바와 같이, "히브리인"은 처음에는 멀리서 강을 건너와 떠돌이 생활을 하던 사람들을 가리키던 말이었는데, 나중에는 하나님의 택함을 받은 백성을 일컫는 존귀한 칭호가 되었다. 그런데 그들이 사용한 언어를 가리킬 때는 "히브리 말"(요 5:2; 19:13, 17; 20:16) 또는 "히브리 방언"(행 21:40; 22:2; 26:14)이라고 일컬었지, "이스라엘 말"이나 "유다 말"이란 표현은 존재하지 않았다. 따라서 별 볼일 없는 무리가 하나님의 특별한 백성이 되었음을 강조하고 히브리어를 사용하는 사람을 가리킬 때는 "히브리인"이라는 용어를 쓴다.

"이스라엘인"은 야곱(이스라엘)의 후손이요 열두 지파로 구성된 하나님의 선택된 민족임을 강조할 때 사용되며, 현대에 와서는 "이스라엘"이라는 국가의 백성을 가리키는 말로 사용된다. "유다인"은 남방 유다가 멸망하고 그 백성이 바벨론으로 포로 되어 간 때로부터 사용된 말로서 왕조와 영토를 위주로 하여 일컫는 용어이다.

한마디로 요약하면, "히브리인"은 그들이 하나님의 택하심을 받은 백성이요 히브리어를 사용하는 사람임을 나타내는 말이고, "이스라엘인"은 그들의 혈통과 민족을 강조하는 칭호이며, "유다인"은 그들의 왕조와 영토를 염두에 둘 때 자주 사용하는 용어이다.

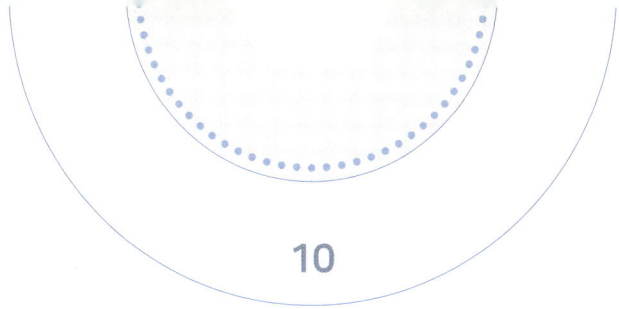

10

선지자(先知者), 예언자(豫言者, 預言者), 선견자(先見者), 기별자(寄別者)

우리말 성경에는 "예언, 예언하다"라는 말이 166회(구약에 120회, 신약에 46회)나 사용되었지만 "예언자"라는 말은 단 한 번밖에 언급되지 않았다. 그런데 그 예언들을 말하는 사람을 성경은 "예언자(豫言者)"라고 하지 않고 "선지자(先知者)"라 일컫는다. "선지자"라는 말은 구약에 323회, 신약에 160회, 도합 483회 사용되었다. 예언하는 사람을 "예언자"라 하지 않고 "선지자"라고 부르는 이유가 무엇일까? 그것은 성경의 "선지자"가 일반적인 "예언자"와는 다른 특성을 가지고 있기 때문이다. 우리말의 "예언자"를 영어로 말하면 "predictor"인데, 성경이 말하는 "선지자"는 "prophet"이다. "예언자"는 앞으로 일어날 사건을 미리 말하는 사람인 반면에, "선지자"는 하나님의 기별과 지시를 사람들에게 전해주는 사람이다. 만약 성경의 "선지자"를 "예언자"로 번역했다면, 사람들이 "선지자(prophet)"를 "예언자(predictor)"와 같은 부류로 이해하게 되었을 것이다.

성경에 등장하거나 언급된 "선지자"는 단순히 장래 일을 미리 말하는 사람이 아니다. "선지자"의 사명은 하나님의 지시를 따라 그의 백성을 지도하는 것이다. 성경은 이렇게 말한다. **"여호와께서는 선지자로 이스라엘을 애굽에서 인도하여 내시며, 선지자로 저를 보호하셨거늘."**(호 12:13). 선지자의 책임은 이스라엘을 인도하고 보호하는 것이다. 이런 점에 있어서 "선지자"의 역할은 "예언자"의 역할과 현저히 다르다.

성경이 말하는 "선지자"의 히브리어는 "*nābî'* (נָבִיא, 나비)"이다. 이것은 "말하다, 예언하다"라는 뜻의 동사 "*nābā'* (נבא, 나바)"에서 파생된 말로서, 구약에 나타나는 323회의 언급 가운데서 단 1회만 제외하고 모두 "선지자"로 번역되었다. 딱 한 번 "예언자"로 번역된 경우는 렘 28:9인데, 그 본문을 인용하면 다음과 같다. **"평화를 예언하는 선지자는 그 예언자의 말이 응한 후에야 그는 진실로 여호와의 보내신 선지자로 알게 되리라."** 이 절에는 "선지자"라는 말이 2회, "예언자"라는 단어가 1회 사용되었는데, 히브리어 성경에는 이 세 단어가 모두 "**나비**"이다. 한 절에 3회나 사용된 이 단어를 우리말로 번역하는 사람들이 똑같은 단어를 3회 반복하는 것을 마땅치 않게 여겨 두 번째 "선지자"를 "예언자"로 바꿔놓았다. 이것은 슬기롭지 못한 일이다. 왜냐하면 우리말 번역판을 읽는 독자들은 이 절에서 "선지자"와 "예언자"가 서로 다른 원어의 번역인 것으로 오해할 것이기 때문이다.

"번역은 제2의 창작이다."라는 말도 일리(一理)는 있지만, 번역자가 불필요한 기교를 부리거나 재량권을 남용하면 원문의 뜻을 훼손하거나 독자들의 오해를 유발할 수 있다. 그러므로 번역자는 항상 원문에 충실하고, 때로는 각 문장과 단어의 의미를 정직하게 옮기는 것이 바람직하다. 특히, 영감된 경전인 성경에 있어서는 더욱 그렇다.

신약에 160회 사용된 "선지자"의 헬라어는 "*prophētēs* (προφήτης, 프로페테스)"이고, 이것의 어원은 "*pro*"(πρό, 프로, "for, fore, forth")라는 접두어와 "*phēmi*"(φημί, 페미, "I tell")라는 동사를 합한 것이다. 이 단어에서 영어 "prophet"("선지자")가 나왔다. 그러므로 "선지자"의 신약적 의미는 "for-teller"("대언자[代言者]"), "fore-teller"("예언자[豫言者]"), "forth-teller"("진언자[進言者]") 등이다. "선지자"는 하나님을 대신하여 말하는 "대언자"이고, 장래 일을 미리 말하는 "예언자"이며, 하나님의 말씀을 들어서 전하는 "진언자"이다.

"예언자"라는 말의 한자를 일반적으로는 "豫言者"로 쓰지만 어떤 이들은 "預言者"로 쓴다. 전자는 "미리 예(豫)" 자를 씀으로써 "장차 일어날 일을 **미리** 말하는 것"을 강조하고, 후자는 "맡길 예(預)" 자를 씀으로써 "(하나님이) **맡겨주신** 말을 하는 것"을 강조한다. 특히, 성경의 "선지자"를 "예언자"라고 칭하는 사람들은 전자보다는 후자를 선호한다.

우리말 성경에는 "선견자(先見者)"라는 단어가 27회 나타난다. 이것은 히브리어 "*rō'eh* (רֹאֶה, 로에)" 또는 "*ḥōzeh* (חֹזֶה, 호제)"의 번역이다. 이 두 단어는 "보다(see)"라는 뜻의 동사에서 온 단어들로서 "(이상을) 보는 사람"을 의미한다. 그리하여 앞에서 본 "**나비**"는 "말씀/기별을 전하는 사람"임을 강조하는 말이고, "**로에**"와 "**호제**"는 "계시/이상을 보는 사람"에 주안점을 둔 말이다. 다음의 구절들을 읽어보면 "선지자"와 "선견자"는 서로 엇바꾸어 쓸 수 있는 동의어임을 알 수 있다.

"(옛적 이스라엘에 사람이 하나님께 가서 물으려 하면 말하기를 '선견자[로에]에게로 가자.' 하였으니, 지금 선지자[나비]라 하는 자를 옛적에는 선견자[로에]라 일컬었더라)."(삼상 9:9).

"다윗이 아침에 일어날 때에 여호와의 말씀이 다윗의 선견자[호제]된 선지자[나비] 갓에게 임하여 가라사대."(삼하 24:11).

"다윗 왕의 시종 행적이 선견자[로에] 사무엘의 글과 선지자[나비] 나단의 글과 선견자[호제] 갓의 글에 다 기록되고."(대상 29:29).

"그들이 선견자[로에]에게 이르기를 '선견하지 말라.' 선지자[호제]에게 이르기를 '우리에게 정직한 것을 보이지 말라. 부드러운 말을 하라. 거짓된 것을 보이라.'"(사 30:10).

대상 29:29에는 히브리어 세 단어가 총동원되었으나 우리말에는 그런 의미를 가진 단어가 두 개밖에 없기 때문에 "나비"는 "선지자"로, "로에"와 "호제"는 "선견자"로 번역되었다. 이사야 30:10에는 똑같은 뜻을 가진 "로에"와 "호제"가 나란히 나와 있는데, 우리말에는 이런 의미를 가진 단어가 하나밖에 없으므로, 불가불 하나만 "선견자"로 하고, 다른 하나는 "선지자"로 할 수밖에 없어서 뒤에 나오는 "호제"를 "선지자"로 번역하였다.

이상에서 볼 수 있는 바와 같이, "선지자"와 "선견자"는 특별한 구별 없이 혼용되었고, 사무엘 시대 이전에는 "선지자(나비)"가 "선견자(로에)"로 불리던 때가 있었으며(삼상 9:9), "선지자(나비) 갓"은 동시에 "다윗의 선견자(호제)"로도 불리었다(삼하 24:11). "선지자"는 "선견자"도 되었고, "선견자"는 동시에 "선지자"였다. 다만 "선지자(나비)"는 그의 "말하는" 기능에 중점을 둔 칭호이고, "선견자(로에, 호제)"는 그가

"본 이상"을 강조한 명칭이다.

이상에서 살펴본 용어들 외에 "기별자(寄別者)"라는 말도 있다. 이것이 성경에는 나타나지 않지만 영어 "messenger"의 역어로 가끔 사용된다. 하나님은 선지자들을 통하여 필요한 메시지(message)를 사람들에게 보내시고, 그래서 선지자는 하나님의 "메신저(messenger)" 즉 "기별자"가 되는 것이다.

성경은 자주 선지자를 "하나님의 사람(man of God)"이라 일컫는다. 이 칭호는 구약에 76회 언급되었는데, 그 중에서 55회가 열왕기에 나온다(열왕기상에 20회, 열왕기하에 35회). 이 칭호는 모세(신 33:1; 수 14:6; 시 90:1), 사무엘(삼상 9:6~10), 스마야(왕상 12:22), 엘리야(왕상 17:18; 왕하 1:9), 엘리사(왕하 4:7, 16; 5:8), 다윗(느 12:24, 36) 등에게 적용되었고, 이들은 모두 하나님의 일꾼과 선지자로서 크게 활약한 인물들이다. "하나님의 사람"은 선지자가 하나님의 특별한 선택에 의하여 파견된 사자들임을 강조하는 칭호이다.

"선지자", "예언자", "선견자", "기별자"는 그 강조점이 서로 다르지만 구별 없이 혼용될 수 있는 단어들이다. 그들은 하나님의 말씀이나 이상을 받아서 사람들에게 전해줌으로써 때로는 신실하지 못함을 견책하고, 때로는 장차 일어날 일에 대하여 예고하고 경고하던 "하나님의 사람"들이다. 그들은, 혈통이나 세습에 의하여 직분을 부여받던 세 사장들과는 달리, 하나님의 개별적 부르심에 의하여 기름 부음을 받고 활동하던 특별한 영적 지도자들이다.

목사(牧師), 목자(牧者), 목회자(牧會者) / 전도사(傳道師)와 전도자(傳道者)

1. 목사(牧師), 목자(牧者), 목회자(牧會者)

"목사(牧師)"는 교회를 관할하는 영적 지도자로서 대내적으로는 신자들의 신앙생활을 보살피고 그들에게 하나님의 말씀을 가르치며, 대외적으로는 불신자들에게 복음을 전하여 그리스도를 통한 구원의 길로 그들을 인도하는 사람이다. 그는 설교, 방문, 전도활동, 교인상담 등의 목양활동을 전담하며, 교회의 행정과 운영에 책임을 진다. 목사는 **"목자장"**(벧전 5:4)이요 **"양의 큰 목자"**(히 13:20)이신 그리스도의 권위를 안수(按手)로써 위탁받아 교회를 치리하고 섬긴다.

그리스도 교회의 가장 중요한 직분인 "목사"라는 단어는 우리말 성경에 단 한 번밖에 나타나지 않는다(엡 4:11). 그것도 교회 내의 여러 가지 직임들 중의 하나로 간단히 언급되었을 뿐 아무런 설명이 붙어 있지 않다. 그러나 "목사"의 원어인 헬라어 "*poimēn*"(ποιμήν, 포이멘, "목자")은 신약에 18회 사용되었고, 우리말 성경의 구약에는 "목자"가 89회 나타나는데, 이것의 대부분이 히브리어 "*rō'eh*"(רֹעֶה, 로에, "목자")의 번역이다. "목사"를 뜻하는 영어 "pastor"는 "목자"를 의미하는 라틴어 "*pastor*"(파스토르, "shepherd")를 차용한 것이다.

성경은 여호와 하나님과 예수 그리스도의 칭호로서 "목자"를 매우 빈번하게 사용하고 있다. 그 대표적인 경우가 시편 23:1과 요한복음 10:11, 14이다. "여호와는 나의 목자시니." "나는 선한 목자라." 이 칭호는 하나님의 백성은 "양(羊)"이고, 하나님 또는 주님은 그들을 먹이시는 "목자"의 역할을 하시는 분이라는 사상을 나타낸다. "목자와 양"의 이야기는 성경이 하나님 또는 주님과 사람 사이의 관계를 표현하는 대표적인 은유(隱喩)이다. 그래서 신자들을 영적으로 먹이는, 다시 말해서, 목양(牧羊)하는 책임을 진 교회의 지도자를 "목사(牧師)"라 칭하게 되었다. "목사"는 "목자"의 직분을 전업으로 하는 지도자를 일컫는 명칭이다.

구약 시대에는 백성의 지도자들이 "목자"로 일컬어졌다. 그러나 그들은 백성 곧 양의 무리를 먹이는 대신에 그 양들을 잡아먹는 일을 하였다. 그리하여 하나님께서는 그 목자들을 호되게 질책하셨다. "인자야, 너는 이스라엘 목자들을 쳐서 예언하라. 그들 곧 목자들에게 예언하여 이르기를 '주 여호와의 말씀에 자기만 먹이는 이스라엘 목자들은 화 있을진저! 목자들이 양의 무리를 먹이는 것이 마땅치 아니하냐? 너희가 살진 양을 잡아 그 기름을 먹으며, 그 털을 입되, 양의 무리는 먹이지 아니하는도다.'"(겔 34:2~3). 하나님은 계속해서 다음과 같은 엄한 형벌을 선언하신다.

"그러므로 목자들아, 여호와의 말씀을 들을지어다. 주 여호와의 말씀에 '내가 나의 삶을 두고 맹세하노라. 내 양의 무리가 노략거리가 되고 모든 들짐승의 밥이 된 것은 목자가 없음이라. 내 목자들이 양을 찾지 아니하고 자기만 먹이고 내 양의 무리를 먹이지 아니하였도다.' 그러므로 너희 목자들아, 여호와의 말씀을 들을지어다. 주 여호와의 말씀에 '내가 목자들을 대적하여 내 양의 무리를 그들의 손에서 찾으리니, 목자들이 양을 먹이지 못할 뿐 아니라 그들이 다시는 자기를 먹이지 못할지라. 내가 내 양을 그들의 입에서 건져내어서 다시는 그 식물이 되지 않게 하리라.'"(겔 34:7~10).

예수께서는 수제자 베드로에게 "내 어린 양을 먹이라"(요 21:15), "내 양을 치라"(16절), "내 양을 먹이라"(17절)고 세 번이나 당부하셨다. 말하자면 목양(牧羊)의 책임을 제자에게 맡기신 것이다. 어린 양을 먹이지(feed) 않고 먹는(eat) 목자와, 양떼를 치지(tend) 않고 치는(hit) 목자는 이윽고 에스겔이 기록한 형벌을 당하게 될 것이다.

"목사"의 기능과 책임을 말할 때 그는 "목자"이다. 그러나 "목자"를 호칭으로서는 사용하지 않는 것이 관례이다. 또 다른 단어인 "목회자(牧會者)"는 목회 즉 목양사업에 종사하는 모든 사람들을 통틀어서 일컫는 포괄적인 용어이다. 여기에는 목사를 위시하여 강도사와 전도사는 물론이고, 교육 및 학생 전도사까지 포함될 수 있다.

2. 전도사(傳道師)와 전도자(傳道者)

바울은 교회에서 선교사업에 종사하는 사람들 가운데 "목사"와 "

복음 전하는 자"를 별도 구분하고 있다. "그가 혹은 사도로, 혹은 선지자로, 혹은 **복음 전하는 자**로, 혹은 목사와 교사로 주셨으니."(엡 4:11). 여기서 "복음 전하는 자"라는 단어는 헬라어 "*euangelistēs*"(εὐαγγελιστής, 유앙겔리스테스, "evangelist")의 번역이다. 이 헬라어는 행 21:8에서 빌립을 언급할 때 다시 사용되었는데, 거기서는 "전도자(傳道者)"로 번역되었다. 영어 "evangelist"는 헬라어를 음역한 것이다. 고전 9:14에도 "복음을 전하는 자들"이라는 말이 나오지만 이 말의 헬라어는 "**유앙겔리스테스**"라는 하나의 단어가 아니고, 문자 그대로 "복음을 전파하는 자들"("those who proclaim the gospel")이라는 긴 구절이다. 개념은 같지만 원어가 다르다.

"복음 전하는 자" 즉 "복음 전도자" 또는 단순히 "전도자"는 일반적으로 모든 목회자들을 가리킬 수도 있지만, "목사"가 별도로 언급된 목록에 나타날 경우에는 "목사"보다는 젊고 경험이 적은 목회자를 가리키는 것으로 보인다. 오늘날 이런 부류의 목회자를 "전도사(傳道師)"라고 부른다. "전도사"는 목회에 입문하여 수련기간에 있거나 목사를 받들어 교회를 섬기면서 목사의 지도를 받는 목회자이다. 미국에서는 교인들이 "전도사"를 부를 때 "evangelist"라고 하지 않고, 그냥 "pastor" 또는 "junior pastor"라고 한다.

"전도자(傳道者)"라는 단어가 구약에서는 특별한 의미로 사용되었다. 이른바 "시가서(詩歌書)" 중의 한 책인 전도서(傳道書)에 이 단어가 7회 사용되었는데(전 1:1, 2; 12:10 등), 이 말의 원어는 히브리어 "*qōhelet*"(קֹהֶלֶת, 코헬레트, "연설가, 설교자")이다. "**코헬레트**"("전도자")는 인생의 쓴맛단맛을 다 보고 산전수전을 다 겪은 다음에 자신의 인생을 되돌아보면서 젊은이들에게 교훈의 말씀을 남기는 "연설가/설교자"

이다. "**코헬레트**"의 문자적 의미는 "회중에게 연설하는 자"인데, 성경 번역자들이 이것을 "전도자"라고 하였다. 이 "전도자"는 "복음을 전하는 전도자"라기보다는 "인생을 논하는 연설가"이다.

영어 "Evangelist"에는 또 다른 뜻이 들어 있다. 그것은 "복음서 기자/저자"라는 의미이다. 신약의 첫 부분인 사복음서를 기록한 네 사람의 기자들(마태, 마가, 누가, 요한)을 일반적으로 "Gospel writers"라 하지만, 특별한 경우에는 "Evangelists"라고 일컫는다. 예를 들어, "Evangelist Matthew"라고 하면, 이것은 "(복음) 전도자 마태"가 아니라, "복음서 기자 마태"라는 뜻이다. 이 단어가 근래에 와서는 이런 뜻으로 쓰이지 않지만, 20세기 초반 이전의 성경과 문헌에는 자주 쓰였다. 이 경우, "Evangelist"의 첫 글자 E를 대문자로 쓴다.

간추려서 말하면, "전도사"와 "전도자"는 "복음을 전하는 자"라는 공통점을 가지고 있지만 세부적으로는 그 의미와 용도가 다르다. 그리고 "전도자"는 구약에서는 "**코헬레트**"를, 신약에서는 "복음 전하는 자"를 뜻한다. 영어 "evangelist"는 "(복음) 전도자"뿐만 아니라 "복음서 기자"를 가리킬 경우도 있다. 그러므로 우리가 이 단어들을 만날 때는 문맥과 경우를 잘 살펴야 그 의미를 바르게 이해할 수 있다.

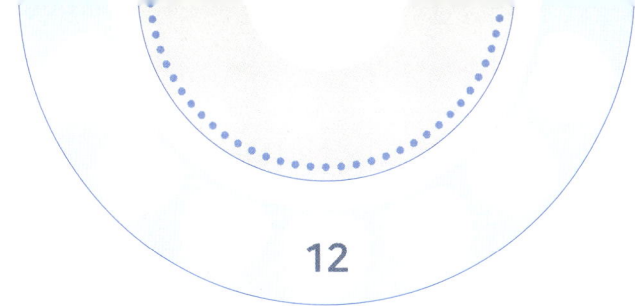

12

주석(註釋), 해석(解釋), 주해(註解), 강해(講解)

이 네 용어의 의미를 엄격하게 구분하거나 그 차이점을 확실하게 말하는 것은 불가능하다. 이 네 단어 외에도 이와 비슷하거나 연관된 단어들이 몇 개 더 있다. 예를 들면, 설명(說明), 해설(解說), 영해(靈解), 주경(註經) 등이다. 이 모든 단어들의 의미를 국어사전에서 찾아보면 다음과 같다.

(1) **주석(註釋)**: "(낱말이나 문장의 뜻을) 알기 쉽게 풀이함, 또는 그 글."
(2) **해석(解釋)**: "[사물의 뜻이나 내용 따위를 자신의 논리에 따라] 풀어서 이해함, 또는 그것을 설명함."
(3) **주해(註解)**: "본문의 뜻을 알기 쉽게 풀이함, 또는 그 풀이."
(4) **강해(講解)**: "[문장·학설 따위를] 강론하여 해석함, 또는 그 해석."

(5) **주경**(註經): [사전에 없음] 성경 본문의 깊은 의미를 밝혀내어 주석함.

(6) **설명**(說明): "어떤 일의 내용이나 이유, 의의(意義) 따위를 알기 쉽게 밝혀서 말함."

(7) **해설**(解說): "알기 쉽게 풀어서 설명함, 또는 그 설명."

(8) **영해**(靈解): [사전에 없음] 낱말이나 문장의 뜻을 영적으로 풀이함, 또는 그 풀이.

이상의 여러 용어들의 공통점은 "알기 쉽게 풀이하는 것"이다. 그런데 이 "풀이"에는 크게 두 가지의 방법 또는 방향이 있다. 하나는 성경 본문의 어려운 부분을 평이한 일상의 말로 "쉽게 설명하는 것"이고, 다른 하나는 성경 본문의 감춰진 의미를 여러 가지 수단과 방법을 동원하여 "깊이 해석하는 것"이다. 이 "쉬운 설명"과 "깊은 해석" 사이에는 뚜렷한 공통점이 있지만 상이점도 많다. 공통점은 두 방법 모두가 성경을 배우려는 사람들이 본문의 내용을 잘 이해하도록 도와주는 것이다. 그렇지만 "쉬운 설명"은 문자 그대로 "쉽게 설명하는 것" 즉 성경시대의 언어와 문화와 관습을 현대의 표현으로 바꾸어주는 정도의 해설이고, "깊은 해석"은 특정한 본문에 담겨 있는 성경적·신학적·예언적 의미를 언어적 분석과 역사적 고찰로써 캐내는 것을 가리킨다. 전자(前者)는 성경에 대한 일반적 이해와 성경 역사에 대한 기본적 지식만 있으면 가능하지만, 후자(後者)는 성경 원어들과 역사적 및 지리적 배경, 그리고 성경고고학과 성경연대기 등에 관한 상당한 지식이 있어야 가능하다. 이런 식으로 분류할 경우, "설명"과 "해설"은 전자에 속하고, "주석", "해석", "주해", "강해" 그리고 "주경"은 후자에 속한다.

　영어에도 한국어와 마찬가지로 성경을 풀어주고 설명하는 일과 관련된 단어들이 여러 개 있다. "주석"이란 의미로 가장 자주 사용되는 단어가 "commentary"와 "exposition"이다. "Commentary"는 성경의 각 구절에 대한 연구 또는 언급들(comments)을 책으로 엮어놓은 것을 말한다. "Exposition"은 성경의 본문에 잠겨 있는 의미를 드러내는(expose) 것을 뜻하므로 우리말로는 "주해(註解)"라고 하는 것이 좋을 것 같다. "설명" 또는 "해설"을 의미하는 단어들로는 "explanation", "elucidation", "interpretation" 등이 있고, 전문적이고 학술적인 "주석" 또는 "해석"을 가리키는 특수용어로 "exegesis"가 있다. "Exegesis"는 "이끌어낸다"는 뜻의 헬라어 *ex agō* (엑스 아고, '밖으로 끌어내다')에서 유래된 단어로서 "본문에 깊이 파묻혀 있는 의미를 끌어내는 것"을 가리킨다. 이것은 "exposition"과 비슷한 뜻을 가졌지만 그보다도 더 학술적인 어감을 가진 단어이기 때문에 "주경(註經)"이라고 번역하는 이들도 있다. "주경"은 "성경을 깊이 파헤친다"는 뜻으로 소수의 학자들이 만들어낸 신조어(新造語)라서 사전에도 없고 널리 통용되지도 않고 있다. "Exegesis"와 대조적인 뜻을 담고 있는 단어는 "eisegesis" 인데, 이것은 헬라어 *eis agō* (에이스 아고, '안으로 끌어들이다')라는 말에서 만들어진 단어로서 "본문에 들어 있지 않는 의미를 집어넣는 것"을 가리킨다. 다시 말해서, 성경을 주석하는 사람이 본문에 없는 의미를 보태어 설명하는 것을 말한다. 이것은 본문의 뜻을 왜곡하는 일일 뿐만 아니라 성경의 권위와 본뜻을 훼손하는 일이므로 절대로 허용되어서는 안 되는 것이다. 설교자들이 어떤 성경 본문을 읽은 다음에 그 본문과 전혀 상관이 없는 내용을 마치 그 본문의 뜻인 것처럼 설교하는 것도 일종의 "eisegesis"라 할 수 있으므로 이런 일은 엄격히 금지되어야 한다.

"영해(靈解)"도 사전에는 없는 단어이지만 설교자들이 자주 사용하는데, 그 뜻은 "낱말이나 문장의 뜻을 영적으로 풀이하는 것"이다. 다시 말해서, 성경 본문들을 과도하게 영적으로 풀이하여 평범한 문장에서도 신령한 의미가 있는 것처럼 느끼게 하는 것을 가리킨다. 이러한 해석법은 성경을 필요 이상으로 신령하게 풀이함으로써 "eisegesis"의 우(愚)를 범하는 것은 물론, 성경을 임의로 풀이해도 된다는 인상을 교인들에게 심어주므로 경계해야 할 필요가 있다.

성경은 아무렇게나 해석하고 적용해도 되는 책이 아니다. 성경은 잘 정리되고 통제된 해석법에 따라 해석되고 적용되어야 한다. 신학생들이 대학에서 공부하는 동안에 반드시 이수해야 하는 필수과목들이 있는데, 그 중의 하나가 "성경해석학"(Biblical Hermeneutics)이다. 이 과목을 통하여 그들은 다양한 해석 방법들을 익히고, 또한 어떻게 해석하면 안 된다는 것도 배운다. 성경해석학에서 가장 많이 다루는 것은 "주석(註釋)" 또는 "주해(註解)"를 하는 방법과 "강해(講解) 설교"를 하는 실제적인 방법론이다. 성경 본문들의 문맥과 배경을 고려하지 않고 문구만 인용하거나 거두절미(去頭截尾)하고 한 구절만 따서 거기에다 설교를 덧붙이는 것은 절대금물이다. 성경은 이현령비현령(耳懸鈴鼻懸鈴)해도 되는 비속한 책이 아니라 하나님의 거룩한 말씀이요 인간 구원의 진리를 담은 경전이다. 그러므로 성경을 해석할 때는 그것을 할 수 있는 능력과 지식과 기술을 갖추어야 하고, 그에 더하여 하나님의 말씀을 다루기에 합당한 태도와 자세를 가져야 한다.

성경을 올바르게 주석하려면 성경 원어들의 문법과 어법, 본문의 역사적 및 지리적 배경, 성경 전체를 관류하는 사상과 신학, 고대 히브리인의 문학과 문화, 그리고 구원의 역사의 흐름과 방향 등에 관한 지식을 구비하지 않으면 안 된다. 성경 주석은 일차적으로 본문을 언어적·문법적으로 접근하고, 그다음에는 역사적·신학적으로 해석함으로써 인간을 향한 하나님의 뜻과 기별을 찾아내는 것이므로 그 방면의 이해와 지식이 부족하면 결코 바른 주석을 할 수 없다.

이와 같이 성경의 본문에 담겨 있는 깊은 뜻을 밝히려는 고도의 지적 작업을 "주석", "주해" 또는 "해석"이라 일컫고, 그 일을 설교나 강론 형태로 하면 "강해"라 하는데, 이 단어들을 엄격히 구분하는 것은 불가능하고 또 그렇게 할 필요도 없다. 단지, 성경의 책들에 대한 전문적 또는 학술적 해석을 책으로 펴낼 때는 그것을 "주석(commentary)"이라 칭하는 것이 일반적이고, 개인의 선호에 따라 "주해(exposition)"라고 일컫는 경우도 있다.

초대교회(初代敎會)와 초기교회(初期敎會)

"초대(初代)"와 "초기(初期)"는 두 개의 서로 다른 의미를 지닌 명사들이다. "초대"는 "어떤 계통의 첫 번째 사람, 또는 그 사람의 시대"를 의미하며, "초대 대통령", "초대 회장" 등과 같이 쓰인다. "초기"는 "맨 처음으로 비롯되는 시기, 또는 그동안"을 뜻하는 단어로서 "대통령 임기의 초기", "그 화백의 초기 작품" 등으로 사용된다. "초대" 다음에는 "2대(二代)"와 "3대(三代)"가 이어지고, "초기" 다음에는 "중기(中期)"와 "말기(末期)"가 오게 된다. 그러므로 이 두 단어는 서로 엇바뀌어 사용될 수 없다.

그런데 그리스도교 역사의 최초기의 교회를 "초대교회(初代敎會)"라고 일컫는 사람이 의외로 많다. 내가 애용하는 우리말 사전인 「동아새국어사전」은 "초대교회"라는 말을 표제어로 넣고는 "예수의 사후(死後) 100년간에 걸쳐 주로 소아시아 지방에 세워진 교회를 통틀어 이르는 말"이라고 풀이해 놓았다. 국어사전에 이런 말이 들어 있는 것을 보면 "초대교회"란 말이 사용되기 시작한 것이 꽤 오래된 것 같다.

그러나 "초대교회"라는 말은 매우 부정확하고 부적합한 용어이다. 교회의 역사를 "초대, 2대, 3대, 4대"로 구획할 수 없다. 서양의 학자들이 교회사를 구분할 때, 보통 "Early Church", "Medieval Church", "Reformation Church", "Modern 또는 Contemporary Church"로 나누는데, 이것을 우리말로 번역할 때, "초기교회", "중세교회", "종교개혁교회", "현대교회"로 번역했어야 옳다. 그런데 웬일인지 "Early Church"는 "초대교회"로 번역되어 오늘까지 그렇게 불리고 있다.

어떤 용어를 처음으로 번역하거나 도입하는 사람은 대단히 신중하게 해야 한다. 한번 잘못 시작하여 굳어져 버린 것은 나중에 고치기가 여간 어렵지 않다. 그래도 틀린 것은 고쳐야 한다. "초대교회"라는 말은 확실하게 틀린 것이므로 "초기교회"로 정정되어야 한다. 그 틀린 단어가 국어사전에 표제어로 수록될 만큼 일반화되었으니 아마도 한 세기 이상 그렇게 사용되어 왔을 것이다. 그러니 그것을 뜯어고치려면 또 그만큼의 세월이 걸릴지 모른다. 그렇더라도 바르지 않는 것은 지적되어야 하고, 수정하도록 노력해야 한다.

「Early Writings」라는 책이 있다. 이것은 우리말로 수십 년 동안 「초대문집」으로 번역되고 일컬어져 오다가 뜻있는 이들의 끈질긴 지적과 노력으로 책명이 「초기문집」으로 바뀌어 출판되었고, 이제는 거의 모든 사람들이 그렇게 부르고 있다. 이것은 아무리 어렵고 시간이 걸리는 일이라 할지라도 여러 사람이 나서서 공동으로 노력하면 고칠 수도 있음을 보여준다.

어떤 사람은 "'초대'나 '초기'나 그게 그것 아니냐?"라고 말할지도 모른다. 하지만 결코 그렇지 않다. "초대"가 쓰여야 할 곳에는 "초대"를 써야 되고, "초기"를 써야 할 곳에는 "초기"를 써야 한다. "대한민국의 초대 대통령은 이승만 박사"라고 써야 될 문장을 "대한민국의 초기 대통령은 이승만 박사"라고 쓰면 보는 사람마다 웃을 것이다. "인생의 초기", "초기 작품"을 "인생의 초대", "초대 작품"이라고 하면 듣는 사람들이 어떻게 반응할까?

현자는 말하기를 "지혜자의 말씀은 찌르는 채찍 같고, 회중의 스승의 말씀은 잘 박힌 못 같으니…."(전 12:11)라고 하였다. 깨끗한 벽에 반듯하게 박힌 못과 같은 말씀을 들으면 듣는 이의 가슴에도 반듯하게 박혀서 오래 기억되고 그 의미가 살아 있을 것이다. "경우에 합당한 말"은 "잘 박힌 못"과도 같고, "잘 박힌 못"은 단단하고 반듯하여 그 위에다 아름다운 그림이나 그리스도의 초상을 걸 수도 있다. 마찬가지로 "잘 박힌 못" 같은 말씀으로 전달되는 구원의 기별은 사람의 마음에 깊은 감동과 큰 울림을 준다.

아래의 인용문은 널리 알려지고 남녀노유가 즐겨 부르는 "Happy Birthday to You!" ("생일 축하합니다!")라는 동요를 작곡한 밀드레드 J. 힐(Mildred J. Hill, 1859~1916)이 쓴 아름다운 시이다. 여기서 시인은 자신이 하나의 잘 박힌 못이 되고 싶다고 노래하면서, 그 못 위에 주님의 얼굴을 걸어 놓음으로 지나가는 사람들이 그 영광스러운 모습을 보게 해 달라고 기도한다. 우리가 설교나 연설을 할 때, 우리의 언어가 반듯하고 적절하면, 우리의 설교는 주님의 영광스러운 모습을 드러낼 것이며, 우리의 연설은 청중의 심금을 울릴 것이다.

God's Nail

Mildred J. Hill

Lord, make me a nail upon the wall,
　　Fastened securely in its place.
Then from this thing so common and so small,
　　Hang a bright picture of Thy face;
That travelers may pause to look
　　Upon the loveliness depicted there,
And passing on their weary ways,
　　Each radiant face may bear–
Stamped so that nothing can efface–
　　The image of Thy glory and Thy grace.
Lord, let not one soul think of me.
Only let me be a nail upon the wall,
　　Holding Thy picture in its place.

하나님의 못

남대극 역

주님, 나로 하여금 제 자리에 단단히 박힌,
벽 위의 한 못이 되게 하십시오.

그러고는 이 보잘것없는 작은 못 위에다
　당신의 얼굴을 그린 빛나는 그림을 거십시오.
그리하여 나그네들이 지나다 잠시 발을 멈추고
　그 위에 그려진 사랑스런 모습을 바라보게 하시며,
그들의 피곤한 여정을 지나는 동안
　당신의 영광과 은혜의 영상을
광채 어린 얼굴마다 지니게 하시고,
　뚜렷이 인쳐져 결코 지워지지 않게 하십시오.
주님, 한 영혼도 나를 생각하지 않게 하십시오.
오직 나로 하여금 제 자리에 박혀
　당신의 모습을 붙들고 있는,
　벽 위의 한 못이 되게 하십시오.

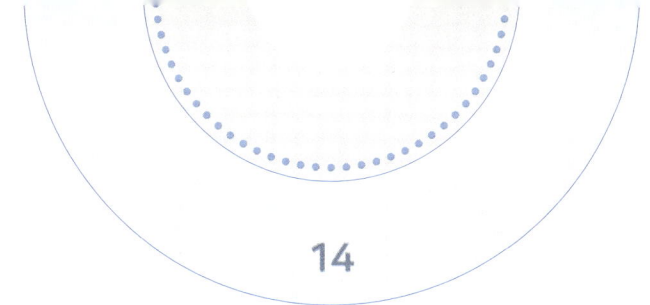

찬송(讚頌), 찬양(讚揚), 송축(頌祝), 찬미(讚美) / 성가대(聖歌隊), 찬양대(讚揚隊), 합창단(合唱團)

1. 찬송(讚頌), 찬양(讚揚), 송축(頌祝), 찬미(讚美)

노래로써 신(神)을 찬양하고 예배하는 것은 거의 모든 종교의 공통점이다. 그리스도교는 다른 종교들보다도 더 음악으로써 하나님을 칭송하고 자신들의 신앙을 북돋우는 종교이다. 그래서 성경에는 하나님을 찬양하는 노래와 시가 매우 많이 수록되어 있다. 창조자와 구속자이신 하나님의 권능과 행사, 그리고 그분의 존귀하심과 엄위하심을 칭송하는 것은 피조물인 인간의 의무요 특권이다. 이와 같은 칭송을 가리키는 대표적인 한국어 단어가 네 개 있는데, 그 각각의 사전적 의미와 그것이 성경에 사용된 횟수는 다음과 같다.

첫째, 가장 자주 사용되는 말은 "찬송(讚頌), 찬송하다"이다. 이것은 "훌륭한 덕을 기리다"라는 뜻으로 성경 전체에 220회 사용되었다(구약에 186회[시편에 100회], 신약에 34회]).

둘째로 많이 사용되는 단어는 "찬양(讚揚), 찬양하다"인데, "훌륭함을 기리어 드러내다"라는 의미로서 총 102회 나타난다(구약에 96회[시편에 75회], 신약에 6회).

셋째는 "송축(頌祝), 송축하다"인데, 이것은 "기쁜 일을 기리어 축하하다"라는 뜻으로서 구약에만 48회 쓰였고(시편에 31회), 신약에는 한 번도 나타나지 않는다.

넷째는 "찬미(讚美), 찬미하다"이다. 이것은 "아름다운 덕을 기리다"라는 뜻으로 구약에는 한 번도 사용되지 않았고, 신약에만 14회 쓰였다.

이상에서 보는 바와 같이, 이 네 단어가 성경에 사용된 횟수는 모두 384회이고, 이 중에서 절반이 훨씬 넘는 206회를 시편이 차지하고 있다. 이것은 시편이 정말 찬송으로 가득 찬 책임을 방증(傍證)한다. 흔히 쓰이는 단어인 "노래, 노래하다"라는 말은 성경 전체에 276회 나오는데, 그 중에서 125회가 시편에 사용되었다. 그리고 "여호와를 찬양하라"라는 의미를 가진 히브리어 "할렐루야(Hallelujah)"가 성경에 27회 나타나는데, 그 중에서 23회가 시편에 사용되었고, 나머지 4회는 신약의 요한계시록에 나타난다. 참으로 시편은 하나님을 찬양하는 책이요 그분의 위대한 행적과 권능을 노래하는 책이다.

그렇다면 위에서 언급한 네 가지의 다른 단어들이 의미상 어떤 차이를 가지고 있는가? 결론부터 말하면, 아무런 차이가 없다. 성경의 원어상으로도 의미의 차이가 없을 뿐만 아니라 번역하는 과정에서도 그 단어들을 구분하여 사용하지 않았다. 역자들이 그때그때 편리한 대로 서로 엇바꿔 써 가면서 역어를 고른 것으로 보인다. "찬송"과

"찬양"과 "찬미"는 의미의 차이가 거의 없는 동의어이고, "송축"도 동일한 계열의 단어이다. 그러므로 이 단어들은 언제든지 맞바꾸어 사용할 수 있다.

그러나 지역별 또는 교회별로 이 단어들 중의 하나를 다른 단어들보다 더 자주 사용하는 경향이 있다. 이것은 전적으로 특정 지역/지방 또는 교회/교단의 관습에 의한 것이지 단어들의 의미가 달라서 그런 것은 아니다. 예를 들면, 한국에서는 대부분의 교회들이 "찬송(讚頌)"이란 단어를 선호하고, 일본에서는 "찬미(讚美)"라는 말을 주로 사용하며, 중국에서는 "송찬(頌讚)"이란 말을 많이 쓴다.

그래서 한국에서 발행되는 예배용 노래책은 거의 모두 「찬송가」(讚頌歌)라 불리고, 일본에서 나오는 것은 「찬미가」(讚美歌)라 일컬어지며, 중국에서 근래에 나온 한 찬송책의 이름은 「송찬시가」(頌讚詩歌)이다. 한국에서도 일부 교단은 「찬미가」라 일컫는데, 이것은 그들이 처음부터 그렇게 일컬어 왔기 때문이다. 그러므로 어느 것이 옳고 어느 것이 그르다 하는 것은 말이 안 된다. 서로의 관습이 다름을 인정하고 피차 존중하는 것이 아름다운 일이다.

미국에서 출판된 찬송 책들은 대부분 "Hymnal"이라는 단어를 포함하고 있다. 예를 들면, "*The Presbyterian Hymnal*"(장로교, 1990), "*The United Methodist Hymnal*"(감리교, 2008), "*The New National Baptist Hymnal*"(침례교, 1977), "*The Seventh-day Adventist Hymnal*"(재림교, 1985) 등이 그렇다. 하지만 소수의 교단들은 그들의 찬송책을 단순히 "Song Book"이라 칭하기도 한다.

2. 성가대(聖歌隊), 찬양대(讚揚隊), 합창단(合唱團)

교회의 예배 때에 특별히 준비한 찬양의 노래 즉 성가(聖歌)를 부르는 합창단을 흔히 "성가대(聖歌隊)" 또는 "찬양대(讚揚隊)"라고 일컫는다. 전자는 그들이 부르는 노래를 위주로 일컫는 말이고, 후자는 그들이 하는 행위에 초점을 맞추어 일컫는 말이다. 그러므로 이 둘 모두 교회에서 사용하기에 합당한 용어들이다. 그러나 위에서 본 것처럼 어떤 지역 또는 교회에서는 "성가대"를 주로 사용하고, 다른 지역 또는 교회에서는 "찬양대"를 선호하고 있다. 그래서 국어사전에도 이 두 용어를 다음과 같이 풀이하고 있다.

(1) **성가대**(聖歌隊): "기독교에서, 예배나 미사 때 성가(聖歌)를 부르기 위하여 조직한 합창대. 찬양대."
(2) **찬양대**(讚揚隊): "개신교에서, 찬송가를 부르기 위해 남녀 신자들로 조직한 합창대. 성가대."

신자들의 교회생활에서 이 두 단어는 아무 구별 없이 통용되고 있다. 단지 각 교회마다 그들의 관습을 따라 어떤 교회는 "성가대"라 칭하고, 다른 교회는 "찬양대"라는 말을 즐겨 사용한다. 이것 역시 정오(正誤)의 문제가 아니라 선호(選好)의 문제이다.

"찬양대"나 "성가대"는 교회에서 예배시간에 성가를 부르는 일종의 "**합창단**(合唱團)"이다. 영어로는 "**합창단**"을 뜻하는 단어가 적어도 세 개 있다. 그 첫 번째는 "chorus"이다. 이것은 일반적인 의미의 "합창"을 말하고, 무슨 곡을 부르든지 간에 여러 사람이 2부 이상으로 성부(聲部)를 나누어 노래하는 것을 가리킨다. 합창은 성부의 수에 따라 2부, 3부 및 4부 합창으로 나뉘고, 구성원의 성(性)에 따라 남성, 여성 및 혼성 합창으로 불린다.

둘째는 "choir"이다. 이것은 종교적인 합창, 특히 교회의 합창단, 즉 성가대 또는 찬양대를 가리킬 때 주로 사용하는 단어이다. 그러므로 교회음악을 연주하는 합창단은 이것으로 일컫는 것이 적절하다.

셋째는 "glee club"이다. 이것은 18~19세기에 영국과 미국에서 고등학교나 대학에서 남학생 또는 남녀 학생들이 주로 무반주(無伴奏, a cappella)로 노래하던 합창단을 가리킨다. 여기서 말하는 "glee"는 "기쁨, 즐거움, 환희"라는 뜻이 아니고, "주로 남성이 부르는 3부 이상의 짧은 합창곡"을 가리킨다. "글리 클럽"이 제일 먼저 생긴 것은 1787년 영국의 런던에 있던 해로우 학교(Harrow School)에서였다. 이때로부터 1850년대까지 "글리 클럽"은 매우 인기를 끌었으나 그 후로는 합창단들(choral societies, choruses)로 대체되고 말았다. 20세기를 거치면서 다양하고 다채로운 합창단들 때문에 인기를 잃었지만 "글리 클럽"은 아직도 미국의 고등학교나 대학 학생들의 합창단 이름에 남아 있다. 그러나 오늘날의 "글리 클럽"은 "글리"만을 노래하지는 않고 일반 합창단과 마찬가지로 여러 종류의 노래를 고루 부른다.

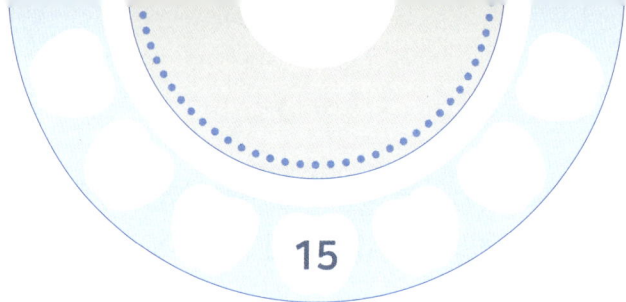

헌금(獻金), 연보(捐補), 연금(捐金) / 십일조(十一條)와 십일금(十一金)

1. 헌금(獻金), 연보(捐補), 연금(捐金)

우리말 성경 「개역한글판」에는 "헌금"이 2회(눅 21:1, 4), "연보"가 10회(대하 34:9, 14; 고전 16:1, 2; 고후 8:2, 20; 9:5, 5, 11, 13) 나타나고, "연보궤"라는 말이 4회(막 12:41, 43; 눅 21:1; 요 8:20) 사용되었으나, "연금"은 한 번도 사용되지 않았다. 그럼에도 불구하고 다수의 교인들은 한동안 "헌금"이나 "연보"보다는 "연금"이라는 말을 주로 사용해 왔다. 요즘은 사정이 좀 달라졌지만 약 30년 전까지만 해도 "헌금"이나 "연보"는 거의 사용되지 않았다. 그렇다면 어느 것이 우리가 하나님께 드리는 돈을 바르게 일컫는 말일까?

먼저, 이 단어들의 사전적인 의미를 살펴보자. "헌금(獻金)"은 "돈을 바침, 또는 그 돈, 기독교에서 교회에 바치는 돈"을 뜻한다. "연보(

捐補)"는 "금품을 내어 남을 도와줌, 연조(捐助), 헌금"을 의미하고, "연금(捐金)"은 "의연금(義捐金)의 준말"이며, "의연금"은 "자선(慈善)이나 공익을 위하여 내는 돈(예: 수재 의연금)"을 뜻한다.

이 세 단어 중에서 "연금"은 하나님께 드리는 돈을 가리키기에 적합하지 않는 말이다. 왜냐하면 하나님은 우리가 자선을 베풀거나 의연금을 드려야 할 대상이 아니기 때문이다. 우리가 그분에게 금전이나 물품을 바치는 것은 그분이 가난하거나 재난을 당하셨기 때문이 아니다. 그러므로 단어의 의미상 "연금"은 합당하지 않다.

다음으로 "연보"에 대하여 생각해 보자. "연보"도 그 일차적인 뜻이 "금품을 내어 남을 도와주는 것"이므로 "연금"과 비슷한 의미이다. 이 단어를 바울이 고린도 교회에 보낸 편지들에서 사용한 것을 보면 가난하거나 재난을 당한 사람들을 돕기 위해 드려진 금품을 가리키는 것이 확실하다(고전 16:1~2; 고후 8:2, 20; 9:11, 13). 그러므로 그것은 일종의 구제금 또는 구호품이었다. 따라서 "연보"를 오늘날 우리가 드리는 헌금에다 적용하는 것은 썩 적합하지 않게 들린다. 이 단어가 하나님의 전에 드려진 돈을 가리킬 때도 사용되었고(대하 34:9, 14), 오늘날 다수의 개신교단에서 선호되고 있는 것도 사실이다. 그럼에도 불구하고 "연보"는 하나님께 바치는 돈을 가리키는 말로서는 아무래도 적합하지 않은 것 같다.

"헌금"은 사전에서도 "기독교에서 교회에 바치는 돈"으로 풀이되어 있고, 이 단어의 원뜻도 "바치는[獻] 돈[金]"이므로 하나님께 바치는 돈을 가리키기에는 가장 적합한 단어이다. 성전에서 예수께서 보시는 가운데 부자들과 한 과부가 하나님께 드린 것도 "헌금"이라 칭하였다(눅 21:1, 4). 그러므로 우리도 하나님께 바치는 돈을 가리킬 때

"연금"이나 "연보"보다는 "헌금"이라는 단어를 사용하는 것이 가장 합당하게 여겨진다.

신약시대의 성전에는 "연보궤(捐補櫃)"가 있었다(막 12:41 등). 그것은 숫양의 뿔로 만든 나팔 모양으로 생겼고, 헤롯 성전의 '여인의 뜰' 안 벽에 각 용도에 따라 13개가 붙어 있었는데, 요즘말로 하면 헌금함(獻金函)이다. 그중에서 여섯 개는 자원해서 드리는 예물을 위한 것이었고, 나머지 일곱 개는 각기 특별한 목적을 위한 것이어서 그 목적이 각 연보궤 위에 적혀 있었다. 예수께서는 이곳에서 말씀을 가르치기도 하셨다. '여인의 뜰'은 여인들도 들어올 수 있는 곳이었고 연보궤가 놓여 있어서 많은 사람들이 드나들면서 말씀도 듣고 헌금도 드렸다. 신약시대에 연보궤를 성전에 비치해 놓고 누구든지 자유스럽게 연보를 드리게 한 것은 오늘날 교회가 교인들로 하여금 어떤 방법으로 헌금을 드리게 해야 할지를 가르쳐준다. 예배 시간 도중에 헌금 바구니를 돌려서 헌금을 수합하는 것보다는 교회당 입구 가까운 곳에 헌금함을 비치해 놓고 교인들이 교회에 들어올 때 헌금을 거기에 넣도록 하는 방법이 가장 좋은 방법일 것 같다. 이렇게 하는 것이 성경시대의 관습을 따르는 것이기도 하고 헌금을 자유스럽게 드리게 하는 방법이기도 하다.

2. 십일조(十一條)와 십일금(十一金)

「개역한글판」에는 "십일조"라는 단어가 31회(민 18:21, 24, 26, 28; 느 10:37, 38; 말 3:8, 10; 마 23:23; 눅 11:42; 18:12 등) 사용되었지만, "십일금"이

란 말은 한 번도 나타나지 않고 우리말 사전에서도 보이지 않는다. 사전은 "십일조(十一條)"를 "기독교에서, 교인이 성전에 헌납하는 자기 수입의 10분의 1"이라고 풀이하고 있다. 그러므로 우리는 "십일금"이라는 말은 사용하지 말고 성경에 그렇게 자주 언급된 대로 "십일조"라고 하는 것이 바람직하다.

"십일조(十一條)"라는 말의 끝 글자인 "조(條)"는 "가닥, 곁가지"라는 뜻이며, 미국의 국기를 가리키는 "성조기(星條旗)"라는 단어의 가운데 글자와 같은 글자이다. "성조기"는 영어 "The Stars and Stripes"의 번역으로서 미국 국기에 그려진 50개의 별[星, Stars]과 13개의 가닥[條, Stripes]을 지칭하는 것이다. 그러므로 "십일조"는 문자적으로 "10분의 1 가닥" 또는 "열 가닥 중의 하나"라는 뜻이다. 우리의 수입이 열 가닥이라면 그중에서 한 가닥을 하나님께 바친다는 뜻으로 그것을 "십일조"라 칭한다.

우리말 사전에는 "십일조(十一條)" 외에 "십일조(十一租)"라는 단어도 있다. "십일조(十一租)"는 세금을 부과하는 방식의 하나로서 "생산량의 10분의 1을 바치던 조세(租稅)"를 뜻하며 "십일세(十一稅)"라고도 한다. "조(租)"와 "세(稅)"는 "세금"을 의미하는 글자들이다. 따라서 "십일조(十一租)"와 "십일세(十一稅)"는 국가에 바치는 세금(稅金)을 가리키는 말이지 하나님께 드리는 헌금(獻金)을 뜻하는 것은 아니다. "세금"은 국가가 법으로 징수하는 것이지만, "헌금"은 하나님께 드리는 감사의 예물이다. "세금"을 납부하지 않으면 법의 제재를 받지만, "헌금"은 자발적으로 드리는 것이어서 그것을 드리지 않아도 법의 제재는 받지 않고, 다만 그것을 드림으로써 받을 수 있는 축복을 받지 못할 따름이다(참고 말 3:8~12).

십일조 문화는 이스라엘뿐 아니라 다른 민족의 종교에서도 시행되었다. 애굽의 백성들은 바로에게 수입의 10분의 2를 바쳤다고 한다. 말하자면 "십이조(十二條)"를 바친 것이다. 애굽인들의 십일조 또는 십이조는 그야말로 나라에 바친 세금이므로 "십일조(十一租)" 또는 "십이조(十二租)"라고 써야 할 것이다.

성경에서 십일조를 바친 사례가 가장 먼저 언급된 것은 아브라함의 경우이다. 그가 그돌라오멜의 동맹군을 격파하고 얻은 전리품들 중에서 10분의 1을 제사장 멜기세덱에서 바쳤다(창 14:18~20). 이스라엘이 본격적으로 십일조 제도를 시행한 것은 출애굽 이후부터이다. 백성이 드린 십일조는 성소에서 봉사하는 레위인들의 몫이었고(민 18:21, 24), 레위인들이 바친 "십일조의 십일조"는 제사장들에게 돌아갔다(26~28절).

십일조 제도는 하나님이 제정하신 거룩한 원칙이요, 성전과 교회를 운영하고 유지하는 방법이다. 그러나 그것은 법률에 의하여 마지못해 바치는 세금이 아니라 자발적으로 감사한 마음으로 드리는 헌금이다. 이러한 취지로 우리가 수입의 10분의 1을 하나님께 드릴 때, 그것을 "십일금"이라 칭하기보다는 "십일조"라고 하는 것이 성경적이고, "십일조"를 한자로 쓸 때는 "十一租"라 쓰지 말고 "十一條"라고 써야 **"경우에 합당한 말"**(잠 25:11)이 된다.

16

봉사(奉仕), 봉사(奉事), 봉사(奉祀)

「개역한글판」성경에는 "봉사, 봉사하다"가 38회, "봉사자"가 1회 (사 61:6) 나타난다. 간이국한문(簡易國漢文) 성경은 이 모든 경우에 "봉사"의 한자를 예외 없이 "奉事"로 쓰고 있다. 그러나 이 단어가 사용된 문맥을 자세히 살펴보면, 그 모든 경우에 한자를 "奉事"로 쓰는 것을 양해는 할 수 있어도 그것이 적확(的確)하다고는 말할 수 없다. 성경에서 이 단어가 사용된 경우는 다음과 같다.

(1) 야곱이 외삼촌 라반을 위해 일한 "봉사"(창 29:18, 20, 25, 27, 30; 31:41) - 6회.
(2) 제사장이 성막에서 한 "봉사"(출 30:16; 민 1:50; 3:31; 4:12; 7:5 등등) - 20회.
(3) 하나님 또는 사람을 섬기는 "봉사"(시 20:30; 103:21; 사 60:10) - 3회.

(4) 모압인들이 산당에서 한 우상숭배의 "봉사"(사 16:12) – 1회.
(5) 사도들의 직무인 "봉사"(행 1:25; 21:19; 고후 9:12; 엡 4:12) – 4회.
(6) 제사 또는 예배로서의 "봉사"(빌 2:17; 3:3) – 2회.
(7) 신자들 상호간의 "봉사"(벧전 4:10, 11) – 2회.

우리말의 "봉사"라는 말은 세 가지의 서로 다른 한자를 가지고 있고, 이 세 가지 단어들 사이에 공통점이 있기는 하지만 한자(漢字) 하나가 다른 만큼의 차이가 있다. 우선 사전에 설명된 각 단어의 뜻을 옮기면 다음과 같다.

- (1) **봉사(奉仕)**: "(나라나 사회 또는 남을 위하여) 자신의 이해를 돌보지 않고 몸과 마음을 다하여 일함.〈사회에 봉사하다. 봉사활동〉. 장수가 물건을 싼값으로 파는 일.〈재고품 처분을 위한 봉사가격〉."
- (2) **봉사(奉事)**: "어른을 받들어 섬김."
- (3) **봉사(奉祀)**: "조상의 제사를 받들어 지냄."

이 세 단어의 끝 글자가 다르므로 그 의미가 달라지는 것은 당연한 일이다. 첫 글자는 모두 동일한 "봉(奉)" 자로서 "받들다"라는 뜻을 가지고 있다. 그래서 이 세 단어는 모두 어떤 대상을 "받들고 섬긴다"는 공통점을 가지고 있다. 차이점은 끝 글자에서 나타난다. "봉사(奉仕)"의 "사(仕)"는 "살피다"라는 뜻이고, "봉사(奉事)"의 "사(事)"는 "일"이라는 뜻도 있지만 여기서는 "(윗사람을) 섬기다"라는 의미로 쓰였다. 그리고 "봉사(奉祀)"의 "사(祀)"는 "제사(祭祀)"를 뜻하는 글자이다.

이러한 사실을 염두에 두면서 위에 분류한 각종 "봉사"를 다시 생각하면, 야곱이 라반을 위해 한 "봉사"는 "봉사(奉事)"라고도 할 수 있지만 "봉사(奉仕)"에 더 가까운 것이고, 사도들이 교회를 위하여 베푼 "봉사"도 "봉사(奉仕)"라고 하는 것이 더 적합할 것 같다. 제사장이 성막에서 행한 "봉사"와 모압인들이 산당에서 한 "봉사"는 제사(祭祀)였으므로 "봉사(奉祀)"라고 해야 정확한 표현이고, 신자들 상호간의 "봉사"는 서로를 받들고 섬기는 것이었으므로 "봉사(奉事)"라고 한 것이 맞다. 영어로는 모두 "service, serve"라고 할 수 있지만, 역본에 따라서는 "ministry, minister"라는 단어를 쓰기도 한다.

우리말은 한자로 된 의미소(意味素)를 가지고 있어서 미묘한 의미의 차이를 나타낼 수 있는 언어이다. 언어마다 다른 특징들을 가지고 있지만 한국어의 장점이자 특징들 중의 하나는 한자를 의미소로 사용할 수 있는 점이다. 비근한 예를 들면, "별(別)"이란 글자 앞에 어떤 글자를 갖다 놓느냐에 따라서 마치 프리즘과도 같이 다양한 색깔의 의미를 가진 단어들을 만들 수 있다. "구별(區別)", "분별(分別)", "차별(差別)", "선별(選別)", "식별(識別)", "판별(判別)", 등등. 이 단어들의 둘째 글자인 "별(別)"은 "다르다"라는 뜻이고, 모든 단어들이 이 의미를 공유하고 있으나 첫째 글자에 따라서 서로 다른 의미를 가진 단어들이 된다. 그런데 "별(別)"이란 글자는 "다르다"라는 형용사적 의미 외에 "헤어지다"라는 동사적 의미도 가지고 있다. 다음의 단어들은 모두 "헤어지다[別]"라는 뜻을 공유한 말들이다. "이별(離別)", "작별(作別)", "고별(告別)", "송별(送別)", "석별(惜別)", "메별(袂別)", "전별(餞別)", 등등. 이 모두가 "헤어지는" 것을 나타내지만 첫째 글자에 따라서 헤어지는 방법이 다르게 된다. 이와 같이 우리말의 한자 의미소

(意味素)는 우리 국민의 언어생활에 묘미와 풍요를 더해주고 있다. 이 단어들에 대해서는 나중에 살펴보기로 하자.

다시 "봉사"로 돌아가서 좀 더 생각해 보자. 서두에서 언급한 바와 같이, 우리말 성경 국한문(國漢文) 판에는 "봉사"의 한자를 모두 "奉事"로 해 놓았는데, 이것은 아무래도 잘된 일이 아닌 것 같다. 여기서 "사(事)"는 "임금이나 웃어른을 섬긴다"라는 뜻으로, "충신불사이군(忠臣不事二君, '충신은 두 임금을 섬기지 않는다.')"이라고 할 때의 "사(事)"와 같은 의미이다. 이 말은 사기(史記) 전단열전(田單列傳)에 나오는 것으로서 명심보감(明心寶鑑)과 삼국지(三國志)에도 인용되었다. 사기(史記)에 의하면, 전국시대(戰國時代)에 악의(樂毅)가 이끄는 연(燕)나라 군사가 제(齊)나라를 침공했을 때, 현자로 알려진 획읍(畫邑) 사람 왕촉(王燭)에게 자기편의 장수가 되면 1만 호의 고을을 주겠다고 제안하자, 왕촉은 "충신불사이군(忠臣不事二君)"이라는 말로써 그 회유를 거절하였다. 이렇게 한 후에 그는 나뭇가지에 목을 매달아 자살하고 말았다. 충절(忠節)의 절정을 보여주는 사례이다.

이와 같은 "섬김"의 의미를 담고 있는 "사(事)"이기는 하지만 성경에 사용된 39회의 "봉사" 또는 "봉사자"에 모두 이 글자를 사용한 것은 엄밀(嚴密)하고 정치(精緻)해야 할 성경의 어휘로는 적절하지 않다. 우리말 성경은 이왕에 그렇게 적어서 펴내고 있더라도 우리의 일상생활에서는 이 단어의 한자를 좀 더 적절하고 합당하게 쓰는 것이 바람직할 것이다. 예를 들면 다음과 같이 쓰면 좋을 것이다.

(1) 한국의 대학생들은 방학이 되면 국내외에서 봉사활동(奉仕活動)을 통하여 사회적인 경험을 쌓으면서 지도력을 함양한다. 대

학은 국가와 사회를 위해 봉사(奉仕)할 줄 아는 인재를 양성해야 한다.

(2) 매년 연말이 되면 백화점들은 파격적인 봉사가격(奉仕價格)으로써 고객들을 유인한다.

(3) 젊은이들이 늙은이들을 존중하고 그들에게 봉사(奉事)하는 것은 그들의 실용적 가치 때문이 아니라 그들이 인간으로서 지니고 있는 가치와 존엄성 때문이다.

(4) 사람이 하나님께 봉사(奉事)하는 마음으로 어른들께 봉사(奉事)하면 이 사회는 참으로 살만한 곳, 즉 천국이 될 것이다.

(5) 고대 이스라엘은 성소봉사(聖所奉祀) 제도를 통하여 죄를 용서받고 하나님께 가까이 나아가는 법을 배웠다.

(6) 히브리서는 하늘 성소에서 봉사(奉祀)하시는 대제사장 그리스도에 관하여 상세히 말해주고 있다.

현자는 "경우에 합당한 말"을 **"아로새긴 은쟁반에 [올려진] 금사과"** (잠 25:11)라고 했는데, 경우에 합당한 글과 한자(漢字)도 아름답게 장식된 쟁반 위에 빛깔 좋게 얹혀 있는 잘 익은 사과와 같은 것이다.

궤(櫃), 법궤(法櫃), 언약궤(言約櫃), 증거궤(證據櫃) / 속죄소(贖罪所), 시은좌(施恩座), 시은소(施恩所) / 등대(燈臺), 촛대[燭臺] / 진설병상(陳設餅床), 떡상(-床)

모세가 지은 성막(聖幕)과 솔로몬이 건축한 성전(聖殿)에는 여러 가지 기물들이 설치되어 있었다. 그런데 그 기물들의 대부분이 2개 이상의 이름으로 성경에 일컬어졌거나 사람들이 그렇게 칭하고 있다. 그래서 어떤 이들은 혼란을 느끼고, 실제로 뭐가 뭔지를 잘 알지 못하고 있다. 그 기물들의 이름을 하나씩 확인하고 정리해 보자.

1. 궤(櫃), 법궤(法櫃), 언약궤(言約櫃), 증거궤(證據櫃)

결론부터 말하면, 이 네 단어는 성막의 지성소 안에 위치하여 십계명 돌비 두 개를 보관하던 궤(櫃)에 대한 다른 명칭들이다. 각 명칭을 차례로 살펴보자.

(1) **궤**(櫃): 일반적인 궤가 아니라 성소의 궤를 가리키는 명칭으로 성경의 122절에 나타나고(출 25:10; 민 10:35; 신 10:2 등), 이 가운데서 36회는 "여호와의 궤"(수 3:13 등)로, 32회는 "하나님의 궤"(삼상 3:3 등)로 일컬어졌다. 이 단어의 히브리어 ארון('arôn, 아론)은 "상자(chest), 궤(ark)"를 뜻한다. 그러므로 이것을 우리말로 "궤(櫃)"라고 번역한 것은 잘된 것이다. 한때 그 안에는 만나 한 오멜을 담은 항아리(출 16:33~34)와 아론의 싹난 지팡이(민 17:6b~7)도 들어 있었으나 원래는 "증거판" 즉 십계명을 새긴 두 개의 돌비를 간직하기 위해 만들어졌다(출 40:20).

(2) **법궤**(法櫃): 이것은 「개역한글판」에 단 1회 나오는데(레 16:2), 다른 곳에서 "궤"로 번역된 히브리어 ארון('arôn, 아론)의 번역이다. 이 이름은 그 궤 안에 법(法) 즉 "십계명"이 들어 있음을 명백하게 해준다. 그런데 1회밖에 안 나오는 이 명칭을 사람들이 더 자주 사용하고 있다. 그 까닭은 그것의 용도가 그 이름에 분명하게 드러나 있기 때문이다.

(3) **언약궤**(言約櫃): 이 명칭은 성경에 46회 사용되었고(수 3:6; 삼하 11:11; 히 9:4 등), 그중에서 29회는 "여호와의 언약궤"(민 10:33; 삼상 4:4; 대하 5:2; 렘 3:16 등)로, 5회는 "하나님의 언약궤"(삿 20:27; 삼상 4:4; 삼하 15:24; 대상 16:6; 계 11:19)로 일컬어졌다. 이중 사무엘상 4:4에는 "여호와의 언약궤"와 "하나님의 언약궤"가 함께 사용되었다.

(4) **증거궤**(證據櫃): 성경에 20회(출 25:22; 레 16:13 등) 나오는 이 명칭은 십계명을 "언약(covenant)" 대신에 "증거(testimony)"라 칭하고 있다. 하나님의 모든 명령과 율법은 특별한 의미에 있어서 하

나님의 "증거" 또는 하나님에 관한 "증언"이라 할 수 있다. 폐일언하고 이상의 네 명칭은 모두 하나의 기물 곧 성소 안에 십계명을 보관하던 궤를 가리킨다.

2. 속죄소(贖罪所), 시은좌(施恩座), 시은소(施恩所)

"속죄소"는 "언약궤"를 덮고 있는 뚜껑이고 "크룹(cherub)" 천사들이 서 있던 받침이다. 이 단어가 「개역한글판」에 30회 나타난다(출 25:17; 레 16:2; 히 9:5 등). "속죄소"의 기능은 일차적으로 언약궤 안에 있는 십계명을 보호하는 것이다. 속죄일에 황소와 염소의 피를 그 위에 뿌림으로써 "속죄(כפר, $k\bar{a}par$)하기" 때문에 "속죄소(כפרת, $kapp\bar{o}ret$)"라 일컬었다. 이것을 영역본들은 "mercy-seat"("자비의 자리")라 하는데, 그 의미를 살려서 「개역한글판」은 "시은좌(施恩座, '은혜를 베푸는 자리')"라는 난외주를 달고 있다(출 25:17~22; 26:34; 30:6; 31:7). "시은소(施恩所)"는 "시은좌"를 좀 부드럽게 칭하는 것으로서 일상생활에서는 자주 쓰이지만 성경에는 한 번도 사용되지 않았다. 성경에 언급되지 않은 명칭보다는 사용된 명칭으로 일컫는 것이 바람직하므로, 구 「찬미가」(121장)의 가사에 나오는 "시은소"를 새 「찬미가」(158장)에서는 "속죄소"로 정정하였다.

3. 등대(燈臺), 촛대[燭臺]

(1) **등대(燈臺)**: 「개역한글판」에서 "등대(燈臺)"는 41회 나오는데, 그중 40회가 구약의 출애굽기로부터 역대하까지에 나오고(출 25:31; 레 24:4; 대하 13:11 등), 나머지 1회는 신약의 히브리서(9:2)에 나타난다. "등대"는 정금(精金)을 쳐서 만들어(출 25:31) 성소의 첫째 칸을 밝히던 기구로서 문자 그대로 "등(燈)"을 켜는 "대(臺)"였다. 등대에는 중심가지 외에 6개의 옆가지가 있었고, 그 위에 7개의 등잔을 얹어 불을 켰다(32~40절). 이 등불은 촛불이 아니었다.

(2) **촛대[燭臺]**: 구약에 3회(왕하 4:10; 렘 52:19; 단 5:5) 나타나는 "촛대"는 일반 촛대이고, 신약의 요한계시록에 6회(1:12, 13, 20 등) 언급된 "촛대"는 특별한 촛대이다. 요한이 이상 가운데서 본 "촛대"는 7개의 "초[燭]"로 된 "금 촛대"(계 1:12, 20: 2:1)였고, 그 촛대 사이를 사람이 다닐(2:1) 만큼 큰 형상으로 나타났다.

구약의 성소 내부를 밝히던 "등대(lampstand)"에는 "등(燈)"들이 있었고, 신약의 요한계시록에 나타난 "촛대(candlestick)"에는 "초[燭]"들이 있었으나 그것들이 의미하는 바는 동일하다. "등대"와 "촛대"는 둘 다 어두운 세상을 밝히는 빛으로서의 "교회"(계 1:20)와 "세상의 빛"(요 8:12; 9:5) 되시는 그리스도를 예표한다. "일곱(7)"이라는 숫자는 "완전함"을 상징한다.

한편, 구약의 "등대"는 히브리어로 *menôrāh* (므노라, 출 25:31 등)이고, 신약의 "촛대"는 헬라어로 *luchnia* (뤼크니아, 계 1:20 등)인데, 구약의 menôrāh (므노라)를 「70인역」(LXX)은 헬라어 luchnia (뤼크니아)로 번역하였고, 신약을 히브리어로 번역한 역본에서는 헬라어 luchnia (뤼크니아)를 히브리어 menôrāh (므노라)로 번역하였다. 그러므로 구약의 "등대"와 신약의 "촛대"가 형태는 달라도 그 명칭은 똑같이 구별 없이 사용한 것을 알 수 있다. 신약의 luchnia (뤼크니아)를 일부 영역본들(KJV, ERV, MRD)에서는 "candlestick" ("촛대")으로 번역되어 있고, 다른 역본들(RSV, NIV, NKJV, ESV)에서는 "lampstand" ("등대")로 번역되어 있다. 이것은 영어와 한국어로는 "lampstand" ("등대")와 "candlestick" ("촛대")이 구별되지만 히브리어와 헬라어로는 구별되지 않음을 말해 준다. 그러므로 "촛대"와 "등대"를 필요 이상으로 구별할 필요는 없어 보인다.

4. 진설병상(陳設餅床), 떡상(-床)

(1) **진설병상(陳設餅床)**: 모세의 성막에는 조각목(皂角木)으로 만들어 정금으로 싼 "상(床)"이 있었고, 그 위에는 "진설병(陳設餅)"이라는 떡을 얹었다(출 25:23~30). 그래서 이 "상"을 "진설병상(陳設餅床)"(대하 4:19)이라고 일컫는다. 이 상에는 12개의 떡이 안식일 아침마다 드려졌다. 떡을 12개로 한 것은 이스라엘의 12지파가 각각 한 덩어리가 되어 하나님께 헌신하는 것을 상징했고, 또한 **"생명의 떡"**(요 6:35, 48)이요 **"하늘로서 내려오는 떡"**(50절)이신 그리스도를 표상했다.

(2) **떡상(-床)**: "진설병"이란 단어는 성경에 15회(출 25:30; 민 4:7; 히

9:2 등) 사용되었으나 "떡상"이란 말은 한 번도 사용되지 않았다. 그러나 "떡"을 올려놓는 "상"을 가리키는 말로서 "진설병상(陳設餅床)"이란 용어는 난해하고 길어서 간편하게 "떡상"이라고 하는 사람이 매우 많다. 이해할 만한 현상이지만 용어를 갖추어 써야 할 경우나 문서로 남길 때에는 정식 명칭을 사용하는 것이 바람직하다.

5. 기타 기물들

이상에서 언급한 기물들 외에도 두 가지 이상으로 불리는 것들이 더 있다. 성소의 뜰 중앙에 놓였던 "번제단"은 성경에 20회(출 30:28; 레 4:7 등) 나타나는데, 이것이 놋으로 만들어졌기 때문에 때로는 "놋단"이라 했다(출 39:39; 왕상 8:64; 왕하 16:14, 15; 대하 1:5, 6; 7:7). 성소의 첫째 칸에 놓였던 "분향단"(출 30:27; 31:8; 35:15)은 줄여서 "향단"(출 30:15; 레 4:7; 대상 6:49 등)으로도 불렀고, 그것을 정금으로 쌌기 때문에(출 30:3) "금향단"(40:5, 26) 또는 "금단"(출 39:38; 민 4:11; 계 8:3; 9:13 등)으로 일컫기도 한다.

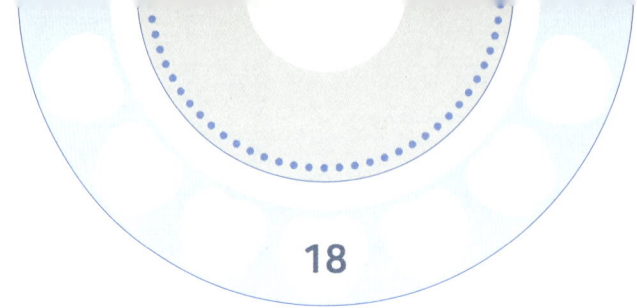

예식(禮式), 의식(儀式), 식전(式典), 의전(儀典) / 예의(禮儀)와 의례(儀禮) 등

1. 예식(禮式), 의식(儀式), 식전(式典), 의전(儀典)

"예/례(禮)", "의(儀)", "식(式)", "전(典)", 이 네 글자 중에서 두 개를 조합해서 만든 위의 단어들은 뜻이 서로 같거나 비슷하다. 먼저, 「동아새국어사전」은 이 단어들을 어떻게 풀이했는지 살펴보자.

(1) **예식(禮式)**: 예법에 따른 의식. 예의의 법식.
(2) **의식(儀式)**: 의례(儀禮)를 갖추어 베푸는 행사. 식전(式典). 의전(儀典).
(3) **식전(式典)**: 의식(儀式).
(4) **의전(儀典)**: 의식(儀式).

위의 풀이에 의하면, "의식"과 "식전"과 "의전"은 동의어(同義語)이고, "예식"만 조금 다른 의미를 가진 것으로 되어 있다. 그러나 사전이 동의어로 해설해 놓았다고 해서 이 단어들의 쓰임새가 다 같은 것은 아니다. 왜냐하면 각 단어에는 사용되는 경우와 빈도에 따라서 그 의미가 확대 또는 제한되기도 하고 변경되기도 하기 때문이다. 현재 우리의 실생활에서 이 단어들이 사용되는 예를 보면 대체로 다음과 같다.

(1) **예식(禮式)**: ⟨결혼예식, 약혼예식, 예식장⟩.
(2) **의식(儀式)**: ⟨종교 의식, 예배 의식, 의식법⟩.
(3) **식전(式典)**: ⟨광복절 경축 식전, 엄숙한 식전에서…⟩.
(4) **의전(儀典)**: ⟨대통령 의전, 의전 담당 비서관⟩.

이러한 구분은 관례 또는 관습에 의한 것이지 각 단어가 처음부터 그 용법을 가지고 생겨난 것은 아니다. 그럼에도 불구하고 이 단어들을 관례에 맞지 않게 사용하면 어딘가 부적합하고 어색하게 들린다. 그래서 각 단어의 용례를 알고 그에 맞게 사용하는 것이 필요하다.

여기서 특별히 언급할 필요가 있는 것은 "의식법(儀式法)"이란 용어이다. 이것은 성경의 율법들을 논할 때 사용되는 말로서, 구약의 성소 봉사와 각종 의식에 관한 제반 법규를 가리킨다. 구약에는 일반적으로 다음과 같은 네 가지 법들이 있다.

(1) **도덕법(道德法)**: 인간이 도덕적 존재로서 지켜야 할 법(Moral Law)
(2) **의식법(儀式法)**: 성소 봉사와 각종 의식에 관한 법(Ceremonial Law)

(3) **국가법(國家法)**: 국민으로서 국가에 대하여 지켜야 할 법(Civil Law)

(4) **식사법(食事法)**: 음식/식사와 건강에 관한 법(Diet/Health Law)

"도덕법"에 속하는 법의 대표적인 예는 십계명이다. 십계명은 인간이 도덕적인 존재이기 때문에 지켜야 하는 기본적인 율법이다. "의식법"에 속하는 것은 레위기의 전반에 기록된 여러 가지 율법, 즉 제사와 관련된 법들이다. 이것은 제사제도가 시행되는 한 구속력이 있던 율법이며 "예식법"이라고도 한다. "국가법"은 고대에 이스라엘인들이 하나의 국가로서 존재하는 한 지켜야 했던 법이다. 그러니 이 법은 현대의 우리에게는 구속력을 갖지 않는다. "식사법"은 사람이 먹기에 적합한(정한) 것과 부적합한(부정한) 것을 구별해 놓은 것으로서 오늘에도 유효한 법이다. 왜냐하면 고대에 부정하던 동물은 오늘날에도 여전히 부정하기 때문이다. 쉽게 말해서, 돼지의 체질은 그때나 이제나 똑같이 부정하므로 돼지고기는 우리의 음식물로서 여전히 부적합하다.

2. 예의(禮儀)와 의례(儀禮) 등

아래의 일곱 단어들도 매우 비슷한 뜻을 가지고 있다. 「동아새국어사전」은 이 단어들을 다음과 같이 풀이하였다.

(1) **예의(禮儀)**: 사회의 질서를 유지하기 위하여 사람이 지켜야 할 예절. 특히 사회생활에 있어서, 남에게 실례가 되지 않도록 하

기 위한, 공손하고 삼가는 몸가짐.
(2) **의례(儀禮)**: 형식을 갖춘 예의.
(3) **예절(禮節)**: 예의와 절도. 예의범절(禮儀凡節). 예도(禮度). 의절(儀節).
(4) **예도(禮度)**: 예절(禮節).
(5) **의절(儀節)**: 예절(禮節).
(6) **예법(禮法)**: 예절의 법식이나 법칙. 법례(法禮).
(7) **법례(法禮)**: 예법(禮法).

이 사전에 의하면, "예절"과 "예도"와 "의절"은 동의어이고, "예법"과 "법례"도 동의어이다. 그리고 "예의"와 "예절"과 "예도"와 "예법"은 모두 "예/례(禮)" 자로 시작하는 동계어(同系語)여서 엄격하게 구분할 수 없다. 그러므로 이 일곱 개의 단어는 특별한 의미의 구분 없이 쓸 수 있는 동의어라 할 수 있고, 관습상으로도 별 차이 없이 쓰이고 있다.

한국인의 "예의"는 주로 유교(儒敎) 사상에서 비롯되었으며, 일반적으로 알고 실천하는 예의에는 "식탁에서 가장 나이 많은 어른이 먼저 수저를 들고 식사를 시작한 후에 다른 사람들이 수저를 드는 식사 예의", "아랫사람이 윗사람을 만나면 고개나 허리를 굽혀 예를 표하는 인사 예의"를 비롯한 예의범절(禮儀凡節)이 포함되어 있다.

서양인의 "예의"는 프랑스어의 "*étiquette*"(에티켓)에서 유래되었는데, 이것은 "당대의 관습적 규범에 의거하여 특정한 사회집단의 사회적 행동에 대한 기대"를 가리킨다. 프랑스어 "*étiquette*"은 원래 "벽에 붙인 쪽지, 꼬리표"를 뜻한다. 프랑스의 궁정에서는 "쪽지"에다 궁정에 입장이 허용된 사람들의 이름의 머리글자를 적어 놓았다. 거기에는 그들이 왕실의 규범에 걸맞은 품위를 지키리라는 무언의 기대가 담겨 있었다. 그 기대는 서로에게 정중(politeness), 우아(elegance), 진실(truthfulness), 자제(self-control), 친절(kindness)과 같은 덕목들(virtues)을 나타내라는 요청이기도 하였다. "예의"란 바로 이런 덕목(德目)들을 사회생활에서 실천하는 것이다.

결례(潔禮), 침례(浸禮), 세례(洗禮), 유아세례(幼兒洗禮), 영세(領洗), 견진(堅振), 견신례(堅信禮)

종교마다 특별한 의식(儀式)이 있고, 종파마다 고유한 예식(禮式)이 있다. 그 모든 것들을 여기서 한꺼번에 다 다룰 수는 없으므로 유대교와 개신교와 가톨릭교에서 비교적 자주 시행하는 예식 몇 가지에 대하여 간단히 짚어보려 한다.

(1) **결례(潔禮)**: 이 단어는 구약에 4회, 신약에 7회, 총 11회 언급되었다. 기본적으로 이것은 모든 종류의 부정(不淨)으로부터 사람을 정결케 하는 예식을 말한다. 여기에는 문둥병자의 결례(레 14:23, 32), 출산한 여인의 결례(레 12), 시체에 접촉된 자의 결례(민 19), 유출병이나 몽설(夢泄)이나 월경을 한 사람의 결례(레 15), 부정한 동물에 접촉된 자의 결례(레 5:2; 11:29, 31, 39) 등이 있다. 의식(儀式)에 있어서 부정하게 된 사람은 성전이나 성막에 접근하는 것이 금지되었으며(레 12:4; 민

19:13, 16), 부정한 사람은 성물을 만져서는 안 되었다(민 19:22). 부정한 사람과 접촉한 사람도 부정하게 되어, 옷을 빨고 목욕을 해야만 했다(민 19:19; 레 22:6~7).

예수의 어머니 마리아는 예수를 낳은 후에 유대인의 법에 따라 결례 의식을 행하기 위해 예루살렘을 방문하였다(눅 2:22). 유대인들은 시장에서 돌아오거나 음식을 먹기 전에 물을 뿌리거나 손을 씻음으로써 결례 의식을 준수하였다(참고 요 2:6). 바울이 예루살렘에 올라가 자신이 모세의 율법을 범하는 자라는 유대인들의 편견을 불식하고 그들의 율법을 지킨다는 것을 보여주기 위하여 결례를 행하였다. 그는 이방인 일행과 함께 머리를 깎고 격리의 기간을 거쳐 제사를 드림으로써 그 의식을 행하였다(행 21:24, 26; 24:18). 그는 결례를 행하지 않으면 안 된다는 유대인들에게도 복음을 전하려는 의도로 그와 같은 의식을 따르는 데 동의하였다. 이렇게 함으로써 그는 이방인을 성전으로 데리고 들어오게 되었으나 뜻밖에도 이것을 빌미로 삼아 유대인들은 그를 체포하고 감금하였다. 결례는 그리스도께서 우리의 모든 죄를 위한 화목제물이 되심으로써 우리를 죄로부터 정결케 하심을 상징하였다. 그러므로 오늘날 더 이상 결례 의식을 행할 필요는 없지만, 그러한 의식에 담긴 위생상의 원칙은 우리의 삶에 적용할 필요가 있다.

(2) **침례(浸禮)**: 이 단어는 성경의 88절에 99회 나타나는데, 이 중에 더러는 "침례자"를 가리키고, 더러는 "침례를 주다"라는 동사에 포함된 것이다. 성경에서 "침례"는 "침례[자] 요한"(마 3:1; 11:12; 14:2; 17:13; 막 1:4; 6:4, 24)이 먼저 베푼 것으로 되어 있다. 예수께서도 그에게 침

례를 받았다. 하지만 "침례"는 요한이 창시한 예식은 아니라 구약 시대의 결례를 계승한 것으로서 이미 오래 전부터 시행되어 왔다. 그러다가 침례자 요한의 사역과 예수 그리스도의 시범(마 3:13~17) 및 명령(28:19~20)에 의하여 침례는 그리스도교의 중요한 의식으로 발전하였다. "침례(浸禮)를 주다"라는 말은 헬라어 동사 "baptō"(βάπτω, 밥토)에서 파생된 "baptizō"(βαπτίζω, 밥티조)의 번역인데, 원뜻은 "물에 담그다(dip), 빠뜨리다, 잠기게 하다(immerse)"이다. 그러므로 "침례(浸禮)를 주다"라는 역어는 원어의 의미를 매우 잘 살린 것이고, 침례를 받을 때 물속에 들어가서 전신을 잠기게 하는 것이 "침례"의 원래 취지에 맞고 상징적 의미에도 부합하는 것이다. 그럼에도 불구하고 다수의 그리스도교 교단들은 이 헬라어를 "세례(洗禮)를 주다"로 번역하고, 예식 자체도 전신을 물속에 잠그는 대신에 머리에 물을 조금 뿌리는 형식을 취하고 있다. 이것은 "침례(浸禮)"의 의미와 목적에 맞지 않을 뿐만 아니라 예수께서 침례를 받으시고(마 3:16) 사도가 침례를 베푼(행 8:38~39) 방법과 일치하지도 않는다.

"침례"는 "회개"(눅 3:3; 행 13:24), "죄 사함/씻음"(행 2:38; 22:16), "그리스도를 옷 입음"(갈 3:27), "구원하는 표"(벧전 3:21) 등을 의미하고, 그리스도께서 받으실 고난을 상징하기도 했다(막 10:38; 눅 12:50). 우리가 침례를 받는 것은 그리스도의 죽음과 장사와 부활을 기념하고 받아들이는 것이다(롬 6:1~5; 골 2:12). 그리하여 "침례"는 사람들이 그리스도교 공동체인 교회에 가입하는 표로 간주되었고, 그리스도의 명령대로 "아버지와 아들과 성령의 이름으로"(마 28:19) 베풀어졌다.

(3) **세례**(洗禮): 우리말 성경 번역자들이 헬라어 명사 "*baptisma*"

(βάπτισμα, 밥티스마)의 역어로 선택한 말이다. 이것의 문자적인 의미는 "씻는 예식"이다. 따라서 이 단어는 원어의 의미를 충분히 또는 바르게 옮기지 못한 것이다. 예식의 방법도 전신을 물속에 잠그는 것 대신에 머리에 물을 조금 뿌리는 것으로 하고, 그래서 "잠금"을 뜻하는 "浸(침)" 자를 피하고, "씻음"을 의미하는 "洗(세)" 자를 택하여 "세례(洗禮)"라고 하였다. 그리스도교가 세계의 전 지역으로 확장되고, 물에 잠그는 일이 쉽지 않게 되자 약식으로 물을 뿌리는 것으로 대치하게 되었다. 그러나 "세례"는 "침례"가 갖는 근본적인 취지와 의미를 손상하게 되었다.

(4) **유아세례(幼兒洗禮)**: "세례" 또는 "침례"는 어느 정도 성장한 사람이 신앙의 의미를 알고 받아들일 때 받는 것이다. 그러나 신자인 부모에게 태어난 영아 또는 유아도 구원의 은혜와 축복을 받게 하려는 목적으로 시행되는 것이 "유아세례"이다. 이것은 신앙에 대한 지식이 없는 유아 또는 영아에게 베푸는 것이어서 논란의 여지가 많고, 일부 교단에서는 시행하지 않고 있다. 그 대신 부모가 자녀를 하나님께 바친다는 취지로 행하는 "어린이 봉헌식"을 시행하는데, 이것은 예수의 부모가 예수를 하나님께 드린 전례와 부합하는 예식이다 (참고 눅 2:22~24).

(5) **영세(領洗)**: 가톨릭교회의 칠성사(七聖事) 중의 하나로서 개신교의 "세례(洗禮)"에 해당한다. 초심자가 이것을 받음으로써 정식으로 신자가 되며, 정식명칭은 "성세성사(聖洗聖事)"이다. 영세를 베푸는 방법도 세례와 마찬가지로 머리에 물을 뿌리는 식으로 한다.

(6) **견진(堅振)**: 가톨릭교회의 칠성사(七聖事) 중의 하나이며, 영세(領洗)를 받은 신자에 대하여 주교(主敎)가 그의 영적 성숙을 기원하면서 신앙을 증거하는 신자가 되게 하려고 그의 이마에 성유(聖油)를 바르고 성령의 은총을 빌어주는 성사(聖事)를 말한다. 이것의 정식명칭은 "견진성사(堅振聖事, confirmation)"이고, 일종의 안수기도와 같은 것이다. 가톨릭교회는 신자들이 이 성사를 통하여 "칠은(七恩)" 즉 "일곱 가지 은혜"를 받는다고 믿는다. "칠은"은 "지혜, 통찰. 견해, 용기, 지식, 공경, 경외" 등이다(참고 사 11:1~3). "견진"을 개신교 일단에서는 "견신례(堅信禮)" 또는 "견신(堅信)"이라 일컫는다.

(7) **견신례(堅信禮)**: 개신교의 일부 교단에서 세례를 받은 신자들의 믿음을 더욱 견고하게 하려는 의도로 목사가 신자의 머리에 기름을 바르고 안수하며 특별한 축복의 기도를 드리는 예식이다. 가톨릭교회가 "견진(堅振)"이라 칭하는 것을 개신교가 달리 일컫는 말이다. 이 예식을 행하는 개신교 교회는 한국기독교장로회에 속한 소수의 교회들이다.

창세기서, 레위기서, 룻기서, 욥기서

1. 한 원로목사의 항의방문

최근에 원로목사 한 분이 연구실로 나를 찾아오셨다. 그분은 한때 연합회 임원도 하셨고, 주요기관의 장(長)도 역임하신 교회의 어른이시다. 그분이 그날 오신 목적은 특별했다. 그분의 말씀을 그대로 옮기면 다음과 같다.

"내가 출석하는 교회에 와서 설교하는 젊은 목사들이 성경의 책명을 이상하게 일컫는 경우가 허다하다. 예를 들면, '창세기'를 '창세기서', '욥기'를 '욥기서', '룻기'를 '룻기서'라고 하는데, 도대체 신학대학에서 어떻게 가르쳤기에 목사들이 이렇게 하느냐? '이사야'를 '이사야서'라 하고, '말라기'를 '말라기서'라 하는 것은 이해가 가지만 '레위기'를 '레위기서'라 하는 것은 도무지 이해할 수 없고 이치에 맞지 않는다. 이렇게 말하는 목사들의 설교를 듣고 있노라면 그들이 전하는 기별이 마음에 와 닿지도 않고, 그 단어들이 자꾸만 귀에 거슬려 매우 불편하다. 이것은 이런 문제에 대하여 신학 교수들이 잘못 가르쳤기 때문이 아닌가 싶고, 그 중에서 남 목사의 책임이 가장 크다고 생각하여 오늘 남 목사에게 항의하러 왔노라. 그래야 지금 재학생들이라도 제대로 배워서 나갈 것이 아니겠는가?"

나는 그날 적이 혼이 났고, 약간의 해명성 대답을 하기는 했지만 그 분의 불만을 해소시키기에는 역부족이었다. 그래서 나는 이미 은퇴했고 강의를 하지 않기 때문에 학생들을 직접 지도할 기회가 없지만 현직에 있는 교수들에게 그분의 말씀을 전하여 재학생들을 잘 지도하도록 하겠다는 약속과 함께 그분을 안심시켜서 보내드렸다. 신학대학 재학생들에게 그런 경향이나 버릇이 있는 것을 발견할 때는 즉시 교수들이 지도를 하지만 일일이 단속하지는 않는 것이 현실이다.

2. 성경의 책명들이 보여주는 혼란

성경이 한 권의 책으로 묶여 있어서 한 권이라고 할 수도 있지만 실제로 그 안에는 여러 다른 저자들이 서로 다른 시대에 각양한 형식으로 기록한 66권의 작은 책들이 있다. 다 아는 바와 같이, 구약에는 39권의 크고 작은 책들이 있고, 신약에도 다양한 길이로 된 27권의 책들이 있다. 그런데 우리말 성경에는 이 각기 다른 책들을 일컫는 방법에 통일성이나 원칙이 있는 것 같지 않다.

구약의 경우, 처음 다섯 권의 책들 즉 모세오경(창세기~신명기)에는 각 책명 끝에 "책"을 의미하는 "‐기(記)" 자가 붙어 있고, 그다음 책인 "여호수아"에는 그런 어미가 없으며, 그다음 두 권[사사기, 룻기]에는 다시 "‐기" 자가 붙어 있다. 그리고 그다음에 나오는 이른바 "역사서"에는 "‐기"를 붙이기도 하고 안 붙이기도 하였다. "사무엘상"과 "사무엘하"에는 안 붙였고, "열왕기상"과 "열왕기하"에는 붙였으며, "역대상"과 "역대하"에는 또 안 붙였다. "에스라", "느헤미야", "에스더"에는 안 붙였고, "욥기"에는 붙였으며, "문학서" 또는 "시가서"에서는 "전도서"에 "‐기" 대신에 "‐서(書)" 자를 붙였다. 그다음에 나오는 "선지서" 또는 "예언서"에는 "‐기"도 "‐서"도 붙지 않고 그냥 선지자들의 이름만 적혀 있다. "이사야", "예레미야", "에스겔", "다니엘", "호세아", "말라기" 등등. "말라기"의 끝 글자 "‐기"는 한자로 "‐기(記)"가 아니라 선지자의 이름의 끝 글자이다.

신약에서 첫 네 권에는 "‐복음"이라는 단어를 넣어서 그 책들의 성격을 나타내고, "사도행전"에는 "행전"이라는 단어를 넣음으로써 역사적 책이라는 것을 보여준다. 그다음에 이어지는 "편지서" 또는 "서신"들에는 모두 "‐서(書)" 자를 붙임으로써 책 또는 서신임을 나타낸다. 로마서, 고린도전서, 고린도후서, 야고보서, 베드로전서, 유다서, 등등. 마지막 책에는 "‐기(記)" 또는 "‐서(書)"가 아니라 "‐록(錄)" 자를 붙임으로써 하나의 기록(記錄), 즉 책(冊)임을 표시한다.

성경의 책명들은 우리가 오랫동안 사용함으로 익숙해져서 별 불편을 느끼지 않은 채 사용하고 있지만, 실제에 있어서 매우 복잡하고 혼란스럽게 붙여진 것임을 부인할 길이 없다. 모세의 책들에는 "‐기(記)" 자가 붙었는데, 여호수아의 책에는 왜 붙지 않았을까? 신약의 편지서들에는 "‐서(書)" 자가 붙었는데, 구약의 선지서에는 왜 "‐서

(書)" 자가 붙지 않았을까? 납득할만한 대답을 찾기 힘들다. "룻기"와 "욥기"에는 " - 기" 자가 붙었는데, "에스라", "느헤미야", "에스더"에는 왜 붙지 않았을까? 아마도 피상적으로 떠오르는 이유는 "룻"과 "욥" 은 외글자로 되어 있어서 너무 적적하니까 " - 기"를 붙여서 좀 보기 좋게 두 글자로 만들지 않았을까 싶지만 합당한 이유로 볼 수는 없다.

3. 혼동을 피하기 위한 방법으로

퍽 혼란스럽고 마땅치는 않지만 우리말 성경의 책명들이 정해져서 이미 한 세기 이상을 사용해 온 것을 이제 와서 바꾸거나 조정하는 것은 더 큰 혼란을 야기할 것이 확실하므로 그대로 사용해야 할 것이다. 그러나 구약의 선지서들의 경우, 그냥 "이사야", "예레미야", "다니엘"이라고 하면, 선지자들 개인을 가리키는지, 그들이 기록한 책들을 가리키는지가 분명하지 않게 될 소지가 있다. 그럴 때에는 사람과 책을 확실하게 구별하고, 혼동을 피하기 위한 방법으로 선지자들의 이름은 "이사야", "예레미야", "다니엘"로 부르고, 그들이 쓴 책들은 "이사야서", "예레미야서", "다니엘서"라고 일컫는 것은 이해할 만하고 또 필요할 경우도 있다. 이사야가 쓴 책이 우리말 성경 자체에는 그냥 "이사야"로 되어 있지만, 그것을 "이사야서"라고 부른다고 해서 이의를 제기할 사람은 없을 것이다. 마찬가지로 "에스라서", "느헤미야서", "에스더서"라고 해도 시비를 걸 사람은 없을 것이다.

그리고 낱개의 "잠언"과 많은 잠언들을 수집하여 책으로 엮은 "잠언집"을 구별하기 위하여 후자를 "잠언서"라고 일컫는 것도 이해할 만하고 허용될 수 있으며, 동일한 이유로 "아가서"라는 표현을 사용하는 것은 있을 수 있는 일이지만 "예레미야애가"를 "예레미야애가서"라고 하면 이상하게 들릴 것이다. 이 책명의 글자 수가 너무 많아지기 때문이기도 하지만 언어습관상 용납이 안 될 것이다.

4. 은혜와 감동을 가로막는 성경 책명들

하지만 이미 "책"이란 의미로 "‒기(記)" 자를 붙여 놓은 책들에다 다시 "‒서(書)" 자를 첨가하여 말하는 것은 이치에도 맞지 않고 듣기에도 불편하며, 그렇게 말하는 분들의 언어감각 또는 능력을 의심하게 하는 요인이 되기도 한다. 앞에서 언급한 그 원로목사의 경우처럼, "창세기서", "레위기서", "룻기서", "욥기서"라고 말하는 설교자들은 그런 분들에게 감동이나 은혜를 끼치기가 거의 불가능할 것이다.

그렇다면 어떻게 해야 할까? 해결방법은 두 가지밖에 없다. 신학생들에게는 대학교수들이 이런 문제에 관하여 단단히 가르치고, 신학교를 이미 졸업한 목회자들은 스스로 세심한 주의를 기울임으로써 교정해 나가는 길밖에 없다. "아로새긴 은쟁반의 금사과"는 미사여구(美辭麗句)나 정연(整然)한 논리에만 관계되는 것이 아니다. 사소하지만 이치에 맞지 않는 표현과, 이런 면에 관심이 많은 분들의 귀에 거슬리는 어휘는 설교자나 연사의 감화를 크게 경감시킬 수 있다. 그러므로 설교자들과 연사들은 물론 저술가들과 집필자들도 항상 주의하여 모든 단어들을 바르고 정확하게 사용하도록 노력해야 한다.

의문(疑問)과 의문(儀文)

1. "의문(儀文)"에 대한 의문(疑問)

「개역한글판」에는 "의문"이란 단어가 11회 나타난다. 구약에 2회, 신약에 9회 나오는데, 전자는 다니엘서(5:12, 16)에 언급된 것으로서 한자로 쓰면 "疑問"이고, 후자는 바울이 쓴 편지서(롬 2:27, 29; 7:6; 고후 3:6 [2회], 7; 엡 2:15; 골 2:14, 20)에 사용된 것으로서 한자로는 "儀文"이다.

"의문(疑問)"의 의미에 대해서는 의문의 여지가 없다. 이 단어는 다니엘의 총명과 지혜를 말하는 부분에서 "의문(疑問)을 파(破)할 수 있다"는 표현으로 2회 사용되었다(단 5:12, 16). 영어 「킹제임스역」(KJV) 은 이것을 "doubts"("의심")로 번역하였다.

문제는 "의문(儀文)"이란 단어의 의미이다. 먼저 이 단어의 용례를 모두 살펴보자.

(1) 롬 2:27. "또한 본래 무할례자가 율법을 온전히 지키면 의문(儀文)과 할례를 가지고 율법을 범하는 너를 판단치 아니하겠느냐?" "율법 조문"(「개역개정판」), "법문"(「한글킹제임스역」). [헬. *gramma*, 그람마].

(2) 롬 2:29. "오직 이면적 유대인이 유대인이며, 할례는 마음에 할지니, 신령(神靈)에 있고 의문(儀文)에 있지 아니한 것이라. …." [헬. *gramma*, 그람마].

(3) 롬 7:6. "이제는 우리가 얽매였던 것에 대하여 죽었으므로 율법에서 벗어났으니, 이러므로 우리가 영(靈)의 새로운 것으로 섬길 것이요, 의문(儀文)의 묵은 것으로 아니할지니라." [헬. *gramma*, 그람마].

(4) 고후 3:6~7. "저가 또 우리로 새 언약의 일꾼 되기에 만족케 하셨으니 의문(儀文)으로 하지 아니하고 오직 영(靈)으로 함이니, 의문(儀文)은 죽이는 것이요 영(靈)은 살리는 것임이니라. 돌에 써서 새긴 죽게 하는 의문(儀文)의 직분도 영광이 있어 이스라엘 자손들이 모세의 얼굴의 없어질 영광을 인하여 그 얼굴을 주목하지 못하였거든." [헬. *gramma*, 그람마].

(5) 엡 2:15. "원수 된 것 곧 의문(儀文)에 속한 계명의 율법을 자기 육체로 폐하셨으니, 이는 이 둘로 자기의 안에서 한 새 사람을 지어 화평하게 하시고." "법조문"(「개역개정판」), "법령"(「한글킹제임스역」). [헬. *dogma*, 도그마].

(6) 골 2:14. "우리를 거스리고 우리를 대적하는 의문(儀文)에 쓴 증서를 도말하시고 제하여 버리사 십자가에 못 박으시고." "법조문"(「개역개정판」), "법령"(「한글킹제임스역」). [헬. *dogma*, 도그마].

(7) 골 2:20. "너희가 세상의 초등 학문에서 그리스도와 함께 죽었거든 어찌하여 세상에 사는 것과 같이 의문(儀文)에 순종하느냐?" "규례"(「개역개정판」), "법령"(「한글킹제임스역」). [헬. *dogmatizō*, 도그마티조: 동사형].

이상에서 보는 바와 같이, 바울 편지서에서 "의문(儀文)"으로 번역된 말의 원어는 크게 두 가지이다. 첫째는 로마서 2:27, 29; 7:6과 고린도후서 3:6~7에 사용된 "*gramma*"(그람마)이다. 이것의 원뜻은 "글자, 문자, 철자"이고, 확대된 의미는 "문구(文句), 문서(文書), 조문(條文)"이다. 이 단어는 우리말 사전에서 "의식(儀式)의 표(標)"로 설명되어 있는데, 이것을 로마서와 고린도후서에 있는 "의문(儀文)"이란 단어에 대입하면 문장의 의미가 통할까? 그렇지 않다. 오히려 더 어려워질 것이다.

둘째는 에베소서 2:15과 골로새서 2:14, 20에 사용된 "*dogma*"(도그마)인데, 이것의 일차적 의미는 "교리, 법문, 법규"이고, 연장된 뜻은 "교조(教條), 교의(教義), 독단(獨斷)"이다. 이런 단어를 에베소서와 골로새서에 있는 "의문(儀文)"이란 단어에 대입하면 어떨까? 이 경우에는 어느 정도 의미가 통하기는 하지만 아직도 명쾌하지는 않다.

우리 한국의 목사들과 성도들이 "의문(儀文)"이란 말을 올바로 이해하지 못하고 이 단어가 사용된 본문을 읽을 때마다 그 뜻을 몰라 고개를 갸우뚱하는 데는 크게 두 가지 이유가 있는 것으로 보인다. 첫째는 "의문(儀文)"이란 단어 자체가 우리의 생활 현장에서는 거의 쓰이지 않는 생경한 어휘이고, 특히, 한글로만 된 성경을 읽는 이들의 다수는 이것을 "의문(疑問)"인 줄 알고 읽기 때문에 문장 전체의 의미를 오해한다.

둘째는 서로 다른 두 개의 헬라어 단어를 우리말로 똑같이 "의문(儀文)"이라고 번역한 것이다. 이 둘째 이유는 첫째 이유보다도 더 근원적인 문제이다. 헬라어 "*gramma*"(그람마)와 "*dogma*"(도그마)는 형태상으로 둘 다 "*-ma*"(-마)로 끝난 공통점이 있고 의미상으로도 공통점이 전혀 없지는 않지만 그 공통점의 범위가 매우 좁은 별개의 단어들이다. 그럼에도 불구하고 이 두 단어를 동일한 한국어 단어로 번역했기 때문에 우리 독자들은 혼란에 빠지게 되었다. 이에 대한 책임은 전적으로 성경 번역자들에게 돌아간다. 왜냐하면 우리가 다 원어 성경이나 다른 언어로 번역된 성경들을 참고할 수는 없기 때문이다. 우리말에 있어서 "도로(道路)"와 "철로(鐵路)"가 "길"이라는 의미를 공유하고 있지만 이 중의 한 단어로 두 가지의 "길"을 다 가리킬 수는 없는 것과 같다.

2. "의문(儀文)의 율법"이란 말

그리스도인들이 안식일에 대하여 설명할 때, 자주 언급하는 두 문구가 있는데, 그것은 "도덕적 율법"과 "의문의 율법"이다. 한 교인에게 여기서 말하는 "의문의 율법"이란 말의 정확한 뜻과 그것을 왜 그렇게 칭하는지를 설명하라고 하면 거의 모두가 얼버무리고 넘어간다. 게다가 성경에 나오는 "의문(儀文)"이란 단어와 "의문의 율법"이란 말이 어떤 관계가 있느냐고 물으면 횡설수설(橫說竪說)하거나 쩔쩔매다가 끝낸다.

영어로는 "moral law"와 "ceremonial law"인데, 전자를 "도덕법"이

라고 하는 데는 문제가 없지만 후자를 "의문법"이라고 하는 데는 문제가 많다. 이 말을 맨 처음 우리말로 번역한 사람은 "의문(儀文)"이란 단어의 의미를 잘 몰랐던 것으로 보인다. 영어 "ceremony"의 의미가 "예식(禮式), 의식(儀式)"이므로 "ceremonial law"를 단순하게 "예식법(禮式法)" 또는 "의식법(儀式法)"이라고 했으면 좋았을 텐데, 굳이 "의문의 율법" 또는 "의문법(儀文法)"이라고 한 까닭을 알 수가 없다. 하나의 용어를 맨 처음 우리말로 번역하거나 새로운 단어를 우리나라에 처음으로 소개할 때, 그것을 번역하는 사람의 책임은 실로 엄중하다. 잘못 번역된 어휘가 있을 경우, 그것을 읽는 후세대는 무고(無辜)한 고통을 영구적으로 겪게 된다.

우리가 성경의 본문을 바르게 이해하려면 거기에 사용된 어휘들의 사전적인 의미로만 해석해서는 안 된다. 각 단어에는 어원(語源, etymology)과 어의(語義, meaning)와 함의(含意, implications)가 있고, 이에 더하여 필자가 그 어휘를 사용한 의도(意圖)와 배경(背景)도 있다. 이 때문에 성경을 바로 이해하고 설명하기 위해서는 해석(解釋)과 주석(註釋)이 필요하고, 해석을 올바르게 하기 위해서는 성경의 언어와 역사와 문화적 배경을 알아야 한다.

고린도후서 3:6에서 "의문(儀文)은 죽이는 것이요 영(靈)은 살리는 것"이라고 한 말의 참뜻은 무엇일까? 이 구절을 거의 모든 영역본들은 "The letter kills, but the Spirit gives life"로 번역하였다. 이 영문을 다시 우리말로 옮기면 "문자는 죽이지만 영은 살려준다."이다. 이렇게 하면 오해의 소지가 거의 없어진다. 어떤 법조항을 문자적으로 적용하면 사람을 죽일 수도 있지만 그 법의 영 또는 정신을 적용하면 사람을 살릴 수가 있다는 뜻이다.

성경에 사용된 "율법(律法)"의 동의어들

성경에는 "법(法)" 또는 "율법(律法)"을 가리키거나 그것과 같은 뜻으로 사용된 어휘가 많이 있다. 어떤 본문에는 하나의 절 안에 비슷한 의미의 단어들이 여러 개 나열되어 있고(예: 창 26:5; 느 9:13), 특히, 시편 119편에는 10개의 상이한 단어들이 동일한 개념을 가리키기 위하여 교대로 사용되어 있다. 그 10개의 단어는 "법(法)", "증거(證據)", "도(道)", "법도(法度)", "율례(律例)", 계명(誡命)", "판단(判斷)", "규례(規例)", "말씀", "증거의 도(道)"이다. 이 밖에도 동일한 의미로 사용된 다른 단어로는 "율법(律法)", "법률(法律)", "법령(法令)", "말" 등이 있다. 이 14개의 단어들이 모두 "율법"이라는 동일한 개념을 가리키기는 하지만 각 단어의 원래의 의미가 있으므로 "율법"의 다양한 측면을 암시한다고 보는 것이 타당하다. 각 단어의 원어와 그 의미를 살펴보면 다음과 같다.

(1) **율법**(律法): "*tôrāh* (토라)", "*nomos* (노모스)". 히브리어 성경에 220회 나오는 "**토라**"의 어원적 의미는 "교훈, 지시, 가르침"이고, 이것을 하나님의 가르침에 적용하면 "율법, 법률"로 간주된다. 이 단어를 「70인역(LXX)」 번역자들이 헬라어 "**노모스**"(law, "율법")로 번역함으로써 "율법"이란 의미로 고착되게 되었다. 그러나 이 단어가 사용된 문맥에 따라서 원래의 의미로 번역하면 문장의 뜻이 더 확실해지는 경우도 많다. 히브리인들이 모세오경을 "**토라**"("율법")라고 칭하는 것은 거기에 포함된 책들이 모두 "율법"이라는 의미가 아니라 "하나님이 가르쳐주신 것" 즉 "하나님이 지시하시고 교훈하신 것"이라는 뜻이다.

(2) **법률**(法律): "*tôrāh* (토라)". "법률"이란 단어는 「개역한글판」에 6회 나오는데, 이 가운데서 3회는 "**토라**"의 번역이고(민 31:21; 신 17:11; 왕상 2:3), 나머지 3회는 다른 단어의 번역이다(에 1:13, 19; 3:8). "법률"은 "율법"의 글자를 앞뒤로 바꿔놓은 것으로서 동일한 의미로 사용되었다. 성경의 "법"은 주로 "율법"으로, 일반적인 "법"은 주로 "법률"로 일컫는다.

(3) **법**(法): "*tôrāh* (토라)", "*nomos* (노모스)". 「개역한글판」에 116회 나오는 이 단어는 "율법" 및 "법률"과 동일한 의미로 사용되었고, 로마서에 자그마치 15회 사용되었다.

(4) **법도**(法度): "*mišpāṭ* (미쉬파트)", "*piqqûdîm* (픽쿠딤)". "**미쉬파트**"는 성경에 물경 424회나 사용된 말로 "공도"(창 18:19), "공의"

(창 18:25; 잠 19:28; 28:5), "율례"(창 15:25; 출 21:1), "판결"(출 28:15; 왕상 3:28), "규례"(레 5:10; 민 9:14), "법도"(레 18:4, 5, 26; 신 4:1; 30:16), "재판"(레 19:35), "공평"(잠 2:8, 9; 사 1:21, 27; 16:5), "심판"(시 1:5; 7:6; 9:4, 7, 16; 렘 4:12; 48:21; 호 5:1), "판단"(시 17:2; 119:7), 등등으로 번역되었다. "픽쿠딤"은 시편에만 사용된 단어인데, 총 24회 중 21회가 119편에 나온다. 대부분의 영역본들은 이것을 "statute"(법령, 법칙, 규칙, 정관) 또는 "precept"(교훈, 훈시, 권고)로 번역하였다.

(5) **율례(律例)**: "ḥōq (호크)". 성경에 129회 나오는 "**호크**"는 「개역한글판」에서 "율례"(출 18:16, 20;민 30:16; 왕하 17:15, 37; 등) 이외에도 "법"(창 47:26); "법도"(출 15:25; 왕상 3:14; 8:58; 등), "규례"(출 15:26; 신 4:1, 5, 6; 5:1; 등), "명령"(레 10:15; 습 2:2), "응식"(레 10:13, 14), 등으로 번역되었다. "율례"와 "규례"는 동의어이고, 이 둘을 엄격히 구분하는 것은 불가능하다. "**호크**"는 거의 모든 영역본에서 "statute"로 번역되었다.

(6) **법령(法令)**: "ḥēqeq (헤케크)". "**헤케크**"는 "결심"(삿 5:15) 또는 "법령"(사 10:1)으로 번역되었다. "법령"은 「개역한글판」에 오직 1회만 쓰였다.

(7) **계명(誡命)**: "miṣwāh (미츠와)", "entolē (엔톨레)". "계명"은 구약의 76절과 신약의 52절에 사용되었다. 이 단어의 히브리어 원어인 "**미츠와**"는 구약에 181회 사용되었고, "계명"(출 15:26; 20:6), "명령"(창 26:5; 레 26:14; 신 4:2), "명(命)"(대하 35:10, 16), "금령"(레 4:2,

13) 등으로 번역되었다. 헬라어 "**엔톨레**"는 거의 모두 "계명"으로 번역되었고, 영어로는 대체로 "commandment"이다. 이것은 하나님의 명령 일체를 가리키지만, 특히 "십계명"(The Ten Commandments)을 가리킬 수도 있다.

(8) **도(道)**: "*derek* (데레크)". 원래 "길"을 뜻하는 "**데레크**"는 주로 "길(way)"로 번역되었고, 간혹 "행위"(창 6:12; 대하 28:26), "여행"(민 9:10; 삼상 21:5), "도(道)"(창 18:19; 시 25:4, 8, 9; 119:3, 33), "도리"(창 19:31), 등으로도 번역되었다.

(9) **판단(判斷)**: "*mišpāṭ* (미쉬파트)". 시편 17:2; 119:7에서 "판단"은 "판단의 기준" 또는 "기준이 되는 법"을 가리킨다. "**미쉬파트**"의 다른 의미에 대해서는 위의 (4)번을 보라.

(10) **규례(規例)**: "*ḥōq* (호크)", "*mišpāṭ* (미쉬파트)". 「개역한글판」에는 "규례"가 198절에 사용되었는데, 이것의 원어는 여러 가지다. 대부분의 경우, 히브리어는 "**호크**"이고(신 4:1, 5, 8, 14; 5:1; 31:6 등), 시편 119편에 나오는 "규례"는 모두 "**미쉬파트**"이다(13, 20, 30, 39, 43, 52절 등). 같은 단어가 같은 장인 시편 119편에서 "판단"(7절)으로도 번역되었다. 영역본에서는 주로 "ordinance"("법령, 포고") 또는 "judgment"("판단")로 번역되었다.

(11) **증거(證據)**: "'*ēdût* (에두트)". "**에두트**"는 일반적으로 "증거(testimony)"로 번역되었으나 드물게는 "법도"(대상 29:19; 대하 34:31),

"율법"(대하 23:11; 시 19:7), "전례"(시 122:4). "경계하신 말씀"(왕하 17:15; 느 9:34) 등으로 번역되기도 하였다.

(12) **증거의 도(道)**: 시편 119:14에 사용된 표현으로 영어로는 "way of testimony"이다.

(13) **말씀**: "*dābār* (다바르)". 시편 119:11에서 "말씀"은 하나님의 "율법"을 가리키는 말로 사용되었다. **다바르**는 사람이 하는 "말(word)"을 지칭하는 가장 일반적인 용어이다.

(14) **말**: "qôl (콜)". 이 말은 **"아브라함이 내 말을 순종하고 내 명령과 내 계명과 내 율례와 내 법도를 지켰음이니라."**(창 26:5)라는 구절에서 쓰인 것이다. 여기서 "말"은 히브리어 **콜**(voice, "목소리")의 번역이다. 이 "말"은 그 다음에 나오는 "명령", "계명", "율례", "법도" 등을 모두 아우르는 것으로 보인다.

이상에서 살펴본 것을 간추리고 그것이 의미하는 바를 정리하면 다음과 같다.

(1) 성경에는 "율법" 또는 "법"을 가리키는 단어들이 매우 많다. 그러나 성경 기자들이 성경을 기록할 때, 각 단어의 어원적 의미 또는 일차적 의미를 심각하게 고려하면서 그 단어를 사용하지는 않은 것으로 보인다.

(2) 시편 119편에서 10개의 상이한 단어들로써 "율법"을 지칭한 것

은 각 단어의 의미를 부각시키기보다는 용어의 다양성을 통하여 표현의 아름다움을 나타내려고 한 것 같다. 시편 기자는 그 여러 단어들을 단순히 "율법"의 동의어로 사용하였다.

(3) 성경의 역본들이 원어들을 번역함에 있어서 약간의 공통점은 있으나 통일성도 일관성도 없다. 하나의 원어가 역본들 간에 서로 다르게 번역되었을 뿐만 아니라, 한 역본에서도 하나의 단어가 여러 역어로 번역되었다. 「개역한글판」에서 "호크(חק, ḥōq)"는 "규례", "법", "율례", "법도", "명령", "응식" 등으로 번역되었고, "미쉬파트(משפט, mišpāṭ)"는 "공도", "공의", "율례", "판결", "규례", "법도", "재판", "공평", "심판", "판단" 등으로 번역되었다. 이와 같이 하나의 원어가 다양하게 번역된 역본에서 그 단어들의 뜻의 차이를 논하는 것은 아무런 의미가 없다.

(4) 그러므로 성경에 사용된 "율법"의 동의어들과 "율법"을 가리키는 단어들의 차이점을 찾으려고 지나치게 애쓰기보다는 여러 단어들의 의미를 한데 묶어서 "법"의 의미를 포괄적으로 이해하는 것이 좋을 것 같다.

나. 일반 생활 용어

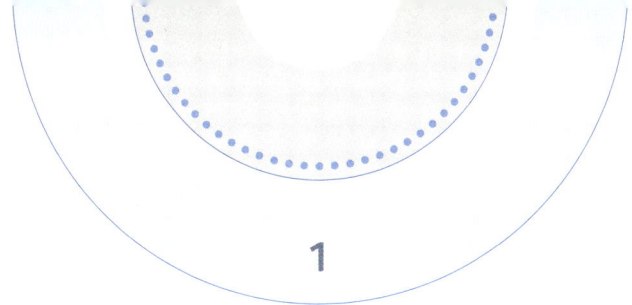

동의어(同義語)와 반의어(反義語) /
유음어(類音語)와 유의어(類義語) /
동족어(同族語), 동계어(同系語), 방계어(傍系語)

우리가 모국어 이외의 언어를 공부할 때, 중요한 것 두 가지는 문법(文法)과 어휘(語彙)이다. 문법에는 단어의 성(性)과 수(數)와 격(格)에 따라 어미(語尾)가 달라지는 명사/형용사의 어형 변화(declension)와, 주어의 성과 수에 따라 술어의 형태가 달라지는 동사 변화(conjugation)가 주종을 이룬다. 이 두 가지의 변화를 포함하여 단어의 형태 또는 어미가 달라지는 일체의 변화를 "굴절(inflection)"이라 한다. 한 언어가 갖고 있는 어형 변화의 규칙적 및 불규칙적 유형들을 확실히 알아야 그 언어를 바르게 구사할 수 있다. 문법 못지않게 중요하고 필요한 것이 어휘이다. 아무리 문법을 통달하고 정확하게 안다고 해도 어휘를 확보하지 못하면 알맹이가 없는 껍데기와 쓸모없는 지식에 불과하다. 의미를 전달하는 것은 단어들이지 문법이 아니기 때문이다. 사상을 담아 옮기는 그릇은 어휘이다.

그러면 어휘란 무엇이고, 어떤 갈래가 있으며, 어떻게 하면 많이 확보할 수 있을까? 여기서 이 모든 것을 다 논할 수는 없으므로 극히 간략하게 짚어보려고 한다.

첫째, 어휘(語彙, vocabulary)란 "어떤 범위 안에서 쓰이는 낱말 전체"를 뜻한다. 예컨대, 현대 우리말에서 사용되는 단어 전체, 또는 한 개인이 알고 있는 낱말 전체를 가리킨다. 개인적 어휘에는 두 가지가 있다. 첫째는 개인이 알고 있고 사용할 수 있는 어휘, 즉 능동적 어휘(active vocabulary)이고, 둘째는 들으면 뜻을 알기는 하지만 필요한 때에 사용할 수는 없는 어휘, 즉 수동적 어휘(passive vocabulary)이다. 일반 사람들은 수동적 어휘만으로도 충분하지만 작가들과 연사들은 능동적 어휘가 풍부하지 않으면 안 된다. 그러면 어떻게 하면 어휘를 확장하고 확보할 수 있을까? 언어 학습에는 왕도(王道)가 없다. 읽고, 쓰고, 외우고, 말하고, 듣는 길밖에 없다. 나 자신의 경험에 비추어 효과적인 언어 학습과 품위 있는 어휘 확보를 위해 익혀두면 도움이 될 단어군 몇 가지를 제시하면 다음과 같다.

1. 동의어(同義語)와 반의어(反義語)

"동의어"란 "어형은 다르나 뜻이 같은 말"을 뜻한다. 여기서 말하는 "뜻"이란 개인의 뜻[意志]이 아니라 단어의 뜻[語義]을 가리킨다. 그러므로 "동의어"를 한자로 쓰려면 "同意語"보다는 "同義語"로 써야 적합하고 정확하다. 이와 마찬가지로 "반의어"의 한자도 "反意語"보다는 "反義語"로 써야 맞는다. 우리가 동의어를 많이 알아야 하는 까닭은, 하나의 논설문이나 연설문에서 동일한 단어를 반복하면 독자나 청중이 금세 싫증을 느끼고 감동을 받지 못하기 때문이다. 논설문의 품격과 연설문의 품위는 거기에 사용된 어휘와 밀접한 관계가 있다. 예를 들면, "말하다"라는 단어를 그 내용과 상황에 따라 "주장하다", "역설하다", "연설하다", "언급하다", "보고하다", "표현하다", "논의하다", "논박하다", "반박하다", "변호하다", "옹호하다", "부언하다", "발표하다", "발설하다", "권고하다", "전달하다", "입을 떼다/열다", "운을 떼다", "지적하다", "강론하다", "설교하다", "속삭이다" 등으로 다양하게 표현할 수 있다.

영어로 논설문이나 연설문을 작성할 경우, 이런 필요는 더욱 절실해진다. 논문을 쓰거나 연설을 할 때, "say" 또는 "speak"를 계속 반복하면 그 필자 또는 연사는 존경과 신뢰를 받지 못할 것이다. 제롬 어빙. 로덜(Jerome Irving Rodale)이 저술한 *The Synonym Finder*라는 동의어 사전에는 "say"와 "speak"의 동의어가 수십 개씩 나와 있다. 우리가 언어를 공부할 때, 초기부터 동의어들을 함께 익히면 대단히 큰 효과를 거둘 수 있다.

우리가 접하는 단어들을 "반의어(反義語)"와 함께 익히는 것도 어휘 확보와 언어 학습에 지대한 영향을 끼친다. 이런 일련의 방법과 과정을 통하여 우리는 단어들의 의미와 용례를 정확하게 이해하고, 어휘를 활용하는 면에서도 탁월한 능력을 발휘하며, 마침내는 "아로새긴 은쟁반의 금사과"와 같은 말을 할 수 있을 것이다.

2. 유음어(類音語)와 유의어(類義語)

　언어와 어휘를 공부할 때, 발음이 유사한 단어들 즉 유음어(類音語)와, 뜻이 유사한 단어들 즉 유의어(類義語)를 학습한다면 우리가 쓰는 문장에 현저한 변화가 있게 될 것이다. "사상(事象)에 대한 사상(思想)이 사람의 가치를 결정한다." "존재의 사유(事由)를 사유(思惟)하는 존재가 되라." "성인(成人)이 되기는 쉬워도 성인(聖人)이 되기는 어렵다." "명예에는 반드시 멍에가 따른다." "그의 격정이 걱정스럽다." 이와 같이 유음어와 유의어를 사용하는 것은 글과 말을 맛깔스럽게 하고, 의미를 풍부하게 하며, 시적인 미(美)를 느끼게 한다. 이런 영어 문장도 있다. "She sells sea shells at the sea shore." "To love is to live." "To give is to live." "Meekness does not mean weakness." "No Cross, No Crown!" "No gains without pains."

　"유의어(類義語)"를 나란히 쓰는 것도 문장이나 연설에 굉장한 힘을 더해준다. 성경 기자들은 이 점에 있어서 탁월한 능력을 보여준다. 그 중에서도 이사야는 단연 백미(白眉)이다. "교만자와 거만자"(2:12), "암혈과 토굴"(2:19), "용사와 전사"(3:2), "질려(찔레)와 형극(가시)"(7:23, 24; 9:18; 27:4), "잔혹히 분냄과 맹렬히 노함"(13:9), "가난한 자와 빈핍한 자"(14:30), "머리털을 없이하였고, 수염을 깎았으며"(15:2), "곡성(哭聲)과 슬피 부르짖음"(15:8), "예표와 기적"(20:3), "쇠약하고 쇠잔하며"(24:4), "성실함과 진실함"(25:1), "성(城)과 곽(廓)"(26:1), "빈궁한 자의 발과 곤핍한 자의 걸음"(26:6), "죽은 자들은 살아나고 시체들은 일어나리니"(26:19), "안일한 여자들과 염려 없는 자들"(32:11), "풀은 마르고 꽃은 시듦"(40:7, 8), "없는 것같이 빈 것같이"(40:17), "피곤한 자에게는 능력을 주시며, 무능한 자에게는 힘을 더하시나니"(40:28), "너를 창조하신 여호와, 너를 조성하신 자"(43:1), "나 여호와는 네 구원자요 네 구속자요"(49:26), "해함도 없고 상함도 없으니라"(65:25), 등은 대표적인 예이다. 이런 형태의 표현법을 영어로 "hendiadys"(헨다이어디스)라고 하는데, 우리말로 옮긴다면 "이어일상(二語一想)"이라 할 수 있다. "두 개의 단어로써 하나의 사상을 표현한다."는 뜻이다.

3. 동족어(同族語), 동계어(同系語), 방계어(傍系語)

"동족어"(同族語, cognate)란 "같은 어족(語族, language family)에 속한 언어" 또는 "같은 어근(語根, root)을 공통으로 갖고 있는 단어들"을 가리킨다. "동계어(同系語)"는 "동족어 안에서 갈라지는 여러 개의 계통 중 동일한 계열에 속하는 언어"를 말하고, "방계어(傍系語)"는 "직계에서 갈라져 나온 계통의 언어"를 가리킨다. 동족어의 단어들 사이에는 매우 뚜렷한 유사성이 있고, 특히, 동계어들 간에는 동일하거나 흡사한 철자를 가진 단어들이 더욱 많으며, 방계어들 사이에도 비슷한 단어들이 허다하다.

그러므로 동족어들이나 단어들 사이에 있는 현저한 공통점들을 찾아 가면서 언어를 연구하면 대단히 흥미롭고 능률적이다. 비근한 예를 들자면, 우리가 라틴어를 배운 후에, 그것과 같은 어족에 속하는 이탈리아어와 스페인어와 포르투갈어를 공부하면 상대적으로 쉽고, 특히, 그 동족어들 사이에 존재하는 공통점과 유사성을 확인하면서 그 언어들을 학습하면 훨씬 더 즐겁고 수월할 것이다.

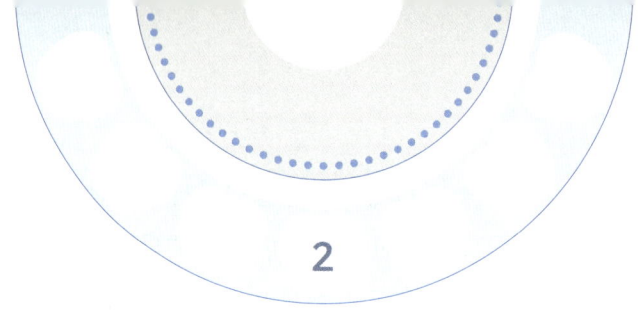

동의(動議)와 동의(同意) / 재청(再請)과 제청(提請) / 결재(決裁)와 결제(決濟) / 수업(授業), 수업(受業), 수업(修業)

다른 언어와 마찬가지로 한국어에도 동형이의어(同形異義語, 철자는 같으나 뜻이 다른 단어), 동음이의어(同音異義語, 발음이 같지만 뜻이 다른 단어) 또는 유음이의어(類音異義語, 발음이 비슷하면서 뜻이 다른 단어)가 매우 많다. 영어의 예를 들면, pole (장대)과 pole (극[極]), 그리고 pail (들통)과 pale (말뚝)과 pale (창백한) 등과 같은 것이다. 이런 것을 통틀어 영어로는 "homonym"이라 한다. 우리말에도 이런 단어들이 부지기수(不知其數)이지만 여기서는 제목에 있는 네 쌍의 단어들만 다루고자 한다. 사람들이 자주 쓰기는 하지만 그 의미의 차이를 잘 모르거나 혼동하는 단어들이다.

1. 동의(動議)와 동의(同意)

둘 다 회의 때에 많이 사용하는 단어들인데, 그 뜻의 다름을 알고 사용하는 이들이 극소수에 불과한 것 같다. 심지어 사회의 지도층에 있는 사람도 이것을 모르고 있는 것을 본 적이 있다. "동의(動議)"는 "회의 중에 예정된 의안 이외의 의제를 제의하거나 토의하고 있는 의제 중에서 세부사항을 제안하는 일, 또는 그 내용"을 의미한다. "…(하기)를 동의합니다." 또는 "긴급동의 있습니다."라고 할 때의 "동의"이다. 이것을 영어로는 "move (동의하다), motion (동의)"이라 한다. 하지만 "동의(同意)"는 "동의(動議)"와는 전혀 다른 한자로 된 단어이다. 이것의 의미는 "같은 뜻, 동일한 의견, 제기된 의견 등에 대하여 의견을 같이함"이다. 예컨대, "친구의 동의를 구하다." 또는 "결혼에 동의하다."라고 할 때처럼, 어떤 의견에 "찬성"하는 것을 가리킨다. "동의(動議)"와 "동의(同意)"를 한 문장 안에 사용해 보면 그 의미의 차이를 더 확실하게 알 수 있을 것이다. "저는 이 안건에 대한 박 선생의 동의(動議)에 동의(同意)합니다."

2. 재청(再請)과 제청(提請)

"재청(再請)"은 "다시 청함" 또는 "회의에서, 다른 사람의 동의(動議)에 찬성하여 거듭 청함"을 뜻한다. "재청하다"라는 말의 영어는 "second"이다. 다음과 같은 회의의 장면을 가정할 수 있을 것이다.

의장: "야외예배의 장소에 관하여 의견이 있는 분들은 말씀해 주십시오."

김 장로: "작년에 동구릉(東九陵)으로 갔으니 금년에는 서오릉(西五陵)으로 가기를 동의(動議)합니다."

의장: "서오릉으로 가자는 동의(動議)가 들어왔습니다. 어느 분이 재청(再請)하십니까?"

정 장로: "김 장로님의 동의(動議)에 [동의(同意)하고] 재청(再請, second)합니다."

의장: "동의안에 대한 재청이 있었습니다. 다른 의견은 없습니까?"

문 장로: "야외예배를 매년 능(陵)으로만 갈 것이 아니라 이번에는 숲으로 가는 것이 좋다고 생각합니다. 그래서 금년 야외예배는 서울숲으로 가기를 개의(改議)합니다."

의장: "야외예배를 서울숲으로 가자는 개의(amendment)가 들어왔습니다. 어느 분이 재청(second)하시겠습니까?"

양 집사: "서울숲으로 가자는 문 장로님의 개의에 [동의(同意)하고] 재청(再請)합니다."

의장: "야외예배의 장소로 두 곳이 제안되었습니다. 또 다른 의견은 없습니까?"

여러 사람: "없습니다."

의장: "그럼 두 곳 중에서 하나를 선택하기로 하고 표결에 붙이겠습니다. 먼저, 개의(改議)에 대하여 묻겠습니다. 서울숲으로 가자는 개의에 찬성하시는 분은 손을 들어주십시오."

몇 사람이 손을 든다.

의장: "좋습니다. 6명이 개의에 찬성했습니다. 다음으로, 서오릉으로 가자는 동의(動議)에 찬성하시는 분들은 손을 들어 표해주십시오."

다수의 사람들이 손을 든다.

의장: "좋습니다. 10명이 동의(動議)에 찬성했습니다. 그러므로 6 대 10으로 동의(動議)가 가결되었습니다. 금년 야외예배는 서오릉으로 가기로 결정되었습니다."

반면에, "제청(提請)"은 "어떤 안건을 제시해서 결정해 달라고 청구함" 또는 "어떤 지위를 위한 후보자의 명단을 내놓고 임명해 줄 것을 요청함"을 뜻한다. 예컨대, 대통령은 국무총리의 제청을 받아 각부 장관을 임명한다. "재청(再請)"과 "제청(提請)"은 이렇게 사뭇 다르다.

3. 결재(決裁)와 결제(決濟)

이 두 단어는 비슷한 면이 있지만 내용에 있어서는 차이가 있다. "결재(決裁)"는 "회사(기관, 부서)의 상관이 부하가 제출한 제안을 헤아려 승인하는 것"이다. 예컨대, 사장은 직원들이 제안하는 사항들에 대하여 두루 검토한 후에 타당성이 있거나 회사에 유리하다고 판단하면 그것을 결재(決裁)하여 추진할 것이다. 그러나 "결제(決濟)"는 "처결하여 끝냄, 증권 또는 대금의 수불(受拂)에 의하여 매매 당사자 간의 거래 관계를 끝냄"을 뜻한다. 예를 들면, "사장은 오늘 미결 서류의 결제를 위해 회의에 참석하지 못한다." "어음을 결제하다." "그동안 체불된 납품대금을 **결제**해야 다음 물품을 들여올 수 있다." 등과 같이 쓸 수 있다. 한마디로 요약하면, "결재(決裁)"는 어떤 제안이나 건의사항에 대하여 상사가 승인하는 것을 의미하고, "결제(決濟)"는 미결된 서류나 미불된 대금을 처리하고 지불하는 것을 뜻한다. 그러므로 사장이나 기관장은 책상 위에 쌓인 서류들 가운데서 그 내용이 제안이나 건의사항이면 결재(決裁)하고, 서류나 매매나 재정에 관한 것이면 결제(決濟)한다.

4. 수업(授業)과 수업(受業)과 수업(修業)

한자로 "授(수)"와 "受(수)"는 우리말로 발음은 같으나 뜻은 정반대이다. "授(수)"는 "주다"라는 뜻이고, "受(수)"는 "받다"라는 의미이다. 그리하여 "수업(授業)"은 "교사가 학업이나 기술을 가르쳐주는 것"을 의미하고, "수업(受業)"은 "학생이 학업이나 기술의 가르침을 받는 것"을 뜻한다. 따라서 "수업(授業)"은 스승의 몫이고, "수업(受業)"은 제자의 몫이다. 교사가 "나는 1주일에 20시간의 수업을 한다."라고 말하면, 그 "수업"은 "수업(授業)"이고, 학생이 "나는 오늘 수업이 5시간 있다."고 말한다면, 그 "수업"은 "수업(受業)"이다. 또 다른 "수업"은 "수업(修業)"인데, 이것은 수도(修道)를 하듯이 장기간에 걸쳐서 학식과 능력을 쌓고 기예를 연마하는 것을 의미한다. 가령 신인배우가 "배우 **수업**을 한다."고 하거나 문학도가 "나는 그 시인 문하에서 문학 **수업**을 하고 있다."고 말할 때는 "수업(修業)"에 해당한다.

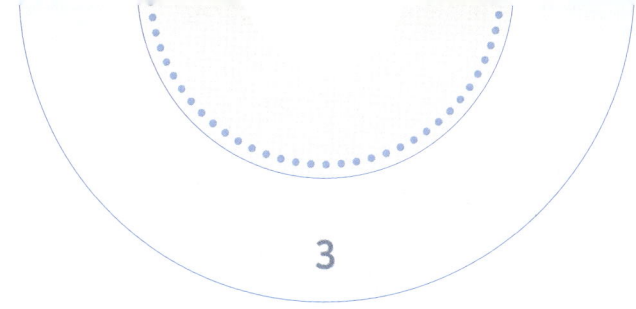

대척점(對蹠點)/대각점(對脚點),
변곡점(變曲點)/만곡점(彎曲點),
일치점(一致點)/합치점(合致點), 꼭짓점(‐ ‐點),
임계점(臨界點), 한계점(限界點), 전환점(轉換點),
분기점(分岐點), 출발점(出發點), 반환점(返還點),
결승점(決勝點), 소실점(消失點), 구두점(句讀點)

이 세상은 수많은 점(點)과 선(線)과 면(面)으로 구성되어 있다. 그중에서도 가장 많은 것이 점이다. 점과 점이 이어져서 선을 이루고, 선과 선이 만나서 면을 구성한다. 그런데 그와 같은 기하학적인 점들 이외에도 우리가 일상생활에서 경험하거나 정신세계에서 설정하는 많은 점들이 있다. 그리고 원래는 수학적 또는 과학적 용어로 시작되었으나 생활용어로 차용되는 것도 적지 않다. 이런 어휘들 가운데서 자주 사용되는 것 몇 개를 골라서 그 의미와 용례를 살펴보고자 한다.

(1) **대척점(對蹠點)/대각점(對脚點)**: "대척점(對蹠點)"은 원래 지리학의 용어이다. 지구 표면에 있는 한 지점의 정반대 방향에 있는 지점을 가리키며 "대척지(對蹠地)"라고도 한다. 대척점 관계에 있는 두 지역은 서로 기후, 시간대, 낮과 밤 등의 모든 점에서 반

대된다. 대척점은 북반구/남반구가 반대이고 같은 위도(緯度) 값을 가지며, 경도는 동경/서경이 반대이면서 180도 차이가 나고, 12시간의 시차가 있다. 한반도와 대척점에 있는 지역은 남아메리카 주 우루과이의 앞바다이다. 한마디로 말해서, 한 지점에서 지구의 중심을 통과하여 정반대편으로 나가서 만나는 지점을 가리킨다. 이것을 "대각점(對脚點)"이라 일컫는 사람도 있으나 보편적으로는 "대척점"이라고 칭하고, 영어로는 "antipode" 또는 "antipodal point"라고 한다. 이 단어를 일상생활에 응용한다면, 어떤 중대한 사항에 대하여 정반대되는 견해를 가진 두 사람이 서로 맞서 있을 경우, "이 두 사람이 **대척점**에 서 있다."라고 말할 수 있다.

(2) **변곡점(變曲點)/만곡점(彎曲點)**: "변곡점(變曲點)"은 수학 용어로서 어떤 함수의 증감 추세가 바뀌는 점을 가리킨다. 예를 들면, 하나의 함수가 변곡점 이전에서는 경사(傾斜)가 점점 급해지는 추세였다면 변곡점을 지난 후에는 경사가 점점 완만해진다. 추세가 반대로 되는 경우의 "변곡점"도 있다. 다시 말해서, 굴곡(屈曲)의 방향이 바뀌는 자리를 나타내는 곡선 위의 점을 "변곡점"이라 한다. 이것을 "만곡점(彎曲點)"이라고도 하고, 영어로는 "inflection point"("굴곡점")이라 일컫는다. 우측의 표에서 곡선의 진행방향을 보면 한 지점에서 이전과는 반대로 진행되는 것을 볼 수 있을 것이다. 그 지점이 "변곡점"이다. 이 용어를 수학 이외의 영역에 적용하면 "대변혁(大變革)의 전환점" 같은 것을 의미한다. 그래서 "**변곡점**을 지났다"(passed the inflection point)

라는 말은 "어떤 강한 추세나 흐름이 한 풀 꺾여서 반대방향으로 간다."는 뜻이다.

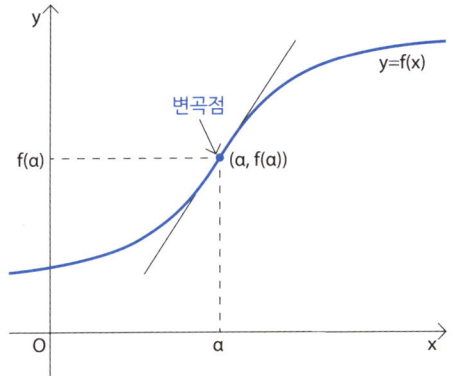

(3) **일치점(一致點)/합치점(合致點)**: 둘 이상의 것이 서로 어긋나지 않고 일치(一致) 또는 합치(合致)하는 점이나 계기를 "일치점" 또는 "합치점"이라 한다.

(4) **꼭짓점(- -點)**: 수학에서 사용하는 용어로서, "각(角)을 이룬 두 직선이 만나는 점, 또는 다면체(多面體)의 세 개 이상의 면이 만나는 점"을 말하며, 통상적으로는 "맨 꼭대기의 점"을 가리킨다. 영어로는 "vertex"이다.

(5) **임계점(臨界點)**: 열역학(熱力學) 또는 물리학에서 유래된 용어로서, 액체와 기체의 형상이 구분될 수 있는 최대의 온도 및 압력의 한계를 말한다. 임계점을 넘어서면 액체는 기체로 변한다. 다시 말해서, 물이 수증기로 변하고, 수증기가 물로 변하는 온

도, 즉 섭씨 100도가 물의 임계점이다. 다른 예를 들면, 달리는 자동차의 타이어가 과속으로 인하여 터진다고 가정한다면 그것이 터지는 시점의 온도와 압력이 타이어의 임계점이라고 할 수 있다. 이 단어를 실생활에 적용한다면, 어떤 일을 위해 노력을 하되 더 이상 할 수 없는 한도까지 노력할 때, 노력의 임계점에 이르렀다고 할 수 있다. 흔히 "임계점을 넘어라"는 말을 하는데, 인간이 할 수 있는 모든 힘을 다 기울여서 한계점을 돌파하라는 뜻이다. "임계점"을 영어로는 "critical point"라고 하는데, 그 시점이 매우 중대하고 위험한 순간임을 암시한다.

(6) **한계점(限界點)**: 능력, 인내, 추세, 시세 등의 한계가 되는 점을 가리키며, 영어로는 "uppermost limit"이라 하고, 때로는 "critical point"라고도 한다. "국가시험에 합격하려고 여러 번 응시했으나 번번이 실패하는 것을 보니 그의 능력의 **한계점**에 이른 것 같다." "오르기만 하던 물가도 이제 **한계점**에 다다랐는지, 요즘은 계속 보합세(保合勢)를 보이고 있다."와 같은 문장에서 이 단어의 용법을 알 수 있다.

(7) **전환점(轉換點)**: 다른 방향이나 상태로 바뀌는 계기, 또는 그런 고비를 의미한다. "내가 그 책을 읽은 것은 내 인생의 **전환점**이 되었다." "자네가 이번에 사업에 실패한 것을 일대 **전환점**으로 삼아서 더 큰 성공을 꼭 거두기 바라네." 등으로 사용할 수 있다. 영어로는 "turning point", 독일어로는 "Wendepunkt"라 한다.

(8) **분기점(分岐點)**: 여러 갈래로 갈라지는 지점(地點) 또는 시점(時點).

(9) **출발점(出發點)**: 달리기 경기에서 출발하는 곳, 또는 어떤 일을 시작하는 기점(基點)을 뜻한다. "결혼은 인생의 새로운 **출발점**이다."와 같이 쓸 수 있다. 영어로는 "starting point"이다.

(10) **반환점(返還點)**: 마라톤이나 경보와 같은 경기에서 선두들이 돌아오는 점, 또는 그것을 표시한 표지를 말한다. "반환점을 돌았다"라는 말은 전체 노선이나 여정의 절반을 넘겼다는 뜻이다. 이것을 실생활에 적용한다면 "인생의 반환점", "고생길의 반환점" 등으로 표현할 수 있다. 영어로는 "turn" 또는 "(re)turning point"라 한다.

(11) **결승점(決勝點)**: 달리기나 수영 경기 등에서, 마지막 승부를 판가름하는 지점을 의미한다. "인생의 경주에서는 **결승점**에 나중 도착하는 자가 승리자이다."라고 표현할 수 있다. 영어로는 "finish line"이라 한다.

(12) **소실점(消失點)**: 미술 용어로서 "투시(透視)한 평행직선군(平行直線群)이 집중되어 한 곳에 모인 점"을 가리키며 소점(消點)이라고도 한다. 영어로는 "vanishing point"이다.

(13) **구두점**(句讀點): 문장의 흐름을 구분하는 마침표와 쉼표 등의 문장부호를 일컫는다. 영어로는 "punctuation"이다.

이 밖에도 "도착점(到着點)", "목표[지]점(目標[地]點)", "지향점(指向點)", "비[등]점(沸[騰]點)", "[결]빙점([結]氷點)", "발화점(發火點)", "폭발점(爆發點)", "시발점(始發點)", "접합점(接合點)", "접촉점(接觸點)", "회귀점(回歸點)", "모음점(母音點)", 등이 있으나 이 단어들에 대한 설명은 생략하기로 한다.

교묘(巧妙), 기묘(奇妙), 미묘(微妙), 미묘(美妙),
신묘(神妙), 영묘(英妙), 영묘(靈妙), 오묘(奧妙),
우묘(尤妙), 절묘(絕妙), 정묘(精妙), 현묘(玄妙)

1. "묘(妙)" 자의 묘미(妙味)

"묘(妙)" 자는 모양이 묘(妙)하고 뜻도 묘(妙)한 글자이다. 우선 이 글자의 모양을 살펴보자. "계집 녀(女)" 변에 "젊을 소(少)"로 된 이 글자는 문자 그대로 "젊은 여자" 즉 "소녀(少女)"를 가리킨다. 「동아새국어사전」은 "묘(妙)"를 "아주 빼어나거나 절묘한 것"이라고 풀이하면서 "자연의 묘 / 표현의 묘 / 운용의 묘를 살리다."라는 말을 예문으로 들고 있다. 이어서 그 사전은 "묘(妙)하다"라는 말을 다음과 같이 길게 설명하고 있다.

"**묘(妙)하다**. [형용사]. ① (내용이나 생김새 따위가) 색다르고 신기하다. 예: 묘한 이야기 / 묘하게 생긴 석불. ② (내용이나 기회 따위가) 매우 공교롭거나 신기하다. 예: 묘한 곳에서 마주치다 / 묘한 인연으로 만난 사람. ③ (재주나 솜씨·꾀 따위가) 매우 뛰어나거나 약빠르다. 예: 바둑 수가 묘하다 / 묘한 방법."

이렇게 묘(妙)한 의미를 가진 "묘(妙)" 자를 고대의 중국인들이 어떻게 "계집 녀(女)" 자와 "젊을 소(少)" 자를 결합하여 만들었을까? "젊은 여자" 즉 "소녀(少女)"는 정말 "묘(妙)"한 존재인가? 소녀가 묘하다면 그녀의 어떤 면이 묘하다는 말인가? 현대인으로서는 고대인들이 문자를 만들 때의 취지를 알 길이 없다. 다만 여러 가지로 추측할 따름이다.

2. "묘(妙)" 자로 끝나는 단어들

"중용(中庸)의 묘"라는 말도 있고, "균형(均衡)의 묘"라는 것도 있다. 어떤 어려운 상황이나 사태에 직면하여 그것을 잘 모면하거나 극복할 수 있는 방법을 가리키는 말일 것이다. 그런데 이 "묘(妙)" 자는 그 앞에 어떤 글자가 오느냐에 따라서 "묘(妙)"의 다양한 색깔을 나타낸다. "묘(妙)" 자로 끝나는 어휘는 매우 다양한데, 그 주요 단어들을 사전적인 의미와 함께 열거하면 다음과 같다.

(1) **교묘(巧妙)**: ① 솜씨나 재치가 있고 약삭빠름. 예: 교묘한 수법. ② 매우 잘되고 묘함. 예: 교묘한 공예품.
(2) **기묘(奇妙)**: 기이하고 묘함. 예: 기묘한 수단 / 기묘한 기법.
(3) **미묘(微妙)**: ① 섬세하고 묘함. ② 섬세하고 야릇하며 무엇이라

고 딱 잘라 말할 수 없음. 예: 미묘한 국제 정세 / 감정의 미묘한 변화 / 두 색깔의 미묘한 차이.

(4) **미묘(美妙)**: (무엇이라 표현할 수 없을 만큼) 아름답고 묘함.

(5) **신묘(神妙)**: 신통하고 영묘함. 예: 신묘한 계책(計策) / 신묘불측(神妙不測) / 신묘막측(神妙莫測).

(6) **영묘(英妙)**: 재주가 뛰어난 젊은이.

(7) **영묘(靈妙)**: (사람의 지혜로는 짐작할 수 없을 만큼) 훌륭하고 신비스러움. 예: 영묘한 자연의 이치.

(8) **오묘(奧妙)**: 심오하고 미묘함. 예: 자연의 오묘한 섭리.

(9) **우묘(尤妙)**: 더욱 묘함. 더욱 신통함.

(10) **절묘(絕妙)**: 썩 교묘함. 묘절(妙絕). 절기(絕奇). 예: 절묘한 작전.

(11) **정묘(精妙)**: 정교하고도 아주 묘함. 예: 정묘한 기술.

(12) **현묘(玄妙)**: 기예나 도리 또는 소리가 깊고 미묘함. 예: 현묘한 가야금 소리.

이 여러 단어들의 의미의 차이는 문자 그대로 미묘(微妙)하여, 어떤 경우에 어느 단어를 사용해야 한다고 명확하게 구별할 수는 없다. 거의 모두가 서로 엇바꾸어 쓸 수 있는 유의어(類義語)들이지만 우리의 일상생활에서 비교적 자주 사용되는 문맥으로 보면 다음과 같이 말하는 것이 가장 적합할 것으로 보인다. 이것은 나의 어감으로 판단한 것이라서 절대적이라고는 할 수 없지만 대중의 어감에도 대체로 부합하리라고 생각한다.

(1) **교묘(巧妙)**: "그는 교묘한 수법으로 이익을 편취(騙取)하였다."

(2) **기묘**(奇妙): "조각가의 기묘한 기법(技法)으로 바윗덩어리가 천사로 빚어졌다."

(3) **미묘**(微妙): "그 작가는 주인공의 미묘한 심리 변화를 탁월하게 묘사하였다."

(4) **미묘**(美妙): "알프스의 경관의 미묘함이 전 세계의 관광객들을 유인하고 있다."

(5) **신묘**(神妙): "창조자가 사람을 지으신 솜씨는 신묘막측하다." (참고 시 139:14).

(6) **영묘**(英妙): "어린 나이에 그 엄청난 사실을 깨달았다니, 그는 과연 영묘로구나."

(7) **영묘**(靈妙): "자연의 순환과 별들의 운행은 우리가 다 깨달을 수 없는 영묘한 이치이다."

(8) **오묘**(奧妙): "자연의 오묘한 섭리" / "달고 오묘한 그 말씀."(「찬미가」, 232장).

(9) **우묘**(尤妙): "(농구 경기에서) 그가 던진 2점짜리 슛도 절묘했지만, 3점짜리 슛은 우묘하여 관중의 탄성(歎聲)을 자아냈다."

(10) **절묘**(絕妙): "그 선수의 절묘한 슛으로 경기는 역전(逆轉)되었다."

(11) **정묘**(精妙): "정묘한 첨단기술로 현대인은 이전 시대의 사람들이 누리지 못한 편의를 만끽하고 있다."

(12) **현묘**(玄妙): "멀리서 들려오는 현묘한 가야금 소리에 우리는 모두 넋을 잃었다."

다시 한 번 말하지만 위의 예문들은 일상생활의 대화에서 자주 사용되는 예들에 불과하므로, 서로 바꾸어 쓸 수 있는 경우도 있다는 사실을 기억하는 것이 좋을 것이다.

3. "묘(妙)" 자로 시작하는 단어들

"묘(妙)" 자로 끝나는 단어들보다는 "묘" 자로 시작하는 단어들이 훨씬 더 많다. 이 서른 개도 더 되는 단어들을 여기서 일일이 자세하게 설명할 수는 없으므로 대략의 뜻만 간추리면 다음과 같다.

(1) **묘각(妙覺)**: (불교에서) 부처의 깨달음. (2) **묘간(妙簡)**: 잘 골라 뽑음 / 묘선. (3) **묘경(妙境)**: (예술·기예 등의) 절묘한 경지 / 경치가 아주 뛰어난 곳. (4) **묘계(妙計)**: 묘책. (5) **묘곡(妙曲)**: 아주 뛰어난 곡조. (6) **묘공(妙工)**: 절묘한 세공, 또는 세공에 절묘한 사람. (7) **묘기(妙技)**: 절묘한 재주 또는 기술. (8) **묘기(妙妓)**: 얼굴이 예쁜 기생. (9) **묘년(妙年)**: 젊은 여자의 꽃다운 나이, 곧 20세 안팎의 여자의 나이 / 묘령. (10) **묘략(妙略)**: 절묘한 계략. (11) **묘려(妙麗)**: 아주 뛰어나게 화려함. (12) **묘령(妙齡)**: 묘년. (13) **묘리(妙理)**: 오묘한 이치. (14) **묘미(妙味)**: 미묘한 맛 / 묘취. (15) **묘방(妙方)**: 절묘한 방법 / 매우 효험 있는 처방 / 묘법. (16) **묘법(妙法)**: 묘방. (17) **묘산(妙算)**: 묘책. (18) **묘선(妙選)**: 묘간. (19) **묘소(妙所)**: 절묘한 점 / 미묘한 곳. (20) **묘수(妙手)**: 절묘한 솜씨, 또는 솜씨가 절묘한 사람. (21) **묘술(妙術)**: 교묘한 술법 / 절묘한 꾀. (22) **묘안(妙案)**: 아주 뛰어난 생각 / 절묘한 방안. (23) **묘약(妙藥)**: 신통

하게 잘 듣는 약. (24) **묘음(妙音)**: 현묘(玄妙)한 소리 / 매우 아름다운 음성이나 음악. (25) **묘입신(妙入神)**: 사람의 솜씨로는 볼 수 없을 만큼 정묘(精妙)한 일. (26) **묘절(妙絶)**: 더할 수 없이 교묘함 / 절묘. (27) **묘책(妙策)**: 매우 교묘한 계책 / 묘계. (28) **묘취(妙趣)**: 묘미. (29) **묘품(妙品)**: 뛰어난 작품. (30) **묘품(妙稟)**: 뛰어나게 훌륭한 품성. (31) **묘필(妙筆)**: 매우 뛰어난 필적 또는 그림.

"묘(妙)" 자는 참으로 묘한 글자이고, 이 글자가 들어가는 단어들도 모두 묘한 의미를 가지고 있다. 이 단어들을 경우에 맞게 잘 사용하기는 쉬운 일이 아니지만 적합하게 잘 활용하면 한국어가 가지고 있는 묘미(妙味)는 더욱 빛날 것이다.

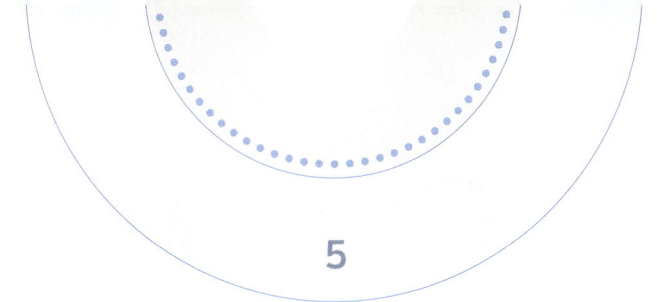

가경(佳境), 점입가경(漸入佳境) / 절경(絕境), 묘경(妙境), 비경(秘境), 선경(仙境) / 무인지경(無人之境) / 무아경(無我境), 망아경(忘我境), 몰아경(沒我境) / 신비경(神祕境), 황홀경(恍境) / 요지경(瑤池鏡)

1. "경(境)" 자의 두 가지 의미: "지경(地境)"과 "경지(境地)"

한자 "경(境)"에는 크게 두 가지 의미가 있다. 하나는 "지경(地境)", 즉 "땅과 땅의 경계(境界), 한 영역과 다음 영역의 분기점, 어떤 처지나 형편"을 나타낼 때의 의미이다. 이런 뜻으로 사용된 단어에는 "국경(國境)", "변경(邊境)", "경계선(境界線)" 등이 있고, "기가 막혀 말도 못할 지경이다" 또는 "빚에 쪼들려서 죽을 지경이다"와 같은 경우에도 쓰인다. 다른 하나는 "경지(境地)", 즉 "경계 안의 땅, 또는 어떤 단계에 이른 상태"를 나타낼 때의 의미이다. "지경(地境)"이 구체적 또는 장소적인 뜻을 강하게 가지고 있다면, "경지(境地)"는 주로 추상적 또는 상태적인 의미로 쓰인다. 여기서 고찰하고자 하는 것은 후자 즉 "경지"를 나타내는 "경(境)" 자와 관련된 것이다.

2. 가경(佳境), 점입가경(漸入佳境)

"가경(佳境)"은 "경치가 좋은 곳"을 뜻하므로 "가경(佳景)"과 거의 같은 의미이고, "가경(佳景)"은 "승경(勝景)", "호경(好景)"과 동의어(同義語)이다. "가경(佳境)"이란 단어는 독자적으로는 잘 쓰이지 않지만, 이것을 품고 있는 단어인 "점입가경(漸入佳境)"은 일상생활에서 매우 자주 사용되는 고사성어(故事成語)이며, 그 유래는 다음과 같다.

중국 동진(東晉) 시대에 고개지(顧愷之, 344~406)라는 화가가 있었다. 그는 중국 미술의 기틀을 닦은 위대한 화가로 인물화, 동물화, 풍경화 등 각 방면에 재주가 있었으며, 특히 인물화에 뛰어났다. 그가 그린 「여사잠도(女史箴圖)」는 중국 역사상 현존하는 가장 오래된 그림으로 영국박물관(The British Museum)에 소장되어 있다.

고개지는 어릴 때 사탕수수를 즐겨 먹었는데, 그것을 먹을 때마다 가느다란 줄기 부분부터 먼저 씹어 먹었다. 이를 이상하게 여긴 친구들이 "넌 왜 사탕수수를 거꾸로 먹느냐?"고 물었는데, 이에 고개지는 태연하게 "갈수록 점점 단맛이 더해지기 때문이지[漸入佳境]."라고 대답했다. 이때부터 "점입가경"은 "경치나 문장 또는 어떤 일의 상황이 갈수록 점점 재미있게 전개된다."는 뜻으로 사용되게 되었다.

"점입가경"이 원래는 일이 좋은 방향으로 되어 가는 것을 의미했으나, 오늘날에는 어떤 일이나 상황이 갈수록 더 비난의 대상이 되어 가는 것을 조롱할 때, 또는 상대방을 신랄하게 비꼬거나 야유(揶揄)할 때 자주 쓰인다. 실제에 있어서 "가관(可觀)"과 거의 같은 뜻으로 사용된다. 예컨대, 정치인들이 정쟁(政爭)을 할 때, 정당한 정책이나 대안을 가지고 상대 정당을 논박하는 것이 아니라 무조건 반대하고 억지

를 쓰면서 대항하는 상황이 벌어지면, 신문들은 이러한 형국을 "점입
가경"이라고 보도한다.

3. 절경(絕境), 묘경(妙境), 비경(秘境), 선경(仙境)

이 네 단어는 모두 "경치(景致)"와 관련된 단어들이다. 먼저 이 단어
들의 사전적 의미를 살펴보자.

(1) **절경**(絕境): ① 멀리 떨어져 있는 땅. ② 절묘한 경지.
(2) **묘경**(妙境): ① 경치가 아주 뛰어난 곳. ② (예술·기예 등의) 절
묘한 경지.
(3) **비경**(秘境): ① 신비스러운 곳. ② 사람이 가본 적이 거의 없는,
알려지지 아니한 지역. 예: 아마존의 비경.
(4) **선경**(仙境): ① 신선이 산다는 곳. ② 속세를 떠난 깨끗한 곳.

이상에서 보는 바와 같이, 이 네 단어는 경치의 아름다움 또는 경
지의 빼어남을 가리키는 어휘라는 점에 있어서는 유의어(類義語)들이
지만, 세밀한 면에 있어서는 약간의 차이가 있는 단어들이다. "절경"
과 "묘경"은 "절묘하다"는 공통점을 가졌고, "비경"과 "선경"은 속세
를 떠난 곳에 감추어져 있다는 공통점을 지니고 있다.

4. 무인지경(無人之境)

이것은 "사람이 없는 지역" 또는 "아무것도 거칠 것이 없는 판"을 의미한다. 고대 이스라엘 백성은 연중 최대의 절기인 속죄일[7월 10일]에 사탄을 상징하는 "아사셀을 위한 염소"에게 한 해 동안 사람들이 지은 모든 죄악을 지워서 광야의 "무인지경(無人之境)"으로 이끌어 갔다(레 16:22). 어떤 영역에 전문가나 전공자가 없을 때 그 영역을 비유적으로 "무인지경"이라 일컫기도 하고, 한 사람이 어떤 일을 하려고 할 때, 아무런 반대자나 훼방꾼이 없는 상황을 이 단어로써 묘사하기도 한다.

5. 무아경(無我境), 망아경(忘我境), 몰아경(沒我境)

이 세 단어는 사실상 동의어(同義語)들이다. 아래에서 보는 바와 같이, 국어사전도 이 세 단어의 차이를 명확하게 드러내지 못하고 있다.

(1) **무아경**(無我境): 정신이 한 곳에 통일되어 자신을 잊고 있는 경지. 무아의 경지.
(2) **망아경**(忘我境): 어떤 대상에게 마음을 빼앗기어 자신을 잊어버림. 망아의 경지.
(3) **몰아경**(沒我境): 자기를 몰각(沒覺)하고 있는 상태. 몰아의 경지.

6. 신비경(神秘境), 황홀경(恍惚境)

"신비경(神秘境)"은 "신비로운 지경 또는 경지"이고, "황홀경(恍惚境)"은 "황홀한 지경 또는 경지"이다. "신비(神秘)"란 "(이론과 인식[認識]을 초월하여) 불가사의(不可思議)하고 영묘(靈妙)한 비밀"을 뜻하고, "황홀(恍惚)"은 "빛이 어른어른하여 눈이 부심", "(사물에 마음이 팔려) 멍한 상태", "미묘하여 헤아려 알기 어려움" 등을 가리킨다. 예를 들면 다음과 같이 표현할 수 있다.

(1) **신비경**(神秘境): "사람이 우주의 생성과 규모를 생각하거나 수많은 별들의 운행을 깊이 연구하노라면 말로 표현할 수 없는 신비경에 빠져든다."
(2) **황홀경**(恍惚境): "뜻하지 못했던 대상을 받게 된 그는 자신이 수상자라는 믿을 수 없는 사실과 휘황찬란(輝煌燦爛)한 조명 때문에 한동안 황홀경에서 헤어나지 못했다."

7. 요지경(瑤池鏡)

"요지경(瑤池鏡)"은 "상자 앞면에 확대경을 달고, 그 안에 여러 가지 그림을 넣어 들여다보게 만든 장치"를 뜻한다. 이것이 원래는 어린이들이 이용하는 과학 장난감을 가리키는 말인데, 바뀐 뜻으로는 "내용이 알쏭달쏭하고 복잡하여 이해할 수 없는 일"을 가리키는 말로 널리 쓰이고 있다. 특히, "요지경 속이다" 또는 "요지경 세상"이라는 숙어로 자주 사용된다. 예컨대, "요즘 세상 돌아가는 것을 보면 뭐가 뭔지 도무지 알 수가 없어. 세상이 정말 요지경이야!"라고 말할 수 있다.

"요지경(瑤池鏡)"의 "경(鏡)" 자는 "거울 경"이므로 앞에서 본 여러 단어들의 "경(境)"과는 애초부터 다른 글자이다. 그러나 "요지경"의 "경"도 "경(境)"으로 오해할 수 있으므로 여기서 함께 살펴보았다.

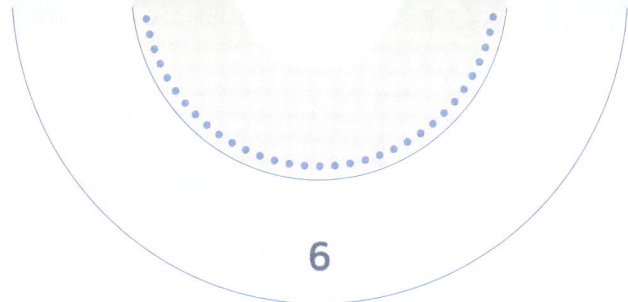

성격(性格), 성품(性品), 성질(性質), 성미(性味), 성벽(性癖), 성품(性稟), 성정(性情), 성깔

1. 성격(性格), 성품(性品), 성질(性質)

단어들의 의미가 비슷하여 구별하기 어려운 것으로는 "성격(性格)"과 관련된 단어들도 있다. 결혼 문제를 다루는 한 설문조사에서 선호하는 배우자의 첫 번째 요건은 "성격이 좋은 사람"으로 나타났고, 이혼하는 부부들의 이혼사유 중에서 첫 번째로 꼽힌 것은 "성격차이"였다고 한다. 그렇다면 "성격"이란 무엇이며, 그와 비슷한 의미를 가진 다른 단어들과는 어떻게 다른가? "성격"과 비슷한 의미를 가진 어휘로는 "성품(性品)", "성질(性質)", "성미(性味)", "성벽(性癖)", "성깔" 등이 있다. 먼저, "성격"과 "성품"과 "성질"을 비교해 보자.

한 국어사전은 이 단어들을 다음과 같이 풀이하고 있다.

⑴ **성격(**性格**)**: 1. 각 개인이 가지고 있는 특유한 성질. 품성. 2. 각 개인을 특징짓는 지속적이며 일관된 행동 양식. 3. 사물이나 상태 그 자체의 성질. [이 사건의 성격은 애매하다].
⑵ **성품(**性品**)**: 성질과 됨됨이. 성질과 품격. [차분한 성품. 성품이 어질다].
⑶ **성질(**性質**)**: 1. 날 때부터 가지고 있는 기질. 성품. [타고난 성질. 성질이 까다롭다]. 2. 사물이나 현상이 본디부터 가지고 있는, 다른 것과 구별되는 특징. [사건의 성질을 자세히 알아보다. 물에 잘 녹는 성질].

　이상에서 보는 바와 같이, 이 세 단어 사이에는 상당한 공통점과 약간의 차이가 있다. 그 약간의 차이를 확실하게 드러내는 것은 여간 어려운 일이 아니다. 한 사람은 이 세 단어를 사람의 '품격질(品格質)'로써 구별하였다. 그는 "성격"을 세분하면 "⑴ 성품, ⑵ 성격, ⑶ 성질"로 나눌 수 있다고 하였다. 그에 의하면, "성품"이란 성격의 가장 높은 단계이고, "성격"은 중간 단계이며, "성질"은 가장 낮은 단계이다. 그래서 성격이 나쁜 사람은 대개 가장 낮은 단계인 "성질"을 잘 부리고, 성격이 좋은 사람은 가장 높은 단계인 "성품"이 올곧은 편이라고 한다. 그러면서 그는 "만약 한 사람의 인격을 바라볼 때 '성품'이 떠오르면 그 사람은 높게 평가되고, 그냥 '성격'만 떠오르면 중간, '성질'이 떠오르면 낮게 평가된다."고 했다. 퍽 공감이 가는 생각이다. 아래와 같은 구분도 일리가 있는 것 같다.
　"셋 중에서 '성품'은 고귀한 것으로서 가장 깊은 내면에 위치하고, 그 바깥에 '성격'이 있으며, 가장 바깥쪽에 '성질'이 자리한다. '성질'

은 육체적(肉體的) 본능에 따라 드러나므로 주로 폭발적 반응으로 상대에게 피해를 준다. 그것은 내면의 가장 바깥에 위치하므로 드러나기가 쉽다. '성격'은 이성적(理性的) 내면에 의해 드러나므로 상대에게 좋은 영향을 줄 수도 있고 나쁜 영향을 줄 수도 있다. 이것은 내면의 중간에 위치하므로 필요에 따라 드러낼 수도 있고 감출 수도 있다. 반면에, '성품'은 이상적(理想的) 본성에 따라 드러나므로 상대방에게 선한 영향을 준다. 하지만 내면의 가장 깊은 곳에 있어 드러내기가 쉽지 않다."(인터넷, 지략).

우리는 흔히 "그 사람은 성품이 좋다", "그 친구의 성격은 무난하다", "그 녀석은 성질이 나쁘다/못됐다."와 같은 식으로 표현한다. "좋은 성품", "무난한 성격", "나쁜/못된 성질"이라는 표현들은 많은 것을 시사한다. "성격"은 타고난 것이고, 나만의 고유한 특성 또는 기질이므로 변화의 가능성이 거의 없다. 모세의 경우를 보면 이것이 사실인 것 같다. 그는 애굽인이 자기의 동족을 때리는 것을 보고 울분을 참지 못해 그 애굽인을 죽였고(출 2:11~12), 시내산에서 내려오다가 사람들이 송아지 우상을 만들어서 숭배하는 것을 보고 의분에 사로잡혀 하나님께서 친히 쓰신 십계명 돌판을 던져 박살냈으며(32:15~19), 가데스에서는 이스라엘 백성이 마실 물이 없어 불평하며 공박하자 하나님의 지시를 무시하고 반석을 두 번이나 내리쳤다(민 20:2~11). 모세는 죽을 때까지 그 성격을 고치지 못한 채로 살다가 그토록 들어가기를 원하던 가나안에 들어가지 못했다(민 20:12; 신 3:25~27). 성격은 변하지 않는다.

하지만 "성품"은 그렇지 않다. "성품"이란 타고난 성격이나 성질 위에 교육과 훈련을 통하여 덕(德)을 쌓은 상태를 가리킨다. 그것은 더 좋은 생각, 더 좋은 감정, 더 좋은 행동을 선택하도록 학습하고 훈련하는 과정을 통하여 성숙하고 완성되어 가는 것이다. 그것은 인생의 다양한 경험을 통하여, 때로는 역경과 고난을 통하여 더욱 고상하고 아름답게 변화된 상태를 말하고, 더 높은 가치와 이상을 향해 나아가는 과정에 있는 것을 가리킨다. 그래서 모세는 그와 같이 모질고 급한 성격을 타고났음에도 불구하고 **"이 사람 모세는 온유함이 지면의 모든 사람보다 승하더라."**(민 12:3)는 기록을 진리의 말씀인 성경에 남길 수가 있었다.

누구나 타고난 성격은 어쩔 수 없지만 성품의 변화는 얼마든지 가능한 것이다. 그러므로 모든 그리스도인들은 자신의 성품의 변화를 위하여 끊임없이 노력해야 하고 날마다 그것을 갈고 닦아야 한다. 사도 바울이 로마인들에게 편지하면서 **"너희는 이 세대를 본받지 말고 오직 마음을 새롭게 함으로 변화를 받아 하나님의 선하시고 기뻐하시고 온전하신 뜻이 무엇인지 분별하도록 하라."**(롬 12:2, 강조 첨가)고 권면한 것은 바로 "성품의 변화"를 이루라고 한 것이다.

2. 성미(性味), 성벽(性癖), 성품(性稟), 성정(性情), 성깔

위에서 언급한 「동아새국어사전」은 "성미(性味)"를 "성정(性情)과 취미"라고 정의하면서 "성미가 가시다=거슬러 일어난 성미가 가라앉다. 성미를 부리다=신경질을 내다"라는 예문을 들고 있다. 다른 사전은 "성미"를 "사람이 가지고 있는 본연의 성품이나 비위"라고 정의하고, "그녀는 성미가 몹시 급하다. 그 일은 내 성미에 꼭 맞는 일이다."라는 예문을 들고 있다. "성미(性味)"라는 단어에는 "미(味)" 자가 뜻하는 "맛", 즉 "취미, 취향, 비위"라는 요소가 들어 있다.

"**성벽**(性癖)"은 "1. 오랫동안 몸에 밴 버릇. 2. 성질과 버릇. 3. 자신이 가진 정욕의 만족을 쫓는 소질"을 뜻한다. 한자 "벽(癖)"은 오랫동안 가지고 있어서 고쳐지지 않는 버릇을 의미하므로 "성벽(性癖)"은 거의 질병처럼 굳어진 습성(習性), 습벽(習癖), 고벽(痼癖)을 가리킨다.

"**성품**(性稟)"은 앞에서 본 "성품(性品)"과 어느 정도 비슷한 말이지만 고유한 의미의 영역이 있는 다른 단어이다. 한자 "품(稟)"은 주고받는 것을 뜻하므로 "품성(稟性)"은 "사람의 주어진/타고난 성질. 성정(性情). 천품(天稟)"을 의미한다. 다수의 사람들은 이 두 단어의 차이를 모르거나 개의치 않고 사용하고 있다. 그리고 이 두 단어의 글자의 앞뒤를 바꾸어 써도 의미의 차이는 없다. 다시 말해서, "성품(性品)"과 "품성(品性)", 그리고 "성품(性稟)"과 "품성(稟性)"은 완전히 동의어이다. 영어로는 "성격(性格)"이나 "성품(性品, 性稟)", "품성(品性, 稟性)" 등을 모두 "character"로 표현할 수밖에 없을 것이다.

"**성정**(性情)"은 "사람의 성질(性質)과 심정(心情)" 또는 "타고난 성질, 성품(性稟)"을 뜻한다. 예컨대, "인간의 타고난 착한 성정", "까다로운 성정" 등과 같이 쓰인다. "성정"을 속되게 이르는 "성정머리"라는 단어는 "성정머리가 고약하다"라는 표현으로 자주 사용된다.

이 밖에도 "**성깔**"이라는 단어도 있다. 이것은 "1. 못된 성질을 부리는 태도나 버릇. 2. 날카롭고 매서운 성질"을 가리킨다. 예를 들면, "저 친구는 꽤 성깔이 사나워 보인다."라고 말할 수 있다. "－깔"은 일부 체언 밑에 붙어, 그것의 맵시나 바탕을 뜻한다. 예를 들면 "빛깔, 성깔, 태깔" 등으로 쓰인다. 그런데 실제의 언어생활에 있어서 "성깔"은 "성격" 또는 "성질"을 낮추어 말하는 비속어(卑俗語)로 자주 사용된다.

이상에서 본 것처럼 비슷한 어휘들 사이에는 그 의미의 영역을 칼로 자르듯이 확연하게 구분할 수 없는 경우가 허다하다. 그럼에도 불구하고 우리는 할 수 있는 대로 단어들의 의미를 정확하게 이해하여 올바르게 사용하면 우리의 삶은 더욱 품위 있고 고아하게 될 것이다.

법(法)의 종류와 의미

사람이 살아가는 데는 수없이 많은 법(法)이 필요하다. 국가의 근본이 되는 법인 헌법(憲法)을 위시하여 개인 동아리들의 회칙(會則)에 이르기까지 법의 종류와 법들을 가리키는 어휘는 이루 다 셀 수 없을 정도로 많다. 국가의 유지와 국민의 안전한 생활을 위한 기본적인 법률들을 통틀어서 일컫는 "육법(六法)"에는 헌법(憲法), 민법(民法), 상법(商法), 형법(刑法), 민사소송법(民事訴訟法), 형사소송법(刑事訴訟法)과 그에 딸린 법규들이 포함된다. 이 모든 법률들은 일반 시민이 알아야 할 필요가 없고 알 능력도 없다. 하지만 일상생활에서 사용되는 법 관련 용어들과 그 의미는 비전문가들도 알아야 하고, 아는 것이 지성인의 품위 유지에 도움이 된다. 각종 법들을 가리키는 주요 어휘에는 다음과 같은 것들이 있다.

(1) **법(法)**: 국가의 강제력이 따르는 온갖 규범. 〈법대로 처리하다〉. 예의. 도리. 〈세상에 그런 법이 어디 있느냐?〉. 방법. 방식. 〈그림 그리는 법. 요리하는 법〉.
(2) **법률(法律)**: 사회생활을 유지하기 위한 지배적인 규범. 국가가 제정하고 국민이 준수하는 법의 규율.
(3) **율법(律法)**: 기독교에서, 하나님이 인간에게 지키도록 내리신 규범을 이르는 말. [모세의 십계명이 대표적임]. 불교에서, 계율(戒律)을 달리 이르는 말. 법계(法戒).
(4) **율령(律令)**: [형률(刑律)과 법령(法令)이란 뜻으로] 모든 국법(國法)을 통틀어 이르는 말.
(5) **법령(法令)**: 법률(法律)과 명령(命令)을 통틀어 이르는 말. 준말: 영(令).
(6) **법칙(法則)**: 지켜야 할 규칙. 전칙(典則). 일정한 조건 아래서 반드시 성립되는 사물 상호간의 필연적·본질적 관계. 〈만유인력의 법칙〉.
(7) **법규(法規)**: 법률의 규정·규칙·규범을 통틀어 이르는 말. 국민의 권리와 의무를 규정하여 활동을 제한하는 법률이나 규정을 통칭하는 말.
(8) **헌법(憲法)**: 국가의 통치 체제에 관한 근본 원칙을 정한 기본법. 〈대한민국 헌법〉.
(9) **헌장(憲章)**: 이상(理想)으로서 규정한 원칙적인 규범. 〈유엔(UN) 헌장. 교육 헌장〉.
(10) **규례(規例)**: 규칙과 정례(定例).
(11) **규율(規律)**: 집단생활이나 사회생활을 하는 일에 행위의 규준이

되는 것. 기율. 〈학교의 규율. 규율이 엄하다〉. 일상생활의 질서. 〈규율을 어기다. 규율을 바로잡다〉.

(12) **규칙(規則)**: 국가나 어떤 단체에 속한 사람의 행위 또는 사무 절차 따위의 기준으로서 정해 놓은 준칙.

(13) **규정(規定)**: 어떤 일을 하나의 고정된 규칙으로서 정함, 또는 그 정해진 규칙. 규정(規程). 〈도서 대출 규정〉. 어떤 사항의 법령의 조항으로서 정함, 또는 그 정해진 소항. 〈전항(前項)의 규정에 의함〉.

(14) **규정(規程)**: 규정(規定). 관공서 따위에서, 내부 조직이나 사무 취급 등에 대하여 정해 놓은 규칙. 〈인사 관리 규정〉.

(15) **규범(規範)**: 사물의 본보기. 모범. 규모. 전경(典經). 〈규범을 보이다〉. 철학에서, 판단·평가·행위 등의 기준이 되는 것을 이름.

(16) **규약(規約)**: 서로 협의하여 정한 규칙. 특히, 단체 등의 내부 조직에 관한 규정. 〈규약을 지키다. 규약 위반〉.

(17) **규준(規準)**: 규범이 되는 표준. 따라야 할 규칙. 준규(準規). 준칙(準則)

(18) **준규(準規)**: 준칙(準則). 규준(規準).

(19) **준칙(準則)**: 준거할 기준이 되는 규칙. 준규(準規). 규준(規準). 〈가정의례준칙〉.

(20) **정례(定例)**: 일정하게 정하여 놓은 규례(規例) 또는 사례(事例). 〈정례회의. 정례에 따라 처리하다〉.

(21) **예규(例規)**: 관례와 규칙, 관례로 되어 있는 규칙.

(22) **율례(律例)**: 형률(刑律)의 적용에 관한 범례.

(23) **계율**(戒律): 불교에서, 중이 지켜야 할 규율. 율법.
(24) **조례**(條例): 조목조목 적어놓은 규칙. 지방 자치 단체가 법령의 범위 안에서 제정하는 규정. [지방 자치 단체의 자주법(自主法)]. 회사나 조합의 정관(定款). 조령(條令).
(25) **조령**(條令): 조례(條例).
(26) **정관**(定款): 회사나 공익법인 등의 목적·조직·업무·집행 따위에 관한 규정, 또는 그것을 적은 문서.
(27) **회칙**(會則): 회(會)의 규칙. 회규(會規).
(28) **회규**(會規): 회칙(會則).
(29) **원칙**(原則): 근본이 되는 법칙. 본칙(本則). 여러 사물이나 일반 현상에 두루 적용되는 법칙. 원리(原理).
(30) **본칙**(本則): 근본이 되는 법칙. 원칙. 법령의 본체가 되는 부분. 반대어: 부칙(附則).
(31) **부칙**(附則): [법률이나 규칙을 보충하기 위하여] 끝에 덧붙이는 규정이나 규칙. 반대어: 본칙(本則).
(32) **세칙**(細則): 자세한 규칙. 세부적인 시행을 다른 규칙. 〈시행세칙〉.
(33) **철칙**(鐵則): 변경하거나 어길 수 없는 규칙. 〈금욕(禁慾)의 철칙을 깨다〉.

이 밖에도 더 있을 것이다. 그리고 우리가 국민으로서 사회생활을 할 때 지켜야 할 세부적인 법들과, 입법기관인 국회에서 해마다 만들어내는 각종 법률에는 제한이 없다. 도로를 만들고 길을 걸어갈 때는 도로법(道路法)과 교통법(交通法)을 지켜야 하고, 물건을 거래하거나 매매할 때는 상법(商法)과 거래법(去來法)을 지키지 않으면 안 된다. 집을 짓거나 공사를 할 때는 건축법(建築法)과 공법(工法)을 준수해야 하고, 각종 수입에 대해서는 세법(稅法)에 따라 세금을 납부해야 한다. 어디 그뿐이겠는가? 국가의 체제를 지키기 위한 국가보안법, 그 복잡한 상속법과 교육법, 그 세밀한 식품 관련법, 그 엄격한 의약품 관련법, 무기 소지에 관한 법률, 군 복무에 관한 법률, 각종 법인 관련법, 학원·유치원·양로원·요양원·복지시설 등의 운영에 관한 법률, 동산·부동산 거래에 관한 법률, 집회·시위에 관한 법률, 외환 거래에 관한 법률, 창업·개업·휴업폐업에 관한 법률, ……. 우리의 일상생활과 직접 관련된 법의 종류만 열거한다 해도 끝이 없다. 법이란 법은 모두 지켜야 안전하고, 비록 "악법(惡法)"이라 할지라도 실정법(實定法)일 경우엔 개정 또는 폐기되기까지는 그것을 지키지 않으면 안 된다.

성경에는 "율법 찬가"라 할 수 있는 시(詩)가 한 편 있다(시 119). 176절로 된 이 장시에서 시인은 하나님의 "법(法)"이 얼마나 좋고 복스럽고 오묘한 것인지를 다음과 같이 읊고 있다. "행위 완전하여 여호와의 **법**에 행하는 자가 복이 있음이여."(1절). "내 눈을 열어 주의 **법**의 기이한 것을 보게 하소서."(18절). "내가 주의 **율법**을 항상 영영히 끝없이 지키리이다."(44절). "내가 주의 **법**을 어찌 그리 사랑하는지요! 내가 그것을 종일 묵상하나이다."(97절). "주의 **법**을 사랑하는 자에게는 큰 평안이 있으니, 저희에게는 장애물이 없으리이다."(165절). "여호와여, 내가 주의 구원을 사모하였사오며, 주의 **법**을 즐거워하나이다."(174절).

세상에는 법을 지키지 않으면 제재와 형벌이 가해지는 경우가 있는 반면에, 법을 어겨도 법적 제재나 처벌은 받지 않지만 인격이나 품위에 손상을 입게 되는 경우도 있다. 그 첫 번째가 "예법(禮法)"이라는 "법"이다. "예절의 법식이나 법칙"으로 정의되는 이 "예법"을 잘 지키느냐 안 지키느냐 하는 것은 사람의 품격의 높낮이를 판단하는 척도가 된다. 그 다음 "법"은 "어법(語法)"과 "문법(文法)"이다. 이 "말하는 법"과 "글 쓰는 법"을 잘 지키지 않으면 일차적으로는 의사소통에 문제가 생기고, 결과적으로는 그 화자(話者) 또는 필자(筆者)의 지성과 품위가 의심을 받게 된다. "어법"과 "문법"은 가장 범하기 쉬운 "법"이므로 수시로 그리고 스스로 점검하고 개선하는 것이 바람직하다. **"경우에 합당한 말은 아로새긴 은쟁반에 금사과니라."**(잠 25:11).

8

비유(譬喩), 비유(比喩), 직유(直喩), 은유(隱喩), 환유(換喩), 대유(代喩), 제유(提喩), 풍유(諷喩), 우유(寓喩), 활유(活喩), 의인화(擬人化)

작가들과 연사들은 글과 말을 아름답게 하고자 여러 가지 문학적 표현 방법들을 이용한다. "말과 글을 아름답고 정연하게 꾸미고 다듬는 일, 또는 그 재주"를 "수사(修辭)"라 하고, "수사하는 방법이나 수법"을 "수사법(修辭法)"이라 한다. 그리고 "수사법과 이에 관련된 현상을 연구하는 학문"을 "수사학(修辭學. Rhetoric)" 또는 "미사학(美辭學)"이라 일컫는다. 문인들이 이용하는 수사법에는 다양한 기법과 수법이 있는데, 그중에서 "유(喩 또는 諭)" 자로 끝나는 용어들이 많기도 하고 어렵기도 하여 차례로 하나씩 살펴보고자 한다. 여기서는 편의상 모두 "喩"로 썼지만 "諭"로 써도 무방하다.

(1) **비유(譬喩, Parable)**: 말하고자 하는 내용이나 대상을 보다 효과적으로 표현하기 위하여 이용하는 이야기 또는 그러한 방법을

가리킨다. 신약에는 예수께서 말씀하신 "비유(譬喻)"(마 13:3, 10, 13, 24, 31, 35, 36)들이 다수 수록되어 있다. 그분은 "씨 뿌리는 자의 비유"(마 13:3~9), "천국에 관한 비유들"(13:24~30; 31~33; 44~50), "열 처녀의 비유"(25:1~13), "달란트의 비유"(25:14~30), "양과 염소의 비유"(25:31~46), 등 약 40개의 비유들을 말씀하셨고, **"이 모든 것을 무리에게 비유로 말씀하시고, 비유가 아니면 아무것도 말씀하지 아니하셨"**다(13:34).

(2) **비유(比喻, Figure of speech)**: 표현하려는 대상을 다른 대상에 빗대어 표현하는 수사학적 방법들을 통칭하는 말이다. 국어사전들은 이것을 "비유(譬喻)"와 구별하지 않고 같은 의미로 본다. 그러나 예수께서 말씀하신 "비유"의 한자는 "譬喻"로 쓰고, 수사적인 "비유법"을 가리킬 때의 한자는 "比喻"로 쓰는 것이 일반적이다. 여기에는 아래에 열거한 여러 방법들이 다 포함된다.

(3) **직유(直喻, Simile)**: "원관념과 보조관념을 직접 드러내어 빗대는 표현방법"을 말한다. 이때 보조관념에는 "-처럼", "-같이", "-듯이", "-양" 등의 말이 붙는다. 예컨대, "보름달처럼 환한 그의 얼굴", "내 누님같이 생긴 꽃이여!" "개선장군인 듯이 그는 으스대며 들어왔다", "다윗은 미친 사람인 양 춤을 추었다", "달은 어여쁜 선녀같이 내 뜰 위에 찾아오다"와 같은 표현들이다. 여기서 "얼굴", "꽃", "그", "다윗", "달"은 원관념이고, "보름달", "내 누님", "개선장군", "미친 사람", "어여쁜 선녀"는 보조관념이다.

(4) **은유**(隱喩, Metaphor): "원관념은 숨기고 보조관념만 드러내어, 표현하려는 대상을 설명하거나 그 특질을 묘사하는 수사적 방법"을 말한다. 이때, 주로 사용되는 방식은 "…는 …이다"와 같은 것이다. 예를 들면, "내 마음은 호수요", "그대는 나의 태양", **"주의 말씀은 내 발에 등이요 내 길에 빛이니이다"**(시 119:105), **"내가 곧 생명의 떡이니"**(요 6:35), **"내 살은 참된 양식이요, 내 피는 참된 음료로다"**(55절)와 같은 표현이다. 여기서 "내 마음", "그대", "주의 말씀", "내", "내 살", "내 피"는 원관념이고, "호수", "나의 태양", "등", "빛", "생명의 떡", "참된 양식", "참된 음료"는 보조관념이다. **"여호와는 나의 목자시니"**(시 23:1). **"그는 반석이시니"**(신 32:4). **"나는 샤론의 수선화요 골짜기의 백합화로구나"**(아 2:1), 등이 모두 "은유법"으로 표현된 문장이다.

(5) **환유**(換喩, Metonymy): "표현하려는 대상과 관련된 다른 사물이나 속성(屬性)을 대신 들어서 그 대상을 나타내는 표현방법"을 가리킨다. 예컨대, "장군"을 "별(star)"이라 하고, "도둑"을 "밤손님"이라 칭하는 따위이다.

(6) **대유**(代喩): "사물의 일부나 그 속성을 들어서 그 전체나 자체를 나타내는 비유법"을 말한다. 예를 들면, "간호사"를 "백의(白衣)의 천사"라 하고, "출생부터 사망까지"를 "요람에서 무덤까지"라고 표현하는 것이다. 이것은 "환유(換喩)"와 흡사하다.

(7) **제유**(提喩, Synecdoche): "사물의 한 부분으로 전체를, 또는 한

말로 그와 관련되는 모든 것을 나타내는 표현방법"을 뜻한다. 예를 들면, "그는 빵[양식]을 위해 일하고 있다." "그 사람은 감투[벼슬]를 쓰자마자 칼[무력]을 뽑았다." "보좌[왕위]에 오른 남자가 홀(笏)[왕권]을 휘두르기 시작했다." 이것 역시 "환유(換喩)" 및 "대유(代喩)와 큰 차이가 없어서 그 단어들과 동의어로 쓰이기도 한다.

(8) **풍유(諷喩, Allegory)**: "원관념은 숨기고, 보조관념만 드러내어 그 숨은 뜻을 넌지시 나타내는 표현방법"이다. 속담(俗談)이나 경구(警句) 등은 대체로 여기에 속한다. 예를 들면, "빈 수레가 더 요란하다." "깊은 물은 조용히 흐른다."와 같은 표현법이다. 성경을 해석함에 있어서, "풍유법(諷喩法, Allegorism)"은 가령 아가(雅歌)에 나오는 것과 같은 시적 표현들을 낱낱이 그리스도에게 적용시켜서 필요 이상의 상징성을 부여하는 해석법을 가리킨다. 이런 해석은 성경을 복잡한 상징 문서로 여기게 하고 본래의 의미를 왜곡하므로 피해야 한다.

(9) **우유(寓喩)**: "표현하고자 하는 대상을 다른 것에 의존하여 비유적으로 나타내는 방식"을 가리킨다. "풍유(諷喩)"와 거의 같은 수사적(修辭的) 표현법이다.

(10) **활유(活喩)**: "생명이 없는 사물을 마치 살아 있는 것처럼 나타내는 표현방법"을 말한다. 예컨대, "굴러가는 낙엽", "울부짖는 바람", "아우성치는 깃발", "달려가는 기억" 등과 같은 표현

들이다. 이것은 "의인화(擬人化)와 닮은 점이 있지만 완전히 같은 것은 아니다.

(11) **의인화(擬人化, Personification)**: "사람이 아닌 것을 사람인 것처럼 나타내는 표현방법"이다. "가을은 마차를 타고 달아나는 신부(新婦)", "잎이 무성한 팔을 들어 기도하는 나무", "반달이 수줍은 듯 구름 뒤에 숨어서 얼굴을 반쯤만 내밀고 있다"와 같이 표현하는 것이다. "활유(活喩)"는 무생물을 생물처럼 움직이는 것으로 표현하는 것이고, "의인화(擬人化)"는 사람이 아닌 것을 사람이 행동하는 것으로 표현하는 것이다.

이상에서 우리는 "비유(比喩)"에 속하는 몇 가지 방법들을 간략히 살펴보았다. 모든 "비유"는 표현하고자 하는 내용을 보다 아름답고 의미 있게 묘사하는 수사적 기법이다. 이러한 방법들에 대한 지식은 거기에 담긴 내용을 더 잘 이해하는 데 도움이 될 것이다.

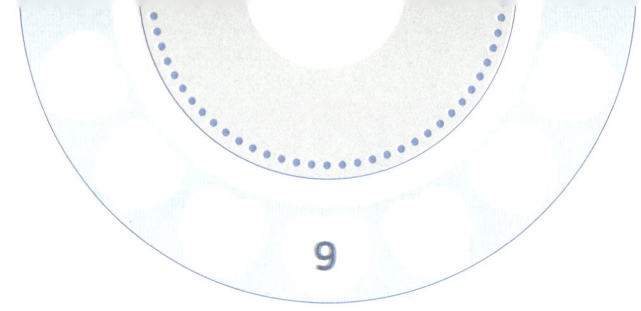

출입구(出入口) / 승강기(昇降機) /
탈의실(脫衣室), 갱의실(更衣室), 환의실(換衣室) /
흡연실(吸煙室)과 끽연실(喫煙室) /
온도계(溫度計)와 한란계(寒暖計) /
진입로(進入路)와 나들목 / 미닫이

1. 출입구(出入口)

　우리말 "출입구(出入口)"는 "출구(出口)"와 "입구(入口)"를 한꺼번에 일컫는 말이다. "출입문(出入門)"과 "출입국(出入國)"도 같은 방법으로 만들어진 단어들이다. 어떤 통로나 문이 "출구"로만 사용되면 "출구"라고 불러야 할 것이고, "입구"로만 사용된다면 "입구"로 불러야 할 것이지만, "출구"와 "입구"로 겸용되면 "출입구"라 부르는 것이 사리에 맞는다. 하지만 항상 그렇게 이름을 붙여야 하거나 그렇게 할 수 있는 것은 아니다.

　대부분의 서양 언어들에서는 "출입구"와 같은 합성어를 만드는 일이 불가능하다. "입구"는 영어로 entrance, 독일어로 Eingang, 프랑스어로 entrée, 스페인어로 entrada, 이탈리아어로 entrata이고, "출구"는 영어로 exit, 독일어로 Ausgang, 프랑스어로 sortie, 스페인어로 salida, 이탈리아어로 uscita이다. 그러나 "출입구"라는 말을 한 단어로 표현할 수는 없다. 그래서 우리말은 참 좋은 언어라는 생각이 든다.

우리나라의 지하철 "출입구"는 "출구"로 거의 통일되어 있다. 그래서 "3번 출구로 들어가라."라는 모순되는 말을 하고 있다. 들어가는 곳은 "입구(入口)"이고, 나오는 곳은 "출구(出口)"인데, 들어가나 나오나 "출구"만 사용하니 듣기에 어색한 말을 하면서 지하철을 타고 다닌다. "지하철 출구"는 "지하철 출입구"로 고쳐 부르는 것이 바람직하고 이치에도 맞는다.

2. 승강기(昇降機)

"승강기(昇降機)"라는 단어도 "오르고[昇(승)] 내리는[降(강)] 기계(機械)"라는 뜻에서 양 방향을 다 포함하고 있으므로 매우 잘 만들어진 단어이다. "승강기"는 이름 그대로 올라갈 때도 사용하고 내려올 때도 사용하는 기계이다. 그러나 대부분의 서양 언어들에서 "승강기"는 단지 "올라가는 기계"에 불과하다. 그 대표적인 예가 영어 "elevator/lift"와 "escalator"이다. 이 단어들에는 "상승기, 끌어올리는 기계"라는 뜻뿐이고, "하강기, 끌어내리는 기계"라는 의미는 없다. 영어로 "I came down by the elevator/lift" ("나는 엘리베이터['끌어올리는 기계']를 타고 내려왔다.")라는 말은 앞뒤가 맞지 않는다. "승강장(昇降場)"도 마찬가지인데, 버스를 "타기도/오르기도[昇(승)]" 하고, "내리기도[降(강)]" 하는 곳이므로 "승강장"이라고 하는 것이 매우 적절하다. 이런 점에 있어서 우리말 "승강기"와 "승강장"은 잘 만들어진 용어들이다.

3. 탈의실(脫衣室), 갱의실(更衣室), 환의실(換衣室)

"탈의실(脫衣室)" 또는 "탈의장(脫衣場)"은 "옷[衣(의)]을 벗는[脫(탈)] 곳"이라는 뜻이다. 그러나 우리는 그곳에서 옷을 벗기만 하지 않고, 옷을 입기도 한다. 그곳은 "옷을 갈아입는 곳"이다. 이 때문에 "탈의실"을 "갱의실(更衣室, '옷을 갈아입는 곳')"이라고 하는 사람도 있고, 또 "환의실(換衣室, '옷을 바꿔 입는 곳')"이라고 일컫는 사람도 있다. "탈의실"이라는 단어에 만족하지 못한 사람들이 애써 만든 단어들이므로 유의할 만하다고 생각된다.

영어로는 이것을 "dressing room" 또는 "changing room"이라고 한다. 전자는 "[옷을] 입는 곳"이라는 뜻이고, 후자는 "[옷을] 갈아입는 곳"이라는 뜻이다. 그러므로 "changing room"이 더 적절하고 정확한 말이라고 생각된다. 어느 언어의 어떤 단어든지 만들어진 당시의 관습과 문화와 유래 등이 작용하므로, 일단 만들어진 용어는 쉽게 고칠 수가 없다. 그러므로 우리가 "탈의실"을 다른 말로 바꿔 부르는 것은 쉽지 않다. 그러나 "탈의실"이 "옷을 벗는 일"만 강조하므로 부적합한 용어라고 생각하는 이들이 존재하는 것도 사실이다.

4. 흡연실(吸煙室)과 끽연실(喫煙室)

"흡연실(吸煙室)"의 문자적 의미는 "연기/담배[煙(연)]를 빨아들이는[吸(흡)] 곳"이고, 그런 의미에서 "담배를 피우는 곳"을 가리킨다. 사람들이 담배를 피울 때는 "빨아들이기[吸(흡)]"만 하는 것이 아니라 "내뿜기[呼(호)]"도 한다. 그런 의미에서 "흡연실"이란 용어도 "탈의실"과 마찬가지로 한쪽만 강조하는 용어로 비친다. 이런 점을 보완하기 위해서일지, 아니면 좀 더 실제적인 의미를 반영하기 위해서일지, "흡연실"을 "끽연실(喫煙室)"이라 칭하는 사람들이 있고, 이것이 국어사전에도 수록되어 있다. "끽연실"의 문자적 의미는 "연기/담배[煙(연)]를 먹는/마시는[喫(끽)] 곳"이다. 의미상 큰 차이는 없지만 "끽연실"이 "흡연실"보다는 더 적합하다고 느끼는 사람도 적지 않다. "흡연"과 "흡연실"만 알고 사용하는 이들이 "끽연"과 "끽연실"이라는 말을 듣거든 "오, 이렇게 칭하는 이들도 있구나." 라고 이해해 주면 좋겠다.

5. 온도계(溫度計)와 한란계(寒暖計)

"온도계(溫度計)"는 "온도를 재는 기구"이다. 그런데 여기서 문제가 되는 것은 "온도"라는 말이다. "온도"란 "덥고 찬/추운 정도, 또는 그 도수"라고 사전은 풀이하지만, "온도(溫度)"라는 글자 자체의 의미는 "더움/따뜻함[溫(온)]의 정도"이다. 그러나 실제로 온도를 재면 영하 50도(-50°)나 되어, "온도(溫度)"라기보다는 "냉도(冷度)"를 보이기도 한다. 그래서 이 용어를 합당치 않게 여기는 사람들이 생기게 되었고, 그들이 새로 만든 단어가 "한란계(寒暖計)"이다. "한란계"의 문자적 의미는 "차갑고[寒(한)] 따뜻한[暖(난)] 정도를 재는 기구"이다. 세상에는 이미 사용되는 용어들의 불합당함을 지적하고 개선하려는 사람들이 항상 있다.

6. 진입로(進入路)와 나들목

"진입로(進入路)"는 "[어떤 곳으로] 들어가는 도로"를 가리킨다. 그러나 이 도로를 통하여 나오는 사람과 자동차도 있을 것이므로, 들어가는 것과 나오는 것을 다 포함하지 못한 점에 있어서 불완전한 용어라 할 수 있다. 우리나라에 고속도로가 생긴 후에 일반적으로 사용되는 "고속도로 진입로"라는 말은 의미상으로 볼 때 고속도로에 진입할 때만 사용할 수 있는 단어이고, 나올 때는 사용하기가 어색한 용어이다. 그래서 생긴 단어가 "나들목"이라는 신조어(新造語)이다. 이것은 순 우리말로 "나오는 길목"과 "들어가는 길목"을 아울러 쓰도록 고안된 단어이다. 누가 만들었는지는 모르지만 그 사람의 언어 감각과 조어(造語) 능력에 감탄을 금할 수 없다. 이 새 단어가 나온 지 몇 해 되지 않았는데, 이미 넓게 통용되고 있는 것은 그 아이디어가 신선하고 그 뜻이 누구에게나 쉽게 공감되기 때문일 것이다.

7. 미닫이

한 국어사전은 "미닫이"를 "옆으로 밀어 여닫는[열고 닫는] 문. 영창(映窓)."이라고 풀이하였다. 그러나 이 단어 자체는 "밀다"와 "닫다"가 결합된 것이어서 "열다"의 뜻은 포함되지 않았다. 그렇다고 해서 이것을 "미여닫이"라고 하지는 않는다. 단지 어원에 "열다"의 뜻이 결여되었을 뿐이다. 이와 같이 단어의 구조와 어원 그리고 통용되는 의미를 살피는 것은 흥미로운 일이다.

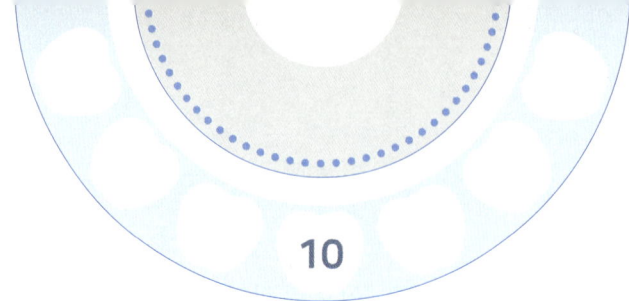

목적(目的)과 목표(目標) / "다르다"와 "틀리다"

1. 목적(目的)과 목표(目標)

앞에서 몇 가지 비슷한 단어들의 뜻과 용례를 비교해 본 바와 같이, 의미의 차이가 근소하여 분간(分揀)하기 어려운 단어들이 매우 많다. 그 중의 한 쌍은 "목적(目的)"과 "목표(目標)"라는 한자어들이고, 또 다른 쌍은 "다르다"와 "틀리다"라는 고유어들이다. 이 두 쌍은 실생활에서 매우 자주 쓰이면서도 구별이 잘 안 되는 단어들에 속한다. 먼저 "목적"과 "목표"에 관하여 살펴보자.

"목적"은 어떤 일을 하거나 계획을 세움에 있어서 그것의 최종결과로 성취하려는 이상(理想)이다. 따라서 "목적"은 그 개념이 광범위하고 추상적일 수 있으며, 그것의 성취를 구체적으로 측정하기는 불가능하거나 애매하다. 반면에 "목표"는 미래의 어떤 시점에서 달성하기를 기대하는 구체적인 성취도를 가리킨다. 그러므로 "목표"는 현실적으로 실행이 가능하고 그 결과를 측정할 수 있으며, 형식상 시간적으로 단기 또는 중·장기로 나누어 설정하거나 공간적으로 장소나 해당 지역 또는 대상을 한정할 수 있다.

달리 말하면, "목적"은 "비전(vision)"에 가깝고, "목표"는 "미션(mission)"에 가깝다. 왜냐하면 "비전"은 미래에 궁극적으로 도달하고자 하는 이상적인 모습이고, "미션"은 현재 반드시 이루어야 하는 과제를 명시적으로 진술해 놓는 것이기 때문이다. 물론 이러한 유비(類比)가 정확한 것은 아니지만 이 단어들이 갖는 의미의 상당한 부분이 비슷하다고 할 수 있다.

비근한 예를 들어, 어느 비둔한 사람이 체중을 줄이기 위해 운동을 한다고 가정해보자. 그에게 있어서 운동을 하는 "목적"은 그의 체중을 정상적인 중량으로 줄이는 것이고, "목표"는 1주일에 2킬로그램씩 줄여서 5주일 후에는 10킬로그램을 줄이고, 이것을 이루기 위하여 하루에 10킬로미터씩을 매주 5회 이상 달리기로 하는 것이다.

좀 더 고차적인 예를 들어보자. 이른바 교육(教育)의 "목적"은 학생으로 하여금 건강한 신체와 건전한 정신을 가진 고상한 인격체로 양육하는 것이라고 할 수 있고, 초등학교 1학년 교육의 "목표"는 국어를 읽을 수 있고, 산술의 기본인 더하기와 빼기를 할 수 있으며, 기본적인 예의를 지키도록 가르치는 것이라고 할 수 있다. 여기서 우리는 "목적"과 "목표"가 결코 서로 맞바꿔 쓸 수 없는 의미를 가진 단어들이라는 사실을 알 수 있다.

한국어에서는 "목적"과 "목표"라는 두 단어가 약간의 혼란을 일으키지만 영어에서는 여러 개의 단어들이 훨씬 더 미묘하고 복잡한 양상을 보이고 있다. 이와 관련된 영어 단어에는 다음과 같은 것들이 있다. (1) purpose (목적), (2) objective (목표), (3) goal (목표, 목적지), (4) aim (목적, 목표), (5) target (표적, 목표). 이 다섯 개의 단어들의 의미의 차이를 설명하려고 시도한 문건이 인터넷에 여러 편 올라 있으나 설명 자체가 주관적이어서 통일성이 없고, 아무리 읽어도 확실한 차이점을 파악할 수가 없다. 이 점에 대하여 한 사람은 다음과 같이 토로(吐露)하였다. "I have seen many attempts to differentiate between the terms aim, goal, target and objective, none of them very convincing. The meaning of terms in the English language derives primarily from usage and not (as in other European languages with which I am familiar) from definitions. As someone already pointed out in a previous answer these terms are used interchangeably." ["나는 aim, goal, target, 그리고 objective와 같은 용어들을 구별하려는 시도를 많이 보아 왔지만 그 중의 하나도 설득력이 없다. 영어에 있어서의 용어들의 의미는 주로 그것의 용례(用例)에서 이루어지는 것이지 (내가 익히 아는 다른 유럽 언어들에서처럼) 그것의 정의(定義)에서 이루어지는 것은 아니다. 앞서 나온 대답에서 누군가가 이미 지적했듯이, 이 용어들은 서로 엇바꾸어 사용할 수 있는 것들이다."]

제시된 여러 의견들을 고려해 볼 때, 저 위에 열거된 용어들 가운데서 (1)번, 즉 purpose는 확실히 "목적"이고, (2)번부터 (5)번까지, 즉 objective, goal, aim, target는 의미의 차이가 불분명한 동의어로 보는 것이 맞을 것 같다.

영어든지 우리말이든지 간에 "목적(purpose)"과 "목표(objective)"는 분명히 다른 의미를 가진 단어들이라는 것은 분명하다. "목적"은 지향(志向)하는 방향을 가리키는 추상적인 개념이고, "목표"는 달성(達成)해야 하는 표준을 제시하는 구체적인 개념이다. 두 개념을 상대적으로 말하면, "목적"은 좀 멀리 있는 큰 것이고, "목표"는 가까이 있는 작은 것이다. "목적"은 장기적인 것으로서, 그 안에 포함된 단기적인 "목표"들이 순차적으로 달성될 때 궁극적으로 성취되는 것이다.

2. "다르다"와 "틀리다"

어느 목사가 설교 시간에 다음과 같이 외쳤다. "우리는 서로 생각이 틀리고, 말씨도 틀리고, 자라온 배경도 틀리지만 그리스도 안에서 같은 믿음과 같은 소망과 같은 사랑으로 하나가 되어야 합니다." 그가 말하고자 하는 내용은 매우 좋은 것이지만 그가 여기서 사용한 단어 "틀리고"와 "틀리지만"은 그야말로 틀리게 쓴 것이다. 이 설교에서 "틀리다"라는 단어는 모두 "다르다"로 고쳐야 한다. "우리는 서로 생각이 다르고, 말씨도 다르고, 자라온 배경도 다르지만"으로 말해야 올바른 우리말이 된다.

"다르다"는 형용사로서 "같지 않다"(different, not same)를 뜻하고, "틀리다"는 동사로서 "옳지 않다"(incorrect) 또는 "맞지 않다"(wrong)를 의미한다. 이렇게 서로 다른 품사와 의미를 가진 단어들이 어떻게 하여 혼용되고 있는지는 알 수 없으나 "틀리다"라는 말이 "다르다"라는 단어의 의미를 침범한 것은 사실이다. 남도에서 시작된 이와 같은 의미의 침범 현상은 점점 북상하여 지금은 수도권에서 사는 사람들도 "너와 나의 의견이 틀린다."라는 말을 스스럼없이 쓰고, "그것은 사실과는 틀린다."라는 말을 자주 하고 있는 것이 현실이다.

그러나 우리는 할 수 있는 대로 표준말을 바르게 사용하는 것이 듣기에도 좋고 말하는 사람에 대한 평가도 좋아진다. 그러므로 "다르다"와 "틀리다"라는 말의 정의(定義)와 용례(用例)를 소개함으로써 이 두 단어의 의미의 차이를 확실하게 보여주려고 한다.

먼저, 이 두 단어의 정의를 사전에서 찾아보면, "다르다"는 형용사이고, ① "비교가 되는 두 대상이 서로 같지 아니하다", ② "보통의 것보다 두드러진 데가 있다"라는 뜻이고, "틀리다"는 자동사이며, ① "계산이나 사실 따위가 잘못되거나 어긋나다", ② "바라거나 하려는 일이 순조롭게 되지 못하다", ③ "마음이나 행동 따위가 올바르지 못하고 비뚤어지다"라는 의미이다.

다음으로, 이 두 단어의 옳은 용례(O)와 틀리는 용례(X)를 대조하면 다음과 같다.

"내 견해는 너하고 다르다."(O) "내 견해는 너하고 틀리다."(X)
"쌍둥이도 서로 성격이 다르다."(O) "쌍둥이도 서로 성격이 틀리다."(X)

한편, "틀리다"의 뜻으로 써야 하는 경우는 아래와 같다.

"그 학생이 쓴 답은 틀렸다." "계산기가 한 계산인데 틀릴 리가 없지."
"그 배우는 연극 대사를 하나도 안 틀리고 줄줄 외운다."

영국의 철학자, 과학자, 정치가, 웅변가, 저술가인 프랜시스 베이컨(Francis Bacon, 1561~1626)은 다음과 같은 유명한 말을 남김으로써 만인의 스승이 되었다. "Reading makes a full man; conference a ready man; and writing an exact man." ["독서(讀書)는 충만한 사람을 만들고, 회의(會議)는 준비된 사람을 만들며, 저술(著述)은 정확한 사람을 만든다."]. 글을 많이 써야 비슷한 단어들의 미묘한 차이와 정확한 의미를 옳게 알고 바르게 사용할 수 있다.

농단(壟斷)과 농락(籠絡) /
조롱(嘲弄), 희롱(戲弄), 우롱(愚弄),
기롱(譏弄), 기롱(欺弄)

　근년에 대한민국은 '대통령 탄핵'이라는 미증유(未曾有)의 국가적 비극을 경험하였다. 국회와 헌법재판소는 헌법 제65조에 명시된 대통령 탄핵 조건에 해당되는지 안 되는지가 불분명한 사유로 현직 대통령을 쫓아냈다. 그 잡다한 사유들 가운데 하나가 이른바 '국정농단(國政壟斷)'이었다. 이 사건을 계기로 하여 그 전까지는 거의 사용되지 않던 어려운 단어인 "농단"이라는 말이 온 국민의 입에 회자(膾炙)되는 일상어가 되었다. 하지만 이 단어의 의미를 제대로 알고 쓰는 사람이 과연 몇이나 될까? 별로 많지는 않을 것 같다.

1. "농단(壟斷)"의 유래

"농단(壟斷)"이란 말은 맹자(孟子, 372~289 BC)의 「공손추 하(公孫丑下)」에서 유래하였다. 원문에서는 "용단(龍斷)"으로 되어 있는데, 고대에 '용(龍)'은 '농(壟, 밭두렁)'과 같은 뜻으로도 쓰였고, '용단(龍斷)' 즉 '농단(壟斷)'은 '깎아 세운 듯이 높은 밭두렁 또는 언덕'을 가리켰다. 이 말이 유래된 고사(故事)의 전말(顚末)은 다음과 같다.

[맹자가 제(齊)나라 선왕(宣王)의 정치고문으로 있었는데, 왕이 그의 진언을 도무지 받아들이지 않자 맹자는 사직서를 제출하고 귀향하려 하였다. 그때 선왕이 맹자를 찾아와 말했다. "전에는 뵙고 싶어도 뵙지 못하다가 모시게 되어서 온 조정이 매우 기뻤습니다. 이제 다시 과인을 버리고 가시니 이다음에도 계속해서 뵐 수 있을지 모르겠습니다." 이에 대하여 맹자는 "감히 그렇게 해 달라고 청하지는 못하지만 진실로 그렇게 되기를 원하는 바입니다."라고 대답했다. 얼마 후에 왕은 시자(時子)에게 말했다. "나는 맹자에게 도성에 집을 마련해 주고, 만 종(萬鍾, '종(鍾)'은 여섯 섬 너 말을 가리키는 단위)의 녹봉(祿俸)을 주어 제자들을 양성하게 하여 대부들과 국민으로 하여금 공경하고 본받게 하고 싶은데, 자네가 이 뜻을 맹자에게 전해 주지 않겠는가?" 시자는 맹자의 제자인 진자(陳子)를 통해 이 뜻을 맹자에게 전했다. 진자가 시자의 말을 전하자 맹자가 말했다. "시자는 어찌 그것이 될 수 없다는 것을 모르는가? 내가 부(富)를 원한다면 십만 종(鍾)의 녹봉을 마다하고, 만 종의

녹을 받으려고 하겠는가? 이것이 부자가 되려는 자가 하는 짓이겠는가? 일찍이 계손(季孫)이 이렇게 말했다. '자숙의(子叔疑)는 정말 이상하구나. 자기가 정치를 하다가 받아들여지지 않으면 그만두고 말 것이지, 어찌하여 제자에게 벼슬을 시키는가? 누군들 부귀를 원하지 않으랴마는 그는 홀로 부귀한 가운데 있으면서도 부귀를 독차지한 것이다.' 또 옛날에 사람들이 시장에서 하는 일은 자기가 가진 것으로써 가지지 못한 것을 바꾸는 것이었고, 관리하는 사람은 다만 그것을 살필 뿐이었다. 그런데 한 천박한 사람이 나타나 우뚝 솟은 언덕[龍斷=壟斷]에 올라가 좌우를 살펴보고는 시장의 이익을 싹쓸이해 버렸다. 사람들은 모두 이를 천박하게 여겼기 때문에 이때부터 세금을 거두게 된 것이다. 장사에 세금을 징수하는 것은 이 천박한 사람으로부터 시작되었다."]

이 고사로부터 '농단'이란 말이 나오게 되었다. 그것은 '높이 솟은 언덕'이란 뜻에서 '가장 좋은 자리를 차지하여 이익이나 세력을 독점하는 것'을 의미한다. 예를 들면, 다음과 같이 말할 수 있다. "전에는 몇 개의 기업이 정부의 보호 아래 내수 시장을 '농단'했지만, 이제는 여러 기업들도 생겨서 무한경쟁 시대로 접어들었다."

이상과 같은 '농단'의 유래와 의미에 기초하여, "정부 또는 국가의 권력과 이권을 소수의 사람이 무단으로 독차지하여 휘두르는 것"을 "국정농단"이란 말로 일컫게 되었다.

2. 농단(壟斷)과 농락(籠絡)

　이 두 단어가 사용되는 예를 보면 어감(語感) 상으로는 매우 비슷하게 들리지만, 내용적으로는 전혀 다른 두 개의 단어이고, '농'의 한자도 서로 다른 글자이다. "농락(籠絡)"의 "롱(籠)"은 "새장" 즉 "조롱(鳥籠)"을 의미하고, "락(絡)"은 "고삐"를 뜻한다. 그리하여 "농락"은 "새장과 고삐"라는 뜻으로 "남을 교묘한 꾀로 휘어잡아서 제 마음대로 놀리거나 이용함"을 의미한다. 예를 들면, "저 여인은 남자에게 농락당하여 신세를 망쳤다." 또는 "자네가 그렇게 함부로 말하니, 마치 내가 자네에게 농락당하는 기분일세."라고 말할 수 있다.

　그러나 "농단"은 위에서 본 바와 같이 "이익이나 권력을 독점하여 제 맘대로 사용함"을 의미하여 "농락"과는 직접적인 상관이 없는 단어이다. 그럼에도 불구하고 "농단"과 "농락" 사이에는 약간의 연관성이 있어 보인다. 예컨대, 한 사람이 시장(市場)이나 국정(國政)을 "농단"하면, 시민과 국민은 마치 자신이 "농락"을 당한 것처럼 느끼게 된다. 그렇지만 두 단어의 의미와 용례는 엄연히 다르다는 사실을 알아둘 필요가 있다.

3. 조롱(嘲弄), 희롱(戱弄), 우롱(愚弄), 기롱(譏弄), 기롱(欺弄)

　"-롱(弄)" 자 돌림으로 된 이 다섯 단어는 의미의 차이가 미미한 유의어(類義語)들이다. 우선 사전을 찾아보면 다음과 같이 풀이되어 있다.

(1) **조롱(嘲弄)**: 깔보거나 비웃으며 놀림. 예: 양반을 조롱하는 내용의 소설.
(2) **희롱(戱弄)**: 장난하며 놂, 또는 장난삼아 놀림. 기롱(譏弄). 예: 암수가 어울려 희롱하다. 학생들이 한 친구를 따돌리며 희롱하는 것은 엄격히 금지되어야 한다.
(3) **우롱(愚弄)**: 남을 바보로 여기고 업신여겨 놀림. 예: 지도자를 우롱하는 만화.
(4) **기롱(譏弄)**: 남을 업신여겨 실없는 말로 놀림. 희롱(戱弄).
(5) **기롱(欺弄)**: 남을 속이어 놀리거나 농락함.

이 다섯 단어의 공통점은 모두 '롱(弄)' 자로 끝나는 것이고, 따라서 의미상의 공통점은 '남을 놀리는 것'이다. 다른 점은 남을 놀리는 방법이다. "조롱"은 비웃으면서[嘲] 놀리는 것이고, "희롱"은 장난삼아[戱] 놀리는 것이며, "우롱"은 바보로[愚] 여기면서 놀리는 것이다. "기롱(譏弄)"은 실없는 말[譏]로 놀리는 것이고, "기롱(欺弄)"은 남을 속여서[欺] 놀리는 것이다. 위의 설명에서 보듯이, 이 다섯 단어 중에서 의미가 가장 가까운 것은 "희롱(戱弄)"과 "기롱(譏弄)"이다. [참고로, 성경 「개역한글판」에는 "조롱(嘲弄)"이 33회, "희롱(戱弄)"이 16회, "기롱(譏弄)"이 6회, 도합 55회 사용되었다.]

이상과 같이 남을 놀리는 데도 그 방법에 따라 다양한 단어로 표현하는 것은 매우 신기로운 일이다. 이런 것이 우리말의 장점(長點)이자 난점(難點)이다. 장점은 표현의 다양성과 섬세함이고, 난점은 뜻이 비슷한 단어들의 미세한 차이점들을 구별하여 바르게 사용하기가 쉽지 않은 것이다. 항간(巷間)에 "아 다르고 어 다르다."라는 말이 가끔 들리는데, 이것은 상대방이 곱지 않게 말할 때, 또는 표현이 야릇하여 듣는 이의 기분을 상하게 할 때 대꾸하는 말로 사용되지만, 미묘한 차이가 있는 단어들을 어떤 경우에 어떻게 사용하느냐에 따라서 그 의미와 반응이 달라지는 데도 사용할 수 있을 것 같다. 이런 시각에서 볼 때, 한국어는 정말 "아 다르고 어 다른" 언어이다.

부여조(父與祖)와 자여손(子與孫) / 세(世)와 대(代)

1. 부여조(父與祖)

창세기 49장에는 연로한 야곱이 그의 열두 아들에게 말한 예언적 축복이 기록되어 있다. 그 중에서 요셉에게 말한 축복과 분부에는 다음과 같은 말씀이 포함되어 있다. "네 아비의 축복이 내 **부여조**(父與祖)의 축복보다 나아서 영원한 산이 한없음같이 이 축복이 요셉의 머리로 돌아오며, 그 형제 중 뛰어난 자의 정수리로 돌아오리로다."(창 49:26). 열두 지파에 대한 축복이 다 끝난 다음에 야곱은 다시 그 모든 아들들을 향하여 명하기를 "내가 내 열조에게로 돌아가리니, 나를 헷 사람 에브론의 밭에 있는 굴에 우리 **부여조**(父與祖)와 함께 장사하라."(29절)고 거듭 당부하였다. 이리하여 「개역한글판」 성경에는 "부여조"란 말이 2회 나타난다. 이것을 「개역개정판」과 다른 역본들은 "선조(先祖)"라고 번역하였다.

"부여조(父與祖)"라는 말은 문자적으로 "아버지와 할아버지/조상"이라는 뜻이다. 이 단어의 가운데 글자를 빼고 간단히 "부조(父祖)"라고도 하는 이 말은 "모든 선조"를 가리킨다. 이 말과 같은 의미로 성경에 300회 이상 나타나는 단어가 "열조(列祖)"인데, 이 말의 원어의 문자적 의미는 "아버지들" 즉 "조상들"이다. 오늘날에는 이 단어들이 거의 사용되지 않지만 지난 세기의 중반까지만 해도 점잖은 어른들의 입에 자주 오르내렸다.

2. 자여손(子與손孫)

"부여조(父與祖)"의 상대어(相對語)는 "자여손(子與孫)"이다. 이것은 "아들과 손자" 즉 "모든 자손", 딸들과 손녀들까지 포함한 "모든 후손"이다. "자여손"은 성경에는 나타나지 않지만 우리말 사전에는 수록된 단어이다. 이 말을 교인들이 자주 쓰지는 않지만, 가정 방문을 하는 경우나 교회 예배 중에 개인들을 위한 축복기도를 드릴 때 연만한 목회자와 장로들이 가끔 사용하는 것을 들을 수 있다. 그런데 이 단어의 발음을 제대로 하는 사람을 나는 아직 한 번도 만나보지 못했다. 많은 사람들이 이 단어를 언급할 때, "자여손"이라 하지 않고 "자녀손(子女孫)"이라고 발음한다. 그래서 좀 민망함을 무릅쓰고 내가 그런 기도를 드린 사람에게 "'자녀손'이란 말의 뜻이 무엇이지요?"라고 물으면 그들은 여출일구(如出一口)로 대답하기를 "'자녀들과 손자녀들'이지요."라고 한다. 뜻은 바로 알고 있으면서도 발음을 잘못 하는 까닭은 "자여손"의 가운데 글자인 "여(與)"의 의미를 모르기 때문인 것으로 보인다. "여(與)"는 "더불어, 함께" 또는 "그리고, -와[-과](and)"라는 뜻이다. 그래서 "부여조"는 "아버지 그리고 할아버지[아버지와 할아버지]"이고, "자여손"은 "아들 그리고 손자[아들과 손자]"이다. 여기서 "아들"이란 말에는 "딸"도 포함되고, "손자"라는 말에는 "손녀"도 포함된다. 따라서 "자녀손(子女孫)"이란 말은 틀렸고, "자여손(子與孫)"이라 해야 맞는다.

그러므로 우리가 교회에서 드리는 공중기도나 가정에서 드리는 축복기도에서 한 가정의 모든 자손들 또는 후손들을 축복하려 할 때에는 "이 가정(또는 아무개)의 모든 '**자여손**'을 축복해 주시옵소서."라고 기도해야지 "이 가정의 모든 '자녀손'에게 축복해 주시옵소서."라고 하면 "경우에 합당한 말"이 아니다.

"부여조(父與祖)"와 "자여손(子與孫)"과 같은 한자어에는 약간의 고전미가 깃들여 있어서 이런 말을 사용하는 사람이 품위 있고 유식하게 보이지만, 그가 발음을 잘못 하거나 한자를 잘못 알고 있으면 오히려 품위가 없고 무식하게 보일 수도 있다. 그러므로 사용하고자 하는 단어를 정확하게 이해하고, 한자어의 경우에는 그 한자의 의미까지 알고 사용하는 것이 안전하다.

3. 세(世)와 대(代)

"세대(世代)"란 "세(世)"와 "대(代)"를 합친 것이다. "세(世)"는 세대를 위로부터 아래로 계산하는 것이고, "대(代)"는 세대를 아래로부터 위로 계산하는 것이다. 우리가 사람의 세대 수를 계산할 때, 부여조(父與祖) 즉 선대로 올라가면 이대조(二代祖), 삼대조(三代祖), 사대조(四代祖), 오대조(五代祖)라 부르고, 자여손(子與孫) 즉 후대로 내려가면 이세손(二世孫), 삼세손(三世孫), 사세손(四世孫), 오세손(五世孫)이라 칭한다. 이것이 원래의 계산법이요 올바른 호칭이다.

그러므로 「개역한글판」 성경이 에녹을 "아담의 칠세손(七世孫)"(유 14)이라고 한 것은 매우 정확하게 표현한 것이다. 그런데 「개역한글판」보다 뒤에 나온 다른 역본들이 거의 모두 에녹을 "아담의 칠대손(七代孫)"이라고 번역한 것은 문자 그대로 개악(改惡)된 번역이다. 에녹은 아담의 칠세손(七世孫), 아담은 에녹의 칠대조(七代祖)라고 해야 어법에 맞는 정확한 표현이다.

그러나 언어의 관습은 세월의 흐름에 따라 변하는 경우가 많아서 한 시대의 어법을 영구적으로 고집할 수는 없는 것 같다. 내려가는 "세(世)"와 올라가는 "대(代)"를 구별해서 말하던 어른들은 모두 열조와 함께 잠든 사이에 그들의 후손들은 그 구별이 번거롭고 귀찮다고 하여 "세(世)"는 버리고 "대(代)"만 사용하는 시대가 된 것이다. 그리하여 오늘날에는 구시대의 유물에서 향수를 느끼는 소수의 생존자들 외에는 거의 모든 사람이 세대를 오르거나 내려가거나 간에 모두 "대(代)"로써 세대 수를 헤아리고 있다. 그래서 현대의 역본들이 에녹을 "아담의 칠대손(七代孫)"이라고 번역한 것이다. 다수가 사용하면 표준어가 되는 것이 언어의 생리이므로 그대로 따를 수밖에 없다. 그러나 원래는 그렇지 않았다는 것을 아는 사람도 있어야 한다. 그런 사람이 단어의 변천사를 기록·보존하고, 언어의 발달사를 후대에 전할 것이다.

우리가 아무리 "삭월세(朔月貰)"가 원래의 말이고 한자어의 정확한 발음이라고 고집한다 해도 이 말은 이미 고어(古語)가 되어 더 이상 표준어가 되지 못하고, 실제적인 발음인 "사글세"에게 표준어의 자리를 내주고 말았다. "우뢰(雨雷)"도 같은 이유로 사어(死語)가 되었고 "우레"가 그 자리를 차지하였다. "왔읍니다, 갔읍니다"를 표준어로 배운 사람들은 거의 모두 사라졌고, "왔습니다, 갔습니다"를 올바른 표기로 배운 사람들이 이제 이 사회의 지도층이 되었다. 현자가 **"한 세대는 가고 한 세대는 오되 땅은 영원히 있도다."**(전 1:4)라고 읊은 것은 그가 이런 때를 내다보았기 때문일까?

"부여조(父與祖)"를 말하던 사람들은 저만큼 물러갔고, "자여손(子與孫)"을 옳게 알고 바르게 발음하는 사람은 거의 다 없어졌다. "세(世)"와 "대(代)"를 옳게 구분하던 세대(世代)는 지나갔고, "세(世)"는 버리고 "대(代)"만 쓰는 시대(時代)가 눈앞에 전개되었다. 이리하여 "경우에 합당한 말"은 주소를 변경하여 새로운 환경에 적응하느라 기를 쓰며 애를 쓰고 있다. 이런 때에 우리는 다윗 왕의 반지에 그의 신하 세공인이 새겨주었다고 하는 다음과 같은 글귀를 되뇐다. "이것 또한 지나가리라." 영어로 말하면, "This, too, shall pass away."

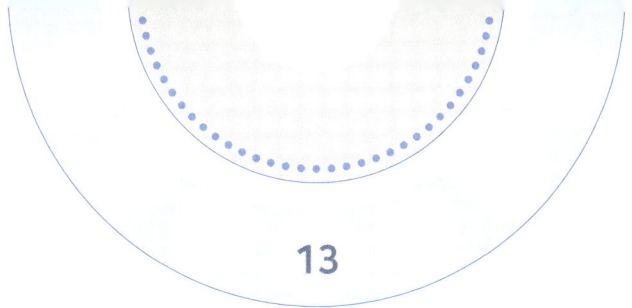

한자성어(漢字成語), 고사성어(故事成語), 사자성어(四字成語)

1. 한국어 어휘에서 한자어(漢字語)가 차지하는 비율

한국어의 어휘는 크게 세 종류, 즉 고유어(固有語), 한자어(漢字語), 그리고 외래어(外來語)로 나뉜다. 그렇다면 이 세 가지의 비율은 어떨까?

1951년에 한글학회가 편찬한 「큰사전」에 수록된 단어들 중에서 고유어는 45.6퍼센트, 한자어가 52.11퍼센트, 그리고 외래어는 2.4퍼센트였다고 한다. 그러나 1961년에 나온 이희승(李熙昇) 편 「국어대사전」에서는 고유어가 24.4퍼센트에 불과하고, 한자어는 69.3퍼센트나 되며, 외래어는 6.28퍼센트이다.

그렇게 짧은 기간에 비율이 크게 달라진 것은 사전 편찬자들의 어휘 선택이 한 쪽은 고유어 쪽으로, 다른 한 쪽은 한자어 쪽으로 기울어져 있었기 때문일 것이다. 여기서 우리가 눈여겨봐야 할 사실은 한자어가 차지하는 비율이다. 「큰사전」에서는 52.11퍼센트이고, 「국어대사전」에서는 69.3퍼센트나 된다. 이 두 통계에서 우리가 알 수 있는 것은 한국어에서 한자어가 차지하는 비율이 52.11퍼센트에서 69.3퍼센트, 즉 적어도 2분의 1 이상이고, 많게는 3분의 2를 상회(上廻)한다는 사실이다.

2. 한자로 된 성어(成語)들

우리말에서 한자어는 아무리 적게 잡아도 절반 이상을 차지하고 있는데, 그 중에서 좀 특이하고 고급스러운 한자어들이 있다. 그것은 한자로 된 성어(成語)들, 즉 옛날부터 전해져 오거나 인용되어 오는 표현 또는 어휘들이다. 이런 성어들은 다시 세 부류로 나뉘는데, 첫째는 "한자성어(漢字成語)"이고, 둘째는 "고사성어(故事成語)"이며, 셋째는 "사자성어(四字成語)"이다. 이 세 가지를 사람들이 별 생각 없이 되는 대로 사용하는 것을 흔히 볼 수 있다. 하지만 이 세 가지는 사용되는 경우가 똑 같지는 않고, 따라서 그 내용과 용례도 구별되는 것임을 기억할 필요가 있다.

3. 한자성어(漢字成語)

첫째, 한자로 된 성어는 모두 "한자성어"이다. 그 성어가 고대의 현인(賢人)들이 사용하기 시작하여 세월을 타고 내려온 것이든지, 또는 고대의 문헌에 기록된 말씀이나 사건에서 유래된 것이든지, 현대의 사람들이 만들거나 우리말로 된 격언 같은 말씀을 한자로 만들어서 사용하는 것이든지, 모두가 "한자성어"이다. 그리고 성어의 글자 수가 몇 개이든지에 상관없이 문자가 한자로 된 것이면 다 "한자성어"이다. 여기에는 아래에서 살펴볼 "고사성어"와 "사자성어"가 다 포함된다.

예를 들어, "전대미문(前代未聞)", "전무후무(前無後無)", "천신만고(千辛萬苦)", "박학다식(博學多識)", "패가망신(敗家亡身)", "갑론을박(甲論乙駁)", "거두절미(去頭截尾)", 등은 특별한 고사(故事)나 문헌에서 유래된 것이 아니지만, 한자로 만들어진 성어들이므로 모두 "한자성어"이다. 반면에, "각주구검(刻舟求劍)", "맹모삼천(孟母三遷)", "새옹지마(塞翁之馬)", "읍참마속(泣斬馬謖)", "삼고초려(三顧草廬)", "백미(白眉)", "오십보소백보(五十步笑百步)", 등은 과거에 있었던 어떤 사건 또는 문헌에서 유래한 "성어"들이지만, 여기에는 "고사성어"도 있고, "고사성어"가 아닌 것도 있다. 하지만 모두가 한자로 표현되었으므로 "한자성어"라 일컫는다. "한자성어"에는 "고사성어"가 아닌 것이 매우 많이 포함된다.

4. 고사성어(故事成語)

"고사성어(故事成語)"는 옛날에 있었던 어떤 일화나 문헌 등의 고사(故事)에서 유래된 성어들을 통틀어서 "고사성어(故事成語)"라 일컫는다. 예컨대, "삼고초려(三顧草廬)"는 옛날 중국 촉한(蜀漢)의 임금 유비(劉備)가 제갈 양(諸葛亮)의 초옥(草屋)을 세 번 찾아가 간청함으로 마침내 그를 군사(軍師)로 맞아들인 고사를 가리킨다. 그래서 오늘날에도 어떤 사람을 관직에 모시고자 하여 여러 번 간청할 때, "삼고초려

한다"고 표현하는 것이다. 위에서 언급한 "각주구검(刻舟求劍)", "맹모삼천(孟母三遷)", "새옹지마(塞翁之馬)", "읍참마속(泣斬馬謖)", "백미(白眉)", "오십보소백보(五十步笑百步)" 외에도 "위편삼절(韋編三絕)", "일일삼성(一日三省)", "근묵자흑(近墨者黑)", "풍수지탄(風樹之嘆)", "남가일몽(南柯一夢)", "장주지몽(莊周之夢)", "한단지몽(邯鄲之夢)", "송양지인(宋襄之仁)", "미생지신(尾生之信)", "우공이산(愚公移山)", "옥석구분(玉石俱焚)", "점입가경(漸入佳境)", "어부지리(漁父之利)", "줄탁동시(啐啄同時)", "함흥차사(咸興差使)", "태산명동서일필(泰山鳴動鼠一匹)", 등등의 수많은 고사성어들이 일상생활의 글과 말에서 사용되고 있다. "고사성어"가 반드시 네 글자로 이뤄져야 하는 것은 아니다. 글자 수에 상관없이 고사에서 온 것이면 다 "고사성어"라 할 수 있다. 어떤 "성어"가 "고사성어"인지 또는 단순히 "한자성어"인지가 불확실할 경우가 많으므로 용어를 사용할 때 주의해야 한다.

5. 사자성어(四字成語)

"한자성어(漢字成語)"와 "고사성어(故事成語)" 중에는 네 글자로 된 것이 가장 많다. 그래서 "한자성어" 또는 "고사성어"라고 하면 으레 "사자성어"라고 생각하는 사람들이 적지 않다. 하지만 "사자성어"(四字成語)는 반드시 네 글자로 이루어져야 한다. 따라서 위에서 언급한 "백미(白眉)", "오십보소백보(五十步笑百步)", "태산명동서일필(泰山鳴動鼠一匹)"과, 기타 "언필칭요순(言必稱堯舜)", "일언이폐지(一言以蔽之)", "남아일언중천금(男兒一言重千金)", "백마비마론(白馬非馬論)", "부지하

세월(不知何歲月)", 등등은 "한자성어" 또는 "고사성어"는 되지만 "사자성어"라고 할 수는 없다.

6. 피할 수 없는 한자성어(漢字成語)

간추려서 말하면, "한자성어(漢字成語)"는 한자로만 된 모든 성어에 적용할 수 있는 용어이므로 그것의 적용 범위가 가장 넓은 단어이고, "고사성어(故事成語)"는 반드시 고사(古事, 故事)에서 유래된 성어이므로 "한자성어"보다는 적용 범위가 좁은 단어이다. 그리고 "사자성어(四字成語)"는 한자로 된 성어들 가운데서 반드시 네 글자로 된 것이어야 하므로 상대적으로 범위가 제한되는 용어이다. 그러므로 우리가 한자로 된 성어들을 사용할 때, 경우에 적합한 성어들을 선택하고 사례에 합당한 명칭들을 사용하는 것은 매우 돋보이는 일이다.

우리말 어휘의 2분의 1 이상 또는 3분의 2 가량이 한자에서 온 단어들이고, 한자는 함축성과 표현력이 풍부한 문자이므로, 우리는 어차피(於此彼) 한자어를 사용할 수밖에 없다. 특히, 고사성어들은 고대의 역사와 문학과 문화를 반영하고 있으므로 그것들을 사용하기 위해서는 성어들의 배경과 유래에 관한 연구가 필요하고, 그것들을 정확하게 이해하고 적절하게 사용할 수 있기 위해서는 많은 노력을 기울이지 않으면 안 될 것이다. 한자성어, 특히 고사성어는 지식층의 사람들이 애용하고, 역사와 인문학을 논할 때는 더욱 자주 사용하는 것이므로 그 방면에 종사하거나 관심을 가진 이들은 한자성어들에 대하여 관심을 많이 가지는 것은 피할 수 없는 일이다.

"쌍벽(雙壁)"이 아니라 "쌍벽(雙璧)" / "완벽(完壁)"이 아니라 "완벽(完璧)" / "되어지다"가 아니라 "되다" / "설레임"이 아니라 "설렘" / "바램"이 아니라 "바람"

1. "쌍벽(雙壁)"이 아니라 "쌍벽(雙璧)"

나는 젊었을 때 "쌍벽"이란 단어가 "두 개의 벽(壁)"을 가리키는 "쌍벽(雙壁)"인 줄 알았다. 그러나 나중에 알고 보니까 그것은 "두 개의 벽(壁)"이 아니라 "두 개의 둥근 구슬[璧]"을 뜻하는 "쌍벽(雙璧)"이었다. 다시 말해서, "벽(壁)" 자가 "벽(辟)" 자 아래에 "토(土)" 자를 쓴 것이 아니라, "벽(辟)" 자 아래에 "옥(玉)" 자를 쓴 것이었다. 이것을 깨달았을 때, 그 전에 내가 이 단어를 쓰면서 혹시 잘못을 범하지 않았나 싶었는데, 다행히 말로는 "쌍벽을 이룬다"는 말을 가끔 했지만 글로 쓴 적은 없는 것 같아서 적이 안심이 되었다.

"쌍벽(雙璧)"이란 원래 "두 개의 구슬"을 뜻하는 말로서, 여럿 중에서 가장 뛰어난 두 인물이나 사물을 가리킬 때 사용되었다. "쌍벽"은 특별히 뛰어난 두 사람이나 물건이 우열을 가릴 수 없을 만큼 비등비등할 때 쓰는 말이다. 예를 들면 다음과 같이 쓰인다.

"괴테(Johann Wolfgang von Goethe, 1749~1832)와 쉴러(Johann Christoph Friedrich von Schiller, 1759~1805)는 독일 고전주의 문학의 쌍벽(雙壁)을 이루었다."

"옥스퍼드대학교와 케임브릿지대학교는 영국에서 쌍벽(雙壁)을 이루는 명문대학이다."

2. "완벽(完壁)"이 아니라 "완벽(完璧)"

"완벽(完璧)"의 "벽(璧)"도 "쌍벽(雙璧)"의 "벽(璧)"과 마찬가지로 "둥근 구슬 또는 옥돌"을 가리키는 "벽(璧)"이다. "완벽(完璧)"이란 단어에는 여러 가지 고사(故事)가 얽혀 있는데, 그 중에서 가장 널리 알려진 기본적인 이야기는 다음과 같다.

「한비자(韓非子)」에 따르면, 초(楚) 나라에 사는 '변화(卞和)'가 강가에서 원석(原石)을 발견하여 그 나라의 임금인 려왕(厲王)에게 바쳤으나 옥세공이 가짜 옥(玉)이라고 판정을 내리자 분노한 려왕은 '변화'가 자기를 속였다고 생각하여 그의 왼쪽 다리를 자르라고 명했다. 려왕이 죽고 무왕(武王)이 즉위하자 '변화'는 다시 옥돌을 바쳤는데, 이번에도 가짜라는 판정을 받고 오른쪽 다리마저 잘리고 말았다. 무왕이 죽고 문왕(文王)이 즉위하자 '변화'가 다시 옥돌을 바치려 했으나 다리가 없어 갈 수가 없는 그는 원석을 안고 엉엉 울었다.

이 이야기를 들은 문왕은 원석을 가져오라 하여 반으로 갈라 보니 과연 세상에서 가장 좋은 빛깔을 가진 옥이 나왔고, 그리하여 그는 그것을 잘라 옥새(玉璽)를 만들었으며, 이때부터 이 옥새는 천자(天子)를 계승할 때 사용되었다. 문왕은 '변화'에게 봉록(俸祿)을 내려 여생을 편히 살게 하였다.

그 뒤 세월이 흘러 '변화(卞和)씨의 옥돌', 즉 '화씨벽(和氏璧)'이 조(趙)나라 혜문왕(惠文王)의 손에 들어갔는데, 이 소식을 들은 진(秦)나라 소왕(昭王)이 '화씨벽'을 15개의 성(省)과 바꾸자고 제안했다. 욕심 많은 소왕이 약속을 지킬 리가 없었으나 그렇다고 거절하면 강대국인 진나라가 트집을 잡아 쳐들어올 판국이라 어쩔 수 없이 구슬을 주기로 했다. 그는 그 구슬을 재주 많고 용감한 인상여(藺相如)에게 맡겨 진나라에 보냈다. 인상여가 진나라의 왕을 만나보니 왕은 구슬만 넘겨받고 땅은 도무지 줄 생각을 하지 않고 있었다. 이에 인상여는 꾀를 내어 구슬에 흠집이 있다고 말하여 구슬을 다시 자기 손에 받아 들고는 갑자기 큰소리로 "약속대로 땅을 주시지 않으면 구슬을 내던져 산산조각을 내 버리겠습니다."고 말했다. 그러자 소왕은 약속대로 하겠다고 말했다. 이에 또다시 인상여는 "왕께서 구슬을 받으시려면 한 주일 동안 목욕재계(沐浴齋戒)를 해야 합니다."고 말했다. 왕이 그러겠노라고 하자 인상여는 부리나케 숙소로 돌아가 하인을 시켜 구슬을 조나라로 몰래 가져가도록 했다. 그리하여 구슬은 아무 탈 없이 조나라가 보유할 수 있게 되었다. 말하자면 "완벽귀조(完璧歸趙, '완전하게 벽[璧]이 조(趙)나라로 돌아옴')"하게 된 것이다.

이리하여 "완벽(完璧)"은 "한 점의 흠집도 없이 훌륭한 옥(玉)"을 가리키기도 하고, 위의 이야기에서 본 것처럼 "훌륭한 것을 그대로 무사히 보존한다."는 뜻을 나타내기도 한다. 이러한 고사에서 유래한 "완벽(完璧)"은 "어떤 사물이 흠잡을 데 없이 완전하거나 일처리를 나무랄 데 없이 잘한 것"을 가리키는 말로 사용된다. 예를 들면 다음과 같이 쓰인다.

"야샤 하이페츠(Jascha Heifetz)의 바이올린 연주는 **완벽**(完璧)에 가깝다."
"김 과장의 업무처리는 모든 면에 있어서 **완벽**(完璧)하다."

이와 같이 "완벽(完璧)"은 "완전한 벽(壁)"이 아니라 "완전히 흠이 없는 옥(玉)"이므로 "완벽(完壁)"이 아니라 "완벽(完璧)"으로 써야 한다.

3. "되어지다"가 아니라 "되다"

매우 많은 사람들이 "우리가 하는 일이 어떻게 **되어지고** 있는지를 보아야 한다", "사람은 모름지기 겸손하게 **되어져야** 한다", "이번 일은 성공할 것으로 **생각되어집니다**."는 식으로 말한다. 이런 표현은 문법적으로 틀린 말이다. '되다'라는 말은 원래 수동의 의미를 가진 동사이므로 이것에다 수동태로 만드는 어미 '-지다'를 다시 붙일 필요가 없다. "우리가 하는 일이 어떻게 **되고** 있는지를 보아야 한다", "사람은 모름지기 겸손하게 **되어야** 한다", "이번 일은 성공할 것으로 **생**

각됩니다."라고 해야 올바르다.

4. "설레임"이 아니라 "설렘"

대부분의 사람들은 "설렘" 또는 "가슴이 설렌다"라고 말해야 할 때에 "설레임" 또는 "가슴이 설레인다"라고 한다. 단적으로 말해서 이것은 틀린 말이다. 국어사전에는 "설레다"만 나오고 "설레이다"라는 단어는 아예 없다. 인터넷 국어사전에서 "설레임"을 찾으면 "'설레다'의 명사형인 '설렘'의 잘못"이라고 분명하게 나온다. "설레다"는 "마음이 들떠서 가라앉지 않다. 들떠서 두근거리다."로 풀이되어 있으며, 예문을 들면 다음과 같다.

"수학여행이 내일로 다가오니 가슴이 설렌다."
"대학에 입학하여 첫 강의를 들으러 가슴에 설렘을 안고 강의실로 향했다."

5. "바램"이 아니라 "바람"

"바램"은 "바람"의 비표준어이고, 비표준어는 사투리 또는 틀린 말이다. "어떤 일이 이루어지기를 바라는 마음"은 "바람"이지 "바램"이 아니다. 우리말 동사 "바라다"와 "바래다"는 서로 엇바꾸어 쓰지 못할 만큼 전혀 다른 의미의 동사들이다. 이 단어들의 사전적인 의미를 비교해 보자.

(1) **바라다**: "생각한 대로 이루어지기를 원하다. 예: 조국의 통일을 바라다."
(2) **바래다**[1]: "본디의 빛깔이 옅어지거나 윤기가 없어지다. 예: 빛깔이 바랜 낡은 옷."
(3) **바래다**[2]: "떠나가는 사람을 배웅하다. 예: 손님을 버스 정류장까지 바래고 오다."

"바라다"의 명사형은 "바람"이고, "바래다"의 명사형이 "바램"이다. "우리가 첫째로 바라는 것은 남북통일이다."라는 문장을 고쳐 쓰려면 "우리의 첫째 **바람**은 남북통일이다."라고 해야 한다. 여기서 "바람"을 "바램"이라고 쓴다면 그것은 틀린 말이다.

가수 노사연이 부른 노래의 제목 「**바램**」도 「**바람**」이어야 하고, "우리 만남은 우연이 아니야 그것은 우리의 **바램**이었어."라는 가사에서도 "**바람**이었어."라고 해야 맞는다. "바람[所願]"이 "바람[風]"과 혼동될 수 있기 때문에 "바램"이라고 했을지 모르지만 어법상으로는 "바람"이 맞는 말이므로 "바람"으로 써야 한다.

기자(記者), 필자(筆者), 저자(著者) / 유래(由來)와 유례(類例) / 질문(質問)과 질의(質疑)

신문이나 잡지를 읽다 보면 비슷한 의미를 가진 단어들을 혼용하거나 혼동하는 사례들을 자주 보게 된다. 어떤 단어들은 실제로 동의어(同義語) 또는 유의어(類義語)여서 혼용해도 괜찮지만 어떤 단어들은 비록 동의어나 유의어일지라도 의미의 미묘한 차이 또는 관습적인 용례 때문에 귀에 거슬리는 경우가 허다하다. 그런 예를 들자면 수도 없이 많지만 대표적인 보기를 세 가지만 들고자 한다.

1. 기자(記者), 필자(筆者), 저자(著者)

이 세 단어는 '무엇을 쓴다 또는 기록한다'는 공통점을 가진 단어들이다. 국어사전은 이 단어들을 다음과 같이 풀이하고 있다.

(1) **기자(記者)**: "신문·잡지·방송 등에서 기사(記事)를 모으거나 쓰거나 하는 사람. 예: 신문기자(新聞記者), 취재기자(取材記者)."
(2) **필자(筆者)**: "글이나 글씨를 쓴 사람. 예: 이 글의 필자는 영화배우이다."
(3) **저자(著者)**: "저작가(著作家) 또는 저술가(著述家)의 준말. 예: 김부식(金富軾)은 「삼국사기(三國史記)」의 저자이다."

여기서 보는 바와 같이, "기자(記者)"는 신문사나 잡지사나 방송사에 속하여 직업인으로서 기사를 쓰는 사람을 가리키고, "필자(筆者)"는 전문인과 비전문인을 가리지 않고 어떤 종류의 글이든지 발표된 글을 쓴 사람을 지칭하며, "저자(著者)"는 일반적으로 출판된 서적을 저술한 사람을 일컫는 데 쓰인다. 그러므로 다음과 같은 표현들은 부적합하게 들린다.

"그 수필을 쓴 **기자**(記者)는 현역 국회의원이다." ["필자" 또는 "작가"가 적합하다.]
"장편소설 「토지(土地)」의 **필자**(筆者)는 박경리(朴景利)이다." [여기서 "필자"가 틀렸다고는 할 수 없지만 "저자" 또는 "작가"가 더 적합하다.]
"신문에 난 그 기사의 **저자**(著者)는 매우 예리한 안목을 가졌다." ["기자"가 적합하다.]

이상과 같이 말하는 사람들이 실제로 많이 있으므로 서로 양해하면서 들어야 하겠지만, 각 단어가 지니고 있는 뜻에 맞게 말하고 언어의 품격을 높이기 위해서는 단어 선택에 각별히 유의하는 것이 바람직하다.

다른 언어들에서도 이와 비슷한 경우가 많이 있다. 비근한 예를 들면, 영어에서 무엇인가를 기록하는 사람을 일컫는 단어들이 여러 개 있다. 우리말과 영어 단어들의 의미가 완전히 일치하는 것은 아니지만 우리말의 세 단어를 영어 단어들과 연결시키면, "기자"는 reporter 또는 recorder, "필자"는 writer, 그리고 "저자"는 author와 가장 가깝다고 할 수 있다.

2. 유래(由來)와 유례(類例)

"유래(由來)"는 "사물이 어디에서 연유(緣由)하여 옴, 또는 그 내력(來歷)"을 뜻한다. 그래서 "사물의 내력에 대한 이야기"를 "유래담(由來談)"이라 하고, "옛적부터 전하여 오는 풍속"을 "유래지풍(由來之風)"이라고 한다. "유래"라는 단어를 사용하여 문장을 만든다면, "'새옹지마(塞翁之馬)'라는 사자성어(四字成語)의 유래는 무엇인가?", "우리말 '빵'이라는 단어는 포르투갈어 '팡(pão)'에서 유래되었다", "대부분의 지명에는 그 이름의 유래를 말해주는 전설이 있다", 등으로 만들 수 있을 것이다.

반면에, "유례(類例)"는 "같거나 비슷한 예(例) 또는 사례(事例)"를 가리키며, "유례없다"는 말은 "그와 비슷한 전례(前例)가 없다"는 뜻이다. "유례"라는 단어를 사용하는 예를 든다면, "지금 우리 국민은 유례없는 물가고(物價高)로 인하여 고통을 당하고 있다", "이 마을에서 그런 행사가 치러진 것은 유례가 없는 일이다", "한국인이 전쟁으로 인하여 폐허가 된 땅에서 40년이란 짧은 기간에 그토록 눈부신 경제발전을 이룩한 것은 세계역사에서 그 유례를 찾아볼 수 없다", 등으로 말할 수 있다.

그런데 우리는 이 두 단어—"유래"와 "유례"—를 혼동하여 쓰는 경우가 많다. 교양잡지뿐만 아니라 전문서적에서도 그러한 사례를 볼 수 있는데, **실례**(實例)를 들면 다음과 같다.

"영광의 왕께서 사람을 위해 완전한 승리를 얻으시려고 이 땅에 오셔서 굶주림과 고통과 교활한 원수의 맹렬한 유혹을 견디셨다니 이 얼마나 비할 데 없는 낮추심입니까! 이것은 **유래**를 찾을 수 없는 사랑입니다."(교회지남, 2019. 6. 5. 기도력 번역문). 여기서 "유래"는 "유례(類例)"를 잘못 쓴 것이다. "근래에 가출한 소년들이 지나가는 행인들에게 몰매를 가한 일은 일찍이 그 **유래**를 들어본 적이 없는 일입니다."(모 대학 교수가 어느 잡지에 기고한 기사에서). 이 글에서도 "유래"는 "유례"의 잘못이다. 이와 같이 외국어로 된 문서를 우리말로 옮기는 번역자들과 대학에서 학생들을 가르치는 교수들 가운데도 "유래"와 "유례"를 혼동하거나 "유례"라는 단어를 확실하게 알지 못하는 이들이 적지 않다.

3. 질문(質問)과 질의(質疑)

이 두 단어는 분명히 "동의어(同義語)"이다. 그러나 "동의어(同義語)"라 함은 그 의미가 대체로 같다는 뜻이지, 엄격하게 동일한 의미를 가졌음을 뜻하는 것은 아니다. "질의(質疑)"는 "의문(疑問)"이란 단어에서 앞글자를 땄고, "질문(質問)"은 뒷글자를 땄으므로, 둘 다 "의문(疑問)"과 관계된 것은 사실이다. 그러므로 "질의"와 "질문"이 "묻는다"라는 의미는 공통적이지만 누가 무엇을 왜 묻는지에 따라서 그 용례가 달라진다.

이 두 단어가 가장 많이 사용되는 곳은 국회와 지방자치단체의 의회(시의회, 구의회 등)이다. 국회법 제122조에 따르면, 국회의원은 정부에 대하여 알고 싶은 사항이 있을 경우, 서면으로 질문(質問)을 할 수 있는데, 이때, 의원은 질문서를 국회의장에게 제출하고, 국회의장은 즉시로 정부 관계부처에 이를 통지하여 답변(答辯)을 얻도록 하고 있다. 이 조항에는 "질문" 또는 "질문서"라는 단어가 여러 번 반복되어 있고, 그에 대한 정부의 대답은 모두 "답변"으로 일컬어져 있다. 그러므로 "질문"은 "국회법에 따라 국회의원이 정부에게 일정한 사항에 관하여 설명을 요구하고 그 의견을 묻는 일"이라고 정의할 수 있고, 그것의 반의어(反義語)는 "답변(答辯)"이라 할 수 있다.

다른 한편으로, "질의(質疑)"는 이미 상정된 안건을 심의·심사하는 과정의 한 단계로 제안자 또는 보고자에게 의제가 된 안건에 관한 의문점을 제시하여 캐묻고 그에 대한 설명을 요구하는 것이다. 이에 대한 대답, 즉 반의어는 "응답(應答)"이라 칭하며, 질의(質疑)가 있은 다음에는 일반적으로 토론(討論)이 이어진다.

다시 정리하면, "질문"은 안건과 관계없이 국정에 관한 처리 상황과 장래 방침을 정부 또는 당국자에게 묻는 것을 뜻하고, "질의"는 제시된 안건에 대하여 좀 더 구체적이고 심화된 질문을 던지는 것을 가리킨다.

국회의원들이나 지방자치단체 의회의 의원들이 이러한 의미와 용례의 차이를 알고 이 단어들을 사용하는 것 같지는 않지만, 굳이 법률적인 의미를 논하자면 이런 차이가 있다는 것이다. 우리 일반인들은 이런 차이를 의식하지 못하면서 이 단어들을 사용한다 하더라도 입법자들이 법을 제정하고 논하는 의사당에서는 이런 구별도 한다는 것을 알면 좋을 것이다. 의원들이 "질문"을 할 때는 누군가가 "답변"하고, "질의"를 할 때는 "응답"하지만, 보통사람들은 아무 때나 무엇이든지 그냥 "질의응답(質疑應答)"을 하면서 살아간다.

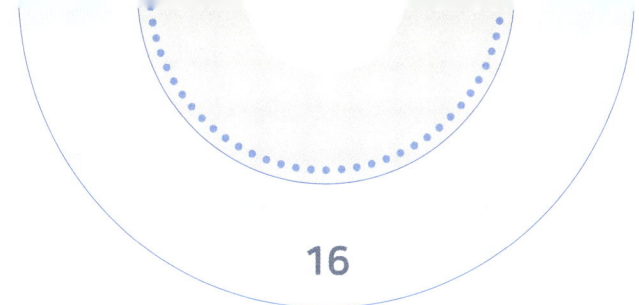

시댁(媤宅)과 처가(妻家) / 도련님과 처남(妻男) / 아가씨와 처제(妻弟) / 아주버님과 처형(妻兄)

1. 남존여비(男尊女卑)의 그림자

　우리의 문화에는 남존여비의 그림자가 도처에 드리워 있다. 그 가운데서도 일상의 언어에는 그 그림자가 더욱 짙게 깔려 있고, 특히, 남편의 집과 가족에 대한 칭호와, 아내의 집과 가족에 대한 칭호 사이에는 현저한 차별이 있다. 이에 대한 여성 편의 불만과 불평이 단순한 의견 표시를 넘어서 의식의 전환과 제도의 개선을 요구하는 단체 행동으로 나타나고 있다. 이와 같은 일은 당연한 현상이라 할 수밖에 없다. 왜냐하면 오늘날은 사람들이 "남녀평등"이란 단어도 "남(男)" 자가 먼저 나오기 때문에 평등하지 않는 단어라고 하면서 "양성평등(兩性平等)"을 주장하는 시대이기 때문이다.

　우선 몇 가지의 사례를 들어보자. 남편의 집은 "시댁(媤宅)" 또는

"시가(媤家)"라 하고, 아내의 집은 "처가(妻家)"라 한다. "댁(宅)"은 "남의 집[家, 가정]을 높여 부르는 말"이다. 여기서부터 차별은 시작된다. 남편 쪽의 가족과 친인척들은 대체로 "시(媤)" 자를 붙여서 일컫고, 아내 쪽의 가족들은 그렇게 부르지 않는다. 남편 쪽의 사람들은 시아버지 또는 시아버님, 시어머니 또는 시어머님, 시어른, 시삼촌 또는 시숙, 시숙모, 시동생, 시고모, 시이모, 등등이고, 아내 쪽의 사람들은 장인, 장모, 처남, 처형, 처제, 처고모, 처이모, 등등이다. 여기까지는 그런 대로 봐줄 수 있을 것이다. 하지만 남편의 남동생은 "도련님"이라 높여 불러야 하고, 아내의 남동생은 그냥 "처남"이라 부르는 것은 누가 봐도 성차별이라 할 수밖에 없다. 마찬가지로 남편의 여동생은 "아가씨"라 높여 칭하고, 아내의 여동생은 "처제"라고 부르는 것도 아내들에게는 기분이 좋을 리가 없다. 남편의 형을 "아주버님"이라 하고, 아내의 언니를 "처형"이라 하는 것도 같은 경우다.

결혼한 여자가 남편의 여동생이나 남동생을 부를 때 사용하는 "아가씨"와 "도련님"은 문화적 배경이 있는 호칭들이다. "아가씨"는 높은 지위에 있는 사람의 딸을 가리키던 "아기씨"가 변형하여 생긴 말이고, "도련님"은 총각을 대접하여 일컫던 "도령"의 높임말이다. 가령 종이 상전의 자녀 또는 관리나 고위직에 있는 이들의 자녀를 높여 부를 때 사용되던 어휘들이다. 그리고 "오빠의 아내"를 지칭하는 "올케"는 "오라비의 겨집(계집의 옛말)"에서 유래한 호칭으로서 여필종부(女必從夫)의 옛 문화에서 생겨난 말이다.

이 밖에도 가문마다 만드는 족보에 여자들의 이름은 넣지 않는 관습과, 가정에서 제사를 지낼 때 남자들만 제사에 참여하고 여자들은 부엌에서 음식 준비만 하게 하는 것은 확실히 전통적 성차별의 결과일 것이다.

   이와 같은 부조화(不調和) 또는 불합리(不合理)를 시정해야 한다고 근자에 청와대 게시판의 청원에 서명한 사람이 10,000명을 넘었다고 하니 과연 이 시대는 양성평등에 대한 욕구가 봇물처럼 터져 나오는 시대임이 확실하다. 수천 년 동안 남성 위주의 문화 속에서 억눌려 살아온 여성의 당연한 외침이라 생각된다. 그러므로 이 정당한 요구에 대하여 적절하고 실행 가능한 해결책을 내놓지 않으면 안 된다.

2. 여성가족재단이 제안한 새로운 어휘

   서울시 여성가족재단이 2019년 초에 우리가 개선해야 할 성차별 언어·호칭 일곱 가지와 사용하지 말아야 할 속담 및 관용적 표현 일곱 가지를 선택하여 「서울시 성평등 생활사전」에 발표하였다. 이 사전은 여성가족재단이 서울 시민의 생활 속 언어와 행동을 성평등의 방향으로 바꾸자는 캠페인의 일환으로 발표하는 것이다. 여성가족재단에 따르면, 명절에 흔히 겪는 성차별 언어 7건은 가족을 부를 때나 다른 사람에게 소개할 때 주로 쓰이는 단어들이다. 그 당시에 시민이 직접 제안한 성차별 언어 중 가족 호칭 등 관련 총 522건을 별도로 모아 국어학계와 여성계 전문가의 자문을 거쳐서 선정했다.

   예를 들면, "집사람", "안사람", "바깥사람"은 "배우자"로 고치자는 제안이다. 남성 쪽은 집 밖에서 일하고, 여성 쪽은 집 안에서 일한다는 인식에서 비롯된 "집사람", "안사람", "바깥사람"이라는 말을 지양하고 모두 "배우자"로 부르자는 것이다. 그리고 "외조(外助)"와 "내조

(內助)"는 "배우자의 지원(또는 도움)"으로, "친가(親家)"와 "외가(外家)"는 "아버지 본가(本家)"와 "어머니 본가"로 각각 바꾸자는 것이다. "시아버지", "시어머니", "장인", "장모"는 시가와 처가의 구분 없이 "아버님"과 "어머님"으로 간소화하고, "주부"는 여성만 지칭하는 것이므로 피하고 남녀 모두에게 사용할 수 있는 "살림꾼"으로 바꾸며, "미망인(未亡人)"은 "고(故) ○○○의 배우자"로, "미혼모(未婚母)"는 "비혼모(非婚母)"로 고쳐 부르자고 제안했다.

속담이나 관용적인 표현에서 고쳐야 할 것도 매우 많다. 성차별 속담 및 관용적인 표현으로는 "암탉이 울면 집안이 망한다", "여인(女人)은 돌면 버리고, 기구(器具)는 빌리면 깨진다", "여자가 셋이면 나무 접시가 드논다", "여자는 사흘을 안 때리면 여우가 된다", "여자는 제 고을 장날을 몰라야 팔자가 좋다", "여자 열이 모이면 쇠도 녹인다", "남자는 돈, 여자는 얼굴", 등이다. 이 모두가 남성 쇼비니즘(chauvinism)의 산물들이다.

3. 삼종지의(三從之義)와 칠거지악(七去之惡)은 사어(死語)로

우리나라 봉건시대(封建時代)에 "삼종지의(三從之義)"라는 것이 있었다. 이것은 이른바 여자가 지켜야 하는 도리로서, "어려서는 아버지를 따르고[從], 시집가서는 남편을 따르며, 남편이 죽은 뒤에는 아들을 따라야 한다."는 것이었다. 이것은 여자는 평생 남자를 따라다니는 존재, 즉 남자에게 종속(從屬)된 것으로 여기는 사상에서 나온 봉건적 윤리였다.

"삼종지의"보다도 훨씬 더 미개하고 포악한 것으로 "칠거지악(七去之惡)"이란 것도 있었다. 이것은 지난날 유교적 관념에서 만들어진 관습적 도리로서, 남편이 아내를 내쫓을 수 있는 일곱 가지 조건을 열거한 것이다. (1) 시부모에게 불순함[不順舅姑], (2) 자식이 없음[無子], (3) 음행(淫行), (4) 질투(嫉妬), (5) 악질(惡疾), (6) 말이 많음[口舌], (7) 도둑질[盜竊].

오늘날에는 상상조차 할 수 없는 일들이 불과 한 세기 전까지 이 땅에서 인생의 도리 또는 윤리인 양 여겨졌고, 실제로 그런 폐습이 시행되기도 하였다. 그렇게 우리 여성들은 사회적 외면과 남성의 억압을 받으면서 고통 가운데 살았다.

20세기 후반을 거치면서 우리 민족의 사고(思考)는 깨이기 시작했고, 21세기에 들어와서는 양성평등에 관한 의식(意識)이 현저하게 일깨워졌다. 그러나 아직도 미국이나 서유럽의 민주정신과 평등사상을 따라가려면 세월이 더 많이 흘러야 할 것 같다. 하루 속히 "삼종지의(三從之義)"와 "칠거지악(七去之惡)"과 같은 단어들은 사어(死語)의 목록에 집어넣어야 하고, 그러한 개념은 우리의 의식 속에도 남아 있지 말아야 한다.

고루한 전통과 미개한 관습을 타파하고 새로운 문화를 도입함에 있어서 가장 먼저 바꾸어야 하는 것은 언어이다. 그 중에서도 일차적인 것은 인척관계를 나타내는 호칭과 명칭이다. 부부가 함께 살아가면서 부인은 남편의 동생들을 "도련님" 또는 "아가씨"라고 존칭(尊稱)을 쓰는데, 남편은 부인의 동생들을 "처남" 또는 "처제"라고 비칭(卑稱)을 사용하는 분위기에서는 우리 사회가 남존여비(男尊女卑)의 폐습에서 벗어나기는 어려울 것이다.

상대방을 어떻게 일컫는가 하는 문제는 인간관계가 우호적으로 발전될 것이냐 아니면 적대적으로 나가게 될 것이냐를 판가름하는 가장 기본적인 요인으로 작용한다. 남을 나보다 "낮게"가 아니라 "낫게" 여기고, 비록 연하(年下)의 사람이라 할지라도 친밀한 관계에 있지 않는 타인에게는 경어(敬語)와 존칭(尊稱)을 사용하는 것이 우리의 삶을 조화롭게 만들고 평화롭게 가꾸는 지름길이 될 것이다.

값과 삯 / 요금(料金)과 비용(費用) / "사이시옷(ㅅ)" 문제

1. 여행사 안내원이 구사한 한국어

　1983년에 처음으로 미국을 방문한 이후로 나는 거의 해마다, 때로는 한 해에 두 번씩 미국 땅을 밟았으니 적어도 서른 번은 방문했을 것이다. 그럼에도 불구하고 미국인들이 가장 많이 방문하고 세계인들이 매우 즐겨 찾는다는 요세미티 국립공원(Yosemite National Park)을 구경하지 못했다.

　그래서 이번 미국 방문길에는 그 유명하고 수려한 명승지를 꼭 한 번 탐방하리라는 마음으로 왔고, 마침내 그 근방에 사는 친구들의 도움으로 그곳을 찾게 되었다. 요세미티! 말만 들어도 내 가슴속에는 벌써 낙차 아득한 폭포가 쏟아지고, 무 자르듯 뭉텅 잘린 하프 돔(Half Dome)이 우뚝 솟는다.

예매한 승차권으로 관광버스에 오르니 함께 가는 승객들이 모두 우리 한국인이고, 안내원(가이드)도 물론 한국인이었다. 안내원은 퍽 잘 생긴 30대 초반의 청년으로서 미소도 잘 짓고 인상도 써 가면서 30여 명의 관광객들에게 현지의 사정과 그 국립공원에 관하여 설명해주었다.

그런데 그 청년이 구사하는 한국어는 내가 사용하는 영어보다도 더 낮은 수준이었다. 아마도 한국에서 온 우리 동포 관광객들도 똑 같은 느낌을 가졌을 것이다. 예를 들면, 그 안내원은 이렇게 말했다. "요세미티를 다 보려면 많은 가격을 내야 볼 수 있어요." "저기 보이는 저런 다리를 만들려면 가격이 아주 높아요." "이런 것을 사려면 돈이 아주 비싸요." "저 집은 군인들이 사용하던 기숙사예요."

이런 한국어를 듣고 있던 우리 일행 중의 한 사람이 휴식시간에 그 안내원에게 물었다. "가이드는 언제 미국에 왔어요?" "저는 열 살 때 한국에서 미국으로 왔어요." "그러면 그렇지." 일행은 모두 하나같이 고개를 끄덕였다.

2. 값과 삯 그리고 요금(料金)과 비용(費用)을 가리키는 단어들

어떤 물건이나 시설 또는 행동에 대하여 돈으로 지불하는 "값"과 "삯", 그리고 "요금(料金)"과 "비용(費用)"을 가리키는 말에는 의미가 다른 세부 용어들이 많이 있다.

(1) **값**: 1. 물건을 사고팔기 위하여 정한 액수, 2. 어떤 일이나 물건

이 가지는 중요성이나 쓸모의 정도, 3. 노력이나 희생의 대가나 보람. 〈물건값, 집값, 책값, 금값, 몸값, 기름값, 이름값, 값싸다, 값비싸다〉.

(2) **삯**: 1. 일한 데 대하여 보수로 주는 돈이나 물건, 2. 어떤 물건이나 시설을 이용한 대가. 〈품삯, 이발삯, 찻삯, 삯배, 삯바느질, 삯일꾼, 삯꾼〉.

(3) **가격(價格)**: 물건이 지니고 있는 교환 가치를 화폐의 단위로 나타낸 것. 〈가격표, 액면 가격, 소비자 가격, 시장 가격, 판매 가격, 단가(單價)〉.

(4) **요금(料金)**: 대가(代價)로 치르는 돈. 〈버스요금, 기본요금, 공공요금, 전기요금(전기료), 수도요금(수도료), 항공요금(항공료), 수업료, 수강료, 강연료, 출연료, 급행료, 이용료, 사용료, 관람료, 입장료, 화장료, 구독료, 수임료, 수수료〉.

(5) **대금(代金)**: 물건의 값. 〈판매대금, 수출대금, 책 대금〉.

(6) **비용(費用)**: 1. 물건을 사거나 어떤 일을 하는 데 드는 돈, 2. 어떤 생산 활동을 위해 소비되는 돈. 〈생산비용(생산비), 물류비용, 선거비용, 공익비용〉.

(7) **대가(代價)**: 1. 어떤 일에 들인 노력이나 희생에 대해 받는 값, 2. 어떤 일에 들이는 노력이나 희생, 3. 어떤 일에 대해 그에 상응하는 값. 〈노동의 대가, 성실의 대가, 악한 행동의 대가〉. "댓가"는 틀린 표기임.

(8) **경비(經費)**: 1. 어떤 일을 하는 데 쓰이는 비용, 2. 회계학적 또는 재정학적 의미의 화폐 지출. 〈차비, 회비, 입회비, 식비, 숙식비, 교통비, 여행비(여비), 생활비, 교육비, 연구비, 건축비, 휴가비, 문화비,

운영비, 경상비, 생산비, 인건비, 용역비, 홍보비, 선전비, 활동비, 출판비, 인쇄비, 운반비, 운송비, 추진비, 제작비, 재료비, 수리비, 수선비, 이사비, 수사비, 사무비, 출장비, 졸업비, 등록비, 판공비, 유지비, 부비(浮費)〉.

(9) **금액(金額)**: 돈의 액수. 〈보험 금액(보험금), 확정 금액, 어음 금액, 고액(高額)〉.

(10) **액수(額數)**: 가격을 나타내는 수치. 〈고액, 고액권, 저액, 저액권, 상환액, 전체 액수〉.

(11) **가치(價値)**: 1. 인간이 대상과의 관계에 의해 지니게 되는 중요성, 2. 사물이 지니고 있는 값이나 쓸모, 3. 상품이나 재화의 효용. 값어치. 〈가치 있다, 가치롭다, 무가치하다, 효용가치, 부가가치, 상품가치〉.

이 밖에도 돈이 사용되는 목적 또는 지급되는 경우에 따라서 등록금, 입학금, 학자금, 장학금, 공과금, 퇴직금, 비자금, 보험금, 보증금, 보상금, 수입금, 융자금, 적립금, 축의금, 상여금, 보조금, 지원금, 범칙금, 노동금, 하사금, 의연금(연금[捐金]), 헌금, 자금, 기금, 연금(年金), 상금, 성금, 벌금, 등이 있고, 값과 관련된 용어로는 물가, 고가, 저가, 염가, 보급가, 상한가, 하한가, 등이 있다.

3. -료(料), -비(費), -금(金)

"값"이나 "삯" 또는 "요금"이나 "비용"을 나타내는 접미사인 "-료

(料)"와 "‐비(費)"와 "‐금(金)"은 어떻게 구별되는가? "입장료(入場料)", "입회비(入會費)", "입학금(入學金)"에서 볼 수 있는 바와 같이, 이 셋을 엄격하게 구별할 수 있는 방법은 없다. "입장료"는 "‐료(料)"라고 해야 맞고, "입회비"는 "‐비(費)"라고 해야 자연스러우며, "입학금"은 "‐금(金)"이라 해야 말이 된다. 다른 접미사를 붙여보면 어쩐지 어색하거나 이상하고, 경우에 따라서는 말이 안 되는 것처럼 들린다. 원칙적으로 "‐료(料)"와 "‐비(費)"는 어떤 것을 사용하거나 이용하는 대가로 지불하는 것인 반면에, "‐금(金)"은 그렇지 않는 것이다. 하지만 이런 구별도 경우에 따라서는 애매하여 꼭 그렇다고 단정하기는 곤란하다. 왜냐하면 언어에는 때때로 원칙보다는 인간의 관습(慣習)과 인습(因襲)이 크게 작용하기 때문이다.

이런 것들의 차이를 구별할 줄 알려면 오랜 기간의 실생활을 통하여 자연스럽게 익히지 않으면 안 된다. 서두에서 언급한 그 여행 가이드가 그런 어색한 한국어를 구사한 것은 그가 어린나이에 미국으로 이민을 왔기 때문이다. 가정이라는 제한된 공간에서 배우는 언어는 비록 모국어라 할지라도 결코 완전한 언어가 될 수 없다. 언어는 실제적인 사회와 여러 계층의 사람들이 어울려 사는 공간에서 다양한 어휘를 사용하면서 익혀가야 정확한 언어가 된다. 가정에서만 배운 모국어는 공중 발표나 연설에서 사용하기에는 결함이 많다.

위에 예로 들었던 가이드의 말을 한번 고쳐 본다면 다음과 같이 수정할 수 있을 것이다.

"요세미티를 다 보려면 많은 가격을 내야 볼 수 있어요."
→ "입장료를 많이 내야 해요."

"저기 보이는 다리를 만들려면 가격이 아주 높아요."
→ "비용이 많이 들어요."
"이런 것을 사려면 돈이 아주 비싸요."
→ "이런 것은 아주 비싸요."
"저 집은 군인들이 사용하던 기숙사예요." → "막사예요."

언어를 바르게 구사하는 것은 결코 쉬운 일이 아니다. 다만 최대한 바르게 말하려고 노력할 따름이다.

4. "사이시옷(ㅅ)" 문제

한국어에는 "사이시옷(ㅅ)"이란 것이 있다. 이것은 두 개의 형태소 또는 단어가 합쳐져서 합성명사(복합명사)를 이룰 때, 그 사이에 삽입하는 "시옷(ㅅ)"을 가리킨다. 합성명사의 앞부분과 뒷부분의 음운에 따라서 복잡하고 다양하게 발음되는 이 현상을 설명하는 문제는 간단하지 않아서 학자들 사이에도 이견이 많고 완전한 합의에 이르지 못한 채 국립국어원이 정한 규정에 따라서 표준어와 비표준어를 가르고 있다.

참고로, 우리가 "기(旗)"와 "발"을 합칠 때 "사이시옷(ㅅ)"을 넣어서 "깃발"이라 하고, "피"와 "줄"을 합치면 "핏줄"이라 쓰며, "나무"와 "가지"를 합칠 때는 "나뭇가지"라 하지만, 북한에서는 "사이시옷(ㅅ)"을 전혀 쓰지 않고, 그냥 "기발", "피줄", "나무가지"라고 쓴다.

우리의 「한글맞춤법」 제30항이 "사이시옷(ㅅ)"에 관한 규정인데,

이 규정은 꽤 까다롭고 복잡하므로 여기서는 가장 기본적인 원칙 몇 가지와 일상생활에서 자주 사용되는 단어들을 어떻게 표기해야 하는지만 소개하려고 한다.

(1) 순우리말로 된 합성어로서 앞말이 모음으로 끝난 경우

첫째, 뒷말의 첫소리 "ㄱ, ㄷ, ㅂ, ㅅ, ㅈ"이 된소리로 나는 경우, "사이시옷(ㅅ)"을 붙인다. 예를 들면 다음과 같다. 귀+밥=(귀빱)→귓밥, 나루+배=(나루빼)→나룻배, 나무+가지=(나무까지)→나뭇가지, 내+가=(내까)→냇가, 머리+기름=(머리끼름)→머릿기름, 모+자리=(모짜리)→못자리, 모기+불=(모기뿔)→모깃불, 바다+가=(바다까)→바닷가, 배+길=(배낄)→뱃길, 부시+돌=(부시똘)→부싯돌, 쇠+조각=(쇠쪼각)→쇳조각, 아래+집=(아래찝)→아랫집, 이+자국=(이짜국)→잇자국, 조개+살=(조개쌀)→조갯살, 차+집=(차찝)→찻집, 체+바퀴=(체빠퀴)→쳇바퀴, 코+구멍=(코꾸멍)→콧구멍, 해+볕=(해뼡)→햇볕, 해+빛=(해삩)→햇빛, 혀+바늘=(혀빠늘)→혓바늘.

둘째, 뒷말의 첫소리가 "ㄴ, ㅁ"이고, 그 앞에서 원래는 없던 "ㄴ" 소리가 덧나는 경우, "사이시옷(ㅅ)"을 붙인다. 예를 들면, 깨+묵=(깬묵)→깻묵, 내+물=(낸물)→냇물, 뒤+머리=(뒨머리)→뒷머리, 비+물=(빈물)→빗물, 아래+이=(아랜니)→아랫니, 아래+마을=(아랜마을)→아랫마을, 이+몸=(인몸)→잇몸, 터+마당=(턴마당)→텃마당, 등이다.

셋째, 뒷말의 첫소리 모음 앞에서 원래는 없던 "ㄴㄴ" 소리가 덧나는 경우, "사이시옷(ㅅ)"을 붙인다. 예컨대, 깨+잎=(깬닢)→깻잎, 나무+잎=(나문닢)→나뭇잎, 대+잎=(댄닢)→댓잎, 도리깨+열=(도리깬

녈)→도리깻열, 뒤+윷=(뒨눋)→뒷윷, 뒤+일=(뒨닐)→뒷일, 뒤+입맛=(뒨닙맛)→뒷입맛, 베개+잇=(베갠닛)→베갯잇, 등이다.

(2) 순우리말과 한자어가 합쳐진 합성어의 앞말이 모음으로 끝난 경우

첫째, 뒷말의 첫소리가 된소리로 나는 경우, "사이시옷(ㅅ)"을 붙인다. 예를 들면, 공기(空器)+밥=(공기빱)→공깃밥, 귀+병(病)=(귀뼝)→귓병, 머리+방(房)=(머리빵)→머릿방, 새+강(江)=(새깡)→샛강, 아래+방(房)=(아래빵)→아랫방, 자리+세(貰)=(자리쎄)→자릿세, 전세(專貰)+집=(전세찝)→전셋집, 죄(罪)+값=(죄깝)→죗값, 차+잔(盞)=(차짠)→찻잔, 코+병(病)=(코뼝)→콧병, 태(胎)+줄=(태쭐)→탯줄, 터+세(貰)=(터쎄)→텃세, 피+기(氣)=(피끼)→핏기, 해+수(數)=(해쑤)→햇수, 회(灰)+가루=(회까루)→횟가루, 회(蛔)+배=(회빼)→횟배, 등이다.

둘째, 뒷말의 첫소리가 "ㄴ, ㅁ"이고, 그 앞에서 "ㄴ" 소리가 덧날 경우, "사이시옷(ㅅ)"을 붙인다. 예를 들면, 계(契)+날=(곈날)→곗날, 제사(祭祀)+날=(제산날)→제삿날, 후(後)+날=(훈날)→훗날, 퇴(退)+마루=(퇸마루)→툇마루, 양치(養齒)+물=(양친물)→양칫물, 등이다.

셋째, 뒷말의 첫소리가 모음이고, 그 앞에서 "ㄴㄴ" 소리가 덧날 경우, "사이시옷(ㅅ)"을 붙인다. 예를 들면, 가외(加外)+일=(가윈닐)→가욋일, 사사(私私)+일=(사산닐)→사삿일, 예사(例事)+일=(예산닐)→예삿일, 후(後)+일=(훈닐)→훗일, 등이다.

(3) 두 음절로 된 한자어의 경우

두 음절로 된 한자어에는 원칙적으로 "사이시옷(ㅅ)"을 붙이지 아니한다. 예를 들면, "대가(代價)", "시가(時價)", "고가(高價)", "요점(要點)", "시점(時點)", "이점(利點)", "사건(事件)", "조건(條件)", "의과(醫科)", "치과(齒科)", "이과(理科)", 등은 뒷말의 초성이 된소리로 나지만 "사이시옷(ㅅ)"을 붙이지 않는다. 따라서 "댓가", "싯가", "곳가", "욧점", "싯점", "잇점", "삿건", "좃건", "읫과", "칫과", "잇과", 등으로 표기하는 것은 옳지 않다. 그러나 다음의 여섯 단어에는 예외적으로 "사이시옷(ㅅ)"을 붙인다. 곳간[庫間], 셋방[貰房], 숫자[數字], 찻간[車間], 툇간[退間], 횟수[回數]. 왜 이 여섯 단어에만 "사이시옷(ㅅ)"이 허용되었는지, 그 이유는 명확하지 않다.

이상과 같이 "사이시옷(ㅅ)" 문제는 매우 복잡하기 때문에 일부의 사람들은 "사이시옷"을 아예 폐지하자는 주장까지 하고 있다. 그러나 현재로서는 위에 예시한 것이 규정이므로 이대로 따라주어야 바른 말로 인정받는다.

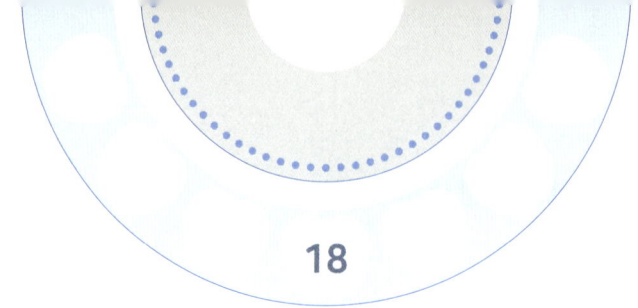

"소개시켜주세요" / "양해 말씀 드립니다" / "여간 죄송한 일입니다" / 이중(二重) 표현들

1. 말이 안 되는데도 자주 쓰이는 표현들

사람들이 자주 쓰는 표현들 가운데는 말이 안 되는 것들이 더러 있다. 곰곰이 따져보면 어처구니없는 말인데도 사석에서 대화를 나누는 장삼이사(張三李四)는 물론이고, 사람들이 많이 모인 집회나 예배에서 사회를 보는 유명인사(有名人士)들도 아무런 거리낌이 없이 이런 표현들을 쓴다. 심지어는 방송국의 아나운서들도 간혹 이런 말들을 사용하는 것을 보는데, 예를 들면, 다음과 같은 표현들이다.

"저를 그 회사의 사장님께 소개시켜주세요." "원래는 오늘 이 회의에 참석하신 분들에게 신간서적 한 권씩을 드리기로 했는데, 그 책이 아직 출판되지 않아서 드리지 못하게 된 것에 대하여 양해 말씀 드립니다." "선생님께서 입원하셨다는 소식을 듣고도 찾아뵙지 못한 것은 여간 죄송한 일입니다." 이런 것들 외에 이중으로 표현된 여러 가지 문구들도 있다.

2. "소개시켜주세요"

"소개(紹介)"는 첫째, "모르는 사이를 알고 지내도록 중간에서 관계를 맺어줌"을 뜻하고, 예를 들면, "새 회원을 소개하다"와 같은 때 사용한다. 둘째는 "양편 사이에서 일이 이루어지도록 주선함"을 의미하며, 예컨대, "살 집을 소개하다"와 같은 경우에 쓰인다. 셋째는 "잘 알려지지 않은 것을 알게 해줌"을 뜻하며, "외국의 농촌생활을 소개하다" 또는 "신간 서적을 소개하다"라고 할 때 쓰인다. 그런데 언제부터인지는 확실치 않으나 "소개하다"라는 말이 "소개시키다"로 둔갑(遁甲)하여 꽤 널리 사용되고 있다. 그냥 "저를 그 회사의 사장님께 소개해주세요."라고 하면 될 것을 굳이 "저를 그 회사의 사장님께 소개시켜주세요."라고 말하는 사람들이 의외로 많이 있다.

"나를 소개시켜주세요."라는 말의 문법적인 의미는 "나로 하여금 나 자신을 소개하게 해주세요."이다. 누가 어떤 계기에 이런 표현을 사용하기 시작했는지 알 수 없지만 따지고 보면 황당한 말로 들린다. 되지도 않는 말인데도 다수가 쓰기 시작하면 그대로 굳어지는 것이 언어의 생리지만 아무리 들어도 이것은 바르지 않고 어색하게 들린다. 그러므로 이제부터라도 다음과 같은 바른 표현으로 고쳐 쓰는 것이 바람직하다. "아무개에게 나를 소개해주세요." "내가 살 만한 집 한 채를 소개해주십시오." "새로 나온 책이 있으면 우리 학생들에게 소개해주시기 바랍니다."

3. "양해 말씀 드립니다"

"양해(諒解)"란 "사정을 참작하여 납득함"을 의미한다. 이 단어는 "상대방의 양해를 구하다"라는 구절로 가장 자주 사용된다. 이것은 상대방 또는 어떤 사람이 다른 사람의 형편이나 일의 사정이 예상했던 것과는 다르게 되었을 때, 그것을 이해하고 용납해 주기를 바랄 때 쓰는 말이다. 그러므로 "양해"를 하거나 해야 하는 주체는 그 말을 하는 본인이 아니라 그 말을 듣는 상대방 또는 청중이다. 따라서 "양해를 구합니다." 또는 "양해해주시기 바랍니다."라는 식으로 말을 해야 바르고, "양해 말씀 드립니다."라고 말하는 것은 어법에 맞지 않는 해괴한 표현이다. 굳이 "말씀"이라는 겸사(謙辭)를 쓰고 싶으면 "여러분(또는 귀하)의 양해를 구하는 말씀을 드립니다." 또는 "여러분(또는 귀하)께서 양해해 주십사 하는 말씀을 드립니다."라고 해야 올바른 표현이 된다. 좀 더 구체적인 예를 들면 다음과 같다.

"오늘 이 집회에 여러분께서 다 잘 아시고 존경하시는 (아무개) 박사님을 모시려고 했는데, 그분이 갑자기 신병으로 입원을 하시게 되어 이 자리에 못 오셨습니다. 이 점에 대하여 여러분께서 너그럽게 양해해주시기를 부탁드립니다." 이렇게 말해야 하는데, 마지막 문장을 "이 점에 대하여 여러분께 양해 말씀 드립니다."라는 식으로 말하는 사회자를 자주 본다. 자신이 하는 말이 무슨 뜻인지를 생각하면서 말을 하면 이런 엉터리없는 표현은 사용하지 않을 것이다. 이렇게 말하는 이들은 필경 "양해"라는 단어의 뜻을 모르고 있거나 오해하고 있을 것이다. 그러므로 우리는 아는 단어들도 가끔 국어사전을 펴서 그 뜻을 확인하는 습관을 들이는 것이 말을 바르게 하는 데 도움이 될 것이다.

4. "여간 죄송한 일입니다"

"여간(如干)"은 한자로 된 단어로서 "보통의 것, 웬만한 것, 어지간한 것"을 의미하는 명사이다. 그러나 때로는 부사적으로 사용되어 "보통으로, 어지간하게"라는 뜻으로 쓰이기도 한다. 따라서 일반적으로 이 단어 뒤에는 부정하는 말이 뒤따른다. 가령, "이 회사의 내부가 여간 복잡하지 않다." 또는 "그의 성미는 여간 까다롭지 않다."와 같은 표현으로 쓰인다. 이 단어로 만들어진 동사는 "여간(如干)하다"인데, 그 뜻은 "어지간하다"이고, "그는 여간한 강심장이 아니다." 또는 "그렇게 지은 집은 여간해서는 무너지지 않는다."와 같이 항상 부정하는 말 앞에 나타난다.

그런데 어떤 일로 인하여 상대방에게 미안하거나 죄송하다는 뜻을 전하려 할 때, "여간 죄송한 일이 아닙니다."라고 해야 할 것을 "여간 죄송한 일입니다."라고 말하는 경우를 종종 본다. 이것은 아마도 자신이 한 말이 "죄송하지 않다"는 식으로 이해될 것을 우려해서 말하는 것이 아닐까 싶다. 그것이 아니라면 "여간"을 "매우" 또는 "대단히"와 동의어로 생각하기 때문일 것이다. "이 문제는 여간 어려운 문제입니다", "그런 환경 가운데서 산다는 것은 여간 힘든 일입니다."라고 말하는 사람도 있다. 아무튼 우리가 하는 말은 정확해야 하고 어법에 맞아야 상대방이 바르게 이해할 수 있고 그와 더불어 좋은 관계를 가질 수도 있다.

5. 이중(二重) 표현들

이 밖에도 한자어를 사용할 때, 다른 단어와 함께 이중으로 표현하는 사례를 심심찮게 볼 수 있다. 예를 들면, "외가(外家)", "처가(妻家)", "종가(宗家)"를 "외갓집", "처갓집", "종갓집"으로 말하는 것은 "집[家]"을 이중으로 표현한 것이다. 이것과 비슷한 사례는 "역전(驛前)"을 "역전앞", "종자(種子)"를 "종자씨", "냉수(冷水)"를 "냉숫물", "낙수(落水)"를 "낙숫물", "봉화(烽火)"를 "봉홧불", "성화(聖火)"를 "성홧불", "해변(海邊)"을 "해변가", "사기(沙器)"를 "사기그릇", "옹기(甕器)"를 "옹기그릇", "사장(沙場)"을 "모래사장"으로 일컫는 것과, "백지(白紙)"를 "흰 백지", "흑마(黑馬)"를 "검은 흑마", "노인(老人)"을 "늙은 노인", "청년(青年)"을 "젊은 청년", "애인(愛人)"을 "사랑하는 애인", "미녀(美女)"를 "아름다운 미녀", "소수민족(少數民族)"을 "적은 소수민족", "일요일(日曜日)"을 "일요일날", "의사(醫師)"를 "의사선생님", "일주(一周)하다"를 "한 바퀴 일주하다", "과반수(過半數)이다"를 "과반수를 넘다", "백여 명(百餘名)"을 "백여 명 이상(以上)"으로 말하는 것, 등등이다.

또한 "역지사지(易地思之)하다"를 "역지사지로 생각하다"로, "심사숙고(深思熟考)하다"를 "심사숙고로 생각하다"라고 말하는 것도 이중적인 표현으로서 어법에 맞지 않는다. 심지어는 "미술(美術)을 그리다", "식사(食事)를 먹다", "경주(競走)를 달리다", "도보(徒步)로 걷다", "구보(驅步)로 뛰다", "애국가(愛國歌)를 노래하다", "성공(成功)을 이루다", "자수성가(自手成家)를 이뤄내다", "칠전팔기(七顚八起)로 일어서다", "지나간 과거(過去)의 일이다", "쓴 고배(苦杯)를 마시다", "산고(産苦)의 고통(苦痛)을 겪다", "죽음의 사선(死線)을 넘다", 등의 표현을 쓰는 사람들도 있다. 이런 말들은 듣는 사람의 귀를 불편하게 하고, 말하는 사람의 우리말 표현력에 결함이 있음을 드러낸다. 어법상으로 정확하고 경우에 합당한 말을 사용하도록 다 같이 노력하자!

19

수소, 수고양이, 수놈, 수벌 / 수캐, 수탉, 수퇘지, 수평아리 / 숫양, 숫염소, 숫눈, 숫쥐

언어마다 단어에서 암컷과 수컷을 구별하거나 남자와 여자를 표시하는 방법이 있다. 한국어처럼 "암-" 또는 "수-", "남(男)-" 또는 "여(女)-"와 같은 접두사(接頭辭)를 사용하여 성(性)을 구별하기도 하고, 영어의 "-ess" [lion (수사자)→lioness (암사자)], 독일어의 "-in" [Löwe (수사자)→Löwin (암사자)], 프랑스어의 "-ne" [lion (수사자)→lionne (암사자)], 에스파냐어의 "-a" [leon (수사자)→leona (암사자)]와 같은 접미사(接尾辭)를 남성명사에다 첨부함으로써 여성명사를 만드는 경우도 있다.

한국어에서 동물의 암컷과 수컷을 구분하여 일컫는 단어들은 원칙적으로 그 단어 앞에 "암-" 또는 "수-" 자를 넣어서 그것의 빈모(牝牡) 즉 암수를 구분한다. 그런데 우리가 일상생활에서 이미 느끼고 있는 바와 같이, 암컷과 수컷을 구별할 때, "암소", "수소", "암고양이", "수고양이"처럼 원래의 단어에다 "암-" 또는 "수-" 자를 붙이기만 하면 되는 경우도 있고, "암캐", "수캐", "암탉, 수탉"처럼 "암-" 자와 "수-" 자 다음에 나오는 자음을 거센소리로 바꾸는 경우도 있으며, "숫양", "숫염소", "숫눈", "숫쥐"처럼 "수-"가 아니라 "숫-"을 붙여서 수컷을 나타내는 경우도 있다. 이런 문제에 관한 원칙, 즉 〈표준어 규정〉이 좀 복잡하기 때문에 암컷과 수컷을 일컫는 단어들을 정확하게 쓸 수 있는 사람은 극히 드물다.

1. 「한글맞춤법」〈표준어 규정〉

1988년에 당시의 문교부(현재: 교육과학기술부)가 제정하여 1989년부터 지금까지 시행해 온 「한글맞춤법」〈표준어 규정〉에는 다음과 같이 규칙이 들어 있다.

제2장 제1절 제7항: 수컷을 이르는 접두사는 '수-'로 통일한다.
(ㄱ을 표준어로 삼고, ㄴ을 버림).

ㄱ	ㄴ	
수-꿩	수-퀑/숫-꿩	'장끼'도 표준어임.
수-나사	숫-나사	
수-놈	숫-놈	
수-사돈	숫-사돈	
수-소	숫-소	'황소'도 표준어임.
수-은행나무	숫-은행나무	

다만 1. 다음 단어에서는 접두사 다음에서 나는 거센소리를 인정한다. 접두사 '암-'이 결합되는 경우에도 이에 준한다.
(ㄱ을 표준어로 삼고, ㄴ을 버림).

ㄱ	ㄴ
수-캉아지	숫-강아지
수-캐	숫-개
수-컷	숫-것
수-키와	숫-기와
수-탉	숫-닭
수-탕나귀	숫-당나귀
수-톨쩌귀	숫-돌쩌귀
수-퇘지	숫-돼지
수-평아리	숫-병아리

다만 2. 다음 단어의 접두사는 '숫-'으로 한다.
(ㄱ을 표준어로 삼고, ㄴ을 버림).

ㄱ	ㄴ
숫-양	수-양
숫-염소	수-염소
숫-쥐	수-쥐

2. 수소, 수고양이, 수놈, 수벌

이 규정에서 보는 바와 같이, 소, 고양이, 놈, 꿩, 나사(螺絲), 사돈(査頓), 은행(銀杏)나무, 벌[蜂], 등은 그 단어 앞에다 그냥 '수 - ' 또는 '암 - ' 자를 붙여서 암수를 나타낸다. 그래서 이것들의 수컷은 "수소", "수고양이", "수놈", "수꿩", "수나사", "수사돈(査頓)"(사위 쪽의 사돈), "수은행나무", "수벌"이고, 암컷은 "암소", "암고양이", "암놈", "암꿩", "암나사", "암사돈"(며느리 쪽의 사돈), "암은행나무", "암벌"이다.

3. 수캐, 수탉, 수퇘지, 수평아리

위의 〈표준어 규정〉에 따르면, 개, 닭, 돼지, 기와, 당나귀, 곰, 돌쩌귀, 병아리, 등의 수컷은 "수캐", "수탉", "수퇘지", "수키와", "수탕나귀", "수콤", "수톨쩌귀", "수평아리"이고, 암컷은 "암캐", "암탉", "암퇘지", "암키와", "암탕나귀", "암콤", "암톨쩌귀", "암평아리"이다. 이것은 "수 - "와 "암 - "에 숨어 있는 "ㅎ"이 그 다음에 오는 자음과 합쳐져서 그 자음을 거센소리로 만들기 때문에 일어나는 현상이다.

한동안 고양이의 수컷과 암컷을 "수코양이"와 "암코양이"라 하고, 벌의 수컷과 암컷을 "수펄"과 "암펄"이라고 했으나, 1988년에 개정된 〈표준어 규정〉에서는 "수고양이"와 "암고양이", 그리고 "수벌"과 "암벌"을 표준어로 정하였다. 그 이유는 그렇게 발음하는 것이 더 자연스럽다는 것인데, 애매한 면이 있다. 왜냐하면 "개"와 "곰"과 "고양이"가 모두 "ㄱ"으로 시작하여, "개"와 "곰"은 거센소리로 바뀌는데, "고양이"만 그대로 있는 것은 일관성이 없기 때문이다. "병아리"와 "벌"도 동일한 자음 "ㅂ"으로 시작하여, "병아리"는 "수평아리"와 "암평아리"로 바뀌는데, "벌"은 바뀌지 않고 "수벌"과 "암벌"로 그냥 있으니 납득이 가질 않는다. 그럼에도 불구하고 일단 정해진 규칙이 시행되는 동안에는 그것을 따라주는 것이 혼란과 오해를 피하는 길일 것이다.

4. 숫양, 숫염소, 숫눈, 숫쥐

또 다른 부류의 단어들은 수컷을 가리킬 때 "수 - "가 아니라 "숫 - "과 결합한다. 예를 들면, "숫양(羊)", "숫염소", "숫눈(눈이 와서 쌓인 상태 그대로의 깨끗한 눈)", "숫쥐", "숫처녀(處女)", "숫총각(總角)", 등이다. 이와 같은 현상은 우리가 이 단어들을 읽을 때, "순냥", "순념소", "순눈", "순쥐", "순처녀", "순총각", 등으로 읽혀서 ㄴ 또는 ㄷ이 발음되기 때문이다.

이상과 같은 〈표준어 규정〉은 학자들이 음운학적(音韻學的)으로 깊이 고찰하여 정한 것이라 타당성이 있는 것이겠지만 일반인들은 그 이유를 다 이해할 수도 없고 다 지키기는 더욱 힘들다. 그냥 "소"는 "수소"와 "암소", "개"는 "수캐"와 "암캐", "양(羊)"은 "숫양"과 "암양"이라 하는 것으로 알고 그렇게 쓸 수밖에 없다. 그렇게 하지 않는 사람은 「한글맞춤법」에 대하여 무식한 사람 아니면 그것을 무시하는 사람으로 간주될 것이다.

교수(教授)님, 박사(博士)님, 목사(牧師)님, 은사(恩師)님, 스승님, 선생(先生)님 / "선생님"과 "쌤"

1. 교수님, 박사님, 목사님, 은사님, 스승님, 선생님

 나는 한평생 가르치는 일을 하다가 은퇴한 사람이라 왕년에 나에게 배운 사람들 즉 이른바 '제자들'과 끊임없이 교류하면서 살아간다. 그 많은 '제자들' 중에는 평생 끈끈한 교분을 나누면서 살아가는 이들이 적지 않다. 그런데 그들이 나를 부를 때 사용하는 호칭(呼稱)에 따라 그들은 다음과 같은 여섯 부류로 나뉜다.

 첫째, 나를 "교수(教授)님"이라고 부르는 사람들이 여럿 있다. 그들은 재학 시절에도 나를 그렇게 부르던 사람들이다. 대학에서 학생들을 가르치는 사람을 '교수'라 하므로 대학에서 나에게 배운 사람들이 그렇게 부르는 것은 당연한 것 같지만 너무 격식에 맞춘 호칭이라 딱딱하게 들린다.

둘째, 어떤 이들은 나를 언제나 "박사(博士)님"이라고 부른다. 내가 취득한 학위를 호칭으로 사용하는 것은 가능한 일이고, 서양에서는 매우 자연스러운 일이다. 그러나 그들이 나를 높여주려는 목적으로 이 호칭을 사용하겠지만 인정미나 인간미는 풍기지 않는 호칭이다.

셋째, 더러는 나를 "목사(牧師)님"이라고 칭한다. 우리가 교회라는 신앙공동체 안에서 맺어진 관계 가운데 살아가므로 친숙하고 무난하게 들리는 호칭이다.

넷째, 어떤 제자들은 나를 "은사(恩師)님"이라고 일컫는다. 특히, 편지나 카드나 문자로 인사를 할 때에는 어김없이 "은사님"이다. 대학을 졸업한 지 수십 년이 되어, 이제는 같이 늙어가는 처지인데도 이 호칭은 변하지 않는다. 퍽 다정스럽게 들리기도 하고, 때로는 나를 송구스럽게 느끼도록 하는 호칭이다.

다섯째, 소수의 제자들은 "스승님"이란 호칭을 매우 즐겨 쓴다. 나에게 편지나 문자를 보낼 때는 언제나 "스승님"이라 부르면서 시작한다. 이 호칭을 듣거나 읽을 때는 순자(荀子)의 「권학(勸學)」에 나오는 "청출어람 청어람(靑出於藍 靑於藍)"이라는 말이 자주 떠오른다.

여섯째, 딱 세 사람은 나를 부를 때 꼭 "선생님"이라고 부른다. 그들은 '선생'이란 단어가 가지는 뜻과 무게를 알고 부르는 것 같아서 그것을 들을 때마다 내 마음의 옷깃을 여미게 된다. "선생"은 참으로 격조 높고 위엄 어린 호칭이라 나에게 과분하다는 느낌이 들지만 다른 한편으로는 "이 형제들이 나를 이렇게까지 여겨주는구나!" 하는 생각이 들어 행복하기도 하다. 왜냐하면 우리 전통문화에서 "선생"이란 호칭은 아무나 사용하는 것이 아니고 아무에게나 적용하는 것도 아닌, 최고의 존칭이기 때문이다. 그런데 "선생"이란 호칭은 그것을 사용하는 사람의 의도에 따라서 전혀 반대의 의미가 될 수도 있다. 예컨대, 대학교수를 "선생"이라고 칭한다면, 그것이 최상의 존칭일 수도 있고, 반대로 아주 비하하는 호칭이 될 수도 있다. 그러나 들어보면 어느 쪽인지는 금방 느껴진다.

상대방을 부를 때 사용하는 호칭을 들으면 두 가지가 동시에 감지된다. 첫째는 그 호칭을 사용하는 사람이 상대방과 어떤 관계인지, 그리고 그를 어떻게 또는 얼마나 높이거나 낮추는지가 나타난다. 둘째는 호칭을 사용하는 사람의 위인(爲人)과 품격이 드러난다. 말하는 사람이 얼마나 격식을 따지는 사람인지, 얼마나 겸손하고 너그러운 성품을 가졌는지, 그리고 무엇보다도 상대방을 얼마나 존경하고 감사하게 생각하는지, 등이 은연중에 풍겨난다.

상대방을 과도하게 높여 부르면 친근감이 사라지고, 너무 낮추어 부르면 불쾌감을 일으킨다. 친분과 경우에 맞게 부르되 겸손의 미덕을 가미하면 인간관계가 한결 부드러워질 것이다. 상대방을 지나치게 치켜세우면 과유불급(過猶不及)이라 오히려 거리감이 생기게 되므로 적절하고 은근하게 높여 부르는 것이 최선이다.

2. "선생님"과 "쌤"

2019년 초에 서울특별시 교육청은 「서울교육 조직문화 혁신방안」이란 것을 발표했다. 이 방안에서 우리의 관심을 끄는 것은 이른바 "사제 간" 및 "수평적 호칭제"인데, 내용인즉, 학교에서 교사들의 상호 호칭을 "쌤"이나 "님"으로 통일하자는 것이다. 이 방안을 따르면, 교사들이 "교장선생님"은 "교장쌤" 또는 "교장님"으로 부르고, "국어 선생님"은 "국어쌤", "이 선생님"은 "이쌤" 또는 "이님"으로 부르게 된다. 한마디로 어불성설(語不成說)이다.

이 "수평적 호칭제"가 강력한 여론의 반발에 못 이겨 채택되지 않은 것은 불행 중 다행이다. "쌤"은 "선생님"이라는 세 글자를 한 글자로 압축해서 부르는 축약어(縮約語)라 할 수 있지만 표준어로 채택되지도 않은 비속어(卑俗語)에 불과하고, 발음도 저속하게 들리는 비교육적인 단어이다. "쌤"을 표준어로 인정하는 것은 국어 순화(醇化/純化) 정책에도 역행한다. 교육 당국은 우리 국어를 순화하는 데 앞장서야지 혼탁하게 하는 일을 주도해서는 안 되고, 국어의 품위를 유지하고 표준어를 바르게 사용하는 문제에 관해서는 국립국어원이나 한글학회와 같은 전문기관에 자문을 구하거나 그런 기관에 의뢰하는 것이 마땅하다.

교사들이 서로 "‐쌤"이라고 부르면 학생들도 곧 교사들을 그렇게 부를 것이다. 학생들이 자기네끼리 "선생님"을 "쌤"이라고 말하고, 흥겨울 때 친숙하다는 뜻으로 "쌤"이라고 일컫는 것은 있을 수 있는 일이다. 그러나 수업시간이나 공식적인 자리에서 "담임선생님"을 "담임쌤"이라고 호칭하는 것은 결코 바람직하지 않은 일이다. 교권(敎權)이 무너지고 있다는 탄식 소리가 도처에서 들리고 있는 이때에 "선생님"을 "쌤"으로 부르기를 제도적으로 허용하는 것은 교권 붕괴에 부채질하는 일이 될 것이다.

교사와 학생이 친하게 지내고 말을 정답게 주고받는 것은 어느 문화권에서나 바람직하고 아름다운 일이다. 그러나 친숙함이나 정다움을 넘어서 사제간(師弟間)에 엄연히 있어야 할 예절과 구별을 허물어뜨리는 일은 결코 허용되지 말아야 한다.

　굳이 "군사부일체(君師父一體)"를 들먹거리지 않더라도 스승 즉 교사는 군주나 부모만큼 존경받아야 하고, 받들어져야 한다. 왕권(王權)이 무너지면 나라는 서지 못하고, 교권(敎權)이 붕괴되면 학교는 파괴되며, 부권(父權)이 거부되면 가정은 와해된다. 패륜(悖倫)과 존속살해(尊屬殺害)까지 발생하고, 학교에서 학생이 교사를 야유하거나 폭행하는 사례까지 빈발하는 이 시대에 교사에 대한 호칭을 격하시키는 것은 누가 봐도 잘하는 일이 아니다. "제자는 스승의 그림자도 밟지 않는다."는 말을 구시대의 잔재로만 여기지 말고, 그것이 교육에 어떤 영향과 효과를 가져왔는지를 생각해야 한다.

　언어는 불가피하게 현실화하고 편리화한다. 예컨대, "관계하지 아니하다"를 "괜찮다"로, "젊지 아니하다"를 "점잖다"로, "놓아두다"를 "놔두다"로 줄인 것과, "우뢰(雨雷)"를 "우레"로, "삭월세(朔月貰)"를 "사글세"로 바꾸어 표준어를 정한 것은 현실을 존중한 적절한 조치이다. 그리고 "재미있다"가 점점 "재밌다"로 바뀌는 것도 이해할 만하다. 그러나 "선생님"을 굳이 "쌤"으로 부르도록 허용하는 것은 차원이 다른 문제이다. 만약 학교에서 "선생님"과 "쌤"을 모두 사용하도록 허용하고, 둘 다 표준어로 인정한다면, 언어의 "그레셤의 법칙(Gresham's Law)"에 의해 "쌤"이라는 악화(惡貨)는 "선생님"이란 양화(良貨)를 구축(驅逐)하고 말 것이다. 그리하여 "선생님"이란 고매한 단어는 머지 않아 폐어(廢語) 또는 사어(死語)로 전락할 것이고, 이러한 현상이 교육현장과 교육 자체에 끼치는 부정적인 영향은 매우 클 것이다. 학생들이 공공연하게 "교장쌤", "담임쌤", "생물쌤", "박쌤" 등으로 부르는 것은 결코 교육적이 아니다. 시쳇말로 이것은 아무래도 아닌 것 같다.

정실주의(情實主義), 족벌주의(族閥主義), 파벌주의(派閥主義), 붕당주의(朋黨主義), 배타주의(排他主義), 독선주의(獨善主義), 자기중심주의(自己中心主義)

인간은 각자가 맺고 있는 갖가지 인연(因緣)에 얽혀서 살아간다. "인연(因緣)"이란 원래 불교 용어로서, "결과를 내는 직접적인 원인인 인(因)과 간접적인 원인인 연(緣)"을 합친 말이다. 예컨대, 쌀과 보리로 농사를 지을 경우, 그 작물의 씨는 인(因)이고, 거기에 부가되는 노력·자연·거름은 연(緣)이다. 농사를 잘 지으려면, 첫째, 씨가 좋아야 하고, 둘째, 노력과 자연과 거름이 그 씨를 잘 도와주어야 한다. 그래야 인(因)과 연(緣)이 맞게 되고, 인연(因緣)이 닿게 되는 것이다. 이러한 의미가 발전하여 "인연"은 "사물들 사이에 서로 맺어지는 관계. 연분(緣分)."을 뜻하는 단어가 되었다.

사람이 맺고 있는 인연(因緣)들 중에서 가장 끈질긴 것은 혈연(血緣)이고, 그 다음은 지연(地緣)과 학연(學緣)일 것이다. "피는 물보다 진하다", "피가 켕기다", "피를 나누다"라는 표현들이 말해주듯이, "혈연"

은 인간이 태생적으로 맺은 불가분의 인연이다. "혈연"이 가족간의 관계를 강하게 하고, 가문의 결속을 다지는 힘으로 작용하는 것은 당연하고도 필요한 것이다. 이차적인 것이기는 하지만 "지연"과 "학연"도 인간의 삶에 끼치는 영향이 결코 적지 않다. "지연"이 향토의 발전과 동향인의 협력을 일구어내는 끈이 되는 것은 좋은 일이고, "학연"이 선후배의 우정과 애교심을 유발함으로 사회적 유대를 공고히 하고 공공의 유익을 위해 공동의 노력을 펼치는 것은 매우 아름다운 일이다.

그러나 이 모든 관계는 어디까지나 개인적인 것이고, 이해당사자들만의 일이다. "혈연"이 공무를 집행하는 일에 작용하거나 "지연"과 "학연"이 사회적 또는 국가적 사업을 수행하는 일에 부정적인 영향을 끼친다면, 사회적인 지탄과 비난을 면할 수가 없다. 이러한 인연이 이기적으로 작용하면 그 사회는 공정성과 공평성을 잃게 되고, 때로는 불행한 사태를 일으키게 된다. "인연"을 잘못 사용함으로 생기는 폐단(弊端)에는 다음과 같은 것들이 있다.

(1) 정실주의(情實主義, Favoritism)

정실주의는 불공정(不公正)의 대표적인 경우이다. 자기편의 사람과 자기가 좋아하는 사람에게 좋은 사리나 특혜를 줌으로써 그 밖의 사람들에게 손해를 끼치고 상대적 박탈감을 느끼게 하는 것이다. 여기에는 사사로운 의리나 인정에 끌려서 대의를 저버리는 일, 자녀들에 대한 부모의 편애(偏愛), 그리고 크게는 정부의 정실인사(情實人事) 등이 포함된다. 정실주의는 공동체나 사회의 구성원들에게 실망과 분노와 적개심을 부추기고, 심하면 불복종이나 반항과 같은 극단적인 반발을 살 수도 있다.

(2) 족벌주의(族閥主義, Nepotism)

"족벌(族閥)"이란 "큰 세력을 가진 문벌(門閥)의 일족"을 의미하고, 이들이 자기네끼리 사업을 한다거나 자기들만이 유익과 지위를 다 차지하는 것을 "족벌주의"라 한다. 가령 큰 기업체가 임원의 자리를 소유자의 가문 출신들로만 채우면 "족벌기업"이 되고, 정부의 주요 부서에 대통령의 가족이나 가문의 사람들을 앉히면 "족벌정치"(clan government)가 된다. "족벌기업"은 다른 구성원들의 사기를 저하시키고 시민의 사랑을 받지 못하며, "족벌정치"는 국민을 실망시키고 국가에 대한 그들의 충성심을 약화시킨다. "내 가족, 내 친척, 내 씨족"만을 챙기는 사람은 공적 직임을 맡아서는 안 된다.

(3) 파벌주의(派閥主義, Cliquism)

"파벌(派閥)"은 "이해관계에 따라 따로따로 갈라진 사람들의 집단"을 말한다. 자기네 파(派)의 이익을 극대화하기 위해 똘똘 뭉쳐서 전체의 유익이나 평화에 대해서는 신경을 쓰지 않는 태도를 "파벌주의"라 하고, "파당주의(派黨主義)"라고도 일컫는다. 파벌주의자들은 공동체의 안녕이나 화합보다는 자신이 속한 분파의 유익만을 도모하는 근시안적이고 이기적인 사람들이므로 공동체의 발전에 큰 지장을 초래하고, 마침내는 자신들도 손해를 보게 된다.

(4) 붕당주의(朋黨主義, Cronyism)

"붕당(朋黨)"은 "뜻이 같은 사람끼리 모인 단체"이다. 이 단체가 사회의 중요한 기구나 국가의 핵심적인 자리를 독점하는 경향을 "붕당주의"라고 한다. 예컨대, 대통령이 장관직이나 권부의 핵심 지위에다 자신의 붕우(朋友, crony) 또는 자기 또래의 동무(chum)들을 임명하면 그 나라가 어떻게 될까? 현저히 떨어지는 전문성과 둔탁(鈍濁)해지는 책임감, 그리고 바닥을 치는 국민의 신뢰 등으로 그 나라의 발전은 기대할 수 없게 되고, 마침내 대통령은 실패한 통치자로 역사에 남을 것이다. 기업이나 회사에서도 마찬가지일 것이다.

"인연"과 직접적으로 관련된 것은 아니지만, "인연"을 오용함으로 생기는 폐단과 유사한 병폐(病弊)에는 다음과 같은 것들도 포함된다.

(5) 배타주의(排他主義, Exclusivism)

"배타주의"는 "다른 사람이나 같지 않는 사상·의견 따위를 받아들이려 하지 않고 배척하는 경향"을 뜻한다. 다양한 생각과 능력을 가진 사람들로 구성된 현대사회에서 남의 의견을 들어보려고도 하지 않는 지도자는 전 구성원을 잘 통솔하기가 불가능할 뿐만 아니라 집단적인 반발과 저항에 부딪힐 위험이 있다. 전문가의 의견과 다수의 생각을 경청하는 지도자는 성공할 가망이 훨씬 더 높고 더 큰 신뢰를 받는다.

(6) 독선주의(獨善主義, Self-Righteousness)

"타인의 이해(理解)와 이해(利害)에는 상관하지 않고, 저 혼자만이 옳다고 주장하는 주의"를 "독선주의"라 한다. 이것은 독재자(獨裁者)들이 주로 가지는 경향이다. 다른 사람들의 주장은 그르고, 자기의 주장만 옳다고 생각하는 이들은 자신의 지혜와 능력이 얼마나 제한되어 있다는 사실을 알지 못하므로 돌발 상황이 벌어지면 잘 대처하지 못하고 넘어질 수밖에 없다.

(7) 자기중심주의(自己中心主義, Egotism)

"매사에 자기를 내세우거나 자기 위주로 살아가는 경향"을 가리키며, "이기주의(利己主義, egoism)와 비슷하지만 똑 같지는 않다. 영어 철자 "egoism"에다 "t"를 첨가한 것이 "egotism"이므로 적어도 그 만큼의 차이는 있을 것이다. "이기주의자(egoist)"는 자기의 이익이나 쾌락을 추구하는 사람이고, "자기중심주의자(egotist)"는 "나, 나는, 내가, 나를, 내 생각에는"과 같은 말을 입에 달고 다니며, 모든 회의나 대화에서도 자기의 주장을 먼저 말하거나 끝까지 고집하는 유아독존(唯我獨尊)의 성향을 지닌 사람이다. 이런 사람이 지도자가 되면 그 단체나 회사의 명운(命運)은 그 한 사람에게 의존될 수밖에 없다. 참으로 위험한 일이다.

이런 것들은 개인적 성향 즉 개성에서 오는 것이어서 고치기가 극히 어렵지만 방치하면 다수를 불행하게 만들고 자신에게도 치명적인 손해를 초래하므로 스스로 극복하도록 노력해야 한다. 그리고 사람에게 각종 "인연(因緣)"은 참으로 중요한 것이지만 그것을 공사(公私) 구분 없이 사용하거나 타인에 대한 배려 없이 함부로 쓰면, 그 사회는 어지러워지고 구성원들은 고통을 당한다. 아름다운 인연들을 분별 있게 사용하는 슬기로운 사람들이 되자!

세미나(Seminar), 심포지엄(Symposium), 워크숍(Workshop), 콘퍼런스(Conference), 컨벤션(Convention), 포럼(Forum)

사람들이 모여서 함께 연구하고 발표하고 토의하고 문답하는 회합에는 여러 종류가 있다. 그 중에는 학술적인 회의도 있고, 전문적인 집회도 있으며, 한 가지 주제에 대하여 집중적으로 연구하기도 하고, 다방면의 문제들을 산발적으로 논의하기도 한다. 이런 식의 회합들은 대부분 서양에서 도입된 것이어서 회합 자체를 일컫는 명칭이 외국어로 되어 있다. 따라서 그 명칭들을 우리말로 번역하려면 새로운 용어들을 조어(造語)해야 하는데, 그것이 쉽지 않아 거의 모든 명칭들을 음역(音譯)하여 사용하고 있다. 이제 우리는 주로 영어를 그대로 우리말로 사용하는 여러 회합 명칭들의 유래와 의미 그리고 특징을 살펴보려 한다.

(1) 세미나(Seminar)

"세미나(seminar)"는 라틴어 "세멘"(semen, 복수는 semina)에서 유래된 단어이다. "세멘"은 "씨, 종자, 정액(精液)"을 뜻한다. 여기서 파생된 "**세미나리움**(*seminarium*)"은 "씨앗을 틔워서 키우는 곳, 모판, 종묘장(種苗場)"을 뜻하는데, 이것이 영어로 넘어와서 "세미너리(seminary)"가 되었고, "목사나 사제를 양성하는 학교" 즉 "신학교, 신학대학원"을 의미하게 되었다.

1887년에 독일에서 "제미나르(Seminar)"라는 말이 처음으로 사용되었는데, 그것은 대학에서 일단(一團)의 학생들이 교수를 중심으로 연구하고 발표하는 모임을 가리켰다. 이것이 독일어 철자 그대로인 "seminar"라는 단어로 영어권에 들어간 것은 1944년이고, 이어서 여러 언어로 퍼져 갔다.

이와 같은 연구 모임, 즉 "세미나"를 여는 공간을 "세미나실"이라 하는데, 주로 도서관이나 강의동 내의 소규모 강의실이 세미나실로 이용된다. 세미나에 참여하는 인원은 보통 20명 안팎이며, 처음에는 고도의 독창적인 연구를 위하여 한 명의 교수를 중심으로 열렸으나 오늘날에는 공동연구의 형태로 일반화되었다.

(2) 심포지엄(Symposium)

영어 "심포지엄(symposium)"은 라틴어 "**쉼포시움**(*symposium*)"을 그대로 차용한 것이고, 이 말의 어원은 그리스어 "**쉼포시온**(*symposion*)"이다. "쉼포시온"은 "**쉰**"(*syn*, "함께")과 "**포시스**"(*posis*, "마심")를 합쳐서 만든 단어로서 "함께 마시고 노는 곳, 음주 잔치(drinking party), 향연(饗宴)"을 의미한다. 플라톤의 대표적인 작품 「향연(饗宴)」의 그리스어도 「**쉼포시온**(*Symposion*)」이다.

16세기에 그리스인들은 식사시간에는 술을 마시지 않았기 때문에 식후에 별도로 "**쉼포시온**(symposion)" 즉 주연(酒宴)을 가졌다. 이때 그들은 가벼운 음악과 춤도 즐기고, 때로는 지성적인 대화나 간단한 유흥의 시간을 가졌다. 그러다가 1784년부터는 어떤 주제를 가진 모임, 즉 현대의 "심포지엄"과 같은 모임을 갖기 시작하였다. 오늘날 "심포지엄"은 화기애애한 분위기 가운데서 특정 주제나 테마를 놓고 3~6명의 전문가들이 미리 원고를 준비하여 강연식으로 발표하고, 이를 바탕으로 참석자와 청중이 질의응답을 하는 학술적인 토론회나 공개 토론회, 또는 신문이나 잡지에서 각자의 견해를 발표하는 지상 토론회라는 뜻으로 통용된다.

(3) 워크숍(Workshop)

원래 "워크숍(workshop)"은 공업 제품을 제조하거나 수리하기 위하여 "작업(work)하는 장소(shop)" 즉 "일터, 공방(工房)"을 뜻하는 공업 용어였지만, 지금은 "협의회"나 "공개교육" 또는 "상호교육"을 가리키는 교육 용어로 사용된다. 장인(匠人) 또는 대가(大家, Meister)가 강의나 말로 할 수 없는 실무교육을 할 때, 자신의 작업장을 교육장으로 사용하였는데, 바로 여기서 "워크숍"의 개념이 나왔다.

"워크숍"을 통하여 이루고자 하는 목적은 두 가지다. 첫째는 집단교육을 함으로써 참여자 상호간의 성장을 꾀하는 것이고, 둘째는 교육의 과정에 발생하는 여러 가지 문제들을 함께 숙의함으로써 해결하는 것이다. 이것이 "심포지엄"과 다른 점은 발표보다는 토론을 위주로 진행하는 것이다. "워크숍"에 있어서 발표는 토론의 결과를 공유하는 과정에 불과하다.

(4) 콘퍼런스(Conference)

영어 "콘퍼런스(conference)"는 "어떤 주제에 관하여 "**콘퍼**"(confer, "협의하다, 의논하다")하는 사람들의 모임"을 뜻한다. 이것은 다수의 참여자들이 어떤 안건에 대하여 협의하고 교섭함으로써 중지(衆智)를 모아 새로운 진로나 해결책을 마련하는 과정을 가리킨다. "콘퍼런스"는 모든 구성원이 참여하는 것을 전제로 하고 각자의 의견을 제시하고 정보를 교환함으로써 최선의 시책 또는 계획을 수립하는 것을 목표로 한다.

"콘퍼런스"에는 다양한 종류가 있다. 예를 들면, 학술 콘퍼런스, 체육 콘퍼런스, 학부모 - 교사 콘퍼런스, 평화 콘퍼런스, 한일외교 콘퍼런스, 무역 콘퍼런스, 송사(訟事) 화해 콘퍼런스, 노사(勞使) 콘퍼런스, 저자(著者) 콘퍼런스, 등등이다.

(5) 컨벤션(Convention)

영어 "컨벤션(convention)"은 두 개의 라틴어 단어, 즉 "**콘**"(con, "함께, 같이")과 "**베니레**"(venire, "오다")가 합쳐져서 만들어진 단어이다. 그러므로 "컨벤션"은 "함께 와서 참석함"이라는 어원적인 의미에서 출발하여 "다수의 사람들이 특정한 활동을 하거나 협의를 하기 위해 한 장소에서 가지는 일련의 집회"로 그 의미가 발전되었다. "컨벤션"에는 단순히 회의뿐만 아니라 전시회나 연주회 또는 다른 집회들도 포함될 수 있다. "컨벤션"은 "콘퍼런스"보다 규모가 좀 더 큰 것 외에는 내용이나 방법상의 차이가 거의 없다.

"컨벤션"은 크게 세 종류로 나눌 수 있다. 첫째는 국제적인 현안을 토의하기 위한 정부 간의 회의, 둘째는 기업이 생산한 신상품의 소개 또는 종업원들의 참여를 위한 기업 회의, 셋째는 협회의 회원들 사이의 교류와 정보교환을 위한 협회 회의, 등이다.

(6) 포럼(Forum)

"포럼(forum)"은 원래 고대 로마가 공적인 집회 장소로 사용하던 공공광장(公共廣場) 또는 재판을 하던 법정(法廷)을 가리키는 "포럼(forum)"을 그대로 영어에 도입한 것이다. 이것의 옹근 말은 "포럼 디스커션(forum discussion)"이지만 "디스커션"은 거의 쓰지 않고 "포럼"만으로 사용되고 있다. "포럼"에서는 사회자의 인도 아래 한 사람 또는 여러 사람이 간략한 발표를 한 다음, 청중이 그에 대하여 질문하면서 토의를 진행한다. 말하자면, "포럼"은 불특정다수가 참여하는 공개토론회이며, 의제도 자유롭게 정할 수 있어서 여론을 수렴하거나 중지(衆智)를 모을 수 있는 좋은 방법이다.

	세미나 Seminar	심포지엄 Symposium	워크숍 Workshop	콘퍼런스 Conference	컨벤션 Convention	포럼 Forum
1. 목적	발표학습	특정주제토의	실무교육	정보교환	정보교환	중지모음
2. 주제	아무주제	특정주제	특정주제	특정주제	특정주제	특정주제
3. 성격	이론적	이론적	실제적	이론적	이론적	이론적
4. 발표방법	일방적	일방적	양방적	일방적	일방적	반대수용
5. 정보교환	수평적	공중토의	수직적	수직적	수직적	수평적
6. 훈련유무	없다	없다	있다	없다	없다	없다
7. 참여자들	다르다	비슷하다	비슷하다	비슷하다	비슷하다	비슷하다
8. 참여방법	적극적	적극적	소극적	소극적	소극적	소극적
9. 소요시간	단시간	장시간	장시간	장시간	장시간	단시간

맺는말

모국어 송가

외국에서 오륙 년을
공부하고 오던 날,
날 반기는 네가 있어
어찌나 반갑던지
왈카닥 널 끌어안고
입 맞추고 싶었다.

남의 언어 말하느라
내 입 고생 많이 했지.
사람들이 웃어대도
왜 웃는지 모를 때
낭패(狼狽)로 멍멍하던 귀,
달아 오던 내 얼굴.

너 없이는 기쁨 없고
너 있어야 느낌 있네.
네 안에만 평화 있고
네 밖에는 만족 없네.
쾌적한 네 품안에서
영원토록 살으리.

너보다 더 좋은 말
세상 어디 또 있을까?
쓸수록 아름답고
생각사록* 자랑스런
내 넋의 보금자리여,
이 겨레의 보루(堡壘)여!

* "생각할수록"이란 뜻의 고어(古語).

부록(附錄)

1. "한글", "한글날", 「한글날 노래」
2. 「훈민정음(訓民正音)」 서문(序文)

부록

1. "한글", "한글날", 「한글날 노래」

1. "한글"이라는 이름

"한글"이 반포되던 당시에는 "훈민정음(訓民正音)", 즉 "백성을 가르치는 바른 소리"라고 불리었다. 이것은 이 글을 창제한 세종대왕의 애민(愛民) 정신을 나타내준다. 「훈민정음」 서문에도 밝혀져 있는 바와 같이, 세종대왕은 "자기의 뜻을 제대로 표현하지 못하는 어리석은 백성을 어여삐(가엾게) 여겨" 만든 글이 한글이다. 그런데도 일부의 사람들은 이 글을 "반절(半切)"이라 "언문(諺文)" 또는 "언서(諺書)"라고 격하하였고, 심지어는 "암클" 또는 "통싯글"이라고 비하하기도 하였다. 그러나 "한글"의 가치를 아는 사람들은 그것을 "정음(正音)"이라 "국문(國文)"이라 또는 "가갸글"이라 불렀다.

그러다가 1907년 국어학자 주시경(周時經, 1876~1914)이 '하기국어강

습소'를 개설하고, 1908에는 '국어연구학회'('조선어연구회'와 '한글학회'의 전신)를 창립하여 활동을 전개했으며, 1910년대에 들어서서는 그를 중심으로 한 한국어 연구가들이 "훈민정음"을 "하나밖에 없는 글", "으뜸가는 글", "크고 바른 글"이라는 뜻으로 "한글"이라고 일컫기 시작하였다. 그러다가 1927년 「한글」이라는 기관지가 창간되면서 "한글"이란 이름이 영구적인 명칭으로 정착되었다. 우리말 "한"에는 "하나, 크다, 으뜸가다, 바르다"라는 뜻이 들어 있고, 또한 우리 민족이 "한(韓)" 민족이므로 그 음이 동일하여 "한민족의 글"이란 의미도 담겨 있는 것으로 생각할 수도 있다.

2. "한글날"의 제정과 경축

"한글날"은 한글의 우수성을 알리고 세종대왕이 「훈민정음」을 창제하고 반포한 것을 기념하는 경축일이다. 이 날을 지킴으로써 우리 겨레는 우리의 문화유산인 한글이 과학적으로 얼마나 뛰어난 문자이며, 이 문자에 담긴 우리말이 얼마나 아름답고 독창적인 언어인지를 새삼 마음에 새기며, 그렇게 함으로써 국민의 자긍심을 일깨우고, 민족정기를 드높이며, 한글을 바탕으로 한 우리 문화의 창달을 도모한다. "한글날"의 제정 역사는 다음과 같다.

일본제국주의의 강점기인 1926년 11월 4일 '조선어연구회'('한글학회'의 전신)가 주축이 되어 음력 9월 29일을 "가갸날"로 정하여 매년 행사를 거행하기로 하였다. 날짜를 음력 9월 29일로 한 것은 「세종실록(世宗實錄)」에 세종 28년 9월 "이달에 「훈민정음」이 이루어지다"라고 기록되어 있기 때문이다. 「훈민정음」은 세종 25년(AD 1443)에 제정되어 3년 동안의 시험기간을 거쳐 세종 28년(AD 1446)에 반포되었다. 그로부터 여덟 번째 회갑년(480년)이 되는 1926년에 '조선어연구회'가 "가갸날"을 지정하여 경축하기로 한 것이 "한글날"의 시초이다. 처음에는 음력 9월 29일을 기념일로 지켰으나 1932년과 1933년에는 음력을 율리우스력(Julian Calendar)으로 환산하여 양력 10월 29일에 행사를 가졌으며, 다시 1934년으로부터 1945년까지는 그레고리우스력(Gregorian Calendar)으로 환산하여 양력 10월 28일을 "한글날"로 지켰다.

그러나 일제(日帝) 시대의 "한글날" 기념행사는 민족주의 국어학자를 비롯한 소수의 유지들의 모임으로 이루어졌고, 그나마 제2차 세계대전 당시에는 여러 가지 통제가 심했으므로 "한글날"을 경축하기 어려운 상황이었다. 그러던 중 1945년 드디어 우리나라가 광복을 맞이하자 "한글날"은 전국적인 행사로 확대되었다.

현재의 10월 9일 "한글날"은, 1940년 경상북도 안동에서 발견된 「훈민정음 해례본(訓民正音解例本)」의 말미에 적힌 "正統十一日九月上澣"(정통 11년 9월 상한)이라는 구절에 근거한 것인데, 국어학자들은 여기에 언급된 "구월상한(九月上澣)"을 9월 상순의 마지막 날인 9월 10일로 보고, 그 날을 「훈민정음」 반포일로 간주하였다. 그리하여 그것을 양력으로 환산하면 1446년(세종 28년) 10월 9일이 되었다. 그래서 1945년부터 10월 9일을 "한글날"로 확정하여 오늘에 이르고 있다. 근래에 음력을 양력으로 환산하는 과정에 오류가 있었다면서 정확하지 않은 "한글날" 날짜를 바로잡아야 한다는 의견이 제시되었으나 받아들여지지 않았다.

1970년에는 「관공서의 휴일에 관한 규정」이 대통령령으로 공포되어 "한글날"이 "공휴일"로 지정되었고, 1982년에 제정된 「각종 기념일 등에 관한 규정」에는 "한글날"이 "기념일"로 지정되었으며, 1990년에는 공휴일이 너무 많아져서 경제활동에 지장이 있다는 경제단체들의 문제제기에 따라 1991년부터는 "한글날"과 "국군의 날"이 "공휴일"에서 제외되었다. 사정이 이렇게 되자 "한글"의 가치와 중요성을 깊이 인식하는 인사들이 이에 대한 시정을 꾸준히 요청하여 2005년에는 「국경일에 관한 법률」이 새로 제정되어 "한글날"이 "국경일"로 승격되었다. 하지만 2012년 12월 28일 개정된 「관공서의 공휴일에 관한 규정」에 따라 "한글날"은 다시 "공휴일"로 강등되어 2013년부터는 "국경일"이 아닌 "공휴일"로 지켜지고 있다.

"한글날"의 기념행사는 「국어기본법」에 명시되어 있으며, 「국어기본법 시행령」은 "한글발전유공자" 및 "세종문화상"에 관하여 규정하고 있다. 이 「시행령」에 따라 정부는 "한글날" 기념행사에서 한글과 국어 발전에 크게 이바지한 개인과 단체를 "한글발전유공자"로 포상하고, 한글문화 창달에 기여한 공적이 큰 개인이나 단체에게는 "세종문화상"을 수여하고 있다.

3. 「한글날 노래」: 국가 경축 노래

우리 겨레가 해마다 "한글날"에 부르는 「한글날 노래」는 세종대왕의 한글 창제와 반포를 기념하기 위해 제정된 국가 경축 노래이다. 이 노래는 국어학자 최현배(崔鉉培, 1894~1970)가 가사를 쓰고, 작곡가 박태현(朴泰鉉, 1907~1993)이 작곡한 것이다. 가사는 3절로 이루어져 있고, 마지막 악절인 21~24마디는 후렴으로 반복된다. 곡조는 사(G) 장조로 되어 있고, 4분의 4박자의 보통 빠르기(Moderato)로 부르며, 구성은 24마디의 세도막(ABC) 형식이다.

「한글날 노래」의 가사는 한글의 아름다움과 뛰어남을 매우 적절하게 묘사하였고, 한글이 겨레의 자랑이요 문화의 터전이 되는 것과 나라의 힘의 근본이 됨을 노래하고 있다.

가사의 전문과 악보는 아래와 같다.

한글날 노래

[1절] 강산도 빼어났다 배달의 나라,
긴 역사 오랜 전통 지녀온 겨레,
거룩한 세종대왕 한글 펴시니
새 세상 밝혀주는 해가 돋았네.
한글은 우리 자랑 문화의 터전,
이 글로 이 나라의 힘을 기르자.

[2절] 볼수록 아름다운 스물넉 자는
그 속에 모든 이치 갖추어 있고,
누구나 쉬 배우며 쓰기 편하니
세계의 글자 중에 으뜸이도다.
한글은 우리 자랑 민주의 근본,
이 글로 이 나라의 힘을 기르자.

[3절] 한 겨레 한 맘으로 한데 뭉치어
힘차게 일어나는 건설의 일꾼,
바른 길 환한 길로 달려 나가자.
희망이 앞에 있다 한글 나라에.
한글은 우리 자랑 생활의 무기,
이 글로 이 나라의 힘을 기르자.

부록

2. 「훈민정음(訓民正音)」 서문(序文)

「훈민정음」은 과연 누가 만든 것인가? 세종대왕이 친히 창제(創製)한 것인가? 아니면 집현전(集賢殿) 학자들이 만들어서 세종대왕의 명의로 반포한 것인가? 이 문제에 대하여 다각도로 연구한 정광(鄭光, 1940~) 교수는 그의 연구 결과를 다음과 같이 요약한다.

"訓民正音의 창제는 世宗의 직접 지은 것으로 명기되었다. 「조선왕조실록」, 특히 「세종실록」에서는 훈민정음의 '세종의 親製'라는 사실을 여러 차례 강조하였다. 우선 '훈민정음'이란 이름이 맨 처음 실록에 등장하는 「세종실록」(권102) 세종 25년 12월조에 '是月 上親製諺文二十八字 (중략) 是謂訓民正音 - 이 달에 임금이 친히 언문 28자를 지었는데 (중략) 이것이 소위 말하는 훈민정음이다 - '라는 기사를 시작으로 하여 동 실록(권

113) 세종 28년 9월조에 '是月 訓民正音成 御製曰 (중략) 正音 之作 無所祖述 - 이 달에 훈민정음[책을 말함]이 완성되었다. 임금이 지어 말하기를 (중략) 정음을 만든 것은 예 사람의 저술한 바가 없다 -'라는 기사라든지 「訓民正音」의 鄭麟趾 後序에서 '我殿下創製正音二十八字, 略揭例義以示之, 名曰訓民正音 (하략) - 우리 전하께서 정음 28자를 창제하시어 간략하게 예의로서 보여주시니 이름하여 훈민정음이라고 한다. (하략) -' 등 여기저기에서 세종의 '親製'임을 강조하고 있다."(정광, 훈민정음의 사람들[서울: 제이앤씨, 2006], 7).

세종대왕이 한글을 창제(創製)했다는 말은 그분이 문자 제정의 전 과정을 혼자서 다 했다는 뜻이 아니다. 정광 교수는 한글 창제의 위업을 대형 빌딩을 건축하는 것에 비유하였다. 한 사람이 큰 건물이 필요해서 그것을 짓기 위해 막대한 자금을 투여하여 설계자와 건축기사와 인부들을 동원하여 마침내 큰 빌딩이 지어졌다. 이때 이 빌딩을 지은 사람은 누구일까? 아마도 건축공사에 참여한 모든 사람들이 "이 빌딩은 내가 (또는 우리가) 지었다."고 할 것이다. 하지만 그 빌딩을 건축하기로 결심하고, 건축의 모든 과정을 감독하며, 무엇보다도 거기에 필요한 자금을 내놓은 사람은 그 빌딩의 주인이다. 그래서 그 주인은 아무런 거리낌 없이 당당하게 "이 빌딩은 내가 지었다."라고 말한다. 이런 의미에서 세종대왕은 한글의 창제자이다. 한글을 만드는 일에는 왕실의 학식 있는 인사들과 집현전(集賢殿)의 학자들이 각기 큰 공헌을 하였다. 그러나 그 모든 과정을 지휘하고 감독하여 "한글"이라는 문자를 만들어 낸 분은 세종대왕이다.

이렇게 창제된 「훈민정음」을 반포할 때, 각 글자에 대한 설명을 하기에 앞서 일종의 "서문"을 첨가하였다. 그 "서문" 자체는 한문(漢文)으로 되어 있고, 이어서 설명한 본문에는 한문의 각 글자에 한글 발음을 적어 놓았으며, 그것을 한글로 해석한 것도 포함시켰다. 아래에 인용한 것은 "서문"의 본문인 한문에 한글을 괄호 안에 넣은 것과, 그것을 당시의 우리말로 해석한 것, 그리고 그것을 현대 한국어로 옮긴 것, 등이다.

1. 한문(漢文)과 한글 발음을 병기한 서문

國之語音(귁징엉믐)이 異乎中國(이홍듕귁)ᄒᆞ야
與文字(영문쭝)로 不相流通(붏샹륳통)홀씨
故(공)로 愚民(웅민)이 有所欲言(울송욕언)ᄒᆞ야도
而終不得伸其情者(싱즁붏득신끵쪙쟝)ㅣ 多矣(당읭)라.
予(영)ㅣ 爲此憫然(윙충민션)ᄒᆞ야
新制二十八字(신졩싱씹밣쭝)ᄒᆞ노니
欲使人人(욕ᄉᆞᆼ신신)ᄋᆞ로 易習(잉씹)ᄒᆞ야
便於日用耳(뼌형싫용싱)니라.

2. 「훈민정음」 반포문에 포함된 우리말 서문

나랏말ᄊᆞ미 中國(듕귁)에 달아

文字(문쭝)와로 서르 스뭇디 아니홀씨
이런 젼ᄎᆞ로 어린 百姓(빅셩)이 니르고져 홇 배 이셔도
ᄆᆞᄎᆞ미 제 ᄠᅳ들 시러 펴디 몯홇 노미 하니라
내 이룰 爲(윙)ᄒᆞ야 어엿비 너겨
새로 스믈여듧 字(쭝)를 밍ᄀᆞ노니
사람마다 ᄒᆡ여 수빙 니겨 날로 ᄡᅮ메
便安(뼌한)킈 ᄒᆞ고져 홇 ᄯᆞᄅᆞ미니라.

3. 현대 한국어로 옮긴 「훈민정음」 서문

나라의 말이 중국과 달라
문자[한자]로 서로 통하지 아니하는데,
이 때문에 어리석은 백성이 말하고자 하는 바가 있어도
마침내 제 뜻을 능히 펴지 못하는 사람이 많다.
내가 이를 위하여 가엾게 여겨
새로 스물여덟 글자를 만드노니,
모든 사람들로 하여금 쉽게 익혀 낱마다 쓰기에
편안하게 하고자 할 따름이다.